创新思维法学教材
Legal Textbooks of Creative Thinking

武汉大学规划教材建设项目资助出版

证 券 法

Security Law

第二版

主 编 冯果
撰稿人（以撰写章节先后为序）：
段丙华 赵金龙 李安安 冯果
张 阳 张东昌 柴瑞娟 袁 康
戚 莹 窦鹏娟

WUHAN UNIVERSITY PRESS
武汉大学出版社

图书在版编目(CIP)数据

证券法/冯果主编 . —2 版.—武汉：武汉大学出版社,2022.11(2024.10 重印)
创新思维法学教材
ISBN 978-7-307-23310-2

Ⅰ.证… Ⅱ.冯… Ⅲ.证券法—中国—高等学校—教材 Ⅳ.D922.287

中国版本图书馆 CIP 数据核字(2022)第 163101 号

责任编辑:胡 荣 责任校对:李孟潇 版式设计:马 佳

出版发行:**武汉大学出版社** （430072 武昌 珞珈山）
（电子邮箱:cbs22@whu.edu.cn 网址:www.wdp.com.cn）
印刷:武汉邮科印务有限公司
开本:787×1092 1/16 印张:33.5 字数:663 千字 插页:1
版次:2014 年 7 月第 1 版 2022 年 11 月第 2 版
 2024 年 10 月第 2 版第 3 次印刷
ISBN 978-7-307-23310-2 定价:88.00 元

说　明

　　2019 年新修订的《证券法》实施已经四年有余，四年间，在习近平新时代中国特色社会主义思想的指导下，我国金融体制改革持续深化、稳中求进、不断顺应金融发展的现实需要，中国资本市场实现了证券发行注册制的全面落地，完成了新一轮的金融监管架构调整，设立了第一家公司制证券交易所，产生了康美药业案等一系列推动资本市场法治进步的案件，朝着建设金融强国的目标不断迈进。为及时反映立法和实践的变化，更好服务广大教学研究人员、专业工作者和高校学生，本书作出相应修订。

　　本次主要修订内容包括以下几个方面：思想指引层面，以习近平新时代中国特色社会主义思想为指导，结合习近平总书记关于金融工作的系列论述，强化了资本市场改革和资本市场法治相关论述的政治引领。内容完善方面，本次修订对证券发行注册制全面落地实施的相关内容进行了充分论述，对最新的法律、司法解释、部门规章、规则指引等相关规范的修订和更新进行了阐释，对设立北京证券交易所、调整金融监管架构等重大体制改革进行了评述，增加了康美药业案等具有重大影响力的资本市场典型案例，丰富了实践素材。

　　证券市场是资本配置和融通的重要市场，证券法治是规范市场秩序、促进行业发展的重要手段，本书的编写和修订力求体系化和系统性，以反映我国证券法律制度的实质和全貌，敬请读者批评指正。

冯果

2024 年 7 月 15 日

第二版编写说明

本书的第一版出版于 2014 年 7 月。2019 年 12 月 28 日，第十三届全国人民代表大会第十五次会议审议通过了《证券法》修订草案，2020 年 3 月 1 日起施行。这是我国《证券法》继 2005 年之后的第二次全面修订，无论是在立法理念还是在制度规则上均有重大变动，修改后的《证券法》可谓焕然一新。为了使学生更好地学习和掌握证券法学，力求使本书做到科学性、系统性、新颖性的有机统一，我们决定对本书进行体系化的增补、删减和完善，是为第二版。

本书第二版基本上是按照最新修订的《证券法》体例来设计章节，以便于读者更好地理解证券法的知识谱系。对于 2019 年《证券法》修订的主要内容，比如证券发行注册制、证券范围的扩充、多层次资本市场体系、投资者保护和信息披露的专章设置等，本书重点进行了阐释，增加了第七章"证券投资者保护制度"。但本书不局限于单纯的规则梳理和制度介绍，而是较为注重学理解读，力求反映出证券法学界的最新研究成果，这一特色在上市公司收购制度、信息披露制度、证券投资者保护制度、证券登记结算等章节中表现明显。

本书第二版的写作与修订分工如下：段丙华（中南财经政法大学法学院副教授、法学博士）负责修订第一章；冯果（武汉大学法学院教授、博士生导师）负责修订第二、三章；赵金龙（温州大学法学院教授、博士生导师）负责修订第四、六章；李安安（武汉大学法学院副教授、法学博士）负责修订第五章；冯果（武汉大学法学院教授、博士生导师）和张阳（武汉大学法学院讲师、法学博士）负责撰写第七章；张东昌（湖南大学法学院副教授、法学博士）负责修订第八章；柴瑞娟（山东大学副教授、博士生导师）负责修订第九章；袁康（武汉大学法学院副教授、法学博士）负责修订第十章；戚莹（武昌首义学院法学系副教授、法学博士）负责修订第十一章；窦鹏娟（华东政法大学经济法学院副教授、法学博士）负责修订第十二章。武汉大学法学院经济法专业硕士研究生陈晨和任韵薇为本教材的修订作出了重要贡献。全书由主编负责统稿。

欢迎各位读者继续对本教材提出宝贵意见。

2021 年 8 月 16 日

第一版编写说明

证券法在我国法律体系中具有非常重要的地位，与公司法一道构成了资本市场法制的核心。2006 年新《证券法》的颁布实施保障了资本市场的跨越式发展，促进了资本市场的多维度创新，强化了资本市场严格化监管，推动了股权分置改革等资本市场深层次问题的解决，加快了资本市场配套法律体系和制度的完善。特别是 2011 年以来，我国资本市场创新发展骤然提速，新股发行市场化改革、退市制度完善、投资者保护强化、私募债券推出、全国性统一监管的场外市场日见端倪、市场主体创新全面推进，资本市场的创新发展对《证券法》提出了新的要求，《证券法》应适时而变。在此背景下，编写一部既能充分反映理论研究成果，又能体现最新制度发展需要的证券法教材，颇富有现实意义，这也是我们撰写本书的初衷。

本教材采用了传统的章节编排体例，设置证券发行、证券上市、证券交易、信息披露、上市公司收购等十一章来阐释证券法的基本理论与制度，内容基本上涵盖了现代证券法制领域的全部。在每章的内容安排中，既有对义理的审思与理解，也有对制度的分析和评判，还添加了丰富的课外阅读资料，以拓展读者的阅读视界。本教材的一大亮点是紧扣资本市场的创新发展需要，提炼证券法制的义理和精神，阐释证券法制的理念与制度，分析证券法制的程序与运作。在权衡利弊和探究得失的基础上，本教材针对我国证券法制的缺陷提出了诸多富有理论前瞻性和现实可操作性的制度构想，这一点在信息披露、上市公司收购、证券交易所、证券登记结算、证券法律责任等章节中体现得尤其明显。

本教材是多位作者辛勤劳动完成的集体作品，其写作分工是：冯果（法学博士，武汉大学法学院教授、博士生导师）撰写第一、二、三、十一章；赵金龙（法学博士，河北大学政法学院教授）撰写第四、六章；武俊桥（法学博士，现供职于上海证券交易所）撰写第五章；李安安（法学博士，武汉大学法学院讲师）撰写第八章；柴瑞娟（法学博士，山东大学法学院讲师）撰写第七章；袁康（武汉大学法学院博士研究生）撰写第九章；戚莹（武汉大学法学院博士研究生）撰写第十章。全书由主编统稿、定稿。由于证券法的专业性很强，这种写作组合或许能够提升教材各章节的专业水准，同时不可避免地会产生写作风格的差异问题。在统稿过程中，尽管主编对各章节进行了精心调整，以实现文字风格的近似性和观点的协调性，但差异性问题依然存在，错讹之处肯定很多，希望读者批评指正。

编　者

2014 年 5 月

目　　录

第一章　证券、证券市场与证券法

第一节　证　券

一、证券的概念

"证券"一词在现代经济生活中随处可见，但对于证券的具体定义，在不同的学科和不同的语境下总有不同的理解。《布莱克法律词典》对证券的定义为"担保履行某种义务的凭证、证明持券人对公司的所有权、对公司或政府的债权或持券人的其他权利的工具"。[①] 斯普林格（Springer）出版社于 2013 年出版的《金融百科全书》将证券（Security）解释为一种"抵押借款"（Collateral）。[②] 我国证券法学界对于证券的定义也不尽一致。从广义上讲，证券是指记载并代表特定权利的书面凭证，各种以书面形式所表现出来并表彰某种权利的票证皆可称为证券，如股票、债券、票据、存单、保单、提单、仓单、车票、机票等，甚至电影票以及特定历史条件下出现的布票、粮票也可称为证券。但是，过于宽泛地理解和界定证券，将不同性质的书面凭证混为一谈并不利于深入地认识和理解证券，因此有必要对证券的概念进行细化。

学界为了区分不同的证券类型，将广义上的证券划分为金券、资格证券和有价证券。[③] 金券（gold certificate），又叫金额券，是指由国家或其授权的机构按照统一标准制作的、券面标明一定金额并用作特定目的的证券，如邮票和印花；资格证券（eligible securities），又称免责证券或凭证证券，是指证明持券人具有行使某种权利的资格的证券，义务人向持券人履行义务后即可免责，如电影票、车船票等，计划经济时代产生的粮票等票券作为购买商品的资格凭证亦可归入资格证券之列；有价证券（negotiable securities），是指记载和反映一定财产权利并可以一定价格转让流通的证券，如股票、债券、提单、仓

---

①　Black's Law Dictionary, 8th edition, p. 4227.

②　Cheng-Few Lee, Alice C. Lee, Encyclopedia of Finance, Springer US, 2013, p. 168.

③　叶林：《证券法》，中国人民大学出版社 2013 年版，第 3~4 页。

单等。除此之外，也有学者将证券分为资本证券、货币证券和商品证券。① 尽管对于广义证券的具体类型的界分见仁见智，但是学界对"有价证券"作为证券的一个单独类型上认识高度一致，并且认为通常所讨论的证券就是有价证券。② 近年来，不少学者认为应当扩大证券的外延③，比如扩张为"金融投资产品"④，但基本认为范围不宜过大。

通常意义上的证券，主要是作为一种财产形式表现出来，并且能够通过行使券面所载权利或者流通转让实现一定的财产性利益。有学者将之定义为"投资者为了获取利润而取得的代表投资性权利的凭证或合同"⑤。我们认为，对于证券的界定不应局限于其书面形式，而应着眼于其财产内容和流通功能，因此对于证券概念的认识，应该从狭义去理解，即证券主要是指有价证券。

证券代表着基于投资的某种利益，是金融活动的一种工具。证券与人们平时交易的一般商品不同，其物质载体本身并无实际价值。证券的价值主要体现在其所载的证券权利。比如债券的价值在于承诺到期偿本付息的义务人的信用及财务状况，股票的价值则取决于发行该股票的公司的盈利能力和发展前景。证券的价格与自身价值往往并不一致，证券价格在反映证券价值的基础上会存在一定的偏离，这与投资者对于证券价值的判断以及供求关系有关。另外，随着信息技术的不断发展，以及20世纪60年代末发生在美国华尔街的纸面作业危机（paperwork crisis）使得电子化、无纸化的证券开始作为证券的主导形式。证券无纸化，即证券并非以纸面或具体实物券面作为证券权利的载体，而是以电子数据的形式对证券权利人以及证券权利进行记录，证券的交易转让都在计算机系统中完成的新型证券表现形式的发展趋势。当前，区块链等金融科技的发展催生了数字资产、代币等具有证券属性和特征的金融产品，对证券发行和监管提出了较大挑战。⑥

二、证券的学理分类

限定为有价证券的"证券"，在理论上依据不同的标准被区分为不同的类型。

（一）设权证券和证权证券

依据证券权利的来源，可以将证券分为设权证券和证权证券。

---

① 参见董安生主编：《证券法原理》，北京大学出版社2018年版，第3页。

② 《商法学》编写组：《商法学》，高等教育出版社2019年版，第253页。

③ 参见刘俊海：《打造投资者友好型证券法　推动资本市场治理现代化》，载《法学论坛》2015年第1期；邢会强：《我国〈证券法〉上证券概念的扩大及其边界》，载《中国法学》2019年第1期。

④ 吕成龙：《我国〈证券法〉需要什么样的证券定义》，载《政治与法律》2017年第2期。

⑤ 邢会强：《我国〈证券法〉上证券概念的扩大及其边界》，载《中国法学》2019年第1期。

⑥ 李敏：《融资领域区块链数字资产属性争议及监管：美国经验与启示》，载《现代法学》2020年第2期。

设权证券是指证券权利是由证券创设的证券类型。设权证券具有创设证券权利功能，设权证券所代表的权利本身不存在，其所载的权利产生于证券作成，即证券权利以证券的制作和存在为条件。设权证券并不以证券权利的存在为前提，并且设权证券的制作和签发就是证券权利的来源。一般来讲，货币证券都是设权证券。

证权证券是指证券权利来源于证券作成之前的法律行为或事实的证券类型。证权证券所代表的权利在证券作成之前即已存在，证权证券只是以一种物化和书面的形式确认和证明这种权利的存在，是既存的权利的载体。证权证券与其所载的证券权利并非相互依附的关系，在证权证券遗失或损毁的情况下，若有其他证据能够证明权利人享有证券权利，权利人依然可以行使证券权利。资本证券一般属于证权证券。

（二）记名证券和不记名证券

根据证券券面是否记载权利人和证券转让方式的区别，证券可以分为记名证券和不记名证券。

记名证券（inscribed securities）是指券面上记载权利人姓名或名称的证券。记名证券的证券权利得由券面记载的权利人方能行使，权利人的代理人代为行使证券权利也须在权利人授权的范围内。记名证券权利人的认定以券面记载为准，行使证券权利时须确认持券人与券面记载的权利人身份一致。记名证券可以背书或法律规定的其他方式转让，转让时须依法变更证券上所记载的权利人。记名证券遗失或损毁的，可以通过公示催告程序申请注销原证券并补发新证券。

不记名证券（bearer securities），又称无记名证券，是指券面不记载权利人姓名或名称的证券。不记名证券的持券人通常被推定为权利人，持券人可以凭券行使证券权利。不记名证券的转让无须背书或登记，而是通过交付即可完成，义务人见票即应履行相关义务。不记名证券遗失或损毁的，即使权利人有充分证据证明遗失或损毁的事实，也不能申请挂失和补发新的证券，其证券权利也因此丧失。

（三）完全证券和不完全证券

根据证券权利的独立性的差异，可将证券分为完全证券和不完全证券。

完全证券，也称绝对证券，指证券权利的设定、行使和转移都不能脱离证券形式本身的一种证券。完全证券所记载的证券权利在其设定、行使和转移时都必须见券，并且需要在证券上作相应记载。因此，完全证券的证券权利与证券形式高度结合，离开证券形式，证券权利便无从产生和实现。完全证券以票据最为典型。

不完全证券，也称相对证券，是指证券权利的设定、行使和转移并不完全依赖证券形式本身的一种证券。不完全证券的证券权利的变动并不以证券形式为必需，两者结合程度不高，证券权利可以脱离证券形式而发生变动，但这种变动仍应以持有证券为条件。不完全证券通常是证权证券。

（四）要式证券和不要式证券

根据证券作成是否依据法定形式，证券可分为要式证券和不要式证券。

所谓要式证券，是指证券的制作形式及记载事项必须严格按法律规定进行，否则将导致证券无效的证券类型。一般来说，证券多表现为要式证券，都以书面形式制作并依照法律和习惯记载了相关事项。股票、债券、提单、票据等均为要式证券。

不要式证券，是指制作形式及记载事项并无严格规定的证券。不要式证券的作成可由出券人自由制作，并无特定格式与记载事项的要求。基于安全性与流通性的考虑，不要式证券往往比较少见。

（五）实物券式证券和簿记券式证券

根据证券权利的载体的区别，证券可以分为实物券式证券和簿记券式证券。

证券本身具有两层法律属性，一方面是证券所载的证券权利，另一方面是记载证券权利的物质载体。后者既可能以纸张的形式表现并发给证券权利人持有，又可能以簿记册的形式统一记载，证券权利人只享有证券权利而不直接占有证券物质载体。

实物券式证券是指证券发行人向证券权利人签发的具有实物形态的证券。实物券式证券的持券人可以实际持有证券的实物载体，这种载体通常以书面纸张的形式表现。传统意义上的证券大多是实物券式证券。

簿记券式证券是指证券发行人不向证券权利人单独签发具有实物形态的证券，而是依照规定统一制作记载证券权利的书面名册以证明证券权利人的证券权利的证券类型。簿记券式证券的持券人往往不能实际占有实物证券，而是依据簿记册上的记载的证券品种和数额来主张权利。簿记券式证券具有节约印刷、保管和清点成本的优点，且更具有安全性，不易遗失或损毁，并且随着信息技术的进步和证券无纸化的发展，证券开始多以簿记券式证券的形式表现出来。

（六）商品证券、货币证券和资本证券

依据其代表的权利所指向的标的，证券可分为商品证券、货币证券和资本证券。

商品证券（commodity securities），也称实物证券或货物证券，是指证明持券人对于某种商品拥有请求权的凭证。商品证券上所载权利指向的标的是特定的商品，这里的商品通常是指具有一定价值的可以流通的有体物。商品证券的持券人可以对该证券所指向的商品主张相关的权利，譬如提取或使用货物。商品证券主要包括提单、仓单、货运单等。

货币证券（currency securities）是指替代货币进行支付和结算的有价证券，是一种商业信用工具。持券人或第三人能凭货币证券取得和行使货币索取权，一般认为票据是典型的货币证券。货币证券券面所载权利主要是请求义务人支付一定金额的权利，这种权利所指向的标的是货币。货币证券主要包括汇票、本票、支票和期票等。另外，有人认为信用卡也属于货币证券的范围。

资本证券（capital securities）是在金融投资或与金融投资有直接联系的活动中，资金需求者通过直接融资的方式向资金提供者筹集资金后签发的证券。资本证券并非实际资本，而是虚拟资本。它虽然也有价格，但自身却没有价值，形成的价格只是资本化的收入。资本证券是独立于实际资本之外的一种资本存在形式，它只间接地反映实际资本的运动状况。资本证券与实际资本在量上也不相同。在一般情况下，资本证券的价格总额总是大于实际资本额，因而它的变化并不能真实地反映实际资本额的变化。但资本证券的活动可以促使财富的大量集中和资金的有效配置。资本证券所载权利指向的不是具体的实物和货币，而是一种基于资本的权利，其中既包括身份权如投票权，也包括财产权如分红权等。

资本证券主要包括股权证券（equity securities）和债权证券（debt securities）。股权证券是代表持有人对发行人净资产一定比例所有权的一种权利证券，实质上是一种所有权证书。股权证券没有偿还期限和到期日，除破产清算等情况，发行人也不必偿付；股权证券持有人有权参加分红。普通股股票、优先股股票都属于股权证券。债权证券是代表发行人债务和持有人债权的一种权利证券，一般载明金额、具体偿还期限、利率或购买时的折扣，发行人在债权证券到期后必须偿还债务。商业本票、国库券、国库票据、国债、市政债券、公司债和房产按揭债券都属于债权证券。具体来说，资本证券包括股票、债券及其衍生品种如金融期货、可转换证券等。资本证券是有价证券的主要形式，狭义的有价证券即指资本证券。

一般来讲，商品证券和货币证券分别受合同法和票据法调整，而资本证券才是证券法所关注的对象。这也是世界各国证券立法的共同范围。

（七）政府证券、金融证券和企业证券

根据证券发行主体的不同，证券可以分为政府证券、金融证券和企业证券。

政府证券（government securities），是指政府为了筹集财政资金或建设资金，以其政府信用为担保，按照一定程序向社会公众投资者募集资金并发行的债权债务凭证。政府证券由于是以政府信用作为到期偿本付息的担保，具有较好的安全性，因此比较受投资者欢迎，流通性也比较强。由于政府证券的发行没有法定条件的限制，经中央政府或立法机关批准即可发行，且不需要证券监督管理部门登记批准，故也称其为"豁免证券"。我国的政府债券包括中央政府债券和地方政府债券。

金融证券（financial securities），是指银行或非银行金融机构为了筹集资金，利用自身信誉向投资者发行的，承诺到期还本付息的有价证券。金融证券以自身信用为担保，一般不设特殊担保。金融证券主要表现为金融债券和大额可转让存单，其主要向机构投资者发行。

企业证券（enterprise securities），是指企业为了筹措资金而发行的证券，主要包括股票、公司债券和企业债券。在我国，股票只有股份有限公司才能发行，而符合条件的有限责任公司和股份有限公司都能发行公司债券，符合条件的非公司企业也可以发行企业债券。企业证券的发行必须符合严格的发行条件和规则，还要受到严格的监管。由于企业信用不及政府信用和金融机构信用，故相比于政府证券和金融证券，企业证券的安全性较低，投资风险较大，但收益率相对较高。

（八）上市证券和非上市证券

根据是否在证券交易所挂牌交易，证券可分为上市证券和非上市证券。

上市证券（listed securities），又称挂牌证券，是指经过审核（注册、核准等）和备案，能够在证券交易所公开上市交易的证券。为了保护投资者的利益，除了政府证券可享受豁免外，证券交易所都会制定严格的上市条件和规则来审查和筛选质地优良的证券上市交易。另外，上市证券还要满足相关的信息披露的要求，确保信息公开便于投资者进行投资决策。一般来说，能够上市交易的证券都属于信誉较好的证券，具有较强的流通性，同时能够产生较为客观的溢价，发行上市证券的主体也往往能够在证券上市交易的过程中赢得较好的声誉。

非上市证券（unlisted securities），也称场外证券，是指未在证券交易所挂牌交易的证券。非上市证券可能未能达到上市条件，或虽达到上市条件但尚未或不愿意申请上市，故不能在证券交易所挂牌交易。但这并不代表非上市证券不能交易，而是其只能通过协议转让的方式在场外进行交易。非上市证券由于只能在场外进行交易，故流通性较弱。

一般来说，能够在证券交易所上市交易的上市证券只占有较小的比重，大多数证券都是非上市证券。

三、证券法上的证券及其法律特征

（一）证券法上的证券

"证券"一词的外延非常宽泛，许多具有权利内容和书面形式的凭证都可以归入证券的范畴。但是从证券法的角度看，并非所有的证券都受证券法规范和调整。学习和研究证券法，需要厘清法律意义上的证券概念及范围。

由于经济发达程度、法律文化传统和立法技术的差异，各国或地区立法对于证券范围的界定不尽相同。美国1933年《证券法》第2（1）节对证券所下的定义为："证券"一词系指任何票据、股票、库存股票、债券、公司信用债券、债务凭证、盈利分享协议下的权益证书或参与证书、以证券作抵押的信用证书、组建前证书或认购书、可转让股票、投资契约、股票信托证、证券存款单、石油、煤气或其他矿产小额利息滚存权，或一般来说被普遍认为是"证券"的任何权益和股票，或上述任意一种证券的权益或参与证书、暂时或临时证书、收据、担保证书、认股证书、订购权或购买权。这一界定方式下，股票是证券的一种自不待言，票据、各类投资合同甚至几乎所有金融商品或凭证都可以被视为证券。① 尽管 1934 年《证券交易法》第 3（a）（10）节规定了一个例外情形，即发行时离偿还期不超过 9 个月的任何票据都不是证券，但这种例外的范围有时也显得过宽。得益于美国的判例法传统，美国的司法判例常常对于证券的界定作出细化的确认，如在 Reves v. Evnst & Young 案中确立的界定证券的"家族相似"标准（family resemblance approach）。② 所谓家族相似标准，主要包含四个方面的具体标准，首先是交易的动机，即票据的买卖双方交易的动机若是为了获取短期现金，则不是证券，但若是为了获得投资利润，则应归入证券范畴；其次是销售渠道，若票据的购买者是成熟投资者，则不大可能被视为证券，但若是面向公众投资者发售，则可被视为证券；最后是公众的合理期望以及该票据是否已经受到其他联邦法律的规制。对美国法上"投资合同"界定最为经典的案例是 1946 年美国联邦最高法院所判的著名的豪伊（Howey）案（SEC 诉 W. J. Howey），该案的结论给出了认定投资合同的四个要件：预期收益（expect profits）、金钱投资（invest money）、普通企业（common enterprise）、利润来自他人的努力（promoter or third party）。③

英国以自律性监管为主，没有专门的证券法，关于证券的规范散见于《公司法》《公平交易法》《金融服务和市场法》等零散的法律法规中。德国《有价证券交易法》第 2 条定义有价证券为：即使对其并不开具证书，也可以在市场上进行交易的，如股票、代表股票的证书、债券、红利息票、期权证书；其他相当于股票或债券的有价证券。同时，其有价证券也包括资本投资公司或外国的投资公司所发行的持股份额证书。

我国香港地区《证券及期货条例》将证券界定为：（a）任何团体（不论是否属于法团）或政府或市政府当局的或由它发行的股份、股额、债权证、债权股额、基金或票据；（b）在（a）段所述各项目中的或关乎该等项目的权利、期权或权益（不论以单位或其他方式描述）；（c）（a）段所述各项目的权益证明书、参与证明书、临时证明书、中期证明书、收据，或认购或购买该等项目的权证；（d）在集体投资计划中的权益；（e）通常称为证券的权益、权利或财产，不论是文书或其他形式；（f）本条例第 392 条提述的公告订明为按照该公告的条款视为证券的权益、权利或财产，或属于如此订明为如此视为证券的类别或种类的权益、权利或财产；（g）不属于（a）至（f）段任何一段所述的结构性产

---

① 参见［美］理查德·斯考特·卡内尔等：《美国金融机构法（下）》，高华军译，商务印书馆 2016 年版，第 100 页。

② Reves v. Evnst & Young, 494 U. S. 56 (1990).

③ 余涛：《论美国证券法中"其他证券"的界定——规则演变及相互关系》，载《证券市场导报》2020 年第 2 期。

品，但就该产品发出载有请公众作出本条例第 103（1）（a）条提述的作为的邀请（或属该等邀请）的广告、邀请或文件，已根据本条例第 105（1）条获认可，或须获如此认可。同时，该款还另外规定了几种不属于证券范围的例外情形，比如私人公司的股份或债权证、部分集体投资计划（如与保险有关的保险合约）项目中的权益等。

日本的《金融商品交易法》第 2 条第 1 款将证券界定为：国债证券、地方债证券、法人根据特别法律发行的债券、有担保或无担保的公司债券、根据特别法律设立的法人所发行的出资证券、股票或表示新股承购权的证书、证券投资信托和贷款信托的受益证书、外国或外国人所发行的证券或证书中具有以上各款证券或证书性质者，其他由政令规定的证券或证书。① 随着法律的不断修改，日本的立法中除了传统的证券类型，还出现了诸如特定目的公司的资产担保证券、证券投资法人的投资证券，表示与有价证券有关的期权证券或证书以及存托凭证等。我国台湾地区的"证券交易法"第 6 条将有价证券界定为"政府债券、公司股票、公司债券及经主管机关核定之其他有价证券；新股认购权利证书、新股权利证书及前项各种有价证券之价款缴纳凭证或表明其权利之证书，视为有价证券；前二项规定之有价证券，未印制表示其权利之实体有价证券者，亦视为有价证券"。

我国《证券法》第 2 条规定："在中华人民共和国境内，股票、公司债券、存托凭证和国务院依法认定的其他证券的发行和交易，适用本法；本法未规定的，适用《中华人民共和国公司法》和其他法律、行政法规的规定。政府债券、证券投资基金份额的上市交易，适用本法；其他法律、行政法规另有规定的，适用其规定。资产支持证券、资产管理产品发行、交易的管理办法，由国务院依照本法的原则规定。在中华人民共和国境外的证券发行和交易活动，扰乱中华人民共和国境内市场秩序，损害境内投资者合法权益的，依照本法有关规定处理并追究法律责任。"可见，尽管我国《证券法》并未明确界定证券的定义和范围，但是通过适用范围的规定，可以看出我国《证券法》所规范和调整的证券主要是股票、公司债券、存托凭证、政府债券、证券投资基金份额、资产支持证券、资产管理产品和国务院依法认定的其他证券。

可见，具有英美法系传统的国家和地区立法对于证券的界定比较强调操作性，通过大量的列举来尽可能地穷尽所有的证券类型，其列举显得宽泛和庞杂。并且，这些国家和地区将票据等货币证券也纳入了证券的范畴。但是大陆法系国家和地区的立法对于证券的界定相对而言更加明确而具体，并将法律意义上的证券限制为资本证券，将商业票据等货币证券排除在证券范畴之外。因此，并非所有证券类型都属于法律意义上的证券，证券法所调整和规范的证券类型是法律意义上的证券，而哪些证券是法律意义上的证券则取决于立

---

① 《金融商品取引法》（昭和二十三年四月十三日法律第二十五号）第 2 条この法律において「有券」とは、次にげるものをいう。

法的具体规定。当然，并不是非法律意义上的证券就没有法律的规范和调整，而是由《公司法》《票据法》等法律调整。此外，法律意义上的证券的范围并非一成不变，而是随着法律移植和经济发展，为社会不断提供创新的融资手段，[1] 在立法和司法实践中不断得到丰富和扩充。

（二）证券的法律特征

通过分析上述证券法意义上的证券类型，不难发现这些证券类型都存在着共性，即有共同的法律特征。通过这些法律特征的辨识，我们可以界定某种记载了一定权利的书面凭证是否属于证券法意义上的证券。

1. 证权性

证券是证明持券人拥有证券权利的凭证。证券的券面都记载着一定的权利，持券人能凭借证券向义务人主张和行使证券券面所载的权利。记名证券的权利人可以凭借证券券面的记载来证明其拥有证券权利，不记名证券的权利人则可以凭借其持有的证券本身来证明其拥有证券权利。证明证券权利的存在和该权利的归属是证券的功能和意义之所在，不管是设权证券还是证权证券，都无例外地能够证明证券权利的归属，两者除了在证券权利的来源上存在差异之外，在证明证券权利的特点上并无二致。正如《布莱克法律词典》的解释，证券是"证明持券人对公司的所有权、对公司或政府的债权或持券人的其他权利的工具"。比如股票即为证明持有人的股东权利的证券，债券能够证明持有人的债权人地位。证券因为其证权性而具有价值。

2. 财产性

证券是表彰财产性权利的凭证。在市场经济和社会信用的日益发展下，人们开始超越传统意义上对财富的直接占有、使用、收益和处分，而是使用证券来代表这些财产性权利，对财富进行间接的控制和收益，从而更加便于财富的流转。一般而言，证券权利的标的都是财产，证券商都载明了券面面值，都能够以一定的财产价值来进行衡量，并且其交易也有着相应的市场价格。证券的财产性并不是指证券本身的物质载体具有财产性，而是指证券所代表的证券权利的财产性。证券的财产性能否实现与实现的程度并非一成不变，而是取决于各种因素。比如债券到期不能得到完全的偿付，其财产性将大打折扣。又如认股权证到期未及时行权，则有可能变成一张废纸。

3. 投资性

证券是金融活动中的投资工具。证券的发行人通过向持券人发行证券以募集生产经营所需要的资金，证券的持有人可以在二级市场上转让证券，通过低价买入高价卖出的方式赚取差价以获得利润。证券持有人参与到证券发行和交易的活动中来，几乎都是以投资利

---

[1] 吕成龙：《我国〈证券法〉需要什么样的证券定义》，载《政治与法律》2017 年第 2 期。

益最大化为目的，这种投资利益一方面来自于证券权利自身价值的增加，另一方面来自证券市场的溢价收入。证券交易活动的参与者包括投资性参与者和投机性参与者，投资性参与者更加看重证券权利自身价值的增长，通过长期持有证券以分享价值增长带来的收益，投机性参与者则更加重视证券市场溢价所带来的收入，通过短线持有和频繁交易获得利润。尽管证券投资能够取得一定的收益，但这个过程往往伴随着相应的风险。不同的证券品种具有不同的风险，并且风险与收益成正相关关系。证券市场上个人投资者往往不及机构投资者能够正确地预见和防范风险，并且市场上投机行为和违法行为的泛滥客观上增加了证券市场的投资风险。

4. 流通性

证券是可以在市场上依法流通转让的投资工具。证券作为财产权利的载体，革命性地简化了财产和权利转让的繁琐程序，通过标准化的证券形式作为财产性权利的代表，实现交易的高效和快捷。交易人只需要简单交付或者登记过户，即可便利地实现财产权利的转移。证券的流通既是其所代表的财产性权利变动的要求，也是其自身价格发现和价值增长的要求。证券在市场上的流通使得证券具有了交换价值，从而根据市场规律具有了相应的市场价格，随着市场对证券的了解和看好，其价格也会随着愿意购买该证券的人数的增加而提高，证券持有者也可以通过出让该证券而获得溢价收入。证券既可以在证券交易所等集中交易场所转让，也可以在场外由买卖双方自行协议转让或者通过代办股份转让系统撮合交易。在证券交易所的交易方式包括集中竞价交易、大宗交易、裁判转让以及协议转让等方式。随着多层次资本市场的建立和完善，证券的流通性将得到进一步的保障和增强。

四、我国《证券法》上的证券类型

根据我国《证券法》第 2 条的规定，我国《证券法》上的证券类型包括以下种类：

（一）股票

股票（stock），是指股份有限公司签发的证明股东按其所持有的股份享有权利的书面凭证，是表彰股权的有价证券。股票是证券中最重要也是最主要的一种形式，股票所载的权利是股权，股票的持有人可以凭借股票证明其股东身份并行使股东权利，或者通过交易股票获得收益。股票是一种要式证券，股票的表现形式和记载内容都有法律的规定。我国《公司法》第 149 条第 1 款规定："股票采用纸面形式或者国务院证券监督管理机构规定的其他形式。"传统意义上的股票都是采用纸面形式的，主要表现为实物券式股票和簿记券式股票。《股票发行与交易管理暂行条例》第 53 条"发行人可以发行簿记券式股票，也可以发行实物券式股票"之规定正是表明股票既可以由股东实际持有的实物券式股票形式发行，也可以由证监会指定机构保管的簿记券式股票的形式发行。但不论以何种形式发行，都应该遵守《公司法》第 149 条第 2 款之规定，股票采用纸面形式的，应当载明公司名称、公司成立日期或股票发行的时间、股票种类、票面金额及代表的股份数、股票的编号等信息。当然，随着证券无纸化的发展，也有股票开始以电子数据的形式在证券登记结算机构的系统中实现发行和交易。

公司法理论上根据不同的标准对股票进行了各种分类。根据股东享有的权利和承担的风险大小不同可分为普通股和优先股，根据股票上是否记载股东姓名可分为记名股和不记名股，根据股份是否用金额表示可分为额面股和无额面股，根据股东是否享有表决权可分为表决权股和无表决权股，按照投资主体的不同可分为国家股、法人股、公众股和外资股等。① 但是学理上的分类与我国具体实践存在着诸多差异，并且随着证券无纸化的发展，股票得以在记名股的安全和不记名股的效率间实现了两全，不记名股已渐渐失去其存在的空间。因此，有必要结合我国的具体实践，对具有实际意义的股票类型予以简要介绍。

根据股票发行的对象和方式，我国目前有公开发行的股票和非公开发行的股票。股份有限公司应该向股东签发股票作为股东的股份凭证。公开发行的股票是指经过证券监督管理机构核准向不特定公众发行的股票。与之相对应的，非公开发行的股票是指未向不特定公众发行的股票。公开发行的股票与上市的股票并非同一概念，一般来说，上市交易的股票必须是已经证券监督管理机构注册公开发行的股票，上市交易的股票被称为"流通股"，而上市公司非公开发行的股票则被称为"非流通股"。随着股权分置改革的推进和深化，所有上市公司的股票基本上都会实现全流通。

根据股票持有主体，我国现有股票类型可分为国家股、法人股和自然人股。国家股是指国家持有的股票。一般来说，国家持有股票一般是通过国有资产管理部门代表国家享有股东地位和行使股东权利。法人股是指具有法人资格的企业或其他组织所持有的股票。这里的法人包括公司、基金会、高校等。国有企业法人持有的股票与国有资产管理部门持有的股票也都称为国有股。自然人股是指由自然人持有的股票。这里的自然人既有一般的投资者，也有公司内部的自然人，如公司的发起人、公司的董事、监事和高级管理人员等，由于公司法对后者在股票的流通转让上课以了特殊的义务因而具有一定的特殊性。

根据投资者、上市地、交易币种等区别，股票可以分为 A 股、B 股和 H 股。A 股又称人民币普通股票，是指在我国境内上市交易的，以人民币标明面值，供我国境内投资者、合格境外投资者（QFII）和外国战略投资者用人民币买卖的股票。B 股又称人民币特种股票，也称境内上市外资股票，是指在我国境内上市交易的，以人民币标明面值，供我国境内外投资者用外币买卖的股票。其中深圳证券交易所 B 股市场以港币交易，上海证券交易所以美元交易。B 股市场于 1992 年建立，2001 年 2 月 19 日前仅限境外投资者买卖，此

---

① 参见冯果：《公司法》，武汉大学出版社 2019 年版，第 179~182 页。

后，B 股市场对境内投资者开放，允许境内投资者以外币买卖此种股票。随着 A 股市场不断开放和境内企业纷纷到境外上市，B 股市场已日渐式微。H 股又称境外上市外资股票，是指境内公司在境外发行上市的，以人民币标明面值，用外币认购交易的股票。

除了上述股票类型，还存在着各种其他的股票类型的概念，如蓝筹股、红筹股、绩优股和垃圾股等。蓝筹股（blue chips）一词来源于西方赌场中最具价值的蓝色筹码，意思是指在其所属行业占有重要支配性地位、资金雄厚、技术力量强大、经营管理有效、业绩优良、成交活跃、红利优厚的大公司股票。蓝筹股多指长期稳定增长的、大型的传统工业股及金融股，如汇丰控股、长江实业等。红筹股（red chips），是指在我国境外设立并在境外上市的由我国大陆地区资本控股的公司所发行的股票，如中国移动、中海油等。发行这种股票的多是具有国资背景的公司，因此人们形象地认为这种股票具有"红色"属性，故称其为红筹股。现在我国香港和美国、新加坡等地也有许多类似的公司发行该种股票，因此将红筹股的上市地局限于香港其实是不合适的。绩优股（glamour stock）是指经济效益高、发展前景好的公司发行的股票。在我国，投资者衡量绩优股的主要指标是每股税后利润和净资产收益率。一般而言，每股税后利润在全体上市公司中处于中上地位，公司上市后净资产收益率连续三年显著超过 10% 的股票当属绩优股之列。绩优股具有较高的投资回报和投资价值。绩优股与蓝筹股一样都是效益好的公司发行的，但股票属于绩优股的公司规模并不一定很大。垃圾股（junk bond）则与绩优股对应，是指业绩较差的公司发行的股票。

（二）债券

根据斯普林格（Springer）出版社 2013 年出版的《金融百科全书》，债券（bond）被解释为"公司的一项长期债务"，"通常包括有担保的和无担保的债务，债券一般有面值，又称为基本价值或面额，被记载于债券证明书"。① 世界银行组织发布的 2017 年《国际债务统计报告》中指出，债券是一项由公共部门担保并公开承诺，或者由私人部门发行的持续一年或更长时间的债务融资工具，债券通常给予持有者无条件的固定货币收入或通过合同确定的可变货币收入。② 根据关于各类债券的法律法规定义③，债券皆应依照法定程序

① Cheng-Few Lee, Alice C. Lee, Encyclopedia of Finance, Springer US, 2013, p. 26.

② World Bank, International Debt Statistics 2017, p. 171, https：//openknowledge. worldbank. org.

③ 《地方政府一般债券发行管理暂行办法》第 2 条规定，地方政府一般债券，是指省、自治区、直辖市政府为没有收益的公益性项目发行的、约定一定期限内主要以一般公共预算收入还本付息的政府债券。《公司债券发行与交易管理办法》第 2 条规定："本办法所称公司债券，是指公司依照法定程序发行、约定在一定期限还本付息的有价证券。"《全国银行间债券市场金融债券发行管理办法》第 2 条第 1款规定："本办法所称金融债券，是指依法在中华人民共和国境内设立的金融机构法人在全国银行间债券市场发行的、按约定还本付息的有价证券。"《银行间债券市场非金融企业债务融资工具管理办法》第 2 条规定："本办法所称非金融企业债务融资工具，是指具有法人资格的非金融企业在银行间债券市场发行的、约定在一定期限内还本付息的有价证券。"

发行，其共同的内涵为"发行主体约定在一定期限内还本付息的有价证券"。一般而言，债券本质上是一种资金借贷的证明，是发行人为融资需求向投资者发行并按条件以约定的利息偿付资金的债权债务凭证，[①] 是一种有价证券。债券发行人与债券投资者产生债权债务法律关系，投资者获得相对比较确定和稳定的回报。

当前在债券市场上的债券交易品种分类复杂，存在主体分类、交易场所分类、交易结构分类、交易方式分类及其他分类等多种分类路径。理论上，根据发行主体不同大致可将债券区分为政府债券、金融债券和企业债券。由于结构性金融的创新，债券市场中的产品存在多种以结构安排为显著特性的债券或者说债券类产品，如主要由证券公司、信托公司和保险公司等金融机构发行的资产证券化类的固定收益产品、可转换债券、可交换债券等。在金融创新背景下，我国传统"股债二分法"下的债券种类依然处于发展之中。

1. 政府债券

政府债券（government bond），也称国债券和公债券，是指政府为了筹措经济建设资金、弥补财政赤字或国库收支差额等特定目的，按照一定的程序发行的，以政府信用作为担保承诺到期还本付息的债务凭证。在修订我国《证券法》之前，政府债券的发行和交易由法律和行政法规另行规定，证券法对此并不加以调整。修订后的《证券法》正式将政府债券的上市交易纳入调整范围。但是，《证券法》并未将政府债券的发行纳入调整范围，政府债券的发行和上市均无须像一般证券那样经过证券监督管理部门的核准，也不需要满足一般证券的发行条件，是典型的豁免证券（exempted securities）。政府债券由中央政府发行，以政府信用作为偿债担保，其风险小、安全性高，因此被称为"金边债券"（gilts）。

政府债券分为中央政府债券和地方政府债券。地方政府债券根据有收益项目发行和没有收益项目发行区分为一般责任债券和专项债券。根据期限的长短，政府证券分为短期政府债券、中期政府债券和长期政府债券；根据发行对象的区别，政府证券可分为向一般社会公众和企事业单位发行的普通政府债券和向特定对象发行的特定政府债券；根据债券的表现形式，政府债券分为凭证式国债和记账式国债。凭证式国债是指不印制实物证券，而是通过签发收款凭证的方式发行的不能流通转让的政府债券。凭证式国债具有储蓄的性质，其收益率要高于同期银行存款利率。记账式国债是指不发放实物凭证，而是将投资者持有国债的品种和数量登记于账户中的可以流通转让的政府债券。记账式国债可以在证券交易场所交易，具有较好的流动性，并且可以挂失。

2. 金融债券

金融债券（financial bond）是指金融机构法人在银行间债券市场发行的按约定还本付

---

① 冯果：《债券的证券本质与债券市场法制化——〈证券法〉修订背景下的债券法律体系重构与完善》，载黄红元、徐明主编：《证券法苑》第17卷，法律出版社2016年版，第1~14页。

息的有价证券。在欧美国家，金融债券被视作公司债券，在日本、我国以及我国台湾地区，金融机构发行的债券则被称为金融证券。尽管我国《证券法》并未明确列举金融债券作为法定债券类型，但是有列举"国务院依法认定的其他证券"。根据我国《人民银行法》《商业银行法》《企业债券管理条例》《国务院关于金融体制改革的决定》《金融资产管理公司条例》等法律和行政法规的规定，金融债券已被作为证券的一种类型而受到认定和调整。因此，金融债券应作为国务院依法认定的其他证券纳入《证券法》调整的范围。但是金融债券作为债券的基本类型之一，与政府债券和企业债券统一归入证券这一大类似乎更加合理。

当然，根据《全国银行间债券市场金融债券发行管理办法》的规定，政策性银行、商业银行、企业集团财务公司及其他金融机构可以发行企业债券。金融债券的发行人和债务人都是金融机构。金融债券的发行必须经过中国人民银行的核准，并且只能在全国银行间债券市场发行和交易，只有商业银行、非银行金融机构和其他金融机构以及经中国人民银行批准的非金融机构等机构投资者能够进入该市场参与金融债券的交易。金融债券的交易不对个人投资者开放。

3. 企业债券

企业债券（enterprise bond）是指企业发行的约定在一定期限内还本付息的债券。企业债券分为公司债券和非公司企业债券。根据《企业债券管理条例》，包括公司在内的企业都可以成为发行企业债券的主体。企业债券代表着发债企业和投资者之间的一种债权债务关系，债券持有人是企业的债权人，债券持有人有权按期收回本息。企业债券与股票一样，同属有价证券，可以自由转让，但是股票只能由股份有限公司发行，而企业债券并无此限制；股票代表的是股权，而企业债券代表的是债权；股票的利益是不确定的，与公司经营状况相关，而企业债券在能得到偿付的情况下收益通常是固定的。一方面企业债券风险与企业本身的经营状况直接相关。如果企业发行债券后，经营状况不好，连续出现亏损，可能无力支付投资者本息，投资者就面临着受损失的风险。所以，在企业发行债券时，一般要对发债企业进行严格的资格审查或要求发行企业有财产抵押，以保护投资者利益。另一方面，在一定限度内，证券市场上的风险与收益成正相关关系，高风险伴随高收益。企业债券由于具有较大的风险，其收益率通常也高于国债。由于非公司企业债券的发行条件和发行主体要求比较严格，通常所说的企业债券主要指的是公司债券。而一般公司债券指不具有主体特殊性的公司发行的债券，根据公司规模大小可分为中小企业私募债、创业板私募债和由我国证券监督管理委员会（证监会）核准的上市公司公开发行的公司债券。

企业债券也有各种不同的类型，具体包括公募债券（public offering bond）和私募债

（private placement bond），即公开发行的债券和非公开发行的债券，公募债券是指向不特定对象或超过 200 人的特定对象发行的企业债券，私募债券是向不特定的少数投资者发行的企业债券；有担保企业债券和无担保企业债券；短期公司债券、中期公司债券和长期公司债券；普通企业债券和特别企业债券，普通企业债券是指权利义务内容具有债券一般属性的企业债券，特别企业债券是指权利义务内容除了具有普通债券的属性外，还具有某些特殊属性的债券，如可转换公司债券。可转换公司债券（convertible bonds）是指上市公司依照法定程序发行的，在一定时间内依据约定条件可以转换成股份的公司债券。可转换公司债券具有债券和股票的双重属性，是否转换由权利人自行选择。也有人认为可转换公司债属于证券衍生品种。

（三）存托凭证

存托凭证（Depository Receipt，简称 DR），又称存券收据或存股证，是指在一国证券市场上流通的代表在境外发行交易的有价证券的可转让凭证。2023 年 2 月 17 日，中国证券监督管理委员会公布《存托凭证发行与交易管理办法（试行）》，其中第 2 条第 1 款规定："本办法所称存托凭证是指由存托人签发、以境外证券为基础在中国境内发行、代表境外基础证券权益的证券。"存托凭证主要用来突破证券交易的跨境限制，是跨境上市的常用方式。在境外的公司先将部分已发行上市的证券托管在当地的托管银行，再由一国境内的存券银行发行、在境内上市交易、以境内币种交易结算、供境内投资者买卖。存托凭证的本质可以视作存托人与投资者之间的无名合同，合同的主要内容规定由存托人拥有基础证券（外国公司股票）的所有权，投资者拥有存托凭证的所有权，并凭借存托凭证获得存托人所持股票的全部或部分权益。[①] 存托凭证的使用可以突破跨境法律冲突和外汇管制，但操作成本较高。常见的存托凭证有美国存托凭证（ADR）、欧洲存托凭证（EDR）和中国存托凭证（CDR）等。

（四）证券投资基金份额

以前《证券法》并未将证券投资基金份额明确列为证券类型之一，在 2004 年《证券投资基金法》正式施行之后，修订后的《证券法》第 2 条明确规定，"证券投资基金份额的上市交易适用本法，其他法律、行政法规有特别规定的，适用其特别规定"。这样，《证券法》和《证券投资基金法》作为证券投资基金份额的一般法与特别法，成为调整证券投资基金份额的基本法。嗣后，证监会出台了《公开募集证券投资基金运作管理办法》《公开募集证券投资基金信息披露管理办法》《证券投资基金托管业务管理办法》《公开募集证券投资基金管理人监督管理办法》《私募投资基金监督管理条例》《公开募集基础设

---

① 冯果、薛亦飒：《中国存托凭证存托人"自益行为"的规制进路——以〈证券法〉的规制逻辑为基础展开》，载《清华法学》2020 年第 6 期。

施证券投资基金指引（试行）》等一系列法规，共同构成了证券投资基金法律体系。

证券投资基金份额是证券投资基金的证券形式，通常表现为基金券的形式。证券投资基金（securities investment fund）是指通过公开发行基金份额来募集投资者资金，然后由基金管理人管理，基金托管人托管，为了基金份额持有人的利益以资产组合方式进行证券投资的基金形式。投资基金起源于1868年的英国，而后兴盛于美国，现在已风靡于全世界。在不同的国家，投资基金的称谓有所区别，英国称之为"单位信托投资基金"，美国称之为"共同基金"，日本则称之为"证券投资信托基金"。证券投资基金与产业投资基金和风险投资基金一样，都是投资基金的一种形式。证券投资基金是一种利益共享、风险共担的集合投资方式。通过设立证券投资基金，可以积少成多，将分散的资金集合起来，由投资专家以证券为对象进行有效的组合投资，能够分散风险，形成规模效益。证券投资基金份额的持有者对证券投资基金根据其份额享有相应的权利。证券投资基金最显著的特点就在于集合投资、分散风险和专家理财。

根据证券投资基金的组织形式，可以将证券投资基金分为契约型基金和公司型基金。契约型基金又称为单位信托基金，是指把投资者、管理人、托管人三者作为基金的当事人，通过签订基金契约的形式，发行受益凭证而设立的一种基金。契约型基金起源于英国，后在新加坡、印度尼西亚等国家和我国香港地区十分流行。契约型基金是基于契约原理而组织起来的代理投资行为，没有基金章程，也没有董事会，而是通过基金契约来规范三方当事人的行为。基金管理人负责基金的管理操作。基金托管人作为基金资产的名义持有人，负责基金资产的保管和处置，对基金管理人的运作实行监督。公司型基金是按照公司法以公司形态组成的，该基金公司以发行股份的方式募集资金，一般投资者则为认购基金而购买该公司的股份，也就成为该公司的股东，凭其持有的股份依法享有投资收益。这种基金要设立董事会，重大事项由董事会讨论决定。公司型基金的特点在于基金公司本身依法注册为法人，但不同于一般公司的是，它是委托专业的财务顾问或管理公司来经营与管理；基金公司的组织结构也与一般公司类似，设有董事会和持有人大会，基金资产由公司所有，投资者则是这家公司的股东，承担风险并通过股东大会行使权利。

根据证券投资基金的运作方式，证券投资基金可分为开放式基金和封闭式基金。开放式基金（open-end fund）是指基金发起人在设立基金时，基金份额总规模不固定，可视投资者的需求，随时向投资者出售基金份额，并可应投资者要求赎回发行在外的基金份额的一种基金运作方式。封闭式基金（close-end fund）是指基金的发起人在设立基金时，限定了基金单位的发行总额，筹足总额后基金即宣告成立，基金份额可以在交易场所进行交易，基金份额持有人不能申请赎回的基金。

此外，根据证券投资基金的募集方式，可以将证券投资基金分为公募基金和私募基金；根据投资对象的不同，证券投资基金可以分为股票基金、债券基金、货币市场基金、指数基金和混合基金；根据资本来源不同，证券投资基金可以分为国内基金、国际基金、离岸基金和海外基金。

（五）资产支持证券

所谓资产支持证券（asset-backed securities），是指由金融机构作为发起人，将信贷资产信托给受托机构，由受托机构发行的，以该财产所产生的现金支付其收益的证券形式。资产支持证券是资产证券化的表现形式。中国人民银行、中国银行业监督管理委员会（现为国家金融监督管理总局）于2005年制定了《信贷资产证券化试点管理办法》，其中第2条第1款指出了信贷资产证券化的基本模式：银行业金融机构作为发起机构，将信贷资产信托给受托机构，由受托机构以资产支持证券的形式向投资机构发行受益证券，以该财产所产生的现金支付资产支持证券收益的结构性融资活动。其中第3条规定："资产支持证券由特定目的信托受托机构发行，代表特定目的信托的信托受益权份额。资产支持证券在全国银行间债券市场上发行和交易。"从实践来看，我国目前主要资产证券化的种类包括：资产支持商业票据（ABN）、信贷资产证券化（信贷ABS）、企业资产证券化（企业ABS）。

（六）资产管理产品

资产管理产品本质上是一系列合同的结构化设计，包括借贷合同、委托合同与担保合同等，在杠杆比例、投资限制等方面存在复杂的规范要求，[1] 一直是证券监管乃至金融监管中的高风险点。[2] 根据2023年发布的《证券期货经营机构私募资产管理业务管理办法》（证监会令第203号）第2条规定，私募资产管理业务，是指证券期货经营机构非公开募集资金或者接受财产委托，设立私募资产管理计划（以下简称资产管理计划）并担任管理人，由托管机构担任托管人，依照法律法规和资产管理合同的约定，为投资者的利益进行投资活动。中国人民银行、中国银行保险监督管理委员会（现为国家金融监督管理总局）、中国证券监督管理委员会、国家外汇管理局发布《关于规范金融机构资产管理业务的指导意见》（银发〔2018〕106号）第2条指出，资产管理业务是指银行、信托、证券、基金、期货、保险资产管理机构、金融资产投资公司等金融机构接受投资者委托，对受托的投资者财产进行投资和管理的金融服务；第3条规定，资产管理产品包括但不限于人民币或外币形式的银行非保本理财产品，资金信托，证券公司、证券公司子公司、基金管理公司、基金管理子公司、期货公司、期货公司子公司、保险资产管理机构、金融资产投资公司发行的资产管理产品等。一般来讲，资产管理产品按照募集方式的不同，分为公募产品和私

---

① 叶名怡：《结构化资管计划的私法规制——以"宝万之争"为例》，载《法学》2018年第3期。

② 参见杜晶：《区分资管产品的刚性兑付与产品增信》，载黄红元主编：《证券法苑》第28卷，法律出版社2020年版，第273~280页。

募产品。公募产品面向不特定社会公众公开发行。私募产品面向合格投资者通过非公开方式发行。资产管理产品按照投资性质的不同，分为固定收益类产品、权益类产品、商品及金融衍生品类产品和混合类产品。

（七）国务院依法认定的其他证券

我国《证券法》第 2 条第 1 款中用"国务院依法认定的其他证券"作为兜底条款，将未明确列举的证券统一涵盖，并且使得《证券法》实施后经国务院认定的证券也一并受《证券法》的调整。这一兜底条款是立法技术的有效运用，既可以避免证券类型列举的疏漏，又可以适应金融创新环境下证券类型不断丰富的现实状况。国务院依法认定的其他证券的范围并不是确定的，将随着证券市场的发展而不断扩大。对于国务院依法认定其他证券的认定方式，我们认为这种认定方式不宜局限于国务院通过制定或发布行政法规以及个案认定的方式，国务院各部委通过部门规章以及国务院及其授权机构依据个案认定的"其他证券"亦应归入"国务院依法认定的其他证券"之列。

对于非公司制企业债券和金融债券，有人援引《企业债券管理条例》和《全国银行间债券市场金融债券发行管理办法》，认为其应属于国务院依法认定的其他证券。本书为了行文的方便以及体系的合理，将非公司制企业债券和金融债券统一放在债券部分进行介绍。

第二节　证券市场

一、证券市场的概念与类型

证券市场是金融市场的重要组成部分。[①] 从狭义上讲，证券市场是指证券发行和交易的场所，证券市场只是从事证券活动的具体空间。从广义上讲，证券市场是以证券为对象的发行、交易、服务、监管等关系的总和。狭义上的证券市场着眼于从事证券活动的具体空间，而广义上的证券市场则在空间之外还包含证券活动的各类关系。广义上的证券市场包含两个基本要素：一是证券活动所涉及的各类证券市场主体，即交易主体、中介机构和监管组织；二是作为证券活动对象的各种证券工具，即股票、债券等各种证券类型。这两种要素在证券活动中相互作用，共同形成一个市场体系，即证券市场。有学者从广义上将

---

① 证券市场是金融市场的重要组成部分。金融市场又分为货币市场和资本市场。货币市场（money market）是指经营一年以内短期资金融通的金融市场，包括同业拆借市场、票据贴现市场、回购市场和短期信贷市场等。资本市场（capital market）是指经营一年以上的中长期资金融通的金融市场，包括直接融资的证券市场和间接融资的中长期信贷市场。

证券市场界定为股权证券、债权证券及相关金融工具的发行和交易的国内市场和国际市场。① 应该说，从广义上界定证券市场更能全面地把握其内涵。但是为了理解的简便，人们通常从狭义上界定证券市场。

根据不同的标准，可以将证券市场分为以下几种类型：

（一）发行市场与交易市场

根据市场功能和证券流通的阶段，证券市场可以分为证券发行市场和证券交易市场。证券发行市场（primary market），也称一级市场或初级市场，是通过发行证券进行筹资活动的市场，一方面为资本的需求者提供筹集资金的渠道，另一方面为资本的供应者提供投资场所。发行市场是实现资本职能转化的场所，通过发行证券，把社会闲散资金转化为生产资本。由于发行活动是股市一切活动的源头和起始点，故又称发行市场为一级市场。证券交易市场（secondary market），也称证券流通市场、二级市场或次级市场，是指已经发行的证券进行买卖、转让和流通的市场。证券发行市场是交易市场的基础和前提，交易市场又是发行市场得以存在和发展的条件。发行市场的规模决定了交易市场的规模，影响着交易市场的交易价格。没有发行市场，交易市场就成为无源之水、无本之木，在一定时期内，发行市场规模过小，容易使交易市场供需脱节，造成过度投机，股价飙升；发行节奏过快，股票供过于求，对交易市场形成压力，股价低落，市场低迷，反过来影响发行市场的筹资。所以，发行市场和交易市场是相互依存、互为补充的整体。

（二）股票市场、债券市场、基金市场和衍生证券市场

根据证券品种，证券市场可以分为股票市场、债券市场、基金市场和衍生证券市场。股票市场（equity market）是指以股票为交易标的的证券市场，是最基础也是最重要的证券市场。债券市场（bond market）是以国债、企业债券和金融债券为标的的市场。基金市场（fund market）是从事投资基金凭证发行和交易的市场。衍生证券市场（derivative securities market）则是以衍生证券为交易标的的证券市场，包括期货市场、期权市场和其他衍生证券市场。

（三）主板市场、中小企业板市场、创业板市场、三板市场、科创板市场、国际板市场

根据上市公司的规模和性质以及市场层次，证券市场可以分为主板市场、中小企业板市场、创业板市场、三板市场、科创板市场和国际板市场。这种划分方式主要是针对股票市场而言的。

主板市场也称一板市场，是最主要的证券市场。主板市场对发行人的营业期限、股本大小、盈利水平、最低市值等方面的要求标准较高，上市企业多为大型成熟企业，具有较

---

① ［英］艾利斯·费伦：《公司金融法律原理》，罗培新译，北京大学出版社2012年版，第67页。

大的资本规模以及稳定的盈利能力。

中小企业板市场是指中小企业股票发行和交易的场所，这些中小企业普遍具有收入增长快、盈利能力强、高成长性等特点，而且股票流动性好，交易活跃。我国的中小企业板于 2004 年 5 月经批准在深交所设立，基本上被视作为建立创业板所做的准备和尝试，但无可否认地取得了很好的成绩。

创业板市场（Growth Enterprise Market，GEM）是指专门协助高成长的新兴创新公司，特别是高科技公司筹资并进行资本运作的市场，有的也称为二板市场、另类股票市场、增长型股票市场等。它与大型成熟上市公司的主板市场不同，是一个前瞻性市场，注重于公司的发展前景与增长潜力，其上市标准要低于成熟的主板市场。比较成熟的创业板市场有美国的 NASDAQ 等，我国的创业板也于 2009 年 10 月在深交所开始起步。

三板市场的全称是"代办股份转让系统"，是指退市后的上市公司股份和原 STAQ、NET 系统历史遗留的公司法人股流通转让的场所。现在正在扩容的"新三板"市场特指非上市股份有限公司进入代办股份系统进行转让的试点，因为挂牌企业均为高科技企业而不同于原转让系统内的退市企业及原 STAQ、NET 系统挂牌公司，故形象地称之为"新三板"。

科创板市场（Science and Technology Innovation Board）由国家主席习近平于 2018 年 11 月 5 日在首届中国国际进口博览会开幕式上宣布设立，是独立于现有主板市场的新设板块。设立科创板并试点注册制是提升服务科技创新企业能力、增强市场包容性、强化市场功能的一项资本市场重大改革举措。总体思路是以市场化为导向，以信息披露为中心，以中介机构把关为基础，着力减少发行审核领域的行政干预，积极发挥市场在资源配置中的决定性作用。[1] 2019 年 1 月 30 日，中国证监会发布《关于在上海证券交易所设立科创板并试点注册制的实施意见》。

国际板市场是指境外公司股票在我国境内上市和交易的场所。目前上海证券交易所与伦敦证券交易所建立了互联互通的机制——"沪伦通"。符合条件的两地上市公司，可以发行存托凭证并在对方市场上市交易。2018 年 10 月 12 日，证监会正式发布《关于上海证券交易所与伦敦证券交易所互联互通存托凭证业务的监管规定（试行）》，"沪伦通"于 2018 年 12 月 14 日启动。在我国建设多层次资本市场的背景下，大力发展以上各类证券市场，能够有力地提升我国资本市场的竞争力。

（四）场内交易市场和场外交易市场

根据证券交易的场所和组织形式，证券市场可以分为场内交易市场和场外交易市场。场内交易市场，又称证券交易所市场，是指在证券交易所进行证券交易的市场。场内交易

---

① 参见陈洁：《科创板注册制的实施机制与风险防范》，载《法学》2019 年第 1 期。

市场有着严格的交易规则。场外交易市场，也称 OTC（over the counter）市场，是指在证券交易所以外的场所进行证券交易的市场。场外交易市场除了传统意义上的柜台交易和店头交易，已经开始发展到在证券交易所与证券经营机构之外直接进行交易和不通过券商而利用计算机网络直接进行证券交易。在我国主要有证券公司代办股份转让系统、银行间债券市场和商业银行柜台市场等场外交易市场。

二、证券市场功能

证券市场通过证券信用的方式融通资金，通过证券的买卖活动引导资金流动，有效合理地配置社会资源，支持和推动经济发展，因而是金融市场中最重要的组成部分。[①] 具体而言，证券市场具有以下功能：

（一）筹集资金

筹集资金的功能是证券市场的首要功能。在国民经济运行中，资金在各部门间分布的不平衡以及有的部门的资金密集性，导致某些部门需要筹措大量资金。一般来说，公司弥补资金不足的方式主要有通过提取折旧或利润留存等方式进行的内源融资（internal financing）和向公司外部筹措资金的外源融资（external financing），外源融资又包括向银行借入贷款的间接融资（indirect financing）和在金融市场上发行证券的直接融资（direct financing）。相比于间接融资，直接融资的筹资规模和速度显然更优，并且能够防止资产负债比例过高而导致的经营危机。证券市场以证券的形式为资金需求者和供给者融通资金提供了一种良好的机制和场所，资金需求者通过发行证券的方式融入资金，而资金提供者通过投资证券的方式实现资金价值的增值。通过证券市场筹集资金后的公司往往能够获得雄厚的资金实力用以扩大经营规模。

（二）分散风险

证券市场在给投资者和融资者提供投融资渠道的同时，也提供了分散风险的途径。风险本身是与产权和收益相伴相随的，而证券即是权利的代表，并且投资证券可以带来收益，因此证券市场本身就是交易风险的场所。证券发行者通过发行股票或债券，使得投资者成为股东或债权人并承担相应的投资风险，因此便将经营风险部分地转移和分散给投资者；投资者可以根据自身的风险偏好和承受能力选择不同风险类型的证券，或者通过选择证券市场上流通的各种证券建立投资组合的方式来分散投资风险。通过证券市场上的交易，证券发行人和投资者之间可以实现风险选择的均衡，进而有效地分散风险。

（三）配置资源

证券市场的资源配置功能是指通过证券价格引导资本流动进而实现资源合理配置的功

---

① 参见吴晓求主编：《证券投资学》，中国人民大学出版社 2013 年版，第 70 页。

能。在证券市场上，证券价格的高低与该证券所能提供的预期报酬率密切相关。在证券市场上，投资者通过分析各类信息，选择报酬率高的证券进行投资，从而可以使资金流向那些经营好、发展潜力大的企业。由于报酬率高且投资者众，该类证券价格便会升高，相应的证券发行人筹资能力就强。这样，证券市场就通过价格机制引导资本流向质地优良的企业，为其扩大生产提供资本支持从而促进其跨越发展，相反质地低劣的企业便会在这种机制的作用下难以筹集资金，进而逐渐被淘汰。证券市场通过资本的市场化配置，促使资本产生尽可能高的效率，进而实现社会资源的合理配置。

（四）评价监督

证券市场的价格变化，在很大程度上是证券发行人经营状况、盈利能力、资本实力和公众形象变化的客观而真实的反映。当证券发行人的发展前景和经营状况不被投资者认可，其所发行的证券就不会得到投资者的欢迎，这些证券就会因为缺少需求导致价格下降。反之，如果证券发行人前景良好，投资者就会纷纷购买其所发行的证券从而导致价格上升。因此，在这个意义上，证券市场可以反映和评价证券发行人的基本状况。另外，由于证券市场有着严格的信息披露要求和有效的证券监管，故而能对证券发行人的经营进行有效的监督。除此之外，广大的股东还可以通过"用手投票"行使股东权或者"用脚投票"等方式对证券发行人形成一定的压力，可以监督其勤勉合法运营。

三、证券市场主体

作为证券市场的要素，证券与证券市场主体相互作用共同构成了整个证券市场体系。证券类型在上节已作了详细介绍，而作为证券市场上最活跃以及最基本的证券市场主体还需要进一步廓清。

证券市场主体是指在证券市场活动中享有权利承担义务的自然人、法人或其他组织。有学者从广义上将证券市场主体分为发行人、投资者、证券公司、证券服务机构以及政府监管机构和自律监管机构。① 也有学者从狭义上理解证券市场主体，将证券市场主体局限为证券发行人和证券投资者，并与证券市场中介机构、证券市场监管机构与证券市场自律组织共同构成证券市场参与者。② 狭义地理解证券市场主体，显然是将市场主体仅仅局限在证券交易的视域内，并且将中介机构和监管组织排除在了证券市场主体之外。

本书认为，证券市场离不开提供证券服务的中介机构和维护证券市场稳健运行的监管组织，这些机构和组织积极参加了证券市场活动，也享有相应的权利，承担相应的义务，是非常活跃和重要的证券市场主体。本书所称证券市场主体就是证券市场的参与者。证券

---

① 参见叶林：《证券法》，中国人民大学出版社 2013 年版，第 67 页。
② 参见范健、王建文：《证券法》，法律出版社 2020 年版，第 12~14 页。

市场主体包括以下几类：

（一）交易主体

所谓交易主体，是指直接参与证券交易活动的证券市场主体。交易主体在证券交易活动中作为证券的卖方和买方，直接让渡或继受证券权利，取得或支付价款，处于证券交易关系链条的两端。交易主体是证券市场上最基础的主体，没有交易主体的存在就不可能有证券交易的达成，证券市场就失去了存在的意义和价值。一般认为，证券市场上的交易主体即证券发行人和证券投资者。

1. 证券发行人（issuer）

证券发行人是指为了筹集资金而发行证券的主体。证券发行人是证券市场资金的需求者，通过发行证券而取得资金。证券市场上的证券来源于证券发行人的发行行为和事实。我国法律对证券发行人的主体资格有着比较严格的限定，不同的证券发行人可以发行不同的证券类型。具体的证券发行人主要有发行政府债券的政府、发行金融债券的金融机构、发行非公司企业债券的非公司企业、发行公司债券或股票的公司等。

2. 证券投资者（investor）

证券投资者是为了获取股息红利或者买卖差价而购买证券的主体。证券投资者是证券市场资金的供给者，通过支付对价取得证券。证券投资者通常被分为机构投资者和个人投资者。机构投资者（institutional investors）是指用自有资金或者集合资金专门从事证券投资的法人或非法人机构，如社保基金、证券投资基金、保险公司以及从事自营业务的证券公司等。机构投资者凭借其雄厚的资金实力以及专业的投资水平，成为证券市场的重要力量。个人投资者（individual investors）是指从事证券投资的社会公众个人。个人投资者是证券市场最广泛的群体，但是由于信息不对称以及市场有效性不足，加上缺乏专业的投资技能，个人投资者往往是证券市场最为弱势的群体而应加以特殊保护。另外，证券投资者既包括在一级市场上从证券发行人手中买入证券的投资者，还包括在二级市场上从证券持有人手中买入证券的投资者。

（二）中介机构

中介机构是指在证券市场上依法通过专业知识和技术服务，为委托人提供公正性、代理性、信息技术服务性等中介服务的机构。中介机构是证券市场上非常重要的一类主体，其存在极大地提高了证券市场的效率，可以说证券市场的高效运行很大程度上依赖于中介机构的活动。中介机构位于证券发行、交易以及其他活动链条的中间，主要有以下几种类型：

1. 证券经营机构

证券经营机构是指依法设立的可经营证券业务的金融机构。我国的证券经营机构主要为证券公司及其子公司。证券经营机构可接受投资者委托办理证券交易，即证券经纪商（brokers）；协助发行人发行证券，即证券承销商（underwriters）；以自己的名义直接从事证券交易，即证券自营商（dealers）。在我国，经纪类证券公司只能从事证券经纪业务，而综合性证券公司可以经营证券经纪、证券承销以及证券自营业务。当然，需要说明的是，在证券经营机构从事证券自营业务时，其因直接参与了证券交易而应归为交易主体之列。申言之，证券公司具有双重属性，在从事自营业务之外当属中介机构，在从事自营业务时则不能被认定为中介机构，而是交易主体。

2. 证券服务机构

证券服务机构是指依法设立的为证券市场活动提供相关服务的机构。由于证券市场对于专业性要求颇高，并且有些法律规定的事项须由相关中介机构提供服务，因此需要证券服务机构为证券市场的运行提供服务。证券服务业务包括：证券投资咨询，证券发行及交易的咨询、策划、财务顾问、法律顾问及其他配套服务，证券资信评估服务，证券集中保管，证券清算交割服务，证券登记过户服务，证券融资，经证券管理部门认定的其他业务。通常来看，提供证券服务的证券服务机构主要有证券登记结算公司、律师事务所、会计师事务所、信用评级机构、投资咨询机构、资产评估机构等。另外证券公司也可以依法从事证券投资咨询和与证券交易、证券投资有关的财务顾问业务，即也可以成为证券服务机构。

证券交易所和证券登记结算公司既不直接买卖证券，也不决定证券价格，而只为买卖证券的当事人提供场所和各种必要的条件及服务，是证券交易的组织者，因此可算作中介机构，但因为要执行法律法规所赋予的一线监管职能，因此又并不是纯粹的中介机构，具有其特殊性。理论界将证券市场中介机构定位为"看门人"角色，以保护投资者利益为价值依归，承载着维护证券市场秩序之使命，承担着核验信息披露之义务，以缓解证券市场信息不对称、降低交易成本，同时应防止自身违法违规，成为证券违法行为的"帮凶"。[1]

（三）监管组织

监管组织是指对证券市场上的发行和交易行为进行监督和管理的机构。证券市场由于其高度的复杂性和逐利性，极易产生系统性风险以及操作风险、道德风险等非系统性风险，因此需要证券监管组织通过严格的监督和管理，确保证券市场平稳有序运行。证券监管组织并不实际参与证券市场交易活动，而是作为旁观者和监督者密切关注证券市场活动的进展，并对于违法违规行为进行及时有效的处理。证券监管组织尽管不实际参与证券交

---

① 刘志云、史欣媛：《论证券市场中介机构"看门人"角色的理性归位》，载《现代法学》2017年第4期。

易,但也通过市场准入与处罚等方式参与和影响了证券市场活动,证券市场绝对离不开监管组织。

1. 政府监管部门

政府监管部门是指根据法律规定具有行政执法权力的负责证券市场监督管理事项的国家机关或部门。政府监管部门根据法律规定和国务院授权对证券的发行、上市、交易、托管和结算等进行监管,监管证券交易所以及各类证券金融机构,按照规定对交易主体和中介机构实行市场准入的审核,依法对证券违法行为进行处罚。政府监管部门在我国主要有证监会及其派出机构以及国务院其他授权组织。

2. 自律监管组织

自律监管组织是通过制度公约、章程、准则、细则,对证券市场活动进行自我监管的组织。自律监管组织一般实行会员制。自律监管组织除了依据法律法规,还依据章程、业务规则等对其会员或行业进行监管。自律监管组织可以配合政府监管部门对其会员进行法律法规政策宣传,使会员能够自觉地贯彻执行,同时对会员进行指导和监管,是对政府监管的积极补充。此外,自律监管组织本身的设立及活动也受政府监管部门的监管。我国证券业自律监管组织主要有证券交易所、证券登记结算公司、中国证券业协会和地方性的证券业协会等。

实际上,中介机构、新闻媒体等社会机构并非单纯的市场营利主体,其应具有相应的社会公共服务职能,应当承担保证其提供的中介服务和发布的信息客观、真实的义务,担负相应的间接监管职能,弥补政府监管和行业自律在效率上和专业性上的缺陷。我们认为,有必要通过相应的激励机制和责任追究机制,促使社会机构直接或间接参与到证券监管中来,成为所谓的"社会监管机构",从而实现证券监管的社会化。

四、证券市场的历史沿革

(一) 西方国家证券市场的形成与发展

回顾资本主义经济社会发展的历史,证券市场的最初萌芽可以追溯到16世纪初资本主义原始积累时期的西欧。当时法国的里昂、比利时的安特卫普已经有了证券交易活动。有学者指出,13世纪的威尼斯《债券法》(*Ligato Pecuniae*) 就规定了政府债券的运作。[①]早期的证券交易主要在咖啡馆、拍卖行等场所进行。17世纪初,随着资本主义经济的发展,出现了所有权与经营权相分离的生产经营方式,即股份公司形成和发展起来。股份公司的形成使股票、债券开始发行,从而使股票、公司债券等进入有价证券交易的行列。

---

① [美] 威廉·戈兹曼 (William N. Goetzmann):《千年金融史》,张亚光、熊金武译,中信出版社2017年版,第174页。

1602 年，在荷兰的阿姆斯特丹成立了世界上第一家股票交易所。① 1773 年，英国的第一家证券交易所在"乔纳森咖啡馆"成立，1802 年获得英国政府的正式批准。这家证券交易所即为现在伦敦证券交易所的前身。该交易所的交易品种最初是政府债券，此后公司债券和矿山、运河股票进入交易所交易。1790 年，美国第一家证券交易所——费城证券交易所宣布成立，从事政府债券等有价证券的交易活动。1792 年 5 月 17 日，24 名经纪人在华尔街的一棵梧桐树下聚会，商订了一项名为"梧桐树协定"（Buttonwood Agreement）的协议，约定每日在梧桐树下聚会，从事证券交易，并订出了交易佣金的最低标准及其他交易条款。1817 年，这些经纪人共同组成了"纽约证券交易会"，1863 年改名为"纽约证券交易所"（NYSE），这便是著名的纽约证券交易所的前身。在 18 世纪资本主义产业革命的影响下，包括铁路、运输、矿山、银行等行业中的股份公司成为普遍的企业组织形式，其股票以及各类债券都在证券市场上流通，这一切标志着证券市场已基本形成。

随着证券市场的进一步发展以及经济全球化的深入，证券市场开始向层次化、信息化和国际化方向发展。在美国，除了纽交所外，还有美国证券交易所（AMEX）、纳斯达克（NASDAQ）等，这些不同的交易场所有着不同的服务对象和交易规则。在英国，以《1986 年金融服务法》为标志的被称作"金融大爆炸"（Big Bang）的改革，极大地提高了英国证券市场的效率，吸引了众多外国优质公司在伦敦证券交易所上市。信息技术的发展为证券市场提供了更加深厚的土壤，证券的无纸化以及证券交易的网络化极大地便利了证券交易效率的提高。计算机系统从 20 世纪 50 年代下半期开始应用于证券市场，1970 年初，伦敦证券交易所采用市场价格显示装置。1972 年 2 月，美国建成"全国证券商协会自动报价系统"。1978 年，纽约证券交易所创设"市场间交易系统"，利用电子通信网络，把波士顿、纽约、费城、辛辛那提等交易所连接沟通，使各交易所每种股票的价格和成交量在荧屏上显示，经纪人和投资者可在任何一个证券市场上直接进行证券买卖。至今，世界上各主要证券市场基本上已实现了电脑化，从而大大提高了证券市场的运行效率。另外以 1995 年美国"春街"（Spring Street Brewing）啤酒公司为代表的网上公开发行为证券发行制度提供了新的语境和空间。

西方证券市场经历的数次危机与丑闻，也推动了证券市场法制化与规范化的进程。如大萧条时期，美国出台《1933 年证券法》和《1934 年证券交易法》，对证券发行和证券交易进行了规范，并催生了美国的证券监管主力军——证券交易委员会（SEC）。之后，各州为了保护投资者利益，在联邦立法以及 SEC 的要求之外还对于证券发行以及信息披露的相关事项进行了内容不一的立法，称为"蓝天法"（Blue Sky Laws）。在安然（Enron）

---

① 有学者认为，鹿特丹于 1595 年成立的股票交易所比阿姆斯特丹的要悠久。参见［美］威廉·戈兹曼（William N. Goetzmann）：《千年金融史》，张亚光、熊金武译，中信出版社 2017 年版，第 281 页。

和世通（WorldCom）丑闻爆发后，证券市场危害投资者利益的欺诈行为受到高度关注，美国于是颁布了《2002 年公众公司会计改革和投资者保护法》，又称萨班斯—奥克斯利法案（Sarbanes-Oxley Act），以纠正安然事件后爆发的连串上市公司会计丑闻，恢复投资者对股票市场的信心。不断进步的金融创新也对证券市场形成了新的挑战和冲击，对于担保债务凭证（CDOs）等资产证券化的金融衍生品的交易监管缺位以及证券市场道德风险的失控导致了自大萧条以来最严重的危机，而这次危机也催生了《2010 年华尔街改革和金融消费者保护法案》。这样不断产生的一系列规范证券市场运行的法律的出台，进一步完善了美国证券市场的法制，也维护了美国证券市场的稳定发展。

自 2000 年以来，全球交易所表现出明显的跨国并购趋势。以欧美地区为代表，2000年法国巴黎证交所、荷兰阿姆斯特丹证交所、比利时布鲁塞尔证交所合并成立欧洲证券交易所（Euronext），2002 年新成立的欧洲证券交易所又先后收购了葡萄牙里斯本证交所和伦敦国际金融期货交易所。2011 年 2 月，纽约泛欧证券交易所与德意志交易所正式宣布合并，而纽约泛欧证券交易所又是由纽约证券交易所与欧洲证券交易合并而成。交易所间的跨国合并成为当前证券市场发展的显著趋势。

（二）我国证券市场的历史与现状

旧中国证券市场的形成，同世界上许多国家一样，是以股份企业的成立和政府发行公债为基础的。鸦片战争以后，中国迅速沦为半殖民地半封建社会。外商利用特权采用股份公司的形式在轮船、保险、银行以及纺纱、煤气、电灯等行业都向中国人发行股份。19世纪 70 年代以后，清政府洋务派兴办了一些官办、官商合办的民用工业，如 1872 年李鸿章、盛宣怀筹办轮船招商总局，后来的中兴煤矿公司、汉冶萍煤铁厂矿公司、大生纱厂等，都采用了募股集资的方法。随着这些股份制企业的出现，在中国出现了股票这种新的投资工具。1894 年，为了应付甲午战争费用，清政府发行了"息债商款"债券，这是我国最早发行的债券。此后，政府公债大量发行。随着股票、债券发行的增加，证券交易市场也发展起来。1869 年上海已有买卖外国公司股票的外国商号，当时称为"捐客总会"。1891 年外商在上海成立了上海股份公所，1905 年，该公所定名为"上海众业公所"，这是外商经营的，也是旧中国最早的一家证券交易所。1914 年，北洋政府颁布《证券交易所法》，证券交易开始走上正轨。

中华人民共和国成立初期，通货膨胀，物价上涨，黑市猖獗，投机盛行。为了稳定市场，打击黑市，人民政府决定，在天津、北京等城市成立在人民政府管理下的证券交易所。不久，随着"三反""五反"运动的开展，证券投机活动受到控制，证券交易所业务逐渐萧条。到 1952 年，人民政府宣布所有的证券交易所关闭停业，1959 年终止了国内政府债券的发行。此后的 20 多年中，我国不再存在证券市场。

党的十一届三中全会以后，随着我国经济体制改革的深入和商品经济的发展，人民收入水平不断提高，社会闲散资金日益增多，而由于经济建设所需资金的不断扩大，资金不足问题十分突出，在这种经济背景下，各方面要求建立长期资金市场，恢复和发展证券市场的呼声越来越高，我国的证券市场也便在改革中应运而生。

我国证券发行市场的恢复与起步是从 1981 年国家发行国库券开始的。此后，债券发行连年不断，发行数额不断增加，债券种类由国家债券扩展到金融债券、企业债券、国际债券的发行。我国的股票发行始于 1984 年。1984 年 9 月，北京成立了第一家股份有限公司——天桥百货股份有限公司，并发行了股票。同年 11 月，由上海电声总厂发起成立的上海飞乐音响股份有限公司向社会公开发行股票。之后，上海延中实业股份有限公司也面向社会发行了股票。全国其他一些城市也相继发行了股票。在政府的引导下，随着股份制试点企业的增加，我国股票发行规模不断扩大，股票发行涉及境内人民币普通 A 股、供境内外法人和自然人购买的人民币特种股票 B 股，还有在境外发行的 H 股和 N 股等。

我国的证券交易市场始于 1986 年。1986 年 8 月，沈阳信托投资公司第一次面向社会开办了证券交易业务，之后，沈阳市建设银行信托投资公司和工商银行沈阳证券公司也开办了这项业务。1986 年 9 月，上海市几家专业银行的信托部门及信托投资公司开办了股票"柜台交易"，1988 年 4 月和 6 月，财政部先后在全国 61 个大中城市进行转让市场的试点。到 1990 年，全国证券场外交易市场已基本形成，随着场外交易市场的形成，场内交易市场也迅速发展起来，1990 年 11 月 26 日，国务院授权中国人民银行批准的上海证券交易所宣告成立，并于 1990 年 12 月 19 日正式营业，成为我国第一家证券交易所；1991 年 4 月 11 日，我国另一家由中国人民银行批准的证券交易所——深圳证券交易所也宣告成立，并于同年 7 月 3 日正式营业。两家证券交易所的成立，标志着我国证券市场由分散的场外交易进入集中的场内交易。与此同时，全国的一些大中城市如武汉、天津、沈阳、大连等地还成立了 27 家证券交易中心，接纳多种债券和投资基金交易。一些交易中心还同上海、深圳证券交易所联网，使两家证券交易所的交易活动得以辐射、延伸。不仅如此，1990 年 10 月，中国人民银行还建立了全国证券交易所自动报价系统（STAQS），该系统为会员提供有价证券的买卖价格信息以及报价、交易、交割和结算等方面的服务。1993 年 2 月，经中国人民银行批准，中国证券交易系统有限公司（NET）宣布成立。直到 1998 年，我国证券交易市场一度形成了以"两所两网"为主体、集中与分散相结合的层次化特征。东南亚金融危机之后，出于防范金融风险、整顿金融秩序的部署，地方交易中心和法人股市场相继受到清理，各种形式的股票场外交易被《证券法》所明令禁止，从而形成了目前高度集中的两所体制，即沪、深交易所并存发展，股票流通集中在交易所的格局。

我国证券市场正逐步朝多层次资本市场的方向发展。为解决 STAQ、NET 关闭后的遗留问题，2001 年 6 月 12 日，中国证券业协会发布《证券公司代办股份转让服务业务试点办法》，选择了 6 家证券公司作为试点单位，通过它们的网点办理原 NET、STAQ 系统 11 家挂牌公司流通股份的交易，一些摘牌退市的股票也由中国证券业协会选取合格的证券公司代办股份转让，此即所谓的"三板市场"。2009 年 10 月，创业板市场在深圳证券交易所正式上线，为高科技企业上市提供了快车道，进一步丰富了我国证券市场的层次。为了支持高新技术园区的发展，以中关村高新技术园区以及东湖高新技术开发区为代表的园区内非上市股份公司的股份也开始进入代办股份转让系统，因其不同于属于历史遗留问题的公司，故称其"新三板"扩容。2018 年 11 月，我国设立科创板（Science and Technology Innovation Board）并试点注册制，为科技创业型企业提供便利融资渠道，多层次资本市场建设逐步推进。2019 年 1 月 30 日，中国证监会发布《关于在上海证券交易所设立科创板并试点注册制的实施意见》。此外，随着上海"两个中心"建设的推进，国际板市场亦正在逐步发展。2018 年 10 月 12 日，证监会正式发布《关于上海证券交易所与伦敦证券交易所互联互通存托凭证业务的监管规定（试行）》，"沪伦通"于 2018 年 12 月 14 日启动。目前我国已逐步建立"深港通""沪港通"等跨境互联互通机制。2021 年 2 月 5 日，证监会批准深圳证券交易所主板与中小板合并，优化深圳证券交易所板块结构，进一步促进我国多层次资本市场的发展。2021 年 9 月 3 日，证监会以现有的"新三板"精选层为基础组建北京证券交易所，打造服务创新型中小企业主阵地，深化我国多层次资本市场的改革。

第三节　证　券　法

一、证券法的概念及调整对象

（一）证券法的概念

证券法是指调整证券发行、交易、服务和监管过程中所产生的各种社会关系的法律规范的总称。证券法的概念可以从两个方面来理解：狭义上的证券法，即形式意义上的证券法，是指以"证券法"命名的证券法典，在我国单指 1998 年 12 月 29 日第九届全国人民代表大会常务委员会第六次会议通过、2004 年 8 月 28 日第十届全国人民代表大会常务委员会第十一次会议修正、2005 年 10 月 27 日第十届全国人民代表大会常务委员会第十八次会议第一次修订、2013 年 6 月 29 日第十二届全国人民代表大会常务委员会第三次会议修正、2014 年 8 月 31 日第十二届全国人民代表大会常务委员会第十次会议修正、2019 年 12 月 28 日第十三届全国人民代表大会常务委员会第十五次会议第二次修订，自 2020 年 3 月

1 日起施行的《中华人民共和国证券法》；广义上的证券法，即实质意义上的证券法，是指调整与证券有关的各种社会关系的法律规范的总称，不仅包括证券法典，还包括公司法、证券投资基金法、刑法等法律中与证券相关的部分，并且包括相关的部门规章、证券交易所规则等规范。

（二）证券法的调整对象

证券法的调整对象是证券法律关系。所谓证券法律关系，是指在证券市场上围绕证券活动产生的权利义务关系。我们认为，证券法律关系有证券发行关系、证券交易关系、证券服务关系和证券监管关系。即我国证券法的调整对象为证券发行关系、证券交易关系、证券服务关系和证券监管关系。

1. 证券发行关系

证券发行关系是指发行人制作并出售证券而产生的法律关系。证券发行关系分为证券募集关系和证券交付关系，前者是发行人向投资者招募资金而形成的权利义务关系，后者是发行人向投资者交付投资凭证而发生的权利义务关系。[1] 这其中既包含发行人与核准机关之间的关系，也包含发行人与一级市场投资者之间发生的关系。

2. 证券交易关系

证券交易关系是指证券持有人与其他投资者之间因证券买卖或其他方式转让证券而形成的法律关系。证券交易关系的涵摄面较广，只要涉及证券转让的，不管该转让是否支付对价，也不论转让场所是场内还是场外，证券法都始终如一地对其进行调整。证券法通过规范证券交易关系，可以保障证券市场的稳定运行，维护投资者权益。

3. 证券服务关系

证券服务关系是指在证券市场上中介机构为当事人提供服务而发生的权利义务关系。由于证券市场和证券活动的专业性，往往需要专业机构提供专业服务，因此证券登记结算机构、信用评级机构、投资咨询机构、证券经纪机构、律师事务所、会计师事务所等都可以为证券活动提供相关的专业服务。证券服务的质量直接关系到证券市场的稳定，因此证券法也对证券服务关系进行调整，以确保证券服务的专业性、客观性。

4. 证券监管关系

证券监管关系是指证券监管机构依法对证券市场其他主体及其活动进行监督管理而产生的权利义务关系。证券法一方面对监管机构进行授权，赋予其对证券市场及证券活动在授权范围内进行监督管理的权力，另一方面又对监管机构的权限进行相应的限制，以防范其监管权力的滥用。

对于证券法的调整对象，也有学者持有不同观点。有学者认为证券法的调整对象是证

---

① 参见叶林：《证券法》，中国人民大学出版社 2013 年版，第 19 页。

券发行关系、证券交易关系和证券监管关系，至于证券服务关系，可将其视为各证券法律关系的组成部分，而无必要将其视为一种独立的证券法律关系。[①] 也有学者认为，证券法不仅调整证券发行关系、证券交易关系、证券服务关系和证券监管关系，还调整其他相关关系，即因其他证券相关活动而发生的关系，如证券公司参加证券业协会建立自律规则相互间产生的关系、司法机关处理证券违法犯罪行为与行为人发生的关系等。[②] 我们认为，证券服务是独立于证券发行、证券交易和证券监管的证券市场行为，并且在证券市场上，证券服务内容和品种越来越多、地位越来越重要。将中介机构提供证券活动相关的服务所产生的法律关系不纳入证券法的调整对象，显然是无视证券市场客观规律并且不利于维护证券市场的有序发展。至于参加行业协会，实际上是属于自律监管的范畴，因此可将其视作证券监管关系。

二、证券法的特征

证券法具有以下几个特征：

（一）兼具行为法与组织法属性，以行为法为主

一般认为，组织法规范组织形式，行为法规范行为方式。证券法调整的对象是证券发行、交易、服务与监管等活动产生的法律关系。证券法规定了证券的发行、上市交易、信息披露等活动的基本规则，禁止了内幕交易、操纵市场、披露虚假信息等交易行为，对证券监管机构的职权和行为规则进行了规定，并且对如证券交易所、证券登记结算机构、证券业协会等特定证券市场主体的活动进行了具体的特殊规定。从这个层面上看，证券法对证券市场的活动进行规范，具有行为法的特征。同时，证券法也对证券交易所、证券公司、证券登记结算机构、证券服务机构等组织的设立、职权等进行了相关的规定，是对这些组织的机构及运行进行规范的法律，也具有一定的组织法属性。但是这些组织法只是原则性的规定，不构成证券法的主要内容。

（二）兼具任意法与强制法属性，以强制法为主

证券市场是市场经济的组成部分，证券活动也得依市场规律进行。证券法赋予证券发行人发行证券、选择承销商、决定承销的方式与期限等市场行为的自主选择权，尊重证券交易的自愿、自由与公平。这些都是调整市场上平等主体之间法律关系的任意性规范。但是，由于证券市场的风险性与专业性，证券法更多的是对证券市场行为进行一定的强制，如严格规定证券发行条件和审查程序、强制性的信息披露义务、禁止内幕交易和操纵市场等行为、特定人群的特殊义务等，都具有明显的强制性。这些命令式的肯定性规范以及禁

---

① 参见范健、王建文：《证券法》，法律出版社 2020 年版，第 43 页。
② 参见周友苏：《证券法新论》，法律出版社 2020 年版，第 27 页。

止式的否定性规范构成了证券法的大部分内容，整个证券法也因此在很大程度上成为一部强制法。

（三）兼具实体法与程序法属性，以实体法为主

证券法明确了证券活动中参与者的权利义务。具体而言，证券法规定了证券发行、证券交易过程中证券发行人和交易人的权利义务范围，包括发行人要符合特定的条件、履行信息披露义务；交易人禁止从事内幕交易、操纵市场、传播虚假信息等。另外证券法规定了证券服务提供者与接受者的权利义务内容，包括证券服务机构禁止从事特定行为义务、勤勉尽责义务、证券公司承销证券的特定义务等。这些对于权利义务的规定都属于实体法规范。同时，证券法也对这些权利义务的实现进行了一定的规范，即有一些程序法规范，如证券发行程序、信息公开程序、上市公司收购程序、证券监管机构依法履行职权时的程序、证券公司和证券交易所的设立程序等。证券法中的程序性内容在证券法典中主要是一些原则性的规定，具体的内容主要以行政法规或规章的形式表现出来。当前我国对于程序法的重视程度尚不够，许多具体的规则和程序尚未完善，需要进一步加强。

（四）兼具国内法与国际法属性，以国内法为主

随着经济全球化的发展，证券市场的国际性也日益提升，尤其是跨境投资与跨境上市的不断深入，对证券法的国际性提出了日益严峻的考验。我国证券法主要规定了在我国境内的证券发行、交易、服务和监管活动所应遵循的规范。但与此同时，随着国际金融监管趋同化以及跨境上市的发展，我国的证券活动开始具有相当的国际因素。以国际证监会组织（IOSCO）为代表的国际性监管者组织推动了一系列规则和指引的制定和发布，成员国对这些规则一应遵循。国家之间的证券监管当局也通过签订协议和备忘录的形式加强国际合作，这些协议和备忘录也具有国际法效力。此外，尽管存在诸多争议，但基于跨境上市而带来的证券法域外适用等问题也开始备受关注。但是，不论证券法的国际因素如何变化和增长，都无法否认证券法的主体是国内法的事实。

三、证券法的渊源

法律的渊源是指法律的表现形式。具体而言，证券法的渊源即指组成证券法的各种法律规范。由于证券市场活动的复杂性与专业性，各种规定具体问题的规章在法律和法规之外具有一定重要的地位。同时，由于司法介入证券活动的方式和程度正在不断完善，司法解释也开始成为证券法的渊源。从整体来看，证券法具有各种层级和位阶的法律渊源。

（一）法律

法律是指由全国人大及其常委会通过的法律。法律的位阶和效力层级比较高，行政法规和部门规章等其他法律渊源不得违反基本法律的规定。在证券法体系中，基本法律主要

包括《中华人民共和国证券法》《中华人民共和国公司法》《中华人民共和国证券投资基金法》三部由全国人大常委会通过的法律。

1. 《证券法》

《证券法》是证券市场的基本法，构成了证券法体系最核心、最基本的框架。我国现行《证券法》于 1998 年 12 月 29 日第九届全国人民代表大会常务委员会第六次会议通过、2004 年 8 月 28 日第十届全国人民代表大会常务委员会第十一次会议修正、2005 年 10 月 27 日第十届全国人民代表大会常务委员会第十八次会议第一次修订、2013 年 6 月 29 日第十二届全国人民代表大会常务委员会第三次会议修正、2014 年 8 月 31 日第十二届全国人民代表大会常务委员会第十次会议修正、2019 年 12 月 28 日第十三届全国人民代表大会常务委员会第十五次会议第二次修订，自 2020 年 3 月 1 日起施行。该法规定了证券发行、证券交易、证券服务和证券监管等各方面的基本问题，专设信息披露、投资者保护章节，并对上市公司收购、证券交易所、证券公司、证券登记结算机构、证券交易服务机构、证券业协会和证券监督管理机构的问题作了基本的规定。

2. 《公司法》

我国《公司法》中的"股份有限公司的股份发行和转让"与"公司债券"等有关章节的规定构成了证券法律体系中的重要部分。《证券法》第 2 条称该法未规定的证券发行与交易的，适用《公司法》或其他法律法规。这条规定肯定和明确了《公司法》具有调整证券活动的功能和地位。

3. 《证券投资基金法》

该法是专门规范证券投资基金份额这一证券类型的一部法律，在性质上属于特别法。该法于 2003 年 10 月 28 日第十届全国人民代表大会常务委员会第五次会议通过、2012 年 12 月 28 日第十一届全国人民代表大会常务委员会第三十次会议修订、2015 年 4 月 24 日第十二届全国人民代表大会常务委员会第十四次会议修正，证券投资基金份额的上市交易适用该法。《证券投资基金法》规定了基金管理人、基金托管人、基金的募集、基金份额的交易、基金份额的申购和赎回、基金的运作与信息披露、基金合同的变更终止及基金财产清算、基金份额持有人权利及其行使等事项。

除了这些法律之外，还有一些法律的部分条款也规范着证券市场活动，也可被视为证券法的渊源，如《刑法》《民法典》等。

（二）行政法规

行政法规是国务院为领导和管理国家各项行政工作，根据宪法和法律，并且按照《行政法规制定程序条例》的规定而制定的政治、经济、教育、科技、文化、外事等各类法规的总称。对某一方面的行政工作作比较全面、系统的规定，称"条例"；对某一方面的行政工作作部分的规定，称"规定"；对某一项行政工作作比较具体的规定，称"办法"。在我国证券法体系中，由于证券活动的专业性和技术性，证券立法只规定了原则性的规范，更多的具体性的规定多见于行政法规和部门规章。因此，行政法规在证券法体系中占有相当重要的分量。具体来看，我国规范证券活动的行政法规主要有：《股票发行与交易管理暂行条例》《公司债券发行与交易管理办法》《企业债券管理条例》《国库券条例》《金融资产管理公司条例》《证券公司风险处置条例》《证券公司监督管理条例》《关于股份有限公司境内上市外资股的规定》《证券交易所风险基金管理暂行办法》《证券、期货投资咨询管理暂行办法》《证券期货行政执法当事人承诺制度实施办法》《私募投资基金监督管理条例》《证券公司风险处置条例》等。

（三）部门规章

部门规章是国务院各部委根据法律和行政法规的规定和国务院的决定，在本部门的权限范围内制定和发布的调整本部门范围内的行政管理关系的、并不得与宪法、法律和行政法规相抵触的规范性文件。当前调整我国证券活动的部门规章主要由国务院证券监督管理机构发布，也有部分调整证券活动的部门规章由银保监会、国资委、中国人民银行等部门发布。这些规章包括《证券投资基金托管业务管理办法》《证券发行上市保荐业务管理办法》《证券交易所管理办法》《证券公司和证券投资基金管理公司合规管理办法》《中国证券监督管理委员会冻结、查封实施办法》《公开募集证券投资基金管理人监督管理办法》《上市公司证券发行注册管理办法》《首次公开发行股票注册管理办法》《证券公司股权管理规定》《证券登记结算管理办法》《证券发行与承销管理办法》《上市公司股权激励管理办法》《外商投资证券公司管理办法》《上市公司收购管理办法》《北京证券交易所向不特定合格投资者公开发行股票注册管理办法》《存托凭证发行与交易管理办法（试行）》《欺诈发行上市股票责令回购实施办法（试行）》《上市公司信息披露管理办法》《上市公司独立董事管理办法》等。由于证券市场活动的具体监督与管理是由国务院相关部门具体负责，部门根据需要制定了数量可观的具体规章。这些规章比较庞杂，并且有的规章生命力较强，有的规章未经时日便已失效。部门规章一方面是从主管部门的角度对证券市场活动进行行政上的规范，另一方面也为证券立法进行了一定程度上的试验。

（四）自律组织规则

在证券市场，自律组织通过制定公约、章程、准则和细则等对证券市场活动进行自我监管。这些公约、章程、准则和细则等规则虽然不由国家强制力保证实施，但因证券市场主体的参加而被推定为接受这些规则的约束，认可这些规则的效力。因此我们将自律组织规则也作为广义上证券法的渊源。具体而言，这些规则表现为证券交易所、证券业协会制定的规则。

在我国，尽管证券交易所是会员制组织，但事实上深圳证券交易所和上海证券交易所及其高级管理人员都接受证监会强有力的领导和管理，证券交易所的各种规则在很大程度上都是证监会意志的贯彻。证券交易所既为证券交易提供场所和条件，又承担着一线监管的职责，因此证券交易所也需要制定各种规则以确保交易的顺利进行。鉴于此，证券交易所制定的规则、准则对证券发行和交易等活动有着很强的规范作用。这些规则主要有：《上海证券交易所科创板股票上市规则》《上海证券交易所上市公司证券发行上市审核规则》《上海证券交易所证券上市审核实施细则》《上海证券交易所证券发行上市业务指引》《上海证券交易所交易规则》《深圳证券交易所交易规则》《上海证券交易所融资融券交易实施细则》《上海证券交易所股票发行上市审核规则》《上海证券交易所股票上市规则》《上海证券交易所首次公开发行证券发行与承销业务实施细则》《上海证券交易所会员管理规则》《深圳证券交易所会员管理规则》《深圳证券交易所创业板企业发行上市申报及推荐暂行规定》《深圳证券交易所创业板股票上市规则》《深圳证券交易所股票发行上市审核规则》《深圳证券交易所股票上市规则》《深圳证券交易所首次公开发行证券发行与承销业务实施细则》等，包括组织类、发行类、上市类、交易类、会员类和服务类等多种类型的具体业务规则。选择在两大证券交易所上市和交易的证券发行人和交易人以及中介机构等都受这些规则的约束。证券业协会作为证券行业重要的自律组织，结合自身业务内容制定颁布了相关自律规则，包括《中国证券业协会自律措施实施办法》《发布证券研究报告执业规范》《证券分析师执业行为准则》《证券投资基金行业公约》《证券投资基金业从业人员执业守则》《首次公开发行证券网下投资者管理规则》《首次公开发行证券网下投资者分类评价和管理指引》《北京证券交易所股票向不特定合格投资者公开发行并上市网下投资者管理特别规定》等。

（五）司法解释

司法解释是最高人民法院为准确适用法律而对法律法规所作的说明。在法院审判案件时，司法解释具有非常强的法律效力。我国司法对于证券市场的介入随着证券市场的成熟和司法技术的进步，从开始的过于谨慎而不受理证券纠纷案件已经逐步发展为积极运用司法手段解决证券纠纷，维护证券市场的稳定。与证券市场相关的司法解释伴随着这个过程不断增加。这些司法解释的出台，能够起到规范证券市场秩序，解决证券纠纷的作用，因此我们认为，关于证券纠纷案件的司法解释也应认定为证券法的渊源。其中比较重要的司法解释主要有：《最高人民法院关于证券纠纷代表人诉讼若干问题的规定》《最高人民法院、最高人民检察院关于办理操纵证券、期货市场刑事案件适用法律若干问题的解释》《最高人民法院关于审理证券市场虚假陈述侵权民事赔偿案件的若干规定》《最高人民法院、最高人民检察院关于办理利用未公开信息交易刑事案件适用法律若干问题的解释》《最高人民法院关于对与证券交易所监管职能相关的诉讼案件管辖与受理问题的规定》等。

四、证券法的基本原则

证券法的基本原则，是指证券法在调整证券关系时所普遍适用的，体现证券法的性质和宗旨的，在证券立法和司法过程中坚持和遵循的基本准则。有学者根据《证券法》第一章总则中的规定，认为证券法的基本原则有：公开、公正、公平原则；平等、自愿、有偿、诚实信用原则；证券活动依法进行原则；分业经营、分业管理原则；国家统一监管和证券业自律管理、审计监督相结合的原则。[1] 也有学者认为应当将总则中的原则性规定与证券法的原则相区别，不能将原则性规定都视作证券法的原则，进而认为证券法的基本原则包括公开、公正、公平和效率四项原则。[2] 有学者建议确立反欺诈原则。[3] 还有学者认为证券法的基本原则包括公开、公正、公平、诚实信用、兼顾安全的效率五项原则。

我们认为，证券法的基本原则是蕴藏在证券法全部条文最深层次的最基本、最核心的精神，是所有证券法律制度的内核，是证券法律体系所遵循的独特的根本要求。平等、自愿、有偿、诚实信用、依法活动是民商法的基本原则，是所有的交易行为都应遵循的基本要求，并非证券法所特有，没有必要专门作为证券法的基本原则加以说明。分业经营、分业管理只是作为监管制度的一种选择，在混业经营和统合监管的呼声日盛的背景下也可能发生变化，因其不具有稳定性和根本性，也不能将其作为证券法的基本原则。

我们认为，证券法的基本原则主要有以下三个：

（一）"三公"原则

"三公"原则即公开、公平、公正原则，是证券法最基本、最核心的原则。我国《证券法》第3条开宗明义，规定"证券的发行、交易活动，必须遵循公开、公平、公正的原则"。

所谓公开，主要指信息公开，是指证券发行者根据法定的要求和程序向证券监督管理机构和证券投资者披露可能影响证券价格的相关信息。要依法公开活动的运作流程，在公开中监督，保证行为活动的合法合规进行[4]，要坚持以公开促公正，以透明保廉洁，增强主动公开、主动接受监督的意识[5]。作为现代金融学基础理论之一的有效市场理论认为，信息因素是决定股票价格波动的最重要原因。[6] 通过信息的公开，可以抑制信息不对称带

① 参见范健、王建文：《证券法》，法律出版社 2020 年版，第 51~58 页。

② 参见李东方：《证券法》，北京大学出版社 2020 年版，第 9 页。

③ 参见万国华、杨海静：《论反欺诈原则在证券法中的确立——对诚实信用作为证券法基本原则的反思》，载《南开学报（哲学社会科学版）》2015 年第 1 期。

④ 习近平：《习近平谈治国理政》（第一卷），外文出版社 2018 年版，第 395 页。

⑤ 习近平：《习近平谈治国理政》（第一卷），外文出版社 2018 年版，第 149 页。

⑥ 参见胡金焱、郭峰：《有效市场理论论争与中国资本市场实践——2013 年度诺贝尔经济学奖获奖成就实证检验》，载《经济学动态》2013 年第 12 期。

来的套利行为，从而维护投资者利益以及证券市场的稳定，确保证券市场效率。因此，证券法要求发行人及相关当事人应当真实、准确、完整地披露与证券交易有关的各种信息，包括初期信息披露和持续信息披露，并且应当避免在信息披露中的虚假陈述、重大误导和遗漏。通过信息公开，可以使投资者获得更真实和充分的信息，更加了解投资对象，便于其进行投资决策。

所谓公平，是指权利、义务和责任在证券活动参加者中合理地分配。公平是中国特色社会主义的内在要求，证券法律制度的建设应当对社会公平正义具有保障和促进作用，使制度建设成果更多更公平地惠及全体人民①。公平意味着权利公平，机会公平、规则公平②，公平原则首先要求证券活动参加者之间地位平等、权利义务对等。各类主体在同等条件下均能参加证券活动，不因自身经济实力或其他原因受到不合理排斥，每个适格主体均有进入市场参与交易的机会。证券活动的参加者可以在相同的规则下根据市场规则进行竞争，不受到存在差别的不合理待遇。公平原则还要求证券活动自愿有偿地进行。证券活动的参与者得根据自己的意愿选择交易对象，自主进行证券市场行为。证券市场活动的进行亦应符合价值规律，证券价格正确反映实际价值，不存在不合理占有和剥夺他人财产和损害他人利益的情况。公平原则既要求形式上的公平，又要求实质上的公平。

所谓公正，主要是指证券市场监管者必须没有偏私地正确履行其职责。这里的监管者既包括履行监管职能的自律监管组织、行政执法机关，也包括行使裁判权的司法机关。公正原则一方面要求市场监管者在执法和司法的过程中对监管对象一视同仁地给予公正对待，不存在偏袒或欺压的情况；另一方面也要求监管者在执法和司法的过程中确保权力运用的合理与合法，即权力的行使要有法律的授权，符合法律所规定的程序，并且还应把握权力运用的边界，不能随意滥用权力，以权力代替市场规律，防范权力的过度扩张。证券市场的监管者要正确行使其职权，确保证券市场环境的公正有序。

公开、公平、公正并非彼此独立，而是有其内在的联系。首先，公平是公开和公正最终的目的。信息公开和公正执法，都是为了维护证券市场的公平秩序。其次，公开是公平和公正的前提。阳光是最好的警察，只有对证券市场信息和执法信息进行公开，才能确保证券活动公平进行，监督监管者公正执法。再次，公正是公开和公平的有力保障。监管者通过对证券市场活动进行有效监管，可以督促证券市场参加者及时完整地披露信息，推动证券市场的公平运行。公开、公平、公正三者相互依存，相互补充，共同推动证券市场稳健、有效地运行。

① 习近平：《习近平谈治国理政》（第一卷），外文出版社2018年版，第13页。
② 习近平：《习近平谈治国理政》（第一卷），外文出版社2018年版，第96页。

(二) 安全与效率并重原则

金融安全是国家安全的重要组成部分,是经济平稳健康发展的重要基础,维护金融安全,是关系我国经济社会发展全局的一件带有战略性、根本性的大事,金融活,经济活,金融稳,经济稳①,要坚持把防控风险作为金融工作的永恒主题,统筹金融效率和金融安全,坚持稳中求进工作总基调②。

证券市场作为金融市场的重要组成部分,也无法避免安全与效率这组固有的先天矛盾。证券法作为证券市场运行的法律规范,自然要在安全与效率两个价值目标中进行选择与调和。

效率是经济学上的概念,主要是指以较小的投入换取较大的收益,具体而言是指资源配置的有效性。追求效率是一切经济活动最本原的原则。证券市场的效率,要求证券活动能以较低的交易成本取得较大的收益,证券市场各类资源的配置要实现帕累托最优。具体而言是指证券市场的交易规则门槛降低,开放程度进一步提高,交易手段和产品类型不断创新,市场参与者能够便利地进行证券活动,证券活动的交易成本进一步降低。提高效率是证券市场发展的根本要求和必然趋势。在我国证券无纸化、电子化交易、网上信息披露等技术手段显著地降低了交易成本,提高了证券市场的效率。同时,证券法对于投资者资格、证券产品类型等限制的放松也对证券市场效率的提高起到了显著的作用。

安全是一切法律的基本价值取向。"金融安全"不仅是国家安全的重要组成部分,③也已经或者正在成为我国金融管理领域一项重要的"公共政策"。④ 证券市场既是金融风险的主要载体和主要表现形式,同时也是金融风险的主要来源地,并且在许多情况下金融风险和证券市场风险交叉融合,保障交易安全既是证券市场正常运行的内生性要求,同时也是证券市场作用得到有效发挥的前置条件。⑤ 证券市场的安全要求减少和避免证券市场的波动和震荡,通过加强宏观经济的监控和调整以化解系统性风险,并且通过具体的制度设置和强化证券市场监管以防范操作风险、道德风险等非系统性风险。具体而言,就是要加强监管,规范证券活动,防范证券市场上的欺诈、操纵等行为,并且要完善市场退出机制,确保证券市场参与者的交易安全。

① 习近平:《在十八届中央政治局第四十次集体学习时的讲话》,载《人民日报》2017年4月27日。

② 习近平:《在中央金融工作会议上的讲话》,载中国政府网,https://www.gov.cn/yaowen/liebiao/202310/content_6912992.htm?slh=true。

③ 习近平:《金融活经济活金融稳经济稳做好金融工作维护金融安全》,载《人民日报》2017年4月27日。

④ 黄韬:《"金融安全"的司法表达》,载《法学家》2020年第4期。

⑤ 参见赵万一、赵舒窈:《中国需要一部什么样的证券法》,载《暨南学报(哲学社会科学版)》2018年第1期。

安全与效率对于证券市场都很重要，两者不可偏废。① 一个健康有序的证券市场必定既是安全的，又是有效率的。因此，单纯强调安全，或者仅仅看重效率都是不可取的。但是对于安全与效率的关系并不好把握，两者往往处于此消彼长的状态。这主要是因为监管当局未能把握好监管的程度，导致安全与效率无法调和。一旦加强监管，追求证券市场安全，则容易束缚证券活动的进行，降低证券市场效率。反之，一旦放松监管，追求证券市场效率，则容易导致创新泛滥和证券活动失范，危及证券市场安全。因此，证券法承担着一个重要的任务，就是将证券活动法定化、规范化，从而实现证券市场安全与效率的双赢局面。

（三）投资者保护原则

为人民谋幸福、为民族谋复兴是中国现代化建设的出发点和落脚点，也是新发展理念的"根"和"魂"，应当坚持以人民为中心的发展思想，坚持发展为了人民、发展依靠人民、发展成果由人民共享②，金融工作同样需要贯彻以人民为中心的理念，将投资者保护作为证券法的基本原则。

投资者是证券市场稳健发展的基础，在证券市场主体中处于核心地位。投资者积极参与证券市场活动，直接推动了证券市场的发展与繁荣。一旦投资者的权益无法得到有效保护，投资者的信心将无法得到保证，这将给证券市场带来巨大的冲击。正所谓皮之不存毛将焉附，没有投资者的证券市场注定无法存续。因此，保护投资者的合法权益是各国证券法最重要的目的和任务，投资者保护原则也是证券法最重要的原则之一。

由于证券市场的特有性质，投资者尤其是个人投资者在市场上因为在资金、信息和技术等方面处于弱势地位，其合法权益往往容易受到侵害。为了维护证券市场的公平，维护投资者信心，确保证券市场稳定，需要对投资者进行偏重保护，以便证券市场各主体间能够形成良性的博弈结构，共同推动证券市场的发展。中国资本市场仍然是一个"新兴加转轨"的市场，市场体制机制还不完善，股权结构特殊，投资者结构以中小投资者为主，市场股权文化尚不成熟，不少投资者缺少系统的证券投资知识和经验，风险意识不强，承受风险的能力相对较弱。正因为如此，我国最新修订《证券法》将投资者保护的相关要求专设一章，进一步改进和完善投资者保护制度，逐步完善投资者权益保护的途径和方式，建立健全适应我国资本市场发展要求的投资者保护长效机制，促进资本市场稳定健康发展。

需要说明的是，投资者保护原则的内在前提是投资者适当性义务的设置和履行。有别于我国股市发展初期投资者需求和投资者主体结构的"单一化"和风险承受的"同质

---

① 参见冯果：《金融法的"三足定理"及中国金融法制的变革》，载《法学》2011年第9期。

② 习近平：《把握新发展阶段，贯彻新发展理念，构建新发展格局》，载中国政府网，https：//www.gov.cn/xinwen/2021-04/30/content_5604164.htm。

化"，随着我国多层次资本市场体系的逐步建立，市场与市场、产品与产品之间存在越来越多的差异性，不同层次市场以及不同品种的证券产品均呈现出不同的风险可能，不同投资者的投资目的、投资偏好和风险承受能力都已开始日益分化，这使得多元化的市场格局在提供了更多投资机会的同时，也对投资者的风险承受能力提出了更高要求。① 投资者适当性义务要求金融机构向投资者销售适当的金融产品，体现"买者自负、卖者尽责"的理念。② 投资者适当性义务的要求，是投资者保护的制度内容，也是证券市场风险与收益相平衡的基本要求。

五、我国证券法的制定与修订

应及时推进金融重点领域和新兴领域立法，建立定期修法制度，不断适应金融发展实践需要③，坚持立法先行，坚持立改废释并举，加快完善法律、行政法规、地方性法规体系，完善包括市民公约、乡民公约、行业规章、团体章程在内的社会规范体系④。法治是建设金融强国的重要保障，中国式现代化也是中国式法治现代化⑤，我国证券法的数次修订正是顺应了金融发展的趋势，不断回应金融实践的需要。

我国证券法的立法进程是与证券市场的发展相伴相随的。中华人民共和国成立后真正意义上的证券市场起步于改革开放，因此新中国的证券法建设也是从改革开放以后开始的，并且随着证券市场的不断发展和完善，证券法制建设也实现了不断的进步。

20 世纪 80 年代，我国证券立法重新起步。1981 年国务院颁布的《国库券条例》开启了这一时期证券立法之先河。随后，国务院及其相关部委陆续颁布了《企业债券管理暂行条例》《关于加强股票债券管理的通知》《证券公司管理暂行办法》《股票发行与交易管理暂行条例》《证券交易所管理暂行条例》《禁止证券欺诈行为暂行办法》《国务院关于股份有限公司境外募集股份及上市的规定》等一系列法规和规章。与中央发布全国性法律文件同步，各地也就证券市场的发展出台了一些地方性法规。比较有代表性的如 1986 年广东省人民政府颁布的《广东省股票债券管理暂行办法》、1987 年上海市人民政府颁布的《上海市股票管理暂行办法》。除此之外，还有陕西省出台的《陕西省企业发行股票、债

---

① 参见郑彧：《新证券法下"投资者适当性义务"的实现路径——从"规则监管"到"原则监管"的转变》，载《证券市场导报》2021 年第 3 期。

② 黄辉：《金融机构的投资者适当性义务：实证研究与完善建议》，载《法学评论》2021 年第 2 期。

③ 习近平：《在第五次中央金融工作会议上的讲话》，载中国政府网，https：//www.gov.cn/yaowen/liebiao/202310/content_ 6912992. htm？slh＝true。

④ 习近平：《加快建设社会主义法治国家》，载《求是》2015 年第 1 期。

⑤ 冯果：《以习近平法治思想领航法治中国和中国式现代化建设》，载《荆楚法学》2023 年第 1 期。

券暂行管理办法》、福建省的《福建省股票管理暂行规定》、武汉市的《武汉市股票、债券发行管理暂行规定》等。这些法规、规章以及其他规范性文件在证券法典出台之前对我国证券市场的运行起到了非常重要的作用，为《证券法》的出台准备了良好的条件和基础。

1998 年 12 月 29 日，历经六载数易其稿的《中华人民共和国证券法》由第九届全国人民代表大会常务委员会第六次会议通过，并于 1999 年 7 月 1 日正式施行。这部法律的出台，为证券市场的规范和发展提供了最基本、最重要的法律保障，促进了整个证券法制建设的发展和证券法律体系的完善，规范了证券市场活动，防范和化解了金融风险，保证了证券市场的健康发展。但是由于时代发展的局限，该法在立法技术上不够成熟、调整范围过于狭隘、投资者权益保护机制不够完善、制度体系不够完备、法律责任规定缺失等问题日益凸显，对该法进行修改的呼声日益高涨。

（一）2005 年《证券法》的第一次修订

2005 年 10 月 27 日，第十届全国人民代表大会常务委员会第十八次会议对《证券法》进行了第一次大规模的修订。此次修订立足于我国证券市场的发展成果，着眼于证券市场的长期发展，对旧《证券法》进行了大量的完善和改进。这些修改主要表现在以下几个方面：

1. 为证券市场的发展排除了法律障碍

证券市场的发展过程是一个不断创新的过程，证券法应该鼓励和保障创新，而不能成为创新的法律障碍。2005 年《证券法》通过各种兜底性条款或其他方式，为将来可能出现的证券市场的创新与突破留下口子，扫除了法律上的障碍。这一特点使得新《证券法》更加开放，更加创新。例如，2005 年《证券法》第 6 条 "证券业和银行业、信托业、保险业实行分业经营、分业管理，证券公司与银行、信托、保险业务机构分别设立。国家另有规定的除外" 之规定，为我国将来可能出现的混业经营留了余地。再如，2005 年《证券法》删除了旧《证券法》第 36 条，在第 42 条中规定 "证券交易以现货和国务院规定的其他方式进行交易"，也为融资融券交易扫除了法律障碍。再如 2005 年《证券法》第 105 条 "实行会员制的证券交易所的财产积累归会员所有，其权益由会员共同享有，在其存续期间，不得将其财产积累分配给会员" 实际上是为公司制证券交易所的出现预留了空间。此外，2005 年《证券法》还扩大了证券类型的范围，并且提出 "证券服务机构" 以概括所有在证券市场上提供专业服务的机构。这些规定都是一些创新型的规定，为证券市场发展过程中可以预见的或不可预见的变化扫除了法律障碍。

2. 完善和细化了证券活动的制度规则

2005 年《证券法》以大量篇幅对证券活动的各种制度规则进行了完善和细化。在证券发行上，第 10 条明确界定了公开发行的类型，并且细化了证券发行的规则，降低了证券发行的门槛。此外，2005年《证券法》将证券上市的审核权从证监会下放到了证券交易所。在证券交易上，第39条"依法公开发行的股票、公司债券及其他证券，应当在依法设立的证券交易所上市交易或者在国务院批准的其他证券交易场所转让"之规定为合法的场外交易提供了法律依据。第40条"证券在证券交易所上市交易，应当采用公开的集中交易方式或者国务院证券监督管理机构批准的其他方式"之规定，将证券交易方式不再局限于集中竞价方式，提供了更加丰富和多层次的交易方式。

2005年《证券法》还对内幕交易和上市公司收购等问题进行了细化规定。针对内幕交易，第73条将"非法获取内幕信息的人"也纳入了内幕交易的禁止对象中。并且在第74条中将内幕信息知情人的范围进行了扩大。此外，第76条细化了内幕交易的时间限制，将内幕交易的时点限定在内幕信息公开前，并且规定了内幕交易行为的赔偿责任。针对上市公司收购，2005年《证券法》规定了除要约收购和协议收购之外的其他收购方式，并且允许进行部分要约收购，另外还在旧法基础上进行了一系列其他更加符合实际的规定。

3. 完善和强化了信息披露义务及其责任

2005年《证券法》更加强调信息披露制度的完善，以减少证券市场信息不对称现象。第21条增加规定了发行申请的预披露制度，要求"发行人申请首次公开发行股票的，在提交申请文件后，应当按照国务院证券监督管理机构的规定预先披露有关申请文件"。第54条将公司的实际控制人纳入公告事项，强化了信息披露义务，避免了实际控制人在没有监督的情况下操纵上市公司，有利于对实际控制人进行监管。第59条在要求公司公告相关信息的基础上，还要求公司将申请文件置备于指定场所供公众查阅。第63条在旧法第59条的基础上进行了深化，将公开的内容从发行和上市文件扩展到所有已披露的信息。此外，第68条和第69条规定不仅证券发行人和上市公司在违反信息披露义务时要承担相应的责任，而且出具有关文件的证券服务机构、董事、监事和高级管理人员都要对披露的信息承担连带责任。通过强化信息披露制度，明确违反信息披露的民事责任，有利于进一步确保投资者的知情权。

4. 加强了投资者保护

投资者权益保护是2005年《证券法》修改的重点。而投资者保护作为证券法的基本原则，也贯彻在整部法律之中。除了强化信息披露制度保障投资者的知情权之外，第134条规定设立证券投资者保护基金，以利于在证券公司出现问题时可以进行相应的处理，以防范系统性风险，维护证券投资者权益，增强投资者信心。另外，第136条规定："证券公司应当建立健全内部控制制度，采取有效隔离措施，防范公司与客户之间、不同客户之间的利益冲突。证券公司必须将其证券经纪业务、证券承销业务、证券自营业务和证券资产管理业务分开办理，不得混合操作。"该条要求在证券公司设立防火墙制度，以隔离风险。第 139 条对第三方存管制度进行了规定，着眼于保障投资者的资金安全，防止资金被挪用和侵占等问题的产生。第 76 条还明确和细化了证券公司及其从业人员损害客户利益的欺诈行为，并规定了其损害赔偿责任。除此之外，内幕交易、操纵市场等行为造成投资者损失的，2005 年《证券法》也规定了相应的赔偿责任。

5. 强化了证券监管

2005 年《证券法》强化了证券监管，增加了证券监督管理机构的权力，丰富了监管体系，规范了监管程序，有利于对证券市场实行有效的监管，为投资者创造公平有效的交易环境。第 179 条和第 180 条明确了国务院证券监督管理机构的职权，相比于旧法而言，这个规定显得更加明确和有力。国务院证券监督管理机构获得了包括准司法权在内的广泛的执法权限。其中第 179 条第 2 款还规定了国务院证券监督管理机构可以与其他国家或者地区的证券监督管理机构建立监督管理合作机制，实施跨境监督管理。除了赋予监督管理机构广泛的权力，新法还对监管程序进行了比较严格的规定。第 181 条规定："国务院证券监督管理机构依法履行职责，进行监督检查或者调查，其监督检查、调查的人员不得少于二人，并应当出示合法证件和监督检查、调查通知书。监督检查、调查的人员少于二人或者未出示合法证件和监督检查、调查通知书的，被检查、调查的单位有权拒绝。"这就对证券监管机构形成了程序上的制约，有利于防止其权力的滥用。并且，还规定了证券监管机构对于有关单位和个人商业秘密的保护。

6. 改进了立法技术

一部制定得比较好的法律必然是逻辑严谨、语言简明、表意明确的法律。2005 年《证券法》在立法技术上相比于旧法显得更为先进和成熟，这具体表现在语言表达和逻辑上。例如第 9 条系在旧法第 9 条的基础上修改而成，但语言明显更加流畅和通顺。在第 58 条第 1 款第 2 项中，将"申请上市的董事会决议"改为"申请公司债券上市的董事会决议"，以避免产生歧义。第 72 条对旧法第 66 条进行了凝练，显得更加简洁明了。第 70 条"依法必须披露的信息，应当在国务院证券监督管理机构指定的媒体发布，同时将其置备于公司住所、证券交易所，供社会公众查阅"之规定，将旧法中的"报刊"改为"媒体"，反映了信息时代多种传播方式的特点，更加符合时代发展要求。另外，第 7 章"证券登记结算机构"中统一将"托管"改为"存管"，使得证券登记结算的法律关系更加明确和清晰。除此之外，2005 年《证券法》明显地细化了有关法律责任的规定，有利于《证券法》的实施以及相关主体权利的救济。

（二）2019 年《证券法》的第二次修订

2019 年 12 月 28 日第十三届全国人民代表大会常务委员会第十五次会议对《证券法》进行了第二次大规模修订，以不断适应我国证券市场的新形势、新现象。"本次证券法修订，按照顶层制度设计要求，进一步完善了证券市场基础制度，体现了市场化、法治化、国际化方向，为证券市场全面深化改革落实落地，有效防控市场风险，提高上市公司质量，切实维护投资者合法权益，促进证券市场服务实体经济功能发挥，打造一个规范、透明、开放、有活力、有韧性的资本市场，提供了坚强的法治保障，具有非常重要而深远的意义。"① 此次修订系统总结了多年来我国证券市场改革发展的实践经验，开启了中国证券市场发展的新路程。一系列制度进步主要表现在以下几个方面：

1. 扩大证券法的适用范围

新《证券法》第2条规定："在中华人民共和国境内，股票、公司债券、存托凭证和国务院依法认定的其他证券的发行和交易，适用本法；本法未规定的，适用《中华人民共和国公司法》和其他法律、行政法规的规定。政府债券、证券投资基金份额的上市交易，适用本法；其他法律、行政法规另有规定的，适用其规定。资产支持证券、资产管理产品发行、交易的管理办法，由国务院依照本法的原则规定。"新法删去了"证券衍生品种"，增加"存托凭证"为法定证券类型，将"资产支持证券"和"资产管理产品"列入调整范围，并授权国务院按照证券法的原则规定资产支持证券、资产管理产品发行、交易的管理办法。同时，考虑到证券领域跨境监管的现实需要，明确在我国境外的证券发行和交易活动，扰乱我国境内市场秩序，损害境内投资者合法权益的，依照证券法追究法律责任。

2. 证券公开发行全面实施"注册制"

新《证券法》第9条明确规定："公开发行证券，必须符合法律、行政法规规定的条件，并依法报经国务院证券监督管理机构或者国务院授权的部门注册。未经依法注册，任何单位和个人不得公开发行证券。证券发行注册制的具体范围、实施步骤，由国务院规定。"因此，包括公司首次公开发行新股、上市公司发行新股，以及存托凭证、公司债券等证券的公开发行，均实行注册制。根据新《证券法》第21条，证监会或者国务院授权的部门负责证券发行申请的注册，取消了证监会的发行审核委员会制度，授权证券交易所等审核公开发行证券的申请。注册制改革在我国是一个渐进的过程，2019年1月23日，上海证券交易所设立科创板并试点注册制，标志着发行注册制的落地试点；2020年6月12日，深圳证券交易所创业板试点注册制，标志着注册制试点范围的进一步拓宽；2021年9月3日，北京证券交易所设立并同步试点注册制，试点范围进一步扩大；2023年2月17日，证监会发布全面实行股票发行注册制相关制度规则，标志着股票发行注册制在中国资本市场的全面落地和推行。

---

① 《新〈证券法〉全文及修订要点》，载中国证券监督管理委员会官网：http://www.csrc.gov.cn/pub/shanghai/ztzl/pfzl/202003/t20200306_371622.htm，2022年4月1日访问。

3. 进一步完善证券活动的具体制度

新《证券法》第12条进一步优化了股票公开发行的条件。按照注册制改革精神，将首次公开发行新股应具有"持续盈利能力"改为"持续经营能力"，将"最近三年财务会计文件无虚假记载"改为"最近三年财务会计报告被出具无保留意见审计报告"，将"无其他重大违法行为"改为"发行人及其控股股东、实际控制人最近三年不存在贪污、贿赂、侵占财产、挪用财产或者破坏社会主义市场经济秩序的刑事犯罪"。第15条精简了债券公开发行的条件，取消了公司公开发行债券净资产规模要求，债券累计余额不超过公司净资产40%的要求，以及募集资金投向及债券利率的要求。第17条针对再次公开发行公司债券，取消了"前一次公开发行的公司债券尚未募足"的禁止性条件。

新《证券法》还进一步丰富了证券交易的平台和渠道。根据第96条至第98条规定，证券交易场所分为证券交易所、国务院批准的其他全国性证券交易场所、按照国务院规定设立的区域性股权市场3个层次，证券交易所、国务院批准的其他全国性证券交易场所可以依法设立不同的市场层次，明确了非公开发行的证券，可以在上述证券交易场所转让。

此外，在具体交易要求上，新法打造了更为流畅的市场通道。比如第36条完善上市公司股东减持制度；第45条规定证券程序化交易制度；第47条、第48条优化有关上市条件和退市情形的规定；第58条强化证券交易实名制要求，任何单位和个人不得违反规定，出借证券账户或者借用他人证券账户从事证券交易等。在相关行政许可方面，也进一步放宽条件。比如取消证券公司董事、监事、高级管理人员任职资格核准；第73条将协议收购下的要约收购义务豁免由"经国务院证券监督管理机构免除"调整为"按照国务院证券监督管理机构的规定免除发出要约"；第186条调整会计师事务所等证券服务机构从事证券业务的监管方式，将资格审批改为备案等。

4. 专章保护投资者

新《证券法》的最大亮点即是设专章规定投资者保护制度，体现了对投资者保护的无比重视。投资者保护专章包括第88条至第95条共8条内容。第88条规定了投资者适当性管理，加强对投资者的事前保护。要求证券公司向投资者销售证券、提供服务时，充分考量投资者的基本情况、财产状况、金融资产状况、投资知识和经验、专业能力等信息，如实履行风险告知义务，并提供与投资者上述状况相匹配的证券、服务。第89条规定区分普通投资者和专业投资者，有针对性地作出投资者权益保护安排。第90条、第91条及第92条分别就建立上市公司股东权利代为行使征集制度、完善上市公司现金分红制度、明确债券持有人会议和债券受托管理人制度进行规定，加强对股票投资者和债券持有人合法权益的事中保护。第93条、第94条及第95条分别就先行赔付制度、证券调解及代表人诉讼进行规定，通过多元方式来优化救济途径，加强对投资者事后保护。其中，第 95 条所规定的代表人诉讼制度，规定投资者保护机构可以作为诉讼代表人，按照"明示退出""默示加入"的诉讼原则，依法为受害投资者提起民事损害赔偿诉讼，更好地保护投资者合法权益。

5. 系统完善信息披露制度

新《证券法》在第 5 章新设"信息披露"专章，以专章规定形式进一步强化信息披露要求，更加系统、明确地凸显了信息披露的重要性。第 78 条增加了关于强制信息披露的一般性规定，并且将"发行人及法律、行政法规和国务院证券监督管理机构规定的其他信息披露义务人"作为信息披露义务主体，扩大了信息披露义务人的范围。此外，第 78 条不仅要求信息披露义务人所披露的信息应当真实、准确、完整，还增加了"简明清晰，通俗易懂"的要求。并且对于"证券同时在境内境外公开发行、交易的"，还要求"其信息披露义务人在境外披露的信息，应当在境内同时披露"，这有利于投资者及时、准确地理解披露的信息。新《证券法》第 85 条新增了发行人的控股股东、实际控制人过错推定的连带赔偿责任。专章还对完善定期报告及临时报告披露要求、公平披露原则、自愿披露行为、违反公开承诺的赔偿责任、完善监事披露要求、发行人董监高信息披露异议制度等内容予以了规定。

6. 加强惩处证券违法行为

新《证券法》总结了市场执法司法经验，进一步加大违法行为的惩处力度。第 24 条规定欺诈发行证券已经上市的，证监会可责令发行人回购证券，或者责令负有责任的控股股东、实际控制人买回证券。第 181 条针对发行人在证券发行文件中隐瞒重要事实或者编造重大虚假内容的，大幅提高了罚款幅度，对尚未发行证券的，罚款上限由 60 万元提高至 2000 万元；对已经发行证券的，罚款上限由非法所募资金金额的 5% 提高至一倍。对相关责任人员的罚款上限由 30 万元提高至 1000 万元。同时，加强对发行人的控股股东、实际控制人的责任追究。第 182 条针对保荐人出具有虚假记载、误导性陈述或者重大遗漏的保荐书，或者不履行其他法定职责的，大幅提高了罚款幅度，除没收业务收入外，罚款上限由业务收入的 5 倍提高至 10 倍；对没有业务收入或不足 100 万元的，罚款上限为 1000 万元。情节严重的，并处暂停或者撤销保荐业务许可。对相关责任人员的罚款上限由 30 万元提高至 500 万元。第 183 条针对证券公司承销或销售擅自公开发行或者变相公开发行的证券的，除责令停止承销或者销售、没收违法所得外，大幅提高了罚款幅度，罚款上限由业务收入的 5 倍提高至 10 倍；对没有违法所得或不足 100 万元的，罚款上限为 1000 万元；情节严重的，并处暂停或者撤销相关业务许可。给投资者造成损失的，与发行人承担连带赔偿责任。对相关责任人员的罚款上限由 30 万元提高至 500 万元。第 185 条针对发行人擅自改变公开发行证券所募集资金的用途的，除责令改正外，大幅提高了罚款幅度，罚款上限由 60 万元提高至 500 万元；对相关责任人员的罚款上限由 30 万元提高至 100 万元。

此外，新《证券法》还进一步完善了监管执法机制。比如明确了证监会依法监测并防范、处置证券市场风险的职责；延长了证监会在执法中对违法资金、证券的冻结、查封期限；规定了证监会为防范市场风险、维护市场秩序采取监管措施的制度；增加了行政和解制度和证券市场诚信档案制度；完善了证券市场禁入制度，规定被市场禁入的主体，在一定期限内不得从事证券交易等。

【本章课外阅读材料】

金融机构的投资者适当性义务[①]

投资者适当性义务(investor suitability)，在我国也称为适当性管理制度，是指证券商向投资者推荐买入或者卖出特定证券时，应当有合理依据认定该推荐适合投资者，其评估的依据包括投资者的收入和净资产、投资目标、风险承受能力，以及所持有的其他证券。完整的投资者适当性制度包含主体、主体间权利义务关系以及评价机制三方面内容：在主体上，包括投资者、证券商以及监管层(含行政监管部门及自律机构)这三个证券市场的主要参与者；在权利义务关系上，突出体现在证券商对投资者的适当性义务，以及监管层对于证券商履行适当性义务的监管、检查职责；在评价机制上，主要包括证券商违反适当性义务后监管层的处罚和投资者提起民事诉讼等。

投资者适当性制度主要功用在于为投资者构筑"风险防火墙"——要求以证券商履行识别客户、充分信息披露的义务，区分出一般投资者和专业投资者，并尽可能规劝一般投资者远离高风险产品，减少由于投资这些对象可能造成的损失，从而保护投资者利益，维护证券市场乃至于整个社会的稳定。投资者适当性制度的这一重要作用已经被主要成熟证券市场的实践所证实，在美国、欧盟、日本、韩国、新加坡等国家以及我国台湾地区、香港地区等地区的立法、司法实践中都已经确立了投资者适当性制度。

2019 年 7 月，北京高院再审判决了建设银行恩济支行一案，认定代销银行违反

---

① 参见黄辉：《金融机构的投资者适当性义务：实证研究与完善建议》，载《法学评论》2021 年第 2 期；郑彧：《新证券法下"投资者适当性义务"的实现路径——从"规则监管"到"原则监管"的转变》，载《证券市场导报》2021 年第 3 期；邢会强：《新三板市场的合格投资者制度及相关制度改革》，载《环球法律评论》2018 年第 6 期。

了适当性义务，需要赔付客户全部本金损失和利益。在 2020 年 4 月发生的中行原油宝事件中，适当性义务问题再次成为焦点。

2017 年 7 月 1 日证监会发布《证券期货投资者适当性管理办法》，专门对证券和期货领域的适当性义务进行了规定。2018 年 4 月 27 日，中国人民银行等部委联合发布的《关于规范金融机构资产管理业务的指导意见》第 6 条第 1 款规定了金融机构适当性义务的内容，包括了解客户义务、了解产品义务、客户与产品匹配义务以及风险揭示义务；第 2 款明确提出了"买者自负、卖者尽责"的原则，要求打破刚性兑付。2018 年 9 月 28 日银保监会制定了《商业银行理财业务监督管理办法》，对适当性义务进行了规定。2019 年 11 月 14 日，最高人民法院发布的《全国法院民商事审判工作会议纪要》从定义、责任主体、举证责任和赔偿计算等方面对适当性义务进行了规定。2019 年新修订的《证券法》第 88 条规定："证券公司向投资者销售证券、提供服务时，应当按照规定充分了解投资者的基本情况、财产状况、金融资产状况、投资知识和经验、专业能力等相关信息；如实说明证券、服务的重要内容，充分揭示投资风险；销售、提供与投资者上述状况相匹配的证券、服务。"

第二章　证券发行制度

第一节　证券发行概述

一、证券发行的概念

我国的金融业发展应当深化金融体制改革，增强金融服务实体经济能力，提高直接融资比重，促进多层次资本市场健康发展①，证券发行是公司获取直接融资最重要的手段，优化和完善证券发行制度是深化金融体制改革的重要内容。

何为证券发行，我国法律和行政法规对此均无明确的定义，纵观各国证券法的相关规定，也少有对之作出明确界定的立法例。学界对证券发行大致有两种理解：一种观点认为："证券发行是创设证券权利的复杂行为，包括劝导投资、投资者认购、发行人分配证券、接受资金和交付证券在内的各项行为。"②一种观点认为："证券发行特指发行人以集资或调整股权结构为目的做成证券并交付相对人的单独法律行为。"③

这两种理解的分歧主要在于是否区分证券募集和证券发行。区分证券募集和证券发行，认为募集是发行的前提的，对证券发行即采前述第二种狭义的理解。如我国台湾地区"证券交易法"第8条第1款规定："本法所称发行，谓发行人于募集后制作并交付，或以账簿划拨方式交付有价证券之行为。"相反，不区分证券募集和证券发行，认为募集是发行的起点，是发行过程的重要组成部分的，即采前述第一种广义的理解。我国《公司法》"股份发行"章节和《证券法》"证券发行"章节中都涉及募集行为规范，可以看出并未区分证券募集和证券发行。"将证券发行视为一个整体过程来把握，不仅符合我国

---

① 习近平：《决胜全面建成小康社会 夺取新时代中国特色社会主义伟大胜利——在中国共产党第十九次全国代表大会上的报告》，载中国政府网，https://www.gov.cn/xinwen/2017-10/27/content_5234876.htm。

② 叶林主编：《证券法教程》，法律出版社2010年版，第109页。

③ 崔明霞：《证券发行制度研究》，载《河北法学》2000年第6期。

法律的现行规定，而且更符合证券'无纸化'交易的实际"①，故本书亦采广义的证券发行的概念。

综上所述，本书将证券发行定义为：发行人为了筹集资金等目的，依照法定条件和程序，向投资者招募和销售证券的行为。据此，证券发行主要有两个环节，一是招募，二是销售。其中招募即募集，是通过公告、宣传等活动公告即将发行证券事项，并引起投资者注意；销售则包括接受投资者申请、决定证券分派比例、收取出资并交付证券等一系列行为。

二、证券发行的分类

（一）根据发行对象不同，证券发行可分为公开发行和非公开发行

公开发行又称公募发行，是指发行人通过中介机构向不特定的社会公众公开销售证券的发行方式。我国《证券法》第10条第2款规定，有下列情形之一的，为公开发行：(1)向不特定对象发行证券；(2)向特定对象发行证券累计超过200人，但依法实施员工持股计划的员工人数不计算在内；(3)法律、行政法规规定的其他发行行为。其中第(2)种情形的除外规定是对员工持股计划公开发行的豁免，即计算特定对象人数时，不将实施员工持股计划的员工人数计算在内。为了保障广大投资者的利益，各国对公开发行证券一般都有严格的要求，我国《证券法》亦规定，公开发行证券，必须符合法律、行政法规规定的条件，并依法报经国务院证券监督管理机构或者国务院授权的部门注册；未经依法注册，任何单位和个人不得公开发行证券。公开发行是证券发行中最基本、最常用的方式，它筹集资金潜力大，因发行后可申请上市，发行的证券流动性较强，但相较于非公开发行而言，公开发行程序较为复杂，发行费用也更高。

非公开发行又称私募发行或定向发行，是指发行人面向少数特定的投资人发行证券的发行方式。非公开发行方式的发行程序相对简单，发行费用较低，但所发行证券有转售限制，流通性较差。一般而言，在西方国家，对非公开发行方式信息披露要求很宽松，也无须报经审批，只需备案或登记，但根据我国《证券法》第12条规定，上市公司发行新股，无论是公开发行还是非公开发行，都应当符合经国务院批准的国务院证券监督管理机构规定的条件。本章第七节将专门探讨证券私募发行问题。

（二）根据发行证券种类不同，证券发行分为股票发行、债券发行和其他证券品种发行

股票发行是指股份有限公司为筹集资金或调整股权结构，依照法定条件和法定程序向特定或不特定的投资者招募和销售股票的行为。依照发行股票是否以设立公司为目的，股

---

① 周友苏主编：《证券法新论》，法律出版社2020年版，第131页。

票发行又可分为设立发行和增资发行。设立发行是公司在设立过程中，为筹集股本而首次发行股份的发行方式，可分为发起设立发行和募集设立发行两种；增资发行是已成立的公司为增加资本而发行股份的发行方式。

债券发行是指发行人为筹集资金，依照法定条件和法定程序向投资者出售代表一定债券和支付条件的债券的行为。依照发行主体不同，债券发行可分为公司债券发行、金融机构债券发行和政府债券发行。

其他证券品种发行包括存托凭证、证券投资基金份额、权证等证券品种的发行，是指符合条件的其他证券的发行人按照法定程序向投资者发售并交付证券的行为。

（三）根据发行价格与票面金额的关系的不同，证券发行分为平价发行、溢价发行和折价发行

平价发行是指证券的发行价格等于证券的票面金额。平价发行方式较为简单，但募集资金量较少。

溢价发行是指证券的发行价格高于证券的票面金额。溢价发行又可分为时价发行和中间价发行。时价发行即以相同或类似证券的市场流通价格为发行价格基准的发行；中间价发行即以介于证券票面金额和市场流通价格之间的价格为发行价格的发行。溢价发行可使发行人募集到较多的资金，同时降低筹资成本。

折价发行是指证券的发行价格低于证券的票面金额。根据《公司法》的有关规定，我国股票发行可以采取平价发行和溢价发行的方式，但不得折价发行。

（四）根据发行是否借助中介机构，证券发行分为直接发行和间接发行

直接发行是指发行人直接与投资者联系，自行承担发行风险，办理发行事宜的发行方式。直接发行由于没有专业机构的帮助，往往发行效率低，且发行风险大，现在一般较少采用。

间接发行是指发行人委托证券承销机构发行证券的发行方式。在间接发行中，发行人不直接与投资者联系。根据证券承销机构在承销过程中承担的责任和风险不同，间接发行又可分为代销和包销等形式。

我国《证券法》仅规定公开发行股票和可转换债券，依法应当采取间接发行的方式，意即非公开发行证券以及公开发行可转换债券之外的债券，可采取直接发行的方式。

此外，根据不同标准，证券发行还有很多不同的分类，如按照发行条件确定的方式不同，分为议价发行和招标发行；根据发行地点的不同，分为国内发行和国外发行等。

三、证券发行的法律性质

对证券发行的界定直接决定了对证券发行的法律性质的认定。如前所述，本书采广义

的证券发行的概念，即证券发行是一个以创设证券权利为目的的多个主体参与的众多行为的集合。其中，发行人公布招股说明书等招募行为属于合同订立中的要约邀请，但不同于一般的要约邀请，《证券法》为了保护投资者利益，特别赋予招股说明书以特殊法律效力，即募集人应当保证招股说明书不存在虚假、不真实、重大遗漏和使人误导的内容，招股说明书违反这一要求，将构成证券欺诈行为，募集人应承担民事责任。投资者的认购属于要约，而发行人根据拟发行股份的数量与实际认购数量间的比例，核定某一认购人可获得的股份数量即属于承诺，而发行人交付证券、投资者认缴股款则属于履行合同义务。可见，若就这些行为的集合而言，其法律性质肯定并非单一，应属于一份证券买卖合同的订立及履行过程。

但这显然不属于讨论证券发行法律性质的意义所在。关于证券发行的法律性质，学界探讨的焦点在于何为证券权利创设的标准。在此问题上，存在契约说、单独行为说和折中说三种学说。依照契约说，证券发行具有契约性质，证券权利因证券制作人（即发行人）与证券受取人（认购人）之间订立授受契约而成立。依照单独行为说，证券发行属于单独法律行为，证券权利因证券制作人制作和交付证券而成立。单独行为说依据所关注的是发行人制作证券还是交付证券，可以分为创造说和交付说。强调证券权利因制作证券而生效，认为证券一经制作即产生证券权利的观点被称为"创造说"；强调证券权利因交付证券而生效，认为证券只有交付给投资者时才产生证券权利的观点被称为"发行说"。折中说认为，证券权利产生基础有两个，即发行人制作完成证券以及发行人与证券受取人之间存在交付契约。

有观点认为应当采取单独行为说，解释证券发行的性质。首先，投资者认购股份之意思早已作出，获得有价证券是认购人意思表示的当然后果，发行人负有交付有价证券的契约义务。若以契约说或折中说加以解释，无论称之为授受契约还是交付契约，均不利于解释投资者的权利形成及状态，甚至容易损害投资者应获得的证券权利。其次，证券交付请求权是一种独立权利类型，该权利不得以公司章程或者其他方式加以剥夺。当发行人获得募集资金，应将证券交付给投资者或将应分配证券直接记入投资者账户，此行为并不以合意为要素。若以契约说解释证券发行，显有不妥之处。再次，投资者获得证券权利是以善意为条件的，也就是说，只要发行人制作完成证券并将该证券交付投资者，投资者即可以获得证券权利，除非发行人证明证券持有人所持证券为未交付之库存证券，否则，应推定投资者对所持有证券具有绝对效力。所以，从保护投资者利益的角度，采用单独行为说更为妥当。另外，相对于"创造说"而言，采取"交付说"更为优越。首先，创造说是以有纸化证券为其模拟形态的，证券制作是证券发行的前提，只有制作完成之证券才得以交付，并在此基础上创造出证券权利。但就现代证券制度而言，无纸化是证券的基本形态，不存在证券有纸化的制作过程，故创造说缺乏其现实基础。其次，在证券法领域中，存在制作而未交付的证券如库存证券。对允许库存证券的国家来说，采交付说有利于确定库存证券的性质和法律地位。再次，有价证券虽以纸面化为传统和基本的表现形式，但有价证券作为证权证券，纸面形式只是有价证券的外部表现形式，即使发生股票遗失，也得依照公示催告程序申请补领证券。在此意义上，制作有纸证券并非证券的本质。交付证券或者将有价证券记入投资者证券账户，是创设证券权利的基本标志。①

我们认为，契约说能反映证券发行的交易行为本质，如果没有投资者的认购，没有发行人通过抽签等方式加以核定，不会产生证券权利，上述观点反驳契约说的理由并不充分。第一，投资者获得有价证券并不是认购人意思表示的当然结果，因为在性质上认购的意思表示仅仅是要约，是否能获得有价证券还取决于发行人根据供需关系是否核定，即并非发行人对认购人有当然的交付证券的义务。第二，发行人交付证券的行为确实不以合意为要素，但它是以双方的合意为前提，是在履行契约义务，且交付证券的行为并非就是创设证券权利的行为，故以其是独立权利类型为由否定契约说，理由不够充分。第三，既然无纸化是证券的基本形态，那么以交付作为创设证券权利的标志才显得不妥，因为证券登记结算机构将证券记载于投资者的证券账户显然不能解释为是"交付"。事实上，判断何为证券权利创设的标准，关键是看在具备什么条件下，投资者可以开始享有并行使证券权利。毫无疑问，投资者如果不认购、缴纳认购款项，不可能获得证券权利，但仅仅认购、缴纳款项也不必然获得证券权利，只有待发行人根据供需关系核定后，证券权利才得以创设。虽然在实践中，投资者通常要等到证券记载于自己的证券账户后才能知晓自己的证券权利，但记载仅仅是起到公示的目的。因此，证券权利的创设采契约说更为合理。

第二节 证券发行审核制度

一、证券发行审核的三种模式：注册制、核准制与审批制

由于证券发行往往涉及不特定的社会公众投资者的利益，为了维护社会公共利益和良好的经济秩序，各国都十分重视对证券发行的监管，并基于各自不同的证券监管体制和监管理念，形成了不同的证券发行审核模式。有学者认为证券发行审核模式有注册制和核准制两种，有学者认为除此之外，还有第三种，即审批制。② 本书采三模式说。

---

① 参见叶林主编：《证券法教程》，法律出版社 2010 年版，第 116~117 页。

② 参见程合红：《从证券市场出现的问题透视证券发行监管制度》，载《法制日报》2001 年 10 月 28 日。

（一）注册制

证券发行注册制又叫申报制、登记制或形式审查制，是"通过信息披露的要求，更多通过市场和中介机构来挑选出售证券的品质，最终由投资者自己来做投资价值判断"①的一种发行制度。拟发行证券的发行人，将依法应当公开的，与所发行证券有关的一切信息和资料，合理制成法律文件并公之于众，并向证券监管机构申报，证券监管机构不对证券发行行为及证券本身作出价值判断，其对公开资料不作实质性审查，仅对申请文件进行形式审查，发行人在申报申请文件以后的一定时期以内，若没有被政府否定，即可以发行证券。在证券发行注册制下，证券监管机构对证券发行不作实质条件的限制。发行人只要依规定将有关资料完全公开，证券监管机构就不得因发行人的财务状况未达到一定标准而拒绝其发行。

证券发行注册制是证券发行审核制度中的重要模式，也是很多国家普遍采取的证券发行监管方式。澳大利亚、巴西、加拿大、德国、法国、意大利、荷兰、菲律宾、新加坡、英国和美国等国家，在证券发行上均采取注册制。其中，美国证券法是采取发行注册制的典型代表。证券发行注册制的核心理念是由市场而不是监管机构决定什么人可以发行证券，这一理念主要体现在以下几个方面：

（1）投资者根据发行人公开的信息作出是否认购的选择，自负风险，发行人应对公布资料的真实性、全面性、准确性负责，公布的内容不得含有虚假陈述、重大遗漏或信息误导，如果发行人违反了信息公开义务，投资者有权要求发行人承担法律责任。

（2）证券监管机构仅对申报材料作形式审查，即申报材料是否全面、准确、真实以及及时，而不对证券价值作出任何判断。只有发行人公开的信息有遗漏、虚假、误导、欺诈等情形时，证券监管机构才会拒绝或中止发行注册的效力，限制发行人的权利并追究其法律责任。

（3）等待期满，证券监管机构没有否决，发行人即可发行证券，而无须取得证券监管机构的批准。

注册制可以简化审核程序，降低发行门槛，充分体现"三公"原则，还能促使投资者审慎投资，但这种模式完全建立在充分的公开信息披露制度的基础上，对发行环境、发行人和投资者的要求都比较高，不能实现对投资者利益的充分保护，在市场机制不完善、投资者风险意识薄弱的新兴市场，较少有适用的余地。

（二）核准制

证券发行核准制又被称为"准则制"或"实质审查制"，是指发行人发行证券，不仅要公开全部的、可以供投资人判断的材料，还要符合证券发行的实质性条件，证券主管机关

---

① 陈洁：《科创板注册制的实施机制与风险防范》，载《法学》2019 年第 1 期。

有权依照公司法、证券法的相关规定，对发行人提出的申请以及有关材料，进行实质性审查，发行人得到批准以后，才可以发行证券。美国部分州的"蓝天法"与欧洲大陆国家的公司法，是核准制的代表。在新西兰、瑞典和瑞士的证券监管体制中，也带有相当程度的核准制特点。

证券发行核准制确立的理由为：虽然基于投资人安全考虑，法律要求发行人必须公开全部资料，但是，不是任何人都可以读懂专业文件的，如招股说明书、资产负债表。即使可以读懂文件，也不一定可以对其细节作出合理的理解与判断。为了保护作为个人的投资人的利益，不受团体行为的侵害，政府应该履行职责，对证券发行适当地监督，对发行人的营业性质、财力、素质等条件进行实质审查。证券发行核准制具有如下特征：

(1)规定证券发行的实质条件，强调实质管理原则。通过确定证券发行人资格及发行条件，尽力排斥劣质证券的发行，依此，并非各种公司无论其规模及营利能力均可公开发行证券，只有具备法定资格并符合法定条件的发行人才可以发行证券。

(2)证券监管机构对证券发行享有事前审查和批准权。证券监管机构的职责是保证法律规则的贯彻与实施，于审核期间，若发现发行人资格、条件与法律规定不相符合者，应禁止其公开发行。如果没有证券监管机构或其授权单位的批准，证券发行活动即为非法。

(3)证券监管机构对证券发行享有事后审查和撤销权。证券监管机构在核准证券发行申请后，如发现存在虚假、舞弊等违法情形时，有权撤销已作出的核准与批准，且证券监管机构撤销已作出核准的，无须承担责任。

证券发行核准制的实质审查可以更充分地保护投资者的权益，但同时也会致使投资者过多地信赖监督管理机构，而不是靠自己的投资理念去判断证券价值。因此，证券发行核准制有利于新兴市场的健康发展，适合于证券市场机制不完善、中介机构发育不成熟、投资人缺乏经验与业务水平、风险意识较为欠缺的地区。

(三)审批制

证券发行审批制是指证券发行实行"额度控制"，即由地方或主管政府机构根据额度决定发行人和发行规模，据此确定的发行人向所属证券管理部门正式提出发行申请，经所属证券管理部门受理审核同意转报证券监管机构核准发行额度后，发行人再正式制作申报材料，提出上市申请，经审核、复审，由证券监管机构出具批准发行的有关文件，方可发行。

审批制最主要的特征为在股票发行方式和股票发行定价上较多行政干预。具体表现为：

(1)证券发行实行额度控制。每年证券主管部门下达证券发行总规模，并在此限额内由各地方和政府部门切分额度，再由地方和政府部门确定发行人。

(2)证券发行实行两级审批机制。根据额度确定的发行人应提出申请，其发行资格和额度要受到所属证券管理部门和证券监管机构两级审批，得到批准后再正式提出发行申请，并再次经两级审批后方可发行。

（3）证券发行价格基本由证券监管机构确定。发行人在发行价格方面完全没有决定权，基本由证券监管机构采用相对固定的市盈率确定发行价格。

有学者主张，审批制是核准制的一种特殊表现形式，审批制比一般核准制更严格，更强调政府的控制，因此也被称为"严格核准制"。[①] 本书认为核准制和审批制有着明显的区别，审批制带有浓厚的计划经济色彩，而核准制基本实现了证券发行市场化，应将两者视为两种不同的发行模式。

首先，两者确定发行人的标准不同。审批制下，采用行政计划的方法分配上市指标，由政府根据额度确定发行人；核准制下，取消了政府推荐的指标和额度管理，以券商推荐、审查和辅导替代政府推荐，引进证券中介机构的责任判断企业是否满足发行资格。

其次，两者对信息公开的要求不同。审批制下，对发行人没有信息公开的要求，发行人只需按照要求报送相关材料给审批机关即可；核准制下，发行人必须依法全面、准确、及时地将投资者作出投资决策所需要的重要信息予以充分披露。

我国在证券市场的发展初期，为了维护上市公司的稳定和平衡复杂的社会关系，证券发行即采用审批制，审批制对于协调当时证券市场的供求关系，为国有企业改制上市、筹集资金和调整国民经济结构，起到了积极的作用。但随着证券市场的发展，市场机制的完善，用行政办法无法实现社会资源优化配置，不适应社会主义市场经济要求，带有浓厚计划色彩的审批制逐渐被核准制所替代。

二、我国证券发行审核制度的演变

我国证券发行审核制度经历了从审批制到核准制再到注册制的演变过程。

（一）审批制时代

1990年11月27日和1991年6月15日，上海市人民政府和深圳市人民政府分别颁布了《上海市证券交易管理办法》和《深圳市股票发行与交易管理暂行办法》，以地方性法规的形式规范股票发行上市，规定股票发行上市审核机制采取审批制。

1992年10月，中国证券监督管理委员会成立，中国证券市场统一监管体制开始形成。1993年4月，国务院发布了我国第一部全国性股票市场法规——《股票发行与交易管理暂行条例》，股票的发行与交易进入统一、规范管理阶段。1993年12月全国人大常委会通过《公司法》，首次将证券发行审核体制提升至法律层面，并规定股份有限公司公开发行股票的审核机制为审批制。

---

① 吴弘主编：《证券法教程》，北京大学出版社2007年版，第36页。

1996 年以前，证券发行审批制的具体做法是由国家下达发行规模，并将发行指标分配给地方政府以及中央企业的主管部门，地方政府或者中央主管部门在自己的管辖区或者行业内，对申请上市的企业进行筛选，经过实质审查合格后，报中国证监会批准。在执行中，地方政府或者中央主管部门尽量将有限的股票发行规模分配给更多的企业，因此造成了发行公司规模小、公司质量差的情况。于是，1996 年以后，开始实行"总量控制、集中掌握、限报家数"的办法，即地方政府或者中央主管部门根据中国证监会事先下达的发行指标，审定申请上市的企业，向中国证监会推荐。中国证监会对上报企业的预选资料审核合格以后，由地方政府或者中央主管部门根据分配的发行指标，下达发行额度。审查不合格的，不能下达发行额度。企业得到发行额度以后，将正式材料上报中国证监会，由中国证监会最后审定是否批准企业发行证券。

（二）双轨制时代

1998 年 12 月 29 日，第九届全国人民代表大会常务委员会第六次会议通过《中华人民共和国证券法》，自 1999 年 7 月 1 日起施行。当时的《证券法》第 10 条规定："公开发行证券，必须符合法律、行政法规规定的条件，并依法报经国务院证券监督管理机构或国务院授权的部门核准或审批，未经依法核准或审批，任何单位和个人不得向社会公开发行证券。"第 11 条第 1 款规定："公开发行股票，必须依照公司法规定的条件，报经国务院证券监督管理机构核准，发行人必须向国务院证券监督管理机构提交公司法规定的申请文件和国务院证券监督管理机构规定的有关文件。"第 11 条第 2 款还规定："发行公司债券，必须依照公司法规定的条件，报经国务院授权的部门审批。发行人必须向国务院授权的部门提交公司法规定的申请文件和国务院授权的部门规定的有关文件。"

由此可知，当时我国证券发行审核制度视证券的种类不同而不同：对股票发行采取核准制，对债券发行采取审批制。虽然《证券法》于 1999 年 7 月 1 日生效，但是为了集中解决历史遗留的指标企业，并为核准制的推行准备过渡期，新股发行当时仍然实行审批制。

随着《中国证券监督管理委员会股票发行审核委员会条例》与《中国证券监督管理委员会股票发行核准程序》分别于 1999 年 9 月 16 日和 2000 年 3 月 17 日实施，我国股票发行审核制度市场化程度加快。在此基础之上，股票发行价格也采取了市场定价方法，中国证监会不再对股票发行市盈率进行限制。2001 年 4 月 23 日，用友软件以 2500 万 A 股以 36.68 元的价格、64.35 倍的市盈率上网发行，成为核准制下第一股。

核准制实行初期，为确保发行人和申请文件的质量，维持发行核准工作的正常秩序，中国证券业协会受证监会的委托，制定相关方案，明确规定了证券公司推荐发行企业的家数，确立了所谓的"通道制"。通道制是一种过渡时期的行业自律办法，其核心是"证券公司自行排队、限报家数"，即每家证券公司一次只能推荐一定数量的企业申请发行股票，证券公司将拟推荐的企业逐一排队，按序推荐。通道制的初衷是希望通过加强券商对企业的选择，从而提高上市公司乃至整个证券市场的质量，但通道的分配过于简单，难以体现公平，导致中小企业上市困难，券商间融通通道现象出现等诸多问题，该项制度最终被现行的保荐制度所取代。

（三）核准制时代

2005 年 10 月 27 日修订的《证券法》第 10 条规定："公开发行证券，必须符合法律、行政法规规定的条件，并依法报经国务院证券监督管理机构或者国务院授权的部门核准……"这表明，不仅股票发行采取核准制，债券发行也采取核准制。另根据《证券法》第 34 条规定，股票发行采取溢价发行的，其发行价格由发行人与承销的证券公司协商确定。至此，核准制得以全面推行。

核准制的立法理念是通过国家公权力审查来为证券市场把好入口关。公开发行证券不仅需要符合法律法规规定的条件，还须报经证券监督管理机构核准，意味着证券监管机构可以通过实质审查，排除部分质量不高或有违法行为的公司进入证券市场，从入口处降低发行欺诈行为发生概率，以保护投资者的利益。必须承认，核准制对促进我国证券市场的稳定、规范发展和保护投资者利益发挥了重要作用，但核准制的不足也日渐显现：发行成本高而效率低；审批者存在权力寻租空间；投资者形成对公权力审查的依赖而缺少应有的风险意识；人为造成发行价格和市场价格的价差悬殊，产生"打新股"稳赚不赔的不合理现象。

（四）注册制时代

党的十八大以来，习近平总书记高瞻远瞩，多次提出要加快推进股票发行注册制改革，推动在上交所设立科创板并试点注册制①，推进创业板改革并试点注册制②，逐步实现股票发行注册制的全面落地，发挥资本市场资源配置、资产定价和缓释风险的重要作用。

正是因为核准制在实践中显现的不足，我国于 2013 年开始推行股票发行注册制改革，改革过程可谓一波三折。2013 年《中共中央关于全面深化改革若干重大问题的决定》提出"推进股票发行注册制改革"，2015 年全国人大常委会通过《关于授权国务院在实施股票发行注册制改革中调整适用〈中华人民共和国证券法〉有关规定的决定》，为推行注册制扫清法律障碍。2015 年 4 月提交全国人大常委会审议的《证券法》修订草案一审稿对"股票发行注册制"进行了专节规定，但由于随后股票市场的非正常波动，2017 年 4 月提交审议的《证券法》修订草案二审稿又取消了注册制的有关规定。2019 年设立科创板并试点股票发行注册制，同年 4 月提交审议的《证券法》修订草案三审稿又专节规定了"科创板注册制的

① 习近平：《在 2018 年中央经济工作会议上的讲话》，载中国政府网，https：//www.gov.cn/xinwen/2018-12/21/content_5350934.htm。

② 习近平：《在 2019 年中央经济工作会议上的讲话》，载中国政府网，https：//www.gov.cn/xinwen/2019-12/12/content_5460670.htm。

特别规定"。随着科创板试点工作的顺利开展，《证券法》修订草案四审稿再次对注册制的内容进行了调整，注册制的范围从三审稿中规定的科创板股票发行扩大到所有的证券公开发行。四审稿有关注册制的内容最终获得立法机关的通过，成为 2019 年修订的《证券法》中的重要内容。

《证券法》第 9 条规定："公开发行证券，必须符合法律、行政法规规定的条件，并依法报经国务院证券监督管理机构或者国务院授权的部门注册。未经依法注册，任何单位和个人不得公开发行证券。证券发行注册制的具体范围、实施步骤，由国务院规定。"《证券法》确立证券发行注册制后，我国不断推进证券发行制度的改革，逐步实现全面的证券发行注册制。2012 年 12 月修订的《证券投资基金法》第 50 条规定了公开募集基金的注册制。2023 年 2 月 17 日，中国证监会发布全面实行股票发行注册制相关制度规则，标志着股票发行注册制在我国的全面落地和推行。2023 年 6 月 21 日，中国证监会发布《关于深化债券注册制改革的指导意见》《关于注册制下提高中介机构债券业务执业质量的指导意见》，标志着债券注册制改革的进一步发展。

三、我国证券发行注册制的具体内容

《证券法》第 18 条至第 26 条，较为全面地规定了我国证券发行注册制的具体内容。

第一，证券发行申请要求。发行人应按依法负责注册的机构或者部门规定的格式、报送方式，报送申请文件，申请文件应当充分披露投资者作出价值判断和投资决策所必需的信息，内容应当真实、准确、完整。为证券发行出具有关文件的证券服务机构和人员，必须严格履行法定职责，保证所出具文件的真实性、准确性和完整性。

第二，关于注册机构和审核机构的规定。国务院证券监督管理机构或者国务院授权的部门依照法定条件负责证券发行申请的注册。与此同时，按照国务院的规定，证券交易所等可以审核公开发行证券申请，判断发行人是否符合发行条件、信息披露要求，督促发行人完善信息披露内容。这意味着：（1）按照国务院的规定，公开发行证券申请的审核部门可以是证券交易所，也可以是除证券交易所之外的机构（如全国股转系统）。（2）审核的内容不同于核准制下的实质审查，而是形式审查，通过审查判断发行人"是否符合发行条件、信息披露要求"，不符合时，督促发行人通过补充和调整，完善信息披露内容。目前在科创板试点的注册制就是证券交易所受理公开发行证券并上市申请，审核并判断发行人是否符合发行条件、上市条件和信息披露要求。证券交易所审核通过后，将审核意见及发行人注册申请文件报送国务院证券监督管理机构注册。根据中国证监会 2023 年 2 月 17 日发布的《首次公开发行股票注册管理办法》第 19 条第 2 款的规定，交易所主要通过向发行人提出审核问询、发行人回答问题方式开展审核工作，判断发行人是否符合发行条件、上市条件和信息披露要求。"受理和审核全流程实行电子化，全流程重要节点均对社会公开并接

受社会监督，整个审核过程可以概括为'问询式+电子化+专业化'的模式。"①

第三，参与证券发行申请注册的人员的禁止性规定。包括注册机构和审核机构在内的所有参与证券发行申请注册的人员不得有以下情形或行为：（1）与发行申请人有利害关系；（2）直接或间接接受发行申请人的馈赠；（3）持有所注册的发行申请的证券；（4）私下与发行申请人进行接触。

第四，注册程序的规定。国务院证券监督管理机构或者国务院授权的部门应当自受理证券发行申请文件之日起二十个工作日内，依照法定条件和法定程序作出予以注册或者不予注册的决定，发行人根据要求补充、修改发行申请文件的时间不计算在内。不予注册的，应当说明理由。

第五，信息披露的要求。证券发行阶段的信息披露包括两个方面，一是预先披露，发行人申请首次公开发行股票的，在提交申请文件后，应当按照国务院证券监督管理机构的规定预先披露有关申请文件；二是公开发行募集文件的公告，证券发行申请注册后，发行人应当按照法律、行政法规的规定，在证券公开发行前公告公开发行募集文件，并将该文件置备于指定场所供公众查阅。发行证券的信息依法公开前，任何知情人不得公开或者泄露该信息。发行人不得在公告公开发行募集文件前发行证券。

第六，违法发行证券的法律后果。国务院证券监督管理机构或者国务院授权的部门对已作出的证券发行注册的决定，发现不符合法定条件或者法定程序，尚未发行证券的，应当予以撤销，停止发行。已经发行尚未上市的，撤销发行注册决定，发行人应当按照发行价并加算银行同期存款利息返还证券持有人；发行人的控股股东、实际控制人以及保荐人，应当与发行人承担连带责任，但是能够证明自己没有过错的除外。股票的发行人在招股说明书等证券发行文件中隐瞒重要事实或者编造重大虚假内容，已经发行并上市的，国务院证券监督管理机构可以责令发行人回购证券，或者责令负有责任的控股股东、实际控制人买回证券。

第七，投资者风险自负提示。股票依法发行后，发行人经营与收益的变化，由发行人自行负责；由此变化引致的投资风险，由投资者自行负责。

第三节　证券承销

一、证券承销的概念与特征

证券承销是指证券经营机构即证券公司帮助证券发行人发行证券的行为，具体包括销

---

① 周友苏主编：《证券法新论》，法律出版社2020年版，第144页。

售、促成销售和代为销售拟发行证券。承担证券承销业务的证券公司一般也被称为证券承销商。

1. 证券承销本质上为合同法律关系

发行人向不特定对象公开发行的证券，法律、行政法规规定应当由证券公司承销的，发行人应当同证券公司签订承销协议。发行人与承销商之间的权利义务关系依照所签订的承销协议确定。证券承销协议应载明下列事项：(1)当事人的名称、住所及法定代表人姓名；(2)代销、包销证券的种类、数量、金额及发行价格；(3)代销、包销的期限及起止日期；(4)代销、包销的付款方式及日期；(5)代销、包销的费用和结算办法；(6)违约责任；(7)国务院证券监督管理机构规定的其他事项。

2. 证券承销的功能包括顾问功能、证券购买和分销功能

一方面，承销商作为证券市场的专业机构，能够向发行人提供与证券发行有关的各种咨询和专业服务，协助发行人选定发行时机、确定合适的发行价格；另一方面，包销方式下，承销商承担全部的发行风险，从而使得发行人得以避免发行风险。此外，承销商通常拥有发行人所不具有的发达的市场销售网络，有利于更好地将证券出售给投资者。

3. 证券承销与投资者或社会公共利益密切相关

虽然证券承销的本质是发行人和承销商之间的合同关系，但因证券承销旨在向投资者出售证券，故对投资者的利益也会产生重大影响。为了平衡发行人、承销商和投资者之间的利益关系，证券法确立了诸如信息披露要求等旨在保护投资者利益的强行性规定。

二、证券承销的方式

(一)代销和包销

按照发行人与证券承销商约定的风险分担方式，证券承销可以分为代销和包销两种方式。

1. 代销

证券代销是指证券公司代发行人发售证券，在承销期结束时，将未售出的证券全部退还给发行人的承销方式。

证券代销具有如下特点：(1)发行人与承销商之间建立的是一种委托代理关系。代销过程中，未售出证券的所有权属于发行人，承销商仅是受委托办理证券销售事务。(2)承销商作为发行人的推销者，不垫资金，对不能售出的证券不负任何责任，证券发行的风险基本上是由发行人自己承担。(3)由于承销商不承担主要风险，相对包销而言，所得收入(手续费)也少。

《证券法》第 33 条规定，股票发行采用代销方式，代销期限届满，向投资者出售的股票数量未达到拟公开发行股票数量 70% 的，为发行失败。发行人应当按照发行价并加算银行同期存款利息返还股票认购人。可见，代销方式下，若出售股票未达到一定数额的，发行人将承担发行失败的后果，如果是设立发行，公司将无法正常设立；如果是新股发行，将影响发行人筹集和使用资金的计划并影响其市场形象。因此，发行人一般会努力避免采取证券代销方式。但 2023 年中国证监会颁布实施的《证券发行与承销管理办法》第 32 条明确规定，上市公司向特定对象发行证券未采用自行销售方式或者上市公司向原股东配售股份的，应当采用代销方式。

尽管代销方式下的发行风险由发行人自己承担，但那些信誉好、知名度高的大中型企业，由于它们的证券容易被社会公众所接受，而采用代销方式能够降低发行成本，因此代销方式也不失为一个合适的选择。

2. 包销

证券包销是指证券公司将发行人的证券按照协议全部购入或者在承销期结束时将售后剩余证券全部自行购入的承销方式。

证券包销具有如下特点：(1)发行人和承销商之间存在证券买卖关系，但全额包销和余额包销略有不同。(2)发行人可以迅速、可靠地获得证券价款。(3)承销人承担全部发行风险的同时，所得收入也较高。对于发行人而言，不承担风险的同时，要支付高昂的发行费用。

包销在实际操作中有全额包销和余额包销之分。全额包销是指发行人与承销机构签订承购合同，由承销机构按一定价格买下全部证券，并按合同规定的时间将价款一次付给发行公司，然后承销机构以略高的价格向社会公众出售。在全额包销过程中，承销机构与证券发行人并非委托代理关系，而是买卖关系，即承销机构将证券低价买进然后高价卖出，赚取中间的差额。对发行人来说，采用全额包销方式既能保证如期得到所需要的资金，又无须承担发行过程中价格变动的风险，因此全额包销是西方成熟证券市场中最常见、使用最广泛的方式。余额包销是指发行人委托承销机构在约定期限内发行证券，到销售截止日期，未售出的余额由承销商按协议价格认购。余额包销实际上是先代理发行，后全额包销，是代销和全额包销的结合。

对发行人来说，包销不必承担证券销售不出去的风险，而且可以迅速筹集资金，因而适用于那些资金需求量大、社会知名度低而且缺乏证券发行经验的企业。与代销相比，包销的成本也相应较高。

(二)承销团承销

根据参与证券承销的承销商数量，证券承销可以分为独立承销和承销团承销。独立承销是相对于承销团承销而言的，即一家证券公司单独承担全部承销任务的承销，也称一般承销。由几家证券公司一起组成的证券承销的临时组织就叫承销团。2014 年修订的《证券法》规定向不特定对象发行的证券票面总值超过人民币 5000 万元的，应当由承销团承销。2019 年修订的《证券法》取消了这一规定，改为由发行人自主选择是否采取承销团承销方式。这是因为在实践中，证券票面总值超过人民币 5000 万元的公开发行已非常常见，一家承销商完全有实力单独完成承销任务，法律没有必要作出强制承销团承销的要求。承销团由主承销和参与承销的证券公司组成。在承销团中起主要作用的承销商是主承销商。主承销商是代表承销团与发行者签订承销合同的实力雄厚的大证券公司，一般由竞标或协商的方式确定，其任务主要是负责组建承销团，代表承销团与发行者签订承销协议等文件，决定承销团成员的承销份额等。承销团的成员确定后，主承销商应负责与其他承销商签订分销协议，明确承销团各个成员的权利和义务，包括各成员推销证券的数量和获得的报酬，承销团及其合同的终止期限等。

根据中国证监会《证券发行与承销管理办法》的规定，适用承销团承销方式发行证券的，应当遵守以下规定：第一，依照法律、行政法规的规定应当由承销团承销的，组成承销团的承销商应当签订承销团协议，由主承销商负责组织承销工作。承销协议和承销团协议可以在发行价格确定后签订。第二，证券发行由两家以上证券公司联合主承销的，所有担任主承销商的证券公司应当共同承担主承销责任，履行相关义务。承销团由 3 家以上承销商组成的，可以设副主承销商，协助主承销商组织承销活动。承销团成员应当按照承销团协议及承销协议的规定进行承销活动，不得进行虚假承销。第三，主承销商应当设立专门的部门或者机构，协调公司投资银行、研究、销售等部门共同完成信息披露、推介、簿记、定价、配售和资金清算等工作。第四，主承销商的证券自营账户不得参与本次发行股票的询价、网下配售和网上发行。与发行人或其主承销商具有实际控制关系的询价对象，不得参与本次发行股票的询价、网下配售，可以参与网上发行。

承销团承销有很多优点，如承销商数量较多，资金实力强大，销售网点分布广泛，可以分散承销风险，提高证券发行速度等。

三、证券承销商的权利与义务

如前所述，证券承销本质上是承销商和发行人之间的合同法律关系，双方通常会在证券承销协议详细约定各自的权利和义务，但除通常约定条款外，承销商还可能依约定享有特殊权利并承担一些法定的义务。

（一）证券承销商的权利

承销商除依承销协议享有收取承销费用等基本权利外，还可依承销协议行使超额配售选择权。

1. 超额配售选择权的概念与功能

超额配售选择权，又称超额发售权或"绿鞋"，是指发行人授予主承销商的一项选择权，获此授权的主承销商可以按同一发行价格向投资者超额发售不超过总发行量15%的证券，即主承销商可向投资者发售不超过总发行量115%的证券。在增发包销部分的股票上市之日起30日内，主承销商有权根据市场情况选择从集中竞价交易市场购买发行人股票，或者要求发行人增发股票，分配给对此超额发售部分提出认购申请的投资者。主承销商在未动用自有资金的情况下，通过行使超额配售选择权，可以平衡市场对该证券的供求，起到稳定市价的作用。

超额配售选择权由美国波士顿绿鞋制造公司1963年首次公开发行股票时率先使用，故又称之为"绿鞋"或"绿鞋选择权"。目前，在海外股票发行中采用超额配售选择权机制已成为惯例，它是主承销商应对证券承销风险、稳定发行后市场价格最常用的工具之一。超额配售选择权机制的具体原理为：如果市场价格高于发行价格，主承销商可通过要求发行人额外发行证券以增加证券供应量，从而抑制过高的市场价格；如果市场价格低于发行价格，主承销商可从市场上购买证券并分配给申购者，从而抬升市场价格。

2. 我国超额配售选择权的规定

1994年发布、实施的《国务院关于股份有限公司境外募集股份及上市的特别规定》以及1996年发布、实施的《股份有限公司境内上市外资股规定的实施细则》对超额配售选择权有原则性规定，允许发行人和承销商在证券承销协议中约定超额配售选择权。2000年中国证监会发布的《上市公司向社会公开募集股份操作指引（试行）》第11条第2款解释了超额配售选择权的含义，规定："超额配售选择权：俗称绿鞋，是指发行人授予主承销商的一项选择权，获此授权的主承销商可以根据市场认购情况，在股票发行上市后的一个月内，按同一发行价格超额发售一定比例的股份（通常在15%以内），即主承销商按不超过包销额115%的股份向投资者发售，发行人取得按包销额发售股份所募集的资金。新股上市后的一个月内，如果市价跌破发行价，主承销商用超额发售股份取得的资金从二级市场购回股票，分配给提出申购的投资者；如果市价高于发行价，主承销商可以要求发行人增发这部分股份，分配给提出申购的投资者，发行人取得增发这部分股份所募集的资金。这样，主承销商在未动用自有资金的情况下，通过行使超额配售选择权，以平衡市场对某只股票的供求，起到稳定市价的作用。"其后，中国证监会又于2001年9月3日发布并实施了《超额配售选择权试点意见》，对超额配售选择权的实施作了详细规定。该试点意见规范的是各证券公司在拟上市公司及上市公司向全体社会公众发售股票中行使超额配售选择权的行为，首次公开发行股票公司试行超额配售选择权的，参照执行。2006年《证券发行与承销管理办法》明确了首次公开发行股票可以采用超额配售选择权,并规定了采用的条件,即"首次公开发行股票数量在 4 亿股以上的"。《证券发行与承销管理办法》同时规定超额配售选择权的实施应当遵守中国证监会、证券交易所和证券登记结算机构的规定,2023 年 8 月 10 日,中国证监会废止了《超额配售选择权试点意见》,目前而言,超额配售选择权的适用应当遵守《上海证券交易所首次公开发行证券发行与承销业务实施细则》《深圳证券交易所首次公开发行证券发行与承销业务实施细则》等证券交易所的相关规定。

根据《上海证券交易所首次公开发行证券发行与承销业务实施细则》《深圳证券交易所首次公开发行证券发行与承销业务实施细则》的相关规定,首次公开发行股票,发行人和主承销商可以在发行方案中采用超额配售选择权,采用超额配售选择权的,发行人应授予主承销商超额配售证券并使用超额配售证券募集的资金从二级市场竞价交易购买发行人证券的权利,但每次申购的买入价不得高于本次发行的发行价,主承销商应当与投资者达成预售拟行使超额配售选择权所对应证券的协议,明确投资者预先付款并同意向其延期交付证券,采用超额配售选择权发行证券的数量不得超过首次公开发行证券数量的百分之十五。发行人证券上市之日起 30 个自然日内,获授权的主承销商有权使用超额配售证券募集的资金,以规定的竞价交易方式购买发行人证券,申报买入应符合下列规定:(1)在开盘集合竞价阶段申报的,申报买入价格不得超过本次发行的发行价,且不得超过即时行情显示的前收盘价格;(2)发行人证券的市场交易价格低于或者等于发行价格的,可以在连续竞价阶段申报,申报买入价格不得超过本次发行的发行价;(3)在收盘集合竞价阶段申报的,申报买入价格不得超过本次发行的发行价,且不得超过最新成交价格。主承销商使用超额配售证券募集的资金购买发行人证券,还应当遵守法律法规及本所业务规则关于交易行为的规定和监管要求。主承销商按照上述规定以竞价交易方式买入的证券不得卖出。使用超额配售证券募集的资金从二级市场购买发行人证券所产生的费用由主承销商承担。

(二)证券承销商的义务

1. 尽力销售义务和禁止预留证券义务

一方面,在证券代销中,承销商与发行人之间是一种委托代理关系,承销商为代理人,而发行人为被代理人。根据委托代理规则,代理人不承担代理行为的后果,但代理人应遵守善良管理人的同一注意义务,即像管理自己事务一样管理被代理人的事务,因此承销商在证券发行过程中,应履行尽力销售的义务。

另一方面,为维护投资者的公平认购权,证券承销商在承销过程中,也应尽力销售,而不能预留证券,以牟取私利或试图操控市场价格。对此,我国《证券法》第31条第2款规定:"证券公司在代销、包销期内,对所代销、包销的证券应当保证先行出售给认购人,证券公司不得为本公司预留所代销的证券和预先购入并留存所包销的证券。"

2. 禁止不正当竞争义务

证券承销行业竞争非常激烈，难免出现各种不正当竞争行为。为规制各种不正当竞争行为，维护公平的证券承销竞争秩序，我国《证券法》第 27 条规定："公开发行证券的发行人有权依法自主选择承销的证券公司。"另《证券法》第 29 条第 2 款规定："证券公司承销证券，不得有下列行为：（一）进行虚假的或者误导投资者的广告宣传或者其他宣传推介活动；（二）以不正当竞争手段招揽承销业务；（三）其他违反证券承销业务规定的行为。证券公司有前款所列行为，给其他证券承销机构或者投资者造成损失的，应当依法承担赔偿责任。"

具体而言，证券公司采取的以不正当竞争手段招揽证券承销业务的行为主要包括：(1)迎合或鼓励发行人不合理地高溢价发行证券；(2)贬损同行；(3)向发行人承诺在证券上市后维持其市场价格；(4)利用行政手段干预发行人自主选择承销商；(5)给有关当事人回扣；(6)违反规定降低承销费用或者免费承销。① 此外，证券公司还不得以提供透支、回扣或者中国证监会认定的其他不正当手段诱使他人申购股票。

根据《证券法》第 184 条和第 219 条的规定，证券公司承销证券违反第 29 条规定的，责令改正，给予警告，没收违法所得，可以并处 50 万元以上 500 万元以下的罚款；情节严重的，暂停或者撤销相关业务许可。对直接负责的主管人员和其他直接责任人员给予警告，可以并处 20 万元以上 200 万元以下的罚款；情节严重的，并处以 50 万元以上 500 万元以下的罚款。构成犯罪的，依法追究刑事责任。

3. 文件专业核查义务

发行人公开发行证券应当依法向证券监管部门报送相应文件，并向社会公众披露招股说明书等招募文件，并保证披露信息的真实、准确和完整。因为这些文件都是在证券公司协助下完成的，且证券公司应当能掌握发行人的真实情况，因此法律赋予承销证券的证券公司对披露文件的真实性、准确性和完整性进行专业核查的义务。我国《证券法》第 29 条第 1 款即规定："证券公司承销证券，应当对公开发行募集文件的真实性、准确性、完整性进行核查。发现有虚假记载、误导性陈述或者重大遗漏的，不得进行销售活动；已经销售的，必须立即停止销售活动，并采取纠正措施。"

4. 信息披露义务和报告义务

（1）信息披露义务

发行人和主承销商在发行过程中，应当按照中国证监会规定的程序、内容和格式，编制信息披露文件，履行信息披露义务。披露的信息，应当真实、准确、完整，不得有虚假记载、误导性陈述或者重大遗漏。

---

① 参见范健、王建文：《证券法》(第二版)，法律出版社 2010 年版，第 115 页。

发行人及其主承销商应当将发行过程中披露的信息刊登在至少一种中国证监会指定的报刊，同时将其刊登在中国证监会指定的互联网网站，并置备于中国证监会指定的场所，供公众查阅。

发行人及其主承销商应当在发行价格确定后，披露网下申购情况、网下具体报价情况。首次公开发行股票向战略投资者配售股票的，发行人及其主承销商应当在网下配售结果公告中披露战略投资者的名称、认购数量及承诺持有期等情况。

上市公司非公开发行新股后，应当按中国证监会的要求编制并披露发行情况报告书。本次发行的证券上市前，发行人及其主承销商应当按证券交易所的要求编制信息披露文件并公告。

（2）报告义务

证券公司实施证券承销前，应当向中国证监会报送发行与承销方案。

公开发行证券的，主承销商应当在证券上市后 10 日内向中国证监会报备承销总结报告，总结说明发行期间的基本情况及新股上市后的表现，并提供下列文件：①募集说明书单行本；②承销协议及承销团协议；③律师见证意见（限于首次公开发行）；④会计师事务所验资报告；⑤中国证监会要求的其他文件。

上市公司非公开发行股票的，发行人及其主承销商应当在发行完成后向中国证监会报送下列文件：①发行情况报告书；②主承销商关于本次发行过程和认购对象合规性的报告；③发行人律师关于本次发行过程和认购对象合规性的见证意见；④会计师事务所验资报告；⑤中国证监会要求的其他文件。

第四节　证　券　保　荐

一、证券发行上市保荐制度的概念与特征

保荐制度，又称保荐人制度，是指由具有保荐资格的保荐人推荐符合条件的公司公开发行和上市证券，并对所推荐的发行人披露的信息质量和所作承诺依法进行审慎核查并承担信用担保责任，以督导发行人规范运作的制度。保荐人兼具证券发行人的推荐人与担保人的身份，承担着法定的推荐责任和连带担保责任，从而构建了对发行人的持续性监督机制。[①]

保荐制度最早出现在国外创业板市场，21 世纪初以后，保荐制度开始被引入主板市场，但仍主要适用于创业板市场。我国证监会 2004 年 2 月 1 日起施行的《证券发行上市保

---

① 参见范健、王建文：《证券法》（第二版），法律出版社 2010 年版，第 123 页。

荐制度暂行办法》在我国尚未确立创业板市场的背景下直接将保荐制度引入主板市场，随后 2005 年的《证券法》也确认了保荐制度，2019 年修订的《证券法》第 10 条第 1 款明确规定："发行人申请公开发行股票、可转换为股票的公司债券，依法采取承销方式的，或者公开发行法律、行政法规规定实行保荐制度的其他证券的，应当聘请证券公司担任保荐人。"为了充分发挥保荐制度的作用，中国证监会于 2008 年 12 月 1 日起全面施行《证券发行上市保荐业务管理办法》，前述《证券发行上市保荐制度暂行办法》同时被废止。除此之外，有关保荐制度的规定还包括：上海、深圳证券交易所上市规则中保荐机构一章的内容；深圳证券交易所于 2004 年 8 月 9 日发布的《中小企业板块保荐工作指引》以及中国证监会 2006 年 5 月 29 日发布的《保荐人尽职调查工作准则》。

综合考察上述规定的具体内容，我国保荐制度呈现以下特点：

第一，我国保荐制度针对主板市场设计，同时适用于创业板市场。国外保荐制度发源于创业板市场，即使后来被引入主板市场，但仍主要适用于创业板市场，原因在于创业板上市公司往往存在经营规模小、前景不明、投资风险较高等问题。我国在未设立创业板市场之前，直接在主板市场引入了保荐制度，原因在于我国证券市场发展较晚，无论是主板、中小企业板还是创业板市场上市股票都具有较大的投资风险。

第二，我国保荐制度同时适用于证券上市阶段和证券公开发行阶段。国外保荐制度主要适用于证券上市阶段，如按照英国的相关规定，发行人准备发行文件或者任何需要准备上市申请书以提出上市申请时，以及根据上市规则需要聘请保荐人与英国上市署进行沟通联系时，发行人都需聘任保荐人。我国保荐人制度不仅适用于证券上市阶段，也适用于证券公开发行阶段，甚至在证券上市后一定期限内保荐人还负有相应的职责。因此，我国保荐制度可以分为证券发行保荐和证券上市保荐。两者的主要区别仅在于提交保荐意见和相关文件的机构分别为证监会和证券交易所，其内容基本一致。鉴于证券发行保荐和证券上市保荐之间的密切联系，《证券发行上市保荐业务管理办法》第 7 条第 1 款还明确规定："同次发行的证券，其发行保荐和上市保荐应当由同一保荐机构承担。"

二、保荐人与保荐代表人的资格

(一)保荐机构资格管理

《证券发行上市保荐业务管理办法》第 10 条规定："证券公司申请保荐业务资格，应当具备下列条件：(一)注册资本、净资本符合规定；(二)具有完善的公司治理和内部控制制度，风险控制指标符合相关规定；(三)保荐业务部门具有健全的业务规程、内部风险评估和控制系统，内部机构设置合理，具备相应的研究能力、销售能力等后台支持；(四)具有良好的保荐业务团队且专业结构合理，从业人员不少于 35 人，其中最近 3 年从事保荐相关业务的人员不少于 20 人；（五）保荐代表人不少于 4 人；（六）最近二年未因重大违法违规行为而受到处罚，最近一年未被采取重大监管措施，无因涉嫌重大违法违规正受到有关机关或者行业自律组织调查的情形；（七）中国证监会规定的其他条件。"

中国证监会依法受理、审查上述申请文件。对保荐机构资格的申请，自受理之日起 3 个月内作出核准或者不予核准的书面决定。

证券公司取得保荐机构资格后，应当持续符合上述条件。保荐机构因重大违法违规行为受到行政处罚的，中国证监会撤销其保荐机构资格；不再具备上述其他条件的，中国证监会可责令其限期整改，逾期仍然不符合要求的，中国证监会撤销其保荐机构资格。

（二）保荐代表人资格管理

《证券发行上市保荐业务管理办法》第 4 条规定，保荐代表人应当熟练掌握保荐业务相关的法律、会计、财务管理、税务、审计等专业知识，最近五年内具备 36 个月以上保荐相关业务经历、最近 12 个月持续从事保荐相关业务，最近 12 个月内未受到证券交易所等自律组织的重大纪律处分或者中国证监会的重大监管措施，最近 36 个月内未受到中国证监会的行政处罚。中国证券业协会制定保荐代表人自律管理规范，组织非准入型的水平评价测试，保障和提高保荐代表人的专业能力水平。

（三）保荐机构与保荐人的注册登记管理

保荐机构和保荐代表人需依法进行登记管理。保荐代表人的登记信息包括基本信息、专业能力水平评价情况、从业经历及相关情况、诚信情况及其他执业声誉情况等，登记人员从事的业务类别发生变化的，证券公司应当自发生变化之日起 5 个工作日内为其办理变更登记，登记人员离职的，证券公司应当自劳动关系或者委托代理关系解除之日起 5 个工作日内为其办理注销登记。

保荐机构应当在证券公司年度报告中报送年度执业情况，年度执业情况应当包括以下内容：（1）保荐机构、保荐代表人年度执业情况的说明；（2）保荐机构对保荐代表人尽职调查工作日志检查情况的说明；（3）保荐机构对保荐代表人的年度考核、评定情况；（4）保荐机构、保荐代表人其他重大事项的说明；（5）保荐机构对年度执业情况真实性、准确性、完整性承担责任的承诺函，并应由其法定代表人签字；（6）中国证监会要求的其他事项。

三、保荐人的职责与义务

我国《证券法》第 10 条第 2 款对保荐人的职责作了原则性规定，即"保荐人应当遵守业务规则和行业规范，诚实守信，勤勉尽责，对发行人的申请文件和信息披露资料进行审慎核查，督导发行人规范运作"。《证券发行上市保荐业务管理办法》对此作了具体规定，根据该办法第三章的规定，保荐人的职责主要包括：

（一）辅导职责

保荐机构在推荐发行人首次公开发行股票并上市前，应当对发行人进行辅导，对发行人的董事、监事和高级管理人员、持有5%以上股份的股东和实际控制人（或者其法定代表人）进行系统的法规知识、证券市场知识培训，使其全面掌握发行上市、规范运作等方面的有关法律法规和规则，知悉信息披露和履行承诺等方面的责任和义务，树立进入证券市场的诚信意识、自律意识和法制意识。

保荐机构辅导工作完成后，应由发行人所在地的中国证监会派出机构进行辅导验收。

（二）尽职推荐职责

保荐机构应当尽职推荐发行人证券发行上市。保荐机构推荐发行人证券发行上市，应当遵循诚实守信、勤勉尽责的原则，按照中国证监会对保荐机构尽职调查工作的要求，对发行人进行全面调查，充分了解发行人的经营状况及其面临的风险和问题。

保荐机构应当确信发行人符合法律、行政法规和中国证监会的有关规定，方可推荐其证券发行上市。保荐机构决定推荐发行人证券发行上市的，可以根据发行人的委托，组织编制申请文件并出具推荐文件。

保荐机构推荐发行人发行证券，应当向中国证监会提交发行保荐书、保荐代表人专项授权书以及中国证监会要求的其他与保荐业务有关的文件。保荐机构推荐发行人证券上市，应当向证券交易所提交上市保荐书以及证券交易所要求的其他与保荐业务有关的文件，并报中国证监会备案。

（三）持续督导职责

1. 持续督导的内容

发行人证券上市后，保荐机构应当持续督导发行人履行规范运作、信守承诺、信息披露等义务。

保荐机构应当针对发行人的具体情况，确定证券发行上市后持续督导的内容，督导发行人履行有关上市公司规范运作、信守承诺和信息披露等义务，审阅信息披露文件及向中国证监会、证券交易所提交的其他文件，并承担下列工作：（1）督导发行人有效执行并完善防止控股股东、实际控制人、其他关联方违规占用发行人资源的制度；（2）督导发行人有效执行并完善防止其董事、监事、高级管理人员利用职务之便损害发行人利益的内控制度；（3）督导发行人有效执行并完善保障关联交易公允性和合规性的制度，并对关联交易发表意见；（4）持续关注发行人募集资金的专户存储、投资项目的实施等承诺事项；（5）持续关注发行人为他人提供担保等事项，并发表意见；（6）中国证监会、证券交易所规定及保荐协议约定的其他工作。

2. 持续督导期间

首次公开发行股票并在主板上市的，持续督导的期间为证券上市当年剩余时间及其后

2 个完整会计年度；主板上市公司发行新股、可转换公司债券的，持续督导的期间为证券上市当年剩余时间及其后 1 个完整会计年度。首次公开发行股票并在科创板、创业板或北交所上市的，持续督导的期间为证券上市当年剩余时间及其后 3 个完整会计年度；科创板、创业板或北交所上市公司发行新股、可转换公司债券的，持续督导的期间为证券上市当年剩余时间及其后 2 个完整会计年度。首次公开发行股票并在科创板或创业板上市的，持续督导期内保荐机构应当自发行人披露年度报告、中期报告之日起 15 个工作日内在中国证监会指定网站披露跟踪报告，对本办法第 28 条所涉及的事项，进行分析并发表独立意见。持续督导的期间自证券上市之日起计算。

3. 持续督导期届满后的责任

持续督导期届满，如有尚未完结的保荐工作，保荐机构应当继续完成。保荐机构在履行保荐职责期间未勤勉尽责的，其责任不因持续督导期届满而免除或者终止。

（四）尽职调查义务

对发行人申请文件、证券发行募集文件中有证券服务机构及其签字人员出具专业意见的内容，保荐机构应当结合尽职调查过程中获得的信息对其进行审慎核查，对发行人提供的资料和披露的内容进行独立判断。

保荐机构所作的判断与证券服务机构的专业意见存在重大差异的，应当对有关事项进行调查、复核，并可聘请其他证券服务机构提供专业服务。

对发行人申请文件、证券发行募集文件中无证券服务机构及其签字人员专业意见支持的内容，保荐机构应当获得充分的尽职调查证据，在对各种证据进行综合分析的基础上对发行人提供的资料和披露的内容进行独立判断，并有充分理由确信所作的判断与发行人申请文件、证券发行募集文件的内容不存在实质性差异。

（五）承诺义务

在发行保荐书和上市保荐书中，保荐机构应当就下列事项作出承诺：（1）有充分理由确信发行人符合法律法规及中国证监会有关证券发行上市的相关规定；（2）有充分理由确信发行人申请文件和信息披露资料不存在虚假记载、误导性陈述或者重大遗漏；（3）有充分理由确信发行人及其董事在申请文件和信息披露资料中表达意见的依据充分合理；（4）有充分理由确信申请文件和信息披露资料与证券服务机构发表的意见不存在实质性差异；（5）保证所指定的保荐代表人及本保荐机构的相关人员已勤勉尽责，对发行人申请文件和信息披露资料进行了尽职调查、审慎核查；（6）保证保荐书、与履行保荐职责有关的其他文件不存在虚假记载、误导性陈述或者重大遗漏；（7）保证对发行人提供的专业服务和出具的专业意见符合法律、行政法规、中国证监会的规定和行业规范；（8）自愿接受中国证监会依照本办法采取的监管措施；（9）中国证监会规定的其他事项。

对此,《证券法》第24条规定了保荐人违反上述承诺应承担连带责任。具体规定为"对已作出的证券发行注册的决定,发现不符合法定条件或者法定程序,尚未发行证券的,应当予以撤销,停止发行。证券已经发行尚未上市,因发行不符合法定条件或者法定程序被国务院证券监督管理机构或者国务院授权的部门撤销发行注册决定的,发行人应当按照发行价并加算银行同期存款利息返还证券持有人,保荐人除能够证明自己没有过错,应当与发行人承担连带责任"。

除上述职责外,《证券发行上市保荐业务管理办法》还规定,保荐机构应当与发行人签订保荐协议,明确双方的权利和义务,按照行业规范协商确定履行保荐职责的相关费用。保荐协议签订后,保荐机构应在5个工作日内向承担辅导验收职责的中国证监会派出机构报告。

第五节　股票发行

一、股票发行的条件

股票发行依不同目的和阶段可以分为设立发行和新股发行,不同类型的股票发行,发行条件也不同。设立发行是指股份有限公司在设立时,为筹集公司的注册资本所进行的股票发行。新股发行是指股份有限公司为扩大公司资本而进行的股票发行,包括向原股东配售股票和向社会公众销售新股。

值得一提的是,从国外立法例和我国现行证券法实践来看,股票公开发行与股票上市条件并不具有一致性,因此此处的股票发行条件不包括股票公开发行并上市的条件,本书将在下一章介绍后者。

(一)非上市股份有限公司股票发行条件

1. 设立发行的条件

《公司法》第91条规定,设立股份有限公司可以采取发起设立与募集设立两种方式,其中募集设立是指由发起人认购公司应发行股份的一部分,其余股份向社会公开募集或者向特定对象募集而设立公司。募集设立中向社会公开募集或者向特定对象募集股票即为股票的设立发行。

根据《公司法》第92条、第97条、第98条等规定,设立发行条件包括:(1)有一人以上二百人以下为发起人,其中应当有半数以上的发起人在中华人民共和国境内有住所;(2)以发起设立方式设立股份有限公司的,发起人应当认足公司章程规定的公司设立时应发行的股份;(3)以募集设立方式设立股份有限公司的,发起人认购的股份不得少于公司章程规定的公司设立时应发行股份总数的百分之三十五，但是，法律、行政法规另有规定的，从其规定；（4）发起人应当在公司成立前按照其认购的股份全额缴纳股款，股东以货币出资的，应当将货币出资足额存入有限责任公司在银行开设的账户，以非货币财产出资的，应当依法办理其财产权的转移手续。

2. 新股发行的条件

非上市股份有限公司新股发行仅能够定向发行，即面向少数特定的投资人发行新股，由于定向发行不涉及公共利益，一般能够豁免证券发行的注册或审核程序，而仅需备案登记或进行自律管理。但当非上市股份有限公司定向发行导致股东累计超过 200 人时，则需要适用《非上市公众公司监督管理办法》第五章中关于定向发行的相关规定。

（二）上市公司股票发行条件

《上市公司证券发行注册管理办法》对上市公司发行证券的一般性条件及上市公司配股、增发，发行可转换债券、认股权证和债券分离交易的可转换公司债券以及非公开发行股票的条件作出了规定。

1. 上市公司公开发行股票的条件

上市公司公开发行股票包括积极条件和消极条件两个方面。

积极条件包括，上市公司应当符合以下规定：（1）具备健全且运行良好的组织机构；（2）现任董事、监事和高级管理人员符合法律、行政法规规定的任职要求；（3）具有完整的业务体系和直接面向市场独立经营的能力，不存在对持续经营有重大不利影响的情形；（4）会计基础工作规范，内部控制制度健全且有效执行，财务报表的编制和披露符合企业会计准则和相关信息披露规则的规定，在所有重大方面公允反映了上市公司的财务状况、经营成果和现金流量，最近三年财务会计报告被出具无保留意见审计报告；（5）除金融类企业外，最近一期末不存在金额较大的财务性投资；（6）交易所主板上市公司配股、增发的，应当最近三个会计年度盈利；增发还应当满足最近三个会计年度加权平均净资产收益率平均不低于百分之六；净利润以扣除非经常性损益前后孰低者为计算依据。

消极条件包括，上市公司不得具有以下情形：（1）擅自改变前次募集资金用途未作纠正，或者未经股东大会认可；（2）上市公司或者其现任董事、监事和高级管理人员最近三年受到中国证监会行政处罚，或者最近一年受到证券交易所公开谴责，或者因涉嫌犯罪正在被司法机关立案侦查或者涉嫌违法违规正在被中国证监会立案调查；（3）上市公司或者其控股股东、实际控制人最近一年存在未履行向投资者作出的公开承诺的情形；（4）上市公司或者其控股股东、实际控制人最近三年存在贪污、贿赂、侵占财产、挪用财产或者破坏社会主义市场经济秩序的刑事犯罪，或者存在严重损害上市公司利益、投资者合法权益、社会公共利益的重大违法行为。

上市公司公开发行股票，发行价格应当不低于公告招股意向书前二十个交易日或者前一个交易日公司股票均价。

2. 上市公司非公开发行股票的条件

上市公司非公开发行股票的条件主要为消极条件，当上市公司存在下列情形之一时，不得向特定对象发行股票：(1)擅自改变前次募集资金用途未作纠正，或者未经股东大会认可。(2)最近一年财务报表的编制和披露在重大方面不符合企业会计准则或者相关信息披露规则的规定；最近一年财务会计报告被出具否定意见或者无法表示意见的审计报告；最近一年财务会计报告被出具保留意见的审计报告，且保留意见所涉及事项对上市公司的重大不利影响尚未消除。本次发行涉及重大资产重组的除外。(3)现任董事、监事和高级管理人员最近三年受到中国证监会行政处罚，或者最近一年受到证券交易所公开谴责。(4)上市公司或者其现任董事、监事和高级管理人员因涉嫌犯罪正在被司法机关立案侦查或者涉嫌违法违规正在被中国证监会立案调查。(5)控股股东、实际控制人最近三年存在严重损害上市公司利益或者投资者合法权益的重大违法行为。(6)最近三年存在严重损害投资者合法权益或者社会公共利益的重大违法行为。

上市公司非公开发行股票，发行对象应当符合股东大会决议规定的条件，且每次发行对象不超过35名，发行对象为境外战略投资者的，应当遵守国家的相关规定，上市公司应当以不低于发行底价的价格发行股票，发行价格应当不低于定价基准日前20个交易日公司股票均价的80%。

3. 上市公司发行股票募集资金的使用要求

上市公司发行股票，募集资金使用应当符合下列规定：(1)符合国家产业政策和有关环境保护、土地管理等法律、行政法规规定；(2)除金融类企业外，本次募集资金使用不得为持有财务性投资，不得直接或者间接投资于以买卖有价证券为主要业务的公司；(3)募集资金项目实施后，不会与控股股东、实际控制人及其控制的其他企业新增构成重大不利影响的同业竞争、显失公平的关联交易，或者严重影响公司生产经营的独立性；(4)科创板上市公司发行股票募集的资金应当投资于科技创新领域的业务。

4. 向原股东配售股份(配股)的条件

上市公司配股的，拟配售股份数量不超过本次配售前股本总额的50%，并应当采用代销方式发行。控股股东应当在股东大会召开前公开承诺认配股份的数量。控股股东不履行认配股份的承诺，或者代销期限届满，原股东认购股票的数量未达到拟配售数量70%的，上市公司应当按照发行价并加算银行同期存款利息返还已经认购的股东。

二、股票发行的程序

根据前述股票发行的分类，股票发行程序可以分为设立发行程序和新股发行程序。同股票公开发行并上市的条件，股票公开发行并上市程序置于下一章介绍。

(一)设立发行程序

依据《公司法》《证券法》的有关规定，设立发行股票的程序如下：

1. 申请

设立股份有限公司公开发行股票，应当符合《公司法》规定的条件和经国务院批准的国务院证券监督管理机构规定的其他条件，向国务院证券监督管理机构报送募股申请和下列文件：(1)公司章程；(2)发起人协议；(3)发起人姓名或者名称，发起人认购的股份数、出资种类及验资证明；(4)招股说明书或者其他公开发行募集文件；(5)代收股款银行的名称及地址；(6)承销机构名称及有关的协议。依照《证券法》规定聘请保荐人的，还应当报送保荐人出具的发行保荐书。法律、行政法规规定设立公司必须报经批准的，还应当提交相应的批准文件。

发行人向国务院证券监督管理机构或者国务院授权的部门报送的证券发行申请文件，必须真实、准确、完整。为证券发行出具有关文件的证券服务机构和人员，必须严格履行法定职责，保证其所出具文件的真实性、准确性和完整性。

2. 发行文件预先披露

根据《证券法》第20条规定，发行人申请首次公开发行股票的，在提交申请文件后，应当按照国务院证券监督管理机构的规定预先披露有关申请文件。

3. 发行注册

国务院证券监督管理机构或者国务院授权的部门依照法定条件负责证券发行申请的注册。证券公开发行注册的具体办法由国务院规定。按照国务院的规定，证券交易所等可以审核公开发行证券申请，判断发行人是否符合发行条件、信息披露要求，督促发行人完善信息披露内容。国务院证券监督管理机构或者国务院授权的部门应当自受理证券发行申请文件之日起3个月内，依照法定条件和法定程序作出予以注册或者不予注册的决定，发行人根据要求补充、修改发行申请文件的时间不计算在内。不予注册的，应当说明理由。

下述新股发行、上市公司发行新股、公司债券发行亦同。

4. 公告招股说明书并制作认股书

发起人向社会公开募集股份，必须公告招股说明书，并制作认股书。认股书应当载明招股说明书所载明的事项，由认股人填写认购股数、金额、住所，并签名、盖章。认股人按照所认购股数缴纳股款。

招股说明书应当附有发起人制定的公司章程，并载明下列事项：(1)发起人认购的股份数；(2)每股的票面金额和发行价格；(3)无记名股票的发行总数；(4)募集资金的用途；(5)认股人的权利、义务；(6)本次募股的起止期限及逾期未募足时认股人可以撤回所认股份的说明。

5. 股票发售和交付股票

发起人向社会公开募集股份，应当由依法设立的证券公司承销，签订承销协议。发起人向社会公开募集股份，应当同银行签订代收股款协议。代收股款的银行应当按照协议代收和保存股款，向缴纳股款的认股人出具收款单据，并负有向有关部门出具收款证明的义务。发行股份的股款缴足后，必须经依法设立的验资机构验资并出具证明。在获准公开发行股票后，应向股东正式交付股票。

6. 召开创立大会并申请设立登记

发起人应当自股款缴足之日起 30 日内主持召开公司创立大会。创立大会由发起人、认股人组成。发起人应当在创立大会召开 15 日前将会议日期通知各认股人或者予以公告。创立大会应有代表股份总数过半数的发起人、认股人出席，方可举行。

发行的股份超过招股说明书规定的截止期限尚未募足的，或者发行股份的股款缴足后，发起人在 30 日内未召开创立大会的，认股人可以按照所缴股款并加算银行同期存款利息，要求发起人返还。

董事会应于创立大会结束后 30 日内，向公司登记机关报送相关文件，申请设立登记。

(二) 新股发行程序

1. 决议与准备

股份有限公司成立后公开发行新股，首先应依照公司章程的规定由股东大会或者董事会作出发行新股的决议。决议事项包括新股种类和数额、新股发行价格、新股发行日期以及向原有股东发行新股的种类及数额。

作出决议后，公司应为发行新股作必要的准备工作，具体包括：聘请中介机构对公司的资信、资产、财务等状况进行审定、评估、预测，并完成审计报告、评估报告，就有关事项出具法律意见书；聘请具有保荐资格的机构担任保荐人；编制招股说明书。

2. 申请、预先披露与注册

与公司设立发行股票相同，公司公开发行新股，也应当向国务院证券监督管理机构报送募股申请和相关文件，履行预先披露义务，经国务院证券监督管理机构核准，方可发行新股。但公司公开发行新股，申请时提交的文件不同于设立发行时提交的文件，具体包括：(1)公司营业执照；(2)公司章程；(3)股东大会决议；(4)招股说明书；(5)财务会计报告；(6)代收股款银行的名称及地址；(7)承销机构名称及有关的协议。依照本法规定聘请保荐人的，还应当报送保荐人出具的发行保荐书。

3. 公告

公司经国务院证券监督管理机构核准公开发行新股时，必须公告新股招股说明书和财务会计报告，并制作认股书。

4. 股票发售和交付股票

其内容同于设立发行股票的相关规定。

5. 备案、变更登记并公告

发行人应当在规定的期限内将股票发行情况报国务院证券监督管理机构备案。公司发行新股募足股款后，必须向公司登记机关办理变更登记，并公告。

(三)上市公司发行新股程序的特别规定

根据《上市公司证券发行注册管理办法》，上市公司发行新股应遵循以下程序：

1. 决议

上市公司申请发行证券，董事会应当依法就下列事项作出决议，并提请股东大会批准：(1)本次证券发行的方案；(2)本次募集资金使用的可行性报告；(3)前次募集资金使用的报告；(4)其他必须明确的事项。

股东大会就发行股票作出的决定，至少应当包括下列事项：(1)本次发行证券的种类和数量；(2)发行方式、发行对象及向原股东配售的安排；(3)定价方式或价格区间；(4)募集资金用途；(5)决议的有效期；(6)对董事会办理本次发行具体事宜的授权；(7)其他必须明确的事项。

股东大会就发行证券事项作出决议，必须经出席会议的股东所持表决权的三分之二以上通过。向本公司特定的股东及其关联人发行证券的，股东大会就发行方案进行表决时，关联股东应当回避。上市公司就发行证券事项召开股东大会，应当提供网络或者其他方式为股东参加股东大会提供便利。

2. 申请与注册

上市公司申请发行证券，应当按照中国证监会有关规定制作注册申请文件，依法由保荐人保荐并向交易所申报。交易所收到注册申请文件后，5个工作日内作出是否受理的决定。交易所审核部门负责审核上市公司证券发行上市申请；交易所上市委员会负责对上市公司向不特定对象发行证券的申请文件和审核部门出具的审核报告提出审议意见。交易所按照规定的条件和程序，形成上市公司是否符合发行条件和信息披露要求的审核意见，认为上市公司符合发行条件和信息披露要求的，将审核意见、上市公司注册申请文件及相关审核资料报中国证监会注册；认为上市公司不符合发行条件或者信息披露要求的，作出终止发行上市审核决定。交易所应当自受理注册申请文件之日起2个月内形成审核意见，但另有规定的除外。中国证监会收到交易所审核意见及相关资料后，基于交易所审核意见，依法履行发行注册程序。在15个工作日内对上市公司的注册申请作出予以注册或者不予注册的决定。上市公司按照《上市公司证券发行注册管理办法》第21条规定申请向特定对象发行股票的，适用简易程序。

3. 股票发售和交付股票

中国证监会的予以注册决定，自作出之日起 1 年内有效，上市公司应当在注册决定有效期内发行证券，发行时点由上市公司自主选择。适用简易程序的，应当在中国证监会作出予以注册决定后 10 个工作日内完成发行缴款，未完成的，本次发行批文失效。

中国证监会作出予以注册决定后、上市公司证券上市交易前，上市公司应当持续符合发行条件，发现可能影响本次发行的重大事项的，中国证监会可以要求上市公司暂缓发行、上市；相关重大事项导致上市公司不符合发行条件的，应当撤销注册。

上市公司发行证券，应当由证券公司承销。上市公司董事会决议提前确定全部发行对象的，可以由上市公司自行销售。

4. 信息披露

上市公司发行证券，应当按照中国证监会规定的程序、内容和格式，编制公开募集证券说明书或者其他信息披露文件，依法履行信息披露义务。上市公司应当保证投资者及时、充分、公平地获得法定披露的信息，信息披露文件使用的文字应当简洁、平实、易懂。中国证监会规定的内容是信息披露的最低要求，凡对投资者投资决策有重大影响的信息，上市公司均应充分披露。

信息披露的义务贯穿整个发行过程的始终。具体体现为：（1）证券发行议案经董事会表决通过后，应当在 2 个工作日内披露，并及时公告召开股东大会的通知。（2）股东大会通过本次发行议案之日起 2 个工作日内，上市公司应当披露股东大会决议公告。（3）上市公司提出发行申请后，出现下列情形之一的，应当在次一个工作日予以公告：①收到交易所不予受理或者终止发行上市审核决定；②收到中国证监会终止发行注册决定；③收到中国证监会予以注册或者不予注册的决定；④上市公司撤回证券发行申请。（4）向不特定对象发行证券申请经注册后，上市公司应当在证券发行前 2~5 个工作日内将公司募集说明书刊登在交易所网站和符合中国证监会规定条件的报刊依法开办的网站，供公众查阅。（5）向特定对象发行证券申请经注册后，上市公司应当在证券发行前将公司募集文件刊登在交易所网站和符合中国证监会规定条件的报刊依法开办的网站，供公众查阅；向特定对象发行证券的，上市公司应当在证券发行后的 2 个工作日内，将发行情况报告书刊登在交易所网站和符合中国证监会规定条件的报刊依法开办的网站，供公众查阅。

第六节　债券发行

债券发行的条件与程序都不同于股票发行，目前适用于债券发行的法律规定主要有

《证券法》、前述《上市公司证券发行注册管理办法》和中国证监会于 2023 年 10 月 20 日审议并通过的《公司债券发行与交易管理办法》。

一、债券发行的条件

（一）普通公司债券的发行条件

1.《证券法》的规定

根据《证券法》第 15 条的规定，公开发行公司债券，应当符合下列条件：（1）具备健全且运行良好的组织机构；（2）最近三年平均可分配利润足以支付公司债券一年的利息；（3）国务院规定的其他条件。与之前的规定相比，现行规定大大简化了公开发行公司债券的条件，虽增加了"具备健全且运行良好的组织机构"条件，但同时删除了有关净资产、累计债券余额、筹集资金投向和利率水平等四个方面的要求。公开发行公司债券筹集的资金，必须按照公司债券募集办法所列资金用途使用；改变资金用途，必须经债券持有人会议作出决议。公开发行公司债券募集的资金，不得用于弥补亏损和非生产性支出。根据《证券法》第 17 条的规定，有下列情形之一的，不得再次公开发行公司债券：（1）对已公开发行的公司债券或者其他债务有违约或者延迟支付本息的事实，仍处于继续状态；（2）违反《证券法》的规定，改变公开发行公司债券所募资金的用途。与之前的规定相比，删除了"前一次公开发行的公司债券尚未募足"的情形，这是因为前一次的债券是否募足，与后续公开发行没有关系，删除这一情形，为企业融资扫除了不必要的障碍。

2.《公司债券发行与交易管理办法》的补充规定

《公司债券发行与交易管理办法》第 14 条规定，公开发行公司债券，还应当符合下列规定：（1）具备健全且运行良好的组织机构；（2）最近三年平均可分配利润足以支付公司债券一年的利息；（3）具有合理的资产负债结构和正常的现金流量；（4）国务院规定的其他条件。公开发行公司债券，由证券交易所负责受理、审核，并报中国证监会注册。《公司债券发行与交易管理办法》第 15 条另外还规定，存在下列情形之一的，不得再次公开发行公司债券：（1）对已公开发行的公司债券或者其他债务有违约或者延迟支付本息的事实，仍处于继续状态；（2）违反《证券法》规定，改变公开发行公司债券所募资金用途。

《公司债券发行与交易管理办法》第 16 条还规定，专业投资者和普通投资者可以参与认购的公开发行公司债券，其资信状况应符合以下标准：（1）发行人最近三年无债务违约或者延迟支付本息的事实；（2）发行人最近三年平均可分配利润不少于债券一年利息的 1.5 倍；（3）发行人最近一期末净资产规模不少于 250 亿元；（4）发行人最近 36 个月内累计公开发行债券不少于 3 期，发行规模不少于 100 亿元；（5）中国证监会根据投资者保护的需要规定的其他条件。未达到前款规定标准的公开发行公司债券，仅限于专业投资者参与认购。

此外，根据《公司债券发行与交易管理办法》第34条的规定，非公开发行的公司债券应当向专业投资者发行，不得采用广告、公开劝诱和变相公开方式，每次发行对象不得超过200人。

（二）可转换公司债券的发行条件

可转换公司债券是指发行公司依法发行、在一定期间内依据约定的条件可以转换成股份的公司债券。《证券法》第15条第3款规定，上市公司发行可转换为股票的公司债券，除应当符合公开发行公司债券的条件外，还应当符合《证券法》规定的上市公司发行新股的条件，但按照公司债券募集办法，上市公司通过收购本公司股份的方式进行公司债券转换的除外。除此之外，《上市公司证券发行注册管理办法》对上市公司可转换公司债券的发行条件作了更为详细的规定。

上市公司发行可转债的一般条件：（1）具备健全且运行良好的组织机构；（2）最近三年平均可分配利润足以支付公司债券一年的利息；（3）具有合理的资产负债结构和正常的现金流量；（4）交易所主板上市公司向不特定对象发行可转债的，应当最近三个会计年度盈利，且最近三个会计年度加权平均净资产收益率平均不低于6%；净利润以扣除非经常性损益前后孰低者为计算依据。

上市公司向不特定对象发行可转债，除符合一般条件外，还应当遵循以下规定：（1）现任董事、监事和高级管理人员符合法律、行政法规规定的任职要求；（2）具有完整的业务体系和直接面向市场独立经营的能力，不存在对持续经营有重大不利影响的情形；（3）会计基础工作规范，内部控制制度健全且有效执行，财务报表的编制和披露符合企业会计准则和相关信息披露规则的规定，在所有重大方面公允反映了上市公司的财务状况、经营成果和现金流量，最近三年财务会计报告被出具无保留意见审计报告；（4）除金融类企业外，最近一期末不存在金额较大的财务性投资。

当上市公司存在以下情形之一时，不得向不特定对象发行可转债：（1）对已公开发行的公司债券或者其他债务有违约或者延迟支付本息的事实，仍处于继续状态；（2）违反《证券法》规定，改变公开发行公司债券所募资金用途；（3）擅自改变前次募集资金用途未作纠正，或者未经股东大会认可；（4）上市公司或者其现任董事、监事和高级管理人员最近三年受到中国证监会行政处罚，或者最近一年受到证券交易所公开谴责，或者因涉嫌犯罪正在被司法机关立案侦查或者涉嫌违法违规正在被中国证监会立案调查；（5）上市公司或者其控股股东、实际控制人最近一年存在未履行向投资者作出的公开承诺的情形；（6）上市公司或者其控股股东、实际控制人最近三年存在贪污、贿赂、侵占财产、挪用财产或者破坏社会主义市场经济秩序的刑事犯罪，或者存在严重损害上市公司利益、投资者合法权益、社会公共利益的重大违法行为。

当上市公司存在以下情形之一时，不得向特定对象发行可转债：(1)对已公开发行的公司债券或者其他债务有违约或者延迟支付本息的事实，仍处于继续状态。(2)违反《证券法》规定，改变公开发行公司债券所募资金用途。(3)擅自改变前次募集资金用途未作纠正，或者未经股东大会认可。(4)最近一年财务报表的编制和披露在重大方面不符合企业会计准则或者相关信息披露规则的规定；最近一年财务会计报告被出具否定意见或者无法表示意见的审计报告；最近一年财务会计报告被出具保留意见的审计报告，且保留意见所涉及事项对上市公司的重大不利影响尚未消除。本次发行涉及重大资产重组的除外。(5)现任董事、监事和高级管理人员最近三年受到中国证监会行政处罚，或者最近一年受到证券交易所公开谴责。(6)上市公司或者其现任董事、监事和高级管理人员因涉嫌犯罪正在被司法机关立案侦查或者涉嫌违法违规正在被中国证监会立案调查。(7)控股股东、实际控制人最近三年存在严重损害上市公司利益或者投资者合法权益的重大违法行为。(8)最近三年存在严重损害投资者合法权益或者社会公共利益的重大违法行为。

但是，按照公司债券募集办法，上市公司通过收购本公司股份的方式进行公司债券转换的可以不适用上述规定。

二、债券发行的程序

(一)普通公司债券的发行程序

1. 决议

发行公司债券，发行人应当依照《公司法》或者公司章程相关规定对以下事项作出决议：(1)发行债券的金额；(2)发行方式；(3)债券期限；(4)募集资金的用途；(5)其他按照法律法规及公司章程规定需要明确的事项。发行公司债券，如果对增信机制、偿债保障措施作出安排的，也应当在决议事项中载明。

2. 申请

发行人公开发行公司债券，应当按照中国证监会有关规定制作注册申请文件，由发行人向证券交易所申报。

3. 注册

证券交易所收到注册申请文件后，在5个工作日内作出是否受理的决定。证券交易所负责审核发行人公开发行公司债券并上市申请。证券交易所主要通过向发行人提出审核问询、发行人回答问题方式开展审核工作，判断发行人是否符合发行条件、上市条件和信息披露要求。

证券交易所按照规定的条件和程序，提出审核意见。认为发行人符合发行条件和信息披露要求的，将审核意见、注册申请文件及相关审核资料报送中国证监会履行发行注册程序。认为发行人不符合发行条件或信息披露要求的，作出终止发行上市审核决定。

中国证监会收到证券交易所报送的审核意见、发行人注册申请文件及相关审核资料后，履行发行注册程序。中国证监会认为存在需要进一步说明或者落实事项的，可以问询或要求证券交易所进一步问询。中国证监会认为证券交易所的审核意见依据不充分的，可以退回证券交易所补充审核。

证券交易所应当自受理注册申请文件之日起2个月内出具审核意见，中国证监会应当自证券交易所受理注册申请文件之日起3个月内作出同意注册或者不予注册的决定。发行人根据中国证监会、证券交易所要求补充、修改注册申请文件的时间不计算在内。

4. 披露

发行人及其他信息披露义务人应当按照中国证监会及证券自律组织的相关规定履行信息披露义务。《证券法》规定，公司发行债券申请经核准后，公司应当在发行债券前，公告公司债券募集办法，并将该文件置备于指定场所供公众查阅。《公司债券发行与交易管理办法》对此作了细化规定："公开发行公司债券的发行人及其他信息披露义务人应当将披露的信息刊登在其证券交易场所的互联网网站和符合中国证监会规定条件的媒体，同时将其置备于公司住所、证券交易场所，供社会公众查阅。"

5. 发售

公开发行公司债券，可以申请一次注册，分期发行。中国证监会同意注册的决定自作出之日起2年内有效，发行人应当在注册决定有效期内发行公司债券，并自主选择发行时点。公开发行公司债券的募集说明书自最后签署之日起6个月内有效。发行人应当及时更新债券募集说明书等公司债券发行文件，并在每期发行前报证券交易所备案。

发行公司债券应当由具有证券承销业务资格的证券公司承销。取得证券承销业务资格的证券公司、中国证券金融股份有限公司非公开发行公司债券可以自行销售。公司债券公开发行的价格或利率以询价或公开招标等市场化方式确定。发行人和主承销商应当协商确定公开发行的定价与配售方案并予公告，明确价格或利率确定原则、发行定价流程和配售规则等内容。

发行人和承销机构在推介过程中不得夸大宣传，或以虚假广告等不正当手段诱导、误导投资者，不得披露除债券募集说明书等信息以外的发行人其他信息。承销机构应当保留推介、定价、配售等承销过程中的相关资料，并按相关法律法规规定存档备查，包括推介宣传材料、路演现场录音等，如实、全面反映询价、定价和配售过程。相关推介、定价、配售等的备查资料应当按中国证券业协会的规定制作并妥善保管。

(二)上市公司可转换公司债券的发行程序

上市公司申请发行证券，董事会应当依法就下列事项作出决议，并提请股东大会批准：(1)本次证券发行的方案；(2)本次发行方案的论证分析报告；(3)本次募集资金使用的可行性报告；(4)其他必须明确的事项。

股东大会就发行可转换公司债券作出的决定，至少应当包括下列事项：(1)前述上市公司股东大会就发行新股作出决定应包括的事项；(2)债券利率；(3)债券期限；(4)赎回条款；(5)回售条款；(6)还本付息的期限和方式；(7)转股期；(8)转股价格的确定和修正。

股东大会就发行证券事项作出决议，必须经出席会议的股东所持表决权的三分之二以上通过。向本公司特定的股东及其关联人发行证券的，股东大会就发行方案进行表决时，关联股东应当回避。上市公司就发行证券事项召开股东大会，应当提供网络或者其他方式为股东参加股东大会提供便利。

上市公司股东大会就发行债券作出决议后，依次经历的程序包括准备发行文件、申请与审核、发售证券、贯穿始终的信息披露等，因与前述"上市公司发行新股程序的特别规定"相同，在此不再赘述。

第七节　证券私募发行

一、证券私募发行的概念与特征

证券私募发行即我国《证券法》所规定的非公开发行，又称定向发行，是指发行人面向少数特定的投资人发行证券的发行方式。私募发行对应于公募发行，如前所述，两者能够满足发行人的不同筹资要求，各有利弊。较之公募发行，私募发行具有如下特征：

第一，发行对象具有特定性。私募发行针对的是特定对象，这是私募发行与公募发行区分的关键。私募发行的对象一般是自我保护能力较强、拥有相当的资产和投资经验的机构投资者，但也不排除个人投资者，如发行人的高级管理人员或具有相当专业知识和投资经验的个人投资者。

第二，发行程序具有简便性。私募发行因为仅面向特定的少数投资者发行，不涉及社会公共利益，因此在很多国家，公司私募发行证券被认为是企业的私有权利，只需要向监管机构备案或登记，如此一来，公募发行所需经历的证券监管机构冗长费时的申请注册或审核在私募发行中得以豁免，由此大大缩减了发行过程，简化了发行程序。

第三，发行的证券流动性较差。为防止私募发行豁免被滥用，即发行人利用私募发行来规避公开发行的监管，各国立法一般都对私募发行的证券转售加以限制。这意味着私募发行中证券的购买者将所认购证券再出售的行为受到限制，因而私募发行的证券流动性较差。

第四，发行的信息披露要求较低。同样因为私募发行不涉及社会公共利益，各国立法一般对私募发行的信息披露要求也较低，如无须编制招股说明书，仅需通过私募备忘录等形式在一定范围的特定对象中披露最低程度的公司内部信息。信息披露要求较低在某种程度上有利于对发行公司内部信息的保护。

二、私募产品的转售与限制

私募产品的转售是指通过私募发行获得证券的投资者将所获得证券再行转让的行为。为防止私募发行豁免被滥用，即发行人利用私募发行来规避公开发行的监管，各国立法一般都对私募发行的证券转售加以限制。

(一)私募产品转售限制的必要性

1. 私募产品转售限制可防止发行人以私募之名行公募之实

与公开发行相比，私募发行最主要的优势在于无须事先经过发行审核程序，可以为发行人节省大量的时间与金钱成本；获得这一便利的条件则是私募发行中的投资者无须证券法所提供的保护，因为当投资者能凭借自身的投资经验或经济实力进行自我保护时，事先核准程序就会徒增发行成本而不能为投资者带来额外收益。对于发行人来说，尽享私募发行制度之便利而不受其限制的诱惑始终存在，如发行人先向符合《证券法》要求的特定对象私募发行，再由该特定对象向数量众多或者不符合要求的其他投资者转让该私募证券，就能轻松规避《证券法》对于公募发行的各项要求，达到无须核准而向不特定的大众投资者发行证券的目的。这显然有违私募发行制度设立的初衷。为了防止出现这种情况，限制私募证券的转让就成了私募发行制度的应有之义。

2. 私募产品转售只能限制而不能禁止

尽管允许私募证券转让可能导致借私募之名行公募之实，立法者仍有两个选择：禁止私募证券的转让或者限制私募证券的转让。但从成本收益分析角度来看，私募发行制度的价值决定了应该是限制转售而非禁止转售。

私募发行中，认购人因私募产品转售的限制，所持有的证券不能自由转让，承担了额外的风险，因为有兴趣认购私募证券的投资者自然会减少，因此而增加了证券发行成本，为了吸引投资者认购，发行人通常要为认购人提供一定的流动性溢价(即公开发行与私募发行之间的价格差)，有时还需承诺更高的股息或利率，或者在合同中增加担保或其他有利于投资者的条款，这也导致发行人筹资成本的增加。转售限制越严格，投资者投资私募证券的可能性就越小，发行人发行成本就越高，就越有可能放弃私募发行这种融资方式，如此一来，证券私募发行制度则形同虚设。举重以明轻，转售限制过于严格时私募发行制度就无法发挥其功能，完全禁止私募证券的转让势必导致《证券法》关于私募发行的规定成为一纸空文。

可见，既要防范发行人利用转售轻易规避公募发行制度的各项要求，又要防止因过于严苛而导致私募发行制度失去存在价值，限制私募证券的转让就是必然的选择。

（二）私募产品转售限制的例外

既然限制转售的目的在于防止发行人利用转售达到规避公开发行要求的目的，如能证明转售行为并非发行人计划的一部分，或者转售不可能改变原发行行为的性质，就应允许私募产品持有人进行转让。这具体包括三种情形：符合私募发行条件的私下转售、非自愿性转让、独立于发行行为的公开转让。

1. 符合私募发行条件的私下转售

当私募证券持有人的转让行为完全符合私募发行制度各个方面的要求时，即便转让人在买入私募证券后立即转让，该私募证券也不会流入一般投资大众之手，不存在私募发行公开化的问题。此时，应允许私募产品的转售，但应确保受让人具有相应的投资资格，同时防止发行人利用转售环节规避对私募投资者的人数限制，即所谓的拆细转售。

在日本，私募发行分为职业私募与少数人私募，前者指仅以合格机构投资者发行对象且再转让于合格机构投资者以外的一般投资者的可能性很小、并符合政令规定的情形，后者指劝诱对象在 50 人以下且该私募证券被转让给多数投资者的可能性很小、并符合政令规定的情形。以职业私募方式发行的私募证券仅可在合格机构投资者之间自由转让；以少数人私募方式发行的私募证券一般为记名式证券，并且不得分割后转让。

2. 持有人控制范围外的转让

当私募产品的所有权因证券持有人控制范围以外的原因转移时，不存在发行人以私募之名行公开发行之实的可能性，故应允许此种情形下私募产品所有权的变动。"因证券持有人控制范围以外的原因"主要是指因继承、强制执行等。我国台湾地区"证券交易法"明确规定，私募产品"基于法律规定所生效力之移转"不受限制。其所指"基于法律规定所生效力之移转"除包括继承、强制执行外，还包括赠与。继承、强制执行而导致私募产品所有权变动确非证券持有人所能控制的，但赠与本属当事人意思范围之内的法律行为，将其与继承、强制执行相提并论并不恰当。对此，美国的做法是只有向公共慈善事业的捐赠才不受转售的限制。

3. 独立于发行行为的公开转让

如私募产品的转让人能证明其转让行为并非发行人规避发行审核义务的一个环节，即证明自己的转售行为并非是为了规避公开发行要求的，应允许其转售私募产品。例如私募产品的转让人能够证明自己当初在认购私募产品时具有投资目的，即不是为了转售而认购。但如何证明具有投资目的有一定的难度，一般认为持有时间的长短，可以作为判断其是否具有投资目的的一个重要证据。各国立法例中通常在规定私募产品转售限制时都有持有时间的限制，即考虑到了这个因素。我国台湾地区"证券交易法"规定私募证券在持有满3年后方可不受任何限制地自由转让。

三、我国证券私募发行制度的现状

20世纪90年代初期，在国有企业改制进程中，曾采取过向法人和内部职工进行定向募集的做法，这是我国证券市场上首次出现的私募发行。但随后国家有关部门即下达了要求停止审批定向募集股份有限公司与停止审批和发行内部职工股的通知，直到2005年修订的《公司法》和《证券法》明确确认私募发行方式。尽管在这两部法律中，私募发行方式得以确认，但并未有非公开发行的具体制度，直到证监会于2006年和2007年先后发布《上市公司证券发行管理办法》和《上市公司非公开发行股票实施细则》才使上市公司非公开发行股票有了明确的法律依据。但上市公司非公开发行股票外的证券以及非上市公司非公开发行证券等问题仍无具体的法律规定。

(一)现有法律规定

为避免私募发行的滥用，《证券法》第9条规定："非公开发行证券，不得采用广告、公开劝诱和变相公开方式。"同时，《证券法》第12条第2款规定："上市公司发行新股，应当符合经国务院批准的国务院证券监督管理机构规定的条件，具体管理办法由国务院证券监督管理机构规定。"可见，《证券法》仅规定无论上市公司采取公开发行还是非公开发行，都应当符合经国务院批准的国务院证券监督管理机构规定的条件，且因为上市公司非公开发行新股后股东超过200人，其本质仍属于"公开发行"，因此与公开发行适用同样的规则。上市公司非公开发行股票的条件和程序已经在前文第五节股票发行中作了相关论述，因此不再赘述。但《证券法》对于非上市公司私募发行和上市公司私募其他证券都未作相应规定，导致我国现有的证券私募发行在制度体系上存在缺陷。

(二)存在的问题

如前所述，我国关于私募发行的法律制度主要是对上市公司非公开发行股票的规定，其他形式的私募发行缺乏具体、系统的规定。虽然《证券法》明确了私募发行，但没有发行条件、发行审核、转售限制、信息披露等方面的规定。即使是仅有的原则性规定和上市公司非公开发行股票的规定，也存在诸多问题。

第一，私募发行的认定和发行对象的限制规定过于简单。根据我国《证券法》第9条的规定可以推定，我国证券私募发行仅以发行对象的数量为认定标准，即使是上市公司非公开发行股票的规定中也未有更为具体的规定。一方面，何为"特定对象"不明确，仅规定符合股东大会决议规定的条件；另一方面，"发行对象不超过 35 名"如何计算不明确，如同一证券投资基金公司管理的两个基金是计算为一人还是二人没有确定标准，因此造成实践中难以执行。

第二，私募发行方式的限制不够明确。我国《证券法》虽然规定非公开发行证券，不得采用广告、公开劝诱和变相公开方式，但对何为"公开劝诱""变相公开"没有具体说明，有赖于中国证监会制定必要的细则或者最高人民法院在具体案例或者司法解释中予以阐明。值得一提的是，2012 年 4 月，美国颁布《工商创始企业推动法》（*Jumpstart Our Business Startups Act*，以下简称 JOBS 法），其中第二章规定：只要私募发行证券的购买方都是获许投资者（Accredited Investor），可以不适用"一般性劝诱或广告禁止"规则，即在私募发行中取消了公开劝诱禁止的规定。有学者认为，这是私募监管重点从关注受要约人转为关注最终购买人这一变化的必然结果。"在适当调整和提高投资者保护水平之后，允许私募采用公开发行方式，会起到降低企业融资成本，同时不会大幅度降低投资者保护水平的效果。"[1]

第三，私募发行的信息披露要求缺失。除上市公司非公开发行股票制度中规定了发行人的信息披露义务外，对其他形式的私募发行没有规定信息披露的要求。虽然私募发行较之于公开发行，其最重要的特征之一即为发行人信息披露义务的简化，发行人无须在发行之时制作详细的招募文件，在发行之后也无须承担复杂的信息披露义务，但私募发行时发行人并不是没有信息披露义务，根据其他国家立法例，一般应根据发行对象是否具有信息收集、谈判能力及自我保护能力而定。

四、我国证券私募发行法律制度的完善

针对我国证券私募发行法律制度的现状以及存在的问题，本书认为可以从以下几个方面加以完善：

（一）明确私募发行的认定和发行对象的限制

在美国，私募发行的对象可分为合格投资者和普通投资者，前者无数量限制，后者不得超过 35 人。2005 年 7 月 1 日生效的欧盟《修改说明书指令》第 3（2）条则将私募发行限定为针对"合格投资者"的发行，或者在"合格投资者"之外在单个成员国内对于少于 100 个自然人或者法人的发行。日本《证券法》则将私募发行规定为针对合格机构投资者的"职业私募"以及对于 50 人以下"少数人"的"少数人私募"。以上立法例尽管对于私募发行的对象之规范宽严有别，但都对于私募发行的对象资格和人数有所限制。我国也应对此作出具体规定。例如应区分机构投资者和非机构投资者，由于我国目前法律对于非金融机构投资者的资格难以有效监督，因此对于机构投资者可限于证券公司、基金、保险公司、QFII

---

① 彭冰：《美国私募发行中公开劝诱禁止的取消》，载《社会科学》2017 年第 4 期。

等，对于向机构投资者非公开发行或转售证券没有人数和数量的限制，除非机构投资者要求，发行人也没有向其提供信息的义务；而对于非机构投资者，应采取有效措施予以保护，规定发行人或出售人有对其提供信息的义务。

（二）关于事后报备要求

一般而言，发行人在私募发行前无须事先向监管机构注册或者核准，但在私募发行后应向监管机构报备。故我国《证券法》对除上市公司非公开发行股票之外的私募发行没有规定事先审核并无不可，但是事后报备程序并不可免。应该对此明确规定。

（三）明确阐明私募发行的方式

即由中国证监会制定必要的细则或者最高人民法院在具体案例或者司法解释中解释何为"公开劝诱""变相公开"。《国务院办公厅关于严厉打击非法发行股票和非法经营证券业务有关问题的通知》中列出了广告、公告、广播、电话、传真、信函、推介会、说明会、网络、短信等形式，但一则该通知将这些形式与公开劝诱并列作为公开和变相公开的方式，实有不妥；二则这些形式是否穷尽列举了公开劝诱和变相公开的方式并不明确。

（四）信息披露要求

对于上市公司非公开发行证券，上市公司应该及时披露有关信息，在信息披露过程中，应该注意公平信息披露问题，不得有选择性地向非公开发行证券的发行对象提供未经公开的信息。而对于非上市公司非公开发行证券，应区别合格机构投资者和一般投资者，对于合格投资者，发行人或转售人没有主动向其提供信息的义务，除非合格机构投资者主动要求发行人或转让人提供，提供的标准可以参照上市公司信息披露标准；对于一般投资者，明确规定发行人或转售人应该主动、及时、充分地向其提供相关信息，否则可以认定其转让无效。控股股东、实际控制人、高级管理人员及其关系人出售非公开发行证券预计达到一定数量的应事先报告，其他投资者出售非公开发行证券事后及时报告，以便监管机构能够对其进行有效监督。

【本章课外阅读材料】

采用双层股权结构的优刻得在科创板成功注册①

2019 年 12 月，优刻得科技股份有限公司（以下称"优刻得"）成功在科创板注册，这是 A 股第一家采用双层股权结构的公司。

所谓双层股权结构，是指公司所发行的股份划分成两个类别，每个类别所代表的

---

① 本部分内容主要参考王佐发：《双层股权结构对企业以及资本市场意味着什么》，载搜狐网：https://m.sohu.com/a/363896729_260616/，2021 年 3 月 22 日访问。

投票权不同。有的类别一股代表一个投票权，有的类别一股代表更多的投票权。前一类别一般称为 A 类，后一类别一般称为 B 类。当然，也可以 A 类代表一个投票权，B 类没有投票权。双层股权结构是一种创新的公司股权制度，它打破了现代公司制度所赖以建立的基本原则之一，即一股一权，或者同股同权制度。

双层股权结构早在 1898 年就出现了。但是，双层股权结构真正被各国资本市场普遍接受并受到重视则是最近几年的事。1898 年，国际白银公司（International Silver Company）公开发行 2000 万股没有投票权的普通股，打破了同股同权的传统。这种尝试很快获得资本市场的青睐，很多公司纷纷效仿。最著名的是 1925 年，当时的汽车制造商道奇兄弟公司（Dodge Brothers）申请到纽交所上市时发行无投票权普通股。通过发行这种无投票权的普通股，公司的核心投资团队以 1.7% 的持股份额，掌握了公司的控制权。但是随后，双层股权结构遇到了监管阻力。1926 年，纽交所关闭了双层股权结构公司上市的大门。此后，双层股权结构经历了一个起起伏伏的漫长的发展过程。今天，双层股权结构在全球范围内被广泛接纳而且成为资本市场关注的一个焦点。双层股权结构在当代的崛起，可以追溯到 2010 年开启的以新技术公司崛起为背景的新经济时代。从阿里巴巴、谷歌、脸书到领英，这些新经济时代的标杆性新技术公司，都采用双层股权结构。这些公司的特点是公司的创始人团队的人力资本价值对公司的价值具有举足轻重的作用。可以说，公司的发展依赖创始人团队的人格魅力（Charisma）。公司的发展既需要到资本市场获得融资的支持，又不能因为融资而稀释了创始人团队的股权，使得创始人团队失去对公司经营管理的控制权。双层股权机构解决了这个矛盾，让创始人团队的股权被稀释的情况下仍然保有对公司的掌控权，于是得到新技术公司的追捧。

但各个资本市场对双层股权结构公司的接受都经历了一个过程。比如，2013 年，阿里巴巴放弃香港证券交易所改而选择纽约证券交易所实现 IPO，正是因为香港证券交易所不接受双层股权结构公司，2017 年底，香港证券交易所修改上市规则，允许同股不同权和非营利企业上市，这直接促成了小米公司 2018 年在香港的 IPO，也为蚂蚁金服、美团、映客等内地互联网公司在港上市扫清了障碍。

根据优刻得招股说明书，其公开发行的股份划分成 A 类股份和 B 类股份。发行人共同实际控制人季昕华、莫显峰及华琨持有的 A 类股份每股拥有的表决权数量为其他股东（包括本次公开发行对象）所持有的 B 类股份每股拥有的表决权的 5 倍。在这种双层股权结构安排下，公开发行后，季昕华、莫显峰及华琨合计持有公司 23.1197% 的股份，但是这些股份代表的表决权占公司全部表决权的 60.0578%。也就是说，即便公开发行后公司股本扩张，季昕华、莫显峰及华琨股权被稀释，仍然保持对公司经营管理以及对需要股东大会表决的事项的决策权的绝对控制权。这就是双层股权结构的意义和效果。

　　上海证券交易所 2019 年 4 月 1 日受理优刻得发行上市申请，证监会于 12 月 20 日作出同意优刻得首次公开发行的注册批复。相对于一般的公司，优刻得发行上市审核的时间很长。从问询程序看，优刻得受到的审核"关照"也比其他公司更多。发行人及其保荐人不仅回复了四轮问询，而且之后还出具了很多份对审核中心会议补充意见和上市委员会审议意见的落实函的回复函。会计师和律师出具的文件也远远多于其他公司的平均水平。比如，律师补充法律意见书就出具了六份。第一份律师法律意见书出具时间是 5 月 6 日，第六份律师法律意见书是 12 月 18 日。在优刻得被问询的问题中，很多与其双层股权结构有关。比如，要求发行人充分披露双层股权结构中表决权差异安排的主要内容、对公司治理和其他投资者股东权利的影响，并对表决权股份的设置及特殊公司治理结构作充分风险揭示和重大事项提示。审核机构希望通过问询，让优刻得及其聘请的保荐机构和律师，从各个方面解释清楚双层股权结构的合法性及其对投资者的影响。经过充分的披露后，由投资者自己判断是否值得投资以及如果投资，如何给表决权数量处于劣势的股票定价。

第三章　证券上市制度

第一节　证券上市概述

一、证券上市的概念

广义的证券上市是指公开发行的证券进入证券市场交易。因证券交易包括场内交易和场外交易，因此广义的证券上市包括在证券交易所挂牌上市和在场外交易市场挂牌上市。在我国大陆和台湾地区，证券上市采狭义的概念，即仅指在证券交易所挂牌上市，在场外交易市场挂牌上市被称为证券上柜或店头市场登记。

证券上市以证券发行为前提，以证券交易为目的，是证券发行与证券交易的中间环节，证券发行后，要实现在证券交易所挂牌交易的目的，必须借助于证券上市。因此，证券上市对投资者和证券发行人而言，都有着重要的意义。

首先，证券上市意味着证券流通性的增强，可以增强投资者认购热情。证券发行后即在发行人与投资者之间建立起股权关系或债权债务关系，如果投资者不能转让所持证券或者转让较为困难的，则意味着投资者投资购买发行人发行的证券的风险加大，投资者认购热情就会受到影响。

其次，证券上市有助于降低证券交易的风险。一方面，相关法律法规规定了不同于证券发行的证券上市条件，符合法定证券上市条件的发行人才可能被获准上市交易；另一方面，在证券上市过程中，证券交易所要审查证券发行人及其所提供资料的合法性和完整性，以决定是否准许其证券上市，这都有助于保障上市交易证券的品质，从而有助于降低证券交易的风险。

二、证券上市的类型

证券上市依据不同的标准，可以进行不同的分类。

(一)授权上市与安排上市

按照上市程序不同，证券上市可以分为授权上市和安排上市。

授权上市又称核准上市，是指证券交易所根据证券发行人的申请，依照法定程序核准的证券上市。在授权上市中，上市审查条件和程序都较为严格，证券交易所对上市申请都须严格按照事先规定的上市条件和程序进行审查，以排除不适当证券的上市交易。

安排上市，又称认可上市，是指证券交易所根据证券监管机构的要求，直接接受证券在交易所上市交易，而无须履行严格的审查程序，也不能拒绝交易。这种上市方式主要适用于各种政府证券的上市。因为政府证券上市无须接受上市审查，故在美国，称之为"豁免证券"。我国《证券法》第46条第2款规定："证券交易所根据国务院授权的部门的决定安排政府债券上市交易。"

（二）第一上市与第二上市

按照上市地点的顺序不同，证券上市可以分为第一上市和第二上市。

有的证券仅在一个证券交易所申请并获准上市交易，有的证券同时在两个证券交易所申请并获准上市交易，后者因涉及两个上市地点，为区分两次上市，将在第一个证券交易所的上市称为第一上市，将在第二个证券交易所的上市称为第二上市。2006年中国工商银行即同时在香港联交所和上海证券交易所上市。

在两地同时上市具有许多优点，具体体现为：（1）每一个国际性证券交易所都拥有自己的投资者群体，因此，将股票在多个市场上市会迅速扩大股东基础，提高股份流动性，增强筹资能力。（2）公司股票在不同市场上市还有利于提高公司在该上市地的知名度，增强客户信心，从而对其产品营销起到良好的推动效果。（3）企业往往选择市场交易活跃、平均市盈率高的证券交易所作为第二上市地，通过股份在两个市场间的流通转换，使股价有更好的市场表现。（4）为满足当地投资者对于公司信息披露的要求，公司须符合第二上市地的法律、会计、监管等方面的规则，从而为公司的国际化管理创造条件，有利于公司提高经营管理水平。[①] 正因为两地上市具有这些优点，国际上很多著名的跨国企业都分别同时在全球的不同交易所上市交易，如"奔驰汽车""汇丰银行"等都分别同时在全球的不同交易所上市交易。

（三）普通上市与首次发行上市

按照证券发行时是否确定近期上市计划不同，证券上市可以分为普通上市和首次发行上市。

普通上市是指发行人在发行时仅有未来上市预期，但无确定近期上市计划，发行成功后另行申请并获准的证券上市。首次发行上市则是指发行人在发行证券的同时，已经确定近期上市计划并在发行成功后的合理时间内申请并获准的证券上市。首次发行上市时，虽然发行和上市几乎同时进行，但两者依然属于不同性质的行为。

---

① 参见范健、王建文：《证券法》（第二版），法律出版社2010年版，第162页。

（四）股票上市、债券上市、权证上市、基金上市及其他证券衍生品种上市

按照证券种类不同，证券上市可以分为股票上市、债券上市、权证上市、基金上市及其他证券衍生品种上市。证券种类在本书前面章节已有介绍，此处不予赘述。不同种类的证券上市，须满足不同的上市条件，但应履行的上市程序基本相同。

（五）境内上市与境外上市

按照上市的地域不同，证券上市可以分为境内上市和境外上市。

境内上市是指证券在本国境内的证券交易所上市。境外上市则是指证券在境外的证券交易所上市。境内上市和境外上市的审查程序和条件往往具有较大差异，发行人可以根据自己的情况进行选择。

（六）直接上市与间接上市

按照发行人是以自己名义还是其他公司名义不同，证券上市可分为直接上市和间接上市。

虽然无论是境内上市还是境外上市，都可能存在利用其他公司名义上市的情形，但因为就境外上市而言，对直接上市和间接上市的监管程序和条件不同，故境外上市中的直接上市和间接上市之分，才具有一定的法律意义。

直接上市是指发行人直接以自己的名义申请上市。而间接上市是指发行人利用其他公司名义申请上市。我国证券市场国际化的进程是从海外间接上市开始的，一般的操作方法是境内企业实际控制人以本人名义在开曼群岛、百慕大等离岸中心设立壳公司，再以境内股权或资产对壳公司进行增资扩股，并由境外壳公司收购境内公司的资产，最终以壳公司作为主体在境外上市，从而达到间接境外上市目的。由于境外直接上市必须通过国内复杂的审批程序，所以许多企业都倾向于采取间接方式实现在海外的上市。但我国政府已采取一些措施加强了境外间接上市的监管，如2006年商务部、国资委等六部委发布并于2009年修订的《关于外国投资者并购境内企业的规定》，使得壳公司收购境内公司的资产变得更为困难，间接加大了间接上市的难度。

第二节　证券上市条件

《证券法》第46条第1款明确规定，由证券交易所执行证券上市审核权。《证券法》第47条规定："申请证券上市交易，应当符合证券交易所上市规则规定的上市条件。证券交易所上市规则规定的上市条件，应当对发行人的经营年限、财务状况、最低公开发行比例和公司治理、诚信记录等提出要求。"据此，《证券法》不再具体规定证券上市条件，而是授权证券交易所制定自己的上市规则，对发行人的经营年限、财务状况、最低公开发行比例和公司治理、诚信记录等提出具体要求。

一、股票上市条件

根据我国多层次资本市场的发展格局，主板、科创板、创业板、北京证券交易所等不同板块的上市条件具有差异化，需要分别进行梳理和讨论，红筹企业、存在表决权差异安排的企业等特殊类别的企业发行上市条件也需要额外讨论。

（一）主板上市条件

根据《首次公开发行股票注册管理办法》《上海证券交易所股票上市规则》《深圳证券交易所股票上市规则》《上海证券交易所股票发行上市审核规则》《深圳证券交易所股票发行上市审核规则》等相关规则，主板上市条件可以划分为发行人主体资质条件、发行人规范运营条件、发行人市值财务条件三个方面。

1. 发行人主体资质条件

首先，发行人应当符合主板的板块定位，主板突出"大盘蓝筹"特色，重点支持业务模式成熟、经营业绩稳定、规模较大、具有行业代表性的优质企业。

其次，发行人应当是依法设立且持续经营三年以上的股份有限公司，具备健全且运行良好的组织机构，相关机构和人员能够依法履行职责，有限责任公司变更为股份有限公司的，持续经营时间可以从有限责任公司成立之日起计算。

2. 发行人规范运营条件

第一，发行人应当具有规范的会计基础和健全的内控制度，最近三年财务会计报告由注册会计师出具无保留意见的审计报告，发行人内部控制制度健全且被有效执行，能够合理保证公司运行效率、合法合规和财务报告的可靠性，并由注册会计师出具无保留结论的内部控制鉴证报告。

第二，发行人应当具备独立持续经营的能力，包括(1)资产完整，业务及人员、财务、机构独立，与控股股东、实际控制人及其控制的其他企业间不存在对发行人构成重大不利影响的同业竞争，不存在严重影响独立性或者显失公平的关联交易；(2)主营业务、控制权和管理团队稳定，最近三年内主营业务和董事、高级管理人员均没有发生重大不利变化，发行人的股份权属清晰，不存在导致控制权可能变更的重大权属纠纷，首次公开发行股票并在主板上市的，最近三年实际控制人没有发生变更；(3)不存在涉及主要资产、核心技术、商标等的重大权属纠纷，重大偿债风险，重大担保、诉讼、仲裁等或有事项，经营环境已经或者将要发生重大变化等对持续经营有重大不利影响的事项。

第三，发行人生产经营应当符合法律、行政法规的规定，符合国家产业政策。最近三年内，发行人及其控股股东、实际控制人不存在贪污、贿赂、侵占财产、挪用财产或者破坏社会主义市场经济秩序的刑事犯罪，不存在欺诈发行、重大信息披露违法或者其他涉及国家安全、公共安全、生态安全、生产安全、公众健康安全等领域的重大违法行为。发行人董事、监事和高级管理人员不存在最近三年内受到中国证监会行政处罚，或者因涉嫌犯罪正在被司法机关立案侦查或者涉嫌违法违规正在被中国证监会立案调查且尚未有明确结论意见等情形。

3. 发行人市值财务条件

第一，发行后的股本总额不低于 5000 万元，公开发行的股份达到公司股份总数的 25% 以上，公司股本总额超过 4 亿元的，公开发行股份的比例为 10% 以上。

第二，市值及财务指标应当至少符合下列标准中的一项：（1）最近三年净利润均为正，且最近三年净利润累计不低于 1.5 亿元，最近一年净利润不低于 6000 万元，最近三年经营活动产生的现金流量净额累计不低于 1 亿元或营业收入累计不低于 10 亿元；（2）预计市值不低于 50 亿元，且最近一年净利润为正，最近一年营业收入不低于 6 亿元，最近三年经营活动产生的现金流量净额累计不低于 1.5 亿元；（3）预计市值不低于 80 亿元，且最近一年净利润为正，最近一年营业收入不低于 8 亿元。

（二）科创板上市条件

根据《首次公开发行股票注册管理办法》《上海证券交易所股票上市规则》《上海证券交易所股票发行上市审核规则》《上海证券交易所科创板股票上市规则（2023 年修订）》《上海证券交易所科创板企业发行上市申报及推荐暂行规定（2022 年修订）》等相关规则，科创板上市条件可以划分为发行人主体资质条件、发行人规范运营条件、发行人市值财务条件三个方面。

1. 发行人主体资质条件

首先，发行人应当符合科创板的板块定位。科创板面向世界科技前沿、面向经济主战场、面向国家重大需求。优先支持符合国家战略，拥有关键核心技术，科技创新能力突出，主要依靠核心技术开展生产经营，具有稳定的商业模式，市场认可度高，社会形象良好，具有较强成长性的企业。发行人申请首次公开发行股票并在科创板上市的，应当根据中国证监会和证券交易所的相关规定，结合科创板定位，就是否符合科创属性要求等事项进行审慎评估，并提交符合科创板定位的专项说明；保荐人应当就发行人是否符合科创属性要求等事项进行专业判断，并出具发行人符合科创板定位的专项意见。

其次，发行人应当是依法设立且持续经营三年以上的股份有限公司，具备健全且运行良好的组织机构，相关机构和人员能够依法履行职责，有限责任公司变更为股份有限公司的，持续经营时间可以从有限责任公司成立之日起计算。

2. 发行人规范运营条件

第一，发行人应当具有规范的会计基础和健全的内控制度，最近三年财务会计报告由注册会计师出具无保留意见的审计报告，发行人内部控制制度健全且被有效执行，能够合理保证公司运行效率、合法合规和财务报告的可靠性，并由注册会计师出具无保留结论的内部控制鉴证报告。

第二，发行人应当具备独立持续经营的能力，包括：（1）资产完整，业务及人员、财务、机构独立，与控股股东、实际控制人及其控制的其他企业间不存在对发行人构成重大不利影响的同业竞争，不存在严重影响独立性或者显失公平的关联交易；（2）主营业务、控制权和管理团队稳定，最近二年内主营业务和董事、高级管理人员均没有发生重大不利变化，发行人的股份权属清晰，不存在导致控制权可能变更的重大权属纠纷，首次公开发行股票并在科创板上市的，核心技术人员应当稳定且最近二年内没有发生重大不利变化，最近二年实际控制人没有发生变更；（3）不存在涉及主要资产、核心技术、商标等的重大权属纠纷，重大偿债风险，重大担保、诉讼、仲裁等或有事项，经营环境已经或者将要发生重大变化等对持续经营有重大不利影响的事项。

第三，发行人生产经营应当符合法律、行政法规的规定，符合国家产业政策。最近三年内，发行人及其控股股东、实际控制人不存在贪污、贿赂、侵占财产、挪用财产或者破坏社会主义市场经济秩序的刑事犯罪，不存在欺诈发行、重大信息披露违法或者其他涉及国家安全、公共安全、生态安全、生产安全、公众健康安全等领域的重大违法行为。发行人董事、监事和高级管理人员不存在最近三年内受到中国证监会行政处罚，或者因涉嫌犯罪正在被司法机关立案侦查或者涉嫌违法违规正在被中国证监会立案调查且尚未有明确结论意见等情形。

3. 发行人市值财务条件

第一，发行后股本总额不低于人民币 3000 万元，公开发行的股份达到公司股份总数的 25% 以上；公司股本总额超过人民币 4 亿元的，公开发行股份的比例为 10% 以上。

第二，市值及财务指标应当至少符合下列标准中的一项：（1）预计市值不低于人民币 10 亿元，最近两年净利润均为正且累计净利润不低于人民币 5000 万元，或者预计市值不低于人民币 10 亿元，最近一年净利润为正且营业收入不低于人民币 1 亿元；（2）预计市值不低于人民币 15 亿元，最近一年营业收入不低于人民币 2 亿元，且最近三年累计研发投入占最近三年累计营业收入的比例不低于 15%；（3）预计市值不低于人民币 20 亿元，最近一年营业收入不低于人民币 3 亿元，且最近三年经营活动产生的现金流量净额累计不低于人民币 1 亿元；（4）预计市值不低于人民币 30 亿元，且最近一年营业收入不低于人民币 3 亿元；（5）预计市值不低于人民币 40 亿元，主要业务或产品需经国家有关部门批准，市场空间大，目前已取得阶段性成果。医药行业企业需至少有一项核心产品获准开展二期临床试验，其他符合科创板定位的企业需具备明显的技术优势并满足相应条件。

（三）创业板上市条件

根据《首次公开发行股票注册管理办法》《深圳证券交易所股票上市规则》《深圳证券交易所股票发行上市审核规则》《深圳证券交易所创业板股票上市规则（2023 年修订）》《深圳证券交易所创业板企业发行上市申报及推荐暂行规定（2022 年修订）》等相关规定，创业板上市条件可以划分为发行人主体资质条件、发行人规范运营条件、发行人市值财务条件三个方面。

1. 发行人主体资质条件

首先，发行人应当符合创业板的板块定位。创业板深入贯彻创新驱动发展战略，适应发展更多依靠创新、创造、创意的大趋势，主要服务成长型创新创业企业，支持传统产业与新技术、新产业、新业态、新模式深度融合。发行人申请首次公开发行股票并在创业板上市的，应当结合创业板定位，就是否符合相关行业范围，依靠创新、创造、创意开展生产经营，具有成长性等事项，进行审慎评估；保荐人应当就发行人是否符合创业板定位进行专业判断，并出具专项说明。

其次，发行人应当是依法设立且持续经营三年以上的股份有限公司，具备健全且运行良好的组织机构，相关机构和人员能够依法履行职责，有限责任公司变更为股份有限公司的，持续经营时间可以从有限责任公司成立之日起计算。

2. 发行人规范运营条件

第一，发行人应当具有规范的会计基础和健全的内控制度，最近三年财务会计报告由注册会计师出具无保留意见的审计报告，发行人内部控制制度健全且被有效执行，能够合理保证公司运行效率、合法合规和财务报告的可靠性，并由注册会计师出具无保留结论的内部控制鉴证报告。

第二，发行人应当具备独立持续经营的能力，包括：（1）资产完整，业务及人员、财务、机构独立，与控股股东、实际控制人及其控制的其他企业间不存在对发行人构成重大不利影响的同业竞争，不存在严重影响独立性或者显失公平的关联交易；（2）主营业务、控制权和管理团队稳定，最近二年内主营业务和董事、高级管理人员均没有发生重大不利变化，发行人的股份权属清晰，不存在导致控制权可能变更的重大权属纠纷，首次公开发行股票并在科创板上市的，最近二年实际控制人没有发生变更；（3）不存在涉及主要资产、核心技术、商标等的重大权属纠纷，重大偿债风险，重大担保、诉讼、仲裁等或有事项，经营环境已经或者将要发生重大变化等对持续经营有重大不利影响的事项。

第三，发行人生产经营应当符合法律、行政法规的规定，符合国家产业政策。最近三年内，发行人及其控股股东、实际控制人不存在贪污、贿赂、侵占财产、挪用财产或者破坏社会主义市场经济秩序的刑事犯罪，不存在欺诈发行、重大信息披露违法或者其他涉及国家安全、公共安全、生态安全、生产安全、公众健康安全等领域的重大违法行为。发行人董事、监事和高级管理人员不存在最近三年内受到中国证监会行政处罚，或者因涉嫌犯罪正在被司法机关立案侦查或者涉嫌违法违规正在被中国证监会立案调查且尚未有明确结论意见等情形。

3. 发行人市值财务条件

第一，发行后股本总额不低于人民币 3000 万元，公开发行的股份达到公司股份总数的 25% 以上；公司股本总额超过人民币 4 亿元的，公开发行股份的比例为 10% 以上。

第二，市值及财务指标应当至少符合下列标准中的一项：（1）最近两年净利润均为正，且累计净利润不低于 5000 万元；（2）预计市值不低于 10 亿元，最近一年净利润为正且营业收入不低于 1 亿元；（3）预计市值不低于 50 亿元，且最近一年营业收入不低于 3 亿元。

（四）北京证券交易所上市条件

根据《首次公开发行股票注册管理办法》《北京证券交易所向不特定合格投资者公开发行股票注册管理办法》等相关规定，北京证券交易所上市条件可以划分为发行人主体资质条件和发行人规范运营条件两个方面。

1. 发行人主体资质条件

首先，发行人应当符合北京证券交易所的板块定位。北京证券交易所充分发挥对全国中小企业股份转让系统(以下简称全国股转系统)的示范引领作用，深入贯彻创新驱动发展战略，聚焦实体经济，主要服务创新型中小企业，重点支持先进制造业和现代服务业等领域的企业，推动传统产业转型升级，培育经济发展新动能，促进经济高质量发展。

其次，发行人应当为在新三板连续挂牌满 12 个月的创新层挂牌公司。

2. 发行人规范运营条件

首先，发行人应当满足以下条件：（1）具备健全且运行良好的组织机构；（2）具有持续经营能力，财务状况良好；（3）最近三年财务会计报告无虚假记载，被出具无保留意见审计报告；（4）依法规范经营。

其次，发行人及其控股股东、实际控制人应当满足以下条件：（1）最近三年内不存在贪污、贿赂、侵占财产、挪用财产或者破坏社会主义市场经济秩序的刑事犯罪；（2）最近三年内不存在欺诈发行、重大信息披露违法或者其他涉及国家安全、公共安全、生态安全、生产安全、公众健康安全等领域的重大违法行为；（3）最近一年内未受过中国证监会行政处罚。

（五）特殊类别企业上市条件

1. 红筹企业发行上市条件

红筹企业在主体资质、规范运营等方面的上市条件与一般企业在主板、科创板、创业板的上市条件相同，但在市值财务条件方面存在特殊要求。

(1)红筹企业发行上市的股本总额和公开发行股份占比的要求：

红筹企业在主板发行上市，发行股票的，发行后的股份总数不低于5000万股，发行存托凭证的，发行后的存托凭证总份数不低于5000万份，发行股票的，公开发行(含已公开发行)的股份达到公司股份总数的25%以上，公司股份总数超过4亿股的，公开发行(含已公开发行)股份的比例为10%以上；发行存托凭证的，公开发行(含已公开发行)的存托凭证对应基础股份达到公司股份总数的25%以上；发行后的存托凭证总份数超过4亿份的，公开发行(含已公开发行)的存托凭证对应基础股份的比例为10%以上。

红筹企业在科创板和创业板发行上市，发行后的股份总数不低于3000万股，前款第三项调整为公开发行的股份达到公司股份总数的25%以上；公司股份总数超过4亿股的，公开发行股份的比例为10%以上。红筹企业发行存托凭证的，前款第二项调整为发行后的存托凭证总份数不低于3000万份，前款第三项调整为公开发行的存托凭证对应基础股份达到公司股份总数的25%以上；发行后的存托凭证总份数超过4亿份的，公开发行存托凭证对应基础股份达到公司股份总数的10%以上。

(2)红筹企业发行上市的市值和财务指标要求：

已在境外上市的红筹企业申请发行股票或者存托凭证并在主板、科创板或创业板上市的，市值及财务指标应当至少符合下列标准中的一项：(1)市值不低于2000亿元；(2)市值200亿元以上，且拥有自主研发、国际领先技术，科技创新能力较强，在同行业竞争中处于相对优势地位。

未在境外上市的红筹企业申请发行股票或者存托凭证并在主板、科创板或创业板上市的，市值及财务指标应当至少符合下列标准中的一项：(1)预计市值不低于200亿元，且最近一年营业收入不低于30亿元；(2)营业收入快速增长，拥有自主研发、国际领先技术，在同行业竞争中处于相对优势地位，且预计市值不低于100亿元；(3)营业收入快速增长，拥有自主研发、国际领先技术，在同行业竞争中处于相对优势地位，且预计市值不低于50亿元，最近一年营业收入不低于5亿元。处于研发阶段的红筹企业和对国家创新驱动发展战略有重要意义的红筹企业，不适用"营业收入快速增长"的上述要求。

此外，红筹企业在境内发行股票或者存托凭证并上市的，股权结构、公司治理、运行规范等事项适用境外注册地公司法等法律法规的，其投资者权益保护水平，包括资产收益、参与重大决策、剩余财产分配等权益，总体上应不低于境内法律法规规定的要求，并保障境内存托凭证持有人实际享有的权益与境外基础证券持有人的权益相当。红筹企业具有协议控制架构或者类似特殊安排的，应当充分、详细披露相关情况，特别是风险、公司治理等信息，以及依法落实保护投资者合法权益规定的各项措施。

2. 存在表决权差异安排的企业发行上市条件

存在表决权差异安排的企业在主体资质、规范运营等方面的发行上市条件与一般企业在主板、科创板和创业板发行上市的条件相同，但在市值及财务指标方面的特殊要求如下：

存在表决权差异安排的企业在主板上市的，市值及财务指标应当至少符合下列标准中的一项：（1）预计市值不低于 200 亿元，且最近一年净利润为正；（2）预计市值不低于 100 亿元，且最近一年净利润为正，最近一年营业收入不低于 10 亿元。

存在表决权差异安排安排的企业在科创板或创业板上市的，市值及财务指标应当至少符合下列标准中的一项：（1）预计市值不低于人民币 100 亿元；（2）预计市值不低于人民币 50 亿元，且最近一年营业收入不低于人民币 5 亿元。

此外，存在表决权差异安排的企业申请首次公开发行股票并上市的，发行人应当在招股说明书等公开发行文件中，披露并特别提示差异化表决安排的主要内容、相关风险和对公司治理的影响，以及依法落实保护投资者合法权益的各项措施。发行人对特别表决权股份的持有人资格、特别表决权股份拥有的表决权数量与普通股份拥有的表决权数量的比例、持有人所持特别表决权股份能够参与表决的股东大会事项范围、特别表决权股份锁定期以及转让限制等事项的安排应当符合中国证监会和证券交易所的相关规定。

二、债券上市条件

（一）普通公司债券上市条件

注册制下，公司债券在上海证券交易所、深圳证券交易所和北京证券交易所的上市条件基本相同，发行人申请公司债券在证券交易所上市，应当符合下列条件：（1）符合《证券法》等法律、行政法规规定的公开发行条件；（2）经有权部门注册并依法完成发行；（3）债券持有人符合本所投资者适当性管理规定；（4）证券交易所规定的其他条件。证券交易所可以根据市场情况，调整公司债券上市条件。

发行人应当及时向证券交易所提交发行结果公告、债券实际募集数额的证明文件等上市申请所需材料，证券交易所收到完备的上市申请有关文件后，及时决定是否同意上市，同意上市的，证券交易所按照相关规定办理债券上市，并与上市发行人签订证券上市协议，明确双方的权利义务和自律管理等有关事项，因债券完成发行后发生重大事项导致债券不再符合上市条件的，证券交易所根据相关规定决定不予上市，债券上市交易前，发行人应当按规定在证券交易所网站和符合国务院证券监督管理机构规定条件的媒体披露债券募集说明书等文件，并将债券发行文件及其他上市申请文件备置于指定场所供公众查阅。

（二）可转换公司债券上市条件

发行人向证券交易所申请可转换公司债券上市，应当提交下列文件：（1）上市申请书；

（2）按照有关规定编制的上市公告书；（3）发行结束后经会计师事务所出具的验资报告；（4）中国结算对新增可转换公司债券已登记托管的书面确认文件；（5）受托管理协议；（6）证券交易所要求的其他文件。此外，发行人应当在向不特定对象发行的可转换公司债券等证券上市若干交易日前（上海证券交易所规定为至少 3 个交易日前，深圳证券交易所规定为至少 5 个交易日前），在符合条件媒体披露下列文件：（1）上市公告书；（2）证券交易所要求的其他文件和事项。

发行人向北京证券交易所申请可转换公司债券上市，参照北京证券交易所的相关规定，未规定的，参照适用《北京证券交易所股票上市规则》中关于股票的相关规定。

三、证券投资基金上市条件

2005 年 12 月修订的《深圳证券交易所证券投资基金上市规则》第 5 条规定，基金在证券交易所上市，应当符合下列条件：（1）经中国证券监督管理委员会核准募集且基金合同生效；（2）基金合同期限为 5 年以上；（3）基金募集金额不低于 2 亿元人民币；（4）基金份额持有人不少于 1000 人；（5）证券交易所规定的其他条件。

而在 2007 年 8 月 29 日施行的修订后的《上海证券交易所证券投资基金上市规则》第 4 条规定的基金上市条件中，除了上述条件外，还规定要有经核准的基金管理人和基金托管人。

除股票、债券和证券投资基金外，可上市交易的证券还包括资产支持证券和权证等，沪、深两家证券交易所也分别发布了《资产支持证券业务规则》《权证业务管理暂行办法》等相关法律性文件，规定了这些证券上市应满足的条件。

第三节　证券上市的程序

根据《证券法》第 46 条规定，申请证券上市交易，应当向证券交易所提出申请，由证券交易所依法审核同意，并由双方签订上市协议。可见，在满足前述证券上市条件的基础上，证券须经过上市申请、保荐人保荐、交易所审核、上市协议签订、信息披露等一系列程序才能进入证券交易所挂牌交易。

一、上市申请

提出上市申请，是证券上市的第一个步骤。2019 年修订的《证券法》删除了有关证券上市申请文件的规定，而改为全部由证券交易所上市规则予以规定。以上海证券交易所为例，根据《上海证券交易所股票上市规则》第 3.1.7 条的规定，发行人首次公开发行股票经中国证监会予以注册并完成股份公开发行后，向上海证券交易所提出股票上市申请的，应当提交下列文件：(1)上市申请书；(2)中国证监会予以注册的决定；(3)首次公开发行结束后发行人全部股票已经中国证券登记结算有限责任公司上海分公司(以下简称中国结算)登记的证明文件；(4)首次公开发行结束后会计师事务所出具的验资报告；(5)发行人、控股股东、实际控制人、董事、监事和高级管理人员等根据证券交易所相关规定要求出具的证明、声明及承诺；(6)首次公开发行后至上市前，按规定新增的财务资料和有关重大事项的说明(如适用)；(7)证券交易所要求的其他文件。

根据《上海证券交易所股票上市规则》第3.2.1条的规定，上市公司向上海证券交易所申请办理向不特定对象发行股票或者可转换公司债券等证券发行事宜时，应当提交下列文件：(1)中国证监会予以注册的决定；(2)发行的预计时间安排；(3)发行具体实施方案和发行公告；(4)招股说明书或者其他发行募集文件；(5)本所要求的其他文件。

此外，上海证券交易所、深圳证券交易所、北京证券交易所对可转换公司债券上市申请、有限制条件的股票上市申请需要报送的申请文件也作了详细规定，在此不予赘述。

二、上市保荐人保荐

如前所述，我国保荐人制度包括发行保荐和上市保荐，申请股票、可转换为股票的公司债券或者法律、行政法规规定实行保荐制度的其他证券上市交易，应当聘请具有保荐资格的机构担任保荐人。根据《证券发行上市保荐业务管理办法》的规定，同次发行的证券，其发行保荐和上市保荐应当由同一保荐机构承担。三大证券交易所的股票上市规则中特别针对上市保荐作了一些规定，以下即以上海证券交易所的规定为例加以简要说明。

根据《上海证券交易所股票上市规则》的规定，上市保荐人应当符合下列条件：(1)具有上海证券交易所会员资格；(2)从事股票承销工作或具有上海证券交易所认可的其他资格1年以上且信誉良好；(3)最近1年内无重大违法违规行为；(4)负责推荐工作的主要业务人员熟悉有关上海证券交易所上市的业务规则。

上市保荐人应当与发行人签订股票上市保荐协议，明确双方在申请上市期间及上市后持续督导期间的权利和义务。保荐协议应当约定保荐人审阅发行人信息披露文件的时点。股票上市保荐协议应当符合证券交易所股票上市规则和股票上市协议的有关规定。

上市保荐人应当履行下列义务：(1)确认发行人符合上市条件；(2)确保发行人的董事了解法律、法规、上海证券交易所股票上市规则及股票上市协议规定的董事的义务与责任；(3)协助发行人申请股票上市并办理与股票上市相关的事宜；(4)提交股票上市推荐书；(5)对股票上市文件所载的资料进行核实，保证股票上市文件内容真实、准确、完整，符合规定要求；(6)协助发行人健全法人治理结构；(7)协助发行人制定严格的信息披露制度和保密制度；(8)上海证券交易所规定的上市保荐人的其他义务。

保荐人应当督导发行人按照股票上市规则的规定履行信息披露及其他相关义务，督导发行人及其董事、监事和高级管理人员遵守股票上市规则并履行向证券交易所作出的承诺，审阅发行人信息披露文件和向证券交易所提交的其他文件，并保证向证券交易所提交的与保荐工作相关的文件的真实、准确、完整。保荐人、相关保荐代表人和保荐工作其他参与人员不得利用从事保荐工作期间获得的发行人尚未披露的信息进行内幕交易，为自己或者他人谋取利益。

三、证券交易所审核

两大证券交易所都设立了上市委员会，负责对证券上市进行审核。上海证券交易所上市审核主要依据《上海证券交易所证券上市审核实施细则》，以下即根据该实施细则的规定，简要介绍证券交易所的上市审核规则。

1. 审核事项

上海证券交易所设立上市委员会，对以下事项进行审核：(1)股票、证券投资基金份额的首次上市；(2)股票、可转换公司债券的暂停上市与恢复上市；(3)股票、可转换公司债券、证券投资基金份额的终止上市，但可转换公司债券因到期、转股等原因而终止上市的除外；(4)股票的重新上市；(5)证券交易所规定由上市委员会审核的其他证券上市、暂停上市、恢复上市及终止上市。

2. 上市委员会组成

上市委员会审核时，可以采用召开审核会议、直接进行通讯表决或者其他方式进行。上市委员会委员以个人名义独立履行职责，不受任何单位和个人的干涉。

上海证券交易所从符合条件的会计、法律及相关领域的专家、其他组织的专业人士中聘任上市委员会委员，并对外公布。上市委员会委员每届任期2年，任期届满，可以连任。上海证券交易所根据需要，可以调整委员每届任期和任职届数。

每次审核时，上海证券交易所在上市委员会委员中选定7名委员参加审核，实际参加审核的委员不得少于5人，其中有一名法律和会计专业人士。经上海证券交易所选定参加审核的委员，如与申请人或审核事项存在直接或间接利害关系，可能影响其公正履行职责的，应当及时申请回避。发行人认为上海证券交易所对外公布的上市委员会委员中，有与审核事项存在直接利害关系，不适宜参加审核的，也提交书面回避申请，并说明理由。

3. 审核程序

发行人按照规定提出上市或恢复上市申请的，应按《股票上市规则》《公司债券上市规则》等规定，向上海证券交易所提交相关材料。在上海证券交易所上市的证券出现暂停上市、终止上市情形的，由上海证券交易所相关业务部门提出处理建议，提交上市委员会审核，并通知发行人。

参加审核的委员认为有必要的，可以要求上海证券交易所通知申请人接受询问，或者要求上海证券交易所聘请相关专业机构或者专家发表专业意见。上市委员会对审核事项只进行一次审核。如发现存在尚待核实的重大事项或其他严重影响委员正确判断情形，经参加审核的过半数委员同意，可对该审核事项暂缓表决一次。审核事项的表决采用记名投票方式，参加审核的委员每人享有一票表决权。审核决议须由参加审核的三分之二以上委员表决通过方为有效。

上海证券交易所在《股票上市规则》《公司债券上市规则》规定的期限内，对审核事项作出决定。其中发行人按上海证券交易所要求提交补充文件的时间、因委员回避而调整会议日期的时间以及上海证券交易所聘请相关专业机构或者专家发表专业意见的时间，不计入上海证券交易所作出有关决定的期限内。

申请人或相关中介机构及其代表人在提交相关材料中或接受询问时，存在虚假、误导性陈述或隐瞒重要事实的，上海证券交易所将根据有关规定，视情节轻重，采取相关纪律处分或监管措施。证券发行人不服上海证券交易所作出的决定，可以在规定的时间内向上海证券交易所复核委员会申请复核，复核期间上海证券交易所决定不停止执行。

四、签订上市协议

发行人在股票首次上市前应当与证券交易所签订上市协议，明确双方的权利、义务和有关事项。上市协议既是证券交易所与证券发行人之间形成的证券交易服务关系的基础，也是证券交易所对上市公司实行自律监管的基础。

《证券交易所管理办法》第62条规定，证券交易所应当与申请证券上市交易的公司订立上市协议，确定相互间的权利义务关系。上市协议的内容与格式应当符合法律、行政法规、部门规章的规定。上市协议应当包括下列内容：（1）上市证券的品种、名称、代码、数量和上市时间；（2）上市费用的收取；（3）证券交易所对证券上市交易公司及相关主体进行自律管理的主要手段和方式，包括现场和非现场检查等内容；（4）违反上市协议的处理，包括惩罚性违约金等内容；（5）上市协议的终止情形；（6）争议解决方式；（7）证券交易所认为需要在上市协议中明确的其他内容。

五、上市信息披露

2019年修订的《证券法》删除了原来的第53条和第54条关于上市信息披露的规定，上市信息披露的要求交由证券交易所上市规则予以规定。根据《上海证券交易所股票上市规则》，股票上市的信息披露规则如下：

1. 首次公开发行的股票上市

发行人及其董事、监事、高级管理人员应当保证向证券交易所提交的上市申请文件真实、准确、完整，不存在虚假记载、误导性陈述或者重大遗漏。

发行人向上海证券交易所提出上市申请时，控股股东和实际控制人应当承诺：自发行人股票上市之日起 36 个月内，不转让或者委托他人管理其直接和间接持有的发行人首次公开发行股票前已发行股份，也不由发行人回购该部分股份。但转让双方存在控制关系，或者均受同一实际控制人控制的，自发行人股票上市之日起一年后，经控股股东和实际控制人申请并经证券交易所同意，可豁免遵守前款承诺。发行人应当在上市公告书中公告上述承诺。

发行人在上海证券交易所批准其上市申请后，应当于其股票上市前 5 个交易日内在指定媒体或证券交易所网站上披露下列文件：(1)上市公告书；(2)公司章程；(3)证券交易所要求的其他文件。上述文件应当备置于公司住所，供公众查阅。发行人在提出上市申请期间，未经证券交易所同意，不得擅自披露与上市有关的信息。

2. 申请公开发行前已发行股份的上市

上市公司申请公开发行前已发行股份的上市，经上海证券交易所同意后，上市公司应当在有关股份上市前 3 个交易日披露上市提示性公告。上市提示性公告应当包括以下内容：(1)上市时间和数量；(2)有关股东所作出的限售承诺及其履行情况；(3)上海证券交易所要求的其他内容。

3. 公开发行股票或可转换公司债券上市

上市公司应当在公开发行股票或可转换公司债券上市前 5 个交易日内，在指定媒体上披露下列文件和事项：(1)上市公告书；(2)证券交易所要求的其他文件和事项。

4. 非公开发行股票上市

上市公司非公开发行股票上市申请获得上海证券交易所同意后，应当在上市前 3 个交易日内披露上市提示性公告。上市提示性公告应当包括非公开发行股票的上市时间、上市数量、发行价格、发行对象等内容。

5. 配售股份上市

经上海证券交易所同意后，上市公司应当在配售的股份上市前 3 个交易日内披露上市提示性公告。上市提示性公告应当包括以下内容：(1)配售股份的上市时间；(2)配售股份的上市数量；(3)配售股份的发行价格；(4)公司历次股份变动情况。

6. 公司内部职工股上市

经上海证券交易所同意后，上市公司应当在内部职工股上市前 3 个交易日内披露上市提示性公告。上市提示性公告应当包括以下内容：（1）上市日期；（2）本次上市的股份数量以及董事、监事和高级管理人员持有的数量；（3）发行价格；（4）历次股份变动情况；（5）持有内部职工股的人数。

第四节　终止上市

要提高上市公司质量，不仅要从入口处把握公司的上市条件，还要从出口处完善上市公司退出机制[1]，终止上市制度是股票发行注册制的应然配套制度，使得股票发行的入口和出口均保持通畅，留住绩优股，淘汰劣质股，使得资本市场始终保持良好活力。

证券上市后，接受证券监管机构和证券交易所的监管，如果上市公司因自身经营问题不再具备法定上市条件，就有可能被要求停止上市交易甚至被取消上市资格，即暂停上市和终止上市。暂停上市后，若上市公司重新达到法定上市条件，就有可能经申请而恢复上市。暂停上市、恢复上市和终止上市制度是促进上市公司改善经营状况和优化上市证券质量的有效举措。

我国的证券暂停上市和终止上市制度经历了长期的演变过程，其主要变化主要体现在以下几个方面：第一，由《公司法》规定改为由《证券法》规定；第二，决定权由证券监管机构行使改为由证券交易所行使；第三，暂停上市和终止上市的证券种类、法定事由、公告与备案等具体内容也得以逐渐完善。最重要的变化是，2019 年修订的《证券法》删除了有关暂停上市和恢复上市的规定。实施证券发行注册制后，证券交易市场入口实行"宽进"，与之配套的，证券交易市场出口应确保通畅。因此，取消暂停上市和恢复上市制度，实施严厉的退市制度，加快上市公司淘汰速度，是实施证券发行注册制必然的配套举措。

终止上市是指当上市公司出现法定情形时，由证券交易所依法永久性地停止其证券上市交易的制度。终止上市应包括各种证券的上市终止，但因为当前我国证券市场上最受关注的是股票的终止上市，且证券交易所的股票上市规则中规定可转换公司债券终止上市事宜，参照股票终止上市的有关规定执行，故本节专门介绍股票的终止上市。公司股票一旦被终止上市，公司即丧失上市公司资格，因此也称为上市公司退市。

一、强制终止上市

《证券法》第 48 条规定，上市交易的证券，有证券交易所规定的终止上市情形的，由证券交易所按照业务规则终止其上市交易。证券交易所决定终止证券上市交易的，应当及

---

[1] 习近平：《在 2018 年中央经济工作会议上的讲话》，载中国政府网，https://www.gov.cn/xinwen/2018-12/21/content_5350934.htm。

时公告，并报国务院证券监督管理机构备案。相较于 2014 年《证券法》第 56 条和第 61 条，2019 年《证券法》第 48 条不再具体规定证券退市的情形，而是将股票退市和债券退市的规则统一交由证券交易所规定，仅在第 2 款规定了证券交易所终止证券上市的决定应予以公告并报证监会备案。

(一)强制终止上市的情形

三大证券交易所的股票上市规则均对此作了基本相同的规定。以上海证券交易所为例，根据《上海证券交易所股票上市规则》，强制退市分为交易类强制退市、财务类强制退市、规范类强制退市和重大违法类强制退市四类情形。

1. 交易类强制退市

根据《上海证券交易所股票上市规则》第 9.2.1 条规定，上市公司出现下列情形之一的，由上海证券交易所决定终止其股票上市：(1)在上海证券交易所仅发行 A 股股票的上市公司，连续 120 个交易日通过上海证券交易所交易系统实现的累计股票成交量低于 500 万股，或者连续 20 个交易日的每日股票收盘价均低于人民币 1 元；(2)在上海证券交易所仅发行 B 股股票的上市公司，连续 120 个交易日通过上海证券交易所交易系统实现的累计股票成交量低于 100 万股，或者连续 20 个交易日的每日股票收盘价均低于人民币 1 元；(3)在上海证券交易所既发行 A 股股票又发行 B 股股票的上市公司，其 A、B 股股票的成交量或者收盘价同时触及本条第(1)项和第(2)项规定的标准；(4)上市公司股东数量连续 20 个交易日(不含公司首次公开发行股票上市之日起 20 个交易日)每日均低于 2000 人；(5)上市公司连续 20 个交易日在上海证券交易所的每日股票收盘总市值均低于人民币 3 亿元；(6)上海证券交易所认定的其他情形。

2. 财务类强制退市

根据《上海证券交易所股票上市规则》规定，上市公司最近一个会计年度经审计的财务会计报告相关财务指标触及该上市规则规定的财务类强制退市情形的，上海证券交易所对其股票实施退市风险警示。上市公司最近连续两个会计年度经审计的财务会计报告相关财务指标触及该上市规则规定的财务类强制退市情形的，上海证券交易所决定终止其股票上市。

触发退市风险警示情形具体为：(1)最近一个会计年度经审计的净利润为负值且营业收入低于人民币 1 亿元，或追溯重述后最近一个会计年度净利润为负值且营业收入低于人民币 1 亿元；(2)最近一个会计年度经审计的期末净资产为负值，或追溯重述后最近一个会计年度期末净资产为负值；(3)最近一个会计年度的财务会计报告被出具无法表示意见或否定意见的审计报告；(4)中国证监会行政处罚决定书表明公司已披露的最近一个会计年度经审计的年度报告存在虚假记载、误导性陈述或者重大遗漏，导致该年度相关财务指标实际已触及第(1)项、第(2)项情形的；(5)上海证券交易所认定的其他情形。

上市公司股票因前述情形被实施退市风险警示后，公司出现下列情形之一的，由上海证券交易所决定终止其股票上市：(1)公司披露的最近一个会计年度经审计的财务会计报告存在前述退市风险警示情形的第(1)项至第(3)项规定的任一情形或财务会计报告被出具保留意见审计报告；(2)公司未在法定期限内披露最近一年年度报告；(3)公司未在规定期限内向上海证券交易所申请撤销退市风险警示；(4)半数以上董事无法保证公司所披露最近一年年度报告的真实性、准确性和完整性，且未在法定期限内改正；(5)公司撤销退市风险警示申请未被上海证券交易所同意。

3. 规范类强制退市

根据《上海证券交易所股票上市规则》第9.4.1条的规定，上市公司出现下列情形之一的，上海证券交易所对其股票实施退市风险警示：(1)因财务会计报告存在重大会计差错或者虚假记载，被中国证监会责令改正但公司未在规定期限内改正，公司股票及其衍生品种自前述期限届满的下一交易日起停牌，此后公司在股票及其衍生品种停牌2个月内仍未改正；(2)未在法定期限内披露半年度报告或者经审计的年度报告，公司股票及其衍生品种自前述期限届满的下一交易日起停牌，此后公司在股票及其衍生品种停牌2个月内仍未披露；(3)因半数以上董事无法保证公司所披露半年度报告或年度报告的真实性、准确性和完整性，且未在法定期限内改正，公司股票及其衍生品种自前述期限届满的下一交易日起停牌，此后公司在股票及其衍生品种停牌2个月内仍未改正；(4)因信息披露或者规范运作等方面存在重大缺陷，被上海证券交易所要求限期改正但公司未在规定期限内改正，公司股票及其衍生品种自前述期限届满的下一交易日起停牌，此后公司在股票及其衍生品种停牌2个月内仍未改正；(5)因公司股本总额或股权分布发生变化，导致连续20个交易日不再具备上市条件，公司股票及其衍生品种自前述期限届满的下一交易日起停牌，此后公司在股票及其衍生品种停牌1个月内仍未解决；(6)公司可能被依法强制解散；(7)法院依法受理公司重整、和解和破产清算申请；(8)上海证券交易所认定的其他情形。

上市公司出现下列情形之一的，由上海证券交易所决定终止其股票上市：(1)公司股票因第9.4.1条第1款第(1)项规定情形被实施退市风险警示之日后2个月内，仍未披露经改正的财务会计报告；(2)公司股票因第9.4.1条第1款第(2)项规定情形被实施退市风险警示之日后2个月内，仍未披露符合要求的年度报告或者半年度报告；(3)公司股票因第9.4.1条第1款第(3)项规定情形被实施退市风险警示之日后2个月内，半数以上董事仍然无法保证公司所披露半年度报告或年度报告的真实性、准确性和完整性；(4)公司股票因第9.4.1条第1款第(4)项规定情形被实施退市风险警示之日后2个月内，仍未按要求完成整改；(5)公司股票因第9.4.1条第1款第(5)项规定情形被实施退市风险警示之日后 6 个月内，仍未解决股本总额或股权分布问题；(6)公司股票因第 9.4.1 条第 1 款第(6)项、第(7)项规定情形被实施退市风险警示，公司依法被吊销营业执照、被责令关闭或者被撤销等强制解散条件成就，或者法院裁定公司破产；(7)公司未在规定期限内向上海证券交易所申请撤销退市风险警示；(8)公司撤销退市风险警示申请未被上海证券交易所同意。

4. 重大违法类强制退市

根据《上海证券交易所股票上市规则》第 9.5.1 条的规定，重大违法类强制退市，包括下列情形：(1)上市公司存在欺诈发行、重大信息披露违法或者其他严重损害证券市场秩序的重大违法行为，且严重影响上市地位，其股票应当被终止上市的情形；(2)上市公司存在涉及国家安全、公共安全、生态安全、生产安全和公众健康安全等领域的违法行为，情节恶劣，严重损害国家利益、社会公共利益，或者严重影响上市地位，其股票应当被终止上市的情形。

上市公司涉及第 9.5.1 条第(1)项规定的重大违法行为，存在下列情形之一的，由上海证券交易所决定终止其股票上市：(1)公司首次公开发行股票申请或者披露文件存在虚假记载、误导性陈述或重大遗漏，被中国证监会依据《证券法》第 181 条作出行政处罚决定，或者被人民法院依据《刑法》第 160 条作出有罪生效判决；(2)公司发行股份购买资产并构成重组上市，申请或者披露文件存在虚假记载、误导性陈述或者重大遗漏，被中国证监会依据《证券法》第 181 条作出行政处罚决定，或者被人民法院依据《刑法》第 160 条作出有罪生效判决；(3)公司披露的年度报告存在虚假记载、误导性陈述或者重大遗漏，根据中国证监会行政处罚决定认定的事实，导致连续会计年度财务类指标已实际触及本章第三节规定的终止上市情形；(4)根据中国证监会行政处罚决定认定的事实，公司披露的营业收入连续两年均存在虚假记载，虚假记载的营业收入金额合计达到 5 亿元以上，且超过该两年披露的年度营业收入合计金额的 50%；或者公司披露的净利润连续两年均存在虚假记载，虚假记载的净利润金额合计达到 5 亿元以上，且超过该两年披露的年度净利润合计金额的 50%；或者公司披露的利润总额连续两年均存在虚假记载，虚假记载的利润总额金额合计达到 5 亿元以上，且超过该两年披露的年度利润总额合计金额的 50%；或者公司披露的资产负债表连续两年均存在虚假记载，资产负债表虚假记载金额合计达到 5 亿元以上，且超过该两年披露的年度期末净资产合计金额的 50%(计算前述合计数时，相关财务数据为负值的，则先取其绝对值再合计计算)；(5)上海证券交易所根据上市公司违法行为的事实、性质、情节及社会影响等因素认定的其他严重损害证券市场秩序的情形。前款第(1)项、第(2)项统称欺诈发行强制退市情形，第(3)项至第(5)项统称重大信息披露违法强制退市情形。

上市公司涉及第9.5.1条第(2)项规定的重大违法行为，存在下列情形之一的，由上海证券交易所决定终止其股票上市：(1)上市公司或其主要子公司被依法吊销营业执照、责令关闭或者被撤销；(2)上市公司或其主要子公司被依法吊销主营业务生产经营许可证，或者存在丧失继续生产经营法律资格的其他情形；(3)上海证券交易所根据上市公司重大违法行为损害国家利益、社会公共利益的严重程度，结合公司承担法律责任类型、对公司生产经营和上市地位的影响程度等情形，认为公司股票应当终止上市的。

(二)强制终止上市的程序

根据《上海证券交易所股票上市规则》的规定，股票终止上市的程序规则具体包括以下内容：

1. 风险提示公告

《上海证券交易所股票上市规则》还规定了在上市公司被终止上市之前，出现特定情形的，应披露可能被终止上市的风险提示公告。上市公司出现股票成交量持续过低、收盘价连续10个交易日低于1元或股东数量连续10个交易日每日均低于2000人时，应连续发布公司股票可能被终止上市的风险提示公告，直至成交量连续120个交易日达到法定标准、收盘价低于1元情形消除、公司股东数量低于2000人的情形消除或者证券交易所作出公司股票终止上市的决定。证券交易所根据在证券交易所发行的股票种类，对不同的上市公司做出了不同的成交量标准要求，并规定证券交易所可根据实际情况，对上述风险提示标准进行调整。

2. 终止上市决定

证券交易所上市委员会对股票终止上市事宜进行审议，作出独立的专业判断并形成审核意见。证券交易所根据上市委员会的审核意见，作出是否终止股票上市的决定。证券交易所在上市公司出现强制终止上市的规定情形后的15个交易日内，作出是否终止其股票上市的决定。

证券交易所在作出是否终止股票上市的决定前，可以要求公司提供补充材料，公司提供补充材料期间不计入上述证券交易所作出有关决定的期限。公司提供补充材料的期限累计不得超过30个交易日。公司未按证券交易所要求在前述期限内提交补充材料的，证券交易所根据本规则对其股票作出是否终止上市的决定。

证券交易所在作出是否终止股票上市决定前，可以自行或委托相关机构就公司有关情况进行调查核实，并将核查结果提交上市委员会审议。调查核实期间不计入证券交易所作出有关终止上市决定的期限。

证券交易所在作出终止股票上市的决定之日后两个交易日内，通知公司并发布相关公告，同时报中国证监会备案。

3. 终止上市公告

公司应当在收到证券交易所关于终止其股票上市的决定后及时披露股票终止上市公告。股票终止上市公告应当包括以下内容：(1)终止上市的股票种类、简称、证券代码以及终止上市的日期；(2)终止上市决定的主要内容；(3)终止上市后公司股票登记、转让和管理事宜；(4)终止上市后公司的联系人、联系地址、电话和其他通讯方式；(5)中国证监会和证券交易所要求的其他内容。

证券交易所在公告公司股票终止上市决定之日后 5 个交易日内对其予以摘牌，公司股票终止上市。

4. 退市整理期

除交易类强制退市外，其他类型的强制退市公司股票自证券交易所公告对上市公司股票作出终止上市的决定之日后的 5 个交易日届满的下一交易日起，公司股票进入退市整理期。退市整理期的交易期限为 15 个交易日。公司股票在退市整理期内全天停牌的，停牌期间不计入退市整理期。

公司股票进入退市整理期的，上市公司及其相关信息披露义务人仍应当遵守法律、行政法规、部门规章、其他规范性文件、本规则及证券交易所其他规定，并履行相关义务。

公司股票在证券交易所风险警示板进行交易的，上市公司应当于其股票在风险警示板交易的第一天，发布公司股票已被证券交易所作出终止上市决定的风险提示公告，说明公司股票在退市整理期交易的起始日和终止日等事项。上市公司还应当在前 10 个交易日内每 5 个交易日发布一次股票将被终止上市的风险提示公告，在最后 5 个交易日内每日发布一次股票将被终止上市的风险提示公告。

公司股票进入退市整理期交易的，证券交易所在退市整理期届满后 5 个交易日内对其予以摘牌，公司股票终止上市。公司股票未进入退市整理期交易的，证券交易所在公告公司股票终止上市决定之日起 5 个交易日内对其予以摘牌，公司股票终止上市。

5. 终止上市后的交易

上市公司股票被终止上市后，应当转入全国中小企业股份转让系统挂牌转让。公司应当在证券交易所作出终止其股票上市决定后立即安排股票转入全国中小企业股份转让系统挂牌转让的相关事宜，保证公司股票在摘牌之日起 45 个交易日内可以挂牌转让。

公司将其股票转入全国中小企业股份转让系统挂牌转让，应当聘请具有主办券商业务资格的证券公司(以下简称代办机构)并与其签订相关协议。公司未聘请或无代办机构接受其聘请的，证券交易所在作出终止其股票上市的决定后，可以为其临时指定代办机构，通知公司和代办机构，并于两个交易日内就上述事项发布相关公告(公司不再具备法人资格的情形除外)。

二、主动终止上市

(一)主动终止上市的情形

上市公司出现下列情形之一的,可以向证券交易所申请主动终止上市:(1)上市公司股东大会决议主动撤回其股票在证券交易所的交易,并决定不再在交易所交易;(2)上市公司股东大会决议主动撤回其股票在证券交易所的交易,并转而申请在其他交易场所交易或转让;(3)上市公司向所有股东发出回购全部股份或部分股份的要约,导致公司股本总额、股权分布等发生变化不再具备上市条件;(4)上市公司股东向所有其他股东发出收购全部股份或部分股份的要约,导致公司股本总额、股权分布等发生变化不再具备上市条件;(5)除上市公司股东外的其他收购人向所有股东发出收购全部股份或部分股份的要约,导致公司股本总额、股权分布等发生变化不再具备上市条件;(6)上市公司因新设合并或者吸收合并,不再具有独立主体资格并被注销;(7)上市公司股东大会决议公司解散;(8)中国证监会和证券交易所认可的其他主动终止上市情形。已在证券交易所发行 A 股和 B 股股票的上市公司,根据前款规定申请主动终止上市的,应当申请其 A、B 股股票同时终止上市,但存在特殊情况的除外。

前条第(1)项、第(2)项规定的股东大会决议事项,除须经出席会议的全体股东所持有效表决权的 2/3 以上通过外,还须经出席会议的除下列股东以外的其他股东所持有效表决权的 2/3 以上通过:(1)上市公司的董事、监事、高级管理人员;(2)单独或者合计持有上市公司 5%以上股份的股东。

(二)主动终止上市的程序

1. 信息披露

上市公司应当在第(1)项、第(2)项规定的股东大会召开通知发布之前,充分披露主动终止上市方案、退市原因及退市后的发展战略,包括并购重组安排、经营发展计划、重新上市安排、异议股东保护的专项说明等。独立董事应当就上述事项是否有利于公司长远发展和全体股东利益充分征询中小股东意见,在此基础上发表独立意见,独立董事意见应当与股东大会召开通知一并公告。上市公司应当聘请财务顾问和律师为主动终止上市提供专业服务,发表专业意见并与股东大会召开通知一并公告。股东大会对主动终止上市事项进行审议后,上市公司应当及时披露股东大会决议公告,说明议案的审议及通过情况。

2. 终止上市申请

上市公司拟通过股东大会决议决定终止上市的,应当向证券交易所申请其股票及其衍生品种自股东大会股权登记日的下一交易日起停牌,并于股东大会作出终止上市决议后的 15 个交易日内,向证券交易所提交主动终止上市申请。上市公司主动终止上市事项未获股东大会审议通过的，公司应当及时向证券交易所申请其股票及其衍生品种自股东大会决议公告之日起复牌。

上市公司因回购、收购、公司合并以及自愿解散等情形引发主动终止上市的，公司应当按照相关规定，及时向证券交易所提交主动终止上市申请。

公司应当在提出申请后，及时发布相关公告。

3. 终止上市决定

证券交易所在收到上市公司提交的主动终止上市申请文件之日后 5 个交易日内，作出是否受理的决定并通知公司，并在受理后的 15 个交易日内，作出是否同意其股票终止上市的决定。在此期间，证券交易所要求公司提供补充材料的，公司提供补充材料期间不计入上述作出有关决定的期限，但累计不得超过 30 个交易日。

因全面要约收购上市公司股份、实施以上市公司为对象的公司合并、上市公司全面回购股份，导致公司股票退出市场交易的，除另有规定外，证券交易所在公司公告回购或者收购结果、完成合并交易之日起 15 个交易日内，作出是否终止其股票上市的决定。

证券交易所上市委员会对上市公司股票主动终止上市事宜进行审议，重点从保护投资者特别是中小投资者权益的角度，在审查上市公司决策程序合规性的基础上，作出独立的专业判断并形成审核意见。证券交易所根据上市委员会的审核意见，作出是否终止股票上市的决定。

证券交易所在作出终止股票上市的决定之日后 2 个交易日内通知公司并发布相关公告。

4. 终止上市公告和股票交易安排

公司应当在收到证券交易所关于终止其股票上市的决定后，及时披露股票终止上市公告。主动终止上市公司可以选择在证券交易场所交易或转让其股票，或者依法作出其他安排。

三、重新上市

(一)重新上市申请

上市公司的股票被终止上市后，其终止上市情形(不包括交易类终止上市情形)已消除，且同时符合下列条件的，可以向证券交易所申请重新上市：(1)符合《证券法》、中国证监会规定的发行条件；(2)公司股本总额不低于 5000 万元；(3)社会公众股东持有的股份占公司股份总数的比例达到 25%以上；公司股本总额超过 4 亿元的，社会公众股东持有的股份的比例为 10%以上；(4)市值及财务指标符合首次公开发行股票并在证券交易所上市的相应标准；(5)公司董事、监事和高级管理人员具备法律法规、本所相关规定及公司章程规定的任职资格，且不存在影响其任职的情形；(6)证券交易所要求的其他条件。上述第(5)项所称"影响其任职的情形"，包括：①被中国证监会采取证券市场禁入措施，期限尚未届满；②最近36个月内受到中国证监会行政处罚，或者最近12个月内受到证券交易场所公开谴责；③因涉嫌犯罪被司法机关立案侦查或者涉嫌违法违规被中国证监会立案调查，尚未有明确结论意见；④证券交易所规定的其他情形。

存在下列情形之一的，证券交易所不予受理公司的重新上市申请：(1)重新上市报告书、重新上市保荐书、法律意见书等重新上市申请文件不齐备且未按要求补正；(2)公司及其控股股东、实际控制人、董事、监事、高级管理人员，保荐人、中介机构及其主办人员因证券违法违规被中国证监会采取认定为不适当人选、限制业务活动、证券市场禁入，被证券交易所、国务院批准的其他全国性证券交易场所采取一定期限内不接受其出具的相关文件、公开认定不适合担任公司董事、监事、高级管理人员，或者被证券业协会采取认定不适合从事相关业务等相关措施，尚未解除；(3)法律、行政法规及中国证监会规定的其他情形。

主动退市公司可以随时向证券交易所提出重新上市申请，强制退市公司向证券交易所申请重新上市的，其申请时间应当符合证券交易所的相关规定。此外，强制退市公司申请重新上市还应当满足一定的行为规范条件，否则证券交易所不受理其重新上市申请。退市公司的重新上市申请未获得证券交易所同意的，可于证券交易所作出相应决定之日起6个月后再次提出重新上市申请。

(二)重新上市审核

主动退市公司申请重新上市的，证券交易所自受理申请之日起30个交易日内，作出是否同意其股票重新上市的决定。强制退市公司申请重新上市的，证券交易所自受理申请之日起60个交易日内，作出是否同意其股票重新上市的决定。

重新上市审核过程中出现下列情形之一的，公司、保荐人等中介机构应当及时告知证券交易所，证券交易所将中止重新上市审核，通知公司及其保荐人：(1)公司及其控股股东、实际控制人涉嫌贪污、贿赂、侵占财产、挪用财产或者破坏社会主义市场经济秩序的犯罪，或者涉嫌欺诈发行、重大信息披露违法或其他涉及国家安全、公共安全、生态安全、生产安全、公众健康安全等领域的重大违法行为，正在被立案调查，或者正在被司法机关立案侦查，尚未结案；(2)公司的保荐人等中介机构被中国证监会依法采取限制业务活动、责令停业整顿、指定其他机构托管或者接管等措施，尚未解除；(3)保荐代表人、其他中介机构主办人员被中国证监会依法采取认定为不适当人选、证券市场禁入等措施，被中国证券业协会采取认定不适合从事相关业务的纪律处分，尚未解除；(4)保荐人及其保荐代表人、其他中介机构及其主办人员，被证券交易所、国务院批准的其他全国性证券交易场所实施一定期限内不接受其出具的相关文件的纪律处分，尚未解除；（5）公司重新上市申请文件中记载的财务资料已过有效期，需要补充提交；（6）公司及保荐人主动要求中止重新上市审核，理由正当且经本所同意；（7）证券交易所认为应当中止审核的其他情形。

重新上市审核过程中出现下列情形之一的，证券交易所将终止重新上市审核，通知公司及其保荐人：（1）重新上市申请文件内容存在重大缺陷，严重影响投资者理解和证券交易所审核；（2）公司撤回重新上市申请或者保荐人撤销保荐；（3）重新上市申请文件被认定存在虚假记载、误导性陈述或者重大遗漏；（4）公司阻碍或者拒绝中国证监会、证券交易所依法对公司实施的检查；（5）公司及其关联人以不正当手段严重干扰重新上市审核工作；（6）公司法人资格终止；（7）中止审核情形未能在 3 个月内消除，或者未能在规定的时限内完成相关事项；（8）其他证券交易所认为应当终止审核的情形。

证券交易所上市委员会对退市公司的重新上市申请进行审议，作出独立的专业判断并形成审议意见。证券交易所根据上市委员会的审议意见，作出是否同意公司股票重新上市的决定。证券交易所作出同意或者不同意公司重新上市决定后的，在 2 个交易日内通知公司，并报中国证监会备案。

（三）重新上市安排

退市公司的重新上市申请获得证券交易所同意后，应当在 3 个月内办理完毕公司股份的重新确认、登记、托管等相关手续。证券交易所在公司办理完成相关手续后安排其股票上市交易。公司未在上述期间内办理完毕重新上市相关手续的，应当向证券交易所提交申请延期重新上市的说明并公告，证券交易所可以根据具体情况决定是否同意延期。公司未在上述期间内办理完毕重新上市相关手续，也未获得证券交易所同意延期的，证券交易所关于同意公司股票重新上市的决定自期限届满之日起失效，公司可于该决定失效之日起 6 个月后再次提出重新上市申请。

公司应当在其股票重新上市前向证券交易所提交以下文件：（1）公司董事、监事和高级管理人员签署的《董事（监事、高级管理人员）声明及承诺书》；（2）公司全部股份已经中国结算托管的证明文件；（3）公司行业分类的情况说明；（4）证券交易所要求的其他文件。

公司应当在股票重新上市前 5 个交易日内披露重新上市公告、重新上市报告书（重新上市报告书的格式与内容由证券交易所另行规定）、修订后的重新上市保荐书和法律意见书。重新上市公告应当包括以下内容：（1）重新上市日期；（2）重新上市股票的种类、证券简称、证券代码和涨跌幅限制；（3）证券交易所关于股票重新上市的决定；（4）股本结构及重新上市后可交易股份数量，以及本次不能上市交易股票的限售情况（若有）；（5）证券交易所要求的其他内容。

【本章课外阅读材料】

太平洋证券上市，换股换出个上市公司①

2007 年 12 月 28 日，太平洋证券股份有限公司（股票代码 601099，以下简称太平洋证券）在上海证券交易所上市，至此，太平洋证券从一家股东仅 20 名的封闭式公司一跃成为股东人数达 28975 名的上市公司。关于太平洋证券的上市，坊间有很多议论。

我国的"股票上市"历来坚持"公开发行股票并上市"的方针，即公开发行与上市"不可分割"、强制相继进行。但太平洋证券将公开发行和上市分别进行，有人认为是"制度创新"，有人指责其"违规""寻租"。

太平洋证券有限责任公司于 2004 年 1 月 6 日在云南省昆明市注册成立，注册资本 6.65 亿元。公司成立后，弥补了云南证券有限责任公司的 1.65 亿元保证金缺口，全面接收了云南证券有限责任公司的客户资产和员工，在 5 个月的时间内圆满完成了对高风险证券公司的市场化托管，为证券市场和社会的稳定作出了积极贡献，受到了中国证监会、云南省政府和国务院相关领导的高度评价。

根据太平洋证券的上市公告，2007 年 4 月 10 日，太平洋证券整体变更为股份有限公司，随后向北京冠阳房地产开发有限公司、深圳天翼投资发展有限公司、深圳市丽莲太阳百货有限公司和湛江涌银置业有限公司四家股东定向增资扩股，共发行 1.02 亿股（每股 1 元），公司股本增至 15 亿元。2007 年 4 月 14 日，上市公司云大科技（600181SH）公布股改方案，太平洋证券四家新股东增发获得的股权将部分用于同云大科技的全体股东进行"差别换股"：云大科技非流通股每 8 股换成 1 股太平洋证券的股份，流通股每 4 股换成 1 股太平洋证券的股份。2007 年 5 月 25 日，经上海证券交易所批准，云大科技实施了股权分置改革方案。太平洋证券股东与云大科技股东换股后，前者股东总数由换股前的 20 人增至换股后的 28975 人。云大科技在 2007 年 5 月 30 日的股权分置改革方案投票表决中，律师在股东大会现场证明："云大科技的股改是独立进行的，与具有独立法人主体资格的太平洋证券公司没有任何法律关系。"换言之，太平洋证券也并没有借用云大科技的壳资源进行上市。

如果是自己申请上市，发行新股应该通过证监会发行审查委员会；如果是借壳上市，则需要按照法定程序，经过证监会重大重组审核委员会。同年 12 月，在不符合公开发行条件的情况下，未经证监会发审委或重大重组审核委员会审核，而是根据证

① 参见《太平洋证券如何离奇上市 "第三种上市模式"合法性受到广泛质疑》，载《法制日报》2008 年 7 月 6 日；《太平洋证券上市路径揭秘》，载《华夏时报》2008 年 6 月 21 日。

监会办公厅的一份《关于太平洋证券股份有限公司股票上市有关问题的批复》，太平洋证券就直接在上海证券交易所挂牌上市。

定向增发和换股的先后实施，导致太平洋证券的股东人数达到28975人。其负责人认为，这构成"公开发行证券"，即《证券法》第10条第2款所称"向累计超过200人的特定对象发行证券"。先向四股东定向发行股份，四股东再公开转让股份（即增资股东将自己的部分股份转让给200人以上），从而实现公司的公众化持有——这显然与通常的公开发行股票不同。因为这仅仅只是股东及其人数发生了变化，但并未有新增股份，即根本不存在新股发行。如证券发行章节中所述，根据国办《通知》的规定，严禁任何公司股东自行或委托他人以公开方式向社会公众转让股票。太平洋证券先定向增发然后再换股，实质是私募发行后的公开转售，按理已经违反了相关规定，涉嫌以非公开发行之名行公开发行之实。

可见，太平洋证券将自己的增资换股定性为"公开发行证券"是有一定风险的。而关于监管当局应按什么标准和程序核准这种非典型公开发行，也是一个值得讨论的话题。一般来说，如果监管当局也认为是"公开发行"，那么就应该准用普通公开发行的核准程序。事实上，太平洋证券不得不承认自己的增资换股构成"公开发行证券"。因为，《证券法》第50条规定，"股票经国务院证券监督管理机构核准已公开发行"是申请股票上市的必要条件之一。如果不构成公开发行，则太平洋证券就无法援引《证券法》第50条证明上市的合法性。

可是，承认是"公开发行"又带来另一问题。如果太平洋证券的增资换股构成"公开发行股票"，那么，此次公开发行的股票就应该仅指四家新股东与云大科技股东换股的那部分太平洋证券股票——约6063万股，占太平洋证券15.0331亿元股本的4.033%（参见云大科技股份有限公司股权分置改革方案实施结果公告，2007年5月29日）。也就是说，太平洋证券公开发行的股票只占公司股份总数的4.033%。然而，《证券法》第50条对股票上市的另一要求是："公开发行的股份达到公司股份总数的25%以上；公司股本总额超过人民币4亿元的，公开发行股份的比例为10%以上。"这也是一个有待澄清的问题。

随着后来业界有关官员的"落马"，逐渐证明太平洋证券的上市开辟的首次公开发行和借壳上市之外的所谓第三条上市道路，其实就是资本市场寻租的一个样本。

第四章　证券交易制度

第一节　证券交易概述

一、证券交易的意义

所谓证券交易，又称证券买卖，是指证券所有人将已经发行并交付的证券有偿转让给他人的法律行为。通过证券交易形成的市场，称为证券交易市场或者证券二级市场，可分为场内交易市场和场外交易市场。前者是指在证券交易所进行的交易，又称集中交易市场；后者则指证券交易所之外进行交易的场所。

证券交易必须符合以下条件：

第一，证券交易的对象必须是依法发行并交付的证券。在我国，《证券法》调整的证券品种限于资本证券，其基本形式为股票、公司债券、存托凭证、政府债券、证券投资基金份额、资产支持证券、资产管理产品等。在上述证券范围内，法律允许交易的证券，必须是依法发行并交付的证券。因此，当事人可以依法买卖的证券，必须满足两个条件：首先，该证券必须是依法发行的。股票、公司债券等证券的发行要符合一定的条件和程序，不符合这些条件的发行是非法发行，所发行的证券是无效的，对这种证券的买卖不受法律保护。第二，该证券必须已经依法交付投资者。这里的交付是指法律意义上所有权的转移和归属，并非仅指对实物的转移、占有。

第二，证券交易必须按照一定的规则来进行。证券交易要遵守特殊的证券市场规则，如集中竞价规则等，这些规则由相关证券法律、法规和规章等予以规定。此外，证券交易还要接受《公司法》《民法典》等民法交易规则的调整。

第三，证券交易必须在法定交易场所进行。我国《证券法》第37条规定："公开发行的证券，应当在依法设立的证券交易所上市交易或者在国务院批准的其他全国性证券交易场所交易。非公开发行的证券，可以在证券交易所、国务院批准的其他全国性证券交易场所、按照国务院规定设立的区域性股权市场转让。"证券交易所属于集中交易市场，是指在一定的场所、一定的时间，按一定的规则，集中买卖一定种类已发行证券而有组织形成的市场。证券交易所的证券交易实行集中竞价交易，实行价格优先、时间优先原则，有利于形成合理的证券交易价格，实现资源的有效配置，减少和控制投资风险。国务院批准的其他证券交易场所则属场外交易市场，主要有店头市场、第三市场、第四市场。

第四，证券交易必须是证券所有人将已经发行并交付的证券有偿转让给他人的法律行为，不能是赠与、继承等无偿转让行为。

二、证券交易的法律性质

在民法上，证券交易属于买卖行为，证券交易关系属于买卖合同关系，证券交易双方分别处于卖方和买方的地位，只不过在证券交易中双方买卖的标的物是证券。因此，对于证券交易关系的基本方面，可适用《民法典》合同编的相关规定调整。但是，毕竟证券交易不同于通常的买卖关系，具有其特殊之处，因而，既要受民法的规范，也要受证券法规范。①

证券交易虽然是一种合同行为，但因交易对象不同，证券交易行为的法律性质也随之而异。以股票交易而言，因股票承载的权利较为复杂，所以对股票交易的法律性质有不同说法，主要观点有地位让与说和自益权让与说。

地位让与说是建立在股东权承认说基础之上的。该学说认为，股票所代表的是股东权，股东权应包括自益权和共益权。自益权的内容主要是公司的股利和剩余财产的分配请求权；共益权主要是参加公司管理的权利，包括参加公司股东大会、在股东大会上行使表决权、公司董事和监事的选举权和被选举权等。股票转让使股东地位依转让行为发生转移，由此包括自益权和共益权在内的股东权由受让人概括承继，股东的地位随股票的转让而让与。

自益权让与说是建立在股东权否认说基础之上的。此学说将股东权中的自益权与共益权区分开来，认为股份是以利益分配请求为目的的附条件债权。股票的转让是以利益请求为内容的自益权的总体转移。共益权是人格权，不应包括在股份之中。对于受让人，共益权在法律上为当然的原始取得。

上述两种学说中，地位让与说是比较通用的观点。因为，股东持有的股份是股东在公司资产中所占的份额，其实质表现为股东对公司享有的权利和义务。股东权既包括主张利益的自益权，又包括为整个公司利益的共益权。

公司债券以及其他表示债权的证券交易，本质上是证券所表示的债权由交易一方转移给交易的另一方，这种交易在性质上属于债权的转移。

---

① 参见陈甦主编：《证券法专题研究》，高等教育出版社 2006 年版，第 93 页。

三、证券交易法律关系

在证券交易过程中，最基础的关系就是经纪类证券公司与客户之间的关系，这是证券交易的核心。按照《证券法》的规定，证券公司的业务之一就是证券经纪业务，即接受客户委托在证券交易所进行证券交易并收取佣金。当证券公司从事经纪业务时，对于它与客户之间的法律关系，理论界和实务界有三种不同观点，即代理说、行纪说与居间说。

代理说认为，证券公司与客户之间是一种代理关系，即证券公司接受客户的委托，在客户确定的代理权限内为客户进行证券买卖。我国政策、法律规定中在用词上采用"代理"，如《证券法》第133条规定了证券公司"接受证券买卖的委托……按照交易规则代理买卖证券，如实进行交易记录；买卖成交后，应当按照规定制作买卖成交报告单交付客户"，各证券公司章程及其与客户订立的委托协议也毫无例外地认为，其接受客户委托买卖证券是"代理业务"。基于这样的用词，有观点认为证券公司与客户之间是代理关系。

居间说认为证券公司与客户之间的法律关系是居间。居间是指一方当事人（居间人）为他方（委托人）报告签订合同的机会或充当签订合同的媒介，而由他方（委托人）付给报酬。居间的特征是居间人不能以任何一方的名义或者以自己的名义订立合同，既不是委托人订立合同的代理人，也不是为委托人利益而充当与第三人订立合同的当事人，居间人仅是为合同的双方当事人牵线搭桥、提供信息。在证券交易中，证券公司不仅向客户提供信息，而且还要通过其本身与交易对方订立证券买卖合同来实现客户的目的，这后一种行为使得客户与证券公司的关系显然不是居间关系。

行纪说主张证券公司与客户之间的法律关系主要为行纪关系。行纪是指行纪人以自己的名义为委托人从事交易活动，委托人支付报酬的合同。行纪关系涉及两个合同关系：一是委托人与行纪人之间的委托合同关系，如委托行纪人购买货物或出售货物；二是行纪人与第三人之间的买卖合同关系，如行纪人接受委托以后，以自己的名义向第三人购买货物或向第三人出售货物。行纪合同的特点在于它是由三方当事人和两个合同关系组成的，两个合同相互结合才构成了完整的行纪关系，单纯看任何一个合同都不是行纪。证券公司与客户的委托关系符合有关行纪关系的基本要素，即证券公司作为行纪人接受客户委托，以自己的名义，为委托人办理证券买卖等业务，收取佣金，由其直接承担法律后果，并间接归于委托人。依据这一原理，证券公司享有客户选择权、佣金请求权、管理客户账户的权利、请求客户接受依法进行的证券交易后果的权利、客户违约时对委托合同的解除权、申诉权与诉讼权等。同时证券公司承担公开的义务、遵守证券交易基本规则的义务、记录保存义务、缴纳交易风险准备金的义务、账户分立的义务、为客户保守商业秘密的义务等。客户则享有对证券账户上的证券和资金账户上的资金的所有权和请求权、对下单情况的知情权和监督权、有关信息得知权、申诉权与诉讼权。同时承担支付佣金的义务、证券公司因执行其指令而引起的后果的义务、支付费用的义务、遵守交易规则的义务等。

我国台湾学界多谓经纪商与客户之间有价证券受托契约为定型化契约，经纪商与投资人之间有价证券买卖行为为行纪或居间，其法律关系甚微单纯且具有一致化之性质，故得为定型化之内容。关于其法律性质，该学者认为，按所谓受托契约是属于一种行纪契约，唯严格言之，并不限于单纯之行纪，盖证券商又提供投资人必要之咨询服务，而证交法对于证券商尚有许多特殊限制，此比诸单纯之行纪关系更为复杂，严格言之，其应为一种具有行纪性质之特种委任契约。①

我国有学者指出，除行纪关系外，证券商与公众投资者之间还有居间关系。如果证券商接受委托，为他人报告订约机会，介绍买方和卖方，或为订约媒介，促其成交，其法律地位为居间人。日本、德国和我国台湾地区证券制度均允许证券商从事居间业务。②

四、证券交易主体

证券交易主体，是指从事证券交易的买卖双方当事人。证券交易主体是指证券交易市场上的投资者，可以大致分为三类：（1）社会公众投资者。除了因其职务或者业务而被法律禁止或者在一定期限禁止从事证券交易活动的人以外，任何具有民事行为能力的自然人，均可作为证券交易主体。（2）证券公司以外的法人投资者包括机构投资者。（3）可以从事自营业务的证券公司。③

各国证券法根据本国证券市场实践，均对证券交易主体进行限制。在我国，根据《证券法》《公司法》的规定，对证券交易主体进行证券交易有如下限制：

1. 对证券从业人员及管理人员的股票交易限制

为防止证券从业人员、管理人员以权谋私、以职谋私，侵犯投资人利益、妨害市场秩序，各国立法均限制其从事证券交易，特别是股票交易。这里的主体包括对证券交易所、证券公司、证券登记结算机构从业人员、证券监督管理机构、证券投资咨询机构工作人员和法律、行政法规禁止参与股票交易的其他人员的交易限制。法律限制上述主体在一定期限内买卖股票，一方面是因为他们在工作期间有机会知悉公司的内幕信息，限制其在可能知悉内幕信息的期限内从事股票交易可以从根本上禁止内幕交易的发生；另一方面，上述人员依照法律的规定都在履行着不同的服务和监督职能，如果允许他们买卖股票，就可能因自私的动机而不能尽职尽责。根据我国《证券法》第40条的规定，证券交易场所、证券

①　参见陈春山：《证券交易法论》，台湾五南图书出版股份有限公司2007年版，第196页。
②　参见杨志华：《证券法律制度研究》，中国政法大学出版社1995年版，第187页。
③　参见陈甦主编：《证券法专题研究》，法律出版社2006年版，第94页。

公司和证券登记结算机构的从业人员，证券监督管理机构的工作人员以及法律、行政法规规定禁止参与股票交易的其他人员，在任期或者法定限期内，不得直接或者以化名、借他人名义持有、买卖股票或者其他具有股权性质的证券，也不得收受他人赠送的股票或者其他具有股权性质的证券。

任何人在成为前款所列人员时，其原已持有的股票或者其他具有股权性质的证券，必须依法转让。

我国《证券法》第40条第3款规定了豁免情形："实施股权激励计划或者员工持股计划的证券公司的从业人员，可以按照国务院证券监督管理机构的规定持有、卖出本公司股票或者其他具有股权性质的证券。"

限制证券交易所、证券公司、证券登记结算机构从业人员、证券监督管理机构工作人员和法律、行政法规禁止从业股票交易的其他人员在任期或者法定期限内从事股票交易的行为表现为三种样态：一是限制上述人员直接持有、买卖股票或者其他具有股权性质的证券。这是指由上述主体以自己的名义直接持有或者买卖股票或者其他具有股权性质的证券。二是限制上述人员以化名、借他人名义持有、买卖股票或者其他具有股权性质的证券。这是指上述主体持有、买卖股票或者其他具有股权性质的证券时不是以自己真实姓名，而是以登记一个化名，或者假借他人名义。这种行为在表面上似乎不是受禁止人员所为，但实质上仍然是受禁止人员所为。以这种方式持有、买卖股票或者其他具有股权性质的证券的人员目的在于以合法形式掩盖其非法目的，具有较大的主观过错。三是收受他人赠送的股票或者其他具有股权性质的证券。

根据《证券法》第187条的规定，法律、行政法规规定禁止参与股票交易的人员，违反本法第40条的规定，直接或者以化名、借他人名义持有、买卖股票或者其他具有股权性质的证券的，责令依法处理非法持有的股票、其他具有股权性质的证券，没收违法所得，并处以买卖证券等值以下的罚款；属于国家工作人员的，还应当依法给予处分。根据《证券法》第221条的规定，违反第40条情节严重的，国务院证券监督管理机构可以对有关责任人员采取证券市场禁入的措施。

2. 对证券中介机构及其人员的证券交易限制

为了保护广大投资者的利益、防止证券欺诈、维护市场秩序，有必要限制中介机构和人员参与所提供服务证券的交易。这些中介机构的工作职能就是为发行公司的证券发行工作进行审计、资产评估或者提供法律意见，而其工作的基础就是要知悉公司财务状况，了解公司资产负债比例、资产经营状况、公司经营前景等情况。因而，证券中介机构及其有关人员不可能不获悉公司内幕信息，为了防止这些知情者利用其获取的内幕信息进行证券买卖，或者把内幕信息泄露给他人进行证券买卖，法律对其买卖证券行为在一定期限内进行限制。

我国《证券法》第 42 条规定："为证券发行出具审计报告或者法律意见书等文件的证券服务机构和人员，在该证券承销期内和期满后六个月内，不得买卖该证券。除前款规定外，为发行人及其控股股东、实际控制人，或者收购人、重大资产交易方出具审计报告或者法律意见书等文件的证券服务机构和人员，自接受委托之日起至上述文件公开后五日内，不得买卖该证券。实际开展上述有关工作之日早于接受委托之日的，自实际开展上述有关工作之日起至上述文件公开后五日内，不得买卖该证券。"

根据现行法可知，限制股票买卖的主体包括：（1）为证券发行出具审计报告或者法律意见书等文件的证券服务机构和人员。这些机构主要是指从事证券业务的会计师事务所、律师事务所、资产评估机构、证券评级机构、证券投资咨询公司等；（2）为发行人及其控股股东、实际控制人，或者收购人、重大资产交易方出具审计报告或者法律意见书等文件的证券服务机构和人员。

限制证券专业机构及其工作人员进行股票交易的期限是：（1）为证券发行出具审计报告或者法律意见书等文件的证券服务机构和人员在证券承销期内或者承销期满后 6 个月内；（2）为发行人及其控股股东、实际控制人，或者收购人、重大资产交易方出具审计报告或者法律意见书等文件的证券服务机构和人员，限制期限为自接受委托之日起至上述文件公开后 5 日内；实际开展上述有关工作之日早于接受委托之日的，自实际开展上述有关工作之日起至上述文件公开后 5 日内。

上述机构和人员，不论其是否掌握公司内幕信息，在上述期限内都不得从事证券交易。违反上述规定的，按照《证券法》第 188 条的规定，证券服务机构及其从业人员，违反本法第 42 条的规定买卖证券的，责令依法处理非法持有的证券，没收违法所得，并处以买卖证券等值以下的罚款。另外，根据《证券法》第 221 条的规定，违反第 40 条情节严重的，国务院证券监督管理机构可以对有关责任人员采取证券市场禁入的措施。

3. 对特定人买卖证券行为的限制

为防止有一定身份的人利用其所掌握的内幕信息买卖股票，从而损害证券市场公开、公平、公正的原则，法律对一些特定身份人买卖证券行为进行限制。我国《证券法》第 36 条规定："依法发行的证券，《中华人民共和国公司法》和其他法律对其转让期限有限制性规定的，在限定的期限内不得转让。上市公司持有 5% 以上股份的股东、实际控制人、董事、监事、高级管理人员，以及其他持有发行人首次公开发行前发行的股份或者上市公司向特定对象发行的股份的股东，转让其持有的本公司股份的，不得违反法律、行政法规和国务院证券监督管理机构关于持有期限、卖出时间、卖出数量、卖出方式、信息披露等规定，并应当遵守证券交易所的业务规则。"这种限制涉及诸多因素，主要包括如下情形：

第一，对发起人所持股份转让以及公司公开发行股份前已发行的股份的转让的限制。对发起人所持本公司股份转让的限制主要是防止发起人谋取不当利益、逃避风险责任，向其他股东及债权人转嫁风险。《公司法》第160条第1款规定："公司公开发行股份前已发行的股份，自公司股票在证券交易所上市交易之日起一年内不得转让。法律、行政法规或者国务院证券监督管理机构对上市公司的股东、实际控制人转让其所持有的本公司股份另有规定的，从其规定。"

第二，对公司董事、监事、高级管理人员转让所持有本公司股份的限制。公司董事、监事、高级管理人员长期持股、不得转让，既是督促其恪尽职守、履行义务的需要，也是维护企业形象和公众对证券市场信心的需要。《公司法》第160条第2款规定："公司董事、监事、高级管理人员应当向公司申报所持有的本公司的股份及其变动情况，在任职期间每年转让的股份不得超过其所持有本公司股份总数的25%；所持本公司股份自公司股票上市交易之日起一年内不得转让。上述人员离职后半年内，不得转让其所持有的本公司股份。公司章程可以对公司董事、监理、高级管理人员转让其持有的本公司股份作出其他限制性规定。"

第三，上市公司大股东、实际控制人、董事、监事、高级管理人员所持股份减持的限制。对上述主体证券交易的限制在上文《证券法》第36条规定中有明确体现，同时，中国证监会2017年5月发布《上市公司股东、董监高减持股份的若干规定》也有具体细致的规定。根据该规范性文件，大股东不得减持的情形包括上市公司或者大股东因涉嫌证券期货犯罪，在被证监会立案调查或者被司法机关立案侦查期间，以及在行政处罚判定、刑事判决作出之后未满6个月的；大股东因违反证券交易所规则，被证券交易所谴责未满3个月。另外，大股东通过证券交易所集中竞价交易减持股份总数不得超过公司股份总数的1%。同样，根据该证监会文件，董监高因涉嫌证券期货违法犯罪，在被证监会联调查或者被司法机关立案侦查期间，在行政处罚决定、刑事判决作出之后未满6个月的，以及董监高因违反证券交易所规则而被公开谴责未满3个月的，董监高不得减持其所持公司股份。

第四，对公众公司大股东、董监高进行证券短线交易的限制。大股东、董监高均可视为公司内部人员，他们了解公司内部信息，如果对其买卖本公司证券自由交易，则可以利用内部信息获取利益或者很容易操纵证券市场，因而，各法域均对短线交易作出相应规定。我国《证券法》第44条第1款规定："上市公司、股票在国务院批准的其他全国性证券交易场所交易的公司持有5%以上股份的股东、董事、监事、高级管理人员，将其持有的该公司的股票或者其他具有股权性质的证券在买入后6个月内卖出，或者在卖出后6个月内又买入，由此所得收益归该公司所有，公司董事会应当收回其所得收益。但是，证券公司因购入包销售后剩余股票而持有 5% 以上股份，以及有国务院证券监督管理机构规定的其他情形的除外。"

五、证券交易方式

一般而言，证券交易方式是指各种证券依法在证券市场上实现流通所凭借的手段、程序、规则以及场所等诸要素的集合。从狭义上讲，交易方式是指订单执行方式，即从一笔订单转化成一笔交易的过程；从广义上讲它包括整个市场的信息流通、订单的流动和执行、做市制(Market Making)及其他市场功能。依照不同标准可以对证券交易方式进行不同分类。① 我国 2005 年《证券法》修改前的证券交易方式有如下特点：(1)只允许单一的集中竞价方式；(2)现货交易占垄断地位；(3)场内交易占垄断地位。2005 年《证券法》及相关规定对证券交易方式有了新发展，表现在：(1)突破了集中竞价交易的单一模式，为做市商制和协议制留出合法空间；(2)确立协议转让交易方式；(3)为期货交易与信用交易留出空间；(4)打破了场内交易的垄断地位，为发展多层次的证券交易市场奠定了基础；(5)确立大宗交易方式；(6)积极尝试做市商制；(7)积极推进回购交易。② 2019 年《证券法》及相关规范文件对证券交易方式又有了新的发展，特别是证监会发布了诸多具体规则。

(一)依照证券交易交割期限的不同进行的分类

依照证券交易交割期限的不同，证券交易有现货交易、期货交易、信用交易、期权交易等形式。

1. 现货交易

现货交易，又称即期交易，是指证券交易双方成交后应即时清算交割证券和价款的一种交易方式。现货交易的法律特征是：(1)现金实物交易，交易双方一方交付款额，另一方马上或在很短的时间内交付证券；(2)现货交易的证券交割，以当日交割为原则；(3)及时清算。现货交易是最早出现的一种证券交易方式，其要求及时清算的优点可以有效避免或减少证券欺诈、操纵市场及垄断市场价格等不法行为的发生。相对其他证券交易方式而言，现货交易的投机性较少，风险也较小，它既可以较好地满足人们投资与变现的需要，又不排斥适当的投机，所以为大多数投资者所青睐。其不足之处在于不能适应买卖双方对市场预期价格变动的预测及有效投资选择的要求。相较其他交易类型，现货交易风险低，因而成为各国证券交易的主要类型。我国 2005 年《证券法》第 42 条规定，证券交易以现货和国务院规定的其他方式进行交易。尽管预留了"国务院规定的其他方式"这一空间，现实中凸显单一现货交易方式的制度桎梏限制了我国证券市场发展，不利于多品种交易制度的发展。2019 年《证券法》明显得到了相应完善。

---

① 参见王建新、秦洁：《证券市场交易方式研究》，载《证券市场导报》1999 年 7 月号。
② 参见王林清：《证券法理论与司法适用》，法律出版社 2008 年版，第 186~193 页。

2. 期货交易

期货交易是指交易双方在签订证券买卖合同后并不立即执行，而是按合同中约定的价格在将来的一个日期进行交割和清算。证券期货交易的标的是标准化的证券合约，通过对证券期货合约的买卖完成；证券期货交易必须在证券交易所进行；证券期货交易是一种远期交易，真正交割时间较长；证券期货交易最后进行实物交割的比例很小，主要是提供"对冲"操作免除到期履行合约。在现代社会中，期货交易的优点在于其套期保值和价格发现功能的发挥。但其交易的虚拟性必然增加交易风险。

3. 信用交易

信用交易，又称保证金交易，是指投资者凭借自己提供的保证金和信誉，当交易证券数量和价款数量超过证券或货币持有量，其差额由经纪人或银行提供贷款或信用的交易方式，即融资和融券。其优点是从事交易的人可以用较少的本金或证券赚取更多的利润；其缺点是若投资者对赚取价格走势判断有误，则损失惨重。一般来讲，保证金交易具有较大的风险，投机性较强，所以各国监管较严。我国 2008 年《证券公司监督管理条例》第 48 条规定："本条例所称融资融券业务，是指在证券交易所或者国务院批准的其他证券交易场所进行的证券交易中，证券公司向客户出借资金供其买入证券或者出借证券供其卖出，并由客户交存相应担保物的经营活动。"2010 年 1 月中国证监会发布《关于开展证券公司融资融券业务试点工作的指导意见》，标志着我国证券融资融券业务试点申请工作正式开始。2015 年证监会发布《证券公司融资融券业务管理办法》，上海证券交易所、深圳证券交易所也随之颁布各自的融资融券交易实施细则，如今信用交易已经成为我国证券交易的一种重要形式。

4. 期权交易

期权交易又称选择权交易，是指证券交易当事人为保障或获得证券价格波动利益，约定在一定时间内，以特定价格买进或卖出指定证券，或者放弃买进或卖出指定证券的交易。期权交易依其交易过程可分为两种基本形式：（1）看涨期权交易，又称买入期权交易或延买期权交易，是指期权购买者可以在期权期间，按协议价格向期权出售者购买约定数量的证券。买入期权是购买者基于对某一证券未来价格趋于上涨的判断而买入的一种权利。（2）看跌期权交易，又称卖出期权交易或延卖期权交易，是指购买者在期权合约的有效期内可能按某一具体履约价格卖出特定数量相关证券合约的期权交易。看跌期权是购买者基于对某一种证券或期权合约未来价格趋于下跌的判断而卖出的一种权利。期权交易的优点是期权交易者不必像证券交易者那样被局限在某一具体的最低价位与最高价位上，而可以灵活地利用市场的变动趋势。另外，期权交易者可依其判断，决定卖或不卖，从而降低交易风险。因此，期权交易配合现货交易的开展，给证券市场带来了新气象。

(二)依照证券价格形成机制进行分类

依照证券价格形成机制进行分类，证券交易方式可以分为集中竞价制、做市商制与协议制。[1] 从证券法的法律规制而言，以证券交易价格的形成方式所作划分最具代表性。各国证券法也正是以此为中心，对证券交易的不同类型予以调整。[2]

1. 集中竞价交易

集中竞价交易，是指在多个买主或卖主间，由出价最低的卖主与进价最高的买主达成交易。目前，世界多数证券市场在大部分交易时间均采用连续竞价交易方式，即对新进入的一个买进有效委托，若不能成交，则进入买委托队列等候成交；若能成交，即其委托买进限价高于后者等于卖委托的队列的最低卖出限价，则与卖委托队列顺序成交，其成交价格取卖方叫价。对新进入的一个卖出有效委托，若不能成交，则进入卖委托队列排队等候成交；若能成交，即其委托卖出限价低于或等于买委托队列的最高买入限价，则与买委托队列顺序成交，其成交价格取买方叫价。这样循环往复，直至收盘。

集中竞价交易是指所有有关购售该证券的买主与卖主集中在一个市场内公开申报、竞价交易，每当买卖双方出价相吻合就构成一笔买卖，交易依买卖组连续进行，每个买卖组形成不同的价格。集中竞价交易具有过程公开性、时间连续性、价格合理性和对快速变化的适应性等特点。集中竞价交易必须公开进行，以体现证券市场的公开、公平、公正的原则。集中竞价交易因其集中，在价格和机会上更显公平，也便于管理，但交易程序欠灵活。

由于证券交易采用公开集中竞价交易方式，常常会出现多个买方或多个卖方同时减价的情形，此时应确定由谁最先成交，所遵循的原则包括价格优先、时间优先等原则。

第一，价格优先原则。所谓价格优先是指买方出价高的优于买方出价低的，卖方出价低的优于卖方出价高的，多数卖方中出价最低的与多数买方中出价最高的成交，依此类推，连续竞价。

第二，时间优先原则。时间优先原则必须在价格优先原则下执行，即价格优先，同等价格情况下时间优先；出价相同时，以最先出价者优先成交。我国《上海证券交易所交易市场业务规则》规定，成交时的时间优先顺序，在口头唱报竞价时，按中介经纪人听到的顺序排列；在计算机终端报价时，按计算机接受的时间顺序排列；在书面专柜申报竞价时，按中介经纪人接到的书面申报单证顺序排列。无法区分先后时，中介经纪人组织抽签决定。证券公司更改申报，其原申报的时间顺序自然撤销，依更改后报出的时间排列。

有国家的证券法中还规定了数量优先原则。数量优先原则是在价格优先原则和时间优

① 参见王林清：《证券法理论与司法适用》，法律出版社 2008 年版，第 176 页。
② 参见范健、王建文：《证券法》(第二版)，法律出版社 2010 年版，第 138 页。

先原则下执行，即在交易过程中，对同一证券出现相同的报价时，以委托交易额较大的一方优先成交。我国《证券法》没有规定这一原则。

2. 做市商交易

做市商制度，就是以做市商报价形成交易价格、驱动交易发展的证券交易方式。做市商（Market Maker），指金融市场上的一些独立的证券交易商，为投资者承担某一只证券的买进和卖出，买卖双方不需等待交易对手出现，只要有做市商出面承担交易对手方即可达成交易。做市商制度是不同于竞价交易方式的一种证券交易，一般为柜台交易市场所采用。在证券市场上，由具备一定实力和信誉的证券商作为特许交易商，不断向公众投资者报出某些特定证券的买卖价格，双向报价并在该价位上接受公众投资者的买卖要求，以其自有资金和证券与投资者进行证券交易。由此可见，在做市商交易方式下，证券交易价格由做市商决定，投资者的证券交易对象并非投资者，而是做市商。做市商通过这种不断买卖来维持市场的流动性，满足公众投资者的投资需求。做市商通过买卖报价的适当差额来补偿所提供服务的成本费用，并实现一定的利润。在实践操作中，做市商为交易提供资金，交易中做市商先用自己资金买进股票，然后再卖出。这些做法大大增强市场流通性，增加了交易深度和广度。在该制度中，做市商应当持续达到特定的保存交易记录和履行财务责任的标准；不间断地主持买、卖双方的市场，并在最佳价格时按限额规定执行交易指令；发布有效的买、卖两种报价（充当流动性提供者，解决交投量不足的问题）；并且在证券交易完成后90秒内报告交易情况，以便向公众公布。

3. 协商交易

协商交易又称协议转让、私下谈判交易，是指投资者通过私下协商谈判达成证券交易的方式。它是与集中竞价交易并存的一种证券交易方式。协商交易一般适用于大宗交易。大宗交易，又称为大宗买卖，是指证券单笔买卖申报达到证券交易所所规定的某一数额货柜模式，该证券交易所所采用的特殊的交易方式。

大宗交易针对的是一笔数额较大的证券买卖。我国现行有关交易制度规则，如果证券单笔买卖申报达到一定数额的，证券交易所可以采用大宗交易方式进行交易。按照规定，证券交易所可以根据市场情况调整大宗交易的最低限额。根据《上海证券交易所交易规则》的相关规定，下列情况下可以采用大宗交易方式：第一，A股单笔买卖申报数量应当不低于30万股，或者交易金额不低于200万元人民币；第二，B股单笔买卖申报数量应当不低于30万股，或者交易金额不低于20万美元；第三，基金大宗交易的单笔买卖申报数量应当不低于200万份，或者交易金额不低于200万元。

大宗交易的成交价格，由买方和卖方在当日最高和最低成交价格之间确定。该证券当日无成交的，以前收盘价为成交价。买卖双方达成一致后，并由证券交易所确认后方可成交。大宗交易的成交价不作为该证券当日的收盘价。大宗交易的成交量在收盘后计入该证券的成交总量。每笔大宗交易的成交量、成交价及买卖双方于收盘后单独公布。最后还须了解的是大宗交易是不纳入指数计算的，因此对于当天的指数无影响。

（三）其他分类

依照证券交易场所不同，证券交易可分为场内交易和场外交易。前者是指在证券交易所进行的交易；后者是指在证券交易所外进行的交易。依据证券交易标的为标准进行划分，证券交易可分为股票交易、债券交易、其他证券品种交易。根据证券交易直接主体的不同，可将证券交易分为委托交易和自营交易。

第二节　证券集中竞价交易

证券集中竞价交易在集中交易市场进行，集中交易市场是指在一定的场所、一定的时间，按一定的规则，集中买卖一定种类已发行证券而有组织形成的市场，主要是指证券交易所。证券交易所是依法经政府证券主管部门批准设立的证券集中竞价交易的场所。集中交易市场有利于形成合理的证券交易价格，实现资源的有效配置，减少和控制投资风险，连接市场的长期利率与短期利率等。在证券交易所市场以公开的集中竞价方式买卖上市证券，是上市证券流通的主要途径，是证券交易的核心。我国《证券法》第38条规定："证券在证券交易所上市交易，应当采用公开的集中交易方式或者国务院证券监督管理机构批准的其他方式。"证券交易的基本程序是投资者在证券二级市场买进或者卖出已经上市证券的过程。在证券交易所市场以公开的集中竞价方式买卖上市证券是证券流通的主要途径，是证券交易的核心。由于我国证券交易所实行会员制，能够在证券交易所进行交易的只能是具有证券交易所会员资格的证券公司，不具有会员资格的一般投资者只有委托证券公司才能实现交易。所以，在交易程序上，一般投资者须经过委托程序，但对从事自营业务的综合类证券公司，则不必经过这一程序。

一、名册登记与开立账户

（一）名册登记

开设证券账户应进行名册登记，名册登记实际是对投资人的资格与信用的审查确认，分为个人登记和法人登记两种。投资人开立账户，必须持有证明中国公民身份或者中国法人资信的合法证件。个人名册登记应载明登记日期和委托人姓名、性别、身份证号码、家庭地址、职业、联系电话，并留存印鉴或签名样品，如有委托代理人，委托人须留存其书面委托书。法人名册登记应提供法人证明，并载明法定代表人及证券交易执行人的姓名、性别，留存法定代表人授权证券交易执行人的书面授权书。禁止法人以个人名义开立账户、买卖证券。投资者一般应亲自向证券交易所登记机构或其委托的证券商办理证券账户开户和名册登记；境外投资者办理人民币特种股票开户事宜，可分别委托境内外有关证券商、证券代理商代办。依法不得参与证券交易的内幕人员或证券从业人员，未经法定监护人允许或代理的未成年人、因违法违规经有关机关决定停止交易资格期限未满的人员或机构等不得开户及办理名册登记。

（二）开立账户

投资者通过证券交易所市场买卖证券，必须先开设证券交易账户，包括证券账户和资金账户。只有开设了这两个账户，投资者才能进行证券的买卖。在证券交易无纸化交易情形下，证券交易均以转账方式完成，只在两个账户上划拨、增减证券或资金数额，为投资人提供安全和方便，也节省交易成本。

证券账户是指证券登记结算机构为投资者设立的，用于准确记载投资者所持有的证券种类、名称、数量及相应权益与变动情况的账册。证券账户是认定股东身份的重要凭证。证券账户全国通用。

开设资金账户是为了存取交易用现金、结算和领取股息红利的需要。资金账户用于记载投资者证券交易资金的币种、余额和变动情况。资金账户由证券商管理，投资者可以查询和打印资金变动情况。投资人可以在多个证券营业部开设资金账户，也可以从安全角度出发仅在证券营业部开户交易。目前，开立资金账户有两种类型：一是在证券公司开立资金账户。开户存入的资金、证券交易后的资金的交收及资金余额等情况全部储存在证券公司独立的电脑系统中并反映在资金账户存折中。资金账户中的资金由证券公司作为活期储蓄代为转存银行，利息自动划入该账户。二是直接在银行开户。投资者也可以在指定银行开设"通存通兑"账户，持有磁卡。证券账户和资金账户均由投资人持有磁卡或存折，取得代表交易身份的编码。

我国投资者开设账户实行实名制，投资者使用实名账户进行证券交易。投资者应当与证券公司签订证券交易委托协议，并在证券公司实名开立账户，以书面、电话、自助终端、网络等方式，委托该证券公司代其买卖证券。证券公司为投资者开立账户，应当按照规定对投资者提供的身份信息进行核对。证券公司不得将投资者的账户提供给他人使用。投资者应当使用实名开立的账户进行交易。

二、委托与证券商审查

委托是投资人向证券经纪商发出的表明以某种价格购进或售出一定数量的某种证券的意思表示（又称委托指令）；证券商审查委托则指证券商接受投资者委托指令后，对委托人身份、委托内容、委托卖出的实际数量及委托买入的实际资金金额进行审查。证券商经审查后，认为符合要求的，接受委托，则双方建立证券买卖委托合同关系。

证券买卖委托合同内容除了应认定交易所规则为一部分外，需由委托人指令确定的主要包括：（1）交易目的：委托购入或售出何种证券。（2）交易数额：委托交易数额应是规定的基本单位或其倍数的整数，上海证券交易所规定股票每100股、债券每1000元面值为一交易单位（即"一手"）；低于基本单位的零星交易委托为零数委托，一般通过柜台交易由证券商配成整数入市交易；巨额委托为大宗交易，如台湾规定交易量在50万股股票以上或每笔交易面值500万以上为大宗交易；而上海证券交易所规定单笔交易股票在10万元面值以上、债券在100万元面值以上为大宗交易，为防止市场波动，一般对大宗交易的委托时间、价格有所限制。（3）交易价格：交易价格有限价委托、市价委托、止损委托等。限价委托是委托人要求证券商按不高于（或不低于）其指定的一个价格买进（或卖出）证券，证券商在执行时须按限价或低于限价买进，按限价或高于限价卖出；市价委托是即时指令，委托人要求证券商按市场当时价格买卖证券，证券商有义务立即执行，并有义务以最有利的价格为委托人成交；止损委托即委托人发出保抄件指令，一旦证券价格行至某一指令限度时，证券商就应为委托人买进或卖出某证券，以尽可能使委托人盈利或尽量减少损失。在我国证券交易的委托中，合法的委托指令只限于当日有效的限价委托。（4）有效期限：主要有当日委托与5日委托。当日委托即委托事项至当天交易所营业终止时自动失效，一般如无特别约定，委托均视为当日委托。5日委托的有效期从委托时起至第5个交易日（含委托日）交易所营业终止时止。

证券商不能接受内容不全的指令，不得替投资者作出买卖证券名称、数量和价格的决定，以及买进或卖出的决定。

投资者委托买卖证券，必须有书面的委托书。委托书一般由证券公司统一制定，备置在公司供委托人使用。委托书经双方盖章或者签字时成立。采取其他委托方式的，证券公司必须作出委托记录。客户的证券买卖委托，不论是否成交，其委托记录应当按法律规定的期限，保存于证券公司。证券公司办理经纪业务，不得接受客户的全权委托而决定证券买卖、选择证券种类、决定买卖数量或者买卖价格，也不得对客户买卖证券的收益或者赔偿证券买卖的损失作出承诺。

委托形式有书面委托、电话委托、传真委托、函电委托、自助委托等。书面委托是最稳妥可靠的委托形式，采用电话委托与传真委托时必须在证券公司开设委托专户。投资者以书信、电报或电话委托的，由证券公司承办人员填制委托书并签章，当面委托的应由投资者或其代理人加以确认。自助委托主要有磁卡委托、电脑自助委托、远程终端委托等。

三、委托指令的竞价与成交

成交是指证券商相互间通过集中竞价，就买卖证券的价格、数量达成一致，成立证券买卖合同的过程。证券商在确认委托人的委托指令的合法性后，将其买卖证券的指令通过"红马甲"（即有形市场）或者直接（无形市场）输入证券交易所的电脑终端机。交易所的撮合主机首先对接收到的委托进行合法性检测，对不符合要求的委托视为无效委托，自动进行撤单处理，返回证券商重新申报。

竞价是证券交易的核心环节，集中交易是通过集中竞价进行证券交易的。从证券交易实践看，集中竞价包括集合竞价和连续竞价。集合竞价是指在特定时间内接受的买卖申报一次性集中撮合的竞价方式，包括开盘集合竞价和收盘集合竞价。连续竞价是对买卖申报逐笔连续撮合的竞价方式。

在连续竞价中，对于合法的委托信息按照"价格优先、时间优先"原则自动配对撮合成交。对于未能在集合竞价中成交的有效委托，自动进入连续竞价，直到成交。若仍然不能成交的，再进入新的系统处理，直到收市。若在收市时仍然不能成交的委托，则视为交易不成。

证券商申报竞价成交后，买卖合同即告成立，任何一方不得反悔。买卖双方的证券交易于成立时生效，双方必须履行清算交割义务。如果确因交易员操作失误，在征得证券交易所及对方同意的前提下，可予撤销，但须承担该笔交易中买卖双方的经手费，并按成交额的一定比例支付罚金。如果证券经纪商因撤销而使委托人的委托未得到执行的，应向委托人支付违约金。

四、清算交割

清算交割是履行证券买卖合同和委托合同的最后阶段，属于证券买卖成交后券款兑现的程序。根据中国证监会《证券登记结算管理办法》，清算交割是指根据确定的清算结果，通过转移证券和资金履行相关债权债务的行为。《证券法》第108条规定，证券登记结算机构根据成交结果，按照清算交收规则，与证券公司进行证券和资金的清算交收，并为证券公司客户办理证券的登记过户手续。由上可知，证券买卖成交后，买卖双方投资人均需通过各自经纪商交收证券与现金，这涉及清算与交割两个阶段。

根据《证券登记结算管理办法》规定，清算是指按照确定的规则计算证券和资金的应收应付数额的行为。实践中，我国证券交易采用二级清算制，分别由证券商与证券登记结算机构进行结算以及投资者与证券商进行结算。通过清算，对同一证券的买卖数量与金额进行结算和抵销，仅就其净差额进行交收。证券交易所一般以一个开市日为一清算期。

交割是指投资人与证券经纪商之间证券与现金的交付。如果是实物证券买卖，一般程序是投资人需在成交后、交割日前，将所售证券或购券现金金额提交证券商，证券商办理清算后，再至交割日由证券商向投资人交付售券现金或所购证券。在无纸化交易情形下，采用簿记式证券或集中保管证券，使清算交割时间大大缩短。证券商在证券买卖成交后，应向委托人递送成交确认书，确认委托完成，说明成交日期、时间、数量、种类、价格与金额、交割日期。委托人应按规定日期(或事先约定日期)办理交割。

交割方式按约定的交割时间不同主要有三种方式：(1)普通交割(又称例行交易交割)，即除非另有约定，一般采用证交所统一规定的日期交割。如纽约证券交易所的股票交割期为成交日后的第 5 个营业日(T+5)，政府债券交割为成交后第 1 个营业日(T+1)。(2)现金交易交割(又称当日交割)，即成交后，须在同一天完成证券的交割，一般应事先声明并交存金额证券，往往用于满足投资人急需证券现款、认购认股权、支付股利或公司结账等场合的需要。(3)约定日交割(又称特约日交割)，指成交后将交割期延至双方约定日(以不超过 60 天为期)，主要是卖方不能在普通交割期限内提交证券，因交割时间长、不确定因素较多，故以此种交割成交的证券价格相对较低。

1998 年《证券法》第 108 条规定，当日买入的证券，不得在当日再卖出，即禁止 T+0 的交易。根据市场化改革精神，2005 年《证券法》删除了这一规定。采用何种交易结算方式属于市场组织机构自主选择事项范畴，法律不宜作出过于具体的规定，应由交易规则作出规定。实践中，我国证券市场 A 股采取"T+1"交收制度，即当天买卖，次日交割。投资者可在 T+1 日从证券商处打印交割清单，以核对其 T 日的买卖活动。如逢法定节日，则过户顺延至节日后的第一个营业日。我国目前证券市场对 B 股的结算时间采取 T+3 交收制度，投资者可做 T+0 回转交易，但其 T 日卖出证券的资金或买入证券的证券余额要在第三个交易日才能到账。因此卖出成交的资金只能在 T+3 日以后才可提取。

五、过户

过户是证券所有权从原所有者转移给新所有者的记录过程。证券的买卖、赠与或继承都涉及所有权的转移，无记名证券不需过户，而记名证券则必须过户，才可使新所有人享有相应权利、承担相应义务。证券过户依买卖双方的合约，可以在交割之后立即进行，也可以不立即进行。传统的过户方式，是由出让人附背书证明并签章，受让人填写过户申请书，携带证券成交单、身份证、印鉴、交割单等到证券过户机构办理过户申请，过户机构检验审查后，注销原户名，登记新户名、并在原证券上签注或换发新证券，过户即完成。现在，我国证券交易实行集中保管和无纸交易，所以证券过户采用记账式过户。对买入证券的在交易完成之后，立即在其证券账户内增加该证券数量，同时将卖出方证券账户上减少相应的数量；同样，对卖出股票交易行为成立，即在其证券账户上减去某个证券的数量，相应地买入方证券账户内增加证券的数量。中国证券登记结算有限公司设立电子化证券登记簿系统，办理证券持有人名册的登记。

第三节　证券回购交易

证券回购交易是指证券买卖双方在成交的同时，约定于将来某一时间内以一定价格再进行相反方向买卖的交易方式。我国现实中证券回购交易大致包括三种情况①：第一，依照法律规定将市场上流通的证券购回，如上市公司的股份回购；第二，依照当事人约定将已经出卖的证券购回，如债权买断式回购、可转换公司债券的赎回与回售；第三，以证券为质押标的进行融资的交易行为，如债券质押式回购交易。证券回购交易具有以下特征②：第一，证券回购交易是一种特殊的证券交易行为，其不同于一般证券交易行为之处包括它是一种附条件的合同行为、法律对该种交易行为进行特殊规制、回购交易中的质押式回购具有质押贷款性质；第二，证券回购交易可以采取集中交易方式和非集中交易方式；第三，回购交易具有特殊功能，表现为作为防御和减少证券投资风险的手段，或者一种经营手段，或者作为一种融资手段。根据回购标的的不同，证券回购交易主要有公司股份回购和债券回购交易。

一、公司股份回购

公司股份回购是指股份有限公司购回本公司已发行在外的股份的法律行为。③ 传统理论对公司买回自己股份采取禁止的原则，其理由主要有四：（1）公司买回自己股份，使公司成为自己的股东，不但法人与其机构成员相混淆，公司与股东之间的权利义务关系亦混沌不明。（2）公司买回自己股份，有减少资本之虞，违背资本维持原则，可能损及公司债权人的利益。（3）公司负责人可能借买回与卖出股票炒作股价，或为其他不法行为，影响证券市场的健全。（4）买回本公司股票，可减少股东会的法定最低出席人数，变相提高公司负责人的持股比率，如向竞争对手买回股票，更可影响董事、监事的选举。④

然而，公司买回股份，如作为公司转换股权之用，公司与发行公司债时已获取对价，对公司资本并无影响；如系转让予员工，形同薪资费用的支出；至若买回后将股份消除，

---

①　参见周友苏：《证券法新论》，法律出版社 2020 年版，第 231 页。
②　参见周友苏：《证券法新论》，法律出版社 2020 年版，第 231~232 页。
③　参见华国庆：《股份回购若干问题探析》，载《政法论坛》2001 年第 4 期。
④　参见赖英照：《股市游戏规则：最新证券交易法解析》，中国政法大学出版社 2006 年版，第 171 页。

其效果与分配股息相似。公司既可发放薪资、分配盈余，则在一定条件下（包括不影响债权人的权益），允许公司买回股份，并无不可。此外，如法令允许买回股份后再行出售，假定出售价与买回价相同，公司收回的现金，对公司资本更无影响；至于公司买回自己股份可能衍生的问题，则可采适当的管理措施加以防范。至于公司与股东间权利义务关系不明的问题，亦可借停止或限制股东权的行使予以避免；换言之，买回股份的问题，可以采取适当的管理措施，以取代严格禁止的政策。①

公司股份回购行为起源于美国，20 世纪 70 年代美国股份公司为应对于政府对公司向股东支付现金股利的限制而采取的规避行为。我国大陆地区上市公司股票回购最早始于 1992 年上海豫园商场股份有限公司吸收合并上海豫园旅游服务公司组建上海豫园旅游商城股份有限公司，2004 年股权分置改革之前股份公司进行股份回购发展受到抑制，2005 年《公司法》和《上市公司章程指引》增加股份回购事由以及 2005 年 6 月《上市公司回购社会公众股份管理办法（试行）》的实施，标志着股份回购进入全新发展时期。但《上市公司回购社会公众股份管理办法（试行）》中上市公司股份回购特指上市公司为减少资本而购买本公司社会公众股份并依法予以注销的行为，② 其回购目的比较狭窄。我国台湾地区股份回购目的包括三种情形：（1）转让股份予员工；（2）配合附认购股权公司债、附认购股权特别股、可转换公司债、可转换特别股或认股权凭证之发行，作为股权转换之用；（3）为维护公司信用及股东权益所必要而买回。③ 2005 年我国修改《公司法》拓宽公司股份回购范围，股份回购目的主要包括减少公司注册资本、与持有本公司股份的其他公司合并、股东因对股东大会作出的公司合并、分立决议持异议而要求公司收购其股份的以及将股份奖励给本公司职工。2018 年全国人大常委会通过《全国人民代表大会常务委员会关于修改〈中华人民共和国公司法〉的决定》（以下简称《修改决定》），对公司股份回购规定进行专项修改，规定："公司不得收购本公司股份。但是，有下列情形之一的除外：（1）减少公司注册资本；（2）与持有本公司股份的其他公司合并；（3）将股份用于员工持股计划或者股权激励；（4）股东因对股东大会作出的公司合并、分立决议持异议，要求公司收购其股份；（5）将股份用于转换上市公司发行的可转换为股票的公司债券；（6）上市公司为维护公司价值及股东权益所必需。"2023 年修订的《公司法》增加了非上市股份有限公司的股份回购情形，但对于上市公司股份回购情形的规定基本延续了 2018 年《公司法》中的相关规定。

---

① 参见赖英照：《股市游戏规则：最新证券交易法解析》，中国政法大学出版社 2006 年版，第 172 页。

② 《上市公司回购社会公众股份管理办法（试行）》第 2 条规定："本办法所称上市公司回购社会公众股份是指上市公司为减少注册资本而购买本公司社会公众股份（以下简称股份）并依法予以注销的行为。"

③ 参见台湾地区"证券交易法"第 28 条之 2 第 1 项。

我国上市公司股份回购主要通过三种方式进行：(1)证券交易所集中竞价交易方式；(2)要约方式；(3)中国证监会认可的其他方式。

上市公司股份回购的法律效果是指股份被回购完成后对于本公司所产生的实效。[①] 对于股份回购的效果有"全面存续说""全面消灭说""中止说"三种观点。[②]"中止说"认为，自己股份的股东受到限制而处于中止状态，一旦该股份转让给第三人后股东权即告恢复。此说较为合理，很多国家立法也采此观点，如欧共体关于公司法的第二号指令第22条第1款(a)项和德国《股份法》第716条等明文规定公司对自己股份不享有权利，美国修订后的标准公司法干脆取消库存股的概念，并把所有被公司重新取得的股份看作是已经授权但尚未发行的股份。[③] 我国现行《公司法》第162条对于股份回购的法律效果采纳一种折中观点，在特定情形下，应当允许公司拥有暂时不注销的库藏股，使回购的股份能够满足股份回购制度上多种功能的需要：对于因"减少公司注册资本"情形则采用"全面消灭说"，即为在收购之日起10日内注销；对于因"与持有本公司股份的其他公司合并"与"股东因对股东大会作出的公司合并、分立决议持异议，要求公司收购其股份的"则采用的"有条件的中止说"，即应当在6个月内转让或者注销；对于将股份用于员工持股计划或者股权激励、将股份用于转换上市公司发行的可转换为股票的公司债券、上市公司为维护公司价值及股东权益所必需的情形采取"中止说"，即公司合计持有的本公司股份数不得超过本公司已发行股份总额的10%，并应当在3年内转让或者注销。

上市公司股份回购主要有如下作用：(1)优化公司股权结构，改善公司治理。在我国上市公司发展史上，上市公司通过股份回购从而推动国有股减持，增加流通股比重，促进投资主体多元化。另外，股份回购也是公司实施股权激励计划的组成部分，在"库存股"存在的条件下，公司可以通过将回购的股份奖励公司管理人员与技术人员，从而形成有效激励和约束机制。(2)优化公司资本结构，提高公司财务杠杆率。上市公司无论是通过留存现金还是通过负债回购公司股份，都会导致公司资本结构中股权资本比重下降，从而充分发挥财务杠杆的效应。(3)股份回购有利于降低代理成本，公司实际经营者持有公司股份情况下，股份回购将增加经营者的持股比例，公司收入状况与经营者本身的利益关联度提高，从而能够降低公司代理成本。(4)优化自由资金的流量，提高投资效率。对于存在闲置资金的企业来说，闲置资金产生的边际效益小于企业的加权平均成本，如通过股份回购方式，加快企业整体资金流动效率，提高企业自身价值。同时，通过公司股份回购，减轻公司自身对于未来分红压力。(5)可以作为一种反收购措施。股份回购可以推高目标公司

① 参见刘俊海：《股东权法律保护概论》，人民法院出版社1995年版，第284页。
② 参见赵洲：《股份回购制度的发展与完善》，载《北京工业大学学报》2010年第1期。
③ 参见冯果：《现代公司资本制度比较研究》，武汉大学出版社2000年版，第188页。

发行在外的股票价格，可以减少在外流通的股份总量，增加了收购人的收购难度。

二、债券回购交易

(一)债券回购交易概述

债券回购交易是指买卖双方在债券现货成交(以下称"初始交易")的同时，约定于未来一既定的日期以既定的价格实行反向成交的交易方式。债券回购交易的买方是指初始交易的进资方(债券卖出方)，回购交易的卖方是指初始交易的出资方(债券买入方)。我国债权回购交易起源于1991年7月STAQ系统(全国证券交易自动报价系统)宣布试办债券回购交易。随后，以武汉证券交易中心为代表的各证券交易中心也开办债券回购业务，上海证券交易所于1993年12月、深圳证券交易所于1994年10月分别开办以国债为主要品种的质押式回购交易。2002年12月30日和2003年1月3日，上海证券交易所和深圳证券交易所推出企业债券回购交易。两大证券交易所于2007年又进一步允许公司债(普通公司债和分离交易的可转换公司债)进行质押式回购。

根据交易媒介不同，债券回购交易可以分为交易所债券回购交易与银行间债券回购交易。这一项区分的意义在于在资本市场和货币市场建立起"防火墙"，降低银行资本运营的风险。但是，这种划分阻隔了资金在资本市场与货币市场自由流动，不利于资源有效配置。

根据债券回购交易中债券所有权归属不同，可以分为质押式债券回购交易(封闭式债券回购、所有权不变回购)和买断式回购交易(开放式债券回购、所有权变动回购)。质押式债券回购是指将债券质押的同时，将相应债券以标准券折算比率计算出的标准券数量为融资额度而进行的质押融资，交易双方约定在回购期满后返还资金和解除质押的交易。买断式债券回购是指债券持有人将债券卖给债券购买方的同时，与买方约定在未来某一日期，由卖方再以约定价格从买方买回相等数量同种债券的交易行为。除所有权归属不同外，两种类型回购交易的差异点还包括：(1)两者交易目的不同，质押式债券回购是以短期融资为目的，而买断式回购是以融资与融券相结合为目的。(2)两者法律关系不同，质押式债券回购是质押贷款法律关系，而买断式债券回购则是买卖合同关系。

(二)证券交易所的债券回购业务

证券交易所债券回购市场实行债券质押式回购制度，该制度主要包括如下内容：(1)债券质押式回购的标的：可用于办理质押式回购的债券主要是国债，也包括经中国证券登记结算有限责任公司认可的公司债券等其他债券。(2)债券质押式回购的主体：证券登记结算机构的参与人即证券公司和证券投资者可以通过债券质押回购进行融资。投资者采用债券质押式回购交易方式融资应与证券公司签订委托合同，以证券公司名义在登记结算公司设立专用质押账户进行债券回购交易。(3)债券质押式回购中证券担保权的设立：债券回购交易实行质押库制度，证券公司首先要在证券登记结算公司设立专用质押账户，然后向证券登记结算公司提交相应债券并存入该质押账户，在与债券回购的逆回购方即融券方签订回购协议后向登记结算公司申报。融资方存入质押账户的债券要折算成标准券，当融资方的回购申报额度不超过其质押账户的标准券余额时，其申报为有效申报。证券登记结算公司在接到申报指令后，按规定将相关债券转入质押库并作出质登记，登记结算公司取得对相应数量标准券的质押权。(4)质押债券的担保范围：在质押关系存续期间，质押券有兑付到期本息情形，证券登记结算公司直接将兑付的到期本息留存在质押库；该本息与质押券共同作为担保品。融资方结算参与人提交入库的客户证券账户中的债券作为该证券账户债券融资回购业务应付款项的质押品，担保的范围包括证券登记结算公司享有的向融资方结算参与人收取的该证券账户融资回购业务应付资金的债权、利息、违约金及处分质押券所产生的全部费用等。

(三)银行间债券市场的债券回购

我国银行间债券市场的债券回购有两种方式，即质押式回购和买断式回购。

我国质押式债券回购内容主要包括：(1)银行间证券市场债券回购交易的标的：经中国人民银行批准可用于在全国银行间债券市场进行交易的政府债券、中央银行债券、金融债券以及资产支持证券等记账式债券。(2)银行间证券市场债券回购交易的主体包括：在中国境内具有法人资格的商业银行及其授权分支机构；在中国境内具有法人资格的非银行金融机构和非金融机构；经中国人民银行批准经营人民币业务的外国银行分行。(3)银行间证券市场债券回购交易的设立方法：参与者应首先在中央登记结算公司开立债券托管账户，并将持有的债券托管于其账户。进行债券回购交易，参与者要签订债券回购主协议，并针对具体交易签订书面交易合同，回购主协议与此书面合同是回购交易的完整合同。合同签订后，要办理质押登记，登记后质押权设立。(4)银行间证券市场债券回购交易中债券设定质押后的使用：在我国银行间证券市场债券回购交易中，回购债券设定质押权后，交易双方均不得使用该债券。这是从维护交易安全的角度出发，防止交易双方当事人利用债券回购买空卖空，进行变相的期货操作。

在银行间债券回购交易中，买断式债券回购的交易与质押式回购相同，但是存在如下不同：(1)质押式回购的标的包括国债、公司债券；买断式回购交易的标的限于国债。(2)买断式回购是"卖"，发生所有权转移；质押式回购是"质押"，所有权不发生转移，买断后，逆回购方可以在其先到来前自由处理该债券。(3)在买断式回购中，逆回购方有权处分担保债券，这就使得其能够通过这种回购方式实现债券的期货操作，以从中获利或规避市场风险。

第四节　融资融券交易

一、融资融券交易的概念、功能与特点

融资融券交易，又称保证金交易或者信用交易，是指客户在买卖证券时只向证券商交付一定数额保证金或者部分证券，其应支付价款和应支付证券不足时，由证券商垫付的交易形式。融资证券交易，又称保证金买空交易，是指投资者交纳部分保证金后，由证券经纪商垫付余额并代理买进证券的活动。买入的证券必须寄存在经纪商处，投资者应向经纪商支付全额佣金和贷款利息。融券证券交易，又称保证金卖空交易，是指投资者交纳部分保证金后，由证券经纪商贷给证券并代为售出的活动。售出证券的价款作为债券的抵押寄存在经纪商处。

融资融券交易具有积极功能和负面作用。对证券市场而言，信用交易可使交易的量、值增加，具有活络市场的功能；且主管机关常借由融资、融券比率的调整，以增加稳定市场的力量。但是，投资人预期股价上涨，以融资方式买进股票，刺激股价更新上涨。如投资人预期股价下跌，以融券方式卖出股票，使股价跌幅更甚。同时，融资买进股票者，如遇股价超跌，且无法补救自备款差额时，融资机构依法售出担保的股票（俗称断头），以使股价雪上加霜。在融资、融券比率严重失衡的情形，这种"涨时助涨，跌时助跌"的效果更为显著。此外，如果信用交易的比率过高，遇股价大幅下跌时，投资人无力补交差额，如机构随之大量卖出股票，不但投资人损失惨重，证券市场因而激烈动荡，支付系统亦可能受到冲击。[①]

由于功过参半，信用交易的存废曾经是争论议题。截至目前，美国、日本和我国台湾地区属于实行信用交易制度最典型的三个国家和地区，从动机上看，美国主要是控制融资融券，特别是融资业务滥用的风险，日本和我国台湾地区主要是在控制风险前提下，放开信用交易从而发挥其活跃市场的作用。[②] 我国 2005 年《证券法》第 42 条规定："证券交易以现货和国务院规定的其他方式进行交易。"2005 年《证券法》第 142 条规定："证券公司为客户买卖证券提供融资融券服务，应当按照国务院的规定并经国务院证券监督管理机构批准。"由此可见，在我国，融资融券的法律地位已经确立。依据 2019 年《证券法》，证券公司经营证券融资融券业务应当经过中国证监会的核准；除证券公司外，任何单位和个人不

---

① 参见赖英照：《股市游戏规则：最新证券交易法解析》，中国政法大学出版社 2006 年版，第 71~72 页。

② 参见王林清：《证券法理论与司法适用》，法律出版社 2008 年版，第 205 页。

得从事证券融资融券业务。除《证券法》规定外，证监会发布《证券公司融资融券业务管理办法》，上海、深圳两家交易所相继发布《融资融券交易实施细则》进行规范，我国目前对于证券融资融券实行严格的限制和监管。

融资融券具有如下特点：第一，财务杠杆性。证券融资交易的本质即为借钱买证券和借证券卖证券，投资者可以通过与证券公司的融资融券交易，使用自己手中较少的资金（保证金）运作较大的资本，充分发挥了财务杠杆效应。融资融券的杠杆作用具有双向性，如股价走势与投资人与其一致，融资、融券可以增加获利；如股价走势与投资人的预期相反，即融资后股价下跌或融券后股价上涨，则造成加倍的损失。第二，双重信用性。证券融资交易中，投资者仅仅支付部分资金就可以买入证券，而由经纪人垫付不足的金额，由此经纪人与投资者之间产生了信用关系，经纪人垫付部分款项是以未来规定的时间内投资者能够偿还这部分价款以及支付相应利息为前提的。经纪人所垫付的资金，一般来源于券商的自有资金、客户保证金、货币市场融资或银行借款，这称为转融通，包括资金转融通和证券转融通。第三，资金疏导性。金融市场包括资本市场和货币市场，货币市场是融通短期资金的市场，而金融市场是融通长期资金的市场，两个市场必须保持资金流动顺畅的状态，而通过融资融券市场能够加速资金在两个市场的流动效率，具有极强的疏导性。

二、证券公司与客户的资格条件

证券公司开展融资融券业务试点，应当遵守法律、行政法规和本办法的规定，加强内部控制，严格防范和控制风险，切实维护客户资产的安全。2006年6月30日证监会颁布《证券公司融资融券业务试点管理办法》，2010年1月22日证监会颁布的《关于开展证券公司融资融券业务试点工作的指导意见》，对于开展融资融券业务的证券公司的条件予以规定。

根据《证券公司融资融券业务管理办法》第7条的规定，证券公司申请融资融券业务资格，应当具备下列条件：(1)具有证券经纪业务资格；(2)公司治理健全，内部控制有效，能有效识别、控制和防范业务经营风险和内部管理风险；(3)公司最近2年内不存在因涉嫌违法违规正被证监会立案调查或者正处于整改期间的情形；(4)财务状况良好，最近2年各项风险控制指标持续符合规定，注册资本和净资本符合增加融资融券业务后的规定；(5)客户资产安全、完整，客户交易结算资金第三方存管有效实施，客户资料完整真实；(6)已建立完善的客户投诉处理机制，能够及时、妥善处理与客户之间的纠纷；(7)已建立符合监管规定和自律要求的客户适当性制度，实现客户与产品的适当性匹配管理；(8)信息系统安全稳定运行，最近1年未发生因公司管理问题导致的重大事件，融资融券业务技术系统已通过证券交易所、证券登记结算机构组织的测试；(9)有拟负责融资融券业务的高级管理人员和适当数量的专业人员；(10)证监会规定的其他条件。

鉴于融资融券交易专业性、高风险性等,《证券公司融资融券业务管理办法》第12条规定客户进行融资融券交易的条件,具体包括:(1)按照要求向证券公司提供征信信息,提供身份、财产与收入状况、证券投资经验和风险偏好等相关信息。未提供者,证券公司不得向其融资、融券。(2)对未按照要求提供有关情况、从事证券交易时间不足半年、缺乏风险承担能力、最近20个交易日日均证券类资产低于50万元或者有重大违约记录的客户,以及本公司的股东、关联人,证券公司不得为其开立信用账户。专业机构投资者参与融资、融券,可不受上述从事证券交易时间、证券类资产的条件限制。

三、融资融券交易操作规则

融资融券交易中存在诸多交易规则,其中保证金规则、报升规则和裸卖空规则构成融资融券三大主要规则。本书介绍四种主要操作规则,即保证金规则、报升规则、裸卖空规则和优先偿还规则。上海证券交易所、深圳证券交易所、北京证券交易所都发布了融资融券交易相关的实施细则,三大证券交易所对于融资融券业务的相关细化规定基本一致,以下将合并论述。

(一)保证金规则

保证金规则是指投资者进行融资融券行为需要事先以资金或者证券等自有资产向证券公司缴纳一定保证金的制度。根据保证金用途不同,保证金有原始保证金和维持保证金。前者是指投资人办理融资和融券时,应自备一定比例的资金,包括融资自备款给融券保证金。后者是指融资、融券的债务未清偿前,其担保品应维持一定的价值;其衡量标准称为担保维持率,担保品的价值应与所负债务之间维持一定的比率。[1]

设立保证金制度的目的是防止融资融券过程中因交易标的物(股票)变动,可能对于证券公司产生授信风险。根据保证金用途不同,可以将其分为初始保证金和维持保证金。投资者融资买入证券时,初始保证金比例不得低于80%,计算公式为:初始保证金比例=保证金/(融资买入证券数量×买入价格)×100%。投资者融券卖出时,初始保证金比例不得低于50%,计算公式为:初始保证金比例=保证金/(融券卖出证券数量×卖出价格)×100%。维持保证金比例是指投资者担保物价值与其融资融券债务之间的比例,维持保证金比例的计算公式为:维持保证金比例=(现金+信用证券账户内证券市值总和+其他担保物价值)/(融资买入金额+融券卖出证券数量×当前市价+利息及费用总和),证券公司应当根据市场情况、投资者资信和公司风险管理能力等因素,审慎评估并与投资者约定最低维持担保比例要求。在交易存续期间,若维持保证金比例低于约定的最低维持担保比例要

---

① 参见赖英照:《股市游戏规则:最新证券交易法解析》,中国政法大学出版社2006年版,第72页。

求，则投资者必须及时补充、替换担保物，否则可能会被证券公司强制平仓。

（二）报升规则

报升规则是指投资者融券卖出的申报价格不得低于该证券的最近成交价；如该证券当天还没有产生成交，融券卖出申报价格不得低于前收盘价的制度，低于上述价格的申报为无效申报。根据该规则，卖空的价格必须高于最新的成交价，该项规则起初是为了防止金融危机中的空头打压导致暴跌，旨在防范市场操纵风险。

报升规则源于美国，但由于推行 pilot 项目逐步取消报升规则，2007 年彻底废除该规则，在 2008 年的金融市场动荡中也未恢复报升规则。我国香港地区在 1996 年取消报升规则，后在 1998 年亚洲金融危机后，于 1998 年 9 月 7 日再度实施卖空价规则，此后香港证监局也曾于 2007 年考虑取消该限制，但至今未执行。欧洲地区一般不在卖空交易中设置该规则。

在我国，由于我国证券市场秩序有待完善，而融资融券产生的风险巨大，几大证券交易所均设立了报升规则，同时规定投资者在融券期间卖出通过其所有或控制的证券账户所持有与其融入证券相同证券的，其卖出该证券的价格也应当满足不低于最近成交价的要求，但超出融券数量的部分除外。因此，我国证券市场在推行融资融券初期将严格执行报升规则来规范卖空者的行为。

（三）裸卖空规则

裸卖空规则是指投资者本身不持有股票，同时也没有借入股票的情况下，只需缴纳一定保证金并在规定时间内借入股票并交付给买人者，这种卖空形式称为裸卖空。此种交易模式更大程度上加速了资金在资本市场与货币市场之间的流动速度，但由于该种交易模式容易导致不当的投机者操纵某类或某只股票股价，极大破坏交易秩序。裸卖空规则曾在美国证券市场大行其道。2008 年金融危机爆发后，各国监管机构认识到"裸卖空"行为对金融市场的危害，许多国家相继出台措施打击"裸卖空"。我国国务院于 2010 年 1 月 8 日原则同意开展证券公司融资融券业务试点，但明确坚决反对"裸买空"交易。

（四）优先偿还规则

优先偿还规则是指投资者卖出信用证券账户内证券或通过其信用证券账户委托券商买入证券，需优先偿还其融资欠款或融券数额。优先偿还规则可以根据投资者选择业务（融券或融资）不同划分两部分：第一，融资业务。投资者融资买入证券后，可以选择直接还款或卖券还款的方式偿还融入资金。投资者选择以直接还款方式，按与券商之间的约定办理；选择以卖券还款方式的，投资者通过其信用证券账户委托证券公司卖出证券，结算时投资者卖出证券所得资金直接划转至证券公司融资专用账户。第二，融券业务。投资者融券卖出后，可以通过直接还券或买券还券的方式偿还融入证券。投资者以直接还券方式偿还融入证券的，按与券商之间约定，以及交易所指定登记结算机构的有关规定办理。以买券还券偿还融入证券的，投资者通过其信用证券账户委托券商买入证券，结算时登记结算机构直接将投资者买入的证券划转至券商融券专用证券账户。

（五）其他规则

我国融资融券还有如下规则：投资者只能选定一家券商签订融资融券合同，在一个证券市场只能委托券商开立一个信用证券账户；投资者融资融券期限不得超过 6 个月；投资者申报数量为 100 股（份）或其整数倍；投资者信用证券账户也不得用于从事债券回购交易等。

第五节　证券场外交易

一、证券场外交易的概念、种类与利弊

证券场外交易，是指证券交易所以外，投资人通过相对买卖、拍卖、标购等方式买卖证券的合法交易。由于这种交易最初主要是各个证券商的柜台，因而场外交易市场也被称为店头交易或者柜台交易。

证券场外交易主要有四种形式：（1）柜台交易，又称店头市场，是指证券商在自己的业务经营场所直接同投资者进行证券买卖。柜台交易依证券商参与的方法不同，可分为自营买卖和代理买卖。自营买卖是指证券商以自己的名义和账户，用自己的资金买入证券，然后再以略高的价格卖出，其中的差价为证券自营商的利润。自营买卖交易的对方，既可以是其他证券商，也可以是投资者。代理买卖是指证券商接受投资者委托，代理投资者买卖证券的交易方式。（2）第三市场交易是指在证券交易所和证券经营机构之外进行的证券买卖行为。究其起源来看，第三市场交易的形成是为避开固定高昂佣金。在第三市场上，证券买卖双方当事人主要是证券商和机构投资者。（3）第四市场交易是指机构投资者绕过证券经纪人，彼此间在证券交易所之外直接利用计算机网络进行大宗证券交易，即利用证券报价系统进行的交易。第四市场交易主要有直接电脑交易和间接电脑交易。前者是指交易会员之间利用报价系统电脑终端，通过专用交易网络，进行询问、谈判和成交的交易方式。后者是指会员之间利用专用网络外的通信工具，如电话、电传等进行谈判，成交后以"成交报告书"的形式将交易结果通过终端输入报价系统的交易方式。

与证券场内交易相比，一方面，证券场外交易有其优势：（1）场外交易市场为那些不能上市或不愿上市的证券提供交易渠道和新的交易机会，为高质量证券提供了销售网络，降低公司的上市成本，有助于减少巨额证券交易的交易成本。（2）场外交易市场采取议价成交方式，有助于买卖双方的迅速成交。（3）场外交易市场为从证券交易所退市的证券提

供了一个交易的平台，有利于保护公司股东的合法权益。另一方面，场外交易有其不足：(1)场外交易市场组织性差，没有固定的集中场所，分散于各地，并且规模大小不一，这容易发生交易上的偏误行为。交易商分散化的缺点是投资者在转手交易中容易受到伤害，因为即使其他客户提供的报价更为理想，交易商仍按照自己的买卖报价与公众进行交易。另外，在做市商之间存在着为保持人为高水平价差而勾结的可能。① (2)场外交易的价格是通过商议达成，由于非集中竞价交易缺乏充分的竞争，使证券价格不能最大程度地接近自由市场的均衡价格。

二、证券场外交易方式

在证券场外交易中，投资人通过相对买卖、拍卖、标购等方式交易证券。相对买卖，即一个买主与一个卖主协议成交，或买卖双方按照各自的标准选择对方当事人，达成交易。拍卖，即一个卖主对多个买主，卖主与出价最高的买主达成交易。标购则是一个买主与多个卖主，买主与报价最低的卖主达成交易。场外交易的场所主要是证券商营业柜台、地方证券交易中心、证券报价系统等。

(一)柜台交易方式

证券商在自己业务经营场所，将未上市的证券或部分已上市的证券，直接与投资者进行买卖，称柜台交易。柜台交易仍要受到证券交易法规和规章的制约。柜台交易有如下两种形式：

第一，自营买卖。证券商以自己的名义和账户，用自己的资金买进证券，然后以较高价格卖出，其中差价为自营利润。自营买卖方式成本低、手续简便，投资人不需支付手续费，可直接银货两讫。自营买卖时，由证券商事先确定买卖价、挂牌显示，并根据行情变化适时调价，投资人认为牌价符合自己意愿即可按此成交，并填写成交单，成交单内容包括证券名称、数量、成交单位价和金额、投资人姓名、地址等，经证券商审查后即时现货交割。记名证券还需背书签章、填写过户申请书，由买入方向发行人办理过户手续。

第二，代理买卖。证券商接受投资人委托、代理委托人买卖证券。证券商完全以代理人身份出现，不垫资金、不赚差价、不拉风险，只收取一定的佣金。

代理买卖时，首先由投资人填写委托书，委托出售证券的，应出具"代理出售证券委托书"，明确出售证券的品种、数量、价格等，并注明证券号码、证券交付经营柜台交易的证券商，证券商验收无误后出具临时收据；投资人委托购入证券，应填写"代理购入证券委托书"，明确相应内容，并交存购买证券所需的全额保证金。委托买卖证券的价格有三种形式：一是限定价格，即高于或低于委托人限定价的均不可成交；二是限定价格幅度，即委托人确

---

① 参见宋晓燕：《证券法律制度的经济分析》，法律出版社 2009 年版，第 153～154 页。

定一价格浮动范围，由代理人根据最有利的价格成交；三是市场价格，即授权代理人以市场即时价格成交。委托期限也有当天有效、期限内有效和撤销前有效三种。

证券商受理委托后，根据委托人委托日期先后予以登记，然后将委托条件以挂牌形式告示，帮助物色交易对象，对象落实后，按价格优先、时间优先原则成交并填好成交单；也可根据委托指令，代委托人买卖指定的证券。

委托成交后，证券商应及时通知委托人办理成交手续，向买入证券的补收或退回买卖差价，向卖出证券的收取临时收据。向交易双方收取一定比例的手续费；若委托期内不能成交的，退回保证金或证券。记名证券成交后需办理过户手续。

柜台交易的行情信息由新闻媒介加以传播，作为投资者和证券商的参考。

（二）报价系统交易方式

国内外的证券报价系统都具有辅助证券交易的功能，即借助于报价系统、计算机系统和通信网络等，供会员证券商、投资人相互间完成谈判、交易过程。通常有以下几种交易方式：

第一，直接电脑交易。即会员之间利用报价系统电脑终端，通过专用交易网络，进行谈判和成交的交易方式。

第二，间接电脑交易。即会员之间通过专用交易网络外的通信工具（电话、电传等）进行谈判，成交后以"成交报告书"形成将交易结果通过终端输入报价系统网络的交易方式。

第三，订单成交。实为委托买卖，即会员将要求交易的证券价格、数量、买卖方向等以标准格式发送系统中心，由中心代为成交的交易方式。

三、我国典型的证券场外交易

我国股票市场曾经存在柜台交易市场等场外交易市场，到 20 世纪 90 年代清理整顿期间被先后取缔。不过，我国债券市场除两大证券交易所外，还有银行间债券市场等其他交易场所也一直存续下来。2001 年 6 月，我国正式开办代办股份转让系统，重启场外交易，尽管只是停留在中国证券业协会规范层次上。我国场外交易主要形式有代办股份转让系统、各地产权交易交易机构（区域性产权交易市场）以及 2008 年成立的天津股权交易所。根据我国《证券法》第 37 条，公开发行的证券，应当在依法设立的证券交易所上市交易或者在国务院批准的其他全国性证券交易场所交易。非公开发行的证券，可以在证券交易所、国务院批准的其他全国性证券交易场所、按照国务院规定设立的区域性股权市场转让。由此可知，在全国中小企业股份转让系统和区域股权市场的交易，[①] 以及银行间债券市场和商业银行柜台的交易都可以纳入我国的证券场外交易范畴。

---

① 参见周友苏：《证券法新论》，法律出版社 2020 年版，第 243~245 页。

全国中小企业股份转让系统("新三板")是主要为创新型、创业型、成长型中小微企业发展服务的证券市场，是经国务院批准设立的全国性证券交易场所，为证券转让提供相关设施和服务。可以在新三板转让的证券包括股票、可转换公司债券及其他证券品种；证券转让实行主承办券商制度；实行投资者适当性管理制度；证券转让主要采取竞价方式、协议方式和做市方式。

区域性股权市场是主要服务于所在省级行政区域内中小微企业的证券市场，也是地方政府扶持中小微企业政策措施的综合运用平台。按照《区域性股权市场监督管理试行办法》的规定，区域性股权市场的证券交易主要是"转让中小微企业股票、可转换为股票的公司债券和国务院有关部门认可的其他证券"，"未经国务院有关部门认可，不得在区域性股权市场转让除股票、可转换为股票的公司债券之外的其他证券"。区域性股权市场不得为所在省级行政区域外的企业股权转让提供服务。

【本章课外阅读材料】

中国银行原油宝事件分析①

一、"原油宝"事件的背景和经过

原油宝是中国银行于 2018 年 1 月开办的个人账户原油业务，是中国银行面向个人客户发行的挂钩境内外原油期货合约的交易产品。按照报价参考对象不同，包括美国原油产品和英国原油产品；其中美国原油对应的基准标的为"WTI 原油期货合约"，英国原油对应的基准标的为"布伦特原油期货合约"，并均以美元（USD）和人民币（CNY）计价。中国银行作为做市商提供报价并进行风险管理。中国银行在综合考虑全球相关原油市场价格走势、国内人民币汇率走势、市场流动性等因素的基础上向客户提供交易报价，并可根据市场情况对交易报价进行调整。个人客户在中国银行开立相应综合保证金账户，签订协议，并存入足额保证金后，实现做多与做空双向选择的原油交易工具。原油宝产品为不具备杠杆效应的交易类产品，按期次发布合约。同时，原油宝的交易起点数量为 1 桶，交易最小递增单位为 0.1 桶。原油宝的交易时间为周一至周五 8：00 至次日凌晨 2：00；伦敦冬令时（伦敦 10 月最后一个周日至次年 3 月最后一个周日）结束时间为次日凌晨 3：00；若为原油宝合约最后交易日，则交易时间为当日 8：00—22：00。

---

① 以下内容参见部慧、陆凤彬、魏云捷：《"原油宝"穿仓谁之过？我国商业银行产品创新的教训与反思》，载《管理评论》2020 年第 32 卷第 9 期；吴琼：《如何在国际市场上正确使用衍生金融工具——以"原油宝"为例》，载《湖北经济学院学报（人文社会科学版）》2021 年第 4 期；董彪《金融衍生品风险与责任配置的法律分析——以"原油宝"事件为例》，载《南方金融》2020 年第 9 期。

(一)"原油宝"客户穿仓风险事件的背景

中国银行的"原油宝"产品受到市场追捧。该产品的投资者对于原油价格波动的预测具有可选择性。"先买入、再卖出"的交易方式被称为多头或看涨方;"先卖出,后买入"的交易方式被称为空头或看从需求端来看,随着新冠肺炎疫情的影响①,全球性的宅家防疫抑制了国际上对于原油的需求②。而从供给端看,美国、俄罗斯、沙特三个世界主产油国无视全球石油消费需求的断崖式下跌,正进行一场持续激烈的石油价格战,使国际原油产能严重过剩③。原油供给端过剩而需求端不足的现状导致了2020年上半年原油市场的下跌行情。因此,市场对于这一产品的供需不均衡,国际原油价格呈现下跌趋势,原油市场低迷;加之席卷全球的新冠肺炎疫情让原油市场雪上加霜,自2020年伊始,骤降的石油需求量使得原油价格陷入"跌跌不休"的困境。由于原油市场低迷,2020年3月初原油暴跌之后,中行看到原油到达了历史上的低位,大力向投资者推荐原油宝产品,并表明产品风险较低,"诱导"投资者去投资,号召中国投资者去抄底。2020年4月16日,芝加哥商品交易所修改系统,允许5月期货价格是负数,为负油价做好相关准备,然而广大投资者并未事先收到中国银行任何风险提醒,原本就经过3月价格骤降的情况下,广大投资者抄底想法越来越强,又在中行对原油宝产品大力吹捧下,越来越多的中国投资者开始进军WIT原油期货市场,其投资额也越来越多。在4月20日原油期货价格跌破低价以-37.63美元/桶收盘中行"原油宝"投资者的仓位防线被击穿,资金亏损总计高达90亿元。

(二)"原油宝"客户穿仓风险事件的始末

在北京时间2020年4月21日凌晨WTI原油期货出现负油价后,当日中国银行在官网发布公告,称受WTI原油期货负结算价影响,美国原油合约暂停交易一天,并且声明"我行正积极联络CME,确认结算价格的有效性和相关结算安排"。4月22日,中国银行发布两则公告:一则公告了原油宝2020年4月20日合约结算价格;另一则公告声明了原油宝结算价和交易规则,指出"经我行审慎确认,美国时间2020年4月20日,WTI原油5月期货合约CME官方结算价-37.63美元/桶为有效价格。根据客户与我行签署的《中国银行股份有限公司金融市场个人产品协议》,我行原油宝产品的

---

① 受疫情全球蔓延影响,WTI原油主力合约收盘价2月底最后一周下跌11.8%。参见部慧、陆凤彬、魏云捷:《"原油宝"穿仓谁之过?我国商业银行产品创新的教训与反思》,载《管理评论》2020年第32卷第9期。

② 新冠疫情的爆发重创了全球经济,全球原油需求严重下滑。参见部慧、陆凤彬、魏云捷:《"原油宝"穿仓谁之过?我国商业银行产品创新的教训与反思》,载《管理评论》2020年第32卷第9期。

③ 原油供大于求,库存骤增,令原油价格承压。参见部慧、陆凤彬、魏云捷:《"原油宝"穿仓谁之过?我国商业银行产品创新的教训与反思》,载《管理评论》2020年第32卷第9期。

美国原油合约将参考 CME 官方结算价进行结算或移仓。同时，鉴于当前的市场风险和交割风险，我行自 4 月 22 日起暂停客户原油宝（包括美油、英油）新开仓交易，持仓客户的平仓交易不受影响"。4 月 22 日晚间中国银行还发布了一则原油宝业务情况说明公告。中国银行为原油宝清算致多头客户穿仓亏损的风险事件持续发酵，并引发了该产品投资交易者的相关投诉和维权事件。针对原油宝的风险事件，2020 年 4 月 24 日中国银行在官网发布公告进行了回应，公告中提及"针对'原油宝'产品挂钩 WTI5 月合约负结算价格事宜，中国银行持续与市场相关机构沟通，就 4 月 20 日市场异常表现进行交涉。中国银行将继续全力以赴维护客户利益，未来进展情况将适时与客户保持沟通"，并且声明中国银行将"全面审视产品设计、风险管控环节和流程，在法律框架下承担应有责任，与客户同舟共济，尽最大努力维护客户合法利益"。4 月 21 日凌晨负油价出现至 4 月 24 日期间，中国银行还有两次系统升级而暂停交易的公告声明，估计是为了应对负油价的出现以及给原油宝产品结算带来困难等进行的紧急处理。事件爆发后，原油宝客户陆续组团维权。中国银行在 4 月 24 日和 5 月 5 日先后发布了关于"原油宝"产品的有关说明和回应客户诉求的公告。中行表示，由于受全球疫情蔓延的影响原油市场波动始料未及，中行对此表示深切不安。中行方已经委托律师向 CME 发函，向其调查原油价格异常波动的原因，在接下来的进程中全面审视产品设计和风险控制流程，承担相应的法律责任，维护客户的合法利益、力图给投资者一个交代。在诉求公告中，中行这样表示，不仅多头客户在此次事件中产生了大幅亏损，中国银行也蒙受了损失。4 月 29 日，中国银行发布公告回应 24 日公告引发客户关注的相关问题并披露事件处理进展，公告称"将以对客户认真负责的态度，持续与客户沟通协商，在法律框架下承担应有责任""争取尽快拿出回应客户合理诉求的意见"，并指出"中国银行已委托律师正式向 CME 发函，敦促其调查 4 月 21 日原油期货市场价格异常波动的原因"。到 2020 年 5 月 16 日，据中国银行相关负责人透露，中行已经和超过 80% 的客户完成了和解。在此次和解协议中，中行认可其对合同中约定的 20% 强制平仓义务，承认自己在合同履行时出现的过错，并愿意为此承担责任。具体来说，有关投资者的负价亏损将由中国银行承担，并赔偿给投资者 20% 的补偿。各政府组织部门也作出了相应的指示。银保监会相关负责人表示正在高度关注此次风险事件，并在第一时间要求中行查清问题、依法解决，同时要求中行在处理问题过程中坚决维护客户的合法权益，提高产品管理能力、风险控制能力以及处理异常波动引起的风险管理能力。金融委主任在国务院金融稳定发展委员会第二十八次会议中也指出高度重视价格波动带来的金融产品风险问题，并且强调提高专业性、理清此次事件责任、保护投资者合法利益的重要性。

下图较为清晰地梳理了"原油宝"客户穿仓风险事件的经过①：

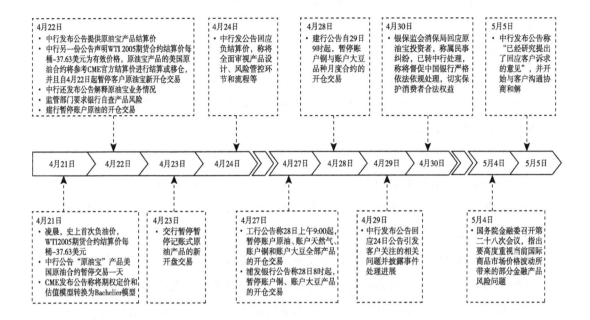

二、"原油宝"穿仓事件中法律问题

(一)原油宝产品设计的合规性问题

从原油宝的产品介绍和中国银行的一系列公告来看，中国银行疑似将原油宝宣传成经纪或者代理国际原油市场投资的产品。如果原油宝的产品是直接对应持有国际期货合约，那么原油宝产品涉嫌违规。因为我国并不允许个人投资境外衍生品市场，个人投资者只能通过投资QDⅡ募集资金的产品从而进入境外证券市场。② 从原油宝的产品描述来看，它显然不是一种向境内机构和个人投资者募集资金从而通过商业银行这类合格境内投资者投资境外市场的产品。③ 因此，这种产品是否符合监管要求存在疑问。

(二)金融机构投资者的适当性义务的理解

投资者的适当性义务在我国也被称为适当性管理制度，起源于英美金融市场，是

---

① 部慧、陆凤彬、魏云捷：《"原油宝"穿仓谁之过？我国商业银行产品创新的教训与反思》，载《管理评论》2020年第32卷第9期，第312页。

② 参见《合格境内机构投资者境外证券投资外汇管理规定》《关于〈信托公司受托境外理财业务管理暂行办法〉的通知》《金融机构衍生产品交易业务管理暂行办法》《合格境内机构投资者境外证券投资管理试行办》。

③ 部慧、陆凤彬、魏云捷：《"原油宝"穿仓谁之过？我国商业银行产品创新的教训与反思》，载《管理评论》2020年第32卷第9期。

指金融机构为客户提供购买特定金融产品的建议时应当保证该投资对该客户是适当的。①《证券法》第88条规定："证券公司向投资者销售证券、提供服务时，应当按照规定充分了解投资者的基本情况、财产状况、金融资产状况、投资知识和经验、专业能力等相关信息；如实说明证券、服务的重要内容，充分揭示投资风险；销售、提供与投资者上述状况相匹配的证券、服务。"《资管新规》第6条第1款规定了金融机构适当性义务的内容，包括了解客户义务、了解产品义务、客户与产品匹配义务以及风险揭示义务，第2款以及《九民纪要》第72条都明确提出了"买者自负、卖者尽责"的原则。因此，金融机构的适当性义务，主要体现在上述的"买者自负、卖者尽责"的原则。这一原则的法理基础如下：首先，对于"买者自负"原则，其逻辑基础是契约自由和意思自治，当事人出于自己真实的意思表示订立的契约，应当承担相应的法律后果以及风险。但这种"契约自由"建立在形式平等之上，其前提是当事人处于平等的地位。然而在现代社会的交易中，由于交易标的、交易过程的复杂性，交易双方的地位可能差别巨大，契约自由的绝对性广受质疑，买者自负原则也逐渐受到约束。金融交易尤其如此。在交易微观层面，金融产品的结构日益复杂、风险日益隐蔽，而金融机构日益庞大，作为买者的金融消费者与作为卖者的金融机构在信息、资金和地位等方面存在严重的不对称，从而买者自负原则可能成为金融机构侵害消费者的工具。在市场宏观层面，金融交易个体的风险容易传导、扩散和叠加，并最终演化为系统性的金融风险，出现所谓的"黑天鹅"和"灰犀牛"现象。② 因此，金融交易中买者自负的原则更需要进一步限制。因此通过"买者尽责"原则对买者自负加以约束。

"买者自负"和"卖者尽责"原则是一个有机整体，需要全面和准确理解，否则，将严重阻碍我国金融行业的市场化定价进程，衍生出逆向选择和道德风险等一系列问题。因此，需要进一步明确适当性义务(买者自负、买者尽责)的履行方式，判断标准、责任追究，完善和发展适当性义务的规则体系。

实践中，法院在裁判适当性义务时，通常会考虑金融机构了解客户、了解产品、适当匹配和风险揭示(告知说明)等义务。③ 除上述之外，适当性义务还要求金融机构

① Basel Committee on Banking Supervision, Customer Suitability in the Retail Sale of Financial Productsand Services 4, 2008, https：//www.iasplus.com/en/binary/crunch/0804jointforumretail.pdf, 2021年3月27日最后访问。

② 参见黄辉：《中国金融监管体制改革的逻辑与路径：国际经验与本土选择》，载《法学家》2019年第3期。

③ 黄辉：《金融机构的投资者适当性义务：实证研究与完善建议》，载《法学评论》2021年第39卷第2期。

投资者避免或适当处理利害冲突①，由于"原油宝"事件中几乎不涉及金融机构对该项义务的违反，因此本书对该项义务不予讨论。

了解客户的义务。对于该义务的履行，实践中往往流于形式。比如金融机构通常只是通过风险测评问卷的形式获取客户的信息。调查问卷简单明了、便于操作，金融机构甚至将客户填写问卷作为自己适当履行义务的理由。但现实中存在很多问题，最主要的就是这种风险测评问卷不完全可靠，因为填写的流程容易流于形式。在英国金融监察专员审理的一起案件中，金融机构通过一款名为"Fact Find"的调查文件了解投资者的风险承受水平，而投资者勾选了"适中"一栏，但实际上该投资者当时已经年逾半百，在金融产品到期前可能已经退休，因此，金融机构最终被认定违反适当性义务。② 因此，机构不能只是因为投资者填完问卷就认为自己已经履行了适应性义务，还需要进行一定的审查。如果投资者在填写问卷时出现明显可疑的信息，需要提醒投资者确认。比如，一个年轻的投资者是刚毕业参加工作，但填写自己有百万年薪，这显然有悖常理，因此，金融机构应当进行适当的询问和审查，而不能仅仅"照单全收"地走流程。

了解产品的义务。金融机构应当实事求是地对产品进行风险评测，并按照就高不就低的原则将风险等级告知投资者，让投资者在充分了解产品的各种风险信息之后再进行相应地购买。了解产品义务的问题在中行原油宝事件中非常突出。原油宝产品属于场外衍生品，且价格挂钩境外期货交易所合约，涉及很多风险因素，中行却将原油宝产品的风险评级为 R3，即中风险，③ 严重低估了产品的风险，最终给消费者带来无法挽回的财产损失。

风险提示(告知义务)。如上所述，在金融衍生品交易中，金融机构与投资者处于明显的信息不对称地位，二者形式上的平等容易掩盖实质上的不平等。为了保障投资者的合法权益，金融机构需要如实宣传、披露信息，不能片面夸大投资收益，淡化风险，不能进行明示或默示的风险预测或保障。金融机构对金融产品进行风险说明是投资者进行风险判断的重要基础，是金融消费者承担风险责任的前提。《九民纪要》第76 条"告知说明义务"、第 77 条"损失赔偿数额"对此进行了明确规定。金融衍生品合同通常采用格式合同的形式，金融机构需要就合同中风险事项条款对投资者进行提示并明确说明。

---

① 参见张敏捷：《投资者适当性原则研究》，载《理论与改革》2013 年第 5 期。

② Financial Ombudsman Service, Ombudsman News, Issue 44, March 2005, http://www.financial-ombudsman. org. uk/publications/ombudsman-news/44/44_risk. htm#cs14，2021 年 3 月 27 日最后访问。

③ 中国财富管理 50 人论坛课题组：《有序发展场外衍生品市场，丰富多层次金融市场——由中行原油宝案例引发的思考》(2020 年 5 月 15 日)。

适当匹配义务是在了解客户和产品的基础上将二者进行匹配。现实中，通常会将客户和产品分别进行评级，匹配起来比较直观。需要注意，匹配的适当性有两个维度，即"质"的适当性和"量"的适当性。"质"的适当性是指金融产品在通常意义上适合相关投资者，包括收益、风险和投资期限等方面的考量。[1] 在美国，FINRA 通过投资者总体性和特定性两个层次规定了"质"的适当性。首先，金融机构负有一般性的"合理基础的义务"，即金融机构应当基于合理的审慎调查、有合理的基础相信其推荐的产品对于一类投资者总体而言是适当的，即至少是适合部分投资者的。其次，金融机构负有针对特定投资者的义务，即金融机构具有合理的基础相信其推荐的产品对于特定投资者是适当的。[2] 在中行原油宝事件中，原油宝属于高度复杂的场外衍生品，金融机构却将其推荐给普通的个人投资者，这在"质"的维度上违反了适当匹配义务。同时，我们还需要关注"量"的维度，这就需要金融机构遵守"数量适当性规则"。数量适当性规则，是指鉴于投资者的特定投资状况，金融机构提出的一系列有关金融交易的建议对于投资者来说并不过量，即金融机构的推介行为不能过量，禁止频繁交易等不当行为。这一规则的立法目的是规制金融机构的过度交易行为。实践中很难提供单一的标准来界定过度交易行为，但下列因素可以提供证据证明金融机构及其从业人员违反数量适当性义务：如投资者账户中的周转率、成本权益比例、卖出和买入交易等。[3]

同时，应当区分适当性义务与合格投资者制度。实现投资者适当性的途径既包括适当性义务，也包括合格投资者制度，二者既有联系，也有区别。合格投资者制度通常从投资者的风险识别能力和风险承受能力等维度设定门槛，包括财务条件、专业技能、职业资格和从业经验多元化标准，是一种事前的监管，对投资者进行筛选，只让符合某些条件的投资者进入市场。而投资者适当性义务是一种事中监管，关注金融机构与消费者的交易过程。《证券法》第88、89 条规定了普通投资者和合格投资者在举证要求上的区别：在原告是普通投资者时，适当性义务违反的举证责任转移到了证券公司。

最后，如果双方之间的信义关系是持续性的，金融机构的适当性义务不能仅限于合同订立之时，合同成立之后依然存在适当性义务的履行：在"了解客户"和"了解产品"方面都需要进行持续追踪。金融机构及其从业人员亦应持续跟踪和评估客户的投资状况(如客户的年龄、财务状况等情况发生重大变化)和金融产品情况(如投资产品

---

① 黄辉：《金融机构的投资者适当性义务：实证研究与完善建议》，载《法学评论》2021 年第 39 卷第 2 期。

② 参见 FINRA's New Suitability Rule 2111(5)(a)&(b)。

③ 参见 FINRA's New Suitability Rule 2111。

发生重大特征变化从而导致其风险和收益情况发生重大变化），始终确保金融机构所提供的金融产品或投资策略适合客户，在出现重大情况变化时应当及时告知投资者和采取相关措施。比如，如果发现客户出现风险认知或承受方面的重大变化，就需要提醒客户并重新进行风险测评；同样，如果产品风险出现重大变化，也需要及时通知客户。

分析：中国银行的行为是否违反了适当性义务？

金融机构的适当性义务主要体现在两个时间段：第一，在缔约过程中，适当性义务为先合同义务，金融机构违反特定的适当义务给投资者造成的损害的，应当承担缔约过失责任；第二，在合同订立之后履行过程中，适当性义务作为金融机构必须遵守的法定义务，对该项义务的违反需要承担违约责任。

首先，原油宝产品属于场外衍生品，涉及很多风险因素，是一个风险等级极高的类期货产品。其风险之高主要体现在：第一，原油宝产品的标的物是国际原油期货，价格挂钩境外期货交易所合约，原油期货具有较高的门槛，普通投资者难以参与其中。中国银行此次连接了国际市场和国内投资者，具有较低的投资起点。第二，原油宝实行的是无杠杆交易，不存在用少量的资金撬动资金的作用，当原油的市场价格变动时，投资者的资金也会发生相应的变动，一旦原油宝价格跌为负值，投资者就需要通过增加保证金去弥补持仓亏损。第三，原油宝交易中投资者并不具有与风险相匹配的自主交易权利，按照期货的交易规则，投资者可以进行实物交割。原油宝的投资散户不具备这样的条件，由于大部分的原油期货都不需要真正交收，通常是在到期日之前平仓或者转仓，银行作为虚拟交易所，是无法给投资者进行现货交收的。面对如此风险，中国银行却将原油宝产品的风险评级为R3，即中风险，严重低估了产品的风险，最终给消费者带来无法挽回的财产损失。可见，中国银行没有尽到"了解产品"的义务。

其次，中国银行需要对"原油宝"产品中的风险事项条款进行提示和明确说明。金融机构不能片面夸大投资收益，淡化风险，不能进行明示或默示的风险预测或保障。"原油宝"产品宣传中出现"抓住一波活久见的原油行情机会，收益率超过37%，仅仅用了5天"等描述是对过去存在现象的描述[1]，并非对投资者未来收益的承诺，但是有一定的暗示作用，客观上具有夸大投资收益、弱化风险和责任的作用，存在误导之嫌，确有不妥，显然违背了"风险告知"的义务。

如上所述，原油期货具有较高的门槛，普通的投资者往往难以进入该交易市场，

---

[1] 邓雅曼、周琦：《追问中行"原油宝"事件：高风险产品为何变为常规理财》，载《中国经济周刊》2020年第8期。

但中国银行为了吸引投资者在宣传初期就宣称投资小白也可以进行投资，将如此高风险的投资行为推荐给对期货市场一窍不通的"小白"，是极不负责任的行为，没有尽到"适当的匹配义务"。

由于中国银行和投资者之间存在持续性的信义关系，对于合同订立之后，中国银行应当根据客户信息和金融产品的变化情况，及时评估产品风险并反馈给投资者，尽到必要的风险提示义务，并作出相应的策略调整，采取相关的措施，确保金融产品始终适合投资者。此时适当性义务属于合同的附随义务。中国银行和客户签订的产品协议有以下条款："在市场波动时，乙方(即银行)向甲方发出的任何警示信息均视为乙方增值服务而非约定义务。"显然，中国银行试图排除中行在市场发生波动时提醒投资者的义务。但这种义务是适当性义务的应有之义，而适当性义务是法定义务，不能通过合同予以排除。因此，该条款的存在亦不影响中国银行在合同订立后仍需要履行适当性义务。

虽然在4月24日的公告里中国银行声明："自4月6日起，中国银行通过短信、电话、公众号、官方微博等多种渠道，向'原油宝'客户多次进行针对性风险提示，特别是4月15日以后，每日向客户进行风险提示。"但是，中国银行在此次事件中未能充分监测客户保证金账户，未能在账户金额不足以维持持仓头寸时发出预警或者进行相应的强制平仓处理等操作。由此可见，在合同订立之后，中国银行违反了适当性义务，应当承担相应的违约责任。

综上所述，在交易的订立阶段，中国银行没有尽到必要的审查、通知、提醒义务，违反了适当性义务中"了解产品和客户""适当匹配""风险提示"等先合同义务，主观上存在过错，应当承担缔约过失责任；在合同订立之后，中国银行在履行过程中也违反了适当性义务，应当承担违约责任。

(三)原油宝"穿仓"风险负担问题

如上所述，"买者自负"和"买者尽责"原则是一个有机整体，需要全面和准确理解。对于二者的平衡，主要涉及原油宝"穿仓"风险分配和责任负担问题。"卖者尽责"并非"卖者全责"，卖者不能承担全部的责任，在一定程度上投资者风险自担具有合理性。

中国银行与投资者之间形成的法律关系并非委托代理关系、行纪关系或信托关系，中国银行不是代投资者进行境外期货交易的中介人。[①] 中国银行不向"原油宝"产品投资者提供杠杆，投资最大损失控制在投资额范围内，最坏的结果是在最后交易日

---

① 董彪：《金融衍生品风险与责任配置的法律分析——以"原油宝"事件为例》，载《南方金融》2020年第9期。

以零价格被平仓，也就是说，"原油宝"产品设计之初并未考虑依负值价格结算的问题。[①]

金融机构与投资者订立《产品协议》表明投资者愿意在可预料的范围内承担亏损的风险，由于国际原油期货合约并未出现过负值价格，对于金融机构和看涨投资者而言，其可预料的价格范围是大于零，因此，在此范围内因原油市场价格波动产生的亏损和收益应由投资者享有或承担。如果将所有风险都集中于金融机构，令其承担全部损失，一方面有违契约精神，会不合理地增加金融机构的负担，不利于金融产业的发展；另一方面会放大投资者的侥幸心理，不利于培养投资者的风险意识和谨慎意识。

分析："穿仓"的风险谁来承担？

如上所述，从外部因素来看，"负油价"的产生主要是因为以下两个原因：第一，新冠疫情的影响；第二，原油供大于求。金融衍生品的价格波动应当是交易主体合理预期之内的事项，但这只是对于合理的价格波动而言，当金融衍生品价格波动超过了当事人订立合同时预期的范围时，当事人可以适用情势变更原则。[②] 原油期货市场价格波动的范围显然超出了投资者和中国银行的预期，对于超出合同当事人预期的风险责任，存在情势变更原则的适用空间。也就是说，就中国银行与投资者在订立合同时未曾预见到的负值结算部分，可以有条件地适用情势变更原则部分变更或者解除合同。

综上所述，对于原油宝"穿仓"造成的投资者损失，中国银行可依据情势变更原则请求变更合同或者解除合同；对于原油期货的正常价格波动(零以上)，属于正常的风险，应当由投资者自担；投资者和金融机构(中国银行)在订立合同(产品协议)以及合同履行期间，中国银行违反了适当性义务而对投资者造成的损害，应当承担赔偿责任。

(四)原油宝风险事件的教训和反思

为了应对诸如此类"黑天鹅"金融风险，一方面应当加强金融监管，完善金融机构的适当性义务；另一方面，金融机构应当利用投资者教育、风险案例讲解、创新告知说明模式、提高回访率等形式对于投资活动的不同风险环节展开相应的培训活动，提升广大投资者的合规观念与风险观念。

第一，监管部门应当加强对金融机构特别是商业银行发行虚拟交易类结构性衍生品的监管，健全相关内部规章制度。如果从原油宝的推出机构的视角进行监管，此次

① 董彪：《金融衍生品风险与责任配置的法律分析——以"原油宝"事件为例》，载《南方金融》2020年第9期。

② 韩强：《情势变更原则的类型化研究》，载《法学研究》2010年第32卷第4期。

事件应当是由银保监会负责，然而原油宝的本质属于期货合约产品，但同时又不同于具有标准化特征的场内交易产品。可见，这款产品监管的归属无法确认、监管边界无法界定。因此，这类产品的监管存在盲区，存在安全隐患。切实可行的监管是稳定市场投资者情绪的保障。但是在保证相关制度稳定实施的同时，也要给予市场一定的自由，来释放市场的活力，并通过相关经验总结，稳定金融市场成果。

第二，进一步完善和明确金融机构的适当性义务，明确划分中国银行和投资者各自应当承担的责任。

第三，当金融机构特别是商业银行发行高风险产品时，建议监管机构可要求金融机构进行必要的投资者教育、投资者风险评估以及产品风险匹配分析。在产品投资的过程中，存在老年人，教育经历缺乏、未进行过投资的金融"小白"，他们往往不了解投资的风险，对具体的操作也欠缺经验。金融机构应当利用投资者教育、风险案例讲解、创新告知说明模式、提高回访率等形式对于投资活动的不同风险环节展开相应的培训活动，提升广大投资者的合规观念与风险观念，尽量降低其中存在的操作风险。①

第四，培养专业人才以提升金融机构自身的产品设计能力和风险管理能力。为了避免不断在国际衍生品市场上"交学费"，除了加强高等教育之外，应大力发展我国的期货市场。利用这个市场，培养期货、期权等衍生品产品设计和交易的专业人才。

第五，进一步完善金融市场一体化监管体系，改进对金融产品的监管方法，加大国际金融监管合作力度，提升跨市场监管能力。

---

① 高卜元：《金融机构践行适当性原则的路径——以中行原油宝事件为例》，载《现代商贸工业》2021年第42卷第11期。

第五章 上市公司收购制度

第一节 上市公司收购概述

一、上市公司收购的概念与特征

上市公司收购，是指投资者通过依法取得上市公司有表决权股份等方式和途径，以实现上市公司控制权的行为。上市公司收购在世界各国和地区证券法中的含义并不完全相同，一般有广义和狭义之分。狭义的上市公司收购即要约收购，是指收购人通过向目标公司股东发出收购要约的方式购买该公司有表决权证券的行为（美国称之为 tender offer，英国称之为 take-over bid）；广义的上市公司收购，除要约收购以外，还包括协议收购等方式，我国《证券法》中的上市公司收购属于广义的含义。根据我国《上市公司收购管理办法》规定，上市公司收购是指收购人通过取得股份的方式，或者通过投资关系、协议、其他安排的途径，或者同时采取上述方式和途径取得或者可以取得公司实际控制权的行为。

上市公司收购是各国证券市场发展过程中的必然现象。自 20 世纪 60 年代初以来，美、英等国家的企业为寻求多元化经营，纷纷采取收购方式扩张营业范围和规模，造成全世界第三次"并购热潮"，其中以公开要约收购作为上市公司收购方式的次数及所涉及股票的价值有显著增长。现行的民法、合同法以及证券法中的一般规定，已不能全面规范上市公司收购的行为，以确保证券交易中的"公开、公平、公正"的理念。为此许多国家和地区纷纷以单行法形式来规范上市公司收购行为。世界各国或者地区的公司收购立法模式大致有两类：一是主要通过市场自律规则来规范公司收购，如英国、德国、新加坡、中国香港地区等，最具有代表性的是 1968 年英国《伦敦城收购与合并法典》（*Merger and Takeover Code*，以下简称《城市法典》）；另一种则主要通过法律强制力规则来调整收购行为，如美国、法国、加拿大、西班牙等，美国的《威廉姆斯法案》（*Willianms Act*）最具有代表性。

我国证券市场自从 1993 年 9 月"宝延风波"拉开了上市公司收购的帷幕后，在前后不到 1 年的时间里，就接连不断地发生了"万科控股申化""恒通控股棱光""康恩贝控股浙凤凰"等十几起控股事件。1997 年我国政府加大国企改革力度，出台的多数措施均涉及企业并购与重组。一时间并购热浪席卷华夏大地，企业并购成为中国证券市场上一个兴盛不衰的话题，这表明上市公司收购条件已经基本形成。然而，我国上市公司收购立法严重滞后。为规范收购行为，1993 年颁布的《股票发行与交易管理暂行条例》作了相应规定，但关于收购问题仅有 7 个条款，过于简单、原则，不便于实际操作。因此，在收购活动中不可避免地出现了信息披露不规范、内幕交易、操纵股市等问题，损害了广大投资者利益和证券市场的健康发展。1999 年 12 月 29 日通过的《证券法》因应中国证券市场规范上市公司收购行为之需要，在第四章(共 17 条)专门规定"上市公司收购"制度，至此我国上市公司收购立法体系初步建立。2005 年 10 月对《证券法》进行了较大幅度修改，关于上市公司收购共有 17 个法律条文，进一步完善了上市公司收购法律制度。2019 年对《证券法》再次进行修改，其中对上市公司收购制度也进行相应修订，主要针对大额股份权益变动信息披露制度、要约收购制度、收购人持有目标公司股票的转让期限以及上市公司分立、合并予以规定。2006 年 5 月中国证监会修改《上市公司收购管理办法》，成为上市公司收购最详细的法规性文件。之后，中国证监会因应我国资本市场和相关法律变革对该文件于 2008 年 8 月、2012 年 2 月、2014 年 10 月、2020 年 3 月进行四次修改。从现行立法看，我国《证券法》对上市公司收购的政策取向持鼓励态度，而不是抑制收购，我们更需要通过收购来优化资源配置，提高经济效益。

从各国立法与实务来看，上市公司收购具有以下法律特征：

第一，上市公司收购的主体是投资者。上市公司收购是由投资者进行的。上市公司收购是证券投资者的一种市场法律行为。依各国有关法律规定，上市公司收购的主体可以是目标公司发起人以外的任何人。从各国上市公司收购实践看，收购人不仅有上市公司，也有非上市公司；不仅有法人，也有个人及其他投资者。

我国《证券法》对可以收购上市公司的"投资者"范围没有具体限制规定，依法成为上市公司收购主体的可以是机构投资者，也可以是个人投资者。值得注意，1993 年 4 月颁布的《股票发行与交易管理暂行条例》曾经有过不同的规定，当时上市公司收购的主体仅限于境内法人及境外投资者，境内个人不能成为收购主体。《证券法》的规定则不区分自然人与法人，而是统称为"投资者"，这意味着自然人可以参加上市公司收购活动，收购上市公司股权，这无疑是一种进步。从世界范围来看，这样规定是与各国有关法律及实践相通的。需要明确的是，中国证监会根据法律授权制定规范性文件明确规定不得收购上市公司的情形。根据《上市公司收购管理办法》第 6 条的规定，有下列情形之一的，不得收购上市公司：(1)收购人负有数额较大债务，到期未清偿，且处于持续状态；(2)收购人最近 3 年有重大违法行为或者涉嫌有重大违法行为；(3)收购人最近 3 年有严重的证券市场失信行为；（4）收购人为自然人的，存在《公司法》第178条规定情形；[①]（5）法律、行政法规规定以及中国证监会认定的不得收购上市公司的其他情形。我国《证券法》将"一致行动人"也纳入上市公司收购主体范畴。

需要指出，既然上市公司收购是对某一上市公司的收购，是一种股权转让行为，目标公司及其发起人本身除法律有特殊规定场合不能成为收购主体。根据《公司法》第162条的规定，公司不得收购本公司的股票，但有如下几种例外：（1）减少公司注册资本；（2）与持有本公司股份的其他公司合并；（3）将股份用于员工持股计划或者股权激励；（4）股东因对股东大会作出的公司合并、分立决议持异议，要求公司收购其股份；（5）将股份用于转换上市公司发行的可转换为股票的公司债券；（6）上市公司为维护公司价值及股东权益所必需。这意味着，公司在一般情况下不能成为本公司股份的收购者，在特殊情况下依法收购本公司股份的行为，属于公司股份回购，而非上市公司收购行为。

第二，上市公司收购是以上市公司为目标公司的收购，即上市公司收购的对象是其股份已依法发行上市的股份有限公司。上市公司收购与其他公司收购的最大区别，在于其收购目标的特殊性。上市公司收购，即以上市公司作为收购目标或称靶子公司。所谓上市公司，依《公司法》第134条规定，是指其股票在证券交易所上市交易的股份有限公司。需要明确的是，在香港联合交易所上市股份有限公司，也属我国境内上市公司，以其为目标的收购也属上市公司收购，但对其的管理适用香港特别行政区法律的特别规定，我国《证券法》对其不予以调整。

第三，收购方式及实施行为的法定化。[②]收购方式的法定化是指投资者应当按照证券法规定的方式进行收购。根据证券法律规定，我国上市公司收购的常见方式包括要约收购、协议收购、集中竞价交易以及通过认购股份的收购；《证券法》规定的"其他合法方式"则包括国有股权行政划转、司法裁决、继承、赠与以及证券监管机构根据法律授权认定的其他方式。实施行为的法定化主要指投资者应通过证券交易所的证券交易进行收购，即在"场内"完成收购。上市公司收购方式中，要约收购和集中竞价交易收购通过证券交易系统实现；协议收购及国有股权划转等虽不通过集中竞价方式进行，但也需要获得证券交易所的确认后进行过户登记，因而仍属于"场内交易"。

---

① 《公司法》第178条规定："有下列情形之一的，不得担任公司的董事、监事、高级管理人员：（一）无民事行为能力或者限制民事行为能力；（二）因贪污、贿赂、侵占财产、挪用财产或者破坏社会主义市场经济秩序，被判处刑罚，或者因犯罪被剥夺政治权利，执行期满未逾五年，被宣告缓刑的，自缓刑考验期满之日起未逾二年；（三）担任破产清算的公司、企业的董事或者厂长、经理，对该公司、企业的破产负有个人责任的，自该公司、企业破产清算完结之日起未逾三年；（四）担任因违法被吊销营业执照、责令关闭的公司、企业的法定代表人，并负有个人责任的，自该公司、企业被吊销营业执照、责令关闭之日起未逾三年；（五）个人因所负数额较大债务到期未清偿被人民法院列为失信被执行人。"

② 参见周友苏：《证券法新论》，法律出版社2020年版，第261页。

第四，上市公司收购人收购上市公司最主要目的是获得对该公司的控制权，这是上市公司收购与一般证券买卖行为的根本区别，也是从主观上界定上市公司收购的标准。收购者的行为目的不是或者说主要是谋取差额利润，而在于通过收购行为获得对上市公司的控制权。上市公司收购的直接目的是收集目标公司依法发行的股份达到足够的比例，以获得对目标公司的控制权或者对其兼并；而且，它既可以通过在证券交易所集中竞价交易购买上市公司已上市流通的股份，也以在场外以协议受让方式购买其非上市流通的股份。

对于确定控制权的持股规模，各国(地区)解释和立法不一。例如，香港为 35%，英国为 30%，新加坡为 25%，澳大利亚和加拿大安大略省是 20%，日本与加拿大联邦是 10%。1992 年《深圳市上市公司监管暂行办法》第 47 条将"控制权"定义为"拥有一家上市公司 25%以上的股份或投票权"，而《公司法》《证券法》对此没有明确规定。根据《证券法》的相关规定，投资者通过证券交易所的证券交易，投资者持有或者通过协议、其他安排与他人共同持有一个上市公司已发行的有表决权股份达到 5%时，就必须遵守证券法关于上市公司收购的规定；通过证券交易所的证券交易，投资者持有或者通过协议、其他安排与他人共同持有一个上市公司已发行的有表决权股份达到 30%时，继续进行收购的，就必须进入要约收购的法律程序；采取协议收购方式的，收购人收购或者通过协议、其他安排与他人共同收购一个上市公司已发行的有表决权股份达到 30%时，继续进行收购的，就必须遵守证券法关于上市公司收购的规定。根据《上市公司收购管理办法》第 84 条的规定，有下列情形之一的，为拥有上市公司控制权：(1)投资者为上市公司持股 50%以上的控股股东；(2)投资者可以实际支配上市公司股份表决权超过 30%；(3)投资者通过实际支配上市公司股份表决权能够决定公司董事会半数以上成员选任；(4)投资者依其可实际支配的上市公司股份表决权足以对公司股东大会的决议产生重大影响；(5)中国证监会认定的其他情形。

二、上市公司收购的主体与客体

上市公司收购是证券投资者进行的一种市场法律行为。依各国有关法律规定，上市公司收购的主体可以是目标公司发起人以外的任何人。从各国上市公司收购实践看，收购人不仅有上市公司，也有非上市公司；不仅有法人，也有个人及其他投资者。

我国《证券法》对可以收购上市公司的"投资者"的范围没有具体的限制性规定，依法成为上市公司收购主体的可以是机构投资者，也可以是个人投资者。值得注意的是，1993年 4 月颁布的《股票发行与交易管理暂行条例》曾有过不同规定，当时上市公司收购主体仅限于境内法人及境外投资者，境内个人不能成为收购主体。《证券法》则不区分自然人与法人，而是统称为"投资者"，这意味着自然人可以参加上市公司收购，这无疑是一种进步。

从世界范围看，这样的规定是与各国有关法律及实践是相通的。

根据我国《证券法》的规定，上市公司收购的主体包括投资者及其一致行动人。根据《上市公司收购管理办法》第83条的规定，一致行动，是指投资者通过协议、其他安排，与其他投资者共同扩大其所能够支配的一个上市公司股份表决权数量的行为或者事实。在上市公司的收购及相关股份权益变动活动中有一致行动情形的投资者，互为一致行动人。如无相反证据，投资者有下列情形之一的，为一致行动人：(1)投资者之间有股权控制关系；(2)投资者受同一主体控制；(3)投资者的董事、监事或者高级管理人员中的主要成员，同时在另一个投资者担任董事、监事或者高级管理人员；(4)投资者参股另一投资者，可以对参股公司的重大决策产生重大影响；(5)银行以外的其他法人、其他组织和自然人为投资者取得相关股份提供融资安排；(6)投资者之间存在合伙、合作、联营等其他经济利益关系；(7)持有投资者30%以上股份的自然人，与投资者持有同一上市公司股份；(8)在投资者任职的董事、监事及高级管理人员，与投资者持有同一上市公司股份；(9)持有投资者30%以上股份的自然人和在投资者任职的董事、监事及高级管理人员，其父母、配偶、子女及其配偶、配偶的父母、兄弟姐妹及其配偶、配偶的兄弟姐妹及其配偶等亲属，与投资者持有同一上市公司股份；(10)在上市公司任职的董事、监事、高级管理人员及其前项所述亲属同时持有本公司股份的，或者与其自己或者其前项所述亲属直接或者间接控制的企业同时持有本公司股份；(11)上市公司董事、监事、高级管理人员和员工与其所控制或者委托的法人或者其他组织持有本公司股份；(12)投资者之间具有其他关联关系。

一致行动人应当合并计算其所持有的股份。投资者计算其所持有的股份，应当包括登记在其名下的股份，也包括登记在其一致行动人名下的股份。投资者认为其与他人不应被视为一致行动人的，可以向中国证监会提供相反证据。

需要指出，既然上市公司收购是对某一上市公司的收购，是一种股权转让行为，目标公司及其发起人本身除法律有特殊规定的场合不能成为收购主体。根据《公司法》第162条的规定，公司不得收购本公司的股票，但有如下几种例外：(1)减少公司注册资本；(2)与持有本公司股份的其他公司合并；(3)将股份用于员工持股计划或者股权激励；(4)股东因对股东大会作出的公司合并、分立决议持异议，要求公司收购其股份；(5)将股份用于转换上市公司发行的可转换为股票的公司债券；(6)上市公司为维护公司价值及股东权益所必需。这意味着，公司一般情况下不能成为本公司股份的收购者，在特殊情况下依法收购本公司股份的行为，属于公司股份回购，而非上市公司收购行为。

上市公司收购是以上市公司为目标公司的收购，即上市公司收购的对象是目标公司已经依法发行的股份。在2005年《证券法》颁布前，我国相关公司收购法律、法规及行政规章均直接或间接地将上市公司已发行的股份作为上市公司收购的客体。上市公司收购人进行收购的目的在于获取目标公司的控制权甚至通过收购将其予以兼并，因此，作为上市公司收购客体的股份应当是具有表决权的股份，否则，获取无表决权股份对于目标公司控制权没有意义。从实践看，我国上市公司发行的股份均为有表决权的普通股，还未出现无表决权的特别股。资本市场实践终究会产生符合投资者意愿的各种类别股份，目前已经在科创板上市公司中出现了超级表决权股份，将来也可能会出现无表决权股份。对于这种情形，将来的证券法律法规应当根据实际情况对上市公司收购客体进行明确规定。

根据 2005 年《证券法》及 2006 年《上市公司收购管理办法》，上市公司收购的客体不限于上市公司已经发行的股份，还包括通过股东投票权委托征集、股东投票权信托等非股份转让方式获得的投票权。此外，除了发行在外的有表决权股票外，能够对上市公司控制权产生影响的还有其他将来可以获得表决权的证券，如可转换公司债券、新股认股权证等。① 2019 年《证券法》将股东权利征集纳入"第六章投资者保护"之中，但是从其能够获得影响公司重大决策的投票权看，类似作为上市公司收购客体予以对待比较合理。

三、上市公司收购的分类

上市公司收购，依照不同的标准可以作不同的分类。

(一)要约收购、协议收购、认购股份和其他方式

按照收购采取的形式不同，可将收购分为要约收购、协议收购、认购股份和其他方式。要约收购是指收购人通过公开向目标公司股东发出收购要约的方式进行收购；协议收购则是收购人通过同目标公司的部分或全体股东达成收购协议的方式进行收购；认购股份的收购是指投资者通过认购上市公司公开或者非公开发行的股份，从而获得或者巩固收购人对上市公司控制权的行为；② 其他方式是指除了上述之外而由法律规定的收购方式。

一般而言，要约收购方式主要发生在目标公司的股权较为分散、公司控制权与股东分离情况下。协议收购方式多发生在目标公司股权较为集中的情况下，特别是目标公司存在控股股东时，收购者往往与目标公司控股股东协商，通过购买控股股东的股权来控制该公司。认购股份的收购则指向上市公司发行的增量股份进行的收购。其他收购方式包括通过投资关系、协议及其他安排成为公司实际控制人、国有股权行政划拨、法院裁判、继承、赠与等方式取得公司控制权。

我国《证券法》出台前，1993 年《股票发行与交易暂行条例》只对上市公司要约收购作出规定，对协议收购未作规定。2005 年《证券法》第 95 条规定："投资者可以采用要约收

---

① 参见范健、王建文：《证券法》(第二版)，法律出版社 2010 年版，第 205~206 页。
② 参见周友苏：《证券法新论》，法律出版社 2020 年版，第 266 页。

购、协议收购及其他合法方式。"2006年《上市公司收购管理办法》明确规定了要约收购、协议收购及间接收购等方式。现行《证券法》《上市公司收购管理办法》则对要约收购、协议收购、间接收购、其他方式收购予以明确规定。

（二）部分收购与全面收购

根据收购人预定收购目标公司股份数量的不同，可将收购分为部分收购与全面收购。部分收购是指收购人收购目标公司发行在外的一定比例或数量的股份而获得对目标公司相对控股权的收购行为；全面收购是指收购人收购目标公司发行在外的全部股份而获得对目标公司的绝对控股权的收购行为。各国和地区的立法对股份数量的界定和股份种类的限制不尽相同。如我国深圳有关法规曾规定，部分收购是指收购一家上市公司股份或投票权累计达25%以上，但少于100%的股份或投票权的行为，而将全面收购规定为收购一上市公司100%的股份或投票权的行为。

全面收购是各国收购立法规定的主要内容之一，通常都制定有强制收购制度，即当投资者持有一家上市公司发行上市的股份达到一定的比例时，有义务进行全面收购。这是因为部分收购往往会给投资者利益带来直接的和间接的负面影响，而全面收购会使投资者有更多的选择机会，较好地体现证券法保护投资者利益的原则。英国《城市法典》、香港《公司收购及合并守则》等对部分收购均表示出了比较强烈的敌意态度，要求收购人在许多情况下承担发出全面收购要约的法律义务。

（三）强制收购与自愿收购

以是否构成法律义务为标准，上市公司收购可分为强制收购和自愿收购。

强制收购，指收购者在持有目标公司股份达到一定比例时，依法必须向该公司所有股东发出收购该公司其余全部股份的收购要约的收购行为。强制收购制度的目的主要在于保证目标公司小股东的合法权益，防止操纵市场行为的发生。我国《证券法》规定了强制收购制度，其中，第65条规定，通过证券交易所的证券交易，投资者持有或者通过协议、其他安排与他人共同持有一个上市公司已发行的有表决权股份达到30%时，继续进行收购的，应当依法向该上市公司所有股东发出收购上市公司全部或者部分股份的要约；第73条规定，采取协议收购方式的，收购人收购或者通过协议、其他安排与他人共同收购一个上市公司已发行的有表决权股份达到30%时，继续进行收购的，应当依法向该上市公司所有股东发出收购上市公司全部或者部分股份的要约。但是，按照国务院证券监督管理机构的规定免除发出要约的除外。

自愿收购是指收购人自主自愿进行的收购，即在证券法律法规规定有强制收购制度的国家和地区，收购者在法定的持股比例之下收购目标公司的股份，是否进一步收购或收购到多少比例的股份等，均由收购者自己决定。在法律上没有强制性收购规定的国家和地区，只要收购者行为符合法律有关报告、通知、公告等方面要求，可以自由决定收购目标公司任一比例的股份。

（四）现金收购、换股收购与混合收购

根据收购支付对价的形式不同，可将收购分为现金收购、换股收购与混合收购。

现金收购是指收购人以现金作为支付给目标公司股东的对价的收购行为。

换股收购是指以收购公司的股份为对价来交换目标公司的股份的收购行为。收购人以增加发行本公司的股票、可库存的旧股票替换目标公司股票，进而达到收购目的。由于换股收购的同时往往伴随着新股发行，因而一般还受到证券发行规范的调整。根据国外的有关规定，换股收购较之现金收购的优势在于现金收购中上市公司的股票持有人往往还须交纳所得税，而在换股收购中则常常可以享受免税待遇。

混合收购，是兼用现金和换股两种支付方式购买上市公司股份的收购方式。

（五）善意收购和敌意收购

根据目标公司经营者的合作态度，可将收购分为友好收购与敌意收购。友好收购是指收购人在目标公司管理层提供合作的条件下实施的收购行为；敌意收购是指收购人没能征得目标公司管理层的同意，或者目标公司的管理层拒绝与收购人合作，并采取一定的措施予以阻止的情况下实施的收购行为。

善意收购一般都为协议收购方式，因为协议收购的目标公司多数有掌握着控制权的大股东的存在，协议收购即是指收购者与这些大股东的协商，因而协议收购常会得到目标公司经营者的合作。敌意收购是在目标公司不愿意的情况下，当事人双方采用各种攻防策略，经过收购与反收购的激烈争夺而完成的收购行为。敌意式收购多发生在公开要约收购的情况下，公开要约收购不需征得目标公司经营者的同意，收购者与目标公司常会围绕收购发生激烈的收购与反收购战，从而给证券市场带来一定程度的震荡和影响。

（六）控股收购和兼并收购

根据收购的目的不同，上市公司收购可分为控股收购和兼并收购。控股收购，是指取得目标公司决策权为目的的收购，目标公司的法人资格并不丧失。兼并收购，是指以合并目标公司并使之失去法人资格为目的的收购。通过兼并收购，目标公司不再存在，其原有的债权和债务由收购人承担。根据《公司法》的规定，兼并收购属于公司合并行为。

（七）横向收购、纵向收购和混合收购

依据目标公司与收购公司是否处于同一行业、部门，可将收购分为横向收购、纵向收购和混合收购。横向收购是指收购人与目标公司处于同一行业，或生产工艺相近的企业之间的收购行为；纵向收购是指生产过程或经营环节相互衔接、密切联系的企业之间，或者具有纵向协作关系的专业化企业之间的收购行为；混合收购是指横向收购与纵向收购相结合的企业收购。

(八)直接收购和间接收购

根据收购人是否通过取得股份以及是否具有股东身份，可将收购分为直接收购和间接收购。前者是指收购者通过股份受让或者取得认购股份的方式来获得公司控制权的行为，后者则是指收购人不通过股份受让或者没有股东身份而取得公司控制权的行为。我国证监会《上市公司收购管理办法》第5章用5个条文专门规定间接收购，将其作为与要约收购、协议收购相并列的收购类型。根据该法律文件，收购人虽不是上市公司股东，但通过投资关系、协议、其他安排导致其拥有权益的股份从而影响公司控制权的，要遵循本管理办法第二章关于权益披露规则的相应规定。

四、典型国家上市公司收购的立法例

(一)美国收购立法概览[①]

美国对敌意收购由不同法律加以调整，主要涉及联邦证券法、联邦反托拉斯法和州收购法规。

联邦证券法目的是确保可以公开获得有关收购资料，以保护目标公司股东及广大投资者。有关收购的联邦证券法的核心是1968年《威廉姆斯法案》，该法对1934年《证券交易法》增补了第13条(d)和(e)款以及第14(d)和(e)款，上述条款目的也是保护股东及投资公众，同时对其他各方保持中立。这些条款强调向目标公司及其股东充分披露，并强调公正出价，而不谋求影响交易内容。联邦证券法其他规定对收购也有影响，如SEC第10b-13规则禁止收购要约人及其关联人进行收购要约范围之外的购买。立法者本意是对公司收购持中立态度，但评论家指责该法案偏袒目标公司。实证调研表明，1969年《威廉姆斯法》颁布后一年里，公司收购溢价从先前32%上升到53%，而收购频率则下降。评论家指出，《威廉姆斯法》限制收购要约规则和程序，并规定收购者发出要约前应披露内容，对目标公司可采取的防御措施确实没有任何限制，立法天平倾向目标公司。值得注意，尽管过去几十年里，美国国内学者和司法实践者在敌意收购对于公司治理影响问题上争论不休，《威廉姆斯法》却没有经历过任何大修订。联邦反托拉斯法目的是通过禁止两家公司合并以保护目标公司和收购公司双方顾客。一般说来，如果两家公司合并后有能力垄断市场，则联邦反托拉斯法禁止其中一家公司收购另一家公司，或者，反托拉斯管制机构可以要求收购人变更收购条件，以避免产生任何反托拉斯法问题。

---

① 参见[美]杰罗姆·科恩：《美国的收购法简介》，载中国证券监督管理委员会编：《证券立法国际研讨会论文集》，法律出版社1997年版，第217~231页；朱园：《反收购的价值分析及立法取向》，载[日]滨田道代、顾功耘主编：《公司治理：国际借鉴与制度设计》，北京大学出版社2005年版，第180~187页。

州层面反收购法律规制包括制定法和判例法两部分。迄今为止，美国已经有 39 个州制定反收购立法。1968 年美国弗吉尼亚州率先在其公司法中制定反收购条款，其他许多州迅速效仿。各州收购法规则也反映对其他问题的思考。各州都吸引雇主并想为本州居民创造新的工作机会，为回报管理层选择在该州组成并经营公司，各州倾向于保护管理层，使其避免可能的敌意收购。各州还要保护现有工作机会。收购通常导致工厂裁员和关闭，各州对于阻止一般收购有直接利益；这种地方性利益可能与让收购促进必要经济转变的国家利益背道而驰。州法对公司自身利益、现任管理人员利益以及雇员利益都予以规范，管理人员为取得保护，曾对州立法机构百般游说。各州利益如果与国家利益不尽相符，却常常与管理人员及雇员利益相一致。

目前，美国州层面反收购立法已经演变至第三代法律规制。

第一代反收购立法是对《威廉姆斯法》的补充，表现为美国州层面的证券法——"蓝天法"的一部分。第一代反收购立法增加对收购人的披露要求，要求收购人在收购要约发出前向各州公司收购管理部门发出通知，赋予州官员以举行听证会对收购要约披露事宜及要约"公正性"的审查权。在第一代反收购立法因对州际商业施加"违宪的负担"而被高等法院判为"违宪"后，各州迅速制定第二代反收购立法，规定董事可采用的反收购措施，这些规定独立于证券法而融入州公司法。第三代反收购立法赋予董事更广泛的反收购决定权、允许董事为维护"非股东主体"利益而采取防御措施，为董事采取反收购措施提供了极好的借口。

各州反收购判例从多角度完善和充实反收购立法，其中特拉华州法院的实践最突出。特拉华州法院对董事享受商业判断规则保护施加若干条件，还总结出评估防御措施相称性的两部分析法：第一步，判断防御措施是否具有"胁迫性"。法庭将"胁迫性"定义为"可能杜绝所有要约收购成功进行的可能性，或者具有强制收购者及目标公司的效果"；第二步，如果法庭认为防御措施不具有"胁迫性"，则审查该措施是否在"合理范围内"作出。总之，美国对反收购行为相当宽容，董事会有权采取任何反收购策略，只要能够证明行为出于合理的经营目的。从美国反收购司法实践看，司法天平并没绝对偏向董事一方。

(二)英国收购立法概述①

《收购与兼并城市法典》(以下简称《城市法典》)是英国规制公司并购的代表。该法典体现股东本位的理念，要求目标公司董事会在收到收购要约后采取一切行动均应以协助股东会作出是否接受该收购要约的决定为出发点。《城市法典》的基本原则是禁止董事会在收到善意收购要约后，未经股东大会批准采取任何可能抑制收购要约或者阻止股东大会就公

---

① 参见朱园：《反收购的价值分析及立法取向》，载［日］滨田道代、顾功耘主编：《公司治理：国际借鉴与制度设计》，北京大学出版社 2005 年版，第 183~184 页。

司收购事宜表决的决策；细则第 21 条还明确列举目标公司董事会未经股东大会同意不得采取的防御措施种类。公司一旦收到敌意收购要约，董事会须承担如下义务：（1）必须立即将这一消息通过新闻媒体对外公布。收购人也必须毫不迟疑地对外宣布收购要约具体内容。（2）必须迅速将媒体登载的收购新闻和其他收购通知送达股东。（3）必须取得有独立适格机构发布的该收购要约的法律意见书，并将其送达股东。（4）如果董事会倾向于将公司转让给某一收购者，向该收购者提供的信息应当同样传送给其他善意收购者或潜在收购者。（5）必须针对收购要约确定自己立场，并迅速告知股东自己对该收购要约的态度是赞成、反对还是中立。

与《城市法典》一样，英国判例法在审查董事在反收购中经营决策的精神也是限制董事会防御措施，使公司控制权市场能够自由发挥积极作用。总体而言，英国判例法强调收购最终决定权属于股东，而非目标公司董事会，并且判定董事会超越股东会授权的行为无效。

五、我国上市公司收购立法演变

（一）《深圳市上市公司监管暂行办法》

我国最早规范收购行为的文件是深圳市 1992 年 4 月发布的《深圳市上市公司监管暂行办法》，适用于在深圳公开发行和上市的公司。该暂行办法仿照香港，采用收购与合并的概念，明确收购含义，划分部分收购和全面收购，规定收购各方应遵守的一般原则及其基本义务，列明收购"公开说明书"应包括的事项、重大交易信息公开义务等有关上市公司收购事宜。该暂行办法主要规定收购人和目标公司，没有规定目标公司股东在收购中的权利义务。该办法对收购的处理囿于《公司法》对公司合并程序的规定，无从体现上市公司收购的特点，既有违一般证券法理，也缺乏可操作性。这一地方性法规反映了我国股份制改革早期对在资产证券化条件下新型产权交易形式的初步认识，具有一定历史意义。①

（二）《股票发行和交易管理暂行条例》

1993 年 5 月国务院颁布《股票发行和交易管理暂行条例》，其中第四章为"上市公司的收购"，共 7 条，规定了自然人持股比例超过限制时上市公司对该部分股票的买回（"收购"）；法人持有上市公司发行在外的普通股达到 5% 及其后增减持股幅度为 2% 时的公开、报告义务及其时限等内容。该条例中，收购行为主要定位在收购人与目标公司股东之间，程序上以收购要约发出、接收和履行为轴。条例关于收购规定显得粗俗简略，内容只着重于公司收购过程表述，忽略各市场主体行为规范，将目标公司排除于上市公司收购过程之

---

① 参见官以德：《上市公司收购的法律透视——理论研究与案例分析》，人民法院出版社 1999 年版，第 54~55 页。

外。从立法技术上看，有些概念界定不清和不准确，对收购定义未予以明确，却将上市公司购回个人持有的超出限额的股份也视作收购，条文安排在逻辑上也欠严密，具体操作性差。此外，内容仅限于"强制收购"，对"自愿收购"及由此意义上的"部分收购""全面收购"等未予以应有的注意。但是，该条例为上市公司收购提供了法律依据，一定程度上规范了当事人的权利和义务，在我国股份制改革还处在试点，证券市场还处于初步阶段之际，该条例难能可贵。①

(三)《证券法》与《上市公司收购管理办法》

1998 年 12 月出台的《证券法》第四章规定"上市公司收购"，与《股票发行和交易管理暂行条例》有关规定相比，在两方面有了长足进步。一方面，《证券法》放宽对收购的限制，提高收购行为可操作性，以鼓励企业通过收购进行资产重组，主要体现为：(1)放宽对收购行为主体的限制。《证券法》取消了对法人和自然人的双重标准，把参与收购的主体统一称为"投资者"，为自然人直接控股上市公司扫清障碍，有利于提高个人投资者参与证券市场的积极性和促进二级市场的活跃，同时体现市场经济公平竞争的原则。(2)《证券法》放宽持股增减比例的限定，提高到 5%。这既能减少收购中举牌次数，加快收购进程，起到降低收购难度和收购成本的作用，提高收购成功可能性；也有助于减少收购对二级市场股价造成影响，避免目标公司股价大幅变化，从而得以维护证券市场稳定发展。(3)允许对收购要约进行豁免，为收购人提供选择余地，提高收购成功概率。(4)取消对要约收购价格的要求，使收购者能较主动掌握收购价格，制定收购策略，从而确保收购完成。(5)取消对收购失败的界定，为收购人营造较宽松的政策环境，使其收购更灵活，仍可通过其他方式(如协议收购)完成收购。(6)明确协议收购的法律地位，为收购行为提供更多操作工具，扩大收购的制度空间。(7)为协议收购双方提供中间媒介，《证券法》规定收购双方可以委托证券登记结算机构临时保管转让的股票并把资金存入指定银行，由此避免收购失败和确保收购最终完成。另一方面，《证券法》对收购程序进行更明确和严格的规定，以避免收购双方利用内幕消息操纵市场，主要体现为：(1)详细规定收购公告和收购要约内容，消除收购人公布收购消息时的随意性，有利于广大投资者及时、全面了解上市公司收购动态，充分体现证券市场"公平、公开、公正"的原则。(2)《证券法》规定收购要约的截止期限，弥补《股票发行和交易管理暂行条例》的法律漏洞，一定程度上加快要约收购进程。(3)对收购要约期限内的收购行为作了严格限制，规定在此期间，收购人只能以要约方式进行收购，从根本上杜绝超越要约条件进行股票买卖的行为，实现目标公司平等待遇原则。(4)规定收购人在收购完成后 6 个月内不得转让被收购公司的股票，有利于保持上

---

① 参见官以德：《上市公司收购的法律透视——理论研究与案例分析》，人民法院出版社 1999 年版，第 56~57 页。

市公司生产经营的相对稳定性和连续性，抑制收购人利用上市公司收购题材来哄抬股价、牟取暴利的投机行为。

2005 年我国对《证券法》进行修改，在上市公司收购人方面主要有下列变化和发展：(1)上市公司收购方式多元化。1998 年《证券法》规定的两种收购方式不能涵盖上市公司收购所有方式，挤压了市场创新预留空间。实践中，至少还存在集中竞价收购(也称公开市场买卖)、行政划拨、大宗交易、间接收购、司法裁决、继承、赠与等其他民事行为、定向发行股份等收购方式。因此，修改后的《证券法》第 85 条规定，投资者可以采取要约收购、协议收购及其他合法方式收购上市公司。(2)借鉴和吸收市场经济发达国家和地区的做法，在大量持股披露制度中引进"一致行动""一致行动人"概念，切实保障收购行为的周延性，与资本市场发达国家和地区做法保持一致。(3)将强制性全面要约收购制度修改为强制性要约收购制度，允许进行部分要约收购，降低收购人收购成本，扩大目标公司股东参与公司收购的机会，促进并购市场发展。修改后的《证券法》第 88 条规定，投资者持有或者通过协议、其他安排与他人共同持有一个上市公司已发行的股份达到 30% 时，继续进行收购的，可以发出收购上市公司部分股份的要约，但是，收购上市公司部分股份的收购要约应当约定，被收购公司的股东承诺出售的股份数额超过预定收购的股份数额的，收购人按比例进行收购。该条同时规定，要约收购应依法向该上市公司所有股东发出，因此，收购要约不能只向部分股东发出。(4)规定少数股东的收购请求权。被收购公司少数股东的收买请求权，是指在收购期限届满时，如果被收购公司股权分布不符合上市条件而致终止上市交易，其余仍持有被收购公司股票的股东，有权要求收购人以收购要约的同等条件出售其股票，收购人应当收购。因上市公司收购而导致少数股东的股票失去流动性，等于收购人以自己的行为强行改变了他人的财产权利的内容与价值。所以，在此情形下的少数股东，有权要求收购人以收购要约的同等条件购买其股票，收购人应当收购，否则收购人就不能使上市公司退市。另外，这一制度的存在，也可减少上市公司因收购原因而退市的情形，符合鼓励公司上市的立法政策。[①]

2019 年我国对《证券法》进行修改，其中对上市公司收购制度也进行相应修订，主要针对大额股份权益变动信息披露制度、要约收购制度、收购人持有目标公司股票的转让期限以及上市公司分立、合并予以规定。

为配合《证券法》实施，2002 年 9 月中国证监会发布《上市公司收购管理办法》规范上市公司收购具体操作问题，在 2006 年根据《证券法》对上市公司收购制度作出重大调整，将强制性全面要约收购制度调整为由收购人选择的要约收购方式，赋予收购人更多自主空间，降低收购成本，强化上市公司外部治理，有利于活跃并购市场，体现了鼓励上市公司

---

① 参见陈甦主编：《证券法专题研究》，高等教育出版社 2006 年版，第 151 页。

收购的价值取向和立法精神。2006 年 5 月中国证监会对《上市公司收购管理办法》进行修改，成为上市公司收购最详细的法规性文件。之后，中国证监会因应我国资本市场和相关法律变革对该文件于 2008 年 8 月、2012 年 2 月、2014 年 10 月、2020 年 3 月进行修改，使之更加适应上市公司收购发展的实践。

第二节　上市公司收购的立法原则

一、上市公司收购的立法原则概述

对于上市公司收购法的基本原则，学界存在不同认识。有学者主张公开收购之法规范应以公开原则为规范之基础，[①] 也有学者主张资讯公开原则与公平公正原则，[②] 有学者认为，"三公原则"作为证券法的基本原则，是证券法精神所在，贯穿于证券法律法规的始终。公司收购法作为证券法(尤指证券交易法)的一个主要组成部分，必然要贯彻公开、公平和公正原则。但鉴于公司收购立法之特定宗旨，公开、公平和公正对公司收购立法的意义各有所重。在公司收购立法中，公开原则应当包括收购行为的特有内容。公平原则分化为确保目标公司股东平等待遇原则和目标公司经营者忠实于股东利益原则，公正原则除了具有总的指导意义外，还体现为禁止权利滥用和维护公益原则两项。[③] 也有学者认为，上市公司收购制度的立法原则有三，即目标公司股东平等原则、保护中小股东利益原则和充分披露原则。[④]

纵观世界各国和地区的公开收购立法，立法者从证券法公开、公平原则出发，在证券收购立法中进行补充和发展，形成若干公司收购一般原则，这些原则的中心是对公司收购过程中目标公司中小股东进行积极保护。我们认为，上市公司收购立法基本原则包括目标公司股东平等待遇原则、保护中小股东利益原则与收购过程信息披露原则。

二、上市公司收购的立法原则

(一)目标公司股东平等待遇原则

目标公司股东公平待遇原则是上市公司收购的根本性原则，其他原则是对它的阐释和具体化。目标公司股东公平待遇原则是各国有关上市公司收购制度的核心。各国对上市公

---

①　参见陈春山：《证券交易法论》，台湾五南图书出版股份有限公司 2007 年版，第 150 页。

②　参见林国权：《证券交易法研究》，中国政法大学出版社 2002 年版，第 61~64 页。

③　参见官以德：《上市公司收购的法律透视——理论研究与案例分析》，人民法院出版社 1999 年版，第 37~38 页。

④　参见范健、王建文：《证券法》(第二版)，法律出版社 2010 年版，第 212~215 页。

司收购进行法律规范的根本目的，就在于维护证券市场的公平，保护投资者的利益特别是投资公众的合法权益。

目标公司股东平等待遇原则的含义是：在上市公司收购中，目标公司所有股东均须获得公平待遇，而属于同一类别的股东必须获得同等待遇。该原则主要体现为如下方面：第一，目标公司股东有平等参与收购的权利，这主要体现在"全体持有规则"与"按比例接纳规则"之中。前者是指收购人应向目标公司某类股份全体持有人发出收购要约；后者是指如果目标公司股东接受要约的总数高于收购人拟购买的股份数的，收购人应按比例从所有接受要约的目标公司股东手中购买股份，而不论接受要约的时间先后。第二，目标公司股东有权获得平等的收购条件。收购人应对所有受要约人一视同仁，对同一类股份持有人应提供相同的收购要约中未记载的利益。如果收购人在收购要约有效期间变更要约条件，提高要约价格的，则应向所有受要约人提供该变更后的条件，不论其是否在该变更前已接受了要约，这就是"最好价格规则"。第三，目标公司股东在信息获取上享有平等权利。[1] 包括：(1)上市公司收购的全面资料应均等给予目标公司全体受要约股东，不允许把必须提供给全体股东的资料只提供给部分股东；(2)所有股东在获取信息上均享有平等的、充分的权利，而无论其股份持有的数额及身份、地位上的差别。当要约条件改变时，收购人必须向目标公司全体股东通知要约改变情况。

英国《城市法典》第 1 条明确规定："要约人必须对目标公司同类股东给予类似的待遇。"这一原则贯穿于整个法典的始终，其他各项原则和规则都是这一原则的阐释和具体化，美国、加拿大、日本等国的收购法未明确规定目标公司股东待遇平等原则，但其具体规定则体现了该原则。

我国《证券法》在上市公司收购一章中未明确规定此原则，但具体条文则体现了保证目标公司股东在公司收购中得到公平待遇这一基本精神。关于目标公司股东公平待遇原则，《证券法》的规定主要体现在：

第一，规定了持有公司发行上市的股份 5% 的股东的持股披露义务，并对这类股东大量买卖公司股份的幅度、节奏以及公告的具体程序作出具体规定。这一规定的目的在于将公司股权转化的重大变化及时告知广大投资公众特别是小股东，使其了解股票价格变化真实原因，同时也防止法人股东利用资金优势操纵股票价格。

根据我国《证券法》第 65 条至第 73 条的规定，收购人应当向上市公司所有股东发出收购要约，并且必须公告上市公司收购报告书。第 68 条规定，在收购要约确定的有效期限内，收购人需要变更收购要约的，应当及时公告，载明具体变更事项，且不得存在下列情形：(1)降低收购价格；(2)减少预定收购股份数额；(3)缩短收购期限；(4)国务院证券

---

[1]　参见周友苏：《证券法新论》，法律出版社 2020 年版，第 277 页。

监督管理机构规定的其他情形。第69条规定，收购要约中提出的各项收购条件，适用于被收购公司所有的股东。上市公司发行不同种类股份的，收购人可以针对不同种类股份提出不同收购条件。

第二，要约人在要约有效期内不能以要约以外的任何条件和形式买卖目标公司的股票，即目标公司股东有权获得平等收购条件。我国《证券法》第70条规定："采取要约收购方式的，收购人在收购要约期限内，不得卖出被收购公司的股票，也不得采取要约规定以外的形式和超出要约的条件买入被收购公司的股票。"根据《证券法》第73条的规定，协议收购也应当适用上述规则。据此，在要约期内，要约人不能以协议收购或集中竞价购买方式买卖目标公司的股票。收购人应对所有受要约人一视同仁，对同一类股份持有人应提供相同的收购要约中未记载的利益。如果收购人在收购要约有效期间变更要约条件，提高要约价格的，则应向所有受要约人提供该变更后的条件，不论其是否在该变更前已接受了要约，这就是"最好价格规则"。

(二)保护中小股东利益原则

保护中小股东利益原则是上市公司收购制度中最核心的原则。在上市公司收购中，收购者与中小股东特别是目标公司中小股东之间事实上地位不平等，各国在证券或公司立法上皆注重对中小股东利益的保护。在上市公司收购中，目标公司中小股东实际上面对着两大强势群体——目标公司大股东以及收购人。[①] 其实，可能损害中小股东利益的主体范围很广，"在上市公司中，大股东、董事会、经理都极有可能以损害中小股东利益为代价而谋求其个人或团体利益"。该原则在具体制度上，主要体现为强制要约收购制度、强制购买剩余股票制度、内幕交易禁止制度等。此外还体现为，通过对被收购公司控制股东及高级管理人员的规制以及反收购措施限制使用制度，实现对公司利益的维护。[②]

1. 强制要约收购制度

在上市公司收购过程中，收购人往往采用两步收购要约(two-tiered offer)变通的方式达到其目的[③]，这种收购方式具有明显的胁迫因素，并且将目标公司股东置于一种囚徒般的两难境地。为避免损害目标公司中小股东的合法权益，各国法律都规定强制要约收购制度。强制收购，是指当一持股者持股比例达到法定数额时，强制其向目标公司同类股票的全体股东发出公开收购要约。

强制要约收购制度的目的在于保护目标公司小股东利益，其立法理由是基于这样一个假设：在公司收购过程中，收购者常常与目标公司有公司控制权的大股东协商，以较高的

① 参见盛学军主编：《欧盟证券法研究》，法律出版社2005年版，第315页。
② 参见范健、王建文：《证券法》(第二版)，法律出版社2010年版，第214页。
③ 参见张民安：《公司法上的利益平衡》，北京大学出版社2003年版，第491页。

溢价购买这些大股东的股份，从而获得公司控制权。这样，公司控制权可能在小股东不知不觉中发生转换，而小股东将丧失与大股东同享高溢价的机会。为保护小股东利益，强制要约收购制度往往包含这样一个立法内容：如果公司控制权进行转移，所有股东都应有机会以新的控制者付出的最高价格出售自己的股份。其理由通常被解释为目标公司股东在控制权转换前，应该有机会通过出售股份来退出公司，因为他们可能不认同新控制人的经营能力和方法。另外，公司控制权转让形成的高于股票市价的溢价，应该由全体股东分享，其中也包括最高溢价。

英国最早制定强制收购要约规则。《城市法典》第 34 条规定，如果某人在一个时期内取得公司 30% 以上有表决权的股票，或如果在持有表决权的股票中有 30%～50% 的人在 12 个月内又增购股票，以致其持有股票的百分比又增加 2% 以上，他必须向目标公司该类股票的所有股东发出收购要约。为防止投资者在持股达到这一比例之前就乘人不备偷偷买进，该法典作了如下修订：一个投资者意欲在 7 天之内购买某种股票达该种股票总额的 5% 以上，并使最终的持股比例达到了该种股票总额的 15% 以上，或者他在购买之前就已经达到 15%，则他在这 7 天之内的购股就必须通过向其余所有股东发出收购要约来进行。以上规定使小股东能够在掌握公开信息的情况下，以较高的价格将自己的股票售出，从而保证了其投资权益。我国香港地区《公司收购及合并守则》规定，持有一个上市公司 35% 以上股份的股东必须向其余股东发出购买其余所有股票的强制要约。

我国《证券法》也确立了上市公司强制要约收购制度。根据《证券法》第 65 条的规定，通过证券交易所的证券交易，投资者持有或者通过协议、其他安排与他人共同持有一个上市公司已发行股份的 30% 时，继续进行收购的，应当依法向该上市公司所有股东发出收购上市公司全部或者部分股份的要约。根据《证券法》第 73 条的规定，采取协议收购方式的，收购人收购或者通过协议、其他安排与他人共同收购一个上市公司已发行的股份的 30% 时，继续进行收购的，应当依法向该上市公司所有股东发出收购上市公司全部或者部分股份的要约。但是，按照国务院证券监督机构的规定免除发出要约的除外。

需要明确的是，强制要约收购制度具有保护中小股东利益的积极作用，同时也存在不足：其一，它只赋予了目标公司小股东退出公司的机会，但是压迫问题仍没有消除；对于仍然留在目标公司的小股东而言，大股东的剥削仍然存在。其二，它可能大大增加收购人的收购成本，妨碍收购行为的成功。[1]

2. 强制购买剩余股票制度

强制购买剩余股票制度，也称为证券持有人的强制购买权(sell-out right)，是指在要约

---

① 参见吴高臣：《目标公司小股东的法律保护——以要约收购为背景》，中国海关出版社 2003 年版，第 115 页。

人向受要约公司全体证券持有人的所有证券发出要约，在收购要约期限届满后，要约人已经取得目标公司多数比例证券的情形下，剩余证券的持有人可以强制要求要约收购人以"公平的价格"购买其所持有的证券。① 有学者称之为被收购公司少数股东的收买请求权。② 强制购买剩余股票制度为中小股东在要约期限外退出上市公司，免遭日后收购人（即实际大股东）的剥削提供了良好契机。

我国立法也有相应规定，根据《证券法》第 74 条的规定，收购要约期限届满，被收购公司股权分布不符合上市交易要求的，该上市公司的股票应当由证券交易所依法终止上市交易；其余仍持有被收购公司股票的股东，有权向收购人以收购要约的同等条件出售其股票，收购人应当收购。

3. 内幕交易禁止制度③

对于收购人来说，上市公司收购是一个重大的商业投资活动，需要进行较长时间的严密策划。在上市公司收购行为实施之前，会有许多知晓上市公司收购计划的知情人。因此，在上市公司收购计划与实施期间，极易发生内幕交易行为。一般的内幕信息只是对上市公司股票价格可能产生影响，因为一个通常的内幕信息能否影响证券市场价格，影响证券市场价格的方向（即利多还是利空）如何，影响证券市场价格的程度等，投资者往往是各有判断，因此从事内幕交易的知情人也有判断不当的时候。与一般内幕信息不同，上市公司收购基本上会导致被收购公司股票价格确定性上升，并且这种市场效果基本上会被大多数投资者认同，可见上市公司收购是一个对股票价格影响方向比较确定的市场信息，利用上市公司收购的内幕信息进行交易，获利的可能性远远大于风险。在美国各种不同的内部人交易案件中，目前发生的最多的案件，是涉及两家公司正在讨论有关合并，或一家公司有意吞并另一家公司的状况。④ 这种情形在我国已出现，有学者更认为，中国每一桩收购上市公司股份行为，恐怕都少不了有内幕交易和操纵市场行为。⑤ 因此，证券法规制上市公司收购的重要目的之一，就是要防范内幕交易行为。

为防范利用上市公司收购进行内幕交易，证券法采取的主要措施包括⑥：（1）由于持股 5% 以上的大股东既是公司内幕信息的知情人员，又是最有力量实行上市公司收购行为的人，因而证券法对持股 5% 以上的大股东，施加股份大量持有和增减报告义务，使投资者能够掌握对大股东的持股及其变动情况，并且可凭此制度防范可能出现的大股东内幕交

① 参见盛学军主编：《欧盟证券法研究》，法律出版社 2005 年版，第 347 页。
② 参见陈甦主编：《证券法专题研究》，高等教育出版社 2006 年版，第 151 页。
③ 参见陈甦主编：《证券法专题研究》，高等教育出版社 2006 年版，第 139~140 页。
④ 参见罗怡德：《证券交易法——禁止内部人交易》，台湾黎明文化事业公司 1991 年版，第 68 页。
⑤ 参见吴志攀：《金融法概论》，北京大学出版社 2000 年版，第 295 页。
⑥ 参见陈甦主编：《证券法专题研究》，高等教育出版社 2006 年版，第 140 页。

易行为。(2)在一定情况下,规定上市公司收购行为必须公开进行,并且在上市公司收购公告中,要公告收购人的董事、监事、高级管理人员的名单的及其持股情况,使其在上市公司收购期间受到特别监督,从而避免和减少内幕交易行为。

4. 收购人持股转让限制制度

收购人持股转让限制是指对收购人通过收购取得的股份进行转让的期限进行限制。通常情形下,收购人会获得目标公司大量股份从而具有持股优势、信息优势等,如果对其转让期限不加限制,任由其随时转让,则极易导致证券市场操纵和内幕交易等证券欺诈行为,损害中小股东权益。《证券法》第 75 条规定,在上市公司收购中,收购人持有的被收购的上市公司的股票,在收购行为完成后的 18 个月内不得转让。

(三)收购过程信息公开原则

收购过程信息公开原则,是证券市场公开原则的发展和具体化,也是目标公司股东公平待遇原则的一项具体内容。收购者信息公开的主要内容是收购过程中收购者持股情况的公开披露,其基本内容为:任何人直接或者间接持有一个上市公司发行在外的股份达到一定比例或达此比例后持股量一定比例的增减变化,必须依法将有关情况予以披露。

收购过程信息公开原则主要体现为:

第一,大量持股披露制度。大量持股披露制度,是指股东在持股达到一定比例时,有报告并披露持股意图的义务。大量持股往往是收购的前兆,大量持股公告,一方面使广大投资者对迅速积累股票的行为及其可能引起公司控股权的变动情势有足够警觉,另一方面又提醒其对所持有股票真正价值重新加以评估,以保护投资公众在充分掌握信息的基础上及时自主地作出投资判断,防止大股东以逐步收购的方式,形成事实上的信息垄断和对股权的操纵。我国《证券法》第 63 条和第 64 条分别对大量持股比例及期限、持股变动公告以及大量持股公告内容作出详细规定。

第二,要约公告制度。要约收购的报告书是广大投资者作出投资决策的主要依据。因此,法律对收购报告书信息公开正确、及时、完全的要求应更为严格。一般来说,收购要约应当包括以下内容:(1)收购要约人自身情况。(2)收购要约人财务状况。(3)收购所需资金额及其保证。(4)收购要约人已持有目标公司股份数占该公司股份总数的比例。由于各国实际情况不一样,收购要约具体包括的内容也就有所不同。

我国《证券法》第 66 条规定,收购人必须公告上市公司收购报告书,并载明下列事项:收购人的名称、住所,收购人关于收购的决定,被收购的上市公司名称,收购目的,收购股份的详细名称和预定收购的股份的数额,收购期限、收购价格,收购所需资金额及资金保证,公告上市公司收购报告书时持有被收购公司股份数占该公司已发行的股份总数的比例。

第三，目标公司经营者及第三人信息公开制度。目标公司经营者履行信息公开义务目的是使股东决策有较为可靠的依据，减少投资盲目性，促使公司董事会不得逃避应尽义务或者隐瞒其利益冲突。关于目标公司经营者的信息公开义务，有两种立法例：一是日本，规定目标公司经营者可以自主决定是否对收购要约发表声明。如果经营者发表声明，必须依照证券法规定的内容和程序公开相关信息；二是英、美等国与我国台湾地区的法律，强制目标公司经营者就收购要约向股东提供信息。

在我国，收购过程信息公开原则还表现为[①]：（1）在收购要约确定的有效期限内，收购人需要变更收购要约的，应当及时公告，载明具体变更事项，且不得存在下列情形：降低收购价格；减少预定收购股份数额；缩短收购期限；国务院证券监督管理机构规定的其他情形。（2）以协议方式收购上市公司时，达成协议后，收购人必须在 3 日内将该收购协议向国务院证券监督管理机构及证券交易所作出书面报告，并予公告。在公告前不得履行收购协议。（3）收购行为完成后，收购人应当在 15 日内将收购情况报告国务院证券监督管理机构和证券交易所，并予公告。

第三节　上市公司收购的具体制度

一、持股披露制度

持股披露制度，是指任何人直接或者间接持有一个上市公司发行在外的股份达到一定比例或达此比例后持股量一定比例的增减变化，必须依法将有关情况予以披露。大量持股往往是收购的前兆，大量持股公告，一方面使广大投资者对迅速积累股票的行为及其可能引起公司控股权的变动情势有足够警觉，另一方面又提醒其对所持有股票的真正价值重新加以评估，以保护投资公众在充分掌握信息的基础上及时自主地作出投资判断，防止大股东以逐步收购的方式，形成事实上的信息垄断和对股权的操纵。我国《证券法》第 63 条和第 64 条分别对大量持股比例及期限、持股变动公告以及大量持股公告内容作出了详细规定。

（一）持股披露的条件

持股披露的条件有三种：（1）持股首次达到 5% 时。即通过证券交易所的证券交易，投资者持有或通过协议、其他安排与他人共同持有一个上市公司已发行的股份达到 5% 时。（2）持股每增加或者减少 5% 时。即投资者持有或通过协议、其他安排与他人共同持有一个上市公司已发行的股份达到 5% 时，其所持该上市公司已发行的股份比例每增加或者减

---

① 《证券法》第 68 条、第 71 条、第 75 条。

少 5%时。(3)持股每增加或者减少 1%时。即投资者持有或通过协议、其他安排与他人共同持有一个上市公司已发行的股份达到 5%时,其所持该上市公司已发行的股份比例每增加或者减少 1%时。

(二)持股披露方式和内容

持股披露方式包括报告、通知和公告三种方式,分别适用于不同的披露对象。当持股情况发生上述变动时,投资者应当向国务院证券监督管理机构、证券交易所作出书面报告;对被收购上市公司,即目标公司,则给予通知;对于社会公众则通过公告方式予以披露。收购人所作公告内容应当包括持股人的名称、住所;所持有的股票名称、数额;持股达到法定比例或者持股增减变化达到法定比例的日期、增持股份的资金来源;在上市公司中拥有表决权的股份变动的时间及方式。

二、要约收购制度

(一)要约收购制度概述

要约收购是成熟证券市场收购上市公司的基本形式。要约收购需要大量资金进入股市,股价波动大,容易出现内幕交易、操纵市场等损害投资者利益和影响证券市场稳定的行为,因此,各国证券立法都将要约收购作为公司收购制度的重点规制对象。但不同国家和地区关于上市公司要约收购的法律制度也各不相同。

英国《城市法典》、我国香港地区《公司收购及合并守则》,均对上市公司要约收购进行了系统的调整和规范,并采取了强制性要约收购制度。美国、日本等国均未采取强制性要约收购制度。日本《证券交易法》和韩国《证券和交易法》都对有价证券公开收购的申报义务,以及申报后至要约期满前股份购买限制作了规定,但都没有规定强制性全面要约收购义务。

纵观各国立法可以发现,意思自治原则在大多数国家的上市公司收购立法中仍占主导地位,但同时也存在着一种采取强制性要约收购的倾向和趋势。这是因为在上市公司收购中,收购人持有目标公司的股份达到了一定比例时,可能操纵目标公司的董事会并进而对目标公司其他股东的权益造成影响,而强制性要约收购的规定,可以在一定程度上防止这种情况的发生。同时,法律赋予收购者对目标公司所有股东发出收购要约,以特定出价购买股东手中持有的目标公司股份的强制性义务,一方面是目标公司股东公平待遇原则的要求,可以在制度上保证投资者特别是投资公众合法权益获得有效保护;另一方面,通过强制性要约收购各项具体制度的约束,有利于证券监管机构、证券交易所和广大投资者及时、充分地了解收购者本身的情况,以及其收购目标公司股份的目的、目标、资金等。

(二)强制要约收购制度

我国《证券法》规定了强制性要约收购,持股达到法定比例的投资者负有持股情况披露义务和向所有股东发出收购要约的义务。

1. 强制性要约收购的前提条件

根据《证券法》第 65 条和第 73 条的规定，履行发出收购要约义务的前提有两个：一是通过证券交易所的证券交易，投资者持有或者通过协议、其他安排与他人共同持有一个上市公司已发行的有表决权股份达到 30%，或者采取协议收购方式的，收购人收购或者通过协议、其他安排与他人共同收购一个上市公司已发行的有表决权股份达到 30%；二是投资者继续进行收购。因此，收购人在没有取得 30% 的股票之前没有义务发出收购要约，收购人在取得 30% 的股票时如果不想继续购买股票也没有义务发出收购要约。

2. 上市公司收购报告书的公告

投资者持股一旦发生《证券法》第 65 条和第 73 条规定的情况，即达到持有上市公司已发行股份 30% 时，要继续进行收购的，就必须发出全部或者部分股份的收购要约。《证券法》第 66 条规定，收购人发出收购要约，必须公告上市公司收购报告书，并载明下列事项：(1)收购人的名称、住所；(2)收购人关于收购的决定；(3)被收购的上市公司名称；(4)收购目的；(5)收购股份的详细名称和预定收购的股份数额；(6)收购的期限、收购的价格；(7)收购所需资金额及资金保证；(8)公告上市公司收购报告书时持有被收购公司股份数占该公司已发行的股份总数的比例。其中收购目的、预定收购的股份数、收购期限、收购价格及收购资金保证等信息非常关键。

(三) 收购要约

1. 收购要约的形式和内容

根据《上市公司收购管理办法》第 23 条的规定，收购要约分为全面要约，即向被收购公司所有股东发出收购其所持有的全部股份的要约，以及部分要约，即向被收购公司所有股东发出收购其所持有的部分股份的要约。

根据我国《证券法》第 66 条和《上市公司收购管理办法》第 28 条、第 29 条的规定，收购要约包括上市公司收购报告书、财务顾问专业意见和律师出具的法律意见书。其中，上市公司收购报告书最重要，其内容参见上文所述。根据《上市公司收购管理办法》第 29 条的规定，要约收购报告书应当载明下列事项：(1)收购人的姓名、住所；收购人为法人的，其名称、注册地及法定代表人，与其控股股东、实际控制人之间的股权控制关系结构图；(2)收购人关于收购的决定及收购目的，是否拟在未来 12 个月内继续增持；(3)上市公司的名称、收购股份的种类；(4)预定收购股份的数量和比例；(5)收购价格；(6)收购所需资金额、资金来源及资金保证，或者其他支付安排；(7)收购要约约定的条件；(8)收购期限；(9)公告收购报告书时持有被收购公司的股份数量、比例；(10)本次收购对上市公司的影响分析，包括收购人及其关联方所从事的业务与上市公司的业务是否存在同业竞争或者潜在的同业竞争，是否存在持续关联交易；存在同业竞争或者持续关联交易的，收购人是否已作出相应的安排，确保收购人及其关联方与上市公司之间避免同业竞争以及保持上市公司的独立性；(11)未来12个月内对上市公司资产、业务、人员、组织结构、公司章程等进行调整的后续计划；(12)前24个月内收购人及其关联方与上市公司之间的重大交易；(13)前6个月内通过证券交易所的证券交易买卖被收购公司股票的情况；(14)中国证监会要求披露的其他内容。其中第(2)、(4)、(5)、(6)、(8)项是关键内容。此外，收购人发出全面要约的，应当在要约收购报告书中充分披露终止上市的风险、终止上市后收购行为完成的时间及仍持有上市公司股份的剩余股东出售其股票的其他后续安排；收购人发出以终止公司上市地位为目的的全面要约，无须披露上述第(10)项规定的内容。

2. 收购要约的期限和效力

关于收购要约的有效期，各国法律规定不一。英国《城市法典》规定收购要约有效期不少于21日，美国《威廉姆斯法案》规定收购要约有效期不少于20个工作日，我国《证券法》规定收购要约规定的期限不少于30日，并且不超过60日。

关于收购要约的效力，根据我国《证券法》第68条、第70条及《上市公司收购管理办法》的规定，主要包括如下方面：

第一，在收购要约的有效期限内，收购人不得撤销其收购要约。为防止出现以收购为名，操纵证券市场的虚假收购行为，我国《证券法》第68条与《上市公司收购管理办法》第37条规定，在收购要约确定的有效期内，收购人不得撤销其收购要约。对于收购要约的撤销，大多数国家和地区立法持否定态度。如英国、我国香港地区、日本等在相关法律中明文规定，不得撤销收购要约，但同时规定在特殊情况下，经主管机关同意，收购要约人可以撤销。对于特殊情形下的撤销，我国《证券法》没有相应规定，可以解释为禁止撤销收购要约。

第二，收购要约可以变更。许多国家和地区的法律规定，要约在一定条件下可以变更，即变更收购要约中事项。例如，美国关于收购要约的变更，《威廉姆斯法》规定"最好价格原则"及自该要约通知寄出之日起10天有效期。我国《证券法》第68条规定，在收购要约的有效期限内，收购人需要变更收购要约的，应当及时公告，载明具体变更事项。因此，我国允许变更收购要约，但对收购要约的变更事项另有具体规定，即不得存在下列情形，包括降低收购价格、减少预定收购股份数额、缩短收购期限以及国务院证券监督管理机构规定的其他情形。由上可知，有一个原则应该明确，即经过修改的要约条件必须比原要约条件对广大股东更有利。变更后的收购条件对于已经作出预受意思表示的股东同样适用。此外，根据《上市公司收购管理办法》第40条的规定，收购要约期限届满前15日内，收购人不得变更收购要约，但是出现竞争要约的除外。

第三，收购要约中各项收购条件适用于被收购公司所有股东。收购要约应当向目标公司所有股东发出，不得向特定股东发出。收购要约规定的各项收购条件，应当适用于被收购公司全体股东，此即"全体持有人规则"。根据《证券法》第69条的规定，收购要约中提出的各项收购条件，适用于被收购公司的所有股东。这一条主要为保护目标公司中小股东，体现证券市场的公平原则。

第四，收购要约的排他性效力。收购要约一经发出，在要约期限内要约收购便成为上市公司收购的唯一方式，收购人不得采取要约规定以外的形式和超出要约条件买卖被收购公司的股票，这是要约的排他性效力。收购要约的排他性效力保证了在要约收购期间内，收购者购买股票条件的统一性。我国《证券法》第70条规定，收购人在要约期限内，不得卖出被收购公司的股票，也不得采取要约规定以外的形式和超出要约的条件买入被收购公司的股票。

3. 对收购要约的监管方式

对于收购要约，美国、日本、英国、我国香港地区采用的是注册制，即发出要约须经要约人向管理机构注册并填报有关表格。有些国家或者地区采取核准制，我国采用注册制还是核准制？《证券法》未作明确规定。根据《证券法》第65条和第73条的规定，收购人应当依法向该上市公司所有股东发出收购上市公司全部或者部分股份的要约，没有明确规定证券监督管理机构对要约报告书有批准权。根据《上市公司收购管理办法》第28条的规定，收购依法应当取得相关部门批准的，收购人应当在要约收购报告书摘要中作出特别提示，并在取得批准后公告要约收购报告书。由此可知，除了相关部门批准外，我国证券监督管理机关并不对收购要约进行核准。这与2019年《证券法》修改前的实践有了显著区别，之前实践中这样的处理：在15日内可以灵活处理，自主决定对报告书作形式审查，或是实质审查。对于不符合规定的要约，有权要求收购者修改，或者阻止其发出收购要约。需要注意的是，在收购要约有效期限内，收购人需要变更收购要约的，应当及时公告，并载明具体变更事项。

（四）预受

预受是指在要约有效期内，由受要约人向要约人表示接受收购要约，是股东愿意出售股票的意思表示。之所以称之为预受，是因为这种接受并不马上发生效力，受要约人在要约期满前有权撤销对该要约的预受。预受制度可以起到如下作用：一是减少股东压力，避免股东因匆忙作出决定而遭受损失；二是在出现竞争要约时，能够使已接受收购要约的股东有机会重新作出选择，以获得更高溢价。另外，如果在要约期满时，预受要约的股票数小于或者大于收购要约预定的股份数额，可能会产生交易不成立或按比例成交的问题，也就是说不会按照受要约人的预受内容成交，这种情况实际上是对收购人的保护，是赋予收购人的选择权。赋予预受人撤销权实际上是与收购人的选择权抗衡。

美国、英国、日本、我国台湾地区对于受要约人都附有撤回权的规定。美国《1934 证券交易法》第 14d-7 条规定："受要约人承诺后，如果要约人在收购开始 60 日后尚未对已作出承诺交付股票的受要约人支付相应的价金，已作出承诺的受要约人有权在收购开始的60 日以后的任何时间内撤回其根据要约向收购要约人所交付的股票。"

我国 1993 年《股票发行与交易暂行条例》第 52 条对预受要约进行了简单规定，"预受收购要约的受要约人有权在要约失效前撤回对该要约的预受"，"预受是指受要约人同意接受要约的初步意思表示，在要约期满前不构成承诺"。我国《证券法》没有规定预受要约制度，《上市公司收购管理办法》有相应具体规定。《上市公司收购管理办法》第 42 条规定，同意接受收购要约的股东（预受股东），应当委托证券公司办理预受要约的相关手续。收购人应当委托证券公司向证券登记结算机构申请办理预受要约股票的临时保管。证券登记结算机构临时保管的预受要约的股票，在要约收购期间不得转让。预受，是指被收购公司股东同意接受要约的初步意思表示，在要约收购期限内不可撤回之前不构成承诺。在要约收购期限届满 3 个交易日前，预受股东可以委托证券公司办理撤回预受要约的手续，证券登记结算机构根据预受要约股东的撤回申请解除对预受要约股票的临时保管。在要约收购期限届满前 3 个交易日内，预受股东不得撤回其对要约的接受。在要约收购期限内，收购人应当每日在证券交易所网站上公告已预受收购要约的股份数量。出现竞争要约时，接受初始要约的预受股东撤回全部或者部分预受的股份，并将撤回的股份售予竞争要约人的，应当委托证券公司办理撤回预受初始要约的手续和预受竞争要约的相关手续。

（五）自愿要约收购

自愿要约收购，是收购人在没有达到法律所要求予以披露持股比例的情况下，直接向目标公司的所有股东公开发出要约，邀请所有股东按要约规定的条件出售其股票，以取得对目标公司的控制权。

与强制要约收购不同，自愿收购不是证券法的强制要求，而是收购人的自愿行为。自愿收购与协议收购的不同是，协议收购是秘密的，面向单个股东，而自愿要约收购是公开的，面向所有股东。

自愿要约收购具有下列特征：（1）突然性。由于自愿要约收购不必经历漫长的过程，所以，当宣布自愿收购要约时，目标公司的股东和经营管理层会面对一个很突然的局面，采取应对措施的时间比较紧张，股东可能没有充分的时间就其是否卖出股票的策略进行讨论。（2）收购成本低。其突然性不会给市场炒作者太多机会炒作股票，不会像强制要约收购的情况那样，在还没有到达 30% 的比例时，股价已经"高处不胜寒"。（3）市场性。就收购人来说，收购成功与否与收购者的主观判断有相当大的关系，而这种判断实际上就是对市场的判断。要求收购者对目标公司花费较多的时间和成本收集信息、进行研究。这种研究包括目标公司可能采取的防御措施，市场上其他潜在的竞争者进行要约收购的可能性等。

我国《证券法》没有直接明确规定自愿要约收购，《上市公司收购管理办法》则有明确规定，其第 23 条规定：投资者自愿选择以要约方式收购上市公司股份的，可以向被收购公司所有股东发出收购其所持有的全部股份的要约，也可以向被收购公司所有股东发出收购其所持有的部分股份的要约；另根据《上市公司收购管理办法》第 25 条的规定，预定收购的股份比例不得低于该上市公司已发行股份的 5%。此外，自愿要约收购必须根据《证券法》的规定履行要约收购的法定程序。

三、协议收购制度

上市公司的协议收购是指收购人与投资者在证券交易场所之外与目标公司股东就股票价格、数量等进行协商，购买目标公司股票，以达到控制目标公司的目的。在目前我国上市公司收购中，由于我国上市公司股权结构的特殊性，协议收购是一种常见方式。

与要约收购相比，协议收购对意欲控股或兼并目标公司的投资者极为有利。投资者通过协议收购，可以采取各个击破的战术，在法律许可情况下，还可以与要约收购同时采用，迅速取得目标公司控制权。其交易不经证券交易所而直接进行，因而协议收购可以降低收购成本。由于协议收购秘密进行，在一定意义上有利于证券市场的稳定。然而，与要约收购相比，协议收购在信息公开、机会均等、交易公正等方面有很大的局限性。

各国证券立法基本上都以要约收购为规制中心，很少甚至根本不规定协议收购。有些国家或地区允许私下协商收购，但限定上市公司须在证券集中交易市场完成股份转让。美国、英国、澳大利亚、意大利等少数证券市场完备、监管措施完善的国家承认股东之间通过私人协议方式转让股权或者控制权，即允许协议收购存在。但是，这种股权转让往往只是作为例外情形或者辅助手段。通常，收购者通过这种方式购买目标公司部分股份，在此基础上发出收购要约或采取其他收购方式，以减少收购成本。在法律调整上，原则上只由合同法与相关信息披露法规等法律规范共同调整，没有上升到与要约收购相并列的基本制度层面。[1]

我国 2005 年《证券法》明确规定了协议收购，但内容原则、抽象。2006 年《上市公司收购管理办法》详细规定协议收购，置于要约收购之后，使其回到非主导上市公司收购方式地位。我国 2019 年《证券法》第 71 条、第 72 条、第 73 条进行专门规定，涉及协议收购

---

① 参见王林清：《证券法理论与司法适用》，法律出版社 2008 年版，第 384 页。

条件、协议收购的报告和公告、协议收购中股票的保管与资金存放、协议收购中强制收购要约的触发和要约豁免、协议收购的程序等内容。

根据我国《证券法》和《上市公司收购管理办法》的规定，协议收购程序包括如下方面：

1. 谈判与签约

收购人确定收购意向后，须向目标公司董事会提出该意向。双方就收购事项充分磋商、谈判，以达成收购协议。被收购公司的董事有权要求收购人提出保证，以确保完全履行该协议。

2. 收购协议的批准与生效

收购协议须经双方股东大会批准后生效。协议签订后，如未经股东大会批准，则自动失效。自协议签订之日起至完全履行之日为止，被收购公司不得发行任何证券以及签订任何有关公司正常业务范围以外的协议。根据《上市公司收购管理办法》第52条的规定，自签订收购协议起至相关股份完成过户的期间为上市公司收购过渡期（以下简称过渡期）。在过渡期内，收购人不得通过控股股东提议改选上市公司董事会，确有充分理由改选董事会的，来自收购人的董事不得超过董事会成员的1/3；被收购公司不得为收购人及其关联方提供担保；被收购公司不得公开发行股份募集资金，不得进行重大购买、出售资产及重大投资行为或者与收购人及其关联方进行其他关联交易，但收购人为挽救陷入危机或者面临严重财务困难的上市公司的情形除外。

3. 豁免要约收购

根据《证券法》第73条的规定，采取协议收购方式的，收购人收购或者通过协议、其他安排与他人共同收购一个上市公司已发行的有表决权股份达到30%时，继续进行收购的，应当依法向该上市公司所有股东发出收购上市公司全部或者部分股份的要约。但是，按照国务院证券监督管理机构的规定免除发出要约的除外。由此可知，申请要约收购豁免是协议收购的必经程序。对此，我国《上市公司收购管理办法》第47条也有相应规定。

4. 收购协议的报告和公告

协议收购只是收购人与目标公司特定股东之间交易，但是这种交易对目标公司股权构成具有重大影响，因此，必须让目标公司其他股东以及公众投资者及时知晓。我国《证券法》第71条规定，以协议方式收购上市公司时，达成协议后，收购人必须在3日内将该收购协议向国务院证券监督管理机构及证券交易所作出书面报告，并予以公告；在公告前不得履行收购协议。

为了使收购协议顺利履行，我国《证券法》第72条规定，采取协议收购方式的，协议双方可以临时委托证券登记结算机构保管协议转让的股票，并将资金存放于指定的银行。

四、间接收购制度

间接收购是指收购人通过投资关系、协议、其他安排的途径，使其拥有权益的股份达到一个上市公司已发行股份的一定比例，从而成为上市公司实际控制人的收购。间接收购方式在审批程序简化，实际操作上遇到的障碍少，速度快，虽然此种方式并不能绕过要约收购的障碍，但是在实际操作中采用这种收购方式的案例越来越多。我国 2006 年《上市公司收购管理办法》设专章规定间接收购，主要内容如下：

（1）收购人拥有权益的股份达到或者超过一个上市公司已发行股份的 5% 未超过 30% 的，应当按照《证券法》第 63 条、第 64 条以及《上市公司收购管理办法》第二章的规定进行权益披露。

（2）收购人拥有权益的股份超过该公司已发行股份的 30% 的，应当向该公司所有股东发出全面要约；收购人预计无法在事实发生之日起 30 日内发出全面要约的，应当在前述 30 日内促使其控制的股东将所持有的上市公司股份减持至 30% 或者 30% 以下，并自减持之日起 2 个工作日内予以公告；其后收购人或者其控制的股东拟继续增持的，应当采取要约方式；如果依法取得免于发出要约义务，则应当按照协议收购方式办理。

（3）收购人通过投资关系取得对上市公司股东的控制权，而受其支配的上市公司股东所持股份达到上文中规定比例、且对该股东的资产和利润构成重大影响的，应当按照上文所述履行报告、公告义务。

（4）上市公司实际控制人及受其支配的股东未履行报告、公告义务的，上市公司应当自知悉之日起立即作出报告和公告。上市公司就实际控制人发生变化的情况予以公告后，实际控制人仍未披露的，上市公司董事会应当向实际控制人和受其支配的股东查询，必要时可以聘请财务顾问进行查询，并将查询情况向中国证监会、上市公司所在地的中国证监会派出机构和证券交易所报告；中国证监会依法对拒不履行报告、公告义务的实际控制人进行查处。

上市公司知悉实际控制人发生较大变化而未能将有关实际控制人的变化情况及时予以报告和公告的，中国证监会责令改正，情节严重的，认定上市公司负有责任的董事为不适当人选。

（5）上市公司实际控制人及受其支配的股东未履行报告、公告义务，拒不履行前述配合目标公司信息披露的义务，或者实际控制人存在不得收购上市公司情形的，上市公司董事会应当拒绝接受受实际控制人支配的股东向董事会提交的提案或者临时议案，并向中国证监会、派出机构和证券交易所报告。中国证监会责令实际控制人改正，可以认定实际控制人通过受其支配的股东所提名的董事为不适当人选；改正前，受实际控制人支配的股东不得行使其持有股份的表决权。上市公司董事会未拒绝接受实际控制人及受其支配的股东所提出的提案的，中国证监会可以认定负有责任的董事为不适当人选。

间接收购最初模式是直接收购上市公司大股东的股权获得最终控制权。随着时间的推移，从我国资本市场上收购案例看，具体操作方式出现了一些变化。依据取得控制权方式不同，间接收购主要有以下三种模式：

第一，直接收购大股东股权。收购人通过收购上市公司大股东间接获得上市公司控制权，这是间接收购最普遍的方式。例如2002年12月江苏省盐城市国有资产管理委员会与重庆东银实业（集团）有限公司、重庆东原房地产开发有限公司两家民营企业签订了关于"江淮动力并购协议书"，两家民营企业收购江苏江动集团有限公司（江淮动力第一大股东）的全部生产经营性净资产，其中包括江动集团作为控股股东持有的江淮动力62.64%的股权。收购顺利完成后，重庆东原房地产开发有限公司、重庆东银实业（集团）有限公司分别占江苏江动集团有限公司股权的10%、90%，从而间接成为江淮动力的实际控制人。

第二，对母公司增资扩股。收购人通过对上市公司大股东增资扩股的形式获得对上市公司的控制权。例如，在三佳模具收购案中，北京华商投资有限公司与三佳电子（集团）有限责任公司达成增资协议，北京华商投资有限公司出资1.1亿元人民币，向作为三佳模具的控股股东三佳电子（集团）有限责任公司增资扩股。增资行为完成后，三佳集团原股东铜陵工业国有资产经营有限公司持有三佳集团47.62%股权，而北京华商投资持有三佳集团52.38%股权。

对母公司增资扩股的另一种形式是收购人与上市公司大股东合资成立新的公司，并由新公司控股上市公司，此外，在新设立的合资公司中，收购人应处于控股股东的地位，从而实现对上市公司的间接控制。例如，2003年3月，南京钢铁集团有限公司（南钢股份的母公司）与上海复星高科技（集团）有限公司、上海复星产业投资有限公司和上海广信科技发展有限公司共同签署投资协议，成立了南京钢铁联合有限公司，四方出资比例分别为40%、30%、20%、10%。因为后三者均为民营性质，在取得财政部的批准后，南钢集团将再以其所持有的南钢股份35760万股国有股股权及其他部分资产和负债与另外三家股东共同按比例对南钢联合增资。增资行为完成后，作为收购人的三家民营企业通过南钢联合实现对上市公司南钢股份的间接控制，与此同时，来自"复星系"的两家公司拥有南钢联合50%的股权，使"复星系"成为上市公司的实际控制人。

第三，托管实现间接控制。上市公司控制人通过将自己持有上市公司的资产或者股权托管给收购人，由其代为行使除收益权或资产处置权等其他权利。例如，2003年5月，威远集团投资人石家庄市国有资产管理委员会办公室与石家庄新奥投资有限公司、新奥集团股份有限公司签订《股权转让协议》《委托经营管理协议》，将其持有的威远集团国家股权一次性分别转让给新奥集团和新奥投资，但在协议中明确约定股权转让行为完成前，除收益权和资产处置权由市国资办予以保留以外，市国有资产管理委员会将其在威远集团中的其他全部权益交由新奥集团行使，由新奥集团自行决定威远集团的人员安排并对威远集团的生产经营决策、运营、调度以及业务等问题行使全面决定权。

五、财务顾问制度

财务顾问制度是指证券公司、证券投资咨询机构及其他财务顾问机构为上市公司的收购、重大资产重组、合并、分立、股份回购等对上市公司股权结构、资产和负债、收入和利润等具有重大影响的并购重组活动提供交易估值、方案设计、出具专业意见等专业服务活动过程中应当遵守的行为准则。

我国财务顾问制度主要借鉴香港联交所上市规则。2005 年 5 月 1 日，上海和深圳证券交易所修订各自股票上市规则，明确规定上市公司在涉及关联交易金额超过一定比例时，除董事会应当考虑对此项关联交易是否对上市公司有利外，上市公司同时应当聘请独立的财务顾问对此项交易对全体股东是否公平、合理发表意见并说明理由、主要假设及考虑因素。由于该规则模糊、调整范围较窄，造成财务顾问报告制度在实施过程中报告人存在角色冲突、报告立场不正确、报告内容缺乏专业性、报告目的不明确等多种弊端。

对是否建立财务顾问制度存在不同认识。支持者认为，财务顾问制度有其独特优势和作用：（1）有助于改进上市公司并购重组的监管理念，将并购重组从证监会直接监管下的全面要约收购，转变为财务顾问把关下的部分要约收购；将完全依靠中国证监会的事前监管，转变为实施财务顾问制度下的中国证监会适当事前监管与重点强化事后监管相结合。（2）有助于形成上市公司并购重组的体系化监管机制，强化中介机构责任、由财务顾问事前把关、事中跟踪、事后持续督导，通过对财务顾问和财务顾问主办人"明责、尽责、问责"的要求，形成市场力量自我约束机制，提高市场效率。（3）有助于稳定上市公司并购重组的交易秩序，要求证券公司、投资咨询机构以及其他符合条件的机构从事并购重组财务顾问业务实行资格许可管理，并明确了财务顾问主办人的资格条件。

反对者则认为财务顾问制度有其不足：（1）财务顾问制度增加证券行业成本，不利于资本流通。一方面，按照《上市公司并购重组财务顾问业务管理办法》的规定，财务顾问资格的前提条件是财务顾问主办人不少于 5 人，这会使财务顾问主办人成为市场稀缺资源，导致券商非理智高薪争抢具有资格的人员；另一方面，该文件规定只要资本规模达 500 万元的证券公司、证券投资咨询机构及其他财务顾问机构均可以办理财务顾问制度，这加重了人员稀缺程度。结合以上两方面，提供财务顾问制度的机构不得不增加收费标准，从而导致将增加的成本转嫁给并购重组参与方。另外，如果一些中小型民营顾问机构参与其中，则可能导致关闭风险，最终受损害的还是上市公司以及股东，一旦集体倒闭，将对中国证券市场发展带来不可估量的损失。(2)财务顾问制度严重影响行业服务质量，不利于证券行业发展。财务顾问主办人的超高收入，将导致全体行业人将通过财务顾问考试作为最高目标，而对日常业务敷衍了事，可能会降低服务质量。另外，并购业务是创新性业务，丧失创新思路的并购业务不能为客户创造价值，稍有不慎就会使得并购双方陷入僵局。因此，如果全体从业人员丧失创新和服务意识，而把全部精力放在考试上，认为只要通过考试就可以顺利完成并购业务要求，将会导致整个行业面临崩溃的局面。(3)财务顾问制度将致使证券行业人员缺乏稳定性，行业人员正常流转秩序被打乱。对整个证券行业的人员来说，一旦通过财务顾问制度，可能导致身价暴涨，跳槽成为绑架公司、客户甚至整个行业的凶器，公司不得不开出丰厚条件挽留人员，公司正常培训人才计划也将被打乱。员工对于超额利益追求无可厚非，但是员工频繁跳槽对于整个行业可能是灾难。

2020年3月修订的《上市公司收购管理办法》第9条明确规定："收购人进行上市公司的收购，应当聘请在中国注册的具有从事财务顾问业务资格的专业机构担任财务顾问。收购人未按照本办法规定聘请财务顾问的，不得收购上市公司。""财务顾问应当勤勉尽责，遵守行业规范和职业道德，保持独立性，保证其所制作、出具文件的真实性、准确性和完整性。""财务顾问认为收购人利用上市公司的收购损害被收购公司及其股东合法权益的，应当拒绝为收购人提供财务顾问服务。""财务顾问不得教唆、协助或者伙同委托人编制或披露存在虚假记载、误导性陈述或者重大遗漏的报告、公告文件，不得从事不正当竞争，不得利用上市公司的收购谋取不正当利益。""为上市公司收购出具资产评估报告、审计报告、法律意见书的证券服务机构及其从业人员，应当遵守法律、行政法规、中国证监会的有关规定，以及证券交易所的相关规则，遵循本行业公认的业务标准和道德规范，诚实守信，勤勉尽责，对其所制作、出具文件的真实性、准确性和完整性承担责任。"

2008年8月中国证监会实施《上市公司并购重组财务顾问业务管理办法》建立一整套财务顾问制度，对于证券公司和投资咨询机构从事上市公司并购重组财务顾问业务的资格许可及财务顾问主办人资格条件、财务顾问及财务顾问主办人的职责及工作程序、对财务顾问的持续监管及对不当执业或违法违规行为的处罚作出了明确规定。

根据2020年3月修订的《上市公司收购管理办法》第七章的规定，我国上市公司收购中的财务顾问制度主要包括如下内容：

(1)财务顾问应当履行以下职责：①对收购人的相关情况进行尽职调查；②应收购人的要求向收购人提供专业化服务，全面评估被收购公司的财务和经营状况，帮助收购人分析收购所涉及的法律、财务、经营风险，就收购人案所涉及的收购价格、收购方式、支付安排等事项提出对策建议，并指导收购人按照规定的内容与格式制作公告文件；③对收购人进行证券市场规范化运作的辅导，使收购人的董事、监事和高级管理人员熟悉有关法律、行政法规和中国证监会的规定，充分了解其应当承担的义务和责任，督促其依法履行报告、公告和其他法定义务；④对收购人是否符合本办法的规定及公告文件内容的真实性、准确性、完整性进行充分核查和验证，对收购事项客观、公正地发表专业意见；⑤与收购人签订协议，在收购完成后12个月内，持续督导收购人遵守法律、行政法规、中国证监会的规定、证券交易所规则、上市公司章程，依法行使股东权利，切实履行承诺或者相关约定。

（2）财务顾问就收购出具的财务顾问报告，应当对以下事项进行说明和分析，并逐项发表明确意见：①收购人编制的上市公司收购报告书或者要约收购报告书所披露的内容是否真实、准确、完整；②本次收购的目的；③收购人是否提供所有必备证明文件，根据对收购人及其控股股东、实际控制人的实力、从事的主要业务、持续经营状况、财务状况和诚信情况的核查，说明收购人是否具备主体资格，是否具备收购的经济实力，是否具备规范运作上市公司的管理能力，是否需要承担其他附加义务及是否具备履行相关义务的能力，是否存在不良诚信记录；④对收购人进行证券市场规范化运作辅导的情况，其董事、监事和高级管理人员是否已经熟悉有关法律、行政法规和中国证监会的规定，充分了解应承担的义务和责任，督促其依法履行报告、公告和其他法定义务的情况；⑤收购人的股权控制结构及其控股股东、实际控制人支配收购人的方式；⑥收购人的收购资金来源及其合法性，是否存在利用本次收购的股份向银行等金融机构质押取得融资的情形；⑦涉及收购人以证券支付收购价款的，应当说明有关该证券发行人的信息披露是否真实、准确、完整以及该证券交易的便捷性等情况；⑧收购人是否已经履行了必要的授权和批准程序；⑨是否已对收购过渡期间保持上市公司稳定经营作出安排，该安排是否符合有关规定；⑩对收购人提出的后续计划进行分析，收购人所从事的业务与上市公司从事的业务存在同业竞争、关联交易的，对收购人解决与上市公司同业竞争等利益冲突及保持上市公司经营独立性的方案进行分析，说明本次收购对上市公司经营独立性和持续发展可能产生的影响；⑪在收购标的上是否设定其他权利，是否在收购价款之外还作出其他补偿安排；⑫收购人及其关联方与被收购公司之间是否存在业务往来，收购人与被收购公司的董事、监事、高级管理人员是否就其未来任职安排达成某种协议或者默契；⑬上市公司原控股股东、实际控制人及其关联方是否存在未清偿对公司的负债、未解除公司为其负债提供的担保或者损害公司利益的其他情形；存在该等情形的，是否已提出切实可行的解决方案；⑭涉及收购人拟免于发出要约的，应当说明本次收购是否属于本办法第六章规定的情形，收购人是否作出承诺及是否具备履行相关承诺的实力。

（3）上市公司董事会或者独立董事聘请的独立财务顾问，不得同时担任收购人的财务顾问或者与收购人的财务顾问存在关联关系。独立财务顾问应当根据委托进行尽职调查，对本次收购的公正性和合法性发表专业意见。独立财务顾问报告应当对以下问题进行说明和分析，发表明确意见：①收购人是否具备主体资格；②收购人的实力及本次收购对被收购公司经营独立性和持续发展可能产生的影响分析；③收购人是否存在利用被收购公司的资产或者由被收购公司为本次收购提供财务资助的情形；④涉及要约收购的，分析被收购公司的财务状况，说明收购价格是否充分反映被收购公司价值，收购要约是否公平、合理，对被收购公司社会公众股股东接受要约提出的建议；⑤涉及收购人以证券支付收购价款的，还应当根据该证券发行人的资产、业务和盈利预测，对相关证券进行估值分析，就收购条件对被收购公司的社会公众股股东是否公平合理、是否接受收购人提出的收购条件提出专业意见；⑥涉及管理层收购的，应当对上市公司进行估值分析，就本次收购的定价依据、支付方式、收购资金来源、融资安排、还款计划及其可行性、上市公司内部控制制度的执行情况及其有效性、上述人员及其直系亲属在最近 24 个月内与上市公司业务往来情况以及收购报告书披露的其他内容等进行全面核查，发表明确意见。

（4）财务顾问应当在财务顾问报告中作出以下承诺：①已按照规定履行尽职调查义务，有充分理由确信所发表的专业意见与收购人公告文件的内容不存在实质性差异；②已对收购人公告文件进行核查，确信公告文件的内容与格式符合规定；③有充分理由确信本次收购符合法律、行政法规和中国证监会的规定，有充分理由确信收购人披露的信息真实、准确、完整，不存在虚假记载、误导性陈述和重大遗漏；④就本次收购所出具的专业意见已提交其内核机构审查，并获得通过；⑤在担任财务顾问期间，已采取严格的保密措施，严格执行内部防火墙制度；⑥与收购人已订立持续督导协议。

（5）财务顾问在收购过程中和持续督导期间，应当关注被收购公司是否存在为收购人及其关联方提供担保或者借款等损害上市公司利益的情形，发现有违法或者不当行为的，应当及时向中国证监会、派出机构和证券交易所报告。

（6）财务顾问为履行职责，可以聘请其他专业机构协助其对收购人进行核查，但应当对收购人提供的资料和披露的信息进行独立判断。

（7）自收购人公告上市公司收购报告书至收购完成后 12 个月内，财务顾问应当通过日常沟通、定期回访等方式，关注上市公司的经营情况，结合被收购公司定期报告和临时公告的披露事宜，对收购人及被收购公司履行持续督导职责：①督促收购人及时办理股权过户手续，并依法履行报告和公告义务；②督促和检查收购人及被收购公司依法规范运作；③督促和检查收购人履行公开承诺的情况；④结合被收购公司定期报告，核查收购人落实后续计划的情况，是否达到预期目标，实施效果是否与此前的披露内容存在较大差异，是否实现相关盈利预测或者管理层预计达到的目标；⑤涉及管理层收购的，核查被收购公司定期报告中披露的相关还款计划的落实情况与事实是否一致；⑥督促和检查履行收购中约定的其他义务的情况。

在持续督导期间，财务顾问应当结合上市公司披露的季度报告、半年度报告和年度报告出具持续督导意见，并在前述定期报告披露后的 15 日内向派出机构报告。在此期间，财务顾问发现收购人在上市公司收购报告书中披露的信息与事实不符的，应当督促收购人如实披露相关信息，并及时向中国证监会、派出机构、证券交易所报告。财务顾问解除委托合同的，应当及时向中国证监会、派出机构作出书面报告，说明无法继续履行持续督导职责的理由，并予公告。

六、上市公司收购的法律后果

上市公司收购会产生如下法律效果：

第一，目标公司股票终止上市交易。我国《证券法》第 74 条规定："收购期限届满，被收购公司股权分布不符合证券交易所规定上市交易要求的，该上市公司的股票应当由证券交易所依法终止上市交易。"根据《公司法》《证券法》《首次公开发行股票注册管理办法》《上海证券交易所股票上市规则》《深圳证券交易所股票上市规则》等法律法规，企业首次公开发行股票并上市主要条件之一就是要求公司向社会公开发行的股份占公司总股份 25%以上；公司股本总额超过人民币 4 亿元的，公开发行股份的比例为 10%以上。因此，若收购者持股超过 75%时，该上市公司便失去上市公司资格，应当终止交易。另外，市场上流通股票太少，容易引起股票炒作，导致大幅度波动，不利于股市稳定。

当然，这一规定的合理性也有疑问。按照国际通行的做法，收购人持有的被收购公司的股份达到 75%以上时，证券交易所可以安排将超出 75%的部分售出，如美国、英国、我国香港地区等均这样操作。

第二，强制出售。我国《证券法》第 74 条规定："收购期限届满，被收购公司股权分布不符合证券交易所规定的上市交易要求的，该上市公司的股票应当由证券交易所依法终止上市交易。其余仍持有被收购公司股票的股东，有权向收购人以收购要约的同等条件出售其股票，收购人应当收购。"这一规定一方面为目标公司股东设定单方权利，另一方面为收购人设定单方义务。这种权利被称为"被收购公司少数股东的收买请求权"，是指在收购期限届满时，如果被收购公司股权分布不符合上市条件而致终止上市交易，其余仍持有被收购公司股票的股东，有权要求收购人以收购要约的同等条件出售其股票，收购人应当收购。上市公司收购而导致少数股东的股票失去流动性，这等于收购人以自己行为强行改变他人财产权利的内容与价值。因此，在此情形下的少数股东，有权要求收购人以收购要约的同等条件下购买其股票，收购人应当收购，否则收购人不能使上市公司退市。另外，这一制度存在也可减少上市公司因收购而退市的情形，符合鼓励公司上市的立法政策。①

但是，如果收购人收购了75%甚至更多股份之后希望与目标公司合并，也愿意按照收购要约的同等条件购买剩余股票，但是剩余少数股东不肯出售，收购人是否有权利强行合并？如果少数股东不肯交售的理由是要约收购价格太低而要求对自己股份的价值进行评估，法律上是否应当允许？②我国法律没有赋予收购人强制购买剩余股份的权利，这似乎导致了收购要约人与受要约人之间的不平等。这也有待法律作出相应规定。

第三，公司形式的变更。收购行为导致原来的上市公司股份集中，股东人数发生变化，可能公司不再具备公司法规定的条件，或者公司形式发生变化。如原来的股份有限公司，经过收购之后，可能变为有限责任公司或独资企业。此时，要对公司形式进行变更登记。我国《证券法》第74条规定，收购行为完成后，被收购公司不再具备股份有限公司条件的，应当依法变更其企业形式。但是，"不再具备股份有限公司条件"的情形，却难以想象。因为现行《公司法》对股份有限公司的股东人数没有要求，收购来的公司依然可以是一个股份有限公司，除非收购人愿意变更公司形式。③因此，这需要相关法律法规作出相应规定，对此予以澄清和解释。

第四，公司合并。我国《证券法》第76条规定："收购行为完成后，收购人与被收购公司合并，并将该公司解散的，被解散公司的原有股票由收购人依法更换。"公司合并是公司解散的法定事由，被合并公司不能再作为独立法人实体存在，收购者应当依法变更被合并公司的原有股票。同时，收购人应当按照《公司法》的规定，概括承继被收购公司原有的债权债务，并办理公司合并手续。

第五，一定期限内禁止收购者转让收购的股份。《证券法》第75条规定，收购人对所持有的被收购的上市公司的股票，在收购行为完成后的18个月内不得转让。这是为保证收购活动的严肃性，以防止借收购之名、行操纵之实。

第六，要约收购失败后的收购禁止。要约收购失败是指发生要约撤回、要约期间未收到要约规定数量的承诺或其他要约条件未成就，主管机关依法撤销要约等情况，要约人没有或无法收购足够股份的情形。英国《城市法典》、我国台湾地区"公开收购公开发行公司有价证券管理办法"及我国香港地区都有类似规定，其目的是减轻目标公司不断被侵袭的情况，维持公司正常发展。我国立法原来有这一制度，1993年《股票发行和交易暂行条例》规定，若收购要约期满时要约人持股数仍未达到50%，则视为收购失败，并对其进一

①　参见陈甦主编：《证券法专题研究》，高等教育出版社2006年版，第151页。
②　参见朱锦清：《证券法学》，北京大学出版社2019年版，第425页。
③　参见朱锦清：《证券法学》，北京大学出版社2019年版，第425页。

步增持股份作出限制。现行《证券法》对要约收购失败没有规定，这意味着要约收购人通过要约收购没有达到50%的绝对控股权，仍能通过其他方式（如协议收购）继续完成收购。如此，要约人在收购过程中有较大灵活性，这反映了我国现行收购立法支持上市公司收购的价值倾向。

第七，收购完成后的报告和公告。为使证券监督管理机构、证券交易所、目标公司和社会公众及时了解收购进展情况和最终结果，要约人应当在要约收购结束时，依法公布收购结果。我国《证券法》第76条规定，收购行为结束后，收购人应当在15日内将收购情况报告国务院证券监管机构和证券交易所，并予公告。

第四节　上市公司反收购制度

一、上市公司反收购制度的价值取向

目标公司反收购是指目标公司为维持目标公司控制权而采取的预防收购或者挫败收购的行为。收购与反收购是市场经济的一对孪生子，反收购是在收购成为公司经营方式时应运而生。根据公司收购过程中董事态度的不同，公司收购分为善意收购和敌意收购。善意收购是目标公司管理层对收购行为予以配合的收购，敌意收购"一般是指在遭到目标公司管理层反对和抗拒的情况下，或者在目标公司并不知晓的情况下进行的收购"。① 目标公司反收购有狭义和广义之分。狭义的目标公司反收购是指目标公司针对确定的或不确定的敌意收购威胁而采取的防御措施，包括为预防目标公司被收购而采取的预防措施和敌意收购发生后采取的反击型措施；广义的目标公司反收购既包括目标公司针对敌意收购采取的防御措施，也包括目标公司为寻求最有利的收购条件而与收购人讨价还价的行为。反收购法律关系涉及主体广泛，包括收购人、目标公司、目标公司股东、目标公司董事会。

对于目标公司反收购的价值存在两种对立观点：批评者形容公司收购是"竞争、暴力和贪欲的世界"，是"在'野兽精神'的支配下，一大批'袭击者'（Raider）、'扰乱者'、'掠食者（Predator）'、'海鸥（Seagull）'、'贪心汉'（Vulture）、'骗子'（Liar）、'野蛮人'（Barbarian）、'坟墓舞女'（Gravedancer）等采取残忍、激烈和强暴的方式，向巨型企业等发起突然袭击，使之防不胜防"；赞赏者则认为公司收购能"增加效益"，"是发盘者（Bidder）与目标公司股东间的自愿交易，因而有内生的市场检验机制（built-in market test）"。② 持否定意见者认为，发盘者支付给目标公司股东的溢价来源不经济或不正当，

---

① 郭富青：《论公司要约收购与反收购中少数股东利益的保护》，载《法商研究》2000年第4期。
② 汤欣：《公司治理与上市公司收购》，中国人民大学出版社2001年版，第171页。

主要观点包括违反默示契约剥削利益相关者论、剥削目标公司雇员论、剥削公司债权人论、剥削收购公司股东论、剥削公益论、短期行为论、扩张心理论、市场低估论及信用耗尽和信用膨胀论。持赞同态度者认为，适当的收购活动可以促成趋于合理的规模经济、优化企业组合、加强专业化与合作、协调企业间关系、争夺先进的科学技术、获取高额利润、增强竞争能力、适应金融市场的变化等目的。这类学者论述主要包括降低代理成本的惩戒论、降低代理成本的闲置现金流论和协同理论。[①] 事实上，公司收购与其他市场行为一样，是一种中性行为，既有积极作用，也有消极影响，利弊共存。经济立法的意义在于规范市场行为，促进并保护其积极作用，抑制并消除其消极作用，以维持市场机制正常运作。[②]

我们认为，反收购法律规制应当体现如下价值取向：

第一，效率和资源优化配置。公司收购是公司重要的外部治理环境，是公司控制权市场的重要组成部分。公司管理者在十分复杂并且充满竞争环境下经营管理公司，如果目标公司被成功收购，公司管理者则面临下岗失业，失去现有福利待遇及社会地位的危险，因而公司收购尤其是敌意收购从公司外部施压监督管理者，确保其忠于职守，勤勉工作，以维护公司价值。公司收购成功可以在一定程度上更换不胜任或不尽责的管理者，使得被收购公司高效运作，实现资源优化配置。反收购尤其不合理的反收购措施则会限制上述积极作用的发挥，因此，为追求经济效益和市场资源优化配置，应当对反收购进行法律规制。

第二，鼓励投资，管理者忠于投资者。在收购与反收购中，管理者为维持其现有福利待遇和社会地位，可能以损害股东利益为代价进行反收购，使股东利益最大化与管理者自身利益冲突十分激烈。管理者作为公司日常业务的经营者，其专业知识和技能远远优于股东本身。若不能使管理者忠于投资者，投资者尤其中小股东可能对投资收益存在顾虑，为防止管理者道德风险而减少投资，甚至放弃投资，这不仅会造成资本沉淀，还会影响证券市场发展。在反收购立法中，为鼓励投资，必须注重法律规定及制度设计能够确保管理者专业技能服务于股东投资利益。

第三，实现股东公平，维护中小股东利益。正义包含程序正义和结果正义。在证券市场中，程序正义即信息占有的公平，而结果正义即对待公平。在公司收购中，收购公司与目标公司中小股东明显处于不平等位置，中小股东处于弱势地位，体现在以下方面：首先，在信息收集与分析上，收购者一般在收购前已对目标公司有关信息进行大量收集，并由专业人员对该信息进行专业分析。在"资本多数决"原则指导下，中小股东对目标公司本

①　参见汤欣：《公司治理与上市公司收购》，中国人民大学出版社 2001 年版，第 172~183 页。

②　参见官以德：《上市公司收购的法律透视——理论研究与案例分析》，人民法院出版社 1999 年版，第 32 页。

身信息掌握有限，加之在我国控股股东操纵董事会现象大量存在，目标公司大量信息对中小股东未必公开，即使公开，中小股东也缺乏足够资金、人力进行收集和分析信息。此外，对收购者信息的收集同样成本过大，且存在"搭便车"心理，因此，一般中小股东对收购与反收购信息收集不足，更难以做到信息分析。其次，由于在有关信息收集与分析上，中小股东已处于劣势地位，在其后讨价还价的博弈过程中更处于"被动挨打"地位。最后，在目标公司与收购者博弈过程中，目标公司中小股东利益也可能会被忽视。

基于公平价值的追求，为实现交易中待遇公平和信息占有公平，反收购立法应当平衡收购者与中小股东的权利义务，在信息和待遇上加强中小股东保护，如此才能营造公平的投资环境，鼓励民众投资。

第四，维持证券市场秩序，注重维护利益相关者的利益。古罗马法学家奥古斯丁曾经说过："无论天国还是地上之国，也无论是社会和个人，一个共同的目标是追求和平和秩序，以使社会和个人的心灵安宁，法律正是和平秩序的必要工具。"[1]收购与反收购在证券市场普遍存在，其设计本来基于市场资源优化配置及股东利益最大化追求。然而，实践中收购与反收购常常不择手段，无序博弈，这导致市场秩序混乱、资源滥用，与制度本意背道而驰。收购与反收购可能对目标公司的员工、公司所在地区、债权人、原产品供销网络、钟情于本公司的消费者等产生一定影响。例如收购一旦成功，一般会改变目标公司经营策略等，也会对目标公司员工职位和福利待遇进行调整，甚至会裁减员工人数。因此，反收购立法应当注重维护证券市场秩序与利益相关者的利益。

二、目标公司反收购决策权的归属

收购与反收购实质是对目标公司控制权的争夺，反收购立法当然要注重公司控制权规定。如何解决管理者自身利益与股东利益最大化之间冲突，实质上事关公司控制权如何分配。公司反收购措施决策是反收购过程中的核心，不仅体现资本属性，而且涉及收购中的公正性。反收购决策权到底归属谁？从世界范围看，目前主要有如下两种模式：

（一）股东大会决定模式

英国是股东大会决定模式的代表，其推崇的理念是鼓励收购人而非目标公司管理层，将决策权赋予股东，理由包括：（1）公司成立目的是为股东创造利润，因此，股东可以决定公司的成立、变更、消灭，公司控制权的变更权应当而且唯一归属于公司股东。按照英国传统观念，股东是公司的投资者，对关系到公司命运的事项有最终决定权。公司收购是收购者与目标股东之间的股份买卖活动，这一活动中交易双方是目标公司股东和收购者。由此，反收购立法奉行"股东大会中心主义"，将反收购决定权赋予股东大会。（2）如果将

---

① 王哲：《西方政治法律学说史》，北京大学出版社 1988 年版，第 66 页。

决策权赋予公司管理层，在收购过程中将有可能成为管理层谋取私利的工具。为防止管理层损害股东利益，原则上禁止目标公司管理层采取反收购措施。

英国对公司收购主要规定在《城市法典》，对目标公司反收购规制主要体现在第 7 条原则和第 21 条规则中。第 7 条原则规定：当一项真正的收购要约已通知目标公司董事会或目标公司董事会有理由相信要约收购已发生或即将发生真正的要约收购时，目标公司董事会不得在未经股东大会批准的情况下，就公司事务采取任何行动，以使该收购要约受到阻挠，或者使目标公司股东失去对该收购要约的利弊进行评判的机会。第 21 条规则及其注释进一步规定：在收购要约持续期间，或者在收购要约发出之前如果目标公司董事会有理由相信一项真正的收购要约即将发出时，除了履行更早的时期签订的合同之外，未经股东大会同意不得采取反收购措施，包括：(1)发行任何已授权但未发行的股份；(2)就任何未发行的股份发行或授予选择权；(3)创设或发行，或者允许发行任何带有转股权或认股权的证券；(4)出售、处分或取得，同意出售、处分或取得具有重大价值的资产；(5)在日常业务规程之外签订合同；(6)在正常规程之外宣布和支付中期红利；(7)退休金计划的变更以及目标公司买回本公司股票。[1]

这种模式有其不足之处：召开股东大会程序较复杂、作出决议耗时过长，而收购与反收购过程中时间紧迫且变数较大，尤其要约收购期间较短，这会造成目标公司不能在短期内依据当前实际情况及时作出决策，从而可能影响反收购的成功。英国法规定很大程度上限制目标公司管理层在反收购中的权力，也就极大地降低目标公司管理层利用手中权力谋取自身利益的可能性。然而由于管理层负责目标公司日常经营，在反收购中相对于股东，有很强的专业技能、更优的谈判能力等，因而英国反收购立法也赋予管理层一定的反收购权。根据《城市法典》其他条款以及判例法先例，目标公司董事仍然有权自主决定采取以下反收购举措：(1)在向股东提供的信息中，详细陈述在本次收购中公司的利害得失，劝说他们拒绝接受收购者的要约；(2)劝说有关部门将该次收购提交给垄断与兼并委员会，如果一次收购被提交到垄断与兼并委员会，本次要约自动失效；(3)寻找收购竞争者。[2] 此外，该法典只规范针对即将发生或已经发生的收购而进行的反收购行为，没有涉及事先的反收购防御措施，这为目标公司董事在收购出现之前采取防御措施留下了操作空间。

香港受英国法律体制影响，在反收购立法模式上与英国类似。受要约公司的董事局一经接获真正的要约，或当受要约公司的董事局有理由相信可能即将收到真正的要约时，在未获得受要约公司股东在股东大会批准前，受要约公司的董事局在该公司事务上，不得采取任何行动，其效果足以阻挠该项要约或剥夺受要约公司股东判断该项要约利弊的机会。

---

① 参见彭雪峰：《试论上市公司反收购措施决定权的归属》，载《金融法苑》2008 年第 2 期。

② 参见符启林：《中国证券交易法律制度研究》，法律出版社 2000 年版，第 266 页。

（二）管理层决定模式

这种模式以美国为代表。在美国立法确认的公司内部治理结构中，股东大会权力有限，董事会作为公司日常事务和商业活动管理者有相当大的权力。与英国"股东大会模式"不同，美国确立"董事会模式"，将反收购决定权赋予董事会，原则上禁止股东大会采取反收购措施。美国采取这种模式的主要原因包括：（1）严格坚持公司的资本财产所有制，认为当股东出资构成公司资本时，此时董事实施反收购措施是公司经营计划之一，只有在有确切证据时股东才能介入，这在1964年特拉华州衡平法院Cheff v. Mathes一案中表现得最明显。（2）在公司收购整个过程中，单个股东无法获得充分信息，容易被收购者压榨，形成收购者对股东的结构性压制。[1]（3）董事清楚公司现有真实价值及未来发展趋势，本身具有与收购者讨价还价的能力。在这种模式下，目标公司董事会享有较大的自由裁量权，在面临收购时，董事会可以利用自身专业技能，收集与分析有关信息，高效采取反收购措施，大胆经营，锐意进取。在被信任且有利环境中，董事会专业技能得以充分发挥。不过，董事会也可能会拥权自重，损害股东利益或仅代表大股东利益忽视中小股东利益。

在美国，对董事会采取反收购措施并非毫无限制，限制主要依据是"商业判断规则"。该规则最初的主要内容包括：（1）董事在交易中没有利害关系；（2）对经营判断问题已经获得了他认为在当时情况下的充足信息；（3）他合理地认为他的经营判断符合公司最佳利益。该规则经过一系列判例得以在收购和反收购领域发展变化，这些判例主要包括1964年Cheff v. Maths案、1985年Unocol Corp. v. Mesa Petroleum案、Relvon Inc. v. MacAndrews & Forbes Holdings Inc. 案。[2]

三、目标公司反收购的具体措施

反收购与敌意收购相伴而生，"只要存在敌意收购，则目标公司反收购不仅是必然的，也是必需的"。[3] 根据反收购措施采取的时间点不同，可以分为预防性反收购措施和反击性反收购措施。

（一）预防性反收购措施

1. 建立合理的持股结构

合理的持股结构可以成为反收购的一道防线。将目标公司的股权予以细化不仅可以有效限制控制股东滥用职权，同时对收购者而言，收购起点较大，增加了收购难度。在中信收购广发案中，广发反收购成功源于自己的持股结构。广发第一大股东辽宁大成和第三大

---

① 参见徐洪涛：《公司反收购制度研究》（深圳证券交易所综合研究所研究报告），深证综研字第0132号，2006年3月29日。

② 参见丁丁：《商业判断规则研究》，吉林人民出版社2005年版，第227~283页。

③ 参见胡鸿高、赵丽梅：《论目标公司反收购决定权及其规制》，载《中国法学》2001年第2期。

股东吉林敖东合计持股 40.46%，二者皆与广发存在密切关系，因此广发取得反收购成功有着天然优势。① 我国《公司法》第 139 条规定："上市公司董事与董事会会议决议事项所涉及的企业有关联关系的，不得对该项决议行使表决权，也不得代理其他董事行使表决权。该董事会会议由过半数的无关联关系董事出席即可举行，董事会会议所作决议须经无关联关系董事过半数通过。出席董事会的无关联关系董事人数不足三人的，应将该事项提交上市公司股东大会审议。"据此，关联交易中的董事需要回避表决，因此可能在关联企业之间相互持股会造成一定限制。但是，可以推行员工持股计划，员工前途与企业命运紧密联系在一起，有利于公司稳定发展，我国《公司法》第 142 条对公司收购本公司股份用于员工持股计划或者股权激励予以肯定，这有利于公司运用职工持股结构进行反收购。

2. 金降落伞计划

所谓金降落伞计划（Golden Parachute），是指由上市公司股东大会和董事会通过作出决议或上市公司与管理层签订协议，当上市公司被购并而且管理层非因自己原因被解雇时，管理层人员可以领到高额补偿金。学界对该计划在反收购过程中作用存在较大争议，对此反收购措施而言，波斯纳法官的评判较为中肯："'金色降落伞'会使收购花费更高的成本，但它也削弱了经理人员拒绝收购人要求的激励，这两种效果可能会互相抵消。"②

近年来，在我国证券市场金色降落伞策略获得多家公司的采用。但对于其合法性，学界仍有分歧。学者认为："一般而言，为了保证目标公司管理层和员工的利益而阻止收购，容易被认定为基于自利行为进行收购防御，可能违反公司董事、监事、高级管理人员的忠实勤勉义务，还可能违反'不得损害公司及其股东的合法权益'的规定。因此，在我国现行法律环境下，金色降落伞策略及相关安排的合法性仍有待观察和讨论。"③根据我国现行立法，该计划是被允许的，但是以不损害股东利益为前提。我国《公司法》第 129 条规定，"公司应当定期向股东披露董事、监事、高级管理人员从公司获得报酬的情况"，这是对股东行使监督权给予保障。从发达资本主义国家并购实践看，该措施对反收购成功所起作用微乎其微，往往成为管理层谋取私利的工具。因此，我们建议在法律规定中，应当对该反收购措施予以限制。

3. 毒丸计划

"毒丸"其正式名称叫"股权摊薄反收购措施"，由美国著名收购律师马丁·利普顿（Martin Lipton）在 20 世纪 80 年代初发明。截至 1997 年，美国有超过 2500 家公开上市公司采用"毒丸"。毒丸计划真正走进国人视野中是在 2005 年新浪与盛大攻防之战，新浪提

---

① 参见葛清：《中信 VS 广发收购与反收购》，载《中国企业家》2004 年第 4 期。

② ［美］理查德·A. 波斯纳：《法律的经济分析》，蒋兆康译，中国大百科全书出版社 1997 年版，第 539 页。

③ 参见周友苏主编：《证券法新论》，法律出版社 2020 年版，第 305 页。

出的购股权价格是 150 美元。即如果触发这个购股权计划，一旦新浪董事会确定购股价格，每一份购股权就能以半价购买价值 150 美元的新浪股票。这一购股权造成收购成本翻番，最终盛大知难而退。虽然没有发生在我国本土，但给法律界带来了新的思潮。①

毒丸计划产生的根本原因在于资本与生俱来的扩张性，时刻准备掠夺资本市场上潜力资源从而增加市场竞争力；而目标公司对于收购往往采取反收购措施，尤其在敌意收购情形下。总体上，毒丸计划应界定为利用目标公司发行的预期优先股，在特定事件发生后，可以转化为普通股权（收购人公司或目标公司），从而稀释股份并增大收购成本的反收购措施。纽约大学杰罗姆·柯恩教授的评价颇具代表性：在现有防御战术中，最有效的也许是"毒药"。"毒药"的指导思想是发行若干不同证券，这类证券在收购成功之后会使收购人头痛不堪……正如这类防御名称标明，其指导思想是令胆敢吞下收购对象公司的任何收购人"中毒"。②

毒丸计划具体种类多样，根据毒丸证券持有者行使权利的地位不同，分为售股权计划和认股权计划两大类。

售股权计划包括优先股计划和后期权利计划两种。优先股计划（Preferred Stock Plans），又称第一代毒丸，只在 1984 年以前使用，到 1983 年 12 月为止，有关该计划的公告一共有 5 个，但实际执行的只有 2 个。优先股计划可以行使的权利主要包括：（1）目标公司股东（大股东除外）可以要求收购者以在过去一年内购买目标公司普通股或优先股所支付的最高价格用现金形式回购优先股；（2）如果收购者与目标公司合并，目标公司优先股可以自动转化为收购者有表决权普通股，而且市场价值不低于收购价格。后期权利计划（Back-End Plans），又称票据购买权利计划，该计划第一次使用发生在 1984 年。根据该计划，股东得到某种权利股息，如果收购者取得目标公司股份超过某一限额，收购者以外的股东有权以一份认股权和一份股权换取现金或高级证券，其价值等于发行公司（目标公司）董事会确定的某种后期价格。当然，董事会确定合理价格时主观上应为善意并且受到法院监督。

认股权计划包括外翻式毒丸（Flip-over Poison Pills）和内翻式毒丸（Flip-in Poison Pills）。外翻式毒丸又称第二代毒丸，是指当收购者在实际获得目标公司的控制股份后，继续试图进行下一步合并计划时，目标公司股东获得一项购买收购公司股份的权利。③ 外翻式毒丸似乎是不可逾越的障碍，但其仍有缺陷：如果收购者愿意在取得公司控制权后、在毒丸失

① 参见李明瑜：《盛大新浪攻防术》，载《证券市场周刊》2005 年第 10 期。

② 参见[美]杰罗姆·柯恩：《美国的收购法简介》，载中国证券监督管理委员会编：《证券立法国际研讨会论文集》，法律出版社 1997 年版，第 226 页。

③ 参见 R. Matthew Garms, Shareholder By-law Amendments and the Poison Pill: The Market for Corporate Control and Economic Efficiency, Iowa J. Corp. L, 1999, p. 438。

效前不获得目标公司全部股份，就会失去作用。内翻式毒丸是为弥补第二代毒丸仅对100%的全面收购有效这一缺点而设计。当触发事件发生时，权利(证券)被授予目标公司除潜在收购者之外所有股东。此项权利通常授权收购人之外股东以相当于股票市场价格50%的价格购买目标公司其他股份。①内翻式毒丸的优势包括：(1)无论收购者与目标公司是否合并，当触发事件发生时，内翻式毒丸都产生效力；(2)内翻式毒丸赋予目标公司股东购买目标公司而非收购公司股份的权利，其措施根据具有合法性；(3)内翻式毒丸计划往往规定在章程内，公司章程具有内部效力，因此更容易被人们接受。

在上述两类毒丸计划中，认股权毒丸更为普遍。在当代，认股权型毒丸又出现新形式，产生第三代毒丸，主要包括永久毒丸(Dead Hand Pill)和无赎回条件毒丸(No Hand Pill)。永久毒丸规定只有原董事会能够赎回毒丸，新任董事不能赎回。无赎回条件毒丸不规定继任董事的赎回条款，在目标公司董事会控制权发生变更后，一般在6个月内毒丸不可赎回。从这个意义上说，在"永久毒丸"被触发情况下，即使股东赞同公司交易，甚至批准特定要约人计划，他们也将被迫投在职董事成员的票，因为只有他们有权赎回"毒丸"并使公司交易生效。②

需要说明，历史上还出现过表决权计划(Voting Plans)，它将优先股股息转化为某种表决权，即使收购者已经收购大量股份，但是由于其他未被收购的股份(排除收购者)享有超级表决权，收购者虽然获得大量股份但无法取得公司控制权。这种反收购措施动摇了公司资本制度，使公司资合性受到人为不合理干预，美国法院对此持排斥态度，实践中很少使用。

我国是否可采用毒丸？有学者曾认为，毒丸的核心在于差别对待目标公司股东和收购人，在维持股东平等原则前提下，只能通过发行类别股份来实现。2023年2月17日，股票发行注册制全面推行，存在优先股、表决权差异安排的企业不再被限制上市，意味着中国证监会对于类别股企业上市包容度的扩宽。2023年12月29日，新修订《公司法》公布，其第152条规定，"公司章程或者股东会可以授权董事会在三年内决定发行不超过已发行股份百分之五十的股份"，意味着授权资本制的设立，董事会将被授权拥有公司股份发行的权利，"毒丸计划"的威慑效果将大大增强。但"毒丸计划"的适用在我国的制度语境下仍然面临两大困境，一是新修订《公司法》第144条仍然维持了"种类股法定"的基本原则，目前仅允许公司发行优先股、劣后股、表决权差异股、转让受限股等类别股，对于"毒丸计划"中拥有特殊认股权的类别股并未作出规定，导致实施"毒丸计划"所需的类别股发行

① 参见 Brian J. McTear, Has the Evolution of the Poison Pill Come to an End Carmody v. Toll Brothers Inc., Mentor Graphics Inc. v. Quicturn Design Systems Inc. 24 Del. J. Corp. L, 1999, p. 886。

② 参见 Brian J. McTear, Has the Evolution of the Poison Pill Come to an End Carmody v. Toll Brothers Inc., Mentor Graphics Inc. v. Quicturn Design Systems Inc. 24 Del. J. Corp. L, 1999, p. 895。

缺乏法律依据。二是，注册制全面推行后，虽然中国证监会允许存在优先股、表决权差异股的企业上市，但对于存在"毒丸计划"中存在特殊认股权类别股的企业能否上市的监管态度并不明晰，由此也将导致"毒丸计划"在我国上市公司的适用上存在困境。

我们认为，毒丸反收购措施实施是一个复杂的利益重置过程，董事主导毒丸反收购措施本身是一个矛盾共同体，其产生的消极因素需要在引进或进行制度设计时予以高度重视，但是这并不妨碍董事主导毒丸反收购措施成为我国公司制度又一新的组成部分。按照法经济学提倡的"比例"原则，是否应该将董事主导毒丸反收购措施予以引进关键在于引进毒丸所产生的积极意义与消极意义之间的比例。当董事主导毒丸反收购措施的积极意义大于消极意义的时候，我国公司法就应当予以引进。①

4. 公司章程条款

公司章程条款又被称为"驱鲨剂"条款，它是指目标公司为预防遭遇敌意收购，通过在章程中设置某些条款的方式为收购设置障碍，增大收购成本从而阻止收购行为。② 我国现行法律承认公司是一个自治体，对公司章程规定事项范围给予较大自由，因此只要其条款不违反法律中的强制性规定，应该被允许。我们认为，在我国现有条件下，目标公司利用公司章程进行反收购最有效并且成本最低。公司章程条款主要包括分期分级董事会条款、限制董事资格的条款、绝对多数条款等。

第一，分期分级董事会条款。

分期分级董事会条款，也称为交错董事会条款，典型做法是在公司章程中规定，董事会分成若干组，每一组有不同任期，以使每年都有一组董事任期届满，每年也只有任期届满的董事被改选。在实施董事会轮选制情况下，收购者即使收购到足量的股权，也无法对董事会进行实质性改组，因为董事会中大部分董事还是原来董事，他们仍掌握多数表决权，进而控制公司，该措施延缓了收购者对公司的控制时间。③ 在美国标准普尔500指数公司中，有一半以上的公司采用分期分级董事会条款。④

我国《公司法》第70条规定："董事任期由公司章程规定，但每届任期不得超过三年。董事任期届满，连选可以连任。董事任期届满未及时改选，或者董事在任期内辞职导致董事会成员低于法定人数的，在改选出的董事就任前，原董事仍应当依照法律、行政法规和公司章程的规定，履行董事职务。"该条规定反映了公司章程自治本质属性以及私法自治原

---

① 参见赵金龙、李岩：《董事主导"毒丸"反收购措施利弊分析》，载《证券市场导报》2009年第11期。

② 参见王建文：《我国公司章程反收购条款：制度空间与适用方法》，载《法学评论》2007年第2期。

③ 参见钟洪明：《上市公司反收购中的章程应用及法律规制》，载《证券市场导报》2007年第5期。

④ 参见干春晖：《并购经济学》，清华大学出版社2004年版，第169页。

则。因此，公司章程规定将董事分为若干组，并规定每组任期期限，只要不超过3年，这种条款就合法有效。根据我国《公司法》第120条的规定，股份有限公司董事会成员为三人至十九人。各公司可根据自身需要规定董事会人数，每次只能改选期限届满的一组，这样有利于保持董事会独立性，也能延缓收购者取得目标公司董事会的进程。此外，《公司法》规定，董事会成员中可以公司职工代表，职工人数三百人以上的有限责任公司，除依法设监事会并有公司职工代表的外，其董事会成员中应当有公司职工代表，董事会中的职工代表由公司职工通过职工代表大会、职工大会或者其他形式民主选举产生。目标公司可选举一定数量职工进入董事会，职工董事由职工代表民主选举产生，股东无法直接改选，这在一定程度上增加敌意收购者取得目标公司控制权的难度。在公司章程反收购条款中，分期分级董事会条款措施是对目标公司股东利益和公司治理破坏性最小的反收购措施。

需要明确的是，根据《公司法》第113条第3项的规定，单独或者合计持有公司10%以上股份的股东请求时，应当在2个月内召开临时股东大会，而依第59条及第112条规定，股东大会有权选举和更换董事以及修改公司章程。因此，收购人可请求召开临时股东大会，通过股东大会首先修改公司章程中分期分级董事会制度规定，然后再改选董事。这应当是收购者针对分期分级董事会制度的一项有效反制方法。

第二，限制董事资格或者提名的条款。

限制董事资格或者提名的条款，是指在公司章程中对担当董事作出限制性条件，或者规定股东提名董事的数量或者条件。[1] 董事资格是担任董事的条件，是某人能否进入董事会的前提条件，也是法律为防止无才无德之士混入董事会滥用董事职权而确立的预防性制度。各国大多对董事资格作出积极资格和消极资格两方面限定：董事的积极资格是指董事任职必须具备的条件，如持股条件、国籍条件、身份条件和年龄条件等;[2] 董事的消极资格是指不得担任董事职务的条件和情形，如品行条件、兼职条件等。[3] 关于董事资格的消极条件，《公司法》第178条第1款有明确规定。同时，董事资格的积极条件作为股东权利自治范围事项，可以在公司章程内予以规定，但是规定的条件应该是董事职位必须并且不违反法律强制性规定。在大港与爱使收购战中，爱使公司章程条款明确规定单独或合并持有公司有表决权股份总数10%（不含投票代理权）以上且持有时间半年以上的股东，才具有推派代表进入董事会、监事会的提案权。该章程条款是对限制董事资格条款的变形，提高了《上市公司章程指引》中5%的规定并且限制持股时间。提高股权比例并没有违反强制性规定，同时也没有损害股东及公司利益，一定程度上还能保证公司经营政策的长期稳定

① 参见周友苏主编：《证券法新论》，法律出版社2020年版，第303页。
② 参见周友苏主编：《新公司法论》，法律出版社2006年版，第382~384页。
③ 参见雷兴虎、胡桂霞：《论董事行使职权的事前、事中和事后制衡机制》，载《政法论坛》2001年第2期。

性。但是，规定股东持股的最低时间，违背了我国公司法股东平等原则，侵害了股东基本利益，应认定为无效。① 鉴于收购制度对公司外部治理的激励机制，目标公司在制定限制董事资格条款时应符合法律规定，不能违反强行法规定，也不得违反通常商业习惯。

第三，绝对多数条款。

绝对多数条款（Super Majority Provision），是指在公司章程中规定，公司进行并购、重大资产转让或者经营管理权的变更必须取得绝对多数股东同意才能进行，并且该条款修改也需要绝对多数股东同意才能生效。该条款一方面大大增加了公司控制权转移难度，有助于防止损害本公司及股东利益的敌意收购，从而阻碍敌意收购进行；另一方面减轻了市场对管理层的压力，客观上有利于巩固管理层对公司的控制。② 1987年一项研究揭示交错董事会和超级多数条款在反收购中的效力。在两组各自100家样本公司中，一组公司实行交错董事会和超级多数条款，另一组未实行交错董事会和超级多数条款。研究结果表明，实行交错董事会和超级多数条款的公司被接管率为28%，而未实行交错董事会和超级多数条款的公司的被接管率为38%。③ 可见，绝对多数条款对抵制反收购的有效性显而易见，因此受到很多公司青睐。但是，同任何事物一样，绝对多数条款也有不足之处：对公司特别事项设定过高表决权比例，会限制目标公司控股股东对公司的控制力，给公司正常运营带来不必要障碍。为防止该弊端，美国在制定绝对多数条款时，通常会附加一条特别条款，即董事会有权决定何时以及在何种情况下绝对多数条款将生效，以增强董事会在面对敌意收购时的灵活性与主动性。④

我国《公司法》第66条列举特别决议事项，包括修改公司章程、增加或者减少注册资本的决议，以及公司合并、分立、解散或者变更公司形式。但是，没有明确规定反收购措施这种事项。各国（地区）公司法大多明确规定公司章程可在法定特别决议事项外，对特别决议事项另作规定，这一立法模式体现公司章程的自治规则属性。如《日本公司法典》第309条第1款规定：股东大会决议，章程另有规定的除外，以持有可行使表决权股东的过半数表决权股东出席，以该出席股东的过半数表决权作出。⑤ 根据上述日本公司法规定，日本原则上将特别决议事项的认定权限赋予公司章程。

在公司自治范围内是否可以对其设定更高表决方式？这是否会影响目标公司股东利

① 参见王建文：《我国公司章程反收购条款：制度空间与适用方法》，载《法学评论》2007年第2期。

② 参见王建文、范健：《论我国反收购条款的规制限度》，载《河北法学》2007年第7期。

③ 参见 John Pound, The Effectiveness of Antitakeover Amendments on Takeover Activity, Journal of Law and Economics, Vol. 30 (October 1987), pp. 353-367。

④ 参见林新：《企业并购与竞争规制》，中国社会科学出版社2001年版，第173页。

⑤ 参见《新订日本公司法典》，王作全译，北京大学出版社2016年版，第134页。

益？对此，各国公司法不可回避。我国将绝对多数限定为 2/3 的比例限额，其他国家规定 80% 或 90% 甚至更高比例，我国目标公司规定高于 2/3 比例表决权限是否合法有效？我们认为在公司章程中设定高于 2/3 比例的绝对多数条款无效，主要理由如下：(1)2/3 比例的绝对多数规定属于强行法，非经法定程序任何人不得随意降低或提高，公司章程的制定和修改也不得违反国家强行法规定；(2)允许目标公司章程设定高于 2/3 比例的绝对多数条款，将会阻止有利于公司和股利的特别决议事项及要约收购行为的通过，这不利于公司和股东利益。此外，由于《公司法》没有规定股份公司股东大会最低表决权数，在我国上市公司股东大会实践中出现由持股比例很低的股东表决通过公司重大事项情形，这使得绝对多数条款形同虚设。为使绝对多数条款发挥实质作用，建议各公司根据各自特点在公司章程中规定股东大会最低表决权数。

第四，公平价格条款。

公平价格条款是对公司章程条款的修订，要求收购者在购买少数股东的股票时，至少要以一个公平的市场价格购买。收购者提出报价等同于激活公司章程中公平价格条款，如果公平价格条款中规定一个具体价格，则意味着收购人购买股票时，股东会得以此价格被收购。公司价格条款主要目的在于保护少数股东利益，尤其是在双重收购要约每个阶段的终点，股东在数量上和在形式上都有权获得同等对价。双重收购要约是指收购人将收购要约分为两个阶段进行，要约人发出要约购买一定数量的目标公司股份，同时附有通知表明随后将用一较低价格收购公司股份。这样收购者可以一个高低价混合之后的价格收购目标公司，取得公司控制权。双重收购要约无疑会对目标公司股东将造成压力，使其处于进退两难困境，可能造成对部分股东的不公平。

美国许多州的公司都采用公平价格条款方式阻止敌意收购。在美国，公平价格条款表现为两种模式，一是在法律中明确规定公平价格的条文，二是在公司章程中预先设定公平价格条款。该条款通常与绝对多数条款一并使用，如果所有被收购的股份都获得公平价格的待遇，则此时绝对多数条款可以不生效。

我国现行立法中没有规定公平价格条款，其合法性无从得知。但是，《上市公司收购管理办法》第 35 条规定："收购人按照本办法规定进行要约收购的，对同一种类股票的要约价格，不得低于要约收购提示性公告日前 6 个月内收购人取得该种股票所支付的最高价格。要约价格低于提示性公告日前 30 个交易日该种股票的每日加权平均价格的算术平均值的，收购人聘请的财务顾问应当就该种股票前 6 个月的交易情况进行分析，说明是否存在股价被操纵、收购人是否有未披露的一致行动人、收购人前 6 个月取得公司股份是否存在其他支付安排、要约价格的合理性等。"可知，我国采用部分要约收购方式取得目标公司控制权，而部分要约收购方式可能会进行双重收购问题，此时，在公司章程中设定公平价格条款，无疑会增加收购者收购成本，无论对双重要约收购还是部分要约收购，均会起到阻碍作用。另外，就《上市公司收购管理办法》第35条规定看，作为反收购预防措施之一的公平价格条款，在我国已规定为强制性使用的要约收购制度，不得由公司章程排除适用。然而，《上市公司收购管理办法》效力层次低，宜上升为法律层面更为妥当。

利用公司章程条款实施的反收购措施最具变化性，随着反收购现象成为经济运行的一部分，其具有的可塑性将呈现在人们眼前，除了上述措施，实践中还存在股东持股时间条款、限制大股东表决权条款等措施。

(二)反击性反收购措施

当目标公司收到收购要约时，目标公司股东会面临接受或者抵抗两个选择，并且该选择需要在特定时间段作出。考虑到目标公司预防性措施的失败，这时的目标公司可能更容易接受要约，当然，此时目标公司股东会也可能会背水一战，进行反击，采取方式包括：

1. "焦土政策"(Scorched Earth)

焦土政策是指目标公司通过出售引起收购者兴趣的资产或部门或者增大资产的负债率，从而阻止收购的主动性反收购措施，是一种两败俱伤的策略。焦土政策方式多种多样，主要包括：(1)将目标公司最有价值的资产或部门即"王冠宝石"(Crown Jewel)予以出售，从而使收购人失去收购兴趣；或者增加大量资产，提高公司负债，最后迫使收购者放弃收购计划。(2)虚胖战术。公司用现金或大量举债购置与经营无关或盈利能力差的资产，使公司资产质量下降；或者是做一些长时间才能见效的投资，使公司在短时间内资产收益率大减，降低目标公司吸引力。

在我国，实施焦土政策要受到公司法、证券法等法律法规的规制，主要涉及《公司法》《证券法》《上市公司收购管理办法》《上市公司重大资产重组管理办法》的法律文件。根据我国《公司法》第135条和《上市公司收购管理办法》第8条的规定，需要出席公司股东会议所持表决权2/3的同意，目标公司董事会采取的反收购措施应当有利于公司和股东利益，不得滥用职权进行反收购。

2. 股份回购

作为反收购措施的股份回购是指当目标公司遇到敌意收购时，在公开市场上买入本公司股票，或者以高价回购股东股票，减少目标公司流通在外的股权数额。向外部股东回购股份后，公司原来大股东持股比例会上升，其公司控制权得到加强，从而挫败收购人意图。通过股份回购，一方面目标公司减少在外流通股数量，使收购者难以通过二级市场取得足以获取目标公司控制权的股数，另一方面目标公司大量回购股份势必提升股价，增加收购者收购成本，使其知难而退。股份回购也存在不足：(1)股份回购后，被回购股份将作为"库存股"存在，而库存股没有表决权，不能增加董事会表决权。(2)股份回购减少总股本，会抬高剩余股份价格，收购者需要为每一股份支付更高对价。但是，收购者为获得目标公司控制权所需总股数量也随之减少，如此，收购者继续收购的可能性仍然很大。(3)公司大量回购本公司股份，需动用大量资金，而且回购股份作为库存股在规定期限内应予注销或转让，这样很可能会减少公司总资本，从而加重目标公司现金流负担。

许多国家和地区严格限制股份回购。美国以判例形式采用"不当取得目的原则"限制目标公司以股份回购作为反收购措施。根据"不当取得目的原则"，如果经营者买回自己股份的唯一目的是维护其对公司控制权，可被确认违法。我国台湾地区将股份回购范围严格限定为：(1)配合"员工股票选择权"的需要；(2)配合不同意股东的股份收买请求权；(3)缩小公司资本额。我国《公司法》对公司回购情形严格规定，第162条规定股份回购情形限于：(1)减少公司注册资本；(2)与持有本公司股份的其他公司合并；(3)将股份用于员工持股计划或者股权激励；(4)股东因对股东大会作出的公司合并、分立决议持异议，要求公司收购其股份；(5)将股份用于转换上市公司发行的可转换为股票的公司债券；(6)上市公司为维护公司价值及股东权益所必需。由此可知，我国法律并未直接明确承认作为反收购措施的公司股份回购。

3. 发行新股

发行新股是一种强有力的反收购措施，但是其条件严格，采用该措施需要公司本身处于良好运行状态。新股发行一方面增加目标公司资本，加大公司收购难度；另一方面如果收购者在目标公司本身具有股份，发行新股时为保住现有对目标公司的资本比例，因此需要拿出一笔资金，从而削弱收购者的经济实力。现行《公司法》第151～156条，《证券法》第11～13条对公司公开发行新股作出规定。因此，只要目标公司遵循相应的法律条件和法律程序，发行新股可以成为目标公司自我保护的一个手段。

4. 帕克曼策略

帕克曼策略是一种非常具有戏剧性的策略，其遵循"有效的进攻是最好的防御"这一理念。同时帕克曼策略也是一场非常残酷的收购战，因为采取此种策略，每个公司都冒着向对方股东支付而使其财产不敷的风险。[①] 美国收购历史上最有名的帕克曼式反收购案是1982年马丁·马里埃达集团(航天集团)反击本蒂斯重型机械和航空工业集团的收购战，马里埃达集团在收到本蒂斯集团收购要约后，反过来收购本蒂斯集团，借助于其中一件桃色新闻，本蒂斯的收购非但功亏一篑，而且造成资金极度紧张，半年后反被马里埃达集团兼并。[②] 在我国法律层面上，这种反收购措施有一定适用性，但从兼并市场现实看，适用

---

① 参见[美]杰罗姆·柯恩：《美国的收购法简介》，载《证券立法国际研讨会论文集》，法律出版社1997年版，第226页。

② 参见吴文琦：《公司对抗性反收购策略的法律问题研究》，载《安徽大学学报(哲学社会科学版)》2006年第3期。

比较困难。不过，将来资本市场整合后，也许会出现强强对抗情形，对此种措施应当给予必要关注。

5. 诉讼策略

目标公司通过对收购者提起诉讼而进行反收购，这种策略在效果方面主要包括：一是可以有效地延缓收购者的收购脚步，为自己赢得缓冲机会；二是当收购违反反垄断法强制性规定时，可以使收购计划在法院介入下而搁浅。如"徐州重工并购案"，① 由于其收购结果有害国家安全，从而导致收购计划失败。实施该种反收购措施的主要理由包括两种：其一违反收购法上的信息披露义务，其二是违反反垄断法相关规定。

6. "白衣骑士"

当收购发生后，目标公司经营者往往会寻找一个更能友好合作，更愿意接受的买家，使其以更高价格向目标公司股东发出收购要约，以挫败敌意收购者，这个友好公司被人们形象地称为"白衣骑士"。② 对于白衣骑士策略，学界与实务界均予肯定，原因在于：一方面在收购过程中引入竞争机制，更有利于目标公司股东利益；另一方面相对其他反击性措施，该措施不会造成目标公司资本减损，也不会影响公司管理层在收购期间保持公司经营政策。该措施实施需要第三者积极介入，但是，在市场经济条件下第三者介入必然有经济因素考虑，因此出现目标公司与第三者的锁定安排。锁定安排主要是目标公司为第三者介入提供补偿安排，以防止在竞争要约过程中受到损失，其主要分为：（1）股份锁定；（2）资产锁定；（3）非售协议。③ 根据《上市公司收购管理办法》第 37 条、第 40 条的规定，我国允许竞争要约存在，并对竞争要约收购作出相应规定，这意味着承认"白衣骑士"的出现。

四、我国目标公司反收购实践及法律规制现状

（一）我国目标公司反收购实践概述

1993 年 9 月宝安集团收购上海延中实业案被公认为是我国反收购的雏形案件。宝安集团大规模收购上海延中实业股份公司股票，持股达到 15.98% 后，要求延中实业召开股东大会，而延中实业则以宝安集团未在持股 10% 时及时履行持股披露义务而拒绝。该案以延中实业未实现反收购目的而结束，但反收购意识却在许多上市公司高层得以树立。

---

① 本案详情参见李雨龙、陈景云主编：《投资并购经典案例分析》，法律出版社 2008 年版，第 3~10 页。

② 参见中国收购兼并研究中心、东方高圣投资顾问公司编著：《中国并购评论》（第四册），清华大学出版社 2004 年版，第 123 页。

③ 参见吴文琦：《公司对抗性反收购策略的法律问题研究》，载《安徽大学学报（哲学社会科学版）》2006 年第 3 期。

1998年大港油田竞争爱使控股权事件是我国第一件真正意义上的反收购案件。大港油田购买爱使股份达到10%以上后，提请召开临时股东大会，爱使公司根据该公司章程予以拒绝。爱使公司章程规定：入主爱使董事会不仅要达到持股10%以上，且持股时间不少于半年。爱使公司章程条款在一定程度上增加了收购者获得目标公司控制权难度，具有"驱鲨剂条款"性质，因而被认为是中国第一反收购案，给许多目标公司反收购提供了经验教训。

2001年11月，上海高清宣布增持方正科技股份，其持股达到5%以上，而方正科技在其公司章程中设立反收购壁垒。上海高清要想入主方正科技必须召开股东大会修改公司章程。方正科技大股东之间争斗不断，方正科技多次停盘，影响公司经营收益，损害股东尤其是中小股东的利益，同时也损伤了员工的工作积极性。

进入21世纪初以来，我国收购与反收购事件增多，发生频率不断增大。据统计，自1996年1月1日至2000年12月31日，仅沪深市场上发生的并购案就有999起。[①] 而在近几年，我国更是先后出现了国美控制权之争、宝万之争等公司治理事件，穿插其中的收购与反收购之争更是令人印象深刻。在实践中，目标公司反收购存在反收购措施单调、缺少合法性依据、中小股东利益得不到较好维护等问题。

(二)我国目标公司反收购法律现状和存在问题

目前我国没有单独反收购法，反收购规范散见于《公司法》《证券法》及部门规章中，没有一个系统性反收购立法体系。《公司法》《证券法》相关规定大多原则性较强，部门规章如《上市公司收购管理办法》《上市公司股东持股信息披露管理办法》等相关规定比较具体，但是法律效力低且有些条款内容薄弱。

我国《公司法》有些条文对反收购规制有一定指导意义，如《公司法》第19条、第20条规定，公司从事经营活动，应当遵守法律法规，遵守社会公德、商业道德，诚实守信，接受政府和社会公众的监督。公司从事经营活动，应当充分考虑公司职工、消费者等利益相关者的利益以及生态环境保护等社会公共利益，承担社会责任。由此，公司在经营决策时(反收购作为一种特殊经营决策行为)受到该条约束，应当考虑相关者利益，承担一定社会责任。《公司法》第116条规定，股东大会作出修改公司章程、增加或者减少注册资本的决议，以及公司合并、分立、解散或者变更公司形式的决议，必须经出席会议的股东所持表决权的2/3以上通过。

我国《证券法》中大量持股权益披露制度和收购者信息披露义务，有利于减缓收购者收购节奏，有利于目标公司了解收购者和进行反收购。中国证监会《上市公司收购管理办法》

---

① 参见张文璋、顾慧慧：《我国上市公司并购绩效的实证研究》，载《证券市场导报》2002年第9期。

对反收购作出突破性规定，如第 32 条规定："被收购公司董事会应当对收购人的主体资格、资信情况及收购意图进行调查，对要约条件进行分析，对股东是否接受要约提出建议，并聘请独立财务顾问提出专业意见。"由此可知，我国重视反收购中董事会的专业技能、谈判能力并赋予董事会一定反收购权力。《上市公司收购管理办法》规定公司管理层忠实、勤勉义务等以解决管理层的身份冲突，第 8 条规定："被收购公司的董事、监事、高级管理人员对公司负有忠实义务和勤勉义务，应当公平对待收购本公司的所有收购人。被收购公司董事会针对收购所做出的决策及采取的措施，应当有利于维护公司及其股东的利益，不得滥用职权对收购设置不适当的障碍，不得利用公司资源向收购人提供任何形式的财务资助，不得损害公司及其股东的合法权益。"第 80 条规定："上市公司董事未履行忠实义务和勤勉义务，利用收购谋取不当利益的，中国证监会采取监管谈话、出具警示函等监管措施，可以认定为不适当人选。上市公司章程中涉及公司控制权的条款违反法律、行政法规和本办法规定的，中国证监会责令改正。"

从我国现有反收购立法看，原则上禁止董事会利用反收购损害股东利益，且规定董事会的忠实、勤勉义务，倾向于英国"股东大会模式"，但仍存在如下不足：

第一，反收购决定权归属缺乏明确规定。收购与反收购实质是目标公司控制权争夺，反收购展开首先应当且必须明确由谁决定这场争斗展开，谁是反收购中的核心决策者。反收购决定权归属也涉及董事会身份冲突、董事会专业技能的使用与尊重、对目标公司长远效益影响等。我国反收购立法没有明确规定反收购决定权归属，目标公司是否可采取反收购措施以及在反收购中法律地位缺乏明确依据，这是我国反收购出现混乱局面的一个重要原因。

第二，可采取的反收购措施无明确规定。随着收购与反收购逐渐增多，反收购措施也有相应发展。反收购措施依据采取阶段不同，分为事先预防措施和事后抵御措施。反收购措施采取事先预防措施还是事后抵御措施，各国规定不同。随着我国收购案件增多、频率增大，有些公司开始尝试事先预防措施，我国立法对此却无明确规定。

第三，反收购中董事会义务不明确。在反收购中董事个人利益与股东利益可能发生冲突，如何解决该冲突，既使董事会在反收购中发挥其专业技能，又达到维护股东利益目的，这很大程度上依赖于对董事会权力的赋予和义务的规定。从比较法观察，美国采取举证责任倒置来规制董事会，而英国在采取"正当目的规则"同时，采用客观标准来判断董事会是否符合授权目的行使权力。我国《公司法》规定了董事会不得损害股东利益谋取私利，但内容不具体。《上市公司收购管理办法》第 32 条规定，"被收购公司董事会应当对收购人的主体资格、资信情况及收购意图进行调查，对要约条件进行分析，对股东是否接受要约提出建议，并聘请独立财务顾问提出专业意见"，但是该文件效力位阶较低；第 8 条、第

80 条虽然规定公司管理层忠实、勤勉义务及相应责任，但是这种法律义务确认的操作性却值得探讨。

第四，对中小股东利益的重视不够。在反收购中，中小股东明显处于弱势地位。与收购者相比，在相关信息收集和分析上存在较大差距，对信息收集和分析的不足意味着在谈判博弈中处于劣势；在我国控股股东操纵董事会现象普遍存在情况下，作为大股东代表的董事可能忽视甚至损害中小股东利益。在我国反收购立法中，缺乏维护中小股东利益的制度设计。

第五，目标公司员工在反收购中的地位未明确。收购与反收购争斗的结果不仅影响公司命运，也与员工生存状况和福利待遇息息相关。证券市场成熟的国家大多在立法中给予员工在反收购中一些权利明确其利益相关者地位，要求目标公司予以重视。我国反收购立法尚未给予员工相应权利以保障员工在反收购中的自身利益，也尚未明确在反收购中目标公司员工的地位。

五、完善我国反收购法律制度的建议

(一)我国目标公司反收购法律制度的原则

法律原则是贯穿于法律始终，对立法、司法、执法以及守法都具有指导意义且体现法价值追求的重要准则。我国反收购立法完善应当明确反收购基本原则，为反收购立法完善提供方向指引。总体来看，我国反收购立法应当遵守以下基本原则：

第一，目标股东利益最大化原则。维护股东利益可以鼓励投资，加快资本运转，提高资本运转效率，带动经济发展。在反收购中确立目标股东利益最大化原则的题中之义首先是将反收购决定权赋予股东大会，并且该原则为董事会经营行为尤其实施反收购措施提供指引，约束其进行图谋个人利益而损害股东利益的行为。

第二，尊重且限制管理者原则。董事会作为目标公司管理者，在对目标公司价值的判断、信息收集与分析、专业技能、谈判能力等方面优于股东，要促进公司发展，实现反收购成功应当依赖于董事会能力发挥，因此对董事会予以应有尊重，为其能力发挥提供内在激励和外部良好环境。同时，董事会在公司日常经营中权力过大且凭借其专业技能，可能存在道德风险。在反收购中，董事会确实存在双重身份冲突可能，因而应当对其反收购行为进行必要限制。

第三，股东平等原则。股东平等即股份公司同种股票的权利内容相同，以及同种类股东在公司事务表决过程中按照持有股票比例进行投票。[1] 股东平等原则的实质要求是禁止客观上对股东有不合理的不平等待遇，防止大股东"独揽公司大权"，使所有股东利益受到

---

① 参见吴高臣：《目标公司小股东的法律保护》，中国海关出版社 2003 年版，第 27 页。

应有维护，这是公平正义的必然要求。在反收购立法中确立股东平等原则，主要是维护中小股东利益，要求董事会注重将相关信息披露于中小股东，倾听其意愿表达并给予尊重和维护，要求收购者给予所有股东平等收购条件。

第四，反收购信息公开原则。在反收购中，信息公开具有重要意义。目标公司董事会对其自身与反收购中的利益冲突应向股东大会公开，可以保障股东大会正确衡量董事会提供的信息。收购者和目标公司特定信息对中小股东公开，有利于中小股东收集分析信息，对目标公司股票价值作出正确判断，在与收购者博弈中不至于处于过分弱势地位，以维护法的公平追求。同时，有效信息披露可以防止内幕交易。

第五，社会利益原则。反收购立法应当考虑对证券市场发展的影响。无论是原则确立还是具体制度设计，法律规定应当重视充分发挥证券市场资源优化配置作用，保证证券市场健康持续有序发展，如关注公司社会责任，明确员工权益维护，给予员工反收购知情权等，消除我国反收购立法空白。正如学者所言，反收购必须考虑社会利益，一是反收购应有利于反垄断、有利于市场秩序稳定，二是反收购应兼顾公司职工、债权人、消费者利益。①

(二)我国目标公司反收购法律制度内容

1. 反收购决策权的归属

我国证券市场正处于重要发展阶段，重视投资者利益，鼓励投资仍是我国证券市场发展的必然要求。理论上，在市场准入后，每个人都被推定为理性经济人，最懂得利益权衡和价值判断，对自身财产有合法处置权利。另外，依据我国《公司法》第 4 条第 2 款规定，公司股东依法享有资产收益，参与重大决策和选择管理者等权力。在我国立法中，将股东视为公司最终所有者并给予其重大决策权，因此，应将反收购决定权主要赋予股东大会，以解决董事会的双重身份冲突。

我国反收购立法主要有《证券法》和《上市公司收购管理办法》。在立法模式上，与英国强制要约收购立法模式极其相似。在反收购决策权分置上，我国采取概括加列举方式。《上市公司收购管理办法》第 8 条规定："被收购公司的董事、监事、高级管理人员对公司负有忠实义务和勤勉义务，应当公平对待收购本公司的所有收购人。被收购公司董事会针对收购所做出的决策及采取的措施，应当有利于维护公司及其股东的利益，不得滥用职权对收购设置不适当的障碍，不得利用公司资源向收购人提供任何形式的财务资助，不得损害公司及其股东的合法权益。"《上市公司收购管理办法》第 33 条规定："收购人作出提示性公告后至要约收购完成前，被收购公司除继续从事正常的经营活动或者执行股东大会已经作出的决议外，未经股东大会批准，被收购公司董事会不得通过处置公司资产、对外投

---

① 参见参见吴弘：《中国反收购法律规制的原则》，载王保树主编：《公司收购：法律与实践》，法律出版社 2005 年版，第 269~270 页。

资、调整公司主要业务、担保、贷款等方式，对公司的资产、负债、权益或者经营成果造成重大影响。"我国从法律法规字面含义上看，禁止之外的董事行为均为合法。

选择这种立法方式的原因可能有三个：第一，我国上市公司股权结构相对集中，在收购过程中，控制权股东往往通过董事先一步了解公司收购信息，并且为自己利益影响管理层作出适当安排，使中小股东利益为收购成本买单。因此，目前我国实行由管理层单独行使决策权行不通。第二，公司内部控制机制虚化。无论是公司监事会还是独立董事都不能保证公司管理层形成有力监控机制，在收购过程中，管理层很容易为自己私利而放弃诚信义务。第三，目前因为大陆法系式的被动审判模式，我国法院对收购过程股东利益保护缺乏能动性，对追求效率优先的收购过程无法给予充分保护。

需要明确的是，将决策权赋予股东大会，并不意味着董事会毫无作为。这一方面，我们认为韩国"保留董事提出反对意见的权利"的做法值得借鉴。对于《上市公司收购管理办法》第33条规定的对董事会"不得"系列行为的限制，不等于剥夺被收购公司董事会的建议权、提案权，董事会可以就上述问题向股东大会提案，这也符合公司内部治理机制原理。因此，可以建立"董事会提议权—股东会决定权"的双层体制，一方面董事利用本身专业能力及掌握的收购信息为股东作出合理决定打下基础；另一方面股东决策权可以在得到充分信息以后作出，免于受到实质性压制（substantive coercion）。[①] 相对于股东大会而言，董事会的专业技能、信息收集与分析能力、谈判能力等具有比较优势；另外，我国股份公司历史较短，资本市场不成熟，投资者权利意识不强，自我保护能力不足，因此赋予董事会一定的反收购权有一定合理性。《上市公司收购管理办法》第32条规定："被收购公司董事会应当对收购人的主体资格、资信情况及收购意图进行调查，对要约条件进行分析，对股东是否接受要约提出建议，并聘请独立财务顾问提出专业意见。"这表明董事会在反收购中应当享有的权利，但是《上市公司收购管理办法》效力位阶低、刚性不足，不利于执行，建议由反收购法律予以吸收规定，并且明确给予董事会反收购提案权、参与收购者谈判的权利等，以保障股东大会科学民主决策。

2. 对反收购措施予以法律限定

收购在一定程度上有利于市场机制发挥作用，促进资源优化配置。因此，我们需要规制反收购，以利于收购作用的发挥。反收购规制的核心则是对反收购措施规制。目前，我国反收购措施大多依据《公司法》或《证券法》有关条文，根据"法不禁止则允许"原则，由目标公司董事会采取。但是，我国反收购措施缺乏合法性的明确具体判断标准，难以对董事会的反收购措施实施有效规制。[②] 因此，我们应当明确规定反收购措施，明确对于事先

① 参见徐洪涛：《公司反收购制度研究》（深圳证券交易所综合研究所研究报告），深证综研字第0132号，2006年3月29日。

② 参见朱传峰：《论目标公司反收购措施规制的法律问题》，载《岱宗学刊》2004年第3期。

预防性反收购措施及事后抵御反收购措施的态度，以区别不同反收购措施，实现对反收购措施的有效规制。对于分级董事会制度、超级多数条款、公平价格条款、相互持股、管理层收购、法律诉讼等依法可推定允许的反收购措施，应当对其实施主体、程序、法律责任等予以明确。对于在公司收购的明确意图发生前已经预置的预防性反收购措施，目前在法律法规方面尚无限制，并且没有明确可行的对公司反收购行为的衡量标准，对此应该借鉴美国公司反收购司法审查中的一些原则。①

3. 确立反收购过程中董事会和控股股东的诚信义务

对董事会而言，诚信义务要求董事会忠于股东大会，具有合理的商业目的，且在执行中谨慎注意。在董事诚信义务中，特别要确保董事履行注意义务。在反收购中确立董事会的诚信义务应当注意可操作性，强调董事会反收购时履行信息披露义务，尤其注意披露收购者相关信息以及董事会与股东会利益冲突信息，该信息必须真实、准确、完整、及时。如此，股东大会对于董事会提供的反收购提案、谈判结果等信息"含金量"才能进行理性分析，从而作出正确决策。细化目标公司董事义务，将其分为三方面，即收到要约后及时通知、为股东争取最有利收购条件、为目标公司股东提供意见。

我国控股股东操纵董事会现象严重，为保护中小股东和公司利益，反收购立法应当确立董事会诚信义务，同时，也确立控股股东的诚信义务。控制股东的注意义务主要为合理调查义务和信息披露义务。合理调查义务是指在收购过程中，目标公司控制股东在预测到收购者对公司欺诈的任何可能性时，有义务对收购者的动机和声誉进行积极调查；信息披露义务是指目标公司控制股东在控制股份转让的协议过程中，应当分阶段披露有关信息，保护公司和中小股东利益，便于中小股东科学决策和证券监督管理部门有效监管。控制股东的忠实义务主要包括禁止篡夺公司机会、禁止出卖管理者职位、禁止动机不纯的公司行为及禁止证券欺诈行为。②

4. 规定目标公司收到收购要约后对中小股东的义务

中小股东在反收购中无论与收购者相比，还是与控股股东相比都明显处于劣势地位。因此，我们应当在注重对于目标公司的规制，明确其对中小股东应履行的义务以对中小股东的利益进行倾斜性保护。建议规定目标公司在接到收购要约后，应及时告知中小股东，并规定目标公司出资聘请独立财务顾问就该要约是否公平合理进行评估，并将该报告及时交与中小股东，以利于中小股东作出判断是否转让手中所持目标公司的股票。

5. 赋予目标公司员工知情权和要求目标公司确保员工利益

收购与反收购的博弈结果对目标公司员工一般会有重要影响，收购者的相关信息尤其

① 参见徐洪涛：《公司反收购制度研究》（深圳证券交易所综合研究所研究报告），深证综研字第0132号，2006年3月29日。
② 参见王洪伟：《论收购中目标公司控制股东的诚信义务》，载王保树主编：《公司收购：法律与实践》，法律出版社2005年版，第258~263页。

是收购者收购目的以及如果取得目标公司控制权将如何维持经营或处理目标公司等信息会给目标公司员工带来重大影响。应当明确规定目标公司应保障员工对这些信息的知情权，以便其作出决定，或者采取预防性措施以保障员工利益。

6. 建立完整的信息披露制度

在反收购中，要明确相关主体的披露义务，明确规定目标公司董事会就特定信息对中小股东的公开，保护中小股东的合法权益。

7. 违法行为及其法律责任

上市公司收购中的违法行为大致可以分为一般违法行为和重大违法行为。前者指在收购中违反法定程序、不承担法定义务的轻微违法行为，包括不按规定制作收购文件、披露信息不规范、不遵守强制要约规定、撤回要约未经监管机关批准、不遵守收购要约期间购买股份的限制、采取不正当阻挠行动等；后者指行为人采取欺诈收购谋取不正当利益行为，包括内幕交易、操纵市场和虚假陈述等。[①] 对违法行为立法应规定相应法律责任，使违法行为人承担不利法律后果，从而切实保障收购中的当事人合法权益以及上市公司收购秩序。

【本章课外阅读材料】

目标公司反收购中的董事义务

当目标公司面临恶意收购危险时，为防止公司控制权转移，目标公司通常会采取反收购措施以预防或挫败收购者。目标公司董事滥用反收购措施会损害目标公司及股东的利益，并阻碍公司收购在公司治理中的有效作用，因此，对目标公司董事反收购行为的法律规制具有现实意义。董事义务理论在规制目标公司董事反收购行为中具有重要的地位，下面在阐述董事义务理论和考察美英两国法律规制的基础上，对我国目标公司反收购中董事义务的法律规制提出建议。

一、在反收购中规制目标公司董事义务的重要性

反收购制度是收购制度的组成部分，是伴随收购行为的发展而发展起来的，一个完善的收购制度必然包含反收购制度。目标公司反收购是针对收购人的敌意收购而采取的，以收购要约发出的时间为界限，反收购措施分为预防性反收购措施和反击性反收购措施。

美国学者通常将董事可能违反义务的利益冲突事项分为四类：（1）自我交易；

---

① 参见官以德：《上市公司收购的法律透视——理论研究与案例分析》，人民法院出版社1999年版，第232页。

(2)决定管理层报酬；(3)滥用公司财产和篡夺公司机会；(4)动机不纯(with mixed motives)的公司行为。① 目标公司反收购行为属于动机不纯的公司行为。在目标公司反收购中，董事并非直接当事方，但与收购结果有着重大的利害关系，通常涉及"饭碗"的存亡。董事采取反收购行为时必然声称是为了公司和股东的利益，但实际上董事可能仅仅是为了保护自己的职位以及与职位相关的利益。此时，董事可能以收购价格过低、发盘者本身业绩不佳、收购要约对股东或债权人不公平、不利于公司长远目标的实现及违反反垄断法等为由采取反收购措施，挫败那些本来符合公司和股东利益的收购要约以避免面临可能失去工作职位与相关权力和地位的损失，如此不但不能维护股东利益，而且还会损害股东公司利益，并阻碍公司收购在公司治理方面的积极作用之发挥。因此，确保目标公司董事采取的反收购措施不应当只是维护董事自身利益，而应是为了确保公司和股东利益最大化，强化目标公司董事在反收购中的义务以规制目标公司反收购行为成为各国反收购制度的重要内容。

二、目标公司反收购中董事义务的内涵解读

董事承担义务的法理基础源于董事法律地位，董事法律地位是董事与公司之间的关系，是确立董事权利义务和责任的基础。虽然两大法系对董事法律地位的立法和学说表述不同，但均要求董事基于公司的信赖而承担义务，该种义务主要是忠实义务和注意义务。董事的反收购行为是正常履行其职权还是滥用权力谋取私利，主要取决于他在收购中是否遵循义务制度的约束。如果董事在反收购判断前，做到了正确认识公司价值，尽力获取收购信息，并对外披露其中的个人利益，在采取反收购行为时是以公司最大利益为上而非优先考虑个人利益，则表明他尽到了义务。

1. 目标公司反收购中董事的忠实义务

忠实义务(duty of loyalty)，亦称忠诚义务等，关于其含义，立法和学理上多有不同表述。忠实义务包含了两项不可或缺的内容：在主观方面，董事等应在法律、法规及章程允许的范围内，忠诚于公司利益，始终以最大限度实现和保护公司利益为履行职务的出发点；客观上，董事在履行职务过程中，当个人利益与公司利益发生冲突时，必须以公司利益为最高利益，不得利用在公司的职位为自己或与自己有利害关系的第三人谋取不正当利益。忠实义务的核心是强调董事等应当对公司忠心耿耿，始终把公司利益放在首位，不得为个人利益而牺牲公司利益或放弃公司的最佳利益而追求私利，因而忠实义务主要与董事的品德有关，是道德义务的法律化。② 由于人们对董

---

① 参见[美]罗伯特·C. 克拉克：《公司法则》，胡平等译，中国人民大学出版社 2001 年版，第 115 页。

② 参见冯果、彭真明主编：《企业公司法》，中国法制出版社 2007 年版，第 239~240 页。

事法律地位的认识不同，对董事忠实义务的理论基础也有不同认识。在英美法系，董事的忠实义务源于董事的代理人和受信托人的地位，这为英美判例法确认，董事的忠实义务包含于董事诚信义务，董事的诚信义务源于18世纪，后来英国法院将英国衡平法中的信托制度运用于公司领域；在大陆法系，董事的忠实义务源于其受任人或代理人的地位，同时也是民法的诚信原则在公司法领域的具体表现。

就目标公司反收购而言，董事忠实义务的核心在于目标公司董事不应利用董事身份获得个人利益，当公司、股东利益与个人利益发生冲突时，必须以公司、股东利益优先。目标公司反收购中董事的忠实义务具体表现为：

第一，目标公司董事采取的反收购措施不应导致董事与公司间的利益冲突。董事在采取反收购措施时，应当以维护公司和股东的利益为首要考量因素，而不能以此作为巩固自己地位的手段，损害目标公司和中小股东利益。

第二，目标公司董事在公司反收购过程中，不得进行欺诈行为如操纵信息披露、侵吞公司资产、压低公司股价等，这些行为将严重影响公司股东的决策和行为选择，并直接或间接损害其利益。

第三，目标公司董事在公司反收购过程中不得擅自泄露公司秘密。在公司尤其是上市公司中，未经公开的信息一般属于内幕信息，往往这些内幕信息会直接影响股价波动，在面临被收购的上市公司，这种收购内幕信息更会严重影响股价。董事利用这些信息为自己牟利，就从根本上违背了忠实义务。因此，目标公司董事作为内幕人员在此时更应该负有保密义务。

第四，目标公司董事在公司反收购过程中不得接受贿赂和其他非法收入。在反收购中，如果董事为一己之利而接受贿赂、回扣、秘密酬金或赠礼，就影响到他对于收购者的最佳判断。特别是，目标公司董事接受贿赂自然会导致双方的共谋行为，作出损害公司利益的决定，对公司和股东利益造成严重损害。

第五，目标公司董事在公司反收购过程中不得利用公司机会为自己牟利，不得进行自我交易。

2. 目标公司反收购中董事的注意义务

董事的注意义务，又称为勤勉义务，是指董事有义务对公司履行管理者的职责，而且履行义务必须是诚实的，行为人必须被合理地相信他是为了公司的最佳利益，并尽了一个普通谨慎的人在类似的地位与状况下所应有的合理注意。[①] 注意义务在大陆法系被称为"善良管理人的注意义务"，在英美法系被称为"勤勉、注意和技能义务"（duty of diligence，care and skill）。

---

① 参见冯果、彭真明主编：《企业公司法》，中国法制出版社2007年版，第238页。

在大陆法系国家和地区中，董事对公司的注意义务的标准是不同的。在台湾地区，有报酬的董事，应对公司尽善良管理人的注意义务；无报酬的董事，则仅与处理自己事务负同一注意即可。在日本，董事不论是否有报酬，均应对公司承担善良管理人的注意义务。当然董事的责任可以由当事人以契约的方式加重或减轻。① 美国《示范公司法》修正本第8章第30条将董事的注意义务归纳为三个方面：第一，怀有善意；第二，以一个正常的人在类似的处境下应有的谨慎那样去履行责任；第三，采用良好的方法，即他有理由相信符合公司最佳利益的方式。② 与董事注意义务紧密联系并为重要补充的是美国法院在长期司法实践中逐步发展起来的商业判断规则。

目标公司反收购中董事的注意义务具体表现为：

第一，执行反收购事务时，董事应当遵守法律、行政法规和公司章程。这是对董事最基本的要求。

第二，事先应当及时获得有关公司收购的充分信息，目标公司董事在采取反收购措施前必须充分了解公司收购信息，采取合理的准备方案。在宝延风波中，延中实业的董事们未能及时充分掌握宝安公司的收购信息，以至于在这场收购风波中处于被动地位。从这种意义上讲，延中实业的董事未尽到董事的注意义务，从而使公司处于十分不利的地位。③

第三，实施反收购措施要经过详细讨论并听取专家的建议。由于目标公司董事的知识及经验有限，应当咨询法律、财务、金融等方面专家的意见作为决策依据。在美国，咨询相关专家的意见可以作为目标公司董事尽到注意义务的重要证据。

第四，及时、充分、准确地披露反收购信息。目标公司董事应当公布其对收购要约的意见，并告知股东有关专家顾问所提建议的主要内容。

三、规制目标公司反收购中董事义务的比较法考察

1. 美国对目标公司董事义务的规制

在美国，目标公司反收购决定权属于目标公司董事，"如果董事会合理地认为一项反收购措施符合公司的整体最大利益，并且符合董事的信义义务，或者是为了维护相关利益人的利益，目标公司董事会就有权决定进行反收购"④。美国法律和司法实践中对目标公司董事采用董事注意义务和商业判断规则进行规制。

商业判断规则是法庭对董事的一项承诺，即如果董事决策满足前述条件，那么法

---

① 参见张民安：《公司法的现代化》，中山大学出版社2006年版，第413页。

② 参见卞耀武：《当代外国公司法》，法律出版社1995年版，第55页。

③ 参见吴高臣：《目标公司小股东的法律保护：以要约收购为背景》，中国海关出版社2003年版，第165页。

④ 参见高先民：《上市公司的秘密》，世界图书出版公司2001年版，第122页。

院将尊重并保护决策的独立性，而不是用法庭认为的正确决策方式来取而代之，这正是商业判断规则的精华。在传统的美国公司法中，法院审查董事的经营决策行为通常适用上述商业判断规则。然而，由于目标公司董事在反收购过程中处于维护自身控制地位和最大化公司及股东利益的利益冲突中，传统的商业判断规则不能在反收购领域完全照搬。在实践中，特拉华州法院不断探索适用于反收购期间目标公司董事注意义务的司法判断标准①：第一，由于反收购中目标公司董事的决策具有利益冲突，特拉华州法院对此时董事享有商业判断规则保护作了限制，把传统的商业判断规则中的举证责任由原告承担转为在反收购案件中由被告承担。在 1964 年 Cheff v. Mathes 案中指出，董事在反收购中享有商业判断规则保护的重要条件是其有效证明经营决策是出于"主观善意"及"基于合理调查"而作出的。②

第二，在 Unocal 案中，特拉华州法官尝试总结出 Unocal 标准，该标准对董事的行为设置了双重测试：第一重测试是"客观性标准"，即董事是否善意地，经过合理调查后，有适当理由相信存在对公司经营策略或有效存续的威胁。第二重测试是"相当性标准"，即董事的防御措施是否合理地对应于公司所受到的威胁。Unocal 审查标准突破了过去经营判断规则仅从董事决策程序上考察决策的合理性和合法性，而开始尝试探究决策本身的实体性内容，这是适应反收购案件的特殊性而采取的应对措施。Unocal 案所设立的相当性标准是经营判断规则在收购防御领域最重要的发展，它为董事享受经营判断规则的保护进一步附加了前提条件。学者们对该案评价极高，称其奠定了美国现代公司法规范公司收购的基石。③

第三，特拉华州法院在 Revlon Inc. v. MacAndrew & Forbes Holdings Inc. 一案中确立的 Revlon 规则，是指如果出现竞争收购，董事应当向竞购者进行拍卖（auction）以保证股东获得最大利益。根据该规则，在董事会决定出售公司时，董事的唯一义务就是为股东争取最好的价格，而不能任意支持某一竞购者而压制另一竞购者。该规则只适用于目标公司处于待售状态下的特定情形。④

第四，1990 年 Paramount Communication Inc. v. Time Inc. 案的法律意义在于澄清 Unocal 规则和 Revlon 规则的关系；而 Paramount Communication Inc. v. QVC Network Inc. 案中法院明确地承认，在面对一次敌意收购时，目标公司董事可以优先考虑公司的经营策略而采取反收购措施，而不管这些反收购措施是否影响了目标公司股东在收

---

① 参见本章第三节"目标公司反收购制度"第二部分"目标公司反收购决策权的归属"。

② Cheff v. Mathes. 41 DEL Ch. 494 199A. zd548（1964）.

③ 参见朱圆：《美国公司治理最新发展及法理分析》，华东政法大学 2006 年博士论文，第 30~32 页。

④ 参见施天涛：《公司法论》，法律出版社 2005 年版，第 509 页。

购中获得较高收益。

2. 英国对目标公司董事义务的规制

在英国，目标公司反收购决定权属于目标公司股东，目标公司董事若要采取反收购措施，必须经过股东大会的批准。反收购决定权属于股东大会，禁止目标公司董事任意采取反收购措施，并不意味着目标公司董事在反收购人面前完全无所作为。根据《城市法典》的其他条款以及判例法的先例，目标公司董事仍然有权自主决定采取以下反收购举措：(1)在向股东提供的信息中，详细陈述在本次收购中公司的利害得失，劝说他们拒绝接受收购者的要约；(2)劝说有关部门将该次收购提交给垄断与兼并委员会，如果一次收购被提交到垄断与兼并委员会，本次要约自动失效；(3)寻找收购竞争者。① 此外，该法典只规范了针对即将发生或已经发生的收购而进行的反收购行为，并没有涉及事先的反收购防御措施，这为目标公司董事在收购出现之前采取防御措施留下了操作空间。

在司法实践中，英国法院主要运用忠实义务理论来规范董事的反收购行为，主要采用两种标准：第一，利益标准(Interest Test)，即董事应善意地为公司的最大利益行事。在分析收购中公司的利弊得失时，目标公司的董事必须提供详细、真实的信息；在允许目标公司的董事寻找"白衣骑士"的同时，《城市法典》要求目标公司的董事在并购竞争者之间保持不偏不倚，对不受欢迎的要约者和其他要约者提供同样的信息。② 第二，正当目的标准(Proper Purposes Test)该标准源于 1967 年 Hogg v. Cramphom 一案。该案中目标公司通过向为雇员利益设立的信托发行本公司已被授权但未发行的股份，且规定每一股份拥有十个投票权，使得这个信托所持股份与董事自己所持股份之和足以防止敌意收购的发生。在判决中，法官认为："董事的这一行为虽然主观上可能是为公司股东的最大利益而设计的，但从客观上看，这种行为显然是为了保护他们对公司的控制。这是不符合董事权利的目的的。董事被授予发行新股的权利并不等于公司章程允许他们剥夺股东对一次收购要约的决定权。董事的这种行为违反了信托义务。"③因此如果董事主观认为其是在为公司利益行事，但不符合公司章程赋予董事有关职权的正当目的，董事的行为仍将被视为违反诚信义务。公司利益最大化标准和正当目的标准涵盖了目标公司董事在整个反收购过程中所应承担的义务。

3. 美英两国规制反收购中董事义务比较

① 参见符启林：《中国证券交易法律制度研究》，法律出版社 2000 年版，第 266 页。
② 参见张舫：《公司收购法律制度研究》，法律出版社 1998 年版，第 160 页。
③ 参见张舫：《公司收购法律制度研究》，法律出版社 1998 年版，第 163 页。

虽然美英两国同属英美法系，但两国规制反收购中董事的义务却差别显著。在美国，法院由董事注意义务派生了商业判断规则，认为董事采取反收购措施属于经营判断范畴之事，董事会享有反收购权，但却须承担举证责任、履行注意义务。在英国，目标公司反收购权不属于董事经营权范畴，只有经过股东大会批准，董事才能采取反收购措施。该模式运用忠实义务中的正当目的标准衡量董事的行为，即董事行使权力必须符合所授权力的目的，不得为不用于该目的之目的而行使权力。任何一种制度都有其形成背景和发育土壤，两种规制模式的形成和发展与两国在立法体制、证券市场管理模式及公司法理论中的不同紧密相关。

客观而言，两国的法律规制各有利弊。在美国，反收购措施决策权赋予目标公司董事，有利于目标公司在敌意收购盛行时代中作出各种积极、快速反应。同时，由董事以反收购措施为后盾，与收购者进行讨价还价，无疑可增强目标公司的谈判实力，对股东利益的保护是十分有利的；但是，美国立法例最大的缺陷在于董事固有的自我利益与目标公司股东利益之间难以调和的冲突，董事有可能利用其反收购决策权谋求自身利益最大化，则股东利益必会受损。

在英国，目标公司最终命运的决定权归属于股东，确较好地保护了目标公司股东利益，防止了董事滥用权力；但由于召开股东大会耗时较长，而要约收购期间相对较短，这样目标公司往往无法根据具体情形随时采取有效应对措施。同时，现代股份公司股权极度分散，经营者控制已为常态，且公司业务高度专业化，股东对公司股票价值的判断，远远不如专业的公司管理者——目标公司董事，因此由股东决定是否采取反收购措施未必符合其利益的最大化。

四、我国规制目标公司反收购中董事义务的建议

1. 法律规制现状

在我国，法律对目标公司反收购中的董事义务规定比较原则：《公司法》第180条规定了董事忠实义务和注意义务，第189条规定了股东派生诉讼制度；《证券法》第四章对上市公司收购一般规则、要约收购和协议收购程序作了原则性规定。上市公司反收购相关法律文件是证监会《上市公司收购管理办法》，它规定的上市公司反收购内容包括如下方面：

第一，总则部分确立了被收购公司董事、监事、高级管理人员对公司负有忠实义务和勤勉义务。被收购公司董事会针对收购所作出的决策及采取的措施，应当有利于维护公司及其股东的利益，不得滥用职权对收购设置不适当的障碍，不得利用公司资源向收购人提供任何形式的财务资助，不得损害公司及其股东的合法权益。①

---

① 《上市公司收购管理办法》第8条。

第二，第三章要约收购部分具体规定目标公司董事在反收购中的义务：（1）目标公司董事对股东选择提供决策支持的义务。被收购公司董事会应当对收购人的主体资格、资信情况及收购意图进行调查，对要约条件进行分析，对股东是否接受要约提出建议，并聘请独立财务顾问提出专业意见。（2）收购人作出提示性公告后至要约收购完成前，被收购公司除继续从事正常的经营活动或者执行股东大会已经作出的决议外，未经股东大会批准，被收购公司董事会不得通过处置公司资产、对外投资、调整公司主要业务、担保、贷款等方式，对公司的资产、负债、权益或者经营成果造成重大影响。①

第三，并购信息披露义务。在收购人公告要约收购报告书后 20 日内，被收购公司董事会应当公告被收购公司董事会报告书与独立财务顾问的专业意见。收购人对收购要约条件作出重大变更的，被收购公司董事会应当在 3 个工作日内公告董事会及独立财务顾问就要约条件的变更情况所出具的补充意见。②

第四，在要约收购期间，被收购公司董事不得辞职。③

第五，第九章对违法的反收购行为进行规范，上市公司董事未履行忠实义务和勤勉义务，利用收购谋取不当利益的，中国证监会采取监管谈话、出具警示函等监管措施，可以认定为不适当人选。上市公司章程中涉及公司控制权的条款违反法律、行政法规和本办法规定的，中国证监会责令改正。④

2. 完善目标公司反收购中的董事义务的建议

我国目标公司反收购中董事义务的规制，应当根据我国特殊市场环境和股权结构及结合司法制度，设计符合我国国情的目标公司反收购中董事义务规制规则。鉴于上市公司股权集中、法院通常缺乏对目标公司董事反收购措施适当性的判定能力，我国目前应当以英国模式为基础将目标公司反收购的最终决定权交给股东，同时鉴于反收购存在的合理性，特别是我国资本市场对国外资本开放，应当赋予目标公司董事采取适当反收购措施的权利，对目标公司反收购中可能涉及的董事利益冲突则通过完善董事义务制度规制目标公司董事反收购行为。我国《上市公司收购管理办法》的规制具有一定积极作用，但是仍然存在不足之处，可以在如下方面予以完善：

第一，完善信息披露义务。要保证程序的公开性和透明度，必须实行充分的收购信息披露，可以借鉴美国《威廉姆斯法案》有关信息披露规定，完善目标公司董事的披露义务。学者认为完善措施应当包括：（1）当目标公司董事接到或觉察到有关收购信

---

① 《上市公司收购管理办法》第 32、33 条。
② 《上市公司收购管理办法》第 32、33 条。
③ 《上市公司收购管理办法》第 34 条。
④ 《上市公司收购管理办法》第 80 条。

息或意图时，如大量持股变动等，应及时通知股东，并以一定形式予以公告。（2）董事应将聘请独立财务顾问等专业机构作出的专业意见，应及时通知股东，并在一定时期内予以公告。（3）董事应对其正式收到要约的确切意图进行披露，并出具意见书。目标公司董事在收购中所负有的信息披露义务与其发行披露及持续性披露义务有所不同的一个重要区别就在于目标公司在此时披露的信息主要围绕着对收购的建议或意见而展开。（4）目标公司董事在收购期间人员更换和公司其他工作人员发生大量变动的，应由董事说明原因，并予以公布。（5）收购要约期满，应对收购情况予以公布；如收购完毕之后，应对收购情况予以披露。① 从我国《上市公司收购管理办法》规定来看，上述第四种情形，有待进一步完善。

董事会就收购问题向股东大会出具的意见书，必须真实、准确、客观，不得有欺诈或误导性陈述。当董事会内部成员间关于收购问题意见发生分歧时，少数派董事的意见必须同样予以通报，以使股东全面权衡。

第二，进一步完善目标公司董事的决策支援义务。所谓决策支援义务是一种目标公司董事的程序性义务，主要包括对收购要约的审查义务和就收购要约发表意见的义务。由于目标公司股东与收购人在并购交易中处于信息弱势地位，目标公司董事有义务利用其经营管理信息、专业技能，对股东选择提供决策支援。我国《上市公司收购管理办法》对目标公司董事的决策支援义务有规定，但尚需进一步完善以增加可操作性。目标公司董事发表意见应说明事项包括：（1）出价方式和数额；（2）预期要约成功后对要约公司、雇员及其代表、雇工政策、公司所在地点等造成的影响；（3）要约方发出要约的目的；（4）作为公司股东的董事会和监事会成员是否计划接受要约。

第三，明确董事的经营判断义务。董事在公司经营过程中，尤其是面对一项收购时，应运用自己的管理经验、才能、专业知识，以谨慎的态度，勤勉稳妥地对所要处理的事务作出有利于公司及股东利益的合理经营判断。构成经营判断义务的三个条件包括：（1）管理层与该项交易无利害关系；（2）管理层有正当理由相信其掌握的有关经营判断的信息在当时情况下是妥当的；（3）管理层有理由并相信其掌握的有关经营判断信息符合公司的最佳利益。经营判断义务体现了对管理层的技能要求。

第四，当目标公司收购不可避免时，董事为股东争取最佳价格的义务。当目标公司的收购已不可避免时，借鉴美国 Revlon 规则的"拍卖标准"，董事负有"争取股东最有利的收购条件"的义务。即此时董事的义务为利用反收购措施与收购者讨价还价或引入其他竞争者，为股东争取最高的收购价格，为全体股东争取到最优的收购条件。

第五，股东派生诉讼中适用举证责任制度。义务和责任是一对相伴而生的概念，

---

① 参见谢仁海：《完善上市公司反收购法律规制的建议》，载《辽宁行政学院学报》2007 年第 12 期。

规定义务必然要规定违反该义务所应承担的责任及承担责任的方式。董事违反忠实义务和注意义务，同时构成违约行为与侵权行为。受害公司有权选择追究公司董事的违约责任，也有权选择追究其侵权责任。我国《公司法》第189条规定股东派生诉讼制度。在涉及目标公司反收购的股东派生诉讼中，应合理借鉴美国司法经验，采用举证责任倒置制度。法院在审理目标公司反收购中董事义务案件中，应借鉴美国商业判断规则在反收购中适用的有关举证责任规则，即由目标公司董事来承担其作出反收购决策符合董事信义义务的举证责任，若其无法充分有效地证明其行为符合董事义务要求即应承担不利诉讼后果。

第六章　信息披露制度

第一节　信息披露制度概述

一、信息披露制度的内涵与功能

证券市场是一个典型的信息不对称市场，有效的信息传递是确保证券市场健康发展的基本前提，因而信息披露制度被认为是证券法最为核心的制度之一。所谓信息披露制度，又称信息公开制度、信息公示制度，是指证券发行人以及其他负有信息披露义务的主体，依法将与证券发行、证券交易有关的可能影响投资判断的相关信息予以公开的制度。在法律性质上，信息披露是公开主体的法定义务，是义务主体向不特定投资者承担的一项法定义务，要求义务主体必须依照法定的形式和内容履行义务。信息披露制度的义务主体包括证券发行人、特定情形下的投资者、公司并购中的收购人等，责任主体包括发行人、发行人的内部管理人员等直接责任人、保荐人、出具专家意见的证券服务机构、证券公司、一定情形下的投资者等。①

依照不同的标准，信息披露可以划分为不同类型。如根据披露的方式不同，可分为直接的信息披露和间接的信息披露；根据所披露内容性质的不同，可分为描述性信息披露、评价性信息披露和预测性信息披露；根据信息披露是否基于强制性规定，可分为强制性信息披露和自愿性信息披露；根据信息披露的目的和时间不同，可分为发行信息披露和持续信息披露。其中，发行信息披露和持续信息披露的划分最富有理论和实践意义，二者在信息披露的目的、主体、文件和程序上均有显著不同。

信息披露制度肇始于英国、成熟于美国。1720 年发生的"南海泡沫事件"导致了"泡沫法案"的出台，虽然该法案于 1825 年被撤销，但却为信息披露制度的确立提供了思想蓝图。1844 年英国的《合股公司法》首次确立了招股说明书等登记文件实行强制信息披露的原则，为现代意义上的信息披露制度奠定了基础。1867 年英国的《公司法》进一步明确了

---

① 参见陈界融：《证券发行法论》，高等教育出版社 2008 年版，第 175~186 页。

招股说明书中需要披露的具体事项，其目的是希望通过对股份公司的强制信息公开来防止证券发行和交易中的欺诈行为。英国虽然是信息披露制度的创制国，但美国却是该制度的集大成者。1929 年金融危机过后，美国《1933 年证券法》明确规定，公司发行证券必须以公开说明书的形式将有关事实说明，以便投资者决定是否购买，以防止欺诈和操纵行为，保护投资者的利益。《1934 年证券交易法》进一步规定了二级交易市场和经纪人的登记事宜，确立了证券与交易委员会的证券市场主管机关的法律地位，要求发行公司在证券交易过程中提交定期和不定期报告。2001 年"安然事件"爆发后，美国通过了《萨班斯—奥克斯利法案》，规定上市公司的首席执行官和首席财务官在向 SEC 提交定期报告的同时，必须提交向其公司作出的个人书面保证，担保定期报告中财务报表的真实性和准确性。该法案因其近乎苛刻的强制性信息披露措施，成为近年来世界证券立法改革的风向标。2012 年，美国颁布了《乔布斯法案》，对新兴成长企业简化 IPO 发行程序，降低信息披露义务。①

证券市场上存在典型的信息不对称、信息不充分、信息不准确、信息不适当披露、信息干扰等证券信息问题，而信息披露制度是化解这些问题的灵丹妙药，信息披露制度是如此重要，以至于信息披露制度被推崇为"医治社会和企业弊病的良药，犹如太阳是最佳的消毒剂，犹如电灯是最有效的警察"。具体而言，信息披露制度的功能体现为：

1. 投资者利益保护功能

投资者信心是维系证券市场发展的重要支柱，正如美国证券与交易委员会所指出的那样，"除操纵市场外，没有其他事件比选择性的信息披露和滥用内幕信息更损害投资大众对公司制度和证券市场的信心了。投资者如果感觉到其处于不利地位的话，将要或已经不愿意投资于证券市场"。② 信息披露制度能够有效地解决证券市场信息不对称问题，减少市场主体的逆向选择和道德风险，打破证券市场的"囚徒困境"，实现集体理性，进而提振投资者信心，更好地保护投资者利益。

2. 节约交易成本功能

交易成本是指达成一笔交易所要花费的成本，也指买卖过程中所花费的全部时间和货币成本，包括传播信息、广告、与市场有关的运输以及谈判、协商、签约、合约执行的监督等活动所花费的成本。由于证券信息具有高度的流动性和专业性，投资者的信息搜索成本以及为达成合适的自愿披露契约而产生的交易成本就会很高。上市公司按照法定的程序和要求，以统一的内容和格式对外披露信息，再加上对证券市场不法行为的严格行政监管和自律监管，能够使证券市场的交易成本显著降低。

---

① 参见周友苏主编：《证券法新论》，法律出版社 2020 年版，第 315 页。
② 谭立：《证券信息披露法理论研究》，中国检察出版社 2009 年版，第 49~50 页。

3. 公共利益维护功能

证券市场对国民经济的发展至关重要，其不仅发挥着筹资功能、资本定价功能和资本配置功能，而且是一国中央银行宏观调控的重要场所，具有典型的外部性。可以说，证券市场牵绊着浓重的公共利益维护理念。这就要求政府通过强制性信息披露的制度安排，打造公平、公正、公开的市场秩序，维护和促进证券市场的总体效率和公平。尤其是在我国的证券市场处于"新兴加转轨"的历史阶段，证券违规行为层出不穷，通过"政府之手"充分发挥信息披露制度的公共利益维护功能可谓正逢其时。

二、信息披露制度的评判标准

信息披露的制度功能毋庸置疑，但如何披露、在多大范围内披露等问题却不乏争议。[①] 关于信息披露的限度，传统意义上一般认为是真实性、准确性和完整性，但近年来愈发强调简明性和及时性。我国《证券法》第 78 条规定："发行人及法律、行政法规和国务院证券监督管理机构规定的其他信息披露义务人，应当及时依法履行信息披露义务。信息披露义务人披露的信息，应当真实、准确、完整，简明清晰、通俗易懂，不得有虚假记载、误导性陈述或者重大遗漏。"据此，我国已经在成文法层面上确立了信息披露的评判标准——真实性、准确性、完整性、及时性和简明性。

（一）真实性

从字面意义看，真实性意味着信息披露的内容应当是真实的，不能有弄虚作假或者错误的出现。信息披露是否达到了真实性要求，可以从披露信息的客观性、一致性和规范性来评价。客观性要求披露的信息应当以客观事实或具有客观事实基础的判断为基础，而不能是主观臆断；一致性要求披露的信息必须与公司的实际经营状况相吻合，不能夸大或扭曲公司的业绩或盈利能力；规范性要求信息的披露必须按照法定的方式和程序进行。当然，由于证券发行人的信息可以分为描述性信息、评价性信息和预测性信息，[②] 主观判断与客观事实之间往往出现偏差，因此，要求披露的信息做到完全真实几乎不可能。为了最大限度地保证信息披露的真实性，各国证券法一般都要求在证券的发行阶段对发行人提交的文件进行审核，要求上市公司及其董事、监事、高级管理人员、保荐人等证券中介组织

---

① 关于信息披露的基本要求，我国理论界主要形成了七种较具代表性的观点。详见范健、王建文：《证券法》（第二版），法律出版社 2010 年版，第 187 页。

② 描述性信息反映的是公司在经营活动中的历史事实，对描述性信息的公开是对已经发生或正在发生的客观事实的陈述；评价性信息反映的是信息内容与历史事实的联系，该类信息的公开往往加入了信息发布者的主观判断，因此对其真实性进行判断时，重点是评价信息依据的真实性和评价方法的合理性；预测性信息反映的是公司的既存事实与未来情况的联系，其内容是对公司未来经营状况的预测。参见陈甦、吕明瑜：《论上市公司信息公开的基本原则》，载《中国法学》1998 年第 1 期。

对披露内容承担担保责任，并授权证券交易所对信息披露进行自律监管。

（二）准确性

信息披露的准确性是指义务人在信息披露的内容上，应当采用精确的表达方式，不得进行误导性陈述。具体而言，准确性要求发行人及上市公司披露信息必须准确表达其含义，所引用的财务报告、营利预测报告等文件应由具有证券从业资格的会计师事务所审计或核准，引用的数据应当提供资料来源，事实应充分、客观、公正，信息披露文件不得刊载任何有祝贺性、广告性和恭维性的词句。① 当然，在现实的证券市场上，信息不准确是个世界性难题，在很大程度上影响着投资者的信心。比较现实的选择是将信息的准确性建立在法律规则、会计规则、审计规则等可以量化的规则之上，推定按照这些规则生成或披露的信息是准确的。即便如此，准确性的判断也不宜采取统一标准，而应区别对待。如对于招股说明书、上市公告书、配股说明书、重大事项披露报告、年度报告和中期报告、收购兼并决定、分红配股政策等影响投资者决策判断的"硬信息"，应采取严格性的准确要求，而对于盈利预测、前景展望等"软信息"则采用"持续性"的准确要求。②

（三）完整性

信息披露的完整性，又称信息披露的全面性，是指信息披露义务人提供给投资者判断证券投资价值的有关资料和信息必须全面，不得故意隐瞒或有重大遗漏。完整性并不是说要将证券发行和交易的所有信息事无巨细地加以披露，那样将使投资者陷入信息的汪洋大海而难以自拔，不仅难以甄别有价值的信息，还会增加信息选择的难度，加大交易成本。证券法上所要求的信息披露的完整性，包括质和量两方面的规定性：首先，在披露信息的质上必须是"重大信息"，即能够影响证券市场价格的信息；其次，在信息披露的量上，必须使投资者有足够的投资依据。③ 对投资者来说，信息披露的完整性，还意味着披露的信息具有可获性，即信息披露义务人应将披露的信息通过相关媒体和网站进行公开，或将招股说明书等法律性文件置备于证券监管机构、证券交易所等指定场所供投资者阅览。

（四）及时性

信息具有时间价值，投资者的投资判断依赖于对公司经营变动情况的实时掌握，如果影响证券市场价格的重要信息在发生后相当长时间内才得以公开，那么作为投资判断依据的信息的价值将不复存在。因此，向投资者公开的信息应当符合时效性要求，所披露的信息应当能够反映公司的现实状况，且交付信息资料的时间不得超过法定期限。④《证券法》

---

① 参见邢海宝主编：《证券法学原理与案例教程》，中国人民大学出版社 2007 年版，第 67 页。
② 参见齐斌：《证券市场信息披露法律监管》，法律出版社 2000 年版，第 116~117 页。
③ 参见周友苏主编：《证券法新论》，法律出版社 2020 年版，第 321 页。
④ 参见郭峰等：《中华人民共和国证券法制度精义与条文评注》，中国法制出版社 2020 年版，第389 页。

第 79 条关于在每一会计年度结束之日起 4 个月内报送并公告年度报告、在每一会计年度的上半年结束之日起 2 个月内报送并公告中期报告的强制性规定，可谓是对信息披露及时性标准的强调，第 80 条关于重大事件发生后立即报送临时报告的规定更是对信息披露及时性的直接反映。

（五）简明性

随着网络技术的发展，投资者可以通过网络便捷地获取证券信息，倾向于自主分析证券披露文件。但是发行人为了遵守证券法的信息披露要求，利用网络的低成本性，对证券信息进行详细而又深入披露，导致信息文件篇幅相当可观，页码和字数超长，阅读一个信息披露文件可能需要花费数个小时。此外，为了遵守证券法的信息披露要求，准确地说明所披露的内容，信息披露义务人倾向于使用专业的财经、金融、法律词汇说明有关证券发行人和证券自身的信息。于是当证券投资者通过网络直接面对证券信息披露文件时，浩如烟海的篇幅和晦涩难懂的专业词汇难免使其望而却步。各国证券监管机构为了实现信息披露的有效性，充分实现保护投资者特别是中小投资者利益的目标，针对信息披露义务人的信息披露行为，特别是针对信息披露义务人的网上披露行为，纷纷要求信息披露文件简明、扼要，尽量使用简明易懂的语言，避免使用专业的商业或者法律术语，可谓是在证券信息披露领域刮起了一股"简明风"，于是，信息披露的"简明性规则"应运而生。

信息披露简明性规则起源于美国，美国证监会颁布了《简明英语披露计划》并编纂了针对发行人的《简明英语手册：如何编写 SEC 信息披露文件》，用于引导发行人使用简明英语作为信息披露语言方式。随后在欧盟、英国、澳大利亚、加拿大以及日本等国家和地区予以确立并推广，证监会国际组织也在其多个有关证券监管的报告中均提到了简明信息披露的要求。各国证券立法和证券监管机构虽没有明确简明性规则的意义，但是从各国证券监管机构有关简明性规则的规定和实践中，我们可以得出以下四点结论：

首先，信息披露简明性规则可以归纳为信息披露应使用清晰、简单、易懂的语言，在能够使用普通语言的场合，避免使用专业的金融词汇，同时，信息披露文件的篇幅应当简短，避免冗长。换句话说，信息披露的简明规则要求信息披露在明确其目的基础上，以易接受的方式向投资者提供关键的信息。

其次，具体来说，信息披露的简明性规则应该包括四个要求：其一，使用简单语言，包括使用简短的句型和句式，不使用多重复杂句式。其二，尽量避免使用法律的或者高难度的商业术语，多使用日常用语。为了保证信息披露文件的通俗易懂，信息披露文件中要避免依赖专业术语或者被定义的术语作为解释信息披露文件内容的基本方式。其三，信息披露文件切忌冗长拖沓，使用简洁的结构、图形和语句，甚至可以使用视频、音频等多媒体方式来说明信息披露的内容，并限制面向普通投资者的信息披露文件的篇幅；其四，为了使发行人对简明性规则有章可循，有的监管机构提供了简明信息披露的模板，如加拿大不列颠哥伦比亚证券委员会(British Columbia Securities Commission，BCSC)公布了大量的规则支持简明信息披露规则。①

再次，遵循信息披露简明性规则的目的在于实现信息披露的根本目的——切实保护投资者利益。推行证券信息披露的简明性规则一直为发行人和机构投资者所担忧，发行人认为有可能会增加其承担信息披露责任，机构投资者则担忧简明性规则会产生信息披露不全面和不完整的可能，事实上这些担忧是对信息披露简明性规则的片面理解，整体而言，基于简明性规则的信息披露将更能保护投资者利益。

最后，证券信息披露的拖沓冗长和晦涩难懂，"招股说明书不可读"的问题在纸质时代已见端倪，网络技术的发展及网络时代的来临，浩如烟海的信息披露文件和晦涩难懂的专业词汇，成为信息披露监管不得不正视的问题。信息披露的简明性规则成为各国证券监管机构面对证券信息网络披露所使用的主要"利器"。

目前，我国只是在《证券法》中提出了"简明清晰，通俗易懂"的要求，但并没有在具体的细则层面进行配套，接下来需要确立信息披露简明性规则的具体标准和实现方式。证券信息披露简明性规则在一定意义上虽属于信息披露的准确性原则的扩展，必须要通过具体的制度予以细化，其中最为根本的是要确立信息披露简明性规则的具体标准，其内容至少应该包含以下五个方面：(1)信息披露文件要区分完整性文件和概要性文件，概要性文件要限定其篇幅，以确保投资者能够在有限的时间内获取有效的信息，如可以借鉴欧盟的制度规定对于发行说明书概要限定不超过2500个字。(2)要尽量避免使用法律的或者高难度的商业术语，多使用日常用语。为了保证信息披露文件的通俗易懂，信息披露文件中要避免依赖专业术语或者被定义的术语作为解释信息披露文件内容的基本方式。(3)通过多媒体形式进行的信息披露，要用书面形式以通俗易懂的语言做相同的解释或说明，并及时向投资者提供。(4)对于发行人所披露的内容，当投资者和发行人就同一披露内容的理解发生争议时，要按照有利于投资者保护的原则进行解释，其解释规则可以参考格式合同的解释规则。(5)监管机构为了保证信息披露简明性规则在证券市场的有效实施，可以通过发布简明信息披露模板等格式说明，逐步引导信息披露义务人对投资者做简明、通俗的信息披露。与此同时，要加强投资者教育，提高投资者特别是普通投资者对证券市场的理解力和认知水平，具体可以做的工作包括但不限于创办投资者教育网页、及时告知普通投资者监管政策和规则的变化、强化对投资者通过网络获取信息披露文件的技能培训、告知投资者通过直接的网络接口获取信息的风险等。

---

① 参见 ASX, Guidance Note 10, Review of Operations and Activities, Listing Rule 4. 10. 17, March 2003, at 8。

三、证券发行注册制之下信息披露制度的深刻调整

2019 年修订的《证券法》，最大的亮点之一是设置了信息披露专章，新增了简明披露、同步披露、要式披露、及时披露的要求，完善了管理层信息披露、董事信息披露异议制度以及重大事件披露制度，引入了新三板信息披露制度、公平披露制度、自愿披露和承诺披露制度，证券发行注册制之下的信息披露制度可谓焕然一新。

（一）信息披露制度核心地位的彰显

注册制改革的目标是使公司价值的判断权归于投资者，而信息披露制度作为实现这一目标的根本性制度开始在注册制时代崭露锋芒。信息披露制度是消除存在于市场参与主体间的信息不对称，实现证券市场配置效率，保护投资者利益的基础制度。[①] 信息披露制度通过强制信息披露手段弥补了横亘在披露义务者和信息需求者之间的信息鸿沟，打破了企业与投资者之间的信息壁垒，使得投资者自行对公司发行的证券作出价值判断成为可能。但在原来的核准制背景下，监管部门代替投资者行使证券价值的判断权，根据自身实质审查的需要确定应当披露的范围及内容。发行人力求信息披露满足监管部门的需求以成功发行上市，披露信息长篇累牍，既不注重市场投资者对信息披露的要求，亦缺乏可读性，投资者往往难以据以作出正确的投资决策。因而，解决信息不对称问题的信息披露制度在注册制改革中应被放置于一个中心的地位。进一步完善信息披露制度，提高信息披露质量，对于发挥市场调节作用，提高在场证券质量至关重要。

为了使信息披露质量问题得到有效解决，帮助个人投资者应对我国资本市场信息堆积问题，注册制改革对信息披露制度进行了重构与完善，进一步强化了信息披露制度在发行监管中的地位。相比于将监管主体的审查重点放在企业的持续盈利能力和投资价值之上，代替投资者行使公司价值判断权的核准制，修改后的证券法奉行发行注册新理念，不再致力于让监管主体作出市场判断，而是将监管重点放在了发行人信息披露的质量上，力求实现披露信息对投资者的实质有效性。证券法要求披露义务者在披露信息时不仅应当符合真实、准确、完整的标准，还应满足披露信息的简明清晰、通俗易懂，不再追求信息的"量"，而是充分考虑了信息使用者的需求，对披露内容的形式提出了简明化、有效化的要求。通过上述安排以期实现为投资者提供更为实质有效的信息，帮助投资者独立作出有效决策，从而进一步优化市场资源配置。

（二）不同监管主体在注册制下对信息披露的监管面向

实行注册制改革是为了简化发行程序中行政力量的干预，让市场在企业发行上市的资

---

① 参见郭雳：《注册制下我国上市公司信息披露制度的重构与完善》，载《商业经济与管理》2020 年第 9 期。

源配置中发挥决定性作用。市场有效发挥资源配置作用的前提是投资者自行对发行人的盈利能力和投资价值作出判断，审慎理性地作出正确的投资决策。这一方面要求建立以投资者需求为导向的信息披露制度，增强披露信息对投资者的实质有用性，疏解存在于各主体间的信息不对称。另一方面也要求代表行政力量的监管主体不对发行人的盈利能力和投资价值作判断，转以发行人的信息披露质量为核心开展证券发行监管工作。故相比于审批制和核准制，注册制下证券发行监管的目的是对发行申请文件和信息披露内容的合法合规性进行审核，提高投资者据以作出投资决策的披露信息的质量。为实现这一目的，体现在新《证券法》《首次公开发行股票注册管理办法》《北京证券交易所向不特定合格投资者公开发行股票注册管理办法》等相关法规中，注册制下不同主体在证券发行阶段的职能可以归纳为以下几个方面：

其一，发行人申请公开发行证券时应当聘请证券公司担任保荐人，由保荐人对发行人的申请文件和信息披露资料进行审慎核查，督导发行人规范运作。保荐人一方面应审查招股说明书是否真实、准确、完整；另一方面还需根据申请文件和披露信息对发行人是否符合发行条件、上市条件独立作出专业判断。最终保荐人应在充分了解发行人经营情况和风险的情况下审慎作出推荐决定，并对其所出具的相关文件的真实性、准确性、完整性负责。其二，交易所通过问询的方式对获得保荐人保荐的公开发行证券申请进行审核，判断发行人是否符合发行条件、上市条件以及信息披露是否符合要求。对于信息披露不符合要求的发行人，交易所可以督促其进行完善。交易所通过审核认为发行人符合发行条件和信息披露要求的，将审核意见、发行人注册申请文件及相关审核资料报中国证监会注册；认为发行人不符合发行条件或者信息披露要求的，作出终止发行上市审核决定。其三，证监会依照法定条件和法定程序作出予以注册或者不予注册的决定，根据最终的决定情况履行相应的发行注册程序。在收到交易所报送的文件后，证监会应就交易所发行上市审核内容有无遗漏，审核程序是否符合规定，以及发行人在发行条件和信息披露要求的重大方面是否符合相关规定开展审查。在这一过程中证监会可以要求交易所进一步问询或退回交易所补充审核。同时，根据《证券法》的规定，证监会对已作出的证券发行注册的决定，在发现不符合法定条件或者法定程序后，可以撤销决定并采取停止发行、要求返还本金及利息或者责令回购等措施。其四，根据《证券法》第12条第3款公司首次公开发行新股时应当满足最近三年财务会计报告被出具无保留意见审计报告。本次《证券法》在修改前，对发行人会计工作质量和相关披露文件的要求为"最近三年财务会计文件无虚假记载"。判断是否虚假记载在审核的过程中具有一定的主观性，裁量空间大、监管成本高。根据《中国注册会计师会计准则1501号——对财务报表形成审计意见和出具审计报告》，只要公司财务报表满足在所有重大方面按照适用的财务报告编制基础的规定编制并实现公允反映，审计机构即可出具无保留意见审计报告。而《证券法》缩小了监管主体的主观裁量空间，要求监管主体只需对发行人披露的审计报告作形式审查，判断审计机构出具审计报告属于何种类型。故此，注册制时代监管主体会更倚重审计机构的判断，发行人是否符合发行条件一定程度上取决于审计机构的意见。可以说，这一规定对审计机构的执业质量提出了更高的要求，进一步夯实了中介机构在提高披露信息质量过程中的职责。

一言以蔽之，从形式上看此次《证券法》及相关规定的修改使得我国有关证券发行上市的制度向注册制迈进了一大步，在首发阶段基本实现了中介机构切实承担了"看门人"的职责(发行人提交发行申请的同时需要提交保荐人的发行保荐书和审计机构出具的财务会计报告)，实质审查职责转由交易所承担(由交易所在收到发行人提交的文件后对发行人是否符合发行条件、上市条件以及信息披露是否符合要求进行审查)，以及证监会的实际放权(发行文件报送到证监会后，证监会仅判断交易所是否审核了全部应当审核的内容，交易所审核程序是否合法合规)。

(三)信息披露制度的进一步完善

高质量的信息披露是资本市场良性运转的重要基石，注册制的健康发展需要以完善的信息披露制度作为支撑。信息披露制度的安排填补了发行人与投资者之间的信息不对称，降低了二者之间的交易成本；而信息披露的质量则决定了投资者因确认信息真伪而产生的稽查成本的多少。为进一步消除信息不对称，降低全部交易成本，2019年修改后的《证券法》设立了专门的章节对信息披露制度及规则进行规定，进一步完善了信息披露制度，对信息披露提出了新的要求。

首先，提出了信息披露义务人的概念，完善了关于信息披露义务人的民事责任的规定。《证券法》扩大了信息披露义务人的范围，将上市公司和发行人，以及大股东、实际控制人等相关责任主体纳入信息披露义务人的范围。该法第80条规定，在发生法定的重大事件时，控股股东或实际控制人对重大事件的发生、进展有较大影响的，应配合公司履行信息披露义务。对于信息披露义务人的民事责任，《证券法》在原有基础上将民事责任范围扩大到信息披露义务人未按照规定披露信息的行为，同时将承担民事赔偿责任实行过错推定主体的范围扩大到发行人的控股股东和实际控制人，从整体上加重了发行人控股股东和实际控制人违反信息披露规定的民事责任，加强了对投资者利益的保护。

其次，从保护投资者角度出发，以实质有效为信息披露的总体原则，对信息披露提出了新的要求。除了前文提及的新增简明性和及时性的信息披露原则外，《证券法》还首次对同步披露作出了规定——证券同时在境内境外公开发行、交易的，其信息披露义务人在境外披露的信息，应当在境内同时披露。同步披露包含两层含义，一是境内外投资者应当同时获得披露信息，二是向境内外投资者披露的信息应当相同。通过简明性、及时性、同步性信息披露原则的确认，证券法的信息披露制度在一定程度上实现了"监管者导向"理念向"投资者导向"理念的转变，要求披露的信息应当满足投资者作出投资决策的信息需求，对投资者实质有效。

最后，新《证券法》新增了有关公平披露、自愿披露和承诺披露的制度，并对管理层的信息披露保证和异议制度进行了完善。所谓公平披露是指，发行人在披露信息时必须同时向所有投资者披露，不能厚此薄彼提前向任何单位和个人泄露，以确保所有投资者可以平等获取同一信息。为实现公平披露，发行人之外的其他市场主体，尤其是投资者不得非法要求信息披露义务人提供依法需要披露但尚未披露的信息。任何单位和个人提前获知依法需要披露但尚未披露的信息的，也应在依法披露前保密。《证券法》第84条规定信息披露义务人可以自愿披露，除依法需要披露的信息之外，与投资者作出价值判断和投资决策有关的信息。自愿披露与法定强制披露相对应，是一种以市场激励为动机的披露形式。发行人自愿披露往往是通过了价值衡量，为实现自身利益最大化而采取的行动。《证券法》对发行人的自愿披露从两方面进行了限制：一是自愿披露的信息不得与依法披露的信息相冲突，不得误导投资者；二是建立承诺制度，规定发行人及其控股股东、实际控制人、董事、监事、高级管理人员等公开承诺的内容应当披露，将自愿披露转化为特殊的强制披露。管理层的信息披露保证是指发行人的管理层应当保证发行人所披露的证券发行文件和定期报告的真实、准确、完整。本次修订将信息披露保证的主体由上市公司管理层扩大到发行人管理层，同时将保证的范围从定期报告扩展至定期报告和发行文件，同时新增并统一了董事、监事、高管的信息披露义务和权利。管理层对发行文件和定期报告负有签署书面确认意见的义务，同时也赋予了管理层在无法保证发行文件和定期报告的真实、准确、完整或是有异议时，提出书面意见并予以公开的权利。

第二节　发行信息披露制度

发行信息披露，又称初始信息披露，是指发行人为了向社会公众募集或发行证券而进行的信息披露。由此可以看出，发行信息披露只存在于公开发行证券的情形，通过私募的方式发行证券无须履行这种强制性的发行信息披露义务。鉴于证券发行环节的重要性，境外发达证券市场几乎无一例外地规定发行人应通过招股说明书等形式进行初始信息披露。中国证监会也颁布了《公开发行证券的公司信息披露内容与格式准则》等系列操作指南，明确了招股说明书、募集说明书和上市公告书等发行信息披露的规范形式。

一、招股说明书

（一）招股说明书的法律性质与特征

招股说明书是股票发行人向社会公众公开发行股票时，依照法律规定的格式、内容和程序向社会公众公开相关信息，并邀请公众认购公司股票的规范性文件。按照合同法的基本原理，招股说明书在法律性质上属于要约邀请，因为招股说明书中的内容是希望接收人向自己提出购买股票的要约，而不是以缔结合同为目的并希望相对人承诺的意思表示。招股说明书的特征包括：(1)招股说明书具有法定性。招股说明书的记载事项、方式和格式等均为法定，发行人不得随意删减。(2)招股说明书的签署人必须对所记载事项作出直接承诺，不得对所公开的事实作出虚假陈述，各种证券中介组织需要在各自的专业范围内对相关文件的真实性、准确性和完整性作出声明和承担相应责任。(3)招股说明书须报证券行政主管机关审核，在获得批准后向不特定的社会公众公开。

（二）招股说明书披露的程序和效力

根据前文对招股说明书特征的界定，未经证券行政主管机关的审核，招股说明书不得向社会公众公开。目前，国际上对招股说明书的审核通常有两种模式：一种是英美法系国家采取的完全披露主义的注册制或申报制，另一种是大陆法系国家采取的实质管理主义的核准制。我国对招股说明书的审核程序无疑属于核准制，对此，中国证监会发布的《公开发行证券的公司信息披露内容与格式准则第57号——招股说明书》(以下简称《招股说明书准则》)规定，申请在中华人民共和国境内首次公开发行股票并在上海证券交易所、深圳证券交易所上市的公司应按该准则编制招股说明书，作为申请首次公开发行股票并上市的必备法律文件，并按该准则的规定进行披露，发行人应以投资者投资需求为导向编制招股说明书，为投资者作出价值判断和投资决策提供充分且必要的信息，保证相关信息真实、准确、完整。《首次公开发行股票注册管理办法》规定，证券交易所审核发行人的招股说明书是否符合信息披露要求，审核通过后连同其他注册申请文件一并报送证监会注册，招股说明书的有效期为6个月，自公开发行前最后一次签署之日起算，招股说明书引用经审计的财务报表在其最近一期截止日后6个月内有效，特殊情况下可以适当延长，但至多不超过3个月，财务报表应当以年度末、半年度末或者季度末为截止日。

（三）招股说明书的内容与格式

我国现行的《招股说明书准则》在内容上分为总则、一般规定、特别规定和附则四个部分。其中，一般规定部分的具体内容包括：(1)封面、扉页、目录、释义；(2)概览；(3)风险因素；(4)发行人基本情况；(5)业务与技术；(6)财务会计信息与管理层分析；(7)募集资金运用与未来发展规划；(8)公司治理与独立性；(9)投资者保护；(10)其他重要事项；(11)声明；(12)附件。特别规定部分的内容主要是针对发行人在科创板、创业板上市的信息披露要求的细化和规定。

关于招股说明书的内容与格式，《招股说明书准则》中较为重要的条款包括：(1)招股说明书全文文本扉页应载有如下内容：发行股票类型；发行股数，股东公开发售股数（如有）；每股面值；每股发行价格；预计发行日期；拟上市的证券交易所和板块；发行后总股本，发行境外上市外资股的还应披露境内上市流通的股份数量和境外上市流通的股份数量；保荐人、主承销商；招股说明书签署日期。(2)发行人应在招股说明书扉页显要位置载明："中国证监会、交易所对本次发行所作的任何决定或意见，均不表明其对发行人注册申请文件及所披露信息的真实性、准确性、完整性作出保证，也不表明其对发行人的盈利能力、投资价值或者对投资者的收益作出实质性判断或保证。任何与之相反的声明均属虚假不实陈述。""根据《证券法》规定，股票依法发行后，发行人经营与收益的变化，由发行人自行负责；投资者自主判断发行人的投资价值，自主作出投资决策，自行承担股票依法发行后因发行人经营与收益变化或者股票价格变动引致的投资风险。"

二、募集说明书

募集说明书是上市公司在发行企业债券、配股、增发新股、发行可转换公司债券等证券时，依法制作和公开的记载与所发行证券相关的实质性重大信息的一种规范性文件。2020年12月25日，中国证监会公布了《公司信用类债券信息披露管理办法》，自2021年5月1日起施行。

根据《公司信用类债券信息披露管理办法》的规定，募集说明书的编制应当遵循以下要求：(1)使用通俗易懂的事实性描述语言，不得有祝贺性、广告性、恭维性或诋毁性的词句，并尽量以较为直观的方式准确披露企业及本期债券的情况；(2)引用的信息应当有明确的时间范围和资料来源，应当有充分、客观、公正的依据；(3)引用的数字应当采用阿拉伯数字，货币金额除特别说明外，应当指人民币金额，并注明金额单位；(4)企业可编制募集说明书外文译本，但应当保证中、外文本的一致性，并应当分别在中、外文本中声明，在对中、外文本的理解上发生歧义时，以中文文本为准。募集说明书摘要(如有)仅为向投资者提供有关本次发行的简要情况，募集说明书摘要内容应当忠实于募集说明书全文，不得与全文相矛盾。

按照《公司信用类债券信息披露管理办法》的规定，募集说明书的内容包括：(1)封面、扉页、目录、释义；(2)风险提示及说明；(3)发行条款；(4)募集资金运用；(5)企业基本情况；(6)企业主要财务情况；(7)企业信用状况；(8)担保情况；(9)税项；(10)信息披露安排；(11)投资者保护机制；(12)债券受托管理人(如有)；(13)发行有关机构；(14)备查文件；(15)募集说明书摘要(如有)。

债券发行的信息披露应当遵循真实、准确、完整、及时、公平的原则，不得有虚假记载、误导性陈述或重大遗漏，信息披露语言应简洁、平实和明确，不得有祝贺性、广告性、恭维性或诋毁性的词句。公司信用类债券监督管理机构或市场自律组织对债券发行的注册或备案，不代表对债券的投资价值作出任何评价，也不表明对债券的投资风险作出任何判断，债券投资者应当对披露信息进行独立分析，独立判断债券的投资价值，自行承担投资风险。

第三节　持续信息披露制度

股票发行结束、上市交易之后，上市公司的信息披露义务并没有完结，仍然负有持续性的信息披露义务。持续信息披露，又称继续信息公开，是指在证券进入证券交易所上市交易之后，证券发行人依法向社会投资者披露对投资者投资决策有重大影响的信息。与发行信息披露相比，持续信息披露无论是在目的和期间方面，还是在要求与审核方面，都有自身的制度诉求，已经成为相对独立的系统制度。在规范形式上，持续信息披露主要体现为定期报告和临时报告两种，其中，定期报告又分为年度报告、中期报告和季度报告。

一、定期报告

（一）年度报告

按照《证券法》第79条的规定，上市公司、公司债券上市交易的公司、股票在国务院批准的其他全国性证券交易场所交易的公司，应当按照国务院证券监督管理机构和证券交易场所规定的内容和格式，应当在每一会计年度结束之日起4个月内，向国务院证券监督管理机构和证券交易所报送年度报告。年度报告应当记载如下内容：（1）公司基本情况；（2）主要会计数据和财务指标；（3）公司股票、债券发行及变动情况，报告期末股票、债券总额、股东总数，公司前十大股东持股情况；（4）控股5%以上股东、控股股东及实际控制人情况；（5）董事、监事、高级管理人员的任职情况、持股变动情况、年度报酬情况；（6）董事会报告；（7）管理层讨论与分析；（8）报告期内重大事件及对公司的影响；（9）财务会计报告和审计报告全文；（10）中国证监会规定的其他事项。《公开发行证券的公司信息披露内容与格式准则第2号——年度报告的内容与格式（2021年修订）》对上述列举的内容又进行了细化。

公司年度报告的编制，需要遵从下列几点要求：（1）年度报告中引用的数字应当采用阿拉伯数字，货币金额除特别说明外，通常指人民币金额，并以元、千元、万元、百万元或亿元为单位。（2）公司可以根据有关规定或其他需求，编制年度报告外文译本，同时应当保证中外文文本的一致性，并在外文文本上注明："本报告分别以中、英（或日、法、俄）文编制，在对中外文文本的理解上发生歧义时，以中文文本为准。"（3）年度报告封面应当载明公司的中文名称、"年度报告"字样、报告期年份，也可以载明公司的外文名称、徽章、图案等。年度报告的目录应当编排在显著位置。（4）公司可以在年度报告正文前刊载宣传本公司的照片、图表或致投资者信，但不得刊登任何祝贺性、恭维性或推荐性的词句、题字或照片，不得含有夸大、欺诈、误导或内容不准确、不客观的词句。(5)公司编制年度报告时可以图文并茂，采用柱状图、饼状图等统计图表，以及必要的产品、服务和业务活动图片进行辅助说明，提高报告的可读性。(6)公司编制年度报告应当遵循中国证监会上市公司行业分类的有关规定，公司可以增加披露所使用的其他的行业分类数据、资料作为参考。

需要注意的是，在年度报告披露前，内幕信息知情人不得泄露内幕信息，或利用内幕信息牟取不正当利益。公司应当在年度报告披露后，将年度报告原件或具有法律效力的复印件同时置备于公司住所、证券交易所，以供社会公众查阅。公司董事会、监事会及董事、监事、高级管理人员应当保证年度报告内容的真实、准确、完整，不存在虚假记载、误导性陈述或重大遗漏，并承担个别和连带的法律责任。

(二)中期报告

中期报告，也可称为半年度报告，是指关于股票或者公司债券上市交易的公司在每一会计年度的上半年结束之日起 2 个月内，向证监会和证券交易所提交记载有关情况的报告。依照《上市公司信息披露管理办法》第 15 条的规定，中期报告应当记载的内容包括：(1)公司基本情况；(2)主要会计数据和财务指标；(3)公司股票、债券发行及变动情况、股东总数、公司前十大股东持股情况，控股股东及实际控制人发生变化的情况；(4)管理层讨论及分析；(5)报告期内重大诉讼、仲裁等重大事件及对公司的影响；(6)财务会计报告；(7)中国证监会规定的其他事项。关于中期报告的法律规范，证监会在《公开发行证券的公司信息披露内容与格式准则第 3 号——半年度报告的内容与格式(2021 年修订)》有详细规定，不再赘述。

(三)季度报告

自 20 世纪 70 年代以来，为了更及时地向投资者提供其决策所需的信息，一些国家和地区的证券法要求发行公司每个季度都公开一次本公司的营业情况，季度报告应运而生。2001 年中国证监会发布《公开发行证券的公司信息披露编报规则第 13 号——季度报告内容与格式特别规定》(以下简称《编报规则》)，要求上市公司从 2002 年的第一季度开始，必须在会计年度前 3 个月、9 个月结束后的 1 个月内编制并披露季度报告，并将季度报告正文刊登于至少一种中国证监会指定的报纸上，将季度报告全文(包括正文及附录)刊登于中国证监会指定网站上，公司季度报告中的财务报表可以不经审计，但中国证监会和证券交易所另有规定的除外。2019 年修订的《证券法》不再对季度报告作出规定，2021 年修订的《上市公司信息披露管理办法》也不再对季度报告的披露作出强制性要求，此后修订的上海证券交易所和深圳证券交易所的股票上市规则也取消了强制披露季度报告制度，自此，季度报告的披露不再成为强制要求，上市公司可以自愿选择是否披露季度报告。

二、临时报告

临时报告，是指上市公司就发生的可能对上市公司股票交易价格产生较大影响的重大事件，投资者尚未得知时，为说明事件的起因、目前的状态和可能产生的法律后果而出具的报告。临时报告分为重大事件公告和公司收购公告两种。① 鉴于公司收购公告的内容在本书其他章节有所涉及，在此仅对重大事件公告予以展开。

按照《证券法》第80条的规定，发生下列重大事件，上市公司应当向证监会和证券交易所报送临时报告，并予公告：(1)公司的经营方针和经营范围的重大变化；(2)公司的重大投资行为，公司在一年内购买、出售重大资产超过公司资产总额30%，或者公司营业用主要资产的抵押、质押、出售或者报废一次超过该资产的30%；(3)公司订立重要合同、提供重大担保或者从事关联交易，可能对公司的资产、负债、权益和经营成果产生重要影响；(4)公司发生重大债务和未能清偿到期重大债务的违约情况；(5)公司发生重大亏损或者重大损失；(6)公司生产经营的外部条件发生的重大变化；(7)公司的董事、1/3以上监事或者经理发生变动，董事长或者经理无法履行职务；(8)持有公司5%以上股份的股东或者实际控制人持有股份或者控制公司的情况发生较大变化，公司的实际控制人及其控制的其他企业从事与公司相同或者相似业务的情况发生较大变化；(9)公司分配股利、增资的计划，公司股权结构的重要变化，公司减资、合并、分立、解散及申请破产的决定，或者依法进入破产程序、被责令关闭；(10)涉及公司的重大诉讼，股东大会、董事会决议被依法撤销或者宣告无效；(11)公司涉嫌犯罪被司法机关立案调查，公司董事、监事、高级管理人员涉嫌犯罪被司法机关采取强制措施；(12)国务院证券监督管理机构规定的其他事项。《上市公司信息披露管理办法》在此规定的基础上，又规定了下列事项作为临时报告应当披露的重大事项：(1)新公布的法律、法规、规章、行业政策可能对公司产生重大影响；(2)董事会就发行新股或者其他再融资方案、股权激励方案形成相关决议；(3)法院裁决禁止控股股东转让其所持股份；任一股东所持公司5%以上股份被质押、冻结、司法拍卖、托管、设定信托或者被依法限制表决权；(4)主要资产被查封、扣押、冻结或者被抵押、质押；(5)主要或者全部业务陷入停顿；(6)对外提供重大担保；(7)获得大额政府补贴等可能对公司资产、负债、权益或者经营成果产生重大影响的额外收益；(8)变更会计政策、会计估计；(9)因前期已披露的信息存在差错、未按规定披露或者虚假记载，被有关机关责令改正或者经董事会决定进行更正。

---

① 严格来说，公司收购属于公司的重大事件之一，但由于公司收购的高度技术性、复杂性和广泛影响性，各国均将其从一般重大事件中独立出来而作为一个单独类型进行重点管理和规范。参见谭立：《证券信息披露法理论研究》，中国检察出版社2009年版，第176页。

第四节　信息披露制度中的特殊问题

证券法专章设置信息披露制度，凸显出该制度的重要地位及其对证券市场规制的重大意义。透视《证券法》第五章的整体性规定以及《上市公司信息披露管理办法》的具体性规定，除了前文所论述的信息披露评判标准、发行信息披露制度、持续信息披露制度外，还有不少制度亮点和值得关注的特殊问题，比如自愿性信息披露制度、管理层信息披露保证和异议制度、重大事件临时报告豁免制度等。从宏观层面看，证券发行注册制改革之后，信息披露监管的权力配置格局发生了重大变化，需要整体性把握。下面以管理层信息披露异议制度和信息披露监管制度为中心，对信息披露制度中的特殊问题进行阐释。

一、管理层信息披露异议制度

《证券法》第82条第3、4款规定："发行人的董事、监事和高级管理应当保证发行人及时、公平地披露信息，所披露的信息真实、准确、完整。董事、监事、高级管理人员无法保证证券发行文件和定期报告内容的真实性、准确性、完整性或者有异议的，应当书面确认意见中发表意见并陈述理由，发行人应当披露。发行人不予披露的，董事、监事和高级管理人员可以直接申请披露。"该规定即为管理层信息披露保证和异议制度，其中的管理层信息披露异议制度是本次证券法新增内容，被视为规制证券市场虚假信息陈述的有效措施。但在实践中，管理层信息披露异议制度却是乱象丛生，2020年的"兆新股份案"更是将这一制度引发的争议推向风口浪尖。① 为此，有必要厘清管理层信息披露异议的法律性质，明确现行制度存在的问题及其改进方向。②

（一）管理层信息披露异议的法律性质

《证券法》第82条第4款的立法目的之解读，应当结合信息披露异议的性质来理解。从立法和监管机关的角度以及从管理层的角度出发可能存在不同的理解，双方观点的差异则源于对该条款的不同认识。上市公司管理层将《证券法》第82条第4款视为保证义务的但书条款，认为其给予了管理层"不保真"的权利；而监管机关和学界的主流观点则认为，

---

① 2020年4月24日，深圳市兆新能源股份有限公司（以下简称"兆新股份"或"公司"）披露2019年年度报告，公司五位董事、三位监事及四位高级管理人员均声明称，无法保证公司年度报告的真实、准确、完整。证监会对此事件高度关注，第一时间下发监管关注函、约谈相关责任人，并采取责令改正的行政监管措施。同时，证监会已对有关违法违规事项和董监高勤勉尽责情况启动核查程序，并依法严肃查处。

② 这部分内容详见陈晨：《论上市公司董事信息披露异议制度的功能回归》，武汉大学2021年硕士学位论文。

该条款应当从体系解释的角度出发，与前3款的立法态度保持一致，是对管理层信息披露义务的延伸与强调，而非但书性的豁免。如果从"权利"解释路径出发将第4款理解为前3款的但书，则将直接架空前3款对管理层披露信息的保证义务，实质上与前3款的内容相冲突。从结果导向来看，如果第4款是一种特殊的例外规定，管理层履职就显得相当简单，公司无须负责任地制作报告，而只需到期披露无所谓真假的报告，同时附随管理层的"不保真"声明即可。如此一来管理层保证信息披露真实、准确、完整的法定义务将成为空谈，故此种理解应当是不可取的。

而"义务"的解释路径则更符合体系解释的逻辑，即第1款和第2款是要求管理层对信息披露的文件签署书面意见，即审议通过相关信息披露文件；第3款是明确管理层签字行为即代表管理层承担保证信息真实、准确、完整的责任；第4款则表达如果管理层无法"保真"，则应当通过发表意见并陈述理由的方式来对异议事项予以进一步披露。所以，从体系解释的角度来看，《证券法》第82条第4款是对前款的延伸，即在管理层无法保证信息披露真实、准确、完整或对其存有异议的情形下，管理层必须书面发表意见并陈述理由。这种发表意见并陈述理由的方式，实则是管理层应当、必须履行的义务，而并不是对其相关责任的豁免。该条款是说明管理层异议的处理方式与披露要求，而不是指管理层可以不再就所披露信息的真实、准确、完整性负责。在异议情形下，管理层必须通过发表意见并陈述理由的程序和方式，来证明已符合勤勉尽责的要求并履行了相关法律法规和规章制度所规定的义务。所以说，管理层有可能成为"异议者"，但此前提应当是管理层切实履行勤勉义务之后的对外发声，其在陈述异议理由的同时也应当说明其在解决相关问题时勤勉尽责的具体表现，比如管理层及时对异议事项进行核查，或主动要求相关责任人员予以整改，采取补救措施，并跟进处理进度和情况等。由此可见，对《证券法》第82条第4款的理解宜采纳"义务"解释路径，将其理解为是管理层对信息披露"不保真"时的程序要求和行为指导，是对管理层信息披露义务的延伸。若将第4款理解为但书性的豁免便会直接架空前3款的规定，致使管理层信息披露保证责任之落空。综上所述，《证券法》第82条第4款的立法目的在于强调管理层信息披露的"义务"实质，而非赋予管理层"不保真"的例外性免责的"权利"。

(二)管理层信息披露异议制度的问题检视

1. 未明确规定管理层投票性质与异议效力之间的关系

《证券法》确立信息披露异议制度给予管理层提出异议的通道，但在立法中并未明确管理层在提出异议时应当对审议事项投赞成票、反对票抑或弃权票，而管理层投票的性质与董事异议的效力密切相关。由于此处的立法模糊，"兆新股份案"中才会出现董监高在有异议时投出赞成票或弃权票促使带有瑕疵信息和虚假陈述风险的年报对外披露，管理层作出了逻辑难以自洽的前后矛盾行为，让其堂而皇之地"钻空子"，公然对管理层勤勉尽责的法定义务予以违背。管理层在董事会上审议关于信息披露相关事项之时，可以对审议事项投赞成票、反对票或弃权票三种类型，而不同的投票性质与管理层异议的效力密切相关。

其一，管理层对披露信息作出异议声明同时投反对票。管理层在对其无法保真的信息声明异议同时投反对票，该行为是符合前后逻辑的，如果立法明确表明管理层应当对不保真的年报投反对票，则将大大避免实践乱象。当反对票在董事会决议中占多数时，议案没有被审议通过，未经审议通过的年报不得公开披露。当反对票是少数时，发行人披露报告，少数管理层投反对票并发出不保真声明，其实应当被视作一种公开举报的行为，再结合其发表意见和陈述理由的具体情况，若符合对于勤勉尽责的要求，其实可以获得一定的免责空间。故而，管理层对无法保真的信息决议事项投反对票，履行了信息披露异议之义务，积极阻止带有瑕疵的信息向公众披露，防止虚假信息误导投资者，其态度明确、行为一致、逻辑自洽，其作出的异议应当视为有效。

其二，管理层对披露信息作出异议声明同时投赞成票。当管理层对披露信息有异议并声明不保证信息的真实、准确、完整，但同时又在审议披露该信息的议案时投出赞成票，此即意味着管理层放任可能存在虚假记载、误导性陈述或重大遗漏的信息提供给市场和投资者，明显违背了管理层对于信息披露的勤勉义务，前后行为逻辑矛盾、难以自洽，应当予以禁止。在"兆新股份案"中也可看出监管对于管理层无法保真而同时赞成该信息披露的行为之态度，深圳证监局明确指出，同意年报披露和对年报信息不保真是两项明显不一致的意见，管理层会并未审议通过年报，而未经审议的年报是不得对外公布的。可见，管理层审议通过定期报告和决议对外披露是分开来看的两个动作，定期报告有董事会经审议通过，才可以对外披露，即定期报告经董事会审议通过是其对外披露的前置条件。"兆新股份案"中管理层对年报"不保真"同时又对披露该年报投赞成票的矛盾行为已实质上表示管理层未审议通过年报，更遑论对外披露。故而后续披露行为亦为违法披露，附着于披露文件中的管理层异议也可理解为无效。对于"不保真"的同时又表决赞成报告披露的管理层，即使其作出异议声明不承担责任，本身就在证明其并未尽到勤勉义务，"不保真"更不会成为免责事由。

其三，管理层对披露信息作出异议声明同时投弃权票。管理层在表决时对议案投赞成票或反对票，可以明确判断其对于"带病"披露的是非态度，但弃权票却是一个态度暧昧的中间地带，对于弃权票与异议的效力，争议之处在于弃权票是否应当视作反对票来处理，投弃权票是否在一定程度上可体现管理层勤勉尽责？一方面，董事会决议是否通过取决于赞成票数占总数的比例，弃权票与反对票均可以起到阻碍董事会决议通过的作用。从结果的角度来看，投弃权票和投反对票的管理层一样都阻止了"带病"信息的披露。但另一方面，也有观点认为弃权票是不积极履行管理层义务的表现，其本身的"不作为"就已表明管理层未尽勤勉义务。而现实情况是，《证券法》均未明确规定在管理层提出异议的同时，应当投赞成票还是反对票，也未明确赞成票、反对票与异议效力之间的关系，以及弃权票这一中间地带对于异议效力的影响，使得实践中管理层得以"钻空子"，乱象频出。

2. 未明确规定管理层"陈述理由"的认定标准

《证券法》规定信息披露异议的程序和披露要求是发表意见并"陈述理由"，如此其实仅仅规定了形式要件，却没有规定实质要件，即立法只规定管理层异议的形式是发表意见和"陈述理由"，但没有明确信息披露异议制度中管理层应当"陈述理由"到什么程度，没有明确何种形式的"理由"才会被监管和司法机关认定为"有效、充分"。在立法对"陈述理由"之认定标准未予明确的背景下，管理层也就容易产生侥幸心理。法律只要求管理层陈述理由，却未明确规定"陈述理由"的标准，那么"陈述理由"也容易沦为形式，部分管理层在作出异议声明的同时对于理由陈述部分含糊其辞、随意搪塞、推诿扯皮，往往导致长篇大论的"无效说理"抑或是轻描淡写、不切要害的寥寥几笔，与立法提升信息披露质量的目的背道而驰。信息披露异议制度允许管理层提出不同意见，但是也要求必须将其认为的事实和理由予以陈述，应当求真，而非仅质疑。当前立法的保守性与模糊性使得管理层对于"陈述理由"应当以何种形式、到达何种程度其才可被认为是已"勤勉尽责"并不具有清晰的认识，立法余留下较大的解释空间，需要从具体案件的监管态度中推定其对于"陈述理由"的理解维度。立法具有不完备性，目前主要通过证券监管态度或司法裁判观点来对"陈述理由"的程度和认定理由"有效、充分"之标准进行类型化的提炼，而对于管理层如何有效、充分地"陈述理由"仍无法从立法层面获得具体的行为指导。

3. 未明确规定管理层类型及其异议能力的区别

现行立法在信息披露异议制度中延伸了管理层信息披露异议的义务，其对所有类型的管理层均概而论之，但管理层的异议能力其实会根据管理层类型和信息类型不同而存在差异。立法未明确规定管理层类型及其异议能力的区别，故在法条适用过程中可能出现对管理层不加以类型化区分而导致偏离客观实际对部分管理层要求畸高的情况。

自然人在民法领域存在权利能力和行为能力之分，本书认为，对于管理层信息披露异议而言也存在一种类似行为能力和权利能力的概念。管理层作为公司的管理者，其权利能力自不必说，法律平等赋予管理层参与公司治理并行使权利与承担义务的资格。但是管理层在信息披露异议方面是否具有相同的行为能力呢？在公司治理实践中，不同类型的管理层"异议能力"在客观上存在差异，即不同类型的管理层在客观上参与公司管理、获取内部信息的程度以及在主观上作出异议的动力等方面均是有所不同的。

就管理层异议行为能力的缺失或行为阻碍的因素来看，例如不参与公司具体经营的外部董事，其不实际参与公司的经营管理，其自身对公司具体业务经营情况并不了解，相对于内部董事自然缺乏作出有效异议的能力。再例如负责法律合规工作的董事在财务会计领域属于非知识型董事，对于年报中的较复杂的财务数据和报表的理解存在专业领域的限制，难以在有限的时间内轻易发现可能存在的财务造假或数据错误之情况。故而，不同类型的董事存在异议能力的区分，而现行立法似乎并未结合管理层所处的外在客观条件及环境，对其予以充分的类型化考虑。但也有观点反对对管理层予以类型化分类，其认为管理层的勤勉义务是基于自身特定的法律地位而产生的，管理层应当做到"在其位谋其职"，其是否直接参与公司日常经营管理以及是否具有会计、审计或法律等专业背景均不应成为影响其履职的因素。本书认为，忽视管理层异议能力的差异而对于管理层信息披露异议之义务的无差别强调无疑会导致对部分碍于客观履职条件而异议能力受限的管理层之要求畸高，责任过重，致使其不惜试探监管底线、钻立法的空子也要尝试寻求可能的免责通道。

（三）管理层信息披露异议制度的功能回归

1. 明确"异议且反对"的行为立场

修订后的《上市公司信息披露管理办法》，结合信息披露监管实践，提出应着重解决上市公司董监高在定期报告披露时集体发表异议声明的突出问题，并针对性地提出管理层提出异议的同时应当在董事会审议定期报告时投反对票或弃权票。这是对修订后的《证券法》自2020年施行以来以"兆新股份案"为代表的"不保真"实践乱象的有力回应，对进一步规范证券市场信息披露秩序具有现实的积极意义。但《上市公司信息披露管理办法》中关于允许管理层投"弃权票"之规定宜寻找其进一步修改完善的空间。正如前文所述，弃权票虽然在一定程度上反映出管理层对"带病"披露的否定态度并且与反对票阻止存在虚假风险之信息对外披露的效果一致，但是管理层参与定期报告审议的关键在于勤勉尽责地履行代所有权人管理公司的信义义务，"弃权"的暧昧态度和"不作为"方式在逻辑和语义上均难以与"勤勉"相挂钩。同时，若信息披露异议规则肯定管理层异议并投弃权票的行为效力，则可能诱发管理层"搭便车"的消极履职心理，使得管理层放任自身对于公司管理事务的"漠视"，不利于鼓励管理层坚定立场和明确观点以及充分履行自身勤勉义务。

我们建议，一方面，信息披露异议规则对于管理层投票性质的规定宜参考证监会发布的《信息披露违法行为行政责任认定规则》第21条第1项之态度，明确"异议且反对"的行为立场；另一方面，作为部门规章的《上市公司信息披露管理办法》为管理层异议提供了具体的行为指导，但出于信息披露异议规则体系一致性和连贯性的考虑，作为资本市场根本大法的《证券法》也应当在结合《上市公司信息披露管理办法》施行后的远期公司治理实践情况，在法律修正或修订之时伺机将"异议且反对"的行为规范明确写入其中，以此对信息披露异议制度规则进行整体的细化和优化。

2. 细化信息披露异议"陈述理由"之认定标准

细化管理层异议时"陈述理由"之标准对于证成管理层异议行为的有效性以及其勤勉尽责程度具有重要意义，应当遵循"陈述理由"之实质性、完整性、有效性原则。首先，管理层在异议时陈述的"理由"应具有"实质性"，即应当是切中问题要害的，是对发现及解决异议事项之问题有实质性意义的。例如，以"在职时间短或长期休假"而不了解公司经营情形的"理由"显然在"实质性"要求下苍白无力。

其次，管理层在异议时陈述的"理由"应当是完整的、连贯的、有逻辑递进的，需将管理层作出异议声明的原因完整呈现出来，例如管理层以公司被出具保留意见的审计报告作为"理由"，则应当在"理由"中说明审计机构对公司哪些具体方面出具了保留意见以及为何出具保留意见，是什么原因造成该等问题以及该等问题可能会对投资者产生何种损害或影响，公司是否采取积极措施应对问题或管理层认为应当如何应对相关问题，上述内容均可考虑作为"陈述理由"之具体要求，对异议事项问题"抽丝剥茧"地"陈述理由"，也是管理层勤勉尽责的应有之义。

最后，管理层在异议时陈述的"理由"应当具有有效性，有效性的关键则在于管理层的"作为"体现，即从结果角度来看，管理层的"理由"可以向市场和投资者明显表现出其对于异议事项问题的主动分析和解决的积极作为，即管理层提出的"理由"应当可以体现其为探求和解决该问题所"作出的努力"和付出的实际行动，而非仅以一句句云淡风轻、事不关己的"不了解""未参与""信赖中介机构的审计结果"将管理层勤勉尽责之要求置于空谈。

3. 搭建有效异议和管理层免责之间的逻辑桥梁

证监会在《上市公司信息披露管理办法》的修订说明中指出，董监高保证定期报告内容真实性、准确性、完整性的责任不仅因发表意见而当然免除，其最终是否需要承担责任，关键在于是否已勤勉尽责。由此可知，管理层根据信息披露异议制度作出的有效异议并不当然产生管理层免责的效果，而搭建有效异议和管理层免责之间的逻辑桥梁的关键一环则在于对管理层"勤勉尽责"的判断。

从监管角度来看，信息披露异议行为不代表管理层已勤勉尽责，管理层更无法据此主张免责。但需要承认的是，信息披露异议制度给予管理层一个提前举证的渠道，管理层提出异议同时的"陈述理由"在逻辑上可以成为管理层在面对民事或行政追责时主张自己勤勉尽责的证据。有效异议虽然不必然引起管理层的免责，但监管机关对于有效异议作为管理层免责的一个可能性通道之作用应当予以正视。其目的在于，在管理层责任趋严的背景之下，对管理层的约束有余，激励不足，一味的"严打"可能适得其反，造成管理层在高压监管之下对信息披露异议制度的偏离解读和滥用，纷纷"耍小聪明"、"钻空子"试图寻求免责途径，监管机关在处罚和规制的同时，也需予以实际行动来正向鼓励和引导管理层履职。从管理层角度来看，"异议—尽职—免责"之逻辑推演路径的关键在于异议行为作为管理层的一种积极"作为"，需要充分体现其勤勉尽责，如此才可搭建起有效异议与管理层免责间之桥梁。有效异议在一定程度上可以体现出管理层履行勤勉义务之努力，但是否达到足以免责的程度还需要根据具体情形加以识别。故而管理层在作出异议之时应当着重向市场和投资者体现下述内容。

首先，管理层已持续关注与深入了解公司经营事务，包括管理层现场和亲自出席董事会会议、对公司实施必要的有效监督、在自身能力范围之内主动发现和及时揭露信息披露中存在的问题。需要注意的是，关注和了解公司事务并非要求管理层事无巨细地掌握每项经营事项与环节，而是在影响公司重要生产或交易活动、对外投资等重大事项上予以充分的知情和持续的关注，这也是管理层参与董事会并审议相关重大事项的前提和基础。同理，管理层作出的异议也不应是不明所以、不知缘由的随意否定，其应当是建立在管理层对于其质疑事项相关背景充分了解的基础之上的。

其次，管理层已审慎进行调查与核实，并及时要求公司与相关责任人员采取有效应对措施，督促公司予以纠正相关问题以尽量消除异议事项对于市场和投资者的不利影响。管理层对于异议事项的调查应当具有实质性，例如对于某关联交易的正当性存疑，则管理层在调查过程中应关注其公允性，不仅进行内部调查，还展开外部核查，现场走访考察、问询内外部交易对接人员以及调研同行业中的交易公允价格等，或者管理层在客观上无法亲自进行调查时投入合理的时间和精力推动调查程序来积极"作为"。

最后，管理层已在前两者的基础之上有效表达意见并及时公布理由，即按照《证券法》第82条第4款之要求"发表意见并陈述理由"，将上述事项内容以清晰、明确的形式及时向市场和投资者公布。当管理层的异议行为可以体现上述"尽职"效果之时，将为其主张免责增添筹码，有助于其在勤勉尽责的基础之上寻求免责，以达到管理层约束与激励之平衡。

二、信息披露监管制度

《证券法》第87条规定："国务院证券监督管理机构对信息披露义务人的信息披露行为进行监督管理。证券交易场所应当对其组织交易的证券的信息披露义务人的信息披露行为进行监督，督促其依法及时、准确地披露信息。"《上市公司信息披露管理办法》在此基础上作出了细化规定，典型者如第52条的规定："信息披露义务人及其董事、监事、高级管理人员违反本办法的，中国证监会为防范市场风险，维护市场秩序，可以采取以下监管措施：（一）责令改正；（二）监管谈话；（三）出具警示函；（四）责令公开说明；(五)责令定期报告；(六)责令暂停或者终止并购重组活动；(七)依法可以采取的其他监管措施。"透视我国证券市场现行的信息披露监管制度，仍存在诸多问题，需要进一步完善。①

(一)注册制实施背景下信息披露监管制度的问题检视

1. 信息披露理念以监管者为导向的路径依赖

长期以来，我国的证券监管以实现"牛市"作为证明监管有效性的目标，呈现出鲜明的监管者导向，信息披露制度的设计理念是通过监管和审查筛除质量不高的证券。对发行人而言，监管机构的审核是决定其能否成功上市能否实现融资的关键，因此发行人进行披露的首要目的是通过监管者的把关。由此导致的结果是，发行人在信息披露时并不关注投资者对信息披露的要求而是迎合监管者的需求，欺诈发行屡禁不止。而对投资者而言，在核准制背景下，我国证券市场长期以来"新股不败"，投资者申购"中签"后基本不存在投资亏损的可能。因此，投资者没有兴趣也没有必要关注发行人的信息披露内容以及信息披露的质量。

有学者通过对比中国人寿的 A 股《招股说明书》与中国人寿的美股《招股说明书》，发现了一个有趣的现象：A 股说明书中将证监会重点审查的发行人介绍及风险因素部分放置在文件的最前端，而美股说明书则是将企业经营风险、前瞻性预测、分红政策等投资者关心的内容置于文件开头。同一发行人招股说明书内容侧重的不同彰显出不同监管制度下监管导向的不同。A 股的信息披露制度以监管者为导向，导致信息披露内容对监管者实质有效；而美股则相反，信息披露制构建围绕投资者需求而展开，不仅发行人披露信息时注重投资者的需要，监管者在对披露信息开展监管时亦以"为保护投资者利益需要"作为审查的标准。② 证券发行注册制尽管意味着尊重市场和投资者的自主权，但基于路径依赖，以监管者为导向的信息披露理念还将持续存在。因此，推行注册制不仅仅要实现形式上的"注册式"监管更要实现监管主体监管理念的转变，监管者不应再以证券质量守卫者自居。以投资者投资需求为导向也不应仅仅成为发行人编制招股说明书时的指导思想，更应成为整个信息披露监管制度构建的理论基石。

2. 自愿性信息披露监管重点不明且缺乏激励

自愿性信息披露是上市公司为了使投资者对公司有更全面的了解，在法律法规许可的范围内，超越强制性信息披露的范围所做的其他信息披露；是上市公司根据自己的意愿，主动向相关主体或公众披露未被法律或相关规定明确要求必须披露的信息之外的信息的行

---

① 这部分内容详见任韵薇：《上市公司信息披露监管的权力分配及其优化》，武汉大学 2021 年硕士学位论文。

② 参见郭雳：《注册制下我国上市公司信息披露制度的重构与完善》，载《商业经济与管理》2020 年第 9 期。

为。深圳证券交易所在 2003 年 10 月发布的《深圳证券交易所上市公司投资者关系管理指引》中首次引入自愿性信息披露这一概念。2019 年《证券法》正式从法律层面对自愿性信息披露制度进行规定："除依法需要披露的信息之外，信息披露义务人可以自愿披露与投资者作出价值判断和投资决策有关的信息，但不得与依法披露的信息相冲突，不得误导投资者。"自愿性信息披露意味着公司可以基于自身经济效益考虑，决定是否进行披露以及如何进行披露。

在强制性信息披露制度下，监管主体在确定必须公开披露的信息时通常会考虑披露的成本效益并对披露的内容和形式进行统一，以整个资本市场各参与方总体利益最大化作为确定必须披露信息范围的出发点。这意味着为了保证资本市场整体的运行效率及运行成本，强制性信息披露的范围可能无法将所有可能影响投资者的信息完全涵盖。自愿性信息披露的出现为投资者提供了强制性信息披露之外新的信息获取渠道作为补充，也为公司向外部传递信息提供了有效途径。对投资者而言，无论是公司基于相关规定披露的信息还是公司自愿披露的信息，只要在满足及时性和真实性的同时具有与其作出投资决策的相关性，就是有价值的信息。但由于对自愿性信息披露的内容、形式和质量没有明确的法律规定，如果对自愿披露的信息不加监管将无法保证市场上的信息质量，从而降低市场效率。因此，对于公司自愿披露的信息应当进行适当的管制，加以规范。

《证券法》第 84 条规定信息披露义务人可以自愿进行信息披露，但不得与依法披露的信息相冲突，不得误导投资者。《证券法》的规定从信息真实性的角度对发行人的自愿性信息披露提出了要求。但信息只有有效利用才能成为资源，无法被有效利用的信息不仅不能成为资源，还会白白浪费另一种更稀缺的资源，即人的注意力。因此虽然信息对于投资者作出投资决策而言是必不可少的，但并不是信息越多越好。过多的信息会使得投资者需要耗费不必要的精力对披露信息进行收集、处理、利用，进而增加投资者的投资成本。对交易所官网所披露出的招股说明书等文件进行观察，可以清晰地发现我国证券发行信息披露监管并未意识到这一点，披露信息陷入整体篇幅越来越长，表述过于专业化而缺乏可读性的怪圈。强制性信息披露尚且如此，更遑论自愿性信息披露中披露信息有效性的问题。因此，信息披露监管立法应从披露有效性的角度出发，要求公司在进行自愿性信息披露时确定应遵循相关性原则，披露信息不仅应满足真实性的需要还应与投资者作出经济决策的需要相关。

（二）信息披露监管的理念转向

1. 以满足投资者决策信息需求为导向确定信息披露标准

发行人与投资者之间天然处于信息不对称状态，投资者只能通过发行人的披露获取作出投资决策所需的信息。因此，监管者在确定信息披露标准以及开展信息披露监管时都应以满足投资者需要为前提。以满足投资者需求为导向意味着监管者在确定强制性信息披露内容时应考虑投资者作出投资决策的需要，在现有的自愿性信息披露基础上添加"自愿披露的信息应与投资者作出经济决策的需要相关"的限定条件，在对披露内容进行审查时除了应当判断披露信息的真实性、完整性和准确性，还应确保披露信息满足对投资者的实质有效性。但是，从监管层面以满足投资者需求为导向确定信息披露范围，并不意味着投资者的所有信息需求都应当满足。这是因为，投资者总是要求尽可能详尽地披露与证券价格相关的重大信息，而信息披露成本基本由发行人承担，给发行人设置的信息披露义务过重会使得发行人的信息披露成本超过发行人信息披露的潜在收益。因此监管者应当在考虑信息披露成本及信息披露收益后将投资者的信息需求界定在一个合理的范围内，① 以此维护整个证券市场的利益。对于发行人的自愿性信息披露而言，发行人出于对自身利益的考量和对风险的控制，必然会将信息披露范围限制在披露成本小于披露收益的范围内。之所以需要确定"自愿披露的信息应与投资者作出经济决策的需要相关"的限定条件，是因为监管者需要限制发行人披露无效信息导致信息堆积。受制于投资者的弱信息处理能力和信息利用能力，有关发行证券的披露信息并不是越多越好。过量的无效信息会削弱信息的流动性，降低市场运转效率，造成资源的浪费，因此需要以能够满足投资者的决策信息需求来限制信息披露义务人的自愿性信息披露。

2. 克服信息披露中的"家长主义"

纵观我国资本市场发展史，其一直以来充当着为企业提供融资机会、拉动总需求刺激经济扩张、降低总体负债水平化解金融风险的工具。在我国改革与发展的过程中被赋予了诸多维护政治稳定性考虑的使命。② 基于这一背景，证监会通常被赋予了诸多"家长主义式"的功能以实现政府对资本市场的干预。例如，证监会负责对发行证券进行审批，负责上市公司治理结构的监管，负责设置券商的市场准入门槛，还会在资本市场发生市场难以调节、难以自我化解的风险时采取一定的"救市"手段。在"家长主义"理念的影响下，证监会企图通过监管实现对投资者以及资本市场秩序的全方位保护，导致监管目的不明确、监管重点不清、导致监管资源严重不足、监管效益低下等问题。

在强调放权于市场的注册制背景下，不同信息披露监管者均有必要针对性地克服这种"家长主义"监管理念，避免代替投资者行使证券的价值判断权。在这一过程中，不得不面临的问题是：我国个人投资者在作出投资决策时通常准确性不足且理性程度普遍不高，容易受心理因素以及其他投资者的影响，出现去个体化的倾向，自我判断与自我意识变弱，

---

① 参见程茂军：《上市公司信息披露法律规制研究》，中国法制出版社2019年版，第54页。

② 参见张建伟：《制度基因、金融发展与"法律家长主义"进和退（上）——功能视角下的"中国悖论"及求解》，载《交大法学》2016年第2期。

从而更容易与其他人保持行动一致。由此产生个人投资者之间非理性的互相模仿、互相影响的羊群效应，进一步引起市场的巨幅波动，加剧市场的风险。因此，在强调克服"家长主义"监管理念的同时，还应当着眼于我国投资者理性投资理念的培育，开展并加强投资者教育，包括投资决策教育、资产配置教育和权益保护教育等。① 其中，开展投资决策教育是为了培养投资者科学的投资决策能力，从而保障投资者能在投资中获取稳定收益；进行资产配置教育是为了指导投资者对个人资产进行科学地计划和控制分散投资风险；落实权益保护教育是为了提高投资者维权意识，在投资者充分知晓维权途径和维权方式的基础上，鼓励投资者主动维护自身权益。开展投资者教育的目的是通过向个人投资者传授证券市场基础理论及相关投资经验和投资技巧，提示并培养个人投资者风险意识，以此提高投资者投资理念的成熟与理性程度。投资者的投资知识储备越高，其分析能力则越强，有利于减少市场中的羊群效应，降低市场风险。

(三)信息披露监管制度的优化路径

1. 夯实交易所的信息披露实质审查职责

信息披露监管的目的可以分为两个方面：一是审查发行人是否按照法律及相关规范性文件的规定履行了信息披露义务，是否按照法律规定将所有应当披露的信息都进行了披露；二是审查发行人披露的信息是否真实、准确、完整，是否与投资者作出投资决策具有相关性，披露的形式及披露的内容是否对投资者实质有效。在注册制下，证监会以及其他履行监管职能的主体都应避免商业价值判断权的行使，对发行人是否履行信息披露义务的审查属于形式审查，只审查发行人披露的信息是否包含了法律规定应当披露的信息，不考虑发行人实际披露出来的信息的真假。而对披露信息是否满足五性(即真实性、准确性、完整性、投资决策相关性和对投资者的实质有效性)的审查则属于实质审查，监管者必须结合其他资料对披露信息的内容进行审查才能判断披露信息是否真实，披露信息中的相关推断及表述是否准确，以及判断该信息的存在是否会影响到投资者作出的投资决策。对披露信息的实质审查和形式审查所需耗费的监管资源和监管精力不同，对审查主体的专业性要求亦不同。形式审查所需的监管资源和监管精力较实质审查要少，对审查主体的专业性程度要求较低。

在转变监管理念的背景下，可以由证监会行使对披露信息的形式审查，对披露信息的实质审查交由交易所完成。这是因为，形式审查所需监管资源和监管精力都比较少，并不影响证监会在行使形式审查职能之外履行其他监管职能。对披露信息的实质审查必然会涉及对披露信息的形式审查，这是因为，监管者在对披露信息开展实质审查的过程中难免会发现信息披露不充分、不真实的情况，认为披露义务者并没有将法律要求披露的信息都披

---

① 参见顾海峰：《我国证券市场个人投资者教育问题研究》，载《金融论坛》2009 年第 5 期。

露出来；因此，监管者会要求披露义务人补充披露，确保披露义务人的信息披露水平达到法律规定的最低标准。证监会拥有后置注册权，通常在交易所完成对发行人披露信息的审核工作后再行审查，决定是否同意注册。若证监会在后置阶段开展实质审查，那么交易所前置的形式审查将失去其存在的意义，既不能实现对证监会监管压力的分担，亦属于对监管资源的浪费。而由证监会后置形式审查则相反，这是因为，交易所实质审查完成后会将相关材料及审查结果报送至证监会。证监会在对披露信息是否按照法律要求的内容完全披露时，也是在对交易所履行一线监管职能的情况进行监管。证监会后置监管的存在有助于交易所更加尽职尽责地开展实质审查，夯实交易所的实质审查职能亦会反过来节约证监会的监管资源，让证监会可以将更多的精力投入对其他监管职能履行以及证券市场违法行为的监督与查处中。

2. 厘清保荐人等市场中介的监管职能和监管范围

在证监会实质审查权让渡的背景下，信息披露监管将更加倚重交易所和市场中介一类的市场力量。根据《证券法》的规定，公司公开发行新股应当报送最近3年被出具无保留意见审计报告的财务会计报告、法律意见书和保荐人出具的发行保荐书。相比于交易所和证监会，上述市场中介具有更强的专业性，其出具的审计报告、法律意见书以及发行保荐书都会在开展信息披露监管时作为参考。如果说交易所是对证券发行及发行信息披露的一线监管者，那么保荐人、证券服务机构则是保障证券市场秩序的第一道门槛，是证券市场的看门人。保荐人、证券服务机构作为证券市场的"看门人"，以保护投资者利益为价值依归，通过核验、审查发行人的信息披露来确保信息披露的真实性、准确性与完整性，从而缓解市场参与者之间的信息不对称，实现维护证券市场秩序的目的。

保荐人、证券服务机构等市场中介由发行人聘请，负责对发行人展开全面地尽职调查，在充分了解发行人的经营状况及其面临的风险和问题后，对发行人提供的资料和披露的内容进行独立判断。由此可见，保荐人、证券服务机构等市场中介依据发行人的授权享有对披露信息的实质审查权。当保荐人及证券服务机构认为其根据各种调查证据综合分析后所作出的判断与发行人申请文件、证券发行募集文件的内容不存在实质性差异，且认为发行人的资料符合生产经营合规性、财务真实性的标准，符合发行条件、上市条件时才会同意签字，出具招股说明书、发行保荐书、上市保荐书、律师意见书等无保留意见的发行注册文件。① 因此，保荐人、证券服务机构经审查出具的无保留意见书一定程度上有为发行人背书的作用。这就要求"看门人"在执业时必须保持客观、中立，在投资者利益保护理念的指导下勤勉尽职。实践中存在的问题是，保荐人、证券服务机构等市场中介一经发行人委托，便轻易以其"声誉资本"为发行人背书增信，忽略了信息披露符合要求的前提条

---

① 参见席涛：《〈证券法〉的市场与监管分析》，载《政法论坛》2019年第6期。

件。在逐步推行注册制的过程中还应注意对上述市场中介的审查、背书行为加以约束，建立市场化的声誉约束机制，完善违规背书的责任追究机制。同时有必要构建、畅通市场中介与证监会、交易所之间的沟通渠道，让市场中介由经发行人聘请、对发行人负责的角色转变为对证监会、交易所乃至投资者负责的角色，实现"看门人"角色的归位。

第七章 证券投资者保护制度

第一节 证券投资者保护的立法模式

证券市场的本质是通过证券认购和交易，实现资金要素有效融通，而资金来源于投资者，没有投资者源源不断的证券投资，证券市场将成为"无泉之水、无本之木"，因此，如何有效合理地进行投资者保护，是证券市场长远发展的基本命题。本节将首先界定证券投资者的内涵，明晰投资者保护的法理，然后分析域外投资者保护的三大立法模式，最后审视我国投资者保护的基础制度演变及最新的规则体系架构。

一、证券投资者及其保护的界定概述

(一)证券投资者

证券投资者(Securities Investor)，亦可简称为投资者，是证券法律制度的基础概念。从 1998 年我国《证券法》颁布，历经三次修正、两次修订，直到 2019 年的《证券法》"大修"完成，证券投资者概念一直是高频术语贯穿于立法通篇，在最新《证券法》文本中便出现了 83 次之多，同时新《证券法》更是首度设置了投资者保护专章(第六章)。然而，这种"出镜率"极高的基础性概念却未被法律明确界定，实践中多直接以陈述性的固定表达或者细分的类别示之，原因或在于此概念在理论界和实务界并无过多争议，通过基本的文义训诂和语词拆解即有正确的认知，不会产生歧义而影响法律适用。若细究之，证券投资者一般是指为获取利息、股息或资本收益，借助证券工具进行投资活动，并承担投资风险的市场主体。[①]

从概念区分的角度出发，证券投资者可拆分为"证券"+"投资"+"者"的解释，具有三重边界的限定：首先，"证券"之限定，表明投资者的投资市场和产品范围严格意义上不包括期货等衍生品，证券市场强调现货交割，而期货市场强调风险对冲。其次，"投资"的限定，表明投资者购买证券的行为目的是商业逐利，期望获得比本金更高的回报，即获得利

---

① 参见周友苏主编：《证券法新论》，法律出版社 2020 年版，第 353 页。

息、股息、资本收益或赚取市场价差，而非满足日常金融生活之需。这可与近几年突起的金融消费者（Financial Consumer）概念相区分，后者虽冠以更大范围的"金融"之名，但多是利用间接金融产品和通道性的服务，[①] 集中于银行、信用、支付、清算等领域。而且，从图谱的"消费者—金融消费者—投资者"的变化看，金融消费者更贴近消费者概念，只能是自然人，投资者则还包括法人等机构组织。最后，"者"的中心词，说明其市场主体的定位，是证券市场的参与者和推动者。抛开外在形式名称差异，证券市场主体可划分为三类，分别是交易直接相关方、市场中介机构和监管组织。证券投资者通过买卖证券参与证券交易，为证券市场提供资金，与发行人一道构成证券市场最核心的直接投融资主体。

根据投资主体的组织形式差异，证券投资者可分为个人投资者和机构投资者。个人投资者也被称为自然人投资者，是以个人名义直接参与证券市场的投资者。机构投资者则是以自有资金或从分散的公众手中募集的资金专门进行证券投资活动的法人组织或非法人组织。一般而言，较于个人投资者，机构投资者资金规模较大，配有专门团队人员，投资决策更专业化，具有更强的信息搜集分析、市场趋势研判、风险识别控制能力。但这种划分容易陷入组织形式的误区，就整体而言，自然人投资者相对弱势，但不能否认，部分个人投资者的财产状况、投资知识、理财经验和专业能力已有较高水平，甚至不亚于机构投资者，因此，透过形式差异，从实质风险管理水平出发，证券投资者进一步划分为普通投资者和专业投资者，部分个人投资者和机构投资者可共同归为专业投资者。这些划分适用于整个证券市场，覆盖股票、债券、基金等金融产品，股票市场的投资者还有"散户""中小投资者"等习惯性表达。"散户"与"大户"相对，一般指投入股市资金量较小、无能力炒作股票、无组织的个人投资者；中小投资者概念更常见，但鲜有定义，多指持有股份或投资规模低于某一比例，难以对公司治理产生实质影响的市场主体，其关注指标性的比例（如5%）和规模（如10万元）评测，不以个人、机构或普通、专业为划分标准。

（二）证券投资者保护

"保护投资者利益"是国际证监会组织证券监管的三大目标之首，[②] "中小投资者保护"更是成为国际营商环境评估的十大核心指标之一。[③] 证券投资交易本质是市场主体之间以意思自治为原则的私法平等关系，讲求风险的"买者自负"，投资者保护不是父爱式的投资者偏袒，其目的并非是保证投资人一定能通过证券市场获得利润或填补损失。毕竟在证券

[①]　参见王美舒：《类型思维下的金融消费者：从语词认识到裁判逻辑》，载《法律科学》2019 年第 2 期。

[②]　另外包括"保证市场公平、高效和透明""减少系统性风险"。参见 IOSCO, Objectives and Principles of Securities Regulation, May 2017, p. 3。

[③]　单项指标 2020 年中国排于世界第 28 位，参见 World Bank Group, Doing Business 2020: Comparing Business Regulation in 190 Economies, https://www.doingbusiness.org/en/doingbusiness。

市场中，投资风险与收益相伴而生，不存在仅有收益利好而无风险出清的"稳赚不赔"的产品。投资者保护的目的应在于确保投资者能有公平、公正从事证券交易的机会，通过制度设计和监管介入促进过程导向的正义实现。须注意的是，证券投资者保护制度并非要均质设计，由于普通投资者、个人投资者在谈判能力、信息获取等方面相对弱势，证券投资者保护对其应有一定的合理倾斜，以矫正能力差异悬殊的市场主体交易失衡及可能的市场操纵乱象。

强调证券投资者保护的法理依据主要有三方面。第一，信息获取不对称。信息是证券买卖交易判断的基础，作为产品设计方，证券发行人（融资方）天然具有内部信息优势，尤其在当前金融不断创新衍化情势下，证券结构越发复杂化、专业化，信息不对称的"剪刀差"被人为放大，投资者难以仅依靠自身能力获取全面、准确、有效的信息，交易蕴含的风险也不易被识别。再加上，证券交易的网络化、虚拟化、数字化发展，使线上交易成为常态，证券交易合同多是标准化的电子格式文本，投资者很难要求交易相对方进行个别的解释和说明，信息的实质交互欠缺，而信息披露等强制性的制度设计将减少信息不对称的程度。第二，交易能力不对等。证券市场是典型的非均质化分层市场，不同投资者获得资源的能力和机会存在较大差异。[1] 机构投资者在资金规模、风险研判、投资技巧、价格博弈等方面，往往具有比自然人投资者更强的能力，个人投资者的交易博弈空间相对受限，特别是随着金融机构的混业扩展和集团化经营，机构投资者与普通投资者之间的实力和地位日益悬殊，若缺乏必要的倾斜保护，作为市场主导的自然人投资者恐将沦为被宰割的韭菜。第三，损失索赔不充分。纠纷是检验交易公平的试金石。由于信息不对称和交易能力不对等，投资者也缺乏足够的市场惩罚能力，在发生欺诈、操纵、内幕交易、虚假陈述等违法行为后，单靠投资者自身力量难以有效约束发行人或交易相对方，不仅维权成本高、耗时长，而且损失金额的固定和证据的收集都是巨大的考验，因此，需要第三方力量的介入保障。

二、域外投资者保护立法的主要模式

投资者权益得到有效保护是资本市场健康发展的前提，各个成熟资本市场国家也在立法层面上建立了相应的投资者保护制度。由于市场发展程度不一，法制进程各异，世界各国家或地区关于投资者保护制度的立法模式也不尽相同。根据立法对投资者保护制度的强调程度及其在证券法制体系中的表现形式，投资者保护制度的立法主要有三种模式：分散模式、集中模式和单行模式。[2]

---

[1] 参见井漫：《投资者适当性制度构建：国际经验与本土选择》，载《西南金融》2020 年第 4 期。

[2] 参见冯果：《投资者保护法律制度完善研究》，载《证券法苑》2014 年第 1 期。

（一）分散模式：投资者保护条款散见于立法

分散模式是指投资者保护制度相关条款散见于证券法律的不同章节之中，既无就投资者保护制定的单行法律，亦未在基本法律中设置投资者保护专章。采用分散模式立法例的地区往往将投资者适当性制度、先行赔付制度、市场违法行为规制、投资者保护基金制度等糅合于证券基础法律的各个部分，一般需要综合解读相关条款才能全面理解投资者保护的全部内容，典型的国家和地区包括英国、日本、韩国、新加坡和我国香港地区。

英国《金融服务法》（*Financial Services Act* 2012）先原则性宣示投资者保护的立法目的，然后在不同章节分别规定金融商品推介适当性制度、金融服务业者的说明义务、消费者团体申诉机制等内容。日本《金融商品交易法》（*Financial Instruments and Exchange Law*）也未设置投资者保护专章，只是在第四章第二部分规定了投资者保护基金的设立、资金来源、业务范围、财务和会计处理方式等内容，并对金融市场违法行为课以严格的法律责任以保护投资者。韩国《资本市场与金融投资业法》除在第1条宣示了投资者保护立法目的外，亦没有专章内容系统规制，而是在具体条款中涉及投资者保护的内容，如第45条规定利益冲突的防止、第46条金融投资公司向一般投资者进行投资劝诱的适合性原则、第47条金融投资公司的说明义务、第57条投资广告的规制等。此外，该法还明确了对不公平交易行为的规制，基于保护投资者利益的价值导向规范金融投资业者的行为。我国香港地区《证券与期货条例》（*Securities and Futures Ordinance*）对投资者保护的规定亦相对分散，第三部分第五分部用11条篇幅规定了投资者赔偿公司，第十二部分明确了投资者赔偿基金的设立、资金来源、账户、投资、管理、代位求偿权等方面的内容。[①]

由于投资者保护贯穿于证券法律制度的各个方面，较难将其与证券市场的主体制度和行为制度绝然划分，分散模式则较好地使投资者保护制度嵌入证券市场其他制度，有利于提出立法逻辑和内容上的整体性和协调性。但其弊端也十分明显，分散模式的立法技术安排过于零散化、碎片化，增加了对投资者保护制度理解和实施的难度，容易顾此失彼而形成制度缺漏。因此，一般认为，分散模式重在相关制度的堆砌填充，是投资者保护制度发展初期的一种应急选择，随着市场日趋成熟和立法技术的提高应当进行相应的改进完善。

（二）集中模式：单设专章规定投资者保护

集中模式是指通过设置专章的形式将分散的投资者保护制度内容在证券基本法律中进

---

① 英国在2000年颁布过《金融服务与市场法》（*Financial Services and Market Act* 2000），亦采取分散模式规制投资者保护，现行立法是2012年颁布的施行"双峰监管"的《金融服务法》。日本2006年大规模修改《证券交易法》，并更名为《金融商品交易法》，以全面推进金融系统改革，并回应越发迫切的金融消费者保护的问题。韩国《资本市场与金融投资业法》于2007年制定，其最大特点是将以往证券市场零散的六部法律进行了统合，包括《证券交易法》《期货交易法》《间接投资资产运营法》《信托业法》《综合金融公司法》《证券期货交易所法》。我国香港特区的《证券及期货条例》（Cap. 571）于2003年生效，合并并更新了香港过去10部规管证券期货市场的法例。

行集中规范。这种模式具有较强的独立性和系统性，典型的代表国家和地区包括欧盟、法国和美国。

欧盟《金融工具市场指令》(*Markets in Financial Instruments Directive*，MiFID)设置了专门的第二章第 2 节"确保投资者保护的条款"，针对金融业者的信义义务、客户识别、投资者适当性、最佳执行、利益冲突等内容进行了系统的规定。法国虽然在交易基础法《证券交易法》和监管基础法《金融安全法》中未就投资者保护设置专章，但在《货币与金融法典》(*French Monetary Financial Code*)的第四章第五节集中地专门规定"投资者保护"内容。美国证券立法比较特殊，其《1933 年证券法》和《1934 年证券交易法》并无投资者保护专章，主要是以信息披露为中心，界定证券欺诈行为，规定虚假陈述的赔偿责任，来实现投资者的保护。但其在 1970 年单独制定了《证券投资者保护法》，又具有单行模式的特征。而 2008 年全球金融危机后，美国又颁布了《多德·弗兰克华尔街改革与消费者保护法案》(*Dodd-Frank Wall Street Reform and Consumer Protection Act*)，其第九章专门规定了"投资者保护与证券监管完善"，涉及投资者咨询委员会、投资者测试、证券经纪商咨询商义务、投资者保护办公室、投资者教育、投资者产品和服务售前披露、利益冲突审查、指定金融产品的评级及申诉专员等制度，[1] 体现出集中模式的典型特征。[2]

专章形式之设置可突出投资者保护制度的重要地位，更大程度地引起市场主体对投资者保护的重视。同时，将投资者保护制度在一个章节中进行系统性的规定，能避免制度的碎片化、分散化，有利于法律的理解和适用，确保投资者保护制度的相对完备和全面。当然，并非所有与投资者保护相关的制度都能集中纳入该章节，例如，信息披露制度虽与投资者保护紧密相关，但内容繁多复杂，多以自设专章的形式予以规定。因此，集中模式对立法技术有较高要求，需要立法者妥善处理证券基本法律中章节之间的协调，确保内容高度凝练和逻辑周延。

(三)单行模式：制定单行的投资者保护法

单一模式是指在证券基本法之外，以单行法的方式对投资者保护制度进行专门立法。虽然其与集中模式均为专门系统的内容设置，但集中模式是在证券基本法之内的"专章设置"；单一模式则更进一步，是在证券基本法之外，另外进行单独的"专门立法"，典型代表国家和地区包括德国、美国和我国台湾地区。

---

① Investor Protection and Securities Reform Act 2010, H. R. 4173。

② 欧盟《金融工具市场指令》(Directive 2004/39/EC)于 2004 年通过，2018 年《金融工具市场指令 II》(Directive 2014/65/EU)对其予以修改，但投资者保护专章的形式未变。法国金融市场管理的内容在《商法典》中部分涉及，但更多的具体规则通常在《货币金融法典》(*Le Code Monétaire et Financier*)中规定。作为对金融危机的反思和回应，美国 2010 年制定《多德·弗兰克法》，其被视为美国自 20 世纪 30 年代大萧条以来制定的最严厉的金融改革法案。

德国 2004 年通过《投资者保护改善法》，构建了证券投资保护的整体制度框架，包括要求金融机构在销售产品时必须与投资者签订协议载明投资者的意愿和产品说明，以为将来可能的因不当投资建议产生的诉讼保留证据，同时规定建立数据库将金融投资咨询人员的信息和投诉进行公开，此外还将因不当投资建议遭受损失的诉讼时效从发生之日起 3 年延长到 10 年。美国于 1970 年通过了《证券投资者保护法》(*Securities Investor Protection Act*)，该法内容涵盖范围非常系统而全面，包括证券投资者保护公司的设立、治理结构、权限，以及证券投资者保护基金的设立、资金来源、资金用途，还有清算程序的一般条款和特别条款、其他自律组织的监督等，该法旨在对破产证券公司的客户提供金融帮助，减少客户由于证券公司破产而遭受的损失，鼓励证券投资者进行投资。我国台湾地区参考美国模式，在 2002 年制定了"证券投资人及期货交易人保护法"，该法的核心内容包括投资人保护机构的设立、投资者保护基金的运用、调处委员会、团体诉讼、代表诉讼及解任诉讼等制度，意在强化对投资者的全面保护。

单行模式最大优势在于各种投资者保护制度的体系化和专门化。单行模式不用受限于既有的证券基础法律内部的体系逻辑，可有充足文本空间进行独立、全面的制度设计，有利于从整体上构建和完善投资者保护制度。同时，单行模式还能在某种程度上摆脱特定金融业别划分限制，扩大投资者、金融商品的概念和法律适用领域，实现对投资者更全面的保护。① 但此种模式适用前提是金融市场发展较为成熟，相关制度较为完善，投资者保护的制度具有统一落实之可能。

三、我国投资者保护的基础制度架构

《证券法》是我国证券市场发展和规制的基础法，自 1998 年 12 月底通过以来，其历经 3 次修正(2004 年、2013 年、2014 年)、2 次修订(2005 年、2019 年)，在 2019 年修订之前，投资者保护的制度一直采用"分散模式"，2019 年经修订后改为"集中模式"，首次设置第六章"投资者保护"专章，丰富了我国证券法结构安排，成为本次证券法修改的亮点之一。

(一)历史进路

较于发达的资本市场，我国金融市场的体系化立法相对迟缓，20 世纪 90 年代才开始架构，但在 1993—2003 年短短 10 年时间内便完成了 8 部法律的制定，② 实现了由"一纸空

---

① 例如，我国台湾地区在 2011 年通过了"金融消费者保护法"，保护对象为接受金融业(银行、证券、期货、保险、票证等)提供金融商品或服务者的金融消费者，其不包括专业投资机构和符合一定财力或专业能力的自然人。参见刘博涵：《我国台湾地区金融消费者保护的当代发展述评》，载《北方金融》2020 年第 10 期。

② (1)《公司法》(1993 年发布，1999 年、2004 年、2005 年、2013 年、2018 年修正)；(2)《商业银行法》(1995 年发布、2003 年、2015 年修正)；(3)《保险法》(1995 年发布，2003 年、2009 年、2014 年修订/正)；(4)《证券法》(1998 年发布，2004 年、2005 年、2013 年、2014 年、2019 年修订/正)；(5)《信托法》(2001 年发布)；(6)《中国人民银行法》(2003 年发布)；(7)《证券投资基金法》(2003 年发布，2012 年、2015 年修订/正)；(8)《票据法》(2004 年发布)。

白"到架构初成的立法"赶超"目标。然而，不能忽视的是，我国证券市场发展仍处在初期，立法技术尚显粗糙，1998 年制定的"应急"《证券法》和 2005 年修订的"改革"《证券法》，均采用分散型投资者保护的模式，这在很大程度以较小的立法成本实现了投资者保护的基本目的。以截至目前施行时间最长的 2005 年《证券法》为例，其先在总则中宣示性地表明投资者保护，然后将投资者保护主要制度分解规定于不同章节中。具言之，该法第一章"总则"第 1 条规定明确将"保护投资者的合法权益"作为立法目的；第三章"证券交易"第 69 条、第 76 条和第 77 条分别针对危害证券市场的三大"毒瘤"——虚假披露、内幕交易和操纵市场行为给投资者造成损失的，行为人应依法承担赔偿责任；第六章"证券公司"第 134 条聚焦证券投资者保护基金制度的组成、筹集、管理和使用；第八章"证券服务机构"第 171 条规定了证券服务中介——证券投资咨询机构及其从业人员的禁止行为。

（二）现行架构

现行《证券法》于 2019 年修订通过，凝聚了保护投资者是重中之重的共识，鉴于我国证券市场中小投资者众多且高度分散的"散户型"市场特征以及投资者保护机制存在结构性缺陷和功能性障碍，新《证券法》采用"集中模式"、设置投资者保护专章，并规定了多种创新性制度，这契合了市场的基础需求、深具中国特色且颇富法理价值。[①] 第六章共 8 条，涉及投资者适当性、先行赔付、股权征集、现金股利、债券持有人与债券受托管理人、证券纠纷强制调解、证券支持诉讼、股东代表诉讼以及证券集体诉讼等制度，这些制度将为投资者保护提供更充分的法律依据和操作指南。但须说明的是，投资者保护是证券市场发行、交易的主线，嵌入《证券法》的方方面面，因此，在专章规定之外，仍有多项重要的制度分散于《证券法》不同章节之中（表 7-1）。

从整部《证券法》结构看，投资者保护制度可分为基础制度、核心制度、专门制度及其他制度四类。（1）基础制度主要是指信息披露制度，信息是证券市场交易的基石，证券市场本质上就是信息市场，信息披露制度能较有效地缓解信息不对称，减少柠檬市场和逆向选择等问题的发生。新《证券法》将既有的 2005 年《证券法》第三章第三节"持续信息公开"的内容进行修订，升级为单设的第五章"信息披露"，从信息层面强化了投资者保护。（2）核心制度是指适合所有证券类型发行、交易过程中的投资者保护制度，包括投资者进入资本市场门槛的适当性制度、投资者遭受欺诈发行等损害的先行赔付制度、支持或代表投资者诉讼的投保机构制度、券商危机时保护投资者资金的投保基金制度。其中，前三种制度均是首度在《证券法》明确规定，规定于第六章，是常态性的制度保护，第四项投保基金制度是专门针对于证券公司被撤销、关闭、破产或被实施行政接管、托管等强制性措施的特殊情形，以投保基金对债权人进行偿付保护的制度，因与证券公司关系紧密，故规定于第

---

① 陈洁：《新〈证券法〉投资者保护制度的三大"中国特色"》，载《投资者》第 10 辑。

八章"证券公司"专章。(3)专门制度是指适用于特定证券产品的投资者保护制度。股票和债券是证券市场基础性的两大产品，股债之差异决定了二者应有不同的投资者保护制度，前者包括上市公司的股东权征集制度、现金股利制度，后者主要是指债券持有人大会和债券受托管理人制度。这是我国第一次在法律层面明确了上述四种制度。(4)其他制度是指上述制度之外零散分布于证券法中与投资者保护(尤其是赔偿投资者损失)相关的制度，如关于内幕交易(第53条)、操纵市场(第55条)、利用非公开信息交易(第54条)给投资者造成损失的赔偿规定等。

表 7-1 证券投资者保护制度的结构

类别	制度内容	2005 年版	2019 年版	章	条	融资主体	市场中介	公益中介	投资者
基础	信息披露	○	○	五	第 78~87 条	●			
核心	投资者适当性		○	六	第 88、89 条		●		
	先行赔付		○	六	第 93 条	●	●		
	投保机构		○	六	第 94、95 条			●	
	投保基金	○	○	八	第 126 条			●	
专门	股东权征集		○	六	第 90 条	●		●	
	现金股利		○	六	第 91 条	●			
	债券持有人大会		○	六	第 92 条				●
	债券受托管理机构		○	六	第 92 条		●		

可见，我国现行《证券法》投资者保护制度具有体系化、层次化的特点，[1] 由于"基础制度"和"其他制度"在本书其他章节中解释，本章将重点围绕"核心制度"和"专门制度"展开。

第二节 投资者适当性制度

投资的开始发端于投资者进入资本市场，而适当性制度是投资者进入资本市场的门槛性制度，构筑了投资者迈入资本市场的第一道防线，是体现"市场有风险，入市需谨慎"理念的一项制度性保障。本节首先分析投资者适当性制度的内涵及历史沿革，然后与易混淆

---

[1] 参见吴弘：《新证券法保护投资者理念与制度创新》，载《证券时报》2020 年 3 月 14 日，第 A07版。

的"合格投资者"制度作比较，并剖析其与"买者自负"原则的关系，最后聚焦我国投资者适当性制度的现状和问题。

一、投资者适当性制度概述

（一）投资者适当性制度的定义和内涵

投资者适当性制度（Investor Suitability），或称投资者适当性原则、适当性要求，按照美国证券交易委员会（SEC）的定义，是指证券商向投资者推荐买入或者卖出特定证券时，应当有合理依据认定该推荐适合投资者，其评估的依据包括投资者的收入和净资产、投资目标、风险承受能力，以及所持有的其他证券。巴塞尔银行监管委员会、国际证监会组织、国际保险监管协会在其发布的《金融产品和服务零售领域的客户适当性》中认定适当性，是指金融中介机构所提供的金融产品或服务与客户的财务状况、投资目标、风险承受能力、财务需求、知识和经验之间的契合程度。[①] 根据我国《证券法》第88条之规定，适当性制度可概括为证券公司应向投资者销售、提供与投资者财产状况、金融资产状况、投资知识和经验、专业能力等情况相匹配的证券、服务。因此，归纳而言，投资者适当性制度是指证券服务提供者将适当的产品（或服务）销售（或提供）给适合的投资者的义务。其中，证券服务提供者主要是指证券公司，但不限于此，随着证券市场的发展，证券产品日益多样化，提供证券推介、销售等服务的主体亦日益多样化，仅有"证券公司"显然难以规制所有提供证券服务的主体。

投资者适当性制度以投资者与金融产品（服务）实现动态匹配为核心，其内涵在于其"适当性"。适当性规则具体包括"了解证券"的产品适当性及"了解客户"的投资者适当性两方面内容。[②] 一方面，关于产品，要求证券服务提供者在向投资者劝诱推介特定证券产品或服务前已经对其有相当的认识，且在劝诱、推介过程中充分告知投资者相关产品、服务的收益、风险信息；另一方面，关于客户，要求证券服务提供者了解客户，基于已搜集到的投资者财务状况、风险承受能力、投资阅历和经验等信息进行综合分析，就特定产品或服务是否适合投资者进行合理有效判断。在理念层面上，确立投资者适当性制度的目的是让那些财务状况、风险承受能力、专业知识水平、经验储备与特定投资对象不相匹配的投资者远离风险雷池，减少由于投资这些对象可能造成的损失，从而保护投资者利益，维护证券市场乃至整个社会的稳定。就具体操作方式而言，则是通过构筑"风险防火墙"，要求证券服务提供者履行识别客户、充分信息披露的义务，区分一般投资

---

① 参见 Basel Committee on Banking Supervision, Customer Suitability in the Retail Sale of Financial Products and Services 4, 2008, https：//www. iasplus. com/en/binary/crunch/0804joinforumretail. pdf, 2021 年 6 月 10 日访问。

② 参见邢会强主编：《证券法学》（第二版），中国人民大学出版社 2020 年版，第 166~168 页。

者和专业投资者，并尽可能规劝一般投资者远离高风险产品，进而从源头上控制投资者的投资风险。

需要注意的是，只有"推介、销售"产品、服务等行为才存在适当性义务履行的可能，如果证券服务提供者仅仅是执行投资者的交易指令，并不涉及营销活动，则不属于适当性规则调整的范围，比如，证券公司对投资者仅提供单一的证券经纪服务的情形。①

(二)投资者适当性制度的历史发展和法律性质

从历史演进看，投资者适当性制度发展经历了习惯、原则到制度的历程，最早起源于美国。投资者适当性制度雏形来自商事交易活动中双方诚实信用、量力而为的交易习惯，交易双方参与市场活动时，应根据自身能力条件与交易需求选择合适交易对手，并在交易过程中诚实守信，正当、全面履行告知义务。最早将交易适当性具体化的是美国证券自律机构。1938 年，根据《马罗尼法》(*The Maloney Act of* 1938)，美国成立了全美证券商协会(NASD)。为确保证券交易活动有序进行，保护投资者和社会公众利益，NASD 制定了一系列规则，其中就有投资者适当性原则(Suitability Doctrine)，即 Rule 2310(a)：会员向投资者推荐特定证券买卖或交易时，应有合理依据认为该推荐适合投资者。到 20 世纪 60 年代，一些证券商借助长途电话进行所谓的高压销售(High Pressure Selling)，而提供的有关证券信息或不充分，或谬误百出，极大损害了投资者利益。基于多重因素考虑，SEC 制定了 15b10-3 规则，要求所有券商及其雇员必须考量与交易或顾客有关的情况，以确认其作出的推荐适合该投资者。尽管该规则在 1983 年被 SEC 废止，但适当性规则并未因此被扫进历史废纸堆，此后美国 SEC 的证券监管以及司法判例都确定了证券商应对投资者负有适当性义务的底线。②

与美国自律规则主导的模式不同，全球资本市场多数国家在投资者适当性制度上选择制定法主导的模式，只是有的将投资者适当性制度集中规定在一部制定法中，如欧盟 2017 年生效的《金融工具市场指令》(MiFID II)，有些则规定在两部或两部以上制定法中，如英国《商业行为准则》(2007)及《金融服务法》(2012)，日本《金融商品销售法》(2001)和《金融商品交易法》(2006)。制定法主导模式以投资者分类为前提，与强化投资者教育并重，对信息披露也十分重视，制定法本身具有更强的系统性和稳定性，投资者适当性规则更和谐高效，集中统一的规定也使金融机构和投资者能更清晰地了解、运用和遵守。③

回归法律性质，证券服务提供者的适当性义务具有合同法下的先合同义务及证券法规定的特殊义务双重法律性质。一方面，投资者适当性制度是一种风险事前防范机制，其具

---

① 参见何颖、阮少凯：《论金融产品销售商的投资者适当性义务》，载《财经法学》2021 年第 1 期。

② 目前，美国 SEC 和司法判决主要是通过援引 1934 年证券交易法 Rule 10b-5 规则，认定证券商存在违反证券投资者适当性原则情形，构成对投资者的证券欺诈诉讼，进而对投资者承担民事赔偿责任。

③ 参见井漫：《投资者适当性制度构建：国际经验与本土选择》，载《西南金融》2020 年第 4 期。

体实施(如搜集投资者信息、判断投资者类型、告知投资者风险等)一般发生在投资协议订立前，这与先合同义务出现于双方为签订合同而互相磋商时是一致的。另一方面，证券服务提供者的适当性义务虽主要源自合同法的先合同义务，但又不止步于此，其还有证券法的特殊色彩。第一，合同法中将个人投资者与证券服务提供者视为无差别的民事主体，而证券法的投资者适当性制度考虑到个人投资者的相对弱势，对投资者进行倾斜保护功能。第二，先合同义务是基于诚实信用原则而产生的法定义务，根本目的是维护双方的交易权益，而证券法视角下的投资者保护制度在此目的的基础上，还有更深层的社会本位的目的，即通过将低风险承受能力的投资者排除在高风险投资者领域之外，充分起到维护证券市场安全稳定的作用。第三，合同当事人违反先合同义务，相对人一般采取协商、调解、仲裁、诉讼的私力救济方式，而证券法视角下的适当性制度还增加了公力救济的途径，如调查、处罚等。

二、投资者适当性与合格投资者等制度的界分

(一)与"合格投资者"制度的关系

与投资者适当性制度最易混淆的概念是合格投资者制度。合格投资者制度是投资者进入某一市场或参与某一业务、购买某一产品、接受某种服务的准入制度，其概念和称谓较多，如美国的"合格投资者"、英国的"专业客户"、我国香港特区的"专业投资者"、日本的"特定投资者"等。概括来说，一个普通投资者要想成为一个"合格"投资者，首先应当具备民商事主体之资格，其次是在专业知识、资金实力、抗风险能力等方面具有特定交易领域所要求的条件，再次还需要依照法律或政策性规范履行一定的申请审核程序，最后才能被赋予合格投资者的资格。投资者适当性制度和合格投资者制度的目的具有相似性，均为使不适格的投资者远离特定投资领域和对象，从而保护投资者尤其是中小投资者的利益，进而维护证券市场乃至于整个社会的稳定。

但二者也存在明显差异。首先，在制度内容上，投资者适当性制度范围更广泛，既包括证券服务提供者对投资者进行有效区分、分类管理，还包括"认识证券"、如实披露的义务和责任，这是合格投资者制度所未涉及的。其次，在约束对象上，投资者适当性是证券商对投资者承担的特别义务，尽管该制度的施行也涉及投资者和监管层，但主要约束证券服务提供者的行为。而在法律或规范性文件中规定的合格投资者的适格条件，不仅形成了对证券商的刚性约束，也是投资者进行投资选择时需优先考虑的因素。最后，在规则适用上，合格投资者着重强调投资者能力的刚性划分，存在"合格"与"不合格"的截然对立，标准明确而直接，是一种门槛性的"是或否"的要求。投资者适当性则不同，由于证券市场瞬息万变，高风险的证券产品层出不穷，在法律法规尚未就特定证券产品规定合格投资者

标准时，需要靠证券服务提供者"自由裁量"，以投资者适当性的弹性规则为指导，依靠专业能力和业务素养对投资者是否适格予以区分，以对不同的投资者提供不同的法律保护。①

（二）与"买者自负"原则的关系

投资者适当性制度主要强调证券公司义务，这是否与证券交易基本原则"买者自负"相冲突？买者自负，也称风险自负，其源自拉丁文 Caveat Emptor，意为"货物售出，概不退换"，英语表述为"let the buyer beware"，即"买者需审慎"。买者自负原则最早来于古老商品交易规则的谚语，最初的含义是买方在购买之前应当自行对货币质量检验及适用性负责，自行承担采购的风险。在后续的发展过程中，其逐步由于一句谚语上升为判例法规则乃至于成文法法条，成为普遍认同的市场交易法则之一。②

买者自负是市场交易活动的基本原则，也是证券市场发展的基础。买者自负原则，是证券市场风险收益并存、"投资有风险、入市需谨慎"的体现，也只有在证券交易中明确买者自负的基本原则，才能巩固合法交易协议的有效状态，稳定证券交易活动秩序。那么，同样是维系资本市场健康发展的两项原则，投资者适当性要求充分保护投资者利益，尽可能阻却低风险承受能力的投资者投资高风险的证券产品，而买者自负要求自行承担交易活动的损失。二者之间的关系该如何认知和协调呢？首先，从价值理念层面，投资者适当性规则的价值追求在于维护交易安全，买者自负规则的价值考量偏向于维护交易稳定，而交易的安全、稳定，都是证券市场发展所必需的条件。其次，在具体制度内容上，投资者适当性制度的发展，也并非仅是单方的对证券商的义务规定，其也逐渐发展为要求投资者"主动"适应证券产品要求，要求投资者树立"适合"意识、风险意识。买者自负原则，同样也建立在投资者对证券市场、证券产品高风险特质具有清醒认识的基础之上。二者在制度、规则内容上有所重叠。最后，从制度衔接关系看，投资者适当性义务的履行是买者自负原则得以实施的逻辑前提。证券市场不同于简单的普通商品交易，其具有高度的信息性、流动性、专业性、复杂性等特征，买卖双方一般实力悬殊，对证券、资金、信息的掌握程序存在巨大差距，仅强调买者自负无法满足实质公平。只有证券服务提供者正确履行了适当性义务，有效排除了交易过程中不合理、不对等的障碍，投资者才能依据"买者自负"原则自行承担所购商品的风险。

---

① 参见张付标、李玫：《论证券投资者适当性的法律性质》，载《法学》2013 年第 10 期。
② 参见李游：《"买者自负"的适用逻辑与金融消费关系的"不平等"》，载《北京社会科学》2019 年第 7 期。

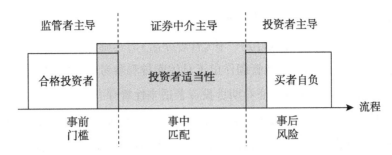

图 7-1 投资者适当性制度与合格投资者制度、买者自负原则的关系

三、投资者适当性制度的本土发展

(一)我国投资者适当性制度的三个阶段

我国从 2008 年开始引入投资者适当性制度，经过 10 余年发展，经过三个阶段，逐步建立和完善了契合证券市场发展的投资者适当性制度。[①]

第一，分类规定阶段。这一阶段主要是通过不同的条例、规章、规范性文件或行业规范在创业板、股转系统、金融期货、融资融券、私募基金等市场、业务建立了适当性制度。例如，2008 年 6 月国务院颁布的《证券公司监督管理条例》首次规定："证券公司从事证券资产管理业务、融资融券业务，销售证券类金融产品，应当按照规定程序，了解客户的身份、财产与收入状况、证券投资经验和风险偏好，并以书面和电子方式予以记载、保存。证券公司应当根据所了解的客户情况推荐适当的证券或者服务。"根据客户的特征推荐适当的证券或服务成为证券公司的合规基础业务。2009 年 6 月证监会发布《创业板投资者适当性管理暂行规定》，创业板成为我国最早全面实施投资者适当性制度的市场。2010 年 2 月中国金融期货交易所发布《股指期货投资者适当性制度实施办法(试行)》，投资者适当性制度向金融期货市场推进。

第二，集中规定阶段。这一阶段主要是在各市场或业务法规和自律规定的基础上，构建"集成式"、普遍适用于各市场经营机构的规范，以统一分类分级标准和证券服务提供者的义务。2012 年 12 月，中国证券业协会发布《证券公司投资者适当性制度指引》，试图以行业规范的形式，建立适合各市场证券行业投资者适当性管理的自律规范，推动投资者适当性制度的统一化和规范化。2016 年 12 月，证监会颁布《证券期货投资者适当性管理办法》(以下简称《管理办法》)，是第一部全面、专门、集中规定证券期货投资者适当性管理的部门规章。该办法适用于投资者销售公开或非公开发行的证券、公开或非公开募集的证券投资基金和股权投资基金、公开或非公开转让的期货及其他衍生证券，或者为投资者提

---

① 参见周友苏主编：《证券法新论》，法律出版社 2020 年版，第 367~368 页。

供相关业务服务的各种证券市场行为。2017年6月，中国证券业协会又发布《证券经营机构投资者适当性管理实施指引(试行)》，在《管理办法》的基础上，又从程序、流程和方法等方面对证券服务提供者的适当性管理作出了具体安排和参考性的指引。此后，中国证监会又分别于2020年和2022年对《证券期货投资者适当性管理办法》进行了修订。

第三，立法规定阶段。我国2019年12月修订的《证券法》首次从法律层面确立了投资者适当性制度，通过第六章"投资者保护"专章的开篇第88、89条之规定，明确证券公司适当性义务、投资者义务及法律责任，投资者分类及举证责任适用等具体规则，为投资者适当性制度运作提供了基本的正当性基础，是投资者保护发展的里程碑。

(二)我国投资者适当性制度的法律内容

证券公司的适当性义务。《证券法》第88条第1款规定，证券公司向投资者销售证券、提供服务时，应当按照规定充分了解投资者的基本情况、财产状况、金融资产状况、投资知识和经验、专业能力等相关信息；如实说明证券、服务的重要内容，充分揭示投资风险；销售、提供与投资者上述状况相匹配的证券、服务。该款强调了"卖者有责"的原则，证券公司作为适当性的义务主体，当从三个角度履行义务。(1)了解投资者的义务。了解投资者是证券公司履行适当性义务的第一步，通过了解投资者的方式对客户展开风险测评，分析和评价客户的风险承受能力，并对投资者进行科学的分类，以更好地履行适当推荐义务。按照细化的《证券经营机构投资者适当性管理实施指引(试行)》，投资者的风险承受能力等级划为五级，分别是C1(风险承受能力最低)、C2、C3、C4、C5。(2)如实说明产品、服务及风险揭示义务。投资者和证券公司对信息的掌握不对等，投资者买者自负的前提是对产品和服务的风险、收益有充分、清晰的认知和理解。这就要求证券公司如实说明证券、服务的重要内容，要涵盖产品或服务的设计理念、结构特点、投资标的、风险收益等关键要素，特别是应以通俗、易懂、平实的语言向投资者揭示投资风险，按《证券经营机构投资者适当性管理实施指引(试行)》第14条的规定，产品、服务的风险等级由高到低可划分为五级，分别是R1、R2、R3、R4、R5。(3)销售适当产品和提供适当服务的义务。证券公司应当依据投资者的不同风险承受能力以及产品或服务的不同风险等级，对适合投资者购买的产品或接受的服务作出判断，将"适当的产品卖给适当的投资者"。①

投资者如实提供信息的义务。《证券法》第88条第2款规定了投资者如实提供信息的义务。真实的信息是保护的前提，也是证券公司履行相关义务的重要条件。毕竟，投资者在享受法律对其倾斜性保护的同时，必须履行相应的义务，这是体现适当性制度中权利与义务对等的要求。当然，适当性制度的主导方是证券公司，因此投资者提供的信息内容应当由证券公司发起，即应"按照证券公司明示的要求"，此处的"明示"是指证券公司应向

①　郭锋等：《证券法制度精义与条文评注》，中国法制出版社2020年版，第487～489页。

投资者明确告知，根据相关政策法规，投资者应提供哪些具体信息；并且，对投资者的告知应尽可能采取书面形式，或者以其他能够证明明确告知的方式进行。若投资者拒绝提供或未按要求提供信息的，证券公司当采取双重举措，一是履行释明义务，告知投资者将承担的后果；二是应当拒绝向其销售证券、提供服务。

违反适当性义务的民事责任。《证券法》第 88 条第 3 款明确了证券公司违反适当性义务时应对投资者承担民事责任。证券公司向投资者销售证券、提供服务时，违反第 1 款规定未尽适当性义务，存在过错的，导致投资者遭受损失的，即具备法律上可归责的要件。此时，投资者有提起赔偿的请求权基础，可要求证券公司承担相应的民事赔偿责任。[1] 值得说明的是，证券公司只向投资者提出匹配性建议，而不能代替投资者作出决策。若投资者主动要求购买风险等级高于其风险承受能力的产品或服务，证券公司亦不能剥夺投资者的投资权利。换言之，证券公司在确认该投资者不属于风险承受能力最低类别的投资者，并且就风险不匹配的问题向投资者进行特别的书面风险警示后，若投资者仍坚持购买，可向其销售相关产品或提供相关服务，此后，若出现投资风险，不能以证券公司违反"适当性义务"而向证券公司寻求赔偿。

投资者分类。《证券法》第 89 条第 1 款规定了投资者分类制度，将投资者划分为普通投资者与专业投资者。根据《证券期货投资者适当性管理办法》，又对专业投资者的界限进行了明确划分，将专业投资者法定范畴之外的投资者都明确规定为普通投资者。依据投资者的风险承受能力、财产状况、投资者知识和经验及专业能力等因素将专业投资者分为专业机构投资者和专业自然人投资者。其中，专业机构投资者共分为四类：（1）经有关金融监管部门批准设立的金融机构，或经行业协会备案或者登记的证券公司子公司、期货公司子公司、私募基金管理人；（2）上述机构面向投资者发行的理财产品；（3）社会保障基金、企业年金等养老基金、慈善基金等社会公益基金，合格境外机构投资者（QFII）、人民币合格境外机构投资者（RQFII）；（4）最近 1 年末净资产不低于 2000 万元，且最近 1 年末金融资产不低于 1000 万元，且具有 2 年以上证券、基金、期货、黄金、外汇等投资经历的法人或其他组织。专业自然人投资者则应同时满足以下两项条件：（1）金融资产不低于 500 万元，或者最近 3 年个人年均收入不低于 50 万元；（2）具有 2 年以上证券、基金、期货、黄金、外汇等投资经历，或者具有 2 年以上金融产品设计、投资、风险管理及相关工作经历，或者属于第 1 类专业机构投资者的高级管理人员、获得职业资格证的从事金融相关业务的注册会计师和律师。当然，投资者分类不是一成不变的，随着投资者状况及主观认知情况的变化，投资者类型之间可以实现相互转化。[2]

---

① 适当性义务司法裁判的实证分析，参见黄辉：《金融机构的投资者适当性义务：实证研究与完善建议》，载《法学评论》2021 年第 2 期。

② 《证券期货投资者适当性管理办法》第 11 条。

举证责任分配。《证券法》第 89 条第 2 款规定了普通投资者与证券公司发生纠纷时，在举证规则上采取举证责任倒置，在归责原则上适用过错推定原则。过错推定即意味着若证券公司无法证明没有过错，就应推定为过错，这是对处于弱势地位的普通投资者的倾斜性保护。出现纠纷时，证券公司要从两方面证明自身行为的适当性：一是证明自己的行为合法，"合法"依据包括法律、行政法规、证监会的规定及协议等，以及自律组织发布的自律规则和业务规范；二是应证明自己不存在误导、欺诈的主观过错，不构成误导、欺诈的情形。具体而言，其一般应提供以下证据证明已履行了适当性义务：是否建立了产品或服务的风险评估及管理制度；是否对投资者的风险认知、风险偏好和风险承受能力进行了测试；是否向投资者告知了产品或服务的收益和主要风险因素等。举证责任倒置不代表投资者不负有举证责任，其仍要简单证明购买产品或接受服务及遭受的损失，以证明自身投资行为和损失是客观、真实的。值得说明的是，本条规定的是普通投资者与证券公司发生纠纷的情形，适用过错推定原则；对于专业投资者与证券公司发生纠纷的，则仍应适用过错责任原则。

第三节　先行赔付制度

随着我国金融创新和科技进步的发展，以虚假陈述、内幕交易和操纵市场为代表的证券侵权问题日益凸显，但传统的证券法规范以行政处罚和刑事制裁等公力惩处为主要手段，鲜有涉及对投资者受损利益具有直接补偿功效的民事赔偿规范。实践中，通过司法诉讼方式进行的民事赔偿往往面临繁琐的责任认定和分配程序，且胜诉后还面临案件执行难的问题。而作为替代性的创新制度安排，先行赔付制度则是破解此困局的重要设计。

一、先行赔付的法理基础

(一)先行赔付的性质和功能

先行赔付，也称先期赔付，是指在发行人造成投资者损失后，由先行赔付主体先予司法裁判，主动垫付资金赔付投资者损失，之后再向其余连带责任主体进行追偿的民事赔偿制度。从性质来看，先行赔付是一种协议和解机制，先行赔付人与受损投资者之间本是证券侵权法律关系，属于侵权之债，通常由双方通过诉讼或仲裁等方式获偿，而先行赔付机制本质上是通过当事人之间的协议将侵权之债转化为合同之债。先行赔付并非证券市场独创的纠纷解决机制，其在保险市场和消费者权益保护等领域均有体现，体现了倾斜保护市场的理念和社会公共政策的考量。[1] 例如，2010 年《社会保险法》第 30 条规定，医疗费用

---

① 参见汪金钗：《先行赔付制度的构建与探索——兼评〈证券法〉第九十三条》，载《南方金融》2020年第 6 期。

应当由第三人负担的，在第三人或者第三人不明的情况下，由基本医疗保险基金、工伤保险基金先行支付医疗费用、工伤费用；2011 年《道路交通安全法》第 75 条规定，保险公司在交强险的范围内先行支付抢救费用；2015 年《消费者权益保护法》第 44 条规定了在不能履行特定告知义务的场合，第三方网络交易平台应向消费者承担先行赔付责任。

从制度功能视角分析，先行赔付主要具有三重意义。第一，充分及时保护投资者权益。证券市场违法具有专业性、隐蔽性等特点，加之投资者数量众多且高度分散，流动性极强，涉众性的投资者权益救济存在举证难、程序长等困境，先行赔付重在"先行"，通过诉讼外的方式使得投资者会获得先行垫资赔付，节约了私法救济维权的时间、精力和金钱。[①] 第二，督促有关责任主体审慎履责。先行赔付制度使保荐人等中介主体的责任"提前"，为避免因发行文件存在虚假陈述等问题而承担连带责任，其将更严格地恪守"看门人"职责，采取更严密的措施对发行人文件进行审查，审慎出具相关意见书。而且，先行赔付后的责任追偿主体由投资者转为资金垫付的中介等主体，比起弱势的自然人投资者维权，其专业能力更强，更有利于与发行人的对话和责任追偿，因此，也会形成一种更具威慑力的市场约束，促使发行人权衡利弊，自觉遵守证券市场规定，从源头上避免违法行为的发生。第三，维护证券市场的信用和信心。虚假陈述或欺诈发行等违法行为对证券市场透明度、诚信度构成严重冲击，民事赔偿司法救济的复杂繁琐也影响证券市场的修复效率，先行赔付机制有利于提振投资者对证券市场运行的信心，维护证券市场的秩序。

既然先行赔付制度功能突出，那是否要采取"强制性"的进路推进？应注意，先行赔付建立在当事人自愿基础之上，并非强制性义务。具言之，首先，先行赔付在性质上属于诉讼外的和解，而和解强调的是当事人之间的自愿协议，强制性义务不符合和解本质。其次，先行赔付本质上为了便利投资者获得经济赔偿而设计的替代性制度安排，是司法救济途径不畅的有益补充，若将该制度设置为强制性义务，可能会挤压司法救济的空间，导致司法救济弱化。再者，对投资者而言，强制性的先行赔付可能有"父爱式保护"之嫌，降低市场对发行人信息披露质量的关注度，而过度倚赖保荐人等的责任兜底。最后，如将先行赔付作为发行人的控股股东、实际控制人、相关证券公司等中介的强制义务，则相当于将上述主体作为第一顺位的责任主体，因这种责任前置的强背书，隔远了投资者直接向发行人追究责任的距离，可能会造成发行人及其他连带责任主体产生责任懈怠，减少法律责任对其应有的威慑力。[②]

（二）先行赔付的现实案例

我国证券市场目前共有三起先行赔付投资者的成功案例。

---

① 参见段丙华：《先行赔付证券投资者的法律逻辑及其制度实现》，载《证券市场导报》2017 年第 8 期。

② 参见史留芳、张录发：《先行赔付制度的理解与思考》，载《金杜研究院》2020 年 1 月 8 日报告。

第一起案例是由平安证券在万福生科虚假陈述案中创设。2012 年 9 月 14 日，湖南农业企业万福生科因涉嫌财务造假被证监会立案稽查；2013 年 5 月 10 日，平安证券作为万福生科首次公开发行并上市的保荐机构，出资 3 亿元人民币设立"万福生科虚假陈述事件投资者利益补偿专项基金"；2013 年 7 月 3 日，赔付资金划拨到账，先于 2013 年 9 月 24 日行政处罚决定书的公布时间。该案是首例创业板公司欺诈发行，也是我国首个保荐机构主动出资先行赔付投资者损失的案例，最终受偿人数达到 12756 人，占适格投资者总数的 95.01%,① 赔偿金额达 1.785 亿元，占应赔付金额的 99.56%。

第二起案例在科技公司海联讯虚假陈述案中应用。2013 年 3 月 22 日，深圳海联讯涉嫌欺诈发行和虚假陈述被证监会立案调查；2014 年 7 月 18 日，为维护受损的适格投资者利益，海联讯 4 名控股股东出资 2 亿元人民币设立"海联讯虚假陈述事件投资者利益补偿专项基金"；2014 年 9 月 17 日，补偿金额全部划付，先于 2014 年 11 月 14 日行政处罚决定书的公布时间。该案是我国资本市场上由大股东主动出资运用市场机制补偿投资者的首例，最终受偿人数为 9823 人，占适格投资者总数的 95.7%，赔偿金额达 0.888 亿元，占应赔付金额的 98.81%。

第三起案例是兴业证券在欣泰电气欺诈发行案中运用。2015 年 7 月 15 日，辽宁丹东欣泰电气因涉嫌财务造假被证监会立案调查；2016 年 7 月 7 日被处以行政处罚；2017 年 6 月 9 日，兴业证券作为欣泰电气首次公开发行并上市的保荐机构，出资 5.5 亿元人民币设立"欣泰电气欺诈发行先行赔付专项基金"；因涉及退市，赔付分两个阶段进行，2017 年 8 月 3 日和 10 月 27 日，两批赔付资金分别到账。欣泰电气是 A 股首家因欺诈发行而被强制退市的公司，最终受偿人数达 11727 人，占适格投资者总数 95.16%，赔偿金额为 2.4198 亿元，占应赔付金额的 99.46%。

表 7-2　　　　　　　　　我国证券市场的三起先行赔付案例比较

项目 ＼ 内容	万福生科	海联讯	欣泰电气
行政调查启动时间	2012 年 9 月 14 日	2013 年 3 月 22 日	2015 年 7 月 15 日
行政处罚公布时间	2013 年 9 月 24 日	2014 年 11 月 14 日	2016 年 7 月 25 日
先行赔付基金设立人	保荐人平安证券	海联讯主要股东	保荐人兴业证券
先行赔付公告时间	2013 年 5 月 10 日	2014 年 7 月 18 日	2017 年 6 月 9 日(第一批) 2017 年 9 月 14 日(第二批)

① 先行赔付是采取协议的方式进行，投资者可以选择接受或不接受和解，不接受和解的投资者可采取司法诉讼的方式索赔，因此，在动辄万计的庞大投资者基数中，难以实现 100% 的赔付。

续表

项目 ＼ 内容	万福生科	海联讯	欣泰电气
先行赔付到账时间	2013 年 7 月 3 日	2014 年 9 月 17 日	2017 年 8 月 3 日(第一批) 2017 年 10 月 27 日(第二批)
受偿投资者人数及占比	12756 人，95.01%	9823 人，95.7%	11727 人，95.16%
赔付金额及占比	1.785 亿元，99.56%	0.888 亿元，98.81%	2.4198 亿元，99.46%

三个案件样本虽有限，但可总结出先行赔付现有实践的特点：赔付完成时间短且赔付率高。一方面，从专项基金的设立到赔付完毕仅耗时 2 个月时间，而根据学者的实证统计，相比之下，民事赔付诉讼时间平均为 13.5 个月左右，部分案件从立案到判决甚至长达 5 年，这些时间仅是案件审理的时间，还不包括判决执行时间。另一方面，三起案件赔付率都很高，受偿投资者占全部适格投资者比例高达 95%以上，赔付金额比例更高，接近或超过 99%。①

二、先行赔付的法律规定

我国先行赔付的制度沿革可分为"三部曲"，最早探索始于 2013 年的"政策倡议"，国务院办公厅在《关于加强资本市场中小投资者合法权益保护工作的意见》中要求健全中小投资者赔偿机制，督促违规或者涉案当事人主动赔偿投资者；然后是 2015 年的"规范引导"，证监会在其出台的规范性文件——《公开发行证券的公司信息披露内容与格式准则第 1 号——招股说明书》(2015 年修订)中规定，要求保荐机构在公开募集的上市文件中作出先行赔付投资者的公开承诺，但层级不高，制度规定也不明确；2019 年《证券法》修订通过，先行赔付制度开始被"法律明定"，其第 93 条规定，"发行人因欺诈发行、虚假陈述或者其他重大违法行为给投资者造成损失的，发行人的控股股东、实际控制人、相关的证券公司可以委托投资者保护机构，就赔偿事宜与受到损失的投资者达成协议，予以先行赔付。先行赔付后，可以依法向发行人以及其他连带责任人追偿。"

(一)先行赔付的适用范围

1. 案例类型

新《证券法》第 93 条将先行赔付所适用的案件类型范围规定为"欺诈发行、虚假陈述或其他重大违法行为"。该条规定既突出实践中主要多发的欺诈发行和虚假陈述类案件，也为相对隐蔽的内幕交易、操纵市场等其他重大违法行为之适用留有空间。客观说，之所以

---

① 参见肖宇、黄辉：《证券市场先行赔付：法理辨析与制度构建》，载《法学》2019 年第 8 期。

突出欺诈发行和虚假陈述，原因是：一方面，从责任主体能力看，在涉及欺诈上市的虚假陈述案件中，先行赔付主体大多直接受到中国证监会的监管，而内幕交易和操纵市场案的涵盖主体较广，包括可以获取内幕信息的任何知情人，而个人往往不具备大规模赔偿能力，也缺乏相应的赔付动力及意愿。① 另一方面，从技术操作指引看，截至目前，最高人民法院仅就虚假陈述类案件的审理规则出台了司法解释，② 使该类案件的受损投资者范围和赔偿计算方法有规可循。但在内幕交易和操纵市场案件中，由于难度较大，争议颇多，至今仍无具体的责任认定规则，因此，在具体的先行赔付制度落地上存在一定阻力。

2. 赔付主体

新《证券法》通过列举方式载明先行赔付的主体为"发行人的控股股东、实际控制人、相关证券公司"，此处相关证券公司可理解为，在发行人、上市公司发行、股票债券销售、上市、并购重组中从事保荐、承销等相关业务的证券公司。这三类主体具有较强的经济实力，尤其是作为证券市场的持牌机构，中介类的证券公司出于维护其市场声誉的考量，有较强的主动赔付意愿。值得注意的是，赔付主体是否仅能限于列举的三类主体？当然不是。《证券法》第93条规定的先行赔付用词是"可以"，这说明其乃选择性条款，赔付具有自愿性特征，在这三类主体之外的其他主体亦可启动或参与先行赔付。譬如，作为第一责任主体的发行人也可进行先行赔付，但现实中发行人往往不具备赔付能力，也缺乏赔付意愿，故在法条中未明确列举。又比如，律师事务所、会计师事务所等证券服务机构也不能被完全排除在赔付主体范围之外，但囿于经济实力所限其一般难以承担巨额的赔付款，对于讲求效率的先行赔付制度而言效果有限。可见，该条规定充分考虑了我国目前的实践经验及相关主体的赔付能力，但不能因其有限性的列举技术处理，而误认为是法定性的"白名单"。

3. 赔付对象

先行赔付的对象是因欺诈发行、虚假陈述等重大违法行为而遭受损失的适格投资者。此处，适格投资者应有两个基本认知：第一，机构投资者不应被排除在先行赔付对象之外。诚然，机构投资者往往比个人投资者更具专业能力和技术优势，但在具体投资时其和个人投资者同样都是参考上市公司披露的相关信息，并未占据明显信息优势，在面临违法时，二者相对于证券违法者都属于弱势群体；而且，从文义解释视角出发，先行赔付的对象是投资者，在无限定条件时理应包括所有类型的投资者；再者，相关司法解释及虚假陈述的审判实践中也均未作此区分，先行赔付作为民事诉讼的替代性纠纷解决机制，同样不

---

① 参见陈贺鸿：《退市及其投资者权益保护研究——以欣泰电气为例》，载《金融理论与实践》2019年第6期。

② 《最高人民法院关于审理证券市场虚假陈述侵权民事赔偿案件的若干规定》（法释〔2022〕2号），自2022年1月22日起施行。

宜排除受损的机构投资者。第二，应将上市公司的潜在直接责任人排除在赔付对象之外。要避免潜在的责任人利用先行赔付机制变相折抵应付责任，这主要包括首次公开发行前持有股份的股东及其关联人、赔付期间增持买入股票的大股东、董事、监事、高级管理人员等。①

（二）先行赔付的基本程序

先行赔付的受委托机构是投资者保护机构。新《证券法》第93条规定先行赔付主体"可以委托投资者保护机构"与受损投资者达成协议，从而明确了能够接受先行赔付主体委托的应是投资者保护机构，而并非先行赔付主体自行运作。先行赔付主体与投资者保护机构是委托代理关系，实践中，三起先行赔付案例均委托中国投资者保护基金有限公司（简称投保基金公司）担任先行赔付专项基金的管理人，负责基金的日常管理及运作。一方面，投保基金公司是国务院批准设立的国有投资公司，其成立宗旨便是切实维护投资者合法权益（单从公司的名称也可知晓），因此，不存在与发行人、上市公司及证券中介服务机构等的业务往来和利益冲突，能最大程度确保行为的公正性、独立性和公益性。另一方面，投保基金公司日常的工作即与投资者赔付有关，具有专业的管理经验和丰富的协调经验，可确保先行赔付专项基金管理和使用上的合理性和高效性，可为先行赔付提供平台和辅助服务，同时也能够监督先行赔付的过程和效果。②

通过投资者保护机构进行的先行赔付主要包括四个程序：（1）先行赔付人设定专项基金，通过委托合同授权投资者保护机构为基金管理人负责基金的管理、运作和处分，同时，为防止专项补偿基金被滥用或不当转移，投资者保护机构往往委托第三方银行作为基金托管人，保证专款专用。（2）投资者保护机构参与具体赔付方案的设计，明确受偿投资人范围的确定和赔付金额的计算。公益性的本质使其可更客观公正地提供和建议相关认定标准和计算办法，更容易被当事人双方接受。（3）发布公告，联系和登记受偿投资者，投资者点击确认申报。"万福生科"案中投资者先通过基金网站点击确认《和解承诺函》，然后通过深交所互联网投票系统确认；"海联讯"案中取消了网签《和解承诺函》的环节，投资者只需通过券商交易系统或互联网投票系统登记确认申报；"欣泰电气"案中还专门设立了投资者赔付热线、专用邮箱及现场咨询服务点，推进先行赔付的有序展开。对未能在规定时间进行确认申请权利的投资者，投资者保护机构将居中参与他们与先行赔付人的协调或调解。（4）办理理赔资金的划付。为确保赔付资金划转的准确、高效，投资者保护机构一般委托中国证券登记结算有限责任公司（中国结算）划付赔偿金至适格投资者账户。

---

① 参见李翔宇：《证券市场先行赔付的实践检视与规范分析》，载《甘肃金融》2020年第8期。

② 参见赵吟：《证券市场先行赔付的理论疏解与规则进路》，载《中南大学学报（社会科学版）》2018年第3期。

(三) 先行赔付的追偿机制

相关责任主体对受损的投资者进行先行赔付后,如果无法有效实现追偿,将影响该制度功用的发挥,毕竟讲求效率的先行赔付主体赔付额度是全额赔付,这超过其自身应赔付的份额。因此,为保证先行赔付主体的主观善意和赔付责任得到合理分配,要保障先行赔付主体的追惩权。《证券法》第 93 条规定,"先行赔付后,可以依法向发行人以及其他连带责任人追偿",即先行赔付人具有请求欺诈发行、虚假陈述等重大违法行为的其他责任主体向先行赔付主体支付相应赔偿款的权利。被追偿的主体范围包括发行人和其他连带责任人,换言之,应为除先行赔付主体之外,依据人民法院生效裁判文书所确定的,对案涉重大违法行为应承担民事连带赔偿责任的主体,既包括发行人、上市公司等直接责任主体,也可能包括律师事务所、会计师事务所等证券服务机构,具体被追偿的范围要视具体案件情况而定。

关于追偿范围,先行赔付后,先行赔付主体就先行赔付的赔偿款在自身应当赔付的余额外,可依法要求其他连带责任人进行偿付。实践中,先行赔付主体为表现出积极认错态度获得投资者谅解、维护自身商誉并取得良好的市场反响,可能制定出超过投资者实际损失的超额赔付方案。比如,在"海联讯"案中,专项补偿基金在算法上做了更加合理的、可为投资者带来更优补偿效果的安排,按照该算法,结合海联讯先涨后跌的走势,跨期持有的投资者可能获得高于实际亏损金融的补偿金额。[1] "欣泰电气"案中,保荐人兴业证券也因自身漏洞,在先行赔付程序中多支付了投资者 2.2 亿元。对超额支付如何处理,学界主要有两种意见,一种声音认为[2],先行赔付主体通过给予相对优惠的条件促成其与投资者达成和解,有助于纠纷及时解决,具有积极激励的作用,因此,除非先行赔付主体存在故意或重大过失,否则其他责任主体要对超额赔偿款承担连带责任。另一种声音认为,超额支付可能带来的市场声誉和行政处罚从轻减轻的利好主要针对先行赔付人,其他责任主体无法从先行赔付过程中获得类似隐性好处,若支持超额支付赔付款的追偿,这犹如使先行赔付人获得"借花献佛"之效。当然,这并非否认了先行赔付款存在后续追偿的难度,先行赔付主体也确实承担着无法全面有效追偿的风险。但先行赔付毕竟本质是自愿性行为,不具有强制性,因此先行赔付人具有衡量风险并作出方案决定的自由权,应考虑到超额支付可能存在难以追偿的可能。因此,超额部分的赔偿应视为先行赔付人的自愿承担,当一切自便且责任自负。[3] 相对而言,第二种声音更具合理性,实践中,先行赔付人仍可有自身的考量进行超额的先行赔付,但其他责任主体也有权对此提出抗辩。

---

① 《〈深圳海联讯科技股份有限公司股东章锋、孔飙、邢文飚、杨德广关于设立海联讯虚假陈述事件投资者利益补偿专项基金的公告〉问答》。

② 参见陈洁:《证券市场先期赔付制度的引入及适用》,载《法律适用》2015 年第 8 期。

③ 参见汤欣:《证券投资者保护新规中的先行赔付》,载《中国金融》2020 年第 8 期。

三、先行赔付的制度补强

作为一项替代性纠纷解决机制，先行赔付已初步显示出其优越性，但其尚是一项新生制度，仍有待体系性地完善和补强。

（一）完善先行赔付的操作指引

新《证券法》首度规定了先行赔付制度，但采用了框架性、原则性、概括性的表述，这在惜字如金、制度紧凑的证券法中得以安排已实属不易。按照证券市场运作和监管的制度安排结构，一般而言，《证券法》提供底线和依据，具体的操作要求需要下位阶的部门规章或规范性文件来提供。虽然相关主体作出先行赔付仅是一种"自愿"安排，并非强制性义务，但考虑到先行赔付涉及多种利益协调和多方主体参与，为更加规范、有效地指引先行赔付实践的开展，建议由中国证监会或中国证监会指导下由无利益关系的中立机构（例如中国证券业协会或证券投资者保护机构）制定具体的操作指南，对先行赔付方案的设计主体、参与主体、赔付对象的范围、赔付标准、赔付工作程序、赔付基金的管理等内容作出行业指导性建议。

（二）创新先行赔付的激励机制

仅靠单一的制度难以达致纠纷化解目的，在针对虚假陈述、内幕交易、操纵市场等违法行为处理过程中，应使用体系性的组织方案，更好地保护投资者合法权益。实践中，尽管先行赔付制度有增进赔付主体市场声誉的利好或者有从轻减轻行政处罚的可能，但对先行赔付人尚缺乏确定性的激励机制。而破解此困局的关键或在于新《证券法》第171条关于证券行政和解制度的适用解释。证券行政和解的实质是行政相对人缴纳行政和解金，补偿投资者损失，以此替代行政处罚决定。[①] 第171条规定，在证监会对涉嫌证券违法的单位和个人调查期间，如果被调查的当事人书面申请，承诺纠正违法行为、赔偿投资者损失，消除损害或者不良影响的，证监会可以中止调查，如果当事人真的履行承诺，证监会可以决定终止调查。在此前的先行赔付案例中，证监会对于先行赔付的当事人只是从轻或减轻处罚，且力度由监管机构自由裁量。但在第171条授权下，对于赔偿投资者损失的违法主体，证监会可终止调查，即完全不处罚。若先行赔付主体能够得以适用该条，即使法律没有强制性规定先行赔付义务，先行赔付也会在这一激励机制下更多涌现出来，对投资者进行赔偿。[②] 因此，在新《证券法》已为行政和解这一创新性制度提供了正式的合法性依据的基础上，中国证监会未来可进一步出台制度将先行赔付作为行政和解制度的重要配套安排，从而完善潜在赔付责任主体的激励机制。

---

① 参见习涛：《证券行政和解制度分析》，载《比较法研究》2020年第3期。

② 参见彭冰：《解读〈证券法〉中的先行赔付条款》，https://www.economiclaw.pku.edu.cn/xzzz/1323489.htm，2020年3月30日发布，2021年6月1日访问。

(三)加强先行赔付的诉调对接

由于先行赔付中先行赔付人与投资者之间达成的和解协议属于诉讼外和解协议,性质属于民事合同,法律未规定此种协议是否具有强制执行力。而且,该协议中虽然通常约定投资者放弃起诉和追偿的权利,但和解仅具有实体法上的效力,投资者的诉权并未消灭,在达成和解协议之后,投资者仍有可能反悔向法院提起诉讼,先行赔付人在进行先行赔付后仍有面临被已接受赔付的投资者起诉的情形,因此,先行赔付能否与司法审判有效衔接,将影响到先行赔付制度的最终施行效果。2016 年《最高人民法院、中国证券监督管理委员会关于全面推进证券期货纠纷多元化解决机制试点工作的通知》第 10、11 条规定了证券期货监管机构、试点调解组织的非诉讼调解、先行赔付等,可与司法诉讼对接。试点调解组织主持调解达成的调解协议,经调解员和调解组织签字盖章后,当事人可申请有管辖权的人民法院确认其效力。在此规定下,当接受赔付的投资者再行起诉时,如投资者无充分证据证明签署该等先行赔付协议并非自愿或该等先行赔付协议违反法律的,人民法院即可径行驳回投资者起诉,以减轻先行赔付人不必要的损失及诉讼负累,推动先行赔付制度的广泛运用。[①] 2018 年 11 月 13 日,最高人民法院、中国证券监督管理委员会联合发布《关于全面推进证券期货纠纷多元化解机制建设的意见》,将先行赔付协议全面纳入诉调对接机制,进一步完善了先行赔付制度的制度衔接。

第四节　证券投资者保护基金制度

证券公司是联结投融资主体的关键纽带,投资者参与证券交易,需将证券和资金交由或借由证券公司处理,如果证券公司出现关闭、接管或破产等危机情形而失去支付能力,难免给投资者造成巨大的经济损失。为了防范和处置证券公司风险,保护投资者利益,证券投资者保护基金制度因时而生。

一、证券投资者保护基金制度的理论概述

(一)证券投资者保护基金的定义和历史

证券投资者保护基金是指依法筹集形成的,在防范和处置证券公司风险中用于保护投资者利益的资金。投资者保护基金制度的产生与证券市场的风险变化有密切关系,有着深刻的历史背景。第二次世界大战后,随着战后经济重建和机构投资者崛起,全球证券市场得到了迅速发展,但证券市场的激烈竞争以及随之而来的固定佣金制向浮动佣金制的变

---

① 参见郭峰等:《中华人民共和国证券法制度精义与条文评注》,中国法制出版社 2020 年版,第 517 页。

迁，大幅波动的交易量和收入、居高不下的成本导致大规模的证券公司倒闭浪潮，造成了投资者的巨额损失，也严重打击了投资者对证券市场的信心，从而形成了恶性循环，在证券业产生了类似银行业的"挤兑"现象，失望的投资者大量离场又进一步加剧了证券市场的萧条，甚至产生了局部的证券业危机。有鉴于此，为维护投资者信心，防止个别证券公司破产诱发系统性风险，投资者保护基金制度被逐步设计和建立。

美国在 1968—1970 年间就有 160 家纽约证券交易所成员公司倒闭，危机过后，1970年国会通过了《证券投资者保护法》，设立非营利性的"证券投资者保护公司"（Securities Investor Protection Corporation，SIPC）。[①] 此后，一些国家和地区也相继建立投资者保护制度，我国香港地区于 1985 年设立了联交所赔偿基金，后在 2003 年《证券及期货条例》中被新设立的"投资者赔偿基金"所取代；英国在 1986 年根据《金融服务法》设立了"投资者赔偿计划"，随着 2000 年《金融服务和市场法》（FSMA）的颁布，其被覆盖范围更广的"金融服务赔偿计划"（FSCS）取代。到了 90 年代之后，投资者保护基金制度进入涌现期，越来越多的国家和地区引入设立该制度，1997 年欧盟制定了《投资者赔偿计划指引》（ICSD），建立起统一协调的欧盟内部投资者赔偿方案，进而推动了德国、法国、比利时、瑞典、葡萄牙、爱尔兰等国投资者保护基金的设立。1998 年亚洲金融危机的爆发，又引发了日本、新加坡、印度、菲律宾和我国台湾地区设立投资者保护基金的浪潮。2008 年全球次贷金融危机爆发后，为增强复杂金融情势下的投资者保护力度，各国投资者保护基金制度又在偿付对象、偿付额度等方面有了新的调整，例如，美国《多德-弗兰克法案》将 SIPC 的最大预付额从 10 万美元调整到 25 万美元。

需要注意的是，证券投资者保护基金（"保护基金"）与证券投资者赔偿基金（"赔偿基金"）是性质迥异的两类基金。其一，从基金目的看，保护基金旨在防范和处置证券公司风险，其仅适用于证券公司关闭、破产等特殊情形，主要通过收购投资者对证券公司的债权，实现对投资者的适当补偿。赔偿基金的设置目的则是将违法者所付赔偿款支付给受损投资者，或部分用于投资者教育。其二，从基金来源看，保护基金主要是证券公司常规缴纳费用而形成的，证券公司向保护基金缴纳的款项，类似于投保人向保险人缴纳的保险费；赔偿基金是由不法行为人向单一投资者或众多投资者支付的赔偿款集合，其在形成上带有一次性或临时赔偿的特点，因而在形成渠道上明显有别于保护基金的筹集渠道。其三，从基金使用方式看，保护基金公司当根据证券公司关闭、破产的实际情形，按照保护基金公司事先拟定的债权收购等相关规则，向投资者支付一定数量或比例的补偿款；赔偿基金在向投资者支付赔偿款时，其依据既可是人民法院的生效判决，也可能是违法行为之责任人作出的赔偿承诺（例如，先行赔付）。[②]

---

① 参见邢会强主编：《证券法学》，中国人民大学出版社 2020 年版，第 182 页。
② 参见叶林、王琦：《证券投资者保护基金的法律性质——兼论赔偿基金制度》，载《投资者》第 1 辑。

（二）证券投资者保护基金的特点和功能

证券投资者保护基金不以营利为目标，在性质上是政策性保险，具有较强的公益性，可以说是一种类似存款保险的制度安排，其在运行特点上与存款保险制度十分相似。存款保险制度也是政策性保险的一种，是指存款保险公司或存款保险基金(保险机构)与符合条件的存款式金融机构(投保机构)约定，由投保机构缴纳保险费，当投保机构面临危机或经认定无力支付存款时，由保险机构向其提供流动性支持，或者代替投保机构对其存款人(被保险人)给予补偿并取得代位求偿权的法律制度。[①]

投资者保护是一个动态的过程，投资者保护基金制度的功能也嵌入投资者保护的全过程之中：(1)事前的风险防范功能。一方面，投资者保护基金制度的建立，为投资者在证券市场交易提供了稳定的预期，从而可助益于防止因"恐慌"而引发的证券市场风险或危机；另一方面，投资者保护基金还可以充当证券自律监管体系的补充，投资者保护基金的管理机构可以利用其信息优势对证券公司的风险进行监测、研究和预警。(2)事中的风险处置功能。投资者保护基金对投资者进行赔偿后可以加速证券公司的危机处置，促成问题证券公司迅速而有序地退出证券市场，切断单个证券公司倒闭对整个证券市场投资者的信心冲击，实现风险的有效出清，防止引发系统性危机。(3)事后的风险补偿功能。风险补偿功能是投资者保护基金制度最基础、最直接也是最主要的功能。投资者保护基金制度的设立初衷就在于当证券公司因破产、关闭、被撤销等情形而无法偿还投资者债权时，由投资者保护基金给予投资者全部或部分的赔偿。需要指出的是，风险自担、买者自负仍是证券市场投资的基本原则，投资者保护基金制度并非意在否定该原则，而是提供一种补充。投资者保护基金制度也只保护由于证券公司被撤销、破产、关闭或者被实施接管、托管经营等强制性监管措施时的投资者债权，至于投资者在证券投资活动中因证券市场波动或投资产品价值本身发生变化等原因所导致的正常投资损失，仍由投资者自行负担。

二、证券投资者保护基金制度的国际比较

（一）证券投资者保护基金制度的立法模式

投资者保护基金制度的立法模式选择很大程度上取决于一国或地区的证券市场发展状况、投资者保护深度以及法律制度背景等因素。

从总体来看，投资者保护立法模式主要有三类。第一类是针对投资者保护基金制度的专门立法，这种模式最为常见，例如，美国1970年的《证券投资者保护法》设立"证券投资者保护公司"（SPIC）、澳大利亚1985年的《国家担保基金法》设立"证券交易担保公司"

---

① 参见中国证券投资者保护基金有限责任公司编：《证券投资者保护研究》，中国金融出版社2020年版，第214~215页。

（SEGC）、欧盟 1997 年发布的《投资者赔偿计划指引》设立的"投资者赔偿计划"、德国 1998 年颁布的《存款保护和投资者赔偿法案》设立的"证券交易赔偿基金"（EdW）、我国台湾地区 2002 年出台的"证券投资人及期货交易人保护法"规定的"证券投资人保护基金"①。第二类是在综合性的证券或金融法规中专章规定投资者保护基金制度，比较典型的包括：英国 2000 年《金融服务和市场法案》第 XV 部分的"金融服务赔偿计划"（FSCS）、新加坡 2001 年《证券及期货法》中规定的"互保基金"（Fidelity Fund）、我国香港特区 2003 年《证券及期货条例》第 XII 部分"对投资者的赔偿"和第 III 部分的第 5 分部"投资者赔偿公司"（ICC）、日本 2006 年《金融商品交易法》中规定的"投资者保护基金"。第三类是不对投资者保护基金制度进行立法规范，典型代表如加拿大，其投保基金的运作散见于加拿大《破产法》及其他相关法律中，加拿大投资者保护基金（CIPF）主要由加拿大的一些证券行业协会和交易所自发设立。

其中，关于第一类采用专门立法模式的国家和地区之间也存在差异。美国、欧盟、澳大利亚仅规定证券投资者保护基金制度，对同样作为"金融安全网"核心组成的存款担保基金制度和期货投资者保护基金制度则另作规定；而我国香港特区和台湾地区则将期货投资者保护基金制度也一并纳入规定；德国则将存款担保基金制度与证券投资者保护基金制度合并规定；英国更是采取"大一统"的立法模式，将银行业、证券业、期货业、保险业和信托业等金融行业的保护基金制度统合规定。②

表 7-3　　　　　　　**部分国家和地区证券投资者保护基金制度立法**

	1970年 美国	1985年 加拿大	1987年 澳大利亚	1997年 欧盟	1998年 德国	2000年 英国	2001年 新加坡	2002年 中国台湾	2002年 中国香港	2006年 日本
专门立法	《证券投资者保护法》		《国家担保基金法》	《投资者赔偿计划指引》	《存款保护和投资者赔偿法案》			"证券投资人及期货交易人保护法"		
综合立法						《金融服务与市场法》	《证券及期货法》		《证券及期货条例》	《金融商品交易法》
其他		《破产法》等								

---

① 美国 1970 年的《证券投资者保护法》和我国台湾地区"证券投资人及期货交易人保护法"虽然都取"投资者保护法"之名，但其规定的内容都是关于投资者保护基金制度。

② 参见杨光：《我国证券投资者保护基金的界定及立法模式》，载《经济法研究》2017 年第 1 期。

（二）证券投资者保护基金制度的核心内容

1. 资金来源

投资者保护基金资金来源的稳定是其建立和运行的基础，其资金筹集一般遵循以下几个原则。第一，会员负担原则。由纳入投资者保护基金制度的会员缴纳一定比例的费用是投资者保护基金最主要的资金来源，即"取之于市场，用之于市场"。会员负担赔偿资金，相当于各会员公司为自己的客户买了一笔保险。第二，权利与义务相匹配原则。会员公司所缴纳的会费与其潜在的赔偿资金需求相匹配，经济规模大、管理水平差、风险高的公司造成损失的规模和可能性较高，潜在的赔偿需求大，一般应缴纳更多的会费。第三，充足且适度原则，也称最小规模和最高限额原则，是指投保基金的资金应该保持充足，足以承担对投资者的赔偿义务，同时也必须适度，所获资金与潜在赔偿需求规模保持一致。既防止资金不足而难以满足投资者赔偿需要，又避免由于资金过多造成资金浪费和会员公司负担过重。第四，多样化融资原则。除会员缴费的核心途径外，投资者保护基金往往还有其他资金来源，大致包括交易所缴纳的费用、政府或银行借款、政府拨款、投资收益、捐赠和罚金等。①

2. 赔偿对象

赔偿对象问题所要解决的是投资者保护基金保护哪些投资者这样一个前置性问题，各国或地区都以审慎的态度来界定证券投资者保护基金的"投资者"身份。以美国《证券投资者保护法》为例，其使用"客户"一词指代投资者，第§78Ⅲ（2）条规定，债务人的"客户"指的是任何人（包括债务人本人或代理人身份与之交易的人），其对债务人在日常经营中从其证券账户中或为其证券账户而收到、取得或持有的证券（这些证券由债务人保管，用于出售、质押或执行交易）具有请求权。其范围看似宽广，但为防范道德风险，在遵循买者自负原则的前提下，投资者保护基金立法通常会附加"除外条款"，将一些投资者排除在赔偿对象之外。美国《证券投资者保护法》第§78fff条规定，投资者保护基金的"客户"不包括证券公司的普通合伙人、高级管理人员或董事，证券公司5%以上某种权益证券的持有人，持有公司资产或净利润5%以上的有限合伙人，有权控制对公司或政策施加影响的人，代表自己而不是客户交易的经纪商、交易商或银行。美国这种排除条款的核心是将一些具有特殊身份或利害关系的投资者排除在投资者保护基金的赔偿对象之外，还有一种模式是直接将处于强势地位的机构投资者排除在外。例如，我国香港特区《证券及期货（投资者赔偿——申索赔）规则》第2条规定的持牌法人、获认可的金融机构、获认可的交易所、控制人或结算所、获认可的自动化交易服务提供者、获授权的保险人等九类主体不属于赔偿对

---

① 参见中国证券投资者保护基金有限责任公司编：《证券投资者保护研究》，中国金融出版社2020年版，第143~144页。

象范围；欧盟《投资者赔偿计划指引》附表1中更直接列明"专业的机构投资者"除外。①

3. 赔偿范围

就投资者保护基金予以赔偿的投资产品而言，多数国家或地区包括股票、债券、基金等基础性的证券投资，有些还包括期货、期权等金融衍生品的投资。例如，加拿大投资者保护基金对于其成员由于破产而不能返还其客户的有价证券、现金、商品实物、远期合约、保险基金给予赔偿。但与此同时，也有不予赔偿的事项范围，主要包括：由于错误的投资建议而导致的损失、由于市场价格变动而造成的损失、由于通货膨胀的影响而导致的损失、大型机构投资者的损失、由于股票发行人破产而使投资者持有的股票缩水所导致的损失、由于其他不可抗力因素而导致的损失。

4. 赔偿限额

为防范道德风险和增进资金利用效果最大化，投资者保护基金通常会被设定一个赔偿限额。从限定方式看，主要是规定赔偿的最高限额或者附有赔偿比例的规定，部分国家或地区的立法还进一步区分现金和证券的赔偿限额和比例。英国《金融服务与市场法》规定金融服务赔偿计划最高赔偿限额为4.8万英镑；我国香港特区《证券及期货（投资者赔偿——赔偿上限）规则》规定支付申索人的赔偿总额不得超过15万美元；加拿大规定CIPF对普通客户账户和所有独立账户（如退休计划基金）总和的赔偿上限为100万加元，现金和证券任意组合；美国《证券投资者保护法》第§78fff-3条规定每位客户最多从SIPC获得50万美元的赔偿，其中现金部分最高限额为10万美元。我国台湾地区"证券投资人保护基金设置及运用办法"第8条规定保护基金对每家证券经纪商的每一证券投资人一次补助金额以新台币100万元为上限。

三、证券投资者保护基金制度的本土发展

（一）证券投资者保护基金制度的本土实践

我国投资者保护基金制度的建立与资本市场发展中问题券商不断涌现、央行对问题券商的再贷款压力不断增大密切相关。2001年6月开始，由于"股权分置"等制度性因素影响，中国资本市场进入了相当长的调整期，不断有证券公司由于严重违规经营、挪用客户保证金、挪用客户的托管国债、资不抵债等原因被其他金融机构托管，2003—2005年形成问题券商的倒闭潮。为避免造成系统性危机，央行采用再贷款"兜底"的方式予以支持，但随着问题券商的增多，央行再贷款压力越来越大，仅以鞍山证券、新华证券、南方证券、辽宁证券为例，央行分别向它们发放了15亿元、14.5亿元、80亿元及40亿元再贷款。

---

① 参见洪艳蓉：《证券投资者保护基金的功能与运作机制——基于比较法的制度完善》，载《河北法学》2007年第3期。

而且，这种单纯的行政干预方式容易滋生券商的道德风险，也不利于广大投资者利益的保护。因此，一种更具市场化的投资者利益保护和问题券商处置机制的建立迫在眉睫。由此，我国投资者保护基金制度应运而生。

为因应当时的客观需要，保护证券投资者权益，国务院于 2005 年 6 月批准中国证监会、财政部、中国人民银行发布《证券投资者保护基金管理办法》（以下简称《管理办法》），对我国证券投资者保护基金的设立，投资者保护基金管理机构的职责和组织机构、基金筹集、基金使用、管理和监督等作出了较为全面的规定。2005 年 8 月，经国务院批准，中国证券投资者保护基金有限责任公司（以下简称投保基金公司）在国家工商总局注册成立，由国务院出资，财政部一次性拨付注册资金 63 亿元，性质为非营利性企业法人，其主要职责即为在证券公司被撤销、被关闭、破产或被证监会实施行政接管、托管经营等强制性监管措施时，按国家有关政策规定对债权人予以偿付。[1] 2005 年修订通过的《证券法》进一步通过法律专条的形式增强了该制度正当性，第 134 条规定，国家设立证券投资者保护基金。证券投资者保护基金由证券公司缴纳的资金及其他依法筹集的资金组成，其筹集、管理和使用的具体办法由国务院规定。国务院随后在 2008 年 4 月发布的《证券公司风险处置条例》中，对证券公司停业整顿、托管、接管、行政处置、撤销、破产清算和重整等各方面问题设置了相应规范。此外，证监会还出台了多部规范性文件进行细化补充。[2] 2016 年证监会对《管理办法》进行了修补性调整，进一步完善投保基金公司治理结构、优化投保基金的收缴程序并调整投保基金公司的信息报送安排。新近的 2019 年修订的《证券法》未对投资者保护基金制度作修改，以第 126 条予以保留。这些法律、行政法规和部门规章等共同构建了我国证券投资者保护基金制度的法律框架。

（二）证券投资者保护基金制度的问题和方案

现行证券投资者保护基金在防范、处置证券公司风险，保护投资者权益和稳定证券市场等方面发挥了重要作用。但不能忽视，其亦存在一定的局限性。

第一，提升立法层级，统合投资者保护基金立法。从立法位阶看，我国证券投资者保护基金的立法以《管理办法》为核心，立法位阶仅为部门规章，这种"先行先试"的制度供给模式虽然在很大程度上适应了当时我国证券投资者保护基金制度阙如的紧急情势，但随着我国金融发展日益深化、立法技术逐步成熟、金融领域的基础法律框架初具，这种规章主导的制度模式已难以有效因应市场的创新发展。而且，受分业机构监管的影响，我国金融市场存在五大有关金融保障基金的管理办法，除《证券投资者保护基金管理办法》外，还

---

① 参见邢会强主编：《证券法学》，中国人民大学出版社 2020 年版，第 177 页。

② 如《关于缴纳证券投资者保护基金有关问题的通知》《证券公司缴纳证券投资保护基金实施办法（试行）》《关于进一步完善证券公司缴纳证券投资者保护基金有关事项的补充规定》等。

有保险业的《保险保障基金管理办法》(2022 年)、期货业的《期货交易者保障基金管理办法》(2022 年)、信托业的《信托业保障基金管理办法》(2014 年)、银行业的《存款保险条例》(2014 年)。① 随着金融混业经营、金融衍生品和"互联网+"等创新锐变，不同"行业"投资者保护基金的分割离散影响了制度协同性，且易产生制度交叉或空缺的问题。从制度集约化、开放性和实用性的视角出发，建议采取统合模式，提高立法位阶，推进《投资者保护基金法》或《投资者保护基金条例》的出台。②

第二，拓展证券投资者保护基金的资金筹集渠道。《管理办法》第 14 条规定了交易经手费、证券公司上缴基金、申购冻结资金利息收入、向有关责任方追偿所得和从证券公司破产清算中受偿收入、捐赠等投资者保护基金的资金来源渠道。但相对于庞大的证券市场规模和潜在赔偿需要而言，市场化的资金筹集渠道仍较有限，有待扩展。一方面，有必要将证券市场罚没款纳入投资者保护基金，即在《证券法》修改中补充规定投资者保护基金的资金来源应包括"罚没款"。据统计，2020 年证监会及其排除机构共开出 327 张行政处罚单，罚没款总额达 51.87 亿元，然而《证券法》却未对这些数额庞大的罚没款取向作出具体规定，现行规定是将没收的违法所得和罚款上缴国库。事实上，证券违法行为不仅扰乱了市场秩序，往往也损失了投资者利益，因此，将罚没款所得归入投资者保护基金具有合理性。另一方面，应当允许投资者保护基金公司在法律规定的范围内使用保护基金进行投资，并在《证券法》修改中将投资者保护基金的利息收入和投资收益作为基金的来源渠道。但投资者保护基金的非营利性属性决定了基金投资对象应有限制，只能投资高流动性、低风险性的金融产品，如银行存款、购买国债、中央银行债券等，并保持适当的投资比例。

第三，明确证券投资者保护基金的赔偿对象、范围和限额。(1)关于证券投资者保护基金赔偿对象。《管理办法》第 3 条简单规定了"基金主要用于按照国家有关政策规定对债权人予以偿付"。然而，该规定使用了"债权人"概念，而未沿用证券法上的"投资者"概念，而且，即便使用债权人概念，该办法也没有进一步明确债权人范围，容易造成投资者保护基金赔偿对象不明和范围扩张。建议在《证券法》修改中采用"投资者"概念，并且对赔偿对象的范围加以限定。一方面，应限于自然人投资者，从而将政府、企事业单位、金融机构等机构投资者排除在投资者保护基金的赔偿对象之外，凸显对自然人投资者的保护。另一方面，将一些具有利害关系的投资者排除在赔偿对象之外，包括证券公司的董事、监事、高级管理人员，持有 5%以上股权的股东和实际控制人，以及上述人员的配偶及其他近亲属等。(2)关于投资者保护基金的赔偿范围。《管理办法》第 19 条关于基金用

---

① 参见巫文勇：《我国证券投资者保护基金法律制度重塑——基于域外经验和五大金融保障基金的衔接》，载《证券法律评论》2018 年第 1 期。

② 统合立法不代表忽视差异，法律或条例内部仍应有适应各种基金特殊情况的规定，可以采用总则+分则的方式，总则是提炼 5 大投资者保护基金的共性，分则部分则重点突出各基金的差异。

途规定"证券公司被撤销、关闭和破产或被证监会实施行政接管、托管经营等强制性监管措施时，按照国家有关政策规定对债券予以偿付"，但若将这些债权人的债权全部纳入基金赔付范围，则有不合理扩大投资者保护基金赔偿范围之虞，也背离了投资者保护基金的宗旨和证券市场"风险自担"原则，容易滋生投资者的道德风险。因此，应合理利用排除条款将投资者个人因素、市场波动、通货膨胀以及投资产品市场价值变动引发的损失排除在投资者保护基金赔偿范围之外。（3）关于证券投资者保护基金的赔付限额。《管理办法》对投资者保护基金赔偿限额语焉不详，赔付程序也未予明确，应当考虑制定赔偿基金的赔偿限额或赔付比例的标准，这既有利于基金效用的最大化实现，也可防止滋生道德风险，具体标准应结合我国证券商市场发展水平、个人投资者平均投资份额、投资者赔偿基金的负担能力等综合因素予以审慎地层次化明定。①

第五节　证券投资者保护机构

证券投资者保护不仅需要事前、事中保护措施，还需要事后层面的特殊保护机制化解纠纷矛盾。由于投资者分散、证券纠纷专业性高，因此，设立专门的投资者保护机构便是适应证券纠纷特点的重要举措。我国 2014 年证监会批准设立的非营利性公益法人——中证中小投资者服务中心即为典型创举，其在 2019 年修订的《证券法》中又被法律赋予了介入纠纷调解、证券支持诉讼、股东代表诉讼、代表人诉讼的重要权能，构筑起一道坚实的投资者保护后端防线。

一、证券纠纷调解制度

（一）证券纠纷调解制度的概述

证券纠纷调解，是指由第三方中立机构依申请主持证券纠纷双方以非诉讼方式化解证券纠纷的方式。调解是与诉讼、仲裁、和解并列的重要的多元化解决纠纷的手段，被公认为是替代性纠纷化解（Alternative Dispute Resolution，ADR）的最重要途径之一。在我国《证券法》语境下，其专指投资者保护机构主导的纠纷调解机制。

较于司法审判、和解和仲裁，证券纠纷调解具有独特优势。其一，调解可在当事人合意下，在不违反法律强制性规定范围内，更灵活地解决纠纷，使情理和法理得到有机整合，有助于法律效果和社会效果的统一兼顾。其二，从我国资本市场发展情况看，证券纠纷愈益增多，而司法资源相对有限，难以满足市场对效率的需求，且证券纠纷的群体性特

---

① 参见中国证券投资者保护基金有限责任公司编：《证券投资者保护研究》，中国金融出版社 2020 年版，第 193~197 页。

点突出，社会影响大，通过调解可有效缓解司法资源的紧张，在当事人平等协商基础上和谐解决纠纷，最大限度维护证券市场的稳定。其三，证券纠纷专业性强、纠纷类型多样，以及证券公司和投资者追求高效和保密性的特点，都可以通过灵活的调解程序解决（相较之下，司法审判或仲裁则要求相对严格的程序）。①

我国证券市场纠纷非诉调解主要包括行业协会调解和专业机构调解。2005年《证券法》第176条最早将行业协会调解法定化，根据该规定，中国证券业协会为法定的证券纠纷专业调解机构。2012年中国证券业协会出台《证券纠纷调解工作管理办法（试行）》《证券纠纷调解规则（试行）》《调解员管理办法（试行）》等，逐步构建起以其为主导、地方协会协作参与、会员单位配合的证券纠纷行业调解制度框架。2016年最高人民法院和中国证监会联合发布《关于在全国部分地区开展证券期货纠纷多元化解机制试点工作的通知》，不仅明确了中小投资者保护中心（简称"投服中心"）等机构成为证券纠纷调解机构，还对多元化解证券纠纷作了进一步规定。2019年《证券法》第94条第1款规定了证券市场纠纷非诉调解制度，明确规定投资者保护机构作为证券纠纷调解的专门组织，并首度在立法上规定了证券公司在一定条件下的强制调解义务。

（二）证券纠纷调解制度的内容

《证券法》第94条第1款规定："投资者与发行人、证券公司等发生纠纷的，双方可以向投资者保护机构申请调解。普通投资者与证券公司发生证券业务纠纷，普通投资者提出调解请求的，证券公司不得拒绝。"

证券法中的证券纠纷调解内容可从四个角度理解：第一，赋予了投资者保护机构承担调停者身份的法律地位。证券纠纷调解要确保独立和公正。实践中，证券公司多是证券业协会会员，协会职责之一就是代表和维护会员利益，为了保证纠纷处理的公平公正，以法律的形式确立这种独立的专门机构化解纠纷就显得尤为重要。第二，明确了强制调解的单方面性。一般而言，调解程序是否启动，在于争议双方是否均同意调解。但新《证券法》规定若普通投资者提出调解申请，证券公司必须接受调解程序，是对证券公司单方的强制，普通投资者具有是否进入调解程序的决定权。第三，强制调解的适用主体仅限于普通投资者与证券公司。专业投资者与证券公司的纠纷不在此列。这体现了《证券法》在明确区分投资者类型基础上，强化了对普通投资者的倾斜保护。第四，强制调解并非调解前置。强制调解不是诉讼程序开始的前提，在投资者未提出调解申请的情况下，当事人双方仍可直接通过诉讼等方式解决纠纷。②

① 参见董新义、王馨梓：《新〈证券法〉证券纠纷调解的保障机制建设——以域外经验为借鉴》，载《银行家》2020年第2期。

② 参见吴登勇：《新〈证券法〉下投服中心探索投资者合法利益的新途径》，载《投资者》第10辑。

关于投资者保护机构主导的纠纷调解程序，一般包括 5 个环节①：（1）调解申请，当事人可通过书面、网络、邮件、电话等方式提出调解申请。（2）调解受理。投服中心收到调解申请后审查符合受理范围的，7 日内征询被申请人意见。被申请人收到征询后，应于 10 日内答复是否同意调解，投服中心收到同意调解或不同意调解的答复后，应于 5 日内通知当事人（若是普通投资者提出调解，被申请人证券公司不得拒绝）。（3）调解员选定和指定。一般包括 1~3 名调解员，当事人收到受理通知后 10 日内协商选定，若未协商一致选定，则由投服中心指定。（4）调解工作的开展。调解员可采取现场、书面、网络、电话等调解途径开展工作，并应自接受选定或指定后 30 日内完成调解。（5）调解程序的终结。调解成功后，调解员应组织当事人签署调解协议或者和解协议，调解协议或和解协议具有民事合同性质，当事人应按约定履行。

二、证券支持诉讼制度

（一）证券支持诉讼制度的概述

证券支持诉讼是指机关、社会团体、企业事业单位等支持主体对损害投资者利益的行为，可以依法支持投资者向人民法院提起诉讼维权。支持诉讼制度早已有之，但主要针对大规模的民事索赔案件，尤其是群体性的消费者维权案件。证券领域的证券支持诉讼是近几年才出现的新兴事物，是资本市场投资者权益保护的创新探索。证券支持诉讼的实践始于 2016 年，刚成立不久的投服中心开始尝试在证券领域以支持诉讼的方式帮助中小投资者维护权益。2016 年 7 月，投服中心接受 9 名受损投资者委托，将凹凸凹公司及其实际控制人、负责人的高管作为共同被告，向法院提起诉讼，是证券领域的首起支持诉讼案件。② 截至 2020 年 4 月，投服中心支持诉讼案件共计 25 起。2019 年 12 月，新《证券法》修订审议通过，证券支持诉讼制度也从实践试水上升为立法规定。

投资者保护机构支持证券诉讼的原因主要有三方面：首先，强化投资者诉讼意愿。众多中小证券投资者的损害往往具有"小额多数"的特点，通过诉讼方式寻求救济常面临巨大诉讼成本和有限收益之间的矛盾，通过第三方力量介入，可以增强投资者维权的动力。其次，提升投资者诉讼能力。证券纠纷具有高度的专业性，投资者尤其是中小投资者难以具备诉讼所需的专业知识和能力，投保机构的支持可增强单个投资者应对复杂诉讼的能力。最后，维护证券市场秩序。证券纠纷具有分散性和涉众性的特点，涉及利益群体较多，投保机构通过畅通投资者维权机制，是对行政监管和自律监管的延伸补充，有助于维护证券

---

① 参见《中证中小投资者服务中心调解规则》第 18~43 条。
② 参见〔2016〕沪 01 民初 166 号民事判决书。

市场秩序的健康发展。[①]

投资者保护机构支持诉讼制度具有三个特点：其一，"投资者保护机构"支持诉讼行为具有公益性。证券市场中小投资者数量众多且在交易中处于相对弱势，投资者保护机构是以公益机构的角色为其提供诉讼援助。其二，"支持"诉讼而非代表诉讼决定了投资者保护机构不具有原告的诉讼主体地位，仅是作为一种推动诉讼进行的辅助力量，不能代替原告行使诉权，[②] 实践中，投资者保护机构可以担任诉讼代理人，或者指派公益律师担任诉讼代理人。其三，这种"辅助"性意味着投资者保护机构不承担诉讼产生的法律后果。

（二）证券支持诉讼制度的内容

《证券法》第94条第2款规定："投资者保护机构对损害投资者利益的行为，可以依法支持投资者向人民法院提起诉讼。"该款创新之处体现在两个方面：一是填补了支持诉讼在证券领域适用的空白，为既有的实践探索成果的固化提供了法理支撑，有利于民事支持诉讼制度在证券领域的专门化；二是明确了投资者保护作为证券支持诉讼的支持主体。相比于《民事诉讼法》中规定的较为宽泛的支持主体[③]，新《证券法》将证券支持诉讼的主体限定为投资者保护机构，这既有利于诉讼主体的权威性和专业性，也避免了过于宽泛的社会主体支持诉讼而可能引发的滥诉问题。

关于证券支持诉讼的具体方式，其主要包括两类：一类是庭外支持，即投资者保护机构在庭审活动外凭借自身的专业优势为受损投资者解决证券纠纷中的难点问题。例如，为因违法行为受害的投资者提供诉讼相关的法律咨询服务，公开征集证券违法行为受损投资者，指定对投资者最为有利的索赔方案，协助投资者进行诉前证据整理、损失金额计算等。另一类是庭审支持，即在案件的庭审阶段，投资者保护机构通过担任诉讼代理人、指派公益律师参与诉讼或推荐专家辅助人，为投资者证券合法权益提供诉讼能力支持。[④]

三、股东代表诉讼制度

（一）股东代表诉讼制度的概述

股东代表诉讼，又称股东派生诉讼，是指公司因董事、监事、高级管理人员或控股股东、实际控制人等内部控制人违反法律、行政法规或公司规章的规定遭受利益损害，公司不能或怠于提起诉讼时，符合条件的股东有权为了公司利益以自己名义直接向人民法院提

---

① 参见周友苏主编：《证券法新论》，法律出版社2020年版，第378页。
② 参见陈刚：《支持诉讼原则的法理及实践意义再认识》，载《法学研究》2015年第5期。
③ 《民事诉讼法》第15条规定，机关、社会团体、企业事业单位可以支持诉讼。其规定的主体范围较广，几乎涵盖了除公民个人外的所有组织形态。
④ 参见郭峰等：《证券法制度精义与条文评注》，中国法制出版社2020年版，第521页。

起的诉讼，而所获赔偿归于公司的诉讼制度。[①] 与股东直接诉讼相比，股东代表诉讼的特殊之处在于该诉讼针对的是侵犯公司利益的行为，本应由公司提起诉讼，却由股东以自己的名义来提出。股东代表诉讼的制度逻辑在于，当公司的管理者和内部人侵犯公司利益时，由这些人代表公司自我追究责任几乎不可能，因此，股东代表诉讼具有"派生性"和"代表性"，一则股东是代位公司行使诉权，二则股东是代表全体股东行使诉讼。

从制度沿革历史看，股东代表诉讼发端于英国司法界对公司法经典判例 Foss v. Harbottle 的反思，但真正使股东代表诉讼制度获得生命力的国家是美国，美国公司法以成文法形式明确规定 11 种情况下股东代表公司提起诉讼，极大放宽了股东代表诉讼的案由。对大陆法系国家而言，此制度起步较晚，最早引入该制度的是法国。[②] 在我国，股东代表诉讼制度最早出现于公司法的规定之中，2005 年《公司法》第 152 条就明确规定了股东代表诉讼。2017 年《最高人民法院关于适用〈中华人民共和国公司法〉若干问题的规定（四）》，其中第 24、25、26 条分别对股东代表诉讼当事人地位、胜诉利益归属、诉讼费用承担等具体问题进行了细化规定。2019 年《证券法》修订通过，第 94 条第 3 款赋予投资者保护机构作为股东代表公司提起诉讼的资格，第一次规定了投资者保护机构提起股东代表诉讼的制度，是对我国《公司法》相关规定的进一步完善，更具有适用针对性和操作性。

投保机构股东代表诉讼与前文的投保机构支持诉讼不能混淆，二者虽均有投资者保护机构的参与，目的都是保护中小投资者的利益，但差异也十分明显：其一，实质身份不同，前者的投保机构是以"内部人"股东身份参与，后者的投保机构则是以"外部人"公益机构名义参与；其二，诉讼地位不同，前者的投保机构是诉讼的原告当事人，后者的投保机构只能作原告的支持人；其三，诉讼结果承受不同，前者的投保机构直接承担诉讼产生的法律后果，后者的投保机构并不能直接承受诉讼当事人的法律后果。

（二）股东代表诉讼制度的内容

根据《证券法》第 94 条第 3 款规定："发行人的董事、监事、高级管理人员在执行公司职务时违反法律、行政法规或者公司章程的规定给公司造成损失，发行人的控股股东、实际控制人等侵犯公司合法权益给公司造成损失，投资者保护机构持有该公司股份的，可以为公司的利益以自己的名义向人民法院提起诉讼，持股比例和持股期限不受《中华人民共和国公司法》规定的限制。"

该条规定的投资者保护机构股东代表诉讼从性质上属于股东代表诉讼，但与我国《公

---

① 参见冯果：《公司法》（第三版），武汉大学出版社 2017 年版，第 135 页。

② 参见刘诗瑶：《我国股东代表诉讼制度完善进路研究——以〈公司法〉司法解释（四）为切入点》，载《河北法学》2018 年第 11 期。

司法》第 189 条规定的普通股东代表诉讼①相比，又具有以下三方面的独特性。其一，诉讼针对的范围不同。投保机构股东代表诉讼限于具有发行人资格的公司范围，而普通股东代表诉讼并无公司类型之限制。其二，原告股东适格条件不同。普通股东代表诉讼中股东有限公司的股东提起代表诉讼需要"连续 180 日以上单独或者合计持有公司 1% 以上股份"，但投保机构股东代表诉讼的投保机构这一特殊股东的持股比例和持股期限被豁免适用。当然，这种豁免存在双面性，一方面能解决传统普通股东行权动力不足的难题，另一方面也存在不当行权的风险，后续应有行权的限度约束。② 其三，提起股东代表的事由不同。普通股东代表诉讼的事由限于"董事、监事、高级管理人员执行公司职务时违反法律、行政法规或者公司章程的规定，给公司造成损失"，而投保机构股东代表诉讼的事由在此基础上，还包括"发行人的控股股东、实际控制人等侵犯公司合法权益给公司造成损失"的情形。

投保机构股东代表诉讼的构成要件包括三个：（1）公司利益因特定理由遭受损失；（2）投保机构具有股东身份，目前投服中心持有沪深交易所每家上市公司一手股票；（3）前置救济程序应用尽，根据《公司法》第 189 条规定，除紧急情况的特殊情形外，股东提起代表诉讼需以诉前书面请求公司监事会（监事）或董事会（董事）提起诉讼被拒绝为前置程序。2019 年《证券法》第 94 条第 3 款仅明文排除了《公司法》第 189 条关于持股期限和比例的限制，并未豁免前置程序。

关于投保机构代表诉讼结果的归属与诉讼费用的承担，《最高人民法院关于适用〈中华人民共和国公司法〉若干问题的规定（四）》第 25~26 条对此有明确规定。由于投保机构代表诉讼的目的是维护公司利益，因此，尽管投保机构是名义上的原告，但胜诉利益应归公司所有，相应的参加诉讼支付的合理费用也应由公司承担。

四、"退出制"代表人诉讼制度

（一）"退出制"代表人诉讼制度的概述

代表人诉讼是指投资者提起虚假陈述、内幕交易、操纵市场等证券民事赔偿诉讼时，

---

① 第 189 条规定：董事、高级管理人员有第 188 条规定的情形的，有限责任公司的股东、股份有限公司连续一百八十日以上单独或者合计持有公司百分之一以上股份的股东，可以书面请求监事会向人民法院提起诉讼；监事有第 188 条规定的情形的，前述股东可以书面请求董事会向人民法院提起诉讼。监事会或者董事会收到前述股东书面请求后拒绝提起诉讼，或者自收到请求之日起三十日内未提起诉讼，或者情况紧急、不立即提起诉讼将会使公司利益受到难以弥补的损害的，前述股东有权为公司利益以自己的名义直接向人民法院提起诉讼。他人侵犯公司合法权益，给公司造成损失的，前述股东可以依照前两款的规定向人民法院提起诉讼。公司全资子公司的董事、监事、高级管理人员有第 188 条规定情形，或者他人侵犯公司全资子公司合法权益造成损失的，有限责任公司的股东、股份有限公司连续一百八十日以上单独或者合计持有公司百分之一以上股份的股东，可以依照前三款规定书面请求全资子公司的监事会、董事会向人民法院提起诉讼或者以自己的名义直接向人民法院提起诉讼。

② 参见方乐：《投服中心持股行权的限度研究——兼论比例原则的适用》，载《中国政法大学学报》2021 年第 2 期。

诉讼标的是同一种类，且当事人一方人数众多的，可以依法推选代表人进行诉讼。代表人诉讼可分为"加入制"与"退出制"两类，前者是指可能存在有相同诉讼请求的其他众多投资者的，人民法院可以发出公告，说明该诉讼请求的案件情况，通知投资者在一定期间向人民法院登记，人民法院作出的判决、裁定，对参加登记的投资者发生效力，是一种"明示加入＋默示退出"的模式；后者是指投资者保护机构受 50 名以上投资者委托，可以作为代表人参加诉讼，并为经证券登记结算机构确认的权利人向人民法院登记，但投资者明确表示不愿意参加该诉讼的除外，法院裁判对除声明退出该诉讼的所有权利人具有效力，其本质为"默示加入＋明示退出"的模式。

需注意的是，以投资者保护机构主导的代表人诉讼与前文股东代表诉讼虽均有"代表"一词，但二者的差异明显：其一，目的不同，股东代表诉讼是为公司权益，而代表人诉讼是为投资者权益。其二，主体不同，股东代表诉讼需有股东之身份，投保机构的参与是基于"法定的持股行权"，而代表人诉讼主体是投资者，范围更多，不仅包括股东，还包括债券持有人等投资者，且投保机构的参与是基于"法定的委托"。其三，诉讼事由不同，股东代表诉讼事由包括发行人的董事、监事、高级管理人员及发行人的控股股东、实际控制人等侵害公司合法权益给公司造成损失的情形，而代表人诉讼的事由更广泛，包括虚假陈述、内幕交易、操纵市场等违法行为引起的民事纠纷。

我国的代表人诉讼长期以"加入制"模式为主，最早的法律规定见于 1991 年的《民事诉讼法》，虽历经修改，但条文表述一直未变，即表现在现行《民事诉讼法》第 56 条和第 57 条。但由于"加入制"模式需要大规模当事人共同推选出诉讼代表人，这在证券市场分散广泛的投资者中实操层面的难度极大，且巨大的维稳压力也导致法院主动公告登记的积极性不足，影响了代表人诉讼制度的落地。在接下来的 20 余年间，人数不确定的代表人诉讼制度在司法实践中效果甚微。直到 2019 年《证券法》修订通过，其第 95 条第 1、2 款是"加入制"代表人诉讼在证券法领域的重申与具体化，但其第 3 款提出了中国特色的证券集团诉讼模式——"退出制"代表人诉讼制度，这在证券诉讼发展史上具有里程碑式的意义。[①]

之所以将"退出制"代表人诉讼制度称为"中国式"证券集团诉讼模式，是因为其具有以下两大创新：一方面，从证券诉讼领域来看，创造性地融合了域外集团诉讼和我国代表人诉讼制度的特点。声明退出制（opt out）是美国集团诉讼制度的一个重要特征，其在涉及上市公司赔偿案件中，能避免反复利用同一事项提起诉讼，且可提高投资者维权的效率，该点被我国借鉴采纳，但同时我国又突破了美国集团诉讼代表人须为投资者的限定，创造性地赋予了投资者保护机构以诉讼代表人资格——一种专一的非投资者的公益主体代表诉讼资格。另一方面，从相关群体诉讼领域来看，创造性地建构了一种全新的民事诉讼机

---

① 参见汤维建：《中国式证券集团诉讼研究》，载《法学杂志》2020 年第 12 期。

制，为完善大规模群体性纠纷的诉讼程序提供了示范。将退出制与传统的代表人诉讼结合起来，并不仅仅是对代表人诉讼的小修小补，而是建构了一种新的诉讼程序，可为消费者保护、生态环境保护等领域的群体性权益保护提供有益的制度借鉴。

（二）"退出制"代表人诉讼制度的内容

《证券法》第95条第3款规定："投资者保护机构受五十名以上投资者委托，可以作为代表人参加诉讼，并为经证券登记结算机构确认的权利人依照前款规定向人民法院登记，但投资者明确表示不愿意参加该诉讼的除外。"从文义解释看，该制度具有以下法律内涵：（1）只有投保机构能担任"退出制"诉讼代表人，在我国主要是指中证中小投资者服务中心，其他机构如证券业协会并不在列，当然，从立法本意看，其也排除了律师作为"退出制"诉讼表人。（2）投保机构需得到50名以上投资者的委托后方能启动"退出制"代表人诉讼，若人数太多会增加诉讼发起的难度，若人数太少则会使制度启动过于随意。此处之委托不仅应包括发起投资者的主动委托，还可包括投保机构主动发起征集，这类似于合同法上的邀约邀请。（3）投保机构需向证券登记结算机构确认适格投资者名单，并向法院办理登记。证券登记结算机构作为金融市场基础设施，其具有公共物品的属性，具有一定公共管理的职能，其负责确定权利人的范围，不仅直接高效，且更具有权威性和独立性。（4）不愿意参加诉讼的投资者需要以明示的方式作出意思表示，即"默示加入、明示退出"。经法院登记确认后，法院应当发出公告，要求不愿意参加该诉讼的适格投资者，在一定时限内明示要求退出，逾期未作表示的，即视为默认加入诉讼。（5）法院作出的判决、裁定对所有登记的投资者发生效力。①

"退出制"代表人诉讼至少有三方面的积极意义：第一，解决了传统代表人诉讼中代表人难以推选的问题。通过赋予投资者保护机构以专门的代表人资格，可以免除诉讼成员登记之苦和推荐之累，也免除了推荐不成反而要诉诸法院职权指定或商定的尴尬过程。第二，有效避免了域外集团诉讼制度的诸多弊端。通过投资者保护机构担任代表人，提高了诉讼参加的专业化程度，可以有效保障诉讼规范有序，且能避免滥诉等问题的发生。第三，强化民事赔偿的震慑力度。相比于"加入制"代表人诉讼，"退出制"代表人诉讼无疑扩大了违法者的赔偿规模，从而加大了民事诉讼对违法者的震慑效果，有利于维护资本市场的法律秩序。

关于"退出制"代表人诉讼与"加入制"代表人诉讼的程序适用差异，主要应考虑投资者保护机构是否参加诉讼。若无投资者保护机构参与，其诉讼基本程序为，当事人起诉——法院初审并公告——投资者登记——适用《证券法》第95条第2款——判决对登记的投资者发生

---

① 参见黄江东、施蕾：《中国版证券集团诉讼制度研究——以新〈证券法〉第95条第3款为分析对象》，载《财经法学》2020年第3期。

效力。若有投资保护机构参与，其诉讼基本程序为，当事人起诉—法院初审并公告—投资者保护机构获得 50 名以上投资者委托—转换为适用《证券法》第 95 条第 3 款，投资者保护机构为经登记结算机构确认的全体投资者向法院登记—判决对登记的全体投资者发生效力。可见，在投资者保护机构参与代表人诉讼的情况下，发生了第 2 款和第 3 款的转换和融合。①

2021 年中证中小投资者服务中心有限责任公司(以下简称"投服中心")对康美药业股份有限公司(以下简称"康美药业")提起的特别代表人诉讼是中国首例适用特别代表人诉讼的案件。2020 年 5 月 13 日，中国证监会下发《行政处罚决定书》，对发行人康美药业、发行人的实际控制人、发行人的董事监事进行处罚；2020 年 12 月 31 日，广州市中级人民法院受理了 11 名投资者的普通代表人诉讼；2021 年 2 月 10 日，法院出具民事裁定书，确定普通代表人诉讼权利人的范围；2021 年 2 月 18 日，中国证监会下发《行政处罚决定书》，对发行人的审计机构广州正中珠江进行处罚；2021 年 3 月 26 日，法院发布《普通代表人诉讼权利登记公告》，告知经裁定在范围内的投资者在 2021 年 4 月 25 日前可以登记加入诉讼，同日，投服中心发布《投服中心接受康美药业虚假陈述民事赔偿案件投资者委托的说明》，明确其可以接受投资者委托，作为代表人参加诉讼；2021 年 3 月 30 日，11 名投资者在诉讼中追加广东正中珠江及其相关负责人作为被告；2021 年 4 月 8 日，投服中心接受了黄某梅等 56 名权利人的特别授权，向法院申请作为特别代表人参加诉讼；2021 年 4 月 16 日，法院发布《特别代表人诉讼权利登记公告》，在裁定范围内的投资者如未在公告期满后 15 日内向法院书面声明退出特别代表人诉讼的，即视为同意参加，在公告期内，有 9 名投资人向法院提交书面声明，表示退出特别代表人诉讼，最终确认适格投资者为 52037 人，经中国证券投资者保护基金有限责任公司(以下简称"投保基金")测算投资者合计损失为 24.59 亿余元；2021 年 9 月 1 日，投服中心向法院申请保全，冻结康美药业实控人以及一众高管、董事、监事、会计师事务所、会计师等众人名下价值 24.59 亿余元财产；2021 年 11 月 12 日，康美药业案被作出一审判决，康美药业应当对投资者损失承担共计 24.59 亿余元的赔偿责任；该案未提起上诉，一审判决生效，康美药业后续通过破产重整实现了对赔偿款的 100% 名义清偿，其中 50 万元以下的债权部分全额现金清偿，占总投资者人数的 98.45%，超出部分将通过以股抵债、信托收益等方式予以清偿。康美药业案作为首例适用特别代表人诉讼制度的案件，开创了先河，在特别代表人诉讼制度下，投服中心在投资者的维权中发挥了巨大作用，投资者无须缴纳诉讼费、保全费，无须亲自参与案件诉讼，在获得胜诉后还可以通过投服中心与证券登记结算机构的对接在投资者账户中直接获得赔偿，投资者的索赔获赔得到了极大便利，投资者的合法权益获得了切实保障。康美药业案中特别代表人诉讼制度的成功运用，标志着以投资者"默示加入、明示退

---

① 参见郭锋等：《证券法制度精义与条文评注》，中国法制出版社 2020 年版，第 532 页。

出"为特色的中国式集体诉讼司法实践成功落地,对促进我国资本市场深化改革和健康发展、切实维护投资者合法权益具有深远意义,也是资本市场法治建设的新标杆。

2023 年,投服中心代表投资者与泽达易盛(天津)科技股份有限公司(以下简称"泽达易盛")达成调解,是中国首例涉科创板上市公司特别代表人诉讼案,也是中国首例证券集体诉讼和解案。2023 年 4 月 18 日,泽达易盛因在披露的年度报告中存在虚假记载、重大遗漏被中国证监会作出行政处罚决定;2023 年 4 月 28 日,12 名投资者将泽达易盛及其实际控制人、高管、相关中介机构起诉至上海金融法院;2023 年 7 月 21 日,投服中心接受部分投资者的特别授权,向上海金融法院申请作为特别代表人参加诉讼,根据"默示加入、明示退出"的规则,确定适格投资者为 7196 人,经投保基金测算投资者合计损失为 2.8 亿余元;2023 年 12 月 5 日,经上海金融法院主持调解,投服中心代表全体原告投资者与12 名被告共同签署调解协议草案,并向上海金融法院提交制作民事调解书的申请;2023 年 12 月 12 日,上海金融法院召开调解协议草案异议听证会,组织异议投资者、原告特别代表人、被告就异议意见进行充分论证,听证会后,合议庭综合考虑投资者意见、案件所涉法律和事实情况、调解协议草案的合法性、适当性和可行性等因素制作民事调解书,其间有 1 名投资者申请退出调解,最终参与调解的投资者为 7195 名,最终参与调解的投资者占比为 99.6%。根据调解协议,被告方将按照核定的赔偿金额 2.8 亿余元进行全额赔付,最终单个投资者最高获赔 500 万余元,人均获赔 3.89 万余元。泽达易盛案是调解制度在特别代表人诉讼当中的首次尝试,对于投资者而言,调解结案避免了案件裁判需要面对的较为漫长和复杂的上诉和执行问题,降低了投资者的维权成本,加快了投资者的获赔速度,提高了纠纷化解的效率,对于被告方而言,调解结案能够避免裁判结案的刚性,给予被告方弥补自身过错的机会,减少对其负面影响,由此实现了投资者和被告方的双赢。泽达易盛案中对于调解制度的适用,提供了证券集体诉讼的新出路,具有重要的示范作用,在我国证券民事诉讼发展中具有里程碑式的意义。

第六节 其他投资者保护制度

除前文适合所有投资者的共通性的制度之外,上市公司股东和债券持有人还有各自特殊的投资者保护制度。股东权之保护制度,体现于他益性的股东权征集制度和自益性的现金分红制度;债权人利益保护制度,则主要表现于债券持有人会议和债券受托管理人制度。

一、股东权公开征集制度

(一)股东权公开征集制度概述

股东权公开征集,是指符合法定条件的主体公开请求上市公司股东委托其代为出席股东大会，并代为行使股东权利的行为。在美国称之为委托书征集，在日韩称之为表决权代理劝诱。[1] 要注意，股东权公开征集与既有的股东表决权代理存在区别。二者虽都是由代理人受委托代理行使股东权利，但也有两方面差异：一方面，代理权产生方式不同，前者是受托人的主动争取，由符合条件的自然人或机构主动向股东要求担任其代理人并代为行使权利，后者则是股东自行委托于之，是由股东委托代理为自己利益来行使权利；另一方面，代理权的权限范围不同，前者范围为"股东权"，不仅包括核心的表决权，还包括辅助性的提案权、董事提名权、临时股东大会召集权等服务于表决权行使的参与权，后者的权限仅为表决权代理。

强调股东权公开征集制度的设计，主要原因在于其能以市场化方式推动投资者保护和公司治理的完善，具体而言，有三方面的制度价值。第一，增强中小股东话语权。现代上市公司所有权和经营权高度分离，股权分散且富有流动性，由于投票等参与公司表决的行为具有较高行权成本，且个别的行权举动很难对公司决策产生实质影响，持有公司较少股份的中小股东便存在集体主义"搭便车"的倾向，投票意愿较低。在当前的数字化、网络化时代，便利的股东权公开征集制度能聚沙成塔，将分散的股东权集中起来形成合力，有利于增强中小股东在公司决策和管理中的话语权。[2] 第二，优化上市公司内部治理。上市公司中小股东由于专业知识、信息、资金等弱势，往往被排挤为公司经营的"外部人"，在表决权不受尊重之时，通过用脚投票的方式在二级市场摆脱股东身份，短期收益是其核心追求。股东权征集增强了发声的机会和可能，有利于其关注公司实质长期运营和治理，通过提案权等一系列动作，增强其参与公司内部治理的积极性，使经营者兢兢业业履责，间接发挥监督经营的效果，而且，少数股股东通过集中表决权的行使影响公司决策，有利于促进公司运作的民主化。第三，改善上市公司外部治理。实践操作中，股东权征集往往伴随着股份收购或增持行为。尽管中小股东处于被动地位，但在公司控制权争夺的关键节点中，通过征集代理权，可以集聚中小股东表决权，进而通过运用表决权影响公司控制权，进而实现"对外"的治理威慑。

回溯历史，我国股东权公开征集制度在 2019 年被新《证券法》首次以立法形式明确规定，[3] 在此之前，相关规定散见于部门规章或规范性文件之中，没有专门的法律进行规定。2002 年中国证监会与国家经贸委联合发布《上市公司治理准则》，其第 10 条规定："上市公司董事会、独立董事和符合有关条件的股东可向上市公司股东征集其在股东大会

---

① 参见曹理：《上市公司股权公开征集的中国模式》，载《社会科学战线》2020 年第 12 期。

② 参见王海峰：《数字经济时代股东积极主义的制度创新》，载《法学杂志》2021 年第 4 期。

③ 《公司法》第 118 条规定了"表决权委托"制度，但与"股东权征集"不同，该条规定"股东委托代理人出席股东会会议的，应当明确代理人代理的事项、权限和期限；代理人应当向公司提交股东授权委托书，并在授权范围内行使表决权"。

的投票权。"2006年中国证监会发布《上市公司章程指引》，其第78条第2款明确规定："董事会、独立董事和符合相关规定条件的股东可以征集股东投票权。"2016年中国证监会发布的《上市公司股东大会规则(2016年修订版)》第31条规定，公司董事会、独立董事和符合相关规定条件的股东可以公开征集股东投票权，同时"禁止以有偿或者变相有偿的方式征集股东投票权"。同年8月施行的《上市公司股权激励管理办法》第40条还专门要求："上市公司召开股东大会审议股权激励计划时，独立董事应当就股权激励计划向所有的股东征集委托投票权。"这些规范法律层级较低，而且存在关键性内容空白：其一，文件规定的董事会、独立董事作征集主体并无问题，然而关键性的股东条件限定却十分模糊，作为低位阶的文件规范，"符合相关条件"的描述难以为实践操作提供指引；其二，征集方式也未有规定，制度操作性堪忧，施行效果并不理想。①

(二)股东权公开征集制度内容

新《证券法》回应实践问题，补足了立法短板，第90条对上市公司股东权公开征集的适格主体、征集方式、信息披露、无偿原则和赔偿责任进行了统一的原则性规定。新《证券法》的一大亮点在于，没有沿袭使用"投票权"概念，而使用了"股东权"概念，扩充了代为行使的股东权利范围，不仅包括提案权、表决权两项列明的权利外，还应当包括董事提名权等股东权利。

1. 适格主体

《证券法》第90条第1款规定，有权作为上市公司股权公开征集的主体包括4类：董事会、独立董事、持有1%以上有表决权股份的股东和依法设立的投资者保护机构。该款内容，一方面充分考虑了我国上市公司持股结构的国情，明确了一般股东发起股东权公开征集的持股比例，另一方面赋予投资者保护机构(主要是中小投资者保护机构和中国证券投资者保护基金公司)特殊的征集主体地位，豁免了投保机构持股比例限制，不受"1%以上有表决权股份"的约束，无须持有股份亦可征集股东权，增强了股东权征集行使的现实可能。但该款内容仍有瑕疵有待补足，1%以上持股比例的条件，并未规定该比例是采用单独持股还是合计持股，也没有规定股东权征集之前的连续持股期限。

2. 征集方式

《证券法》第90条第1款中规定了两种方式，即自行征集或委托征集。其中，委托征集方式有对象的限定，只能通过证券公司、证券服务机构具体开展征集行为。委托征集方式，提升了股东权公开征集的操作性，有利于充分利用证券中介的信息、数据、渠道优势，增进征集的效率和准确性。但要注意，当证券专业机构作为征集受托人，可能与股东大会决议事项存在利害关系时，要加强必要的规制，预防和化解其中的利益冲突，避免其

---

① 参见张钦昱：《我国公开征集投票权规范性研究》，载《投资者》2018年第3期。

滥用受托人地位，损害其他股东或征集人的利益。①

3. 信息披露

上市公司的投票权征集必须是公开的请求行为，而信息披露是公开请求的核心环节，目的是保证股东知情权，使其在获取相关信息的基础上理性判断是否将股东权利委托于征集主体行使。《证券法》第90条第2款对此原则性地规定："征集人应当披露征集文件，上市公司应当予以配合。"但没有明确规定应当披露的征集文件、披露事项及披露要求，有待进一步制定细化的规范性文件。一般而言，股东权征集披露文件应至少包括授权委托书和委托说明书两个文件，前者是基础文件，全面、具体地对征集行为各个方面予以详细披露，后者附属于前者，是征集主体获得股东授权的文件，一般应披露征集目的和征集事项等核心的内容。

4. 无偿原则

禁止有偿征集股东权的法理基础在于投票权是典型的股东共益权，不应与股东权分离成为有偿转让的标的。共益权是与自益权相对的概念，自益权是股东专为个人利益而行使的权利，共益权则有兼为公司治理利益而行使的权利，包括表决权、提案权、股东代表诉讼权等。如果允许投票权的有偿转让，将给公司利益和其他股东利益带来额外的巨大代理风险。因此，各国立法普遍对此有禁止类的强制性规定，我国《证券法》第90条第3款即要求，禁止以有偿或者变相有偿的方式公开征集股东权利。

5. 赔偿责任

"无责任，不救济"。违法征集主体承担赔偿责任应遵循一般侵权责任的基本构成要件：一是征集行为具有违法性，二是受害人遭受损失结果，三是征集行为和损害事实之间存在因果关系。《证券法》第90条第4款对此予以规定，该条对于违法性的强调采用转介性条款，"违反法律、行政法规或者国务院证券监督管理机构有关规定"，为股东权公开征集后续制度完善留有扩展的灵活空间。该款内容仍较为原则，存在两个方面的问题：第一，违法征集侵权责任的归责原则有待明确，特别是承担责任是否需要主观上存在过错尚不清晰。第二，违法征集虚假陈述责任的认定需要特别规定。在违法征集行为中，虚假陈述是较为常见的类型，但新《证券法》难以对其适用，即便援引第85条的"信息披露义务人赔偿责任"的规定，其仅适用于"证券交易中受损失"的情形，无法覆盖股东权公开征集这种非交易行为，建议后续具体适用规则加以补进。

二、现金股利分配制度

(一)现金股利分配制度概述

利润分配是股份公司产生和发展的应有之义。股东投资于公司的主要目的便在于获取

---

① 参见董新义：《论上市公司股东代理权征集滥用的规制——以新〈证券法〉第90条为对象》，载《财经法学》2020年第3期。

收益。一般而言，股利支付方式可分为现金股利、财产股利、负债股利和股票股利四种，其中，现金股利，也称现金分红，是以现金支付的"看得见"的股利，其来源于上市公司的净利润，是最本源的投资回报形式。现金股利分配的制度功能表现于三个方面：其一，保障投资者(股东)的资产收益权，以货币现金的形式支付能保证收益的近乎无折损、高变现；其二，引导投资者树立长期投资理财观念，在当前资本市场投资者惯以短期投资赚取差额收益的情势下，现金股利分配能增进投资者长期持有上市公司股票的动机；其三，提高资本市场的信心指数，分配现金股利可向市场释放公司发展前景良好的信号，有利于增强外部投资者对上市公司未来稳健发展的预期和信心。

现金股利分配的本质是公司利润分配，即目的是将公司利润分配给股东，以确保股东获得回报。这种利润分配无须持股条件之外的任何对价，具有"单向流动"的特点，申言之，股利从公司向股东流动，股东获得该分配时无须向公司支付任何资产。上市公司利润分配行为的最终效果是公司财产减少、股东财产有相应增加。从法律关系视角审视，其涉及的主体包括公司和股东两方，其基本的内容是公司向股东的支付义务、股东向公司请求支付的权利。

以法律介入股利分配强度为标准，上市公司股利分配模式可分为自治型和强制型。以契约论的角度切入，公司中的相关主体在进入公司时，已通过协议明确规定各自权利义务，公司作为私权利主体，有权在法定范围内根据经营情况、发展规划决定是否及如何分配现金股利，因此，原则上应以任意性规范和赋权性规范为主，这一般在成熟的资本市场适用，例如，美国公司法赋予公司极大的利润分配自治权，市场的"看门人"机制协助股利政策发挥降低"柠檬市场"和"逆向选择"问题的作用，公权力的干预边界多在事前的股利分配资金的来源和事后股东救济上。[1] 对于新兴市场或转轨市场，多采用强制型股利分配制度，特别在上市公司分红问题已偏离市场正常规律时，监管和立法介入则不可或缺。

"不分红、少分红""上市公司是铁公鸡"是我国证券市场 20 世纪 90 年代的突出问题，新世纪伊始，现金分红制度被证监会逐步引入。早期分红以自我约束为主，2001 年，《上市公司新股发行管理办法》将现金分红和 IPO、再融资挂钩，要求未分红的上市公司履行额外的说明解释义务。强制性分红规范肇始于 2004 年《关于加强社会公众股股东权益保护的若干规定》，指出"若上市公司三年内没有进行现金分配，则取消增发新股等资格"。2006 年《上市公司证券发行管理办法》进一步细化了分红方式、期限、考核的标准，其中，再融资公司所需达到的最低分红比例设定为 20%，2008 年《关于修改上市公司现金分红若干规定的决定》要求公司章程中明确规定现金分红安排，提高分红比例达到 30%。2012 年《关于进一步落实现金分红有关事项的通知》《上市公司监管指引第 3 号——上市公司现金

---

[1] 参见龚博：《治理视域下上市公司股利分配法律制度研究》，载《法学评论》2019 年第 2 期。

分红》发布，解决上市公司现金分红内部决策缺乏统一要求、代理成本过高的问题，要求公司章程明确规定分红政策的决策程序、强化现金分红的信息披露。2013 年上海证券交易所发布《上市公司现金分红指引》，规定现金分红低于 30% 的上市公司应履行更严格的信息披露义务。2018 年修订的《上市公司治理准则》要求上市公司在章程中明确规定现金分红政策等利润分配办法，并及时披露现金分红的执行情况。可见，我国现金股利分配制度体现出由自愿到强制、从抽象到具体的演变趋势。

有关现金分红各项监管规范的出台，使近年来现金股利分配情况有所改观，[1] 但仍存在两方面的问题：一方面，从实际分红效果看，现金股利额和股利支付率仍较低、不同板块市场之间差异未被重视；另一方面，从制度供给看，与国外成熟市场相比，长期以来，我国上市公司的现金分红政策稳定性欠佳，股利发放并非一项有约束力的事前承诺。[2]

（二）现金股利分配制度内容

2019 年《证券法》经修订通过，首次从证券法律的层面明确现金股利的制度安排，主要有两层内容。

第一，明确规定现金股利分配是上市公司章程的必备内容。《证券法》第 91 条第 1 款规定："上市公司应当在章程中明确分配现金股利的具体安排和决策程序，依法保障股东的资产收益权。""应当"之词的表述，确定了上市公司现金分红的法定义务，现金股利的具体安排和决策程序是上市公司章程的必备内容，而非公司自治范畴，这为投资者权益救济提供了基础法律依据。新《证券法》将分配股利作为强制性规定，若公司未按照章程规定进行现金分红（如不分配、少分配或者不公平的分配），股东（大）会、董事会就相关利润的分配方案作出决议的效力，将可能面临被认定为无效的局面。股东可以通过股东代表诉讼或投资者保护机构，发挥股东的监督治理功用。

第二，提高现金股利分配优先顺序。关于公司利润分配的法律基础在《公司法》"公司财务、会计"专章第 210 条也有规定，公司以弥补亏损和提取公积金后所余税后利润进行分红，其适用范围包括有限责任公司和股份有限公司，大于《证券法》第 91 条的对象——股份有限公司中的上市公司。《公司法》第 210 条的规定虽然细密，但却在"公积金"和"利润分配"的顺序上有操作漏洞，公积金包括法定公积金和任意公积金，实践中一些公司过分提取高额任意公积金，挤压现金分红的空间。新《证券法》第 91 条第 2 款以"特别法优于

---

① 截至 2020 年 4 月 30 日，共 2989 家上市公司披露现金分红安排，分红家数占上市公司的 66.72%，年度现金分红比例为 36.27%。参见中国证券投资者保护基金有限责任公司编写：《中国资本市场投资者保护状况蓝皮书（2021）》，第 17 页，http：//www. sipf. com. cn/sy/ttzyxw/2021/05/13485. shtml，2021 年 5 月 15 日。

② 参见姜付秀、[美]肯尼思·A. 金（Kenneth A. Kim）、王云通：《公司治理：西方理论与中国实践》，北京大学出版社 2016 年版，第 175～184 页。

一般法"的形式进行了明确规定,现金股利分配在法定公积金提取之后,这从客观上降低了管理层可能自由支配的现金流,有利于保障广大股东获得现金股利的资产收益权。

三、债券持有人保护制度

(一)债券持有人保护制度概述

债券持有人与股东一样,是公司重要的资金提供者,只是债券持有人投入资金获取的对价是期满还本付息的债权,而股东投入资金的对价是公司价值剩余索取的股权。由于资金使用权和所有权分离,债券投资者与发行公司、发行公司股东、公司管理者之间存在利益冲突,"外部人"身份又使其在参与公司经营、了解公司财产及运营情况等方面处于劣势,比股东面临更高委托代理成本。[1] 债券持有人又不同于一般的债权人,债券本身具有证券的属性,具有不同程度的涉众性特征,持有主体众多,投资者相对分散、彼此陌生,地域分布也不一致,由此产生"搭便车"的集体行动困境,形成合意及一致行动的成本较高。而且,债券投资专业复杂,部分投资者并不具备有效监督发行人的专业水平,客观上难以有效凭借自身之力独立行使权利维护自身合法权益。再加之,单个债券持有人自身的投资规模相对有限,且随着二级市场的交易其身份经常变换。因此,相对于股东、其他债权人、发行人而言,债券投资者处于相对弱势地位,通常寻求组织化保护,具体而言,主要有两种进路:一为集体自治的"债券持有人会议"制度,二是第三方集中管理的"债券受托管理人"制度。

债券持有人会议是指由债券持有人组成并为全体持有人整体利益而采取会议形式集体行使权利的决议机构,其通过"会议"的团体组织形式,以多数决作为集体行动的运作逻辑,本质上是临时性的合议体组织,并非公司的内部法定机构,会议成员为债券持有人,发行公司的董事、监事、高管也可列席会议,但不享有相关事项投票权。该制度起源于大陆法系,以德国为代表,[2] 其早在1899年颁布的《债券法》中规定了发行人陷入危机后债券重组的持有人会议召开程序。债券受托管理人是指由债券发行人聘请,在债券存续期内依照相关规定或债券受托管理协议约定维护债券持有人利益的常设机构,肇始于普通法系,代表国家是美国,其在1939年《信托契约法》中即要求美国证券交易委员会(SEC)注册发行的债券必须在发行前签署符合规定的信托契约,并指定受托管理人维护债券持有人利益。值得指明的是,为扩大融资来源,公司往往发行不同批次的债券,不同批次的债券风险、利息、期限、投资者等约定内容存在差异,因此,债券持有人会议和债券受托人具有特定性,行权范围应限于同种类、同批次的债券。

---

[1] 参见刘迎霜:《公司债券受托管理的信托法构造》,载《法学评论》2020年第3期。

[2] 参见甘飐原、成睿:《德国债券持有人会议制度研究》,载《金融市场研究》2019年第11期。

域外多是选择上述单一制度维护债券投资者利益，而我国从新世纪伊始，兼采众长、双管齐下，在公司债券市场同时引入债券持有人会议与债券受托管理人制度。2003年证监会出台《证券公司债券管理暂行办法》，首次提及"债券代理人"，成为债券受托管理人在我国最早的雏形；2007年证监会发布《公司债券发行试点办法》，正式确定了债券持有人会议和债券受托管理人制度；2015年更全面的《公司债券发行与交易管理办法》对两种制度作出进一步完善。囿于我国债券市场长期存在"刚性兑付"现象，债券本息兑付不能的风险被人为隐藏，债券持有人保护未被高度重视，既有制度以部门规章、规范性文件的法律位阶存在，未被资本市场基础法《证券法》所涵摄。但随着市场不断深化，融资主体日益丰富，违约等风险的兜底保障已难成行，特别是近年来受经济下行压力增大和供给侧改革影响，自2014年"11超日债"爆雷，债券违约渐趋常态化，[①] 发行人恶意逃废债、非法转移资产，侵害债券投资者权益的现象多发，债券持有人在债券违约后通常陷入被动局面，债券持有人会议和受托管理人在违约处置中的作用越发凸显，相关制度亟待《证券法》加以明确规定。

（二）债券持有人保护制度内容

在2019年修订的《证券法》中，债券持有人保护的两项核心制度首次在法律层面得到落实。《证券法》第92条规定公开发行公司债券的情形，回应了公众普通债券投资者的权益保护需要，但未对非公开发行公司债券的发行人是否应设立债券持有人会议和聘请私募债券受托管理人作出规定，私募公司债券的制度设立仍以专业投资者和发行人之间的协议为主，不具有强制性的要求。在新《证券法》基础上，证监会2021年发布修订版的《公司债券发行与交易管理办法》（以下简称《管理办法》），设置"债券持有人权益保护"的专章（第7章），规定债券持有人会议的召集、通知、决策和效力，债券受托管理人的产生、职责和违约处置等内容，细化债券持有人保护的制度内容。2023年，中国证监会再一次修订了《公司债券发行与交易管理办法》，落实国家机构改革方案中将企业债券发行审核职责统一划入中国证监会的部署，并强化对企业债券发行中防假打假、募集资金、非市场化发行等方面的监管要求，进一步加强对债券持有人的保护。同时，值得说明的是，我国债券市场多头分割，证监会主管的交易所债券市场和央行主管的银行间债券市场并立，本质上并无差异的公司信用类债券在实践中被分为公司债券、企业债和非金融企业债务融资工具，2019年底修订的《证券法》第2条仍采用狭窄的定义，占据市场"大头"的银行间市场非金融企业债务融资未被纳入公司债券范畴，游离于《证券法》之外。因此，从法律层面对公司

---

① 参见冯果、张阳：《债券违约处置的法治逻辑》，载《中国金融》2020年第23期。以2014年和2020年的数据为例，2014年有6只债券违约，规模为13.4亿元，2020年有113只债券违约，规模达1253.75亿元。

债券持有人的保障依据尚显残缺，破解此问题，可有两种进路，一则是进一步修订《证券法》第 2 条，扩充证券法对债券的涵盖范围；二则通过制定一部《债券法》，以统合现有割裂分散的债券市场监管及制度内容。

关于债券持有人会议制度的内容。(1)《证券法》第 92 条第 1 款明确规定了债券持有人会议制度。公开发行公司债券的，应当设立债券持有人会议，并应当在募集说明书中说明债券持有人会议的召集程序、会议规则和其他重要事项。该款将设立债券持有人会议规定为公开发行公司债券的强制性要求，并通过"列举＋兜底"的方式规定了募集说明书中应规定的重要事项。(2)《管理办法》第 62 条细化规定了债券持有人会议规则的原则、内容和效力。①原则：债券持有人会议规则应当公平、合理。②内容：债券持有人会议规则应当明确债券持有人通过债券持有人会议行使权利的范围，债券持有人会议的召集、通知、决策生效条件与决策程序、决策效力范围和其他重要事项。③效力：债券持有人会议按照本办法的规定及会议规则的程序要求所形成的决议对全体债券持有人有约束力，债券持有人会议规则另有约定的除外。

关于债券受托管理人制度的内容。(1)产生：《证券法》第 92 条第 2 款规定，发行人应当为债券持有人聘请债券受托管理人，并订立债券受托管理协议。受托管理人的适格主体应由本次发行债券的承销机构或中国证监会认可的机构担任。《管理办法》第 58 条还补充限定条件，债券受托管理人应当为中国证券业协会会员，为本次发行提供担保的机构不得担任本次债券发行的受托管理人。(2)变更：《证券法》第 92 条第 2 款还规定了变更债券受托管理人的适格主体为债券持有人会议，即债券持有人会议可通过决议变更债券受托管理人。(3)职责：《证券法》第 92 条第 2 款原则性规定了债券受托管理人应当勤勉尽责，公正履行受托管理职责，不得损害债券持有人利益。《管理办法》第 59 条则系统规定了受托管理人的职责，八项职责可分为债券正常存续期间的职责和债券发生违约后的职责，前四项关注日常管理，后四项着眼于危机处置。[1] 具体包括：①密切关注发行人等主体，对其偿债能力进行监测；②监督募集资金用途，确保发行人按照募集资金管理办法所列用途使用；③召集债券持有人会议，维护债券持有人对重大事项的知情权和决策权；④履行信息披露相关职责，确保债券交易价值的判断基础；⑤在预计发行人发生违约时，要求发行人追加担保等；⑥在发行人出现实质违约后，处置担保物等；⑦作为全部或部分债券持有人的代表人，参与诉讼等法律程序；⑧运用多项综合处置手段，"全链条"参与违约处置过程。

特别需指出的是，在新《证券法》出台前，债券受托管理人面临的主要问题是，受托管理制度与一般的诉讼、破产程序之间的衔接不畅。根据《民事诉讼法》的规定，诉讼代理人

---

① 参见何海峰、韩非鹏：《债券受托管理人的职责与法律责任》，载《债券》2021 年第 4 期。

只能为自然人，诉讼代理人必须向法院提交委托人签名或盖章的授权委托书。而《证券法》第 92 条第 3 款明确了债券受托管理人的诉讼资格及相关权利，根据"特别法优于一般法"的原则，公开发行公司债券的受托管理人作为法人，也能直接担任诉讼代理人。而且，在债券受托管理协议或债权人会议决议已经授权受托管理人提起诉讼的情况下，受托管理人无须在诉讼过程中逐个取得债券持有人的授权委托书，可以自己的名义代表债券持有人提起、参加民事诉讼或者清算程序。可见，该条款有利于减少个案沟通的成本及不确定性，提高债券投资者的维权效率。①

【本章课外阅读材料】

<h2 style="text-align:center">债券违约处置中的投资者保护②</h2>

　　资本市场是风险收益结合体，强调收益利好而无风险出清的市场绝非健康、成熟的市场。长期以来，囿于我国债券市场刚性兑付之畸形存在，债券本息兑付不能的风险被人为压制。随着市场的不断深化，融资主体日益丰富，兜底保障已难成行，特别是近年来受经济下行压力增大和供给侧改革影响，债券违约渐趋常态化。自 2014 年"11 超日债"爆雷，债券违约潮加剧了市场风险的蔓延，对我国金融治理和投资者保护形成了不小挑战。如何将前端交易的监管重心向后端违约处置视角延拓，是债券市场提质发展须直面的命题。

　　自 2019 年开始，债券违约处置探索步入快车道，短短一年内，不仅有沪深交易所、银行间市场交易商协会和北京金融资产交易所制定的自律规程，还有人民银行、发展改革委、证监会联合发布的《关于公司信用类债券违约处置有关事宜的通知》，最高人民法院亦试水出台司法文件《全国法院审理债券纠纷案件座谈会纪要》，这充分显示了市场、监管和司法对债券违约处置的高度关注。既有探索希冀于统一化的改革思路，在一定程度上回应了债券市场棘手的制度分割问题，但不仅债券违约处置简单化倾向没有改观，跨市场联动的统一的债券违约处置机制也还没有真正建立。统一的、跨市场的债券市场违约处置机制的建立必须立足于债券违约内涵分类与债券的本质和特性，遵循法治的基本逻辑，进行有针对性的精细化设计。

　　一、债券违约不能被单一化解释

　　相较于股票，债券的突出特点在于复杂性、多样化。单就债券违约而言，也有多

---

　　① 参见郭峰等：《中华人民共和国证券法制度精义与条文评注》，中国法制出版社 2020 年版，第 511 页。

　　② 原文参见冯果、张阳：《债券违约处置的法治逻辑》，载《中国金融》2020 年第 23 期。

种层次的解读面向。厘清违约差异是后续针对性处置的前提，现有规范和债券违约处置方案鲜对债券违约作精细剖析，本金或利息到期无法兑付被视为核心的实质性违约表征。实际上，债券违约内涵范围远不止此。即便到期未能兑付本息的行为也不一定能触发投资者保护机制，尚要看有无宽限期条款，若有，则须等宽限期届满，方可确认违约。因此，违约到期的判断既应关注票面计息的期限，也要分析募集说明书条款要求。至于加速到期引致的技术性违约，对违约的限定和例外则更多，其一般分为交叉违约和特定违约，二者均是"非直接偿付不能"引发的预期违约。交叉违约与届期本息偿付无多关联，是指债务人根据募集说明书约定，在其他合同或类似交易中出现发行人或关联人债务违约，导致本合同被连带视为违约。当然亦有例外，若条款中有豁免机制，触发后通过增加担保、提前赎回等方式仍可避免违约发生。特定违约则代表与债务变化无关的自身事项引发的宣告违约，包括发行人控制权变更、违反担保比例、解散或破产等情形，一般在募集说明书中明确约定。其中，破产是一种法定例外，根据《企业破产法》第46条的规定，未到期债权在破产申请受理时视为到期。可见，技术性违约的认定不限于本身债券的"向恶变化"。

从债券类型观之，实践中公司信用债虽是违约高发地，现有规范也以之为核心靶向，但违约债券却不限于此。公司信用类债券存量规模约占债券总量的四分之一，金融债券、地方政府债券、资产支持债券及可交换债券等其他创新债券都有违约的发生，理应纳入违约处置机制的范畴，且这些债券发行主体在信用测估、资金偿付基础、风险来源等方面存在异于公司信用债的特点，违约制度设计应有差异化考虑。

不同交易方式的违约亦有区分之必要。既有规范和方案并未指明适用范围，多以现券交易违约为默认类型，而真正交易"大头"——回购交易违约却未被制度涵摄。回购交易的特点与现券交易不同，特别是关系主体方面，回购交易违约主要发生于一对一的投资者之间，而现券交易违约要在一对多的发行人和持券者间处理，违约处置当然应有所区别。更遑论复杂的债券借贷违约，甚至进一步的债券衍生品违约，这些债券违约处置必须逐步纳入制度视野，唯如此，方能构建起统摄不同市场和不同交易类型的债券违约处置机制。

总之，债券违约内涵是丰富的，不局限于本息兑付下公司信用债的现券偿付不能。在债券违约处置的制度建构中，类型定位要清晰，在统一化的债券违约处置方案设计时应对实质性违约、技术性违约、其他券种和交易方式的违约给予必要的关注和区分。

二、"债"性契约化的本息兑付

债券本质是债权债务关系的商事契约证明，"债"性契约关系使多元化的自主协商成为违约处置的重要途径。与下文论及的交易化处置关注风险流动不同，契约化处置关注债务能否最终兑付，强调发行人与债券持有人沟通违约救济的可能。处置方案既可以"遗嘱计划"的形式在事前通过募集说明书等发行文件来明确，亦可于违约事后通过协商订立协议予以确定。

就具体方案而言，当然也是多样化的。违约发生后，若发行人尚未资不抵债，可先协商确定债务兑付方式。协商又分两个层次。第一种是不调整债务要素进行的究底式偿付，债务本身无变化，没有实质降低偿债难度，主要在时间上给予发行人筹资喘息机会，包括：变现自身资产价值，处置抵质押物，寻求第三方代偿，如母公司或关联企业的代偿及信用增进机构或担保人的代偿；引入战略投资者增加现金流等。第二种是调整债务要素进行的造血式偿付，通过债权人和债务人的双方妥协实施债务重组，包括：期限调整，延长兑付期限，以时间换偿债空间；资金调整，减免本金和利息，或发行人折价买断债务；债权调整，债转股将既有债务关系变为股权关系，又或债务置换以发新债的方式偿还旧债。此类方式可减轻处于财务困境的债务人资金负担，有利于债务人恢复盈利，增进其债务偿还的积极性和可能性。

倘若偿还协议难以协商达成，债权人可选择司法程序向法院提起诉讼或向仲裁机构申请仲裁。适用仲裁效率较高，但前提是募集说明书中包含有效的仲裁条款。诉讼求偿可较有效地控制债务人财产，防止其恶意逃废债，但往往程序冗杂，难以避免旷日持久的拉锯。当发行人已资不抵债，且同时面临多笔债务到期，归拢资产的破产重整或清算将是最后的选择。重整尚有积极的还款方案，经营能力和盈利能力有好转可能，但清算会对债务人经营产生不可逆的损害，债券债权不仅要劣后于担保债权、劳动债权、企业税费，还与其他债务同时参与分配，受偿率不高，投资者获得清算价值有限。[1]

由于债券持有人较多且分散，往往缺乏谈判力量，其违约处置的自主协商和司法救济主要依赖受托管理人和持有人会议的集体行权机制，实现债权人与发行人的博弈。目前的主要问题是，在我国这两种机制仍显得过于羸弱，受托管理人定性不清，信托还是委托的争议不断，其往往又由承销商兼任，利益冲突问题突出，现实中多慑于牌照被停的压力而进行流于形式的被动管理，缺乏积极管理的激励安排和责任机制，而且，目前交易所和银行间市场对承销商的自律规定存有诸多出入，制度协同性欠佳。至于债券持有人会议，最急切的问题是通过的决议缺乏强制效力，发行人仍可以募集说明书之约定拒绝执行对自己不利的议案。加之触发会议的原则性较强，召开和表决门槛较高，持有人大会的顺畅运行依然存忧。此般问题之化解尚待在根基性立

---

① 参见贾阳：《我国债券市场违约处置机制及改革路径研究》，载《金融市场研究》2019年第4期。

法——《证券法》和《公司法》中得到进一步明定。

三、"券"性交易化的市场流通

除债权契约关系的"债"性外，债券还有突出的"券"性特征，证券属性与交易流通紧密相关。债券违约发生后，在契约协商的兑付之外，违约债券的交易也不可或缺，毕竟其是风险在适格投资者间得到市场化分配的根本举措。违约债券的交易不仅能增加投资者被动等待兑付之外的止损退出选择，还为违约债券的风险定价提供参照基准。既有制度惯将违约债券直接停牌或暂停交易，以监管之手封锁债券风险，无益于风险的有序释放，甚至会引起市场的连带恐慌，诱发流动性挤兑危机。

既有制度的局限已经引起有关机构的关注，并开始了违约债券的市场化交易探索。市场化违约债券交易兴起于 2019 年，先是沪深交易所推出特定债券转让机制，外汇交易中心又设置协议转让和匿名拍卖的安排，北金所随后也开展动态报价机制。这些探索为违约债券交易打开了窗口，但仍基于现有多头监管的架构展开，违约债券交易市场分散割裂，且规则不一，难免引发无序的竞争，影响市场本就有限的流动性。因此，违约债券交易跨市场的统一构筑十分必要。一则违约债券同质性明显，债券品种或有差异，交易规则也不尽相同，但违约后的债券法律性质、风险类型和处理方式趋同，客观上为统一市场形成了条件；二则市场是资源集聚提升效率的场所，统一的市场可吸引不同投资者，使违约债交易规模效应凸显，有利于提升市场流动性；三则统一违约债交易市场还能助力于监管割裂积弊的消除，以违约债市场为突破口，可推进功能监管的实现。考虑到违约债息票期限不确定、交易频率低、个性化条款多的特点，流动性较欠缺，该市场不宜照搬正常交易机制，应施行契合违约债特性的差异化交易方式。例如，为汇聚交易需求，建议围绕违约企业的健康合规程度、债券风险与活跃程度，安排集中的交易时间，如每周一、三、五，设置不同交易机制，在询价、匿名点击等基础上，增加做市商交易，后期再酌情允许自由交易。[1]

不能忽视的是，统合违约债交易市场离不开后台"管道"——登记结算设施的协同跟进。2020 年 7 月 15 日，人民银行和证监会发文推进银行间和交易所市场互联互通，释放出积极政策信号。在分立的中债登、中证登和上清所短期内合并可能性不大的情形下，设施和机制之互联互通便是折中的次优选择。但是，目前三者在结算支付方面差异明显，中央结算公司推行"全额逐笔清算+直连 CNAPS"，上海清算所实施"净额 CCP 清算+直连 CNAPS"，中国结算则采用"全额逐笔清算与净额集中清算兼有+未直连 CNAPS"，这影响违约债券处置效率，增加了债券买卖达成后的交易转接成本，因此，机制上的协同安排有待增强。

---

① 参见阮昊：《论违约信用债交易市场之构建》，载《商业研究》2019 年第 10 期。

债券标准化、涉众性的"券"性特点要求违约交易须有适当监管安排，这主要体现于信息披露和合格投资者制度。违约债券的高风险性使投资人对信息敏感度更强，信息披露透明度的要求更高，内容事项和时间节点上应加有特殊的安排：披露内容不仅要体现发行人的偿债能力动态，还须揭示破产清偿价值的可能变化；在传统定期披露外，还要覆盖债权确认、协议方案确定、重组通过、诉讼仲裁等违约处置的重大时间节点，增进信息流的准确传递。① 考虑到违约债券具有不良债权高风险性和交易专业性的特点，客观上也需要风险识别和承受能力更高的投资群体，整体应提高合格投资者门槛，但为增强买方力量，提高违约债交易的活跃度，对专业从事不良资产处置的机构，如私募基金、银行金融资产投资子公司、地方资产管理公司、秃鹫基金等外国投资者，则可考虑适当放宽准入，以在风险防护与效率促进中寻得合适平衡点。

四、违约处置的根基性立法补缺

债券违约处置之深度推进离不开制度化保障。既有探索尽管为违约处置提供了初步的思路和难得的共识，但要么法律位阶较低，以规章文件指导违约处置落实乏力，要么通过司法文件进行后端倒逼，统合的法律依据尚付阙如。从债券市场基本法——"交易型"《证券法》和"组织型"《公司法》的角度出发，当前违约处置规范仍有不少缺憾有待调整补进。

纵观《证券法》的适用对象和调控范围，2019 年底的修订较大程度打破了传统"重股轻债"的制度沿袭，减少了债券与股票的立法差距。但作为资本市场根本法，其第 2 条所列的规范对象仍十分有限，基本固守公司债的狭窄范围，非金融企业债务融资工具未被纳入债券范畴，游离于《证券法》之外，交易制度与银行间市场的裂痕未能弥合，仍待修法的扩张整合。而且，规制思路以正常交易为主，未将违约事件纳入考量，譬如其第 15 条第 2 款强调"公开发行公司债券的募集资金不得用于弥补亏损和非生产性支出"，这确可引导企业将资金用于生产，但忽视了陷入困境的企业状况，影响债券置换等方式为企业违约风险处置提供的可能，有碍于企业流动性危机化解，因此有必要增加违约债券资金使用投向的豁免条款。

深究《证券法》与违约处置相关的具体制度。首先，债券信息披露重大事项关注面仍有限，第 81 条虽新增了公司债券临时信息披露制度，也涉及违约事项，但重点围绕发行人展开，并不全面。毕竟，当陷入违约困境后，担保人的增信亦是偿债来源，受托管理人履职效果也直接关涉投资者权益保障，二者的重大变化须列入披露范围。其次，第 92 条第 1 款解决集体行动难题的临时性决议机构——债券持有人会议的行权过于仰赖募集说明书约定，违约后一旦出现利益纠葛，决议能否有效约束发行人令

---

① 参见贺丹：《破产重整中违约债券转让的法律规制》，载《金融市场研究》2020 年第 4 期。

人质疑，应以法定化形式进一步明确决议的事项边界和生效安排。再者，第92条第2款对常设性受托管理人虽有勤勉尽责之要求，但其与发行人千丝万缕的联系不利于债券违约后对投资者利益之保护，应将避免利益冲突作为履责约束。此外，创新性的群体诉讼使受托管理人可接受全部或部分债券持有人的委托，以自己名义参与诉讼，然而此项制度安排是基于同意基础上的商事委托，行权结果难及于全体债券持有人，债务公平受偿仍有被侵蚀的可能。甚至，正因委托的双方协议属性，受托管理人也可拒绝，不具确定预期的消极管理无疑将影响违约纠纷处置效果，应以法定授权模式改之。①

组织法属性明显的《公司法》在2005年修订时将主要的债券发行和交易条款移至《证券法》，现第七章仅留有10条内容规范公司债券，但其对违约处置的影响仍不容小觑。其一，公司债券定义和发行条件与《证券法》高度关联（第153条），在《证券法》保守有限的债券种类限定的前提下，《公司法》的同步规定也使银行间市场的债券陷于尴尬境地，不利于中期票据等名异实同的公司信用类债券之正名归位和统合规范；其二，公司债券募集办法（第154条）应载明的事项中未明确违约处置计划的安排，也缺乏债券持有人会议及受托管理人职责要求，过于粗糙空洞，应以修法补充；其三，公司债券转让（第159条）强调遵照证券交易所规则下的方式，枚举不全的规定不仅无法涵盖现实中业已存在的其他"交易场所"，还忽视了银行间债市的交易安排，为统一违约债交易市场的建构埋下了隐患，有必要删除转让方式的额外约束。

综上所述，债券违约处置是对市场要素的风险收益进行全流程评价的应有之义。债券违约内涵不宜被单一化理解，"债"性决定其处置方案关注契约协商，强调债务重组和自我筹资的推进，尤其关注持有人会议和受托管理人的积极行权，"券"性交易属性促使其关注市场交易的架构规制，更凸显信息披露和合格投资者制度的限定。落实这些层次化方案最终要依赖根基性的立法，即通过《证券法》和《公司法》的后续联动修改，统合违约处置的框架和共识，清除法律上的制度短板，提升债券违约处置的市场化和法治化，更好地推进债券投资者保护。

---

① 参见洪艳蓉：《新〈证券法〉债券规则评析》，载《银行家》2020年第3期。

第八章　证券交易所

第一节　证券交易所概述

一、证券交易所的概念与特征

根据新《证券法》第96条的规定，证券交易所是指依法登记的，为证券集中交易提供场所和设施，组织和监督证券交易，实行自律管理的法人。该定义揭示了证券交易所如下的基本特征。

（一）为证券集中交易提供场所和设施

证券交易分为场内交易与场外交易，我国目前已经初步形成了以证券交易所场内交易为主，以"新三板"和区域性股权市场场外交易为辅的多层次资本市场体系。与场外交易场所相比，证券交易所有着固定的交易场所、完备的交易设施、发达的交易服务网络和一定规模的管理人员和从业人员。为了确保证券交易的有序进行，证券交易所还制定了适合证券集中交易的交易规则、管理规则和各项组织制度。"为证券集中交易提供场所和设施"意味着证券交易所一般为有形市场，但随着通信技术、计算机和互联网技术的迅猛发展，证券的电子化交易和网络交易日益频繁，传统的交易大厅和交易席位仅具有了象征意义。在实践中，我国的深圳证券交易所就不设交易大厅，而是采用无形席位报盘的方式完成交易。

（二）履行组织和监督证券交易的职能

作为资本市场的核心，证券交易所履行着服务和监管的双重职能，既是证券交易的组织者、服务者，也是证券交易的一线监管者。在组织证券交易方面，证券交易所一方面要提供证券交易场所、设施和服务，另一方面要提供具体的交易规则，确保证券交易的安全、稳健和有序。在监管证券交易方面，证券交易所通过对异常交易行为监管，对交易异常情况和重大异常波动采取技术性停牌、临时停市、取消交易、暂缓交收等处置措施，以及对上市公司股份减持监管，维护正常交易秩序，督促各方当事人严格按照公平、公正和公开的原则从事证券交易。

（三）证券交易所是依法登记的法人组织

证券交易所依法享有民事权利和承担民事义务，具有独立的人格、财产和责任，是一个独立的民事主体。从法律规定上看，我国《证券法》只是明确了证券交易所的法人地位，并没有明确是属于企业法人、事业单位法人还是社会团体法人。从章程规定上看，上海证券交易所和深圳证券交易所在章程中都将其定性为"会员制法人"。从登记性质上看，上海证券交易所是在国家事业单位登记管理局登记的事业单位法人，深圳证券交易所是在深圳市事业单位登记管理局登记的事业单位法人。[1] 从职能属性上看，证券交易所既是一个自律管理的法人组织，在承担服务职能时又带有营利性企业的一些特征。从组织外观上看，证券交易所既是事业单位法人，又是会员制组织，还是证监会主管和领导下的下属机构。[2] 可见，我国证券交易所的法律性质存在一定的模糊之处，在实际运行过程中往往呈现出公共性和营利性的双重属性。

（四）证券交易所实行自律管理

《证券法》将证券交易所定义为"实行自律管理的法人"，所谓"自律管理"（self-regulation），又称"自律监管"，是指"交易所建立自己的规则，并依之进行自我管理的一种机制"，包括自我规范、自我管理、自我约束。证券交易所"自律"是相对于监管机构"他律"而言的，其背后所体现的是减少政府干预和市场自治的理念。证券交易所的自律管理具体表现为制定自律管理规则，对交易所会员、上市公司及相关信息披露义务人、证券发行上市和交易活动实施监管，对违反自律规则的给予纪律处分或者采取其他自律管理措施。为了防止利益冲突和自律管理权的滥用，《证券法》第99条规定了证券交易所履行自律管理职能，应当遵守社会公共利益优先原则，维护市场的公平、有序、透明。

二、证券交易所的历史沿革

（一）境外证券交易所的历史沿革

证券交易所的出现是社会经济发展到一定阶段的产物。400年前，在欧洲这块资本主义最初萌芽和发展的土地上，股份制度的出现以及证券交易和金融服务业的兴起为证券交易所的产生提供了适宜的历史土壤。1602年，荷兰的证券交易商们在阿姆斯特尔河上一座

---

① 值得一提的是，1997年实施的《证券交易所管理办法》第3条曾经将证券交易所界定为"会员制事业法人"，后在修订中删除了该表述。

② 参见卢文道：《证券交易所及其自律管理行为性质的法理分析》，载《证券法苑》2011年第2期。有学者指出："上交所不是一个民法意义上的'法人'，更不是一个会员制社团，而是政府创设、政府管理之下的一个承担证券市场组织、营运职能的公权力机构。"参见方流芳：《证券交易所的法律地位——反思"与国际惯例接轨"》，载《政法论坛》2007年第1期。

名为"新桥"的大桥上组织了第一个专门从事股票交易的市场,这一创举奠定了今天有组织集中交易的证券市场的雏形。如果以 1612 年世界上最早的股份公司——荷兰东印度公司首次规定其股票兑现必须通过证券交易所公开出售作为起算点的话,在长达 4 个世纪的时间里,证券交易所伴随着股份公司的成长和壮大,对现代公司制度的形成、嬗变、发展和完善起到了不可磨灭的作用。① 以 19 世纪中叶为界限,可以将证券交易所的历史沿革划分为两个时期。在此之前,证券交易所数量少,交易的证券品种单一,交易规模有限,与场外交易市场相比尚未形成功能优势。19 世纪中叶以后,伴随着股份公司的大量涌现和股票交易的日益频繁,证券交易所飞速发展,成为证券市场的核心。纽约证券交易所、伦敦证券交易所和东京证券交易所引领着证券交易所的发展潮流,成为国际性的证券交易中心。与此同时,一些新兴的证券交易所,如新加坡证券交易所、香港证券交易所,也发展迅猛,成为后起之秀。

20 世纪是证券交易所发展最为迅速、变革最为广泛、对经济和社会发展影响最大的 100 年。在这 100 年中,证券交易所走向了自由化和国际化,进行了公司化、整合化、创新化和多元化改革。② 尤其是 20 世纪 90 年代以来,随着信息技术的飞速发展,机构投资者的日益崛起,投资全球化的持续推进,市场管制的不断放宽,证券市场的经济、技术及制度环境发生了翻天覆地的变化。面对激烈的市场竞争,各国证券交易所纷纷改变治理结构,更新交易系统,进行合纵连横,把交易清算网络延伸到全世界,证券交易所大分化、大整合、大变革的序幕已经拉开,这将彻底改变 21 世纪证券市场的面貌。③

(二)我国证券交易所的历史沿革

证券交易所在我国的出现,始于清朝光绪末年。据史料记载,欧美证券经纪商于 1891 年设立的"上海股份公所"是我国历史上第一家外商经营的证券交易所。1905 年,上海股份公所在香港注册,易名为"上海众业公所"。1914 年,在上海经营股票交易的商号正式组成"上海股票商业工会",在工会所在地集中经营证券业务。与此同时,北洋政府颁布《证券交易所法》,明确许可为便利买卖、平准市价而设的国债、股票、公司债券及其他有价证券的交易活动。1918 年,北平证券交易所成立,这是我国自己设立的第一家证券交易所。1919 年,北洋政府农商部正式批准设立"上海交易所",1920 年改名为"上海证券物品交易所"。"上海股票商业工会"于 1921 年改组成为"上海华商证券交易所"。1929 年,国民党政府颁布《交易所法》后,上海证券物品交易所并入上海华商证券交易所。自此,在上海形成了专营外商股票的"上海众业公所"和专营国内证券的"上海华商证券交易所"并存

---

① 参见吴卓:《证券交易所组织形态和法人治理》,中国出版集团东方出版中心 2006 年版,第 1~5 页。

② 参见张霓:《百年证券交易所:改革、发展及启示》,载《国际金融研究》2001 年第 12 期。

③ 参见施红梅、施东辉:《世纪之交的证券交易所革命》,载《证券市场导报》1999 年第 9 期。

的局面。此后，随着抗日战争与太平洋战争的相继爆发，两家证券交易所命运多舛，直到中华人民共和国成立前夕才正式停业。①

中华人民共和国成立初期，在引导资金流向产业部门、稳定物价、促进经济恢复增长的方针指导下，1949 年成立了天津市证券交易所，1950 年成立了北京市证券交易所。但这两家证券交易所只是作为临时性和过渡性的制度安排，随着全国经济的恢复以及稳定金融物价工作的顺利展开，证券交易所的存续目的基本实现，于 1952 年被停止交易。在其后的二十余年中，我国没有证券市场，也不存在证券交易所。② 党的十一届三中全会后，证券市场的发展迎来了历史的春天。1984 年 9 月，全国第一家从事证券发行与交易的机构——中国工商银行上海市分行静安分理处证券业务部成立。同年 11 月，新中国历史上第一只规范化的股票——上海飞乐音像公司股票向社会发行。1985 年 12 月，国家体改委和中国人民银行在广州召开了五城市金融体制改革试点会议，提出要开放证券市场。1986 年，中国人民银行上海分行在确定上海金融市场发展规划时，明确提出要筹建上海证券交易所。与此同时，大批股份制企业完成了股份制改造，股份转让流通的巨大需求催生了一些地方性的证券交易场所市场。这些自发性证券交易场所虽然缓解了企业的融资需求，但扰乱了市场秩序，潜伏着极大的风险隐患。在此背景下，国务院决定批准设立全国性的证券交易所。1990 年 11 月 26 日，上海证券交易所正式成立，并于同年 12 月 19 日开业。1991 年 4 月 11 日，深圳证券交易所正式成立，并于同年 7 月 3 日开始营业。两家证券交易所的成立，标志着我国资本市场初步形成。

在过去的近 30 年中，我国的资本市场发展迅猛，取得了举世瞩目的成就。尤其是经过 2005 年和 2019 年《证券法》的两次大幅修订，以及《公司法》的历次修订，资本市场的法治化程度不断提升，资本市场的活力得到极大释放，证券交易所作为资本市场"神经中枢"的功能日益凸显。统计数据显示，截至 2021 年 4 月 9 日，沪深两市上市公司数量合计达到 4262 家，总市值 79.02 万亿元，其中沪市上市公司共 1858 家，总市值为 45.65 万亿元；深市上市公司共 2404 家，总市值为 33.37 万亿元。③ 截至 2021 年 3 月，投资者数量达到 18395.61 万名，其中自然人投资者 18352.81 万名，非自然人投资者 42.8 万名。④ 2019 年 6 月 13 日，科创板在上海证券交易所正式开板，标志着我国多层次资本市场体系进一步完善。科创板和创业板相继试点股票发行注册制改革，则预示着我国资本市场的市场化改革

①　参见叶林：《证券法》(第三版)，中国人民大学出版社 2008 年版，第 363~364 页。

②　参见周友苏主编：《新证券法论》，法律出版社 2007 年版，第 415 页。

③　参见《证券市场快报》，载中国证监会：http://www.csrc.gov.cn/pub/newsite/scb/gzdt/sckb/202104/t20210412_395778.html，2021 年 4 月 12 日访问。

④　中国证券登记结算有限责任公司《统计月报》(2021 年 3 月)，http://www.chinaclear.cn/zdjs/tjyb2/center_tjbg.shtml，2021 年 4 月 12 日访问。

进一步深入。2014 年 11 月和 2016 年 12 月，上海证券交易所、深圳证券交易所分别与香港联合交易所开展的股票市场交易互联互通的"沪港通"和"深港通"正式启动，2019 年 6 月上海证券交易所与伦敦证券交易所互联互通存托凭证业务的"沪伦通"也正式启动，意味着我国资本市场的对外开放和国际化程度进一步提升。2021 年 9 月 3 日，北京证券交易所设立并同步试点注册制，我国多层次资本市场的制度改革进一步深入，2023 年 2 月 17 日，证监会发布全面实行股票发行注册制相关制度规则，标志着股票发行注册制的全面落地和推行。随着我国资本市场由新兴市场向成熟市场的加速转轨，特别是在新《证券法》出台和证券发行注册制改革的背景下，证券交易所的功能势必将会得到进一步的彰显。

三、证券交易所的功能

从理论上看，证券交易所产生的基本目的是建立一个自我管理、自我服务、自我保护的稳定组织，为有价证券交易的顺利进行搭建平台。同时，作为证券集中交易的场所，证券交易所还应通过自律性的监督和管理，为证券交易提供公开、公平、公正的市场环境，保证证券市场的正常运行。[①] 鉴于证券交易所具有企业组织与公共机构的双重属性，可以将证券交易所的功能划定为服务功能与监管功能。

（一）证券交易所的服务功能

证券交易所的第一要务就是为证券集中和有组织的交易提供服务平台，证券交易所只有提供良好的服务才能吸引上市公司的挂牌交易，从而维持自身的发展。从比较法的角度观察，世界范围内证券交易所提供的服务主要表现在：（1）买卖双方通过证券交易所提供的平台彼此接触；（2）证券交易所提供交易市场信息，信息范围不仅广泛而且也有效率，更不会发生信息不对称的问题；（3）证券交易所通过制定明确的证券交易规则，降低双方交易风险，以维护证券交易秩序，保护投资者权益。[②] 具体而言，证券交易所的服务功能包括以下几个方面：

1. 便利企业融资，方便投资者投资

企业融资分为间接融资与直接融资，在间接融资方式下，商业银行作为信用中介吸收社会公众存款，然后通过发放贷款的方式提供给资金需求的企业，赚取中间的利差。相对于间接融资方式，直接融资方式是资金供给方直接向资金需求方提供资金，由于去除了商业银行承担的信用中介角色，因而资金供给方可以获得更多的收益。企业通过证券交易所上市融资，具有成本低、速度快、风险小、期限长以及使用较少受到限制等优点，能够有效满足企业的融资需求。由于企业上市须履行强制信息披露义务，投资者可以根据企业的

---

① 参见邢海宝主编：《证券法学原理与案例教程》，中国人民大学出版社 2007 年版，第 203 页。
② 参见陈界融：《证券发行法论》，高等教育出版社 2008 年版，第 266 页。

财务状况、经营业绩等信息作出投资判断，加之证券交易所提供的完备的投资渠道，这对于投资者的投资便利以及降低投资风险颇有助益。

2. 降低交易成本，提高证券的流动性

可转让性(流动性)是证券的重要特征，通过转让可以实现证券的价值，发现证券的合理价格，转移证券的风险。如果没有证券交易所，投资者之间就必须相互接触以确定交易价格和交易数量，这样的交易方式成本高昂且效率低下。证券交易所的存在可以增加交易机会、提高交易速度、增强交易信用和克服信息不对称难题，从而显著降低交易成本。在交易成本尽可能低的前提下，快速、有效地执行投资者发出的交易指令，是证券交易所特有的核心功能。这一核心功能有个专业性术语，即"提供流动性"。证券交易所提供流动性的市场功能，包括立即执行交易订单的能力，以及按照合理价格和成本执行交易订单的能力。对于证券交易所而言，如果集中交易缺乏流动性，证券交易将受阻，交易所之于市场则失去存在的价值。①

3. 形成公平合理的交易价格

证券作为一种特殊的商品，其价格并不是由上市公司、券商、交易所或其他机构核定的，应当取决于市场的供求关系。证券交易所将各方投资者的买卖委托指令汇集一处，以集中竞价的方式将价格及数量相当的委托撮合成交，最终达成证券交易，这种以市场供求关系为基础形成的交易价格是一种公平合理的价格。与此同时，证券交易所还通过相应的自律规则和自律监管，避免操纵市场、内幕交易等违规行为对证券价格的影响，尽量反映上市公司的经营状况，进而对上市公司形成市场压力。有学者将这种价格发现功能与提供流动性功能视为交易所的核心功能，是证券交易所作为集中交易市场本身独有的功能。②

4. 引导社会资金的合理流动，优化资源配置

证券交易所是融通资金的重要平台，也是检验公司质量的"试金石"，只有治理结构良好、符合产业政策导向、有发展前景的公司才有机会进入证券交易所进行融资，获得雪中送炭的机会。已经进入证券交易所上市的公司，如果遵纪守法，保持良好业绩，扩大领先优势，则能够进行再融资，实现锦上添花。相反，经营业绩差的公司难以进入证券市场获得融资，即使已经获得上市资格的公司，如果不能保持业绩，也会被淘汰出局。证券交易所通过执行严格的信息披露制度，使得社会资金流向最需要和最有利的地方，以此调整行业结构和产业结构，从而实现资源的优化配置。

(二)证券交易所的监管功能

证券交易所在履行服务功能的同时，还必须制定相关规则，对证券交易行为进行监

① 参见卢文道：《证券交易所自律管理理论》，北京大学出版社2008年版，第9~10页。
② 参见陈甦主编：《证券法专题研究》，高等教育出版社2006年版，第157页。

管。作为证券市场的核心，证券交易所监管规则制定的好坏与是否有效执行，直接影响到投资者利益和证券市场的秩序的好坏。从世界范围看，证券交易所的监管功能主要是通过自律监管实现的，即证券交易所依据证券法律法规授权，通过制定和执行交易所的自律规则，对上市公司、会员以及交易活动进行自律监管，履行交易所的监管功能。关于证券交易所自律监管与政府行政监管的关系，正如美国 SEC 第二任主席威廉·O. 道格拉斯对《1934 年证券交易法》中的自律监管制度所描述的那样："交易所发挥优先作用，而政府发挥剩余作用。换句话说，政府拿着猎枪，站在门后，子弹上膛，抹好油，拉开枪栓，随时准备开枪，但期望永远不开火。"当然，作为证券监管的有机组成部分，自律监管的目标应当和政府对证券监管的目标保持一致。正如国际证监会组织在 2017 年 5 月修订的《证券监管目标和原则》中所指出的，证券监管的三项目标为保护投资者利益，保证市场公平、高效和透明，减少系统性风险。①

应当注意到，我国证券交易所的产生与发展是政府主导下的强制性制度变迁的结果。在我国长期政府主导型监管体制的影响下，证券交易所尚未探索出一条独立自主实施自律监管的成功道路。在我国，证券交易所自律监管一开始就是作为行政监管的延伸而存在的，其权力配置、人事任免和自律监管都被纳入证监会的严格管控之下，作为"自律管理的法人"的独立地位从来都没有真正实现，甚至被视作证监会实现其监管职能和目标的"工具"。实践中，自律监管与行政监管边界模糊，监管职能重叠，证监会的行政监管权力过于宽泛，挤占了证券交易所自律监管的空间。在国际证券市场飞速发展和证券交易所竞争日趋激烈的背景下，"重政府监管、轻自律监管"的传统监管权力配置模式难以为继，我国需要在充分考虑国情和资本市场"新兴加转轨"这一特点的基础上，在行政监管和自律监管之间寻求合理平衡，厘清行政监管和自律监管的边界，保持证券交易所自律监管的独立性。

第二节　证券交易所的组织形式与组织机构

一、证券交易所的组织形式

在证券交易所的发展过程中，先后出现了多种组织形式，如世界交易所联合会在其官方文件中，就将交易所划分为五类，即会员出资的有限公司、非互助的但没有公开上市的交易所、公开上市的交易所、协会或者互助组织和其他组织形式。但总体上看，典型的证券交易所组织形式主要是会员制和公司制。

---

① 《IOSCO 证券监管目标和原则》，载国际证监会组织：http：//www.csrc.gov.cn/pub/newsite/gjb/gjzjhzz/ioscojgmbyyz/200507/t20050729_79388.html，2020 年 8 月 16 日访问。

（一）会员制证券交易所

会员制证券交易所是指出资者、使用人与控制人均为会员的非营利性社团法人的证券交易所，其法律特征包括：（1）会员制证券交易所具有互助性质，属于互助组织，交易所由会员出资设立，由会员行使使用权、决策权和交易权。（2）会员制证券交易所不以营利为目的。但是可以适当收取交易费、会员费、席位费，但在其存续期间，不得将其财产积累分配给会员。（3）会员制证券交易所享有高度自治权。交易所实行自律管理，对会员进行自我教育、自我服务、自我监督和自我管理。（4）会员制证券交易所实行一人一票的集体决策机制。会员大会是交易所的最高权力机构，负责交易所重大事项决策，会员具有平等的法律地位，享有平等的表决权。（5）会员制证券交易所对证券交易不负担保责任。交易所的费用由会员承担，证券交易的后果由证券买卖双方承受，证券投资者对于因交易所会员的行为而遭受的损失，无权向交易所要求损害赔偿。

（二）公司制证券交易所

公司制证券交易所是以营利为目的，采取公司形式（主要为股份有限公司）的证券交易所，其法律特征包括：（1）公司制证券交易所是非互助组织。交易所由股东出资设立，股东大会是公司的最高权力机构，负责交易所重大事项决策，选举和更换董事，董事会行使决策权，经理层负责交易所的日常经营。（2）公司制证券交易所以营利为目的。交易所向进场交易的券商收取较高的交易费用，为其提供服务，并向其股东分配股利。与此相对应，公司制证券交易所对其场内进行的证券交易行为负担保责任。（3）公司制证券交易所在表决机制上采资本多数决原则，股东按其所持股份的多少行使表决权。

（三）我国证券交易所的组织形式

关于我国证券交易所的组织形式，相关立法和文件规定经历了一个不断变化的过程。中国人民银行深圳分行于1991年制定的《深圳证券交易所章程》第2条规定："本所为会员制、非营利性的事业法人。"1990年8月由中国人民银行上海分行批准的《上海证券交易所章程》第2条亦作出了同样的规定。但在1999年4月，上海证券交易所对其章程进行了修改，删除了"非营利性"及"事业法人"的表述，而规定"本所是为证券的集中竞价交易提供场所、设施，履行国家有关法律、法规、规章和政策规定的职责，不以营利为目的，实行自律性管理的会员制法人。"1993年5月20日，深圳证券交易所在原章程基础上以会员大会表决形式通过了《深圳证券交易所章程（修正稿）》，该修正稿坚持了对深交所"会员制、非营利性的事业法人"的定位。1996年国务院证券委员会颁布的《证券交易所管理办法》第3条将证券交易所界定为依法设立的，不以营利为目的，为证券的集中和有组织交易提供场所、设施，履行国家有关法律、法规、规章、政策规定的职责，实行自律性管理的会员制事业法人。1998年的《证券法》第95条将证券交易所定义为提供证券集中竞价交易场所的，不以营利为目的的法人。这个定义中并没有出现"会员制事业"的字眼，立法者的用意在于为证券交易所的组织形态的改革和探索预留空间。2005 年修订的《证券法》第 102 条将证券交易所界定为"为证券集中交易提供场所和设施、组织和监督证券交易，实行自律管理的法人"，2019 年修订的新《证券法》基本上沿用了这一规定。2017 年颁布的新《证券交易所管理办法》虽然未对证券交易所进行明确的定义，但在第 17 条规定"证券交易所实行会员制，设会员大会、理事会、总经理和监事会"。2018 年 7 月和 2020 年 5 月分别修订的《深圳证券交易所章程》和《上海证券交易所章程》，虽然都没有"非营利性""不以营利为目的"的表述，但依旧延续了其"会员制法人"的定位。2021 年修订的《证券交易所管理办法》对证券交易所的组织形式作了开放式的规定，既规定了实行会员制的证券交易所应设会员大会、理事会、总经理和监事会，还规定实行有限责任公司制的证券交易所应设股东会、董事会、总经理和监事会，证券交易所为一人有限责任公司的，不设股东会，由股东行使股东会的职权，为公司制证券交易所的设立提供了法律空间。2021 年 9 月 3 日，北京证券交易所设立，成为中国第一家公司制证券交易所。

在实践层面上，除北京证券交易所明确定位为公司制之外，沪深两家证券交易所的定位并不十分清晰，既不是公司制，也不是真正的会员制，既不是政府机关，也不是事业单位，但却兼具有会员制组织、事业单位和国有企业的某些特征。有学者认为，沪深两家证券交易所既不是机关法人，也很难认定为企业法人或事业单位法人，更不是纯粹的社会团体法人，其运行规则与法律文本之间存在明显的脱节现象。[①] 正如上海证券交易所研究中心 2002 年 5 月 13 日所发布的一个报告指出的："我国证券交易所没有自主利益的载体，也不是自律性管理的法人，更多的是一个执行国家有关管理部门法规与行政命令的执行机构。"总之，沪深两家证券交易所目前还不是真正的会员制，这种体制是我国从计划经济向市场经济转轨过程中的一种过渡性体制。[②] 面对沪深两家证券交易所徒有其名的会员制、貌似科学的治理结构和空有其表的竞争环境，尤其是面临全球范围内证券交易所公司化改制浪潮以及交易所"朝底竞争"加剧的时代背景下，[③] 改革我国的证券交易所组织形式已经势在必行。

二、证券交易所公司化趋势与我国证券交易所的理性选择

(一)证券交易所公司化改制的现象透视

1993 年瑞典斯德哥尔摩证券交易所由会员制改制为公司制，开启了证券交易所公司化改制的先河。此后短短几年内，意大利证券交易所(1997 年)、澳大利亚证券交易所(1998

---

① 参见方流芳：《证券交易所的法律地位》，载《政法论坛》2007 年第 1 期。
② 参见郭洪俊：《证券交易所的性质、定位及相关问题研究》，载徐明主编：《证券法律制度研究》，百家出版社 2002 年版，第 261~262 页。
③ 参见冯果、李安安：《投资者革命、股东积极主义与公司法的结构性变革》，载《法律科学》2012 年第 2 期。

年)、新加坡交易所(1999年)、NASDAQ(2000年)、伦敦证券交易所(2000年)、德国证券交易所(2000年)、香港证券交易所(2000年)、东京证券交易所(2001年)等交易所先后完成公司化改制并公开上市。一直处于是否公司化改制争论中的纽约证券交易所,也终于在2006年3月8日,结束了其长达214年之久的非营利组织属性,转变为公开交易公司,并在自己的证券交易所上市。① 除了发达的证券市场,新兴市场的许多证券交易所也进行了公司制改造,如菲律宾证券交易所、匈牙利布达佩斯证券交易所、马来西亚吉隆坡证券交易所都变成了公司制交易所,韩国在2004年1月通过了《韩国证券和期货交易所法》,为交易所的合并与公司化改造提供了法律基础。世界交易所联合会(WFE)2013年调研报告显示,截至2012年底WFE会员中74%已完成由非营利性向营利性的转变。就交易所组织形式而言,41%的会员为上市公司,14%的会员的为可转让未上市的股份公司,14%的会员为私人有限公司,即高达69%的会员已完成公司化改制,仅有12%为会员制协会,且所有发达国家的交易所均已完成公司化改制,多数新兴经济体交易所也完成了股份制改制。② 可以说,90年代开始的证券交易所公司制改革趋势,已经使公司制成为当前全球证券交易所的主导治理模式。

伴随着证券交易所由会员制转变为公司制,作为描述这种潮流的一个新造之词Demutualization遂和资产证券化潮流中的"证券化"(Securitization)一样成为国际证券期货业大行其道的热门词汇。对Demutualization的具体含义学界还未形成统一界说,一般将其直译为"非互助化"③,也有人倾向于将其译为公司化改制或股份制改造。④ 本书所探讨的"公司化改制"与"非互助化"为同一含义。根据国际证监会组织技术委员会2001年发布的一份报告,传统的交易所大多是由会员拥有的非营利机构,属于互助性或者合作性机构,传统的交易所转变为由股东持有股份的营利性公司的过程称为交易所的非互助化。⑤ 在另一份由亚洲开发银行编辑公布的报告中,该书主编Shamshad Akhtar认为,非互助化在最严格的意义上是指交易所在法律地位上由实行一人一票的互助性组织转变为实行一股一票的股份公司。⑥ 一般认为,证券交易所从会员制转向公司制,主要经历了三个方面的变

---

① 参见曾宛如:《证券交易法原理》(修订版),台湾元照出版公司2006年版,第276页。

② 参见上海证券交易所—厦门大学联合课题组:《全球主要交易所治理结构研究》,上证联合研究计划第24期课题报告,第19页。

③ 参见于绪刚:《交易所非互助化及其对自律的影响》,北京大学出版社2001年版,第5~6页。

④ 参见王琛德:《关于交易所股份制改造的几个问题》,载《期货日报》2002年10月16日。

⑤ 参见 Technical Committee of International Organization of Securities Commissions (IOSCO), Issues Paper on Exchange Demutualization, June 2001, p. 3。

⑥ 参见 Shamshad Akhtar, Demutualization of Asian Stock Exchanges—Critical Issues and Challenges, in Demutualization of Stock Exchange—Problems, Solutions and Case Studies, edited by Shamshad Akhtar, Asian Development Bank, 2002, p. 4。

化，即所有权结构、组织结构（治理结构）以及经营目标。在所有权结构上，由会员所有转变为股东所有，从会员所有权、控制权与证券交易所设施和服务的使用权有机统一，转变为这些权利的相对分离；在组织结构上，由互助性组织转变为非互助组织，由一人一票转变为资本多数决；在经营目标上，由不以营利为目的的法人，转变为营利性并追求股东利益最大化的企业法人。在这三个变化中，组织结构与经营目标的变化都不是证券交易所公司化的本质，只有所有权结构的变化才最具有实质意义，"非互助化从词义上看就是一个组织从互助性的所有权结构改变为股份的所有权结构的过程"。① 换言之，非互助化的核心问题是"谁拥有交易所的所有权"。

（二）证券交易所公司化改制的动因与启示

风起云涌的证券交易所公司化改制浪潮并非空穴来风，而是有着深刻的现实背景。首先，信息技术的迅猛发展颠覆了会员制证券交易所的存在基础。会员制交易所是技术不发达的产物，拥有宽敞的交易大厅是其特征之一。随着技术的进步尤其是网络技术的发展，证券交易逐步实现电子化、国际化以及去中介化，从而对传统的交易所形成巨大的冲击，使得交易所不得不对自身的组织和结构进行调整。一是，网上交易业务的兴起和证券交易的电子化使得传统的交易大厅失去了用武之地，反而成了资源浪费与泡沫的标志。1990年，澳大利亚证券交易所关闭了交易大厅，完全实行电子化。1996年，德国证券交易所开展了电子交易，不到两年时间，其92%的交易转移到了电子交易平台。这充分预示了全面电子化将是证券交易所走向未来的唯一出路。二是，信息技术的发展使得投资者对经纪商的依赖日趋减弱。证券交易的电子化、网络化使投资者摆脱了对中介机构的依赖，导致"脱媒现象"的出现，② 即投资者不再通过经纪交易商进入证券交易所，而是直接进入市场。

其次，证券市场管制的放松直接导致交易所之间的竞争加剧。以1986年10月27日英国伦敦金融"大爆炸"改革为标志，全球范围内掀起了金融自由化浪潮。证券市场监管体制面临着放松管制与强化监管的"双刃"式改革，前者是"除旧"，即解除过度的监管压制，以激活市场创新力量，后者是"布新"，即寻求最大可能的监管体系重构与改善，证交所的公司化改制即为监管重构的使命之一。③ 世界银行2002年的一份研究指出："国际化和交

----

① 参见 Pamela S. Huges, Background Information on Demutualization, in Demutualization of Stock Exchange—Problems, Solutions and Case Studies, edited by Shamshad Akhtar, Asian Development Bank, 2002, p. 35。

② "脱媒现象"又称金融机构的"非中介化"，主要是指资金从金融中介流向金融市场，传统的商业银行扮演的角色逐渐弱化，优化配置社会资源的功能更多地由资本市场承担。

③ 参见官欣荣、李泫永：《公司法证券法诸改革与新探索》，人民法院出版社2006年版，第304页。

易的流动性(migration of order flow)这一不可抵挡的趋势使得世界范围内的证券交易所面临着巨大的压力。在某些交易所，超过一半的股票交易和上市已经流向海外市场……跨国流动性使得各国很难维持完全封闭的本国证券交易所……日益加强的跨国流动的趋势将使那些小的证券交易所更难以维持生计。"①放宽证券市场管制主要体现在证券交易行业引入竞争机制上，例如在价格上，各交易所大幅度降低交易服务费以吸引投资者；在硬件设施上，各交易所投入庞大资源对技术系统进行改造，从而向投资者提供高效透明的交易服务；在吸引上市公司方面，各交易所纷纷为上市公司提供更有竞争力的服务内容；在争夺投资者方面，各交易所开发了各类交易品种，以满足投资者的不同需求。

最后，公司化改制给证券交易所可能带来的优势是本次改制浪潮的内在动力。公司化改制可能给证券交易所带来的好处在于：一是公司化改制有助于改善证券交易所的治理结构，提高决策效率和完善监督机制。交易所实行公司制以后，会根据公司法与证券法的要求完善自身的治理结构，包括增强董事会的独立性，完善财务会计制度，披露公司的重大信息，这将使交易所的运营更加稳健和透明化。二是公司化改制有助于证券交易所吸纳更多资本。交易所变成公司制后，可以通过发行股票或公司债券的形式筹集更多资本，用于技术更新或投资于其他商业领域。三是公司化改制有助于股东通过转让股份或者分配盈余的方式实现其利益最大化。成为交易所的股东之后，原来的会员享有股东权利，可以通过转让股份或者分配盈余实现股东的价值。四是公司化改制有助于强化证券交易所的自治地位，削弱政府对证券交易所的不当干预。交易所的公司制改制有助于减少会员制交易所中会员对交易所的过分控制，使交易所的管理层以交易所和股东利益最大化为出发点，而不是追求某一会员或者利益团体的利益。总之，"公司制证券交易所，由于摆脱了会员的控制，将拥有更专业的管理以及更有效率的决策，从而使得交易所能够快速地应对变化，保持创新和竞争力"②。

资本市场的发展与金融创新的加剧，极大地改变了传统证券交易所的运作环境。已经存在的和可以预见的激烈竞争，使得生存还是死亡，成为悬在证券交易所头上的一柄"达摩克利斯之剑"。在这种背景下，对证券交易所组织形式和治理结构的反思成为世界各国金融现代化和资本市场改革的一个重要课题。③ 市场经济是一种开放的经济，金融资本的全球自由流动不以人的意志为转移，各国要谋求自身经济的发展就必须融入全球经济大循

---

① 深圳证券交易所第一期法律课程研究报告：《证券交易所会员监管法律制度研究》，课题负责人：汤欣。

② Jennifer Elliott, Demutualization of Securities Exchanges：A Regulatory Perspective, IMF Working Paper, 2002, p. 13.

③ 参见吴卓：《证券交易所组织形态和法人治理》，中国出版集团东方出版中心 2006 年版，第 199 页。

环中，也必须重视证券交易所这一"资本市场神经中枢"的制度功用。面对金融机构全球化、金融市场一体化、金融业务综合化以及证券交易所非互助化的世界大潮，中国的金融法制不可能故步自封，更不可能独善其身，惟有积极进行规则调适与制度变革，才能强化其时代适应性品格。为此，我们必须以开放的心态和理性务实的态度为我国证券交易所的改革作出关键性的战略抉择。

（三）我国证券交易所的理性选择①

面对境外证券交易所公司化改制的浪潮，我国既不能盲从，也无须排斥，而应结合自己的国情和文化作出理性选择。对此，有三点需要明确：

1. 回归会员制还是走向公司制，应从国情出发并最终由市场作出选择

尽管与会员制相比，公司制确有其一定的优势，但由非营利性的会员制向营利性的公司制转变，需要一定的条件，而目前这些条件在我国尚不具备。首先，将交易所转变为纯粹的商事营利组织，无论在理论上还是在社会公众和政府的情感上都一时难以接受。即使在西方也通常认为交易所兼有公共性和商业性的双重属性和角色。交易所履行它们在资本市场的角色时，通常被认为是在履行公共职能，被认为是对交易所角色与职能的十分经典的表述。如何化解公司制交易所商业性与公共性职能之间的冲突是困扰西方国家的一大难题，同样也是我们必须面对的问题。

其次，交易所公司制改造，应建立在市场有效竞争的前提之上。上海证券交易所和深圳证券交易所是目前我国获得国务院批准从事无记名股票（流通股）交易的主要场所，但两家交易所的组织结构与治理结构并无本质差别，所有的证券公司既是上交所会员也是深交所会员，在证券交易环节，两家交易所在各自范围内进行着股份交易权的垄断，彼此间并不存在真正意义上的竞争。由此可见，我国证券交易所实行公司制改革的市场压力并不像境外交易所那样明显；我国并不存在因为交易系统之间的竞争而将交易所非互助化的市场环境。在交易所之间没有形成有效竞争的情形下，仓促改变其性质，只会重新打造一个庞然怪物，不仅不能提升竞争力，反而会形成新的垄断力量，造就新的利益集团，有碍资本市场的发展。

再次，采用公司制的证券交易所有融资上市便利，但也带来被兼并收购之风险。在证券交易所公司化改制的同时，全球范围的交易所并购浪潮也席卷而来，例如2007年伦敦证券交易所收购意大利证券交易所，2008年芝加哥商品交易所收购纽约商品交易所，2012年港交所并购伦敦金属交易所，2013年东京证券交易所并购大阪证券交易所组建日本交易所集团。在资本市场发育的初级阶段，我国的证券交易所国际竞争力相对较低，从而面临

---

① 参见冯果、田春雷：《临渊羡鱼　莫如退而结网——关于我国证券交易所组织形式改革的一点反思》，载《法学评论》2009年第5期。

被兼并收购的风险更为巨大，对此不能掉以轻心。

最后，在我国目前需要强化而不是弱化交易所的自律监管职能。从境外交易所的公司制改革实践来看，解决交易所角色及利益冲突的基本途径是剥离交易所的自律监管职能，将其交给政府监管机构（如英国、我国香港地区等）或者第三人（如成立一个单一的自律监管组织），但无论是政府监管部门还是独立的第三人都缺乏交易所一线监管的便利和优势。我国证券市场本身就是政府主导下建立起来的，自律监管一直比较缺位，而将交易所一线监管的职能交给政府监管部门，显然与建立多层次的监管体系这一目标背道而驰。综合上述分析，我们认为，目前我们当务之急并非交易所公司制改造，而是着力打造有效竞争的资本市场和完善交易所的治理结构，提升交易所的竞争力，为交易所公司制改造创造条件。即便是将来允许公司制证券交易所设立，也不能将公司制作为交易所的唯一组织形式，应该允许交易所依据自身的需要作出选择。

2. 打破市场分割，鼓励交易所之间展开有效竞争

集中交易是资本市场发展的必然选择，但集中交易并非将市场局限于单一的证券交易中心，更不是将已有的交易所演变为在划定的势力范围内封闭运行的交易系统。在一个上市公司和投资者无法选择市场的情形下，即交易所之间处于相互分割、没有竞争的状态中，交易所很难产生严格监管的动力和压力。我国资本市场过于单一和集中，三大交易所之间互为分割的状况无法提升交易所的竞争力，也不利于资本市场的充分发展。因此，我们应该促进交易所之间的竞争，至少应该允许交叉会员和选择上市交易。交易所间的竞争可形成一种有效的约束机制，促进公正、透明的市场环境的形成。增强证交所的可竞争性，构建我国证交所的竞争格局具体可从以下几个方面入手：

其一，尊重证券交易所的独立法律人格，自主是交易所展开竞争的基本前提。我国证券市场属于政府主导下的强制性制度变迁，交易所是政府选择的结果而非市场自主发展的产物，本属于交易所的自治权，遭受国家权力的侵蚀，异化为行政权力。要增强交易所的市场竞争力，必须检讨、反思行政权力和交易所自律、自治权之边界，还权于交易所。①

其二，扩大证券交易所的自治权限。为了提升我国证券交易所的实力与竞争力，必须将证券交易所推向市场，增强其自治能力。例如，《证券交易所管理办法》第 10 条关于证券交易所上市新的证券交易品种要经过证监会批准的规定，严重抑制了交易所的金融创新，有必要放开限制。交易所可以拥有更多的产品（如股指期货、股票期权等）开发权，以使证券交易所的竞争手段更加灵活多样。

其三，加强证券交易所的自律。自律是证券交易所回应竞争的有效手段，这不仅要求

———————

① 参见徐明、卢文道：《从市场竞争到法制基础：证券交易所自律监管研究》，载《华东政法学院学报》2005 年第 2 期。

确立证券交易所自律监管的权威性，明确自律监管的权力内容及范围，更要完善证券交易所的自律管理业务规则，还要强化对证券交易所监管职能的司法审查。

3. 完善交易所治理结构是提升交易所核心竞争力的关键

目前证券交易所治理结构的主要弊端在于，政府证券监管机构对交易所的干预过度，证券交易所缺乏独立性。因此，我国交易所公司治理改革的主要目标是增强交易所自身的独立性，避免受到外部政府监管机构的不当控制。我们认为，应通过以下途径增强交易所的独立性和创新精神：

(1)明晰产权。尽管政府对于交易所的组建功不可没，完全否认政府对交易所的产权不符合历史，但这并不意味着交易所只能迁就史实，因此定位为国有单位。目前将会员定位为证券交易所的所有人较为合理和可行，需要做的是依据交易所会员会费缴纳比例得出各自出资份额，使其真正成为产权的拥有者，至于国有资本可以通过交易所积累财产赎回或由其他会员认购等方式退出。唯有如此，才能使《证券法》确定的交易所治理结构落到实处。

(2)改革现行的人事任免制度。首先，要改变理事长和副理事长由证监会提名的做法。交易所的理事会人选应该直接由会员大会选举产生，理事长和副理事长应该由理事会选举，即使考虑到交易所具有的公共性，最多也只是理事长、副理事长报请政府监管部门同意即可，政府监管机构直接提名理事长和副理事长缺乏充足理由。其次，要理顺理事会和总经理的关系，完善总经理任免制度。交易所的运营牵涉上市公司、证券公司以及广大投资者的利益，交易所应当处于外部的监督之下，包括接受政府证券监管部门的监督，但是监督并不意味着人事上的绝对控制，人事控制必然导致其独立性的丧失。因此有必要改变总经理由证监会任免的做法，应由理事会聘任或者解聘总经理、副总经理，这样才符合科学治理结构的要求。

(3)提高交易所运营的透明度。交易所不仅应该接受政府监管部门的监督，还应该接受社会的监督。因此，交易所必须增加其运营的透明度，向社会公开交易所的公司治理和运营的主要事项，交易所在向政府监管机构提交规则草案时必须同时公布规则草案的内容，供社会各界发表意见并使相关主体熟悉交易所的规则，当交易所的规则获得政府监管部门批准时，交易所必须及时更新和公布自己的规则。

三、证券交易所的组织机构

证券交易所作为法人组织，组织机构是其独立存在和运作的前提和基础。可以说，证券交易所组织机构设置是否合理、各机构之间权力配置是否科学、机构内部人员构成是否平衡，直接决定着证券交易所的运作效率以及综合实力。① 从全球范围看，无论是会员制证券交易所，还是公司制证券交易所，通常都由权力机构、执行机构、监督机构等构成，但在具体的组织机构设置上存在明显区别。

（一）会员制证券交易所的组织机构

1. 会员大会

会员大会由证券交易所的全体会员组成。在证券交易所发展的早期，会员都是作为交易商、经纪商的自然人。但随着证券交易所的发展壮大，机构会员的比重日益增加。在我国，证券交易所会员以境内证券经营机构为限，境外证券经营机构设立的驻华代表处经申请可以成为特别会员，但不能成为正式会员。可以预见的是，随着我国的金融体制从分业经营朝向混业经营逐步转变，以及资本市场对外开放程度不断提高，证券交易所的会员将不再局限于境内证券公司，只要是依法具有证券经营资格的公司都可能成为会员。

会员大会是证券交易所的最高权力机构，有权决定证券交易所的一切重大事项。根据《证券交易所管理办法》第 18 条第 1 款的规定，会员大会行使下列职权：（1）制定和修改证券交易所章程；（2）选举和罢免会员理事、会员监事；（3）审议和通过理事会、监事会和总经理的工作报告；（4）审议和通过证券交易所的财务预算、决算报告；（5）法律、行政法规、部门规章和证券交易所章程规定的其他重大事项。需要注意的是：其一，会员大会制定和修改证券交易所章程后，须经证监会批准后方能生效；其二，证券交易所的理事由两部分组成，即会员理事和非会员理事，会员大会只能选举和罢免会员理事，非会员理事则由证监会委派。

会员大会分为年会和临时会议两种形式。按照《证券交易所管理办法》第 20 条第 1 款的规定，会员大由理事会召集，每年召开一次。有下列情形之一的，应当召开临时会员大会：（1）理事人数不足该办法规定的最低人数的；（2）1/3 以上会员提议；（3）理事会或者监事会认为必要。会员大会应当有 2/3 以上的会员出席，其决议须经出席会议的会员过半数表决通过。会员大会结束后 10 个工作日内，证券交易所应当将大会全部文件及有关情况向中国证监会报告。

2. 理事会

理事会是证券交易所的决策机构，在交易所内享有最实质的权力。正如纽约证券交易所章程所表述的那样，"理事会应被赋予有助于完善交易所治理的一切权利"，包括管理会员的交易行为、批准会员的加入、制定和修改交易所的业务规则、发布交易所的管理措施以及对违反交易所规则的行为进行处罚。我国《证券交易所管理办法》第 22 条第 1 款规定的理事会职权包括：（1）召集会员大会，并向会员大会报告工作；（2）执行会员大会的决

---

① 参见周友苏主编：《新证券法论》，法律出版社 2007 年版，第 433 页。

议；(3)审定总经理提出的工作计划；(4)审定总经理提出的年度财务预算、决算方案；(5)审定对会员的接纳和退出；(6)审定取消会员资格的纪律处分；(7)审定证券交易所业务规则；(8)审定证券交易所上市新的证券交易品种或者对现有上市证券交易品种作出较大调整；(9)审定证券交易所收费项目、收费标准及收费调整程序；(10)审定证券交易所重大财务管理事项；(11)审定证券交易所重大风险管理和处置事项，管理证券交易所风险基金；(12)审定重大投资者教育和保护工作事项；(13)决定高级管理人员的聘任、解聘及薪酬事项，但中国证监会任免的除外；(14)会员大会授予和证券交易所章程规定的其他职权。

关于理事会的组成与任期，证券交易所理事会由七至十三人组成，包括会员理事和非会员理事，其中非会员理事人数不少于理事会成员总数的 1/3，不超过理事会成员总数的 1/2，理事每届任期 3 年。会员理事由会员大会选举产生，非会员理事由证监会委派。理事会设理事长一人，副理事长一至二人，理事长是证券交易所的法定代表人，理事长不得兼任证券交易所总经理。

关于理事会的议事规则，理事会会议至少每季度召开一次，且须有 2/3 以上的理事出席，其决议应当经过出席会议的 2/3 以上的理事表决同意方为有效。理事会会议由理事长召集和主持，当理事长因故不能履行职责时，由理事长指定的副理事长或其他理事代为履行职责。理事会会议结束后，其决议应当在会议结束后的两个工作日内向证监会报告。

3. 总经理

总经理负责证券交易所的日常管理工作。根据《证券法》第 102 条和《证券交易所管理办法》第 27 条的规定，证券交易所设总经理一人，由证监会任免；副总经理按照证监会相关规定任免或聘任；总经理、副总经理每届任期 3 年。总经理行使下列职权：(1)执行会员大会和理事会决议，并向其报告工作；(2)主持证券交易所的日常工作；(3)拟订并组织实施证券交易所工作计划；(4)拟订证券交易所年度财务预算、决算方案；(5)审定业务细则及其他制度性规定；(6)审定除取消会员资格以外的其他纪律处分；(7)审定除应当由理事会审定外的其他财务管理事项；(8)理事会授予的和证券交易所章程规定的其他职权。总经理因故临时不能履行职责时，由总经理指定的副总经理代其履行职责。

4. 监事会

证券交易所监事会是在党中央、国务院推进事业单位体制改革中诞生的，是中国证监会探索完善会员制交易所法人治理结构的重要举措，也是交易所加强内部监督的一项重大制度建设。[①] 在此背景下，上海证券交易所于 2013 年 4 月设立监事会，深圳证券交易所于

---

① 参见潘学先：《上海证券交易所第一届监事会工作报告（节选）》，http：//www.sse.com.cn/aboutus/mediacenter/hotandd/c/c_20160930_4184844.shtml，2020 年 8 月 16 日访问。

2013年5月设立监事会。监事会的设立，标志着我国证券交易所"三会一层"法人治理结构的基本确立。根据《证券交易所管理办法》第29条的规定，监事会是证券交易所的监督机构，行使下列职权：(1)检查证券交易所财务；(2)检查证券交易所风险基金的使用和管理；(3)监督证券交易所理事、高级管理人员执行职务行为；(4)监督证券交易所遵守法律、行政法规、部门规章和证券交易所章程、协议、业务规则以及风险预防与控制的情况；(5)当理事、高级管理人员的行为损害证券交易所利益时，要求理事、高级管理人员予以纠正；(6)提议召开临时会员大会；(7)提议召开临时理事会；(8)向会员大会提出提案；(9)会员大会授予和证券交易所章程规定的其他职权。

关于监事会的组成和任期，证券交易所监事会人员不得少于五人，其中会员监事不得少于两名，职工监事不得少于两名，专职监事不得少于一名。监事会设监事长一人。监事每届任期3年。会员监事由会员大会选举产生，职工监事由职工大会、职工代表大会或者其他形式民主选举产生，专职监事由证监会委派。证券交易所理事、高级管理人员不得兼任监事。

关于监事会的议事规则，监事长负责召集和主持监事会会议。监事长因故不能履行职责时，由监事长指定的专职监事或者其他监事代为履行职务。监事会至少每6个月召开一次会议。监事长、1/3以上监事可以提议召开临时监事会会议，监事会决议应当经半数以上监事通过，监事会决议应当在会议结束后两个工作日内向证监会报告。

5. 专门委员会

《证券交易所管理办法》第33条规定，理事会、监事会根据需要设立专门委员会，各专门委员会的职责、任期和人员组成等事项，由证券交易所章程具体规定，各专门委员会的经费应当纳入证券交易所的预算。《上海证券交易所章程》规定理事会下设复核委员会、政策咨询委员会，理事会根据需要设置薪酬与财务、会员自律管理、战略发展、风险管理、市场交易管理以及其他方面的专门委员会。专门委员会对理事会负责，每届任期与理事会相同。专门委员会由会员代表、监管部门代表、本所有关人员及其他专业人士等组成。从深圳证券交易所网站发布的组织架构可见，深圳证券交易所在理事会下设有战略发展委员会、市场风险委员会、会员自律管理委员会、上市培育委员会、技术发展委员会、薪酬财务委员会、上诉复核委员会。至于监事会下的专门委员会，虽然在证券交易所的章程中都有规定"监事会可以根据需要设置专门委员会"，但目前尚都处于探索和研究阶段。

(二)公司制证券交易所的组织机构

公司制证券交易所的组织机构是按照公司法的规定搭建起来的，一个典型的公司制证券交易所的组织结构包括股东大会、董事会和经理层。①

---

①　参见吴卓：《证券交易所组织形态和法人治理》，中国出版集团东方出版中心2006年版，第264~265页。

1. 股东大会

股东大会由证券交易所的全体股东组成，是证券交易所的意思形成机关和最高权力机关，是证券交易所的法定必备但非常设机构。公司制交易所的股东大会对应于会员制交易所的会员大会，其根本区别在于股东的表决权以持股多少为依据，不同于"一会员一票"的平均主义决策机制。

《证券交易所管理办法》第18条第2款规定，股东会为公司制证券交易所的最高权力机构，股东会行使下列职权：（1）修改证券交易所章程；（2）选举和更换非由职工代表担任的董事、监事；（3）审议和通过董事会、监事会的工作报告；（4）审议和通过证券交易所的财务预算、决算报告；（5）法律、行政法规、部门规章和证券交易所章程规定的其他职权。

2. 董事会

董事会是依照法定程序产生的，由证券交易所全体董事组成的行使经营决策和管理权的公司法定业务执行机关。董事会不仅是公司制证券交易所的业务决策、业务执行和行政领导机关，还是法定的常设机关。对于公司制证券交易所而言，一个独立和高效的董事会的存在是确保其化解公共利益和商业利益双重目标之冲突的关键所在。公司制证券交易所兼具公共性和营利性，是公共机构和营利组织的对立统一体。可以说，承认和维持公共机构和企业组织的双重属性是证券交易所法律规制的应有理念。① 值得关注的是，为了确保董事会的独立和高效，纽约证券交易所在其新近改革中，第一次使董事会独立于管理层、会员和上市公司，优化了交易所董事长与 CEO 之间的权力配置，更加注重发挥独立董事的监督作用。这些做法无疑值得我国证券交易所学习和借鉴。

我国《证券交易所管理办法》第22条第2款规定，董事会是公司制证券交易所的决策机构，行使下列职权：（1）召集股东会会议，并向股东会报告工作；（2）执行股东会的决议；（3）制订年度财务预算、决算方案；（4）审定总经理提出的工作计划；（5）审定对会员的接纳和退出；（6）审定取消会员资格的纪律处分；（7）审定证券交易所业务规则；（8）审定证券交易所上市新的证券交易品种或者对现有上市证券交易品种作出较大调整；（9）审定证券交易所收费项目、收费标准及收费管理办法；（10）审定证券交易所重大财务管理事项；（11）审定证券交易所重大风险管理和处置事项，管理证券交易所风险基金；（12）审定重大投资者教育和保护工作事项；（13）决定高级管理人员的聘任、解聘及薪酬事项，但中国证监会任免的除外；（14）股东会授予和证券交易所章程规定的其他职权。

3. 经理层

经理是由董事会聘任的主持证券交易所日常经营工作的负责人。经理的主要职责是拟

---

① 参见陈甦主编：《证券法专题研究》，高等教育出版社 2006 年版，第 159 页。

定证券交易所的商业发展策略，提升交易所的市场运营和监管水平，寻求国际合作和扩张，并在平衡商业目标和公众利益方面扮演重要角色。自从 2003 年纽约证券交易所前董事长兼 CEO 薪酬丑闻发生后，[①] 实行公司化改制的证券交易所一般都在公司章程中规定，公司经理不得由董事长兼任，以防止公司内部的利益冲突。

我国《证券交易所管理办法》第 28 条第 2 款规定，公司制证券交易所的总经理行使下列职权：(1)执行董事会决议，并向其报告工作；(2)主持证券交易所的日常工作；(3)拟订并组织实施证券交易所工作计划；(4)拟订证券交易所年度财务预算、决算方案；(5)审定业务细则及其他制度性规定；(6)审定除取消会员资格以外的其他纪律处分；(7)审定除应当由董事会审定外的其他财务管理事项；(8)董事会授予和证券交易所章程规定的其他职权。

第三节 证券交易所的设立、变更与终止

一、证券交易所的设立

(一)证券交易所的设立体制

目前，在世界范围内，证券交易所的设立体制分为三种，即登记主义、许可主义和承认主义。[②]

1. 登记主义

登记主义，也称注册主义，是指设立证券交易所，只需到主管机关按照登记(注册)程序，填写注册登记表及申请书，主管机关在法定的期限内作出准许或不准许设立的一种证券交易所设立制度。美国是采取登记主义的典型国家，美国《1934 年证券交易法》第 6 条规定，符合法定条件的证券交易所可以证券交易委员会规定的形式向证券交易委员会提交注册申请书，注册为全国性证券交易所。申请设立证券交易所一般应当具备的条件包括：(1)有组织交易所活动的管理能力和合格的管理人员；(2)有适格的交易场所、具有相应的通信设备、信息处理设备、交易统计设备、转账清算设备、交易信息统计设备等经营管理所需硬件设备；(3)有与证券法律所规定的管理原则相一致的内部管理制度。在登记主义下，政府不对证券交易所的进行实质性控制，而是秉持市场自治的理念，赋予申请人较大的选择空间。当然，登记主义的有效运行需要具备足够的制度环境，如发达的证券市

---

① 参见谢增毅：《证券交易所组织结构和公司治理的最新发展》，载《环球法律评论》2006 年第 2 期。

② 参见陈界融：《证券发行法论》，高等教育出版社 2008 年版，第 279~280 页。

场、完善的证券法制以及成熟理性的投资者队伍等。对于新兴市场而言，贸然采用登记主义会引发证券交易所的恶性竞争，严重扰乱资本市场秩序。

2. 许可主义

许可主义，也称核准主义，是指申请设立证券交易所必须经过行政主管机关的许可。从理论上说，这种许可既包括一般许可，也包括特别许可。世界范围内的证券交易所一般均采取特别许可的设立方式，且须履行提出申请—审查批准—设立登记的程序。如德国《交易所法》第4条规定："交易所的设立需要交易所监管机关的书面许可。"根据日本《金融商品交易法》第80条的规定，设立金融商品交易所须取得内阁总理大臣的许可。我国台湾地区的"证券交易法"第93条也规定："证券交易所之设立，应于登记前先经主管机关之特许或许可。"我国沪深北证券交易所均是根据国务院的行政命令特许设立的，《证券法》第96条第2款明确规定："证券交易所、国务院批准的其他全国性证券交易场所的设立、变更和解散由国务院决定。"

3. 承认主义

承认主义，是指证券交易所的设立，由发起人自己决定，主管机关于事后追认。英国是采取承认主义的典型国家，这有其历史背景。英国证券交易所的产生早于相关证券立法，加之英国证券市场监管一直以来对自律优先原则的坚守，因而立法直接承认了既存的证券交易所，形成了富有特色的承认主义。与登记主义相比，承认主义在贯彻自由市场经济理念上走得更远，"最好的政府就是管得最少的政府"当为其理论依据。

(二)证券交易所的设立条件

理论上讲，会员制证券交易所的设立必须符合《民法典》规定的社团法人条件，公司制证券交易所的设立必须符合《公司法》规定的公司法人设立条件。根据《证券法》和《证券交易所管理办法》的有关规定，我国证券交易所的设立必须具备以下条件：

1. 有自己的名称

证券交易所的名称是区别于其他法律主体的重要表征，也是证券交易所人格独立的具体体现。例如，日本《金融商品交易法》第86条规定："金融商品交易所应当在其名称或商号中使用交易所字样。非为金融商品交易所业的，不得在其名称或商号中使用有可能使人误以为其为金融商品交易所的字样。"根据我国《证券法》第100条和《证券交易所管理办法》第5条的规定，证券交易所必须在其名称中标明证券交易所字样，其他任何单位或者个人不得使用证券交易所或者近似的名称。该规定意味着"证券交易所"字样具有特许性、专有性，也意味着实践中如出现所谓"证券交易中心""证券交易公司""股票交易所"等与证券交易所相近似的名称不具有合法性，应予取缔或加以规范。

2. 有自己的章程

证券交易所作为社会团体法人，按照《民法典》第91条的规定："设立社会团体法人应当依法制定法人章程。"对于证券交易所而言，章程是其自治的体现，也是其实行自律管理的准则和依据，对内具有约束力。《证券法》第99条第2款规定："设立证券交易所必须制定章程。证券交易所章程的制定和修改，必须经国务院证券监督管理机构批准。"根据《证券交易所管理办法》第19条的规定，证券交易所章程应当包括以下事项：（1）设立目的；（2）名称；（3）主要办公及交易场所和设施所在地；（4）职能范围；（5）会员的资格和加入、退出程序；（6）会员的权利和义务；（7）对会员的纪律处分；（8）组织机构及其职权；（9）理事、监事、高级管理人员的产生、任免及其职责；（10）资本和财务事项；（11）解散的条件和程序；（12）其他需要在章程中规定的事项。

3. 有一定的会员

作为一个法人组织，一定数量的会员是维系证券交易所正常运营的必要条件。我国现行立法并未对证券交易所会员数量作出规定，但在其他国家和地区立法中有对证券交易所会员数量进行限制，如日本《金融商品交易法》第100条有关会员制金融商品交易所解散的其中一个事由就是会员数量低于5个；我国台湾地区"证券交易法"第104条规定会员制证券交易所的会员不得少于7人。我国《证券法》第105条规定："进入实行会员制的证券交易所参与集中交易的，必须是证券交易所的会员。证券交易所不得允许非会员直接参与股票的集中交易。"该规定并没有将证券交易所的会员局限于证券公司，一方面是考虑到金融业的混业经营是大势所趋，从而为证券公司以外的金融机构进行场内交易创造条件；另一方面是考虑到随着证券交易品种的创新，交易参与主体将放大，如非券商金融机构在申请成为会员、取得专用席位后即可直接参与证券集中交易。[1] 但从现实情况来看，截至2020年7月，上海证券交易所会员数量120家，[2] 深圳证券交易所会员数量118家，[3] 但在会员身份上尚未突破证券公司的范畴。

4. 有必要的财产

必要的财产是维系证券交易所运作的物质基础，《证券法》并未对设立证券交易所的注册资本作规定，只是在《证券交易所管理办法》第19条有关章程记载事项的规定中有"资本和财务事项"。《上海证券交易所章程》第6条规定："本所注册资本为人民币3亿元。"《深圳证券交易所章程》第6条规定："本所注册资金为1000万元人民币。"在注册资本来源上，我国证券交易所与国外证券交易所将会员缴纳的会费作为注册资本的做法迥然有别。上海证券交易所成立时国家并未投入任何资金，交易所是以会员缴纳席位费的一部分作为注册

---

① 参见罗培新、卢文道：《最新证券法解读》，北京大学出版社2006年版，第171页。

② 《上证统计月报》（2020年7月刊），http://www.sse.com.cn/aboutus/publication/monthly/，2020年8月16日访问。

③ 《深圳证券交易所市场统计月报》（2020年7月），http://www.szse.cn/market/periodical/month/index.html，2020年8月16日访问。

资金的来源，交易所资产负债表所有者权益中并无"实收资本"一栏，但登记的注册资本却是 3 亿元。深圳证券交易所注册资金是政府借款，后以历年盈余归还，目前以席位费作为实收资本。[①] 值得注意的是，关于证券交易所财产权属，《证券法》第 101 条规定："实行会员制的证券交易所的财产积累归会员所有，其权益由会员共同享有，在其存续期间，不得将其财产积累分配给会员。"但在法理上，证券交易所作为独立的社团法人，其法人财产应当与会员财产相互独立，证券交易所的财产所有权属于证券交易所，而不具有会员共有的性质。[②]

5. 有自己的组织机构、设施以及健全的内部管理制度

会员制证券交易所必须具备会员大会、理事会、总经理、监事会和专门委员会。将来在我国出现的公司制证券交易所应当按照现代公司治理的理念设立相应的组织机构。证券交易所还必须具有完善的证券交易场所和设施，如交易大厅、交易系统、信息传送系统、即时行情显示系统、证券交易清算系统等。此外，证券交易所还必须制定详尽的业务规则和监管规则，建立健全财务、安全防范等管理制度和工作程序。

二、证券交易所的变更

证券交易所的变更事项包括组织形式、名称、办公及交易场所和设施所在地、职能范围、组织机构、法定代表人、注册资本等。《民法典》第 64 条规定："法人存续期间登记事项发生变化的，应当依法向登记机关申请变更登记。"证券交易所作为社团法人，登记事项发生变更时也自当向登记机关申请变更登记。但是证券交易所变更的决定权并不在登记机关，根据我国《证券法》第 96 条的规定，证券交易所的变更由国务院决定。但该规定未明确是否所有变更事项均由国务院决定，或者只是有关交易所组织形式等重要事项变更，《证券交易所管理办法》也没有对此作出规定。从实践来看，并非所有证券交易所变更事项都是由国务院决定的，例如沪深证券交易所的监事会，是在证监会的部署之下，依照证监会《关于会员制交易所设立监事会的通知》设立的。[③] 可资借鉴的是，日本《金融商品交易法》第 101 条规定会员制金融商品交易所将组织形式变更为公司制金融商品交易所，须取得全体会员 3/4 以上同意，并经内阁总理大臣批准才能生效。因此，证券交易所组织形式等重要事项的变更应当由国务院决定，至于其他一般事项的变更应由证监会批准即可。

---

① 参见周友苏主编：《证券法新论》，法律出版社 2020 年版，第 401 页。

② 参见朱慈蕴：《论证券交易所与会员公司的法律关系——两者关系构造的法律问题点》，载《法商研究》2001 年第 3 期。

③ 参见杨志华：《深圳证券交易所第一届监事会工作报告（节选）》，http://www.szse.cn/aboutus/trends/news/t20170417_518946.html，2020 年 8 月 18 日访问。

三、证券交易所的终止

证券交易所的终止，是指证券交易所法人资格的消灭，即证券交易所丧失民事主体资格和法律上的人格，不再具有民事权利能力和民事行为能力的状态。有下列原因之一的，证券交易所就会发生终止的法律后果：(1)自行解散；(2)依法被撤销；(3)被收购或兼并；(4)依法宣告破产。《证券法》和《证券交易所管理办法》都没有对证券交易所的终止事由作详细规定，只是在《证券法》第 96 条规定证券交易所的解散由国务院决定。值得一提的是，在 1999 年修订的《上海证券交易所章程》第 42 条规定："本所遇有下列情况之一，经中国证监会审核同意，报国务院批准后，予以解散：(一)不再具备法律规定的设立条件；(二)会员大会决议解散；(三)遇有不可抗力或意外事件，致使本所长时期无法正常运转；(四)法律规定的其他原因。"1993 年修订的《深圳证券交易所章程》第 34 条规定："本所如遇下列情况，予以解散：(1)因变更不符合国家所规定的设立条件；(2)遇有不可抗拒之事故发生，致使无法正常运转。"但在后来修订的《上海证券交易所章程》和《深圳证券交易所章程》中都删除了上述规定，只是简单地规定"本所解散由国务院批准，并按国家规定的程序进行清算"。

随着证券交易所的公司化改制浪潮，跨国之间的证券交易所收购日益增多，因收购而导致证券交易所终止的情形时有发生。例如，2000 年 8 月 1 日，斯德哥尔摩证券交易所的控股公司 OM 集团向伦敦证券交易所发出敌意收购要约。经过艰苦挣扎，伦敦证券交易所方幸免于难。进入 21 世纪的第二个十年，世界范围内的证券交易所又出现了新一轮并购浪潮。如 2010 年 10 月 25 日，新加坡证券交易所尝试收购澳大利亚证券交易所，并很快得到了澳洲竞争与消费委员会批准；2011 年 2 月 8 日，多伦多证券交易所集团宣布，将和伦敦证券交易所集团寻求合并可能；2 月 15 日，德国证券交易所集团和纽约泛欧证券交易所集团签署了合并协议，成为世界最大的证券交易平台；2012 年，港交所并购伦敦金属交易所；2013 年，东京证券交易所并购大阪证券交易所。2019 年 9 月 11 日，港交所更是提出以每股 2045 便士现金及 2.495 股新发行的港交所股份的价格(约合 2900 亿港币)收购伦敦证券交易所。在证券交易所走向公司制的过程中，如何防止被敌意收购成为一个不容回避的重大议题。在公司法制度实践中，抵制恶意并购的措施种类繁多、不一而足，除了采用"帕克曼"战略、"白衣骑士"、绿色邮件、"毒丸"计划、"皇冠之珠"、"焦土"政策、"金色降落伞"等措施外，还可以积极促成目标公司修改公司章程，将绝对多数条款、分期分级董事会条款、限制董事资格条款等作为反并购的制度安排。例如，多伦多证券交易所、澳大利亚证券交易的章程中设定了股东最高表决权锁定条款，美国芝加哥期货交易所的章程中设定了反收购条款，等等。这些制度经验对于尚处于改制探索中的我国证券交易所而言，颇有启示意义。

第四节 证券交易所的自律监管职能

一、证券交易所自律监管规则及其法律效力

我国《证券法》明确规定了证券交易所"自律管理法人"的地位，自律监管规则是证券交易所正当履行自律监管职能的行为准则和依据，也是证券交易所组织市场交易、管理会员和上市公司的自治规范，是对证券市场法律法规的重要补充。《证券法》在第 115 条规定了证券交易所依照法律、行政法规和国务院证券监督管理机构的规定，制定上市规则、交易规则、会员管理规则和其他有关业务规则，并报国务院证券监督管理机构批准。根据《证券法》的授权，沪深证券交易所通过制定、修订业务规则，目前已经形成了以章程为统帅，以上市、交易、会员管理三大基本业务规则为主体，以业务实施细则、指引和一般性规范文件为补充，内容涵盖组织、发行、上市、交易、会员、服务等方面，相互配套、相互协调的自律监管规则体系。鉴于上市规则的内容在本书其他章节已有论述，为避免重复，本节将主要对证券交易所交易规则和会员管理规则的主要内容进行介绍。

从内容上看，按照《证券交易所管理办法》的规定，上市规则内容主要包括：证券上市的条件、程序和披露要求，信息披露的主体、内容及具体要求，证券停牌、复牌的标准和程序，暂停上市、恢复上市、终止上市、重新上市的条件和程序，对违反上市规则行为的处理规定。交易规则的内容主要包括：证券交易的基本原则，证券交易的场所、品种和时间，证券交易方式、交易流程、风险控制和规范事项，证券交易监督，清算交割事项，交易纠纷的解决，暂停、恢复与取消交易，交易异常情况的认定和处理，投资者准入和适当性管理的基本要求，对违反交易规则行为的处理规定，证券交易信息的提供和管理，指数的编制方法和公布方式。会员管理规则的内容主要包括：会员资格的取得和管理，席位与交易单元管理，与证券交易业务有关的会员合规管理及风险控制要求，会员客户交易行为管理、适当性管理及投资者教育要求，会员业务报告制度，对会员的日常管理和监督检查，对会员采取的收取惩罚性违约金、取消会员资格等自律监管措施和纪律处分。

从功能上看，这些规则主要分为四类：（1）为了规则体系的完整，重申上位法的相关条款。如《上海证券交易所交易规则》第 1.3、1.4、1.5 条关于三公"原则"，合法及自愿、有偿、诚实信用原则，交易方式的规定，以及第 5.1.1、5.1.2 条关于交易所发布即时行情及各类报表的规定，分别是对《证券法》《证券交易所管理办法》相关内容的重申。（2）在上位法有原则性规定的前提下对相关内容进行细化性规定，如《上海证券交易所股票上市规则》第二章"信息披露的基本原则和一般规定"是对《证券法》所确立的信息披露原则和内

容的细化。(3)在上位法没有规定时，填补上位法空白的条款。在上位法对相关事项没有规定时，根据上位法的授权，作出补充规定，其本质上类似于"创制法律"或者所谓"行使剩余立法权"。例如《上海证券交易所交易规则》第三章"证券买卖"、第四章"其他交易事项"的大部分规定均系上位法无规定的事项，包括交易业务单元、指定交易、委托与申报指令、申报方式与数量、价格涨跌幅、成交原则、大宗交易、停复牌、除权除息等，如业务规则不作规定，则交易根本无法进行。(4)在上位法存在立法滞后性等不合理的规定时，证券交易所业务规则在一定程度上可能会突破上位法的规定。《上海证券交易所交易规则》第2.2.1条规定，"会员及本所认可的机构进入本所市场进行证券交易的，须向本所申请取得相应席位和交易权，成为本所交易参与人"，就是根据市场发展的实际情况对《证券法》第105条关于"进入实行会员制的证券交易所参与集中交易的，必须是证券交易所的会员"规定的微调，即增加了非会员的交易参与人(如租用证券公司席位而可直接参与交易的基金公司、可直接参与债券交易的保险资产管理公司、商业银行等)。(5)此外，以格式合同条款、合同附件、提供合同解释等形式具体实现《证券法》等上位法的规定。

从法律属性看，证券交易所自律监管规则有多种属性类别。首先，自律规则是证券交易所按照规定程序制定、发布的成文规则，具有成文法特征。其次，自律规则部分内容来源于证券交易习惯，带有习惯法的烙印，业务规则由证券交易所作为自律组织制定。再次，其效力仅及于证券期货市场相关主体，包括证券期货经营机构、其他中介机构、证券发行人、投资者等，而对其他人并无约束力，故具备行业自治规范性质。最后，自律规则由自律组织成员或其代表共同制定，构成成员之间的共同约定，或以协议形式规定自愿遵守，故具有格式合同的性质。

证券交易所的自律监管规则构成市场良性运作的基础，应当成为市场各方主体行为的基础和准则。但从严格意义上讲，自律监管规则很难被称为"法律"，与立法机关和行政机关颁布的法律、法规和规章等具有一定的区别，不具有法律强制力，可归入"软法"的范畴①。因此，证券交易所自律监管规则要成为市场各方承认的具有普遍法律效力的规则，必须具备其自身的正当性，如在内容上符合资本市场发展的需要，遵守上位法的要求，符合法律法规授权的内容，属于证券交易所自律监管职能范围等。但更为重要的是证券交易所的业务规则要具备形式的正当性，其核心是证券交易所的自律监管规则要经过国务院证券监督管理机构批准。

---

① 按照罗豪才先生的观点，"软法"是指效力结构未必完整、无须依靠国家强制保障实施、但能够产生社会实效的规范，包括公共政策、自律规范、专业标准等。参见罗豪才、宋功德：《认真对待软法——公域软法的一般理论及其中国实践》，载《中国法学》2006年第2期。

二、对证券交易活动的监管

证券交易所对证券交易活动的自律监管主要是表现在三个方面：一是对证券异常交易行为的监管；二是对证券交易异常情况的监管；三是对证券交易重大异常波动的监管。在我国证券立法和实践中，对于异常交易行为、交易异常情况和重大异常波动的概念容易产生混淆和模糊，有必要予以界分。其中，异常交易行为和交易异常情况的共性之处在于都是对正常的证券市场交易秩序和市场公平的破坏；区别在于异常交易行为通常存在主观上的故意，客观上违反了证券法律法规和交易所自律监管规则的相关规定，而交易异常情况通常是因为不可抗力、意外事件、技术故障、人为差错等原因造成的。① 对证券交易重大异常波动的监管是新《证券法》第113条新增加的一项规定，主要是对2015年"股灾"②所作的反思性制度安排。证券交易重大异常波动与异常交易行为、交易异常情况有着十分紧密的联系，异常交易行为和交易异常情况都可能会引发重大异常波动。以下将分别围绕上述三个方面，简要介绍证券交易所对证券交易活动的自律监管。

（一）对证券异常交易行为的监管

关于证券异常交易行为的表现，一般可以从交易动机、价格影响和持股期限三个维度进行界定和识别，③ 我国《证券法》和《证券交易所管理办法》对于何为异常交易行为未作明确界定，而是在《上海证券交易所交易规则》和《深圳证券交易所交易规则》等自律规则中进行了列举。以《深圳证券交易所交易规则》为例，第6.1条规定交易所对证券交易中的下列事项，予以重点监控：（1）涉嫌内幕交易、操纵市场等违法违规行为；（2）证券买卖的时间、数量、方式等受到法律、行政法规、部门规章和规范性文件及本所业务规则等相关规定限制的行为；（3）可能影响证券交易价格或者证券交易量的异常交易行为；（4）证券交易价格或者证券交易量明显异常的情形；（5）本所认为需要重点监控的其他事项。第6.2条进一步规定可能影响证券交易价格或数量的异常交易行为包括：（1）可能对证券交易价格产生重大影响的信息披露前，大量买入或者卖出相关证券；（2）以同一身份证明文件、营业执照或其他有效证明文件开立的证券账户之间，大量或者频繁进行互为对手方的交易；（3）委托、授权给同一机构或者同一个人代为从事交易的证券账户之间，大量或者频繁进行互为对手方的交易；（4）两个或两个以上固定的或涉嫌关联的证券账户之间，大

---

① 参见刘筱萌、杨梦：《证券市场异常交易行为及其监管问题研究》，载郭锋主编：《证券法律评论》（2018年卷），中国法制出版社2018年版。

② 2015年6月中旬始，我国股市出现重大异常波动，6月15日至7月9日短短18个交易日内，上证指数从5176点跌到了3373点，跌幅达34.8%，其间多次出现2000多只股票连续性开盘即跌停的情形。

③ 参见施东辉：《股市异常交易监管之辩》，载《中国金融》2017年第12期。

量或者频繁进行互为对手方的交易；（5）大笔申报、连续申报或者密集申报，以影响证券交易价格；（6）频繁申报或频繁撤销申报，以影响证券交易价格或其他投资者的投资决定；（7）巨额申报，且申报价格明显偏离申报时的证券市场成交价格；（8）一段时期内进行大量且连续的交易；（9）在同一价位或者相近价位大量或者频繁进行回转交易；（10）大量或者频繁进行高买低卖交易；（11）进行与自身公开发布的投资分析、预测或建议相背离的证券交易；（12）在大宗交易中进行虚假或其他扰乱市场秩序的申报。特别是随着证券市场不断发展，新产品、新技术、新交易模式不断涌现，异常交易行为的表现形式也在不断变化，日益复杂、多元和隐蔽，从而增加了异常交易行为识别的难度。

证券交易所对异常交易行为的自律监管，首先是采取实时监控手段。根据《证券交易所管理办法》第42条的规定，证券交易所对证券交易进行实时监控，及时发现和处理违反业务规则的异常交易行为。证券交易所应当对可能误导投资者投资决策、可能对证券交易价格和交易量产生不当影响等异常交易行为进行重点监控。① 另外，针对情节严重的异常交易行为，根据《证券交易所管理办法》第42条以及《上海证券交易所交易规则》第7.8条的规定，证券交易所可以采取的自律监管措施包括：（1）口头警示；（2）书面警示；（3）监管谈话；（4）将账户列为重点监控账户；（5）要求投资者提交合规交易承诺书；（6）暂停投资者账户交易；（7）暂停联交所证券交易服务公司交易；（8）限制投资者账户交易；（9）证券交易所规定的其他自律管理措施，并及时向中国证监会上报。

（二）对证券交易异常情况的监管

1. 证券交易异常情况的定义和原因

证券交易异常情况是指导致或可能导致证券交易全部或者部分不能正常进行的情形，包括无法正常开始交易、无法连续交易、交易结果异常、交易无法正常结束等。根据《证券法》第111条的规定，引发证券交易异常情况的原因包括不可抗力、意外事件、重大技术故障和重大人为差错四种情形。具体而言：（1）不可抗力主要是指证券交易所市场所在地或全国其他部分区域出现或据灾情预警可能出现严重自然灾害、出现重大公共卫生事件或社会安全事件等情形。例如2008年我国南方雪灾导致部分证券营业部无法正常运营，"5·12"汶川地震导致的部分上市公司和证券营业部无法正常运营，2020年新冠病毒性肺炎疫情导致沪深两市春节休市时间延长。（2）意外事件主要是由于第三人原因造成的交易异常情况，沪深两市《交易所交易异常情况处理实施细则（试行）》将其限定为市场所在地发生火灾或电力供应出现故障等情形。但这种规定具有明显的不周延性，实践中除了火灾、电力供应出现故障等情形外，意外事件还可能包括交易所为防止出现险情而停止交易

---

① 对此，沪深证券交易所专门制定了有关实时监控的实施细则，如《上海证券交易所证券异常交易实时监控细则》《上海证券交易所科创板股票异常交易实时监控细则（试行）》《深圳证券交易所创业板股票异常交易实时监控细则（试行）》。

系统运行的情形。① （3）技术故障引发的交易异常情况主要包括交易、通信系统中的网络、硬件设备、应用软件等无法正常运行，或在运行、主备系统切换、软硬件系统及相关程序升级、上线时出现意外，或被非法侵入或遭受其他人为破坏等情形。例如，2010 年 11 月 5 日上午 10 点 16 分，上海证券交易所交易系统一台交易主机因故障引起宕机，导致系统处理委托能力下降、行情显示缓慢，产生大量"堵单"，ETF 交易被暂停。（4）人为差错导致的交易异常情况主要是指差错交易，即因人为因素引起，在业务实施、流程衔接、操作运行等环节中人为原因出现的重大误差，其类型包括价格错误、数量错误以及其他错误。② 例如，2011 年 3 月 31 日，高盛误将现金结算计算公式的乘、除号用错，导致其发行的与日经指数挂钩的四只窝轮（Warrants，即权证）在正误算式下现金结算的差价高达 100 倍，引发了四只窝轮的异常交易，成交最为活跃的日经高盛购（10073. HK）从 0.068 港元的开盘价在不到一个小时内飙升 10.8 倍至 1 港元，其他三个窝轮产品也都飙升至少 1.3 倍。

2. 证券交易所对证券交易异常情况的自律监管权

首先，从证券交易所自律监管权限看，对证券交易异常情况的处置是证券交易所自律监管的内容之一。证券交易所对证券交易的自律监管，不仅包括对证券市场违法违规行为的自律监管，同时也包括证券交易异常情况出现后，及时采取相应措施，以维护正常的证券交易秩序和市场公平。其次，从证券交易所为证券市场提供场所和设施的角度看，证券交易所对证券交易异常情况的处置也应属于自律监管范畴。证券交易所为证券市场提供的交易场地和设施不仅仅是履行对会员的契约义务，本质上也包含了对服务资本市场所有投资者的公共职能，因交易系统虽直接服务于会员，但在终极意义上还是服务于资本市场的所有投资者，构成了交易所公共职能的一部分。证券交易所基于公共职能对证券交易异常情况的处置自然属于自律监管的范畴。最后，证券交易所对证券交易异常情况的自律监管也有其特殊性。基于证券交易异常情况发生原因的多样性，其直接指向的是证券交易，不同于对上市公司、会员等直接指向市场主体，其处置措施基本上会涉及交易主体双方，并对证券市场有广泛的影响。因此，有关证券交易异常情况的处置要遵循适度性原则。③

3. 证券交易所对证券交易异常情况的自律监管措施

从世界范围看，证券交易所对证券交易异常情况采取的自律监管措施主要包括限制交易、临时停牌、临时停市、暂缓交收、取消交易等。④ 我国《证券法》第 111 条、第 112 条

①　参见顾功耘：《证券交易异常情况处置的制度完善》，载《中国法学》2012 年第 2 期。

②　参见顾功耘：《证券交易异常情况处置的制度完善》，载《中国法学》2012 年第 2 期。

③　参见卢文道、陈亦聪：《证券交易异常情况处置的原理及其运用》，载《证券法苑》2011 年第 2 期。

④　参见卢文道、陈亦聪：《证券交易异常情况处置的原理及其运用》，载《证券法苑》2011 年第 2 期。此外，自行补救作为证券交易参与人在证券交易所监督下自行解决一般性错误交易的权利，在性质上不属于证券交易所自律监管措施的范畴。

规定，因突发性事件影响证券交易正常进行时，为维护证券交易正常秩序和市场公平，证券交易所可以按照业务规则采取技术性停牌、临时停市等处置措施。因突发性事件导致证券交易结果出现重大异常，按交易结果进行交收将对证券交易正常秩序和市场公平造成重大影响的，证券交易所按照业务规则可以采取取消交易、通知证券登记结算机构暂缓交收等措施。另外，证券交易所根据需要，可以按照业务规则对出现重大异常交易情况的证券账户的投资者限制交易。需要指出的是，证券交易所采取前述自律监管措施必须及时向国务院证券监督管理机构报告。

（三）对证券交易重大异常波动的监管

证券交易所对重大异常波动的自律监管，是对 2015 年"股灾"所带来的深刻教训反思和总结的结果，目的是防止证券市场重大异常波动破坏交易秩序、违背市场公平、损害投资者利益。我国《证券法》第 113 条规定，证券交易所应当加强对证券交易的风险监测，出现重大异常波动的，证券交易所可以按照业务规则采取限制交易、强制停牌等处置措施，并向国务院证券监督管理机构报告；严重影响证券市场稳定的，证券交易所可以按照业务规则采取临时停市等处置措施并公告。

值得注意的是，对于"重大异常波动""严重影响证券市场稳定"的标准，相关证券立法尚缺乏明确的规范依据。在沪深证券交易所《交易规则》中有对"异常波动"的界定：（1）连续 3 个交易日内日收盘价涨跌幅偏离值累计达到 ±20% 的；（2）ST 和 *ST 股票连续 3 个交易日内日收盘价涨跌幅偏离值累计达到 ±12% 的；（3）连续 3 个交易日内日均换手率与前 5 个交易日的日均换手率的比值达到 30 倍，且该证券连续 3 个交易日内的累计换手率达到 20% 的。另外，《上海证券交易所科创板股票异常交易实时监控细则》和《深圳证券交易所交易规则》中分别对"异常波动"和"严重异常波动"进行了规定，有下列情形之一的属于严重异常波动：（1）连续 10 个交易日内 3 次出现连续 3 个交易日内日收盘价格涨跌幅偏离值累计达到 ±30% 的同向异常波动情形；（2）连续 10 个交易日内日收盘价格涨跌幅偏离值累计达到 +100%（−50%）；（3）连续 30 个交易日内日收盘价格涨跌幅偏离值累计达到 +200%（−70%）；（4）证监会或者交易所认定属于严重异常波动的其他情形。

三、对会员的监管

为了有效加强证券交易所对其会员的监管，沪深证券交易所依据《证券法》和《证券交易所管理办法》，分别于 2007 年制定并于 2019 年修订了《上海证券交易所会员管理规则》和《深圳证券交易所会员管理规则》，北京证券交易所于 2021 年发布了《北京证券交易所会员管理规则（试行）》。以下将围绕上述立法和会员管理规则的规定，对证券交易所会员监管的内容作简要介绍。

（一）会员资格管理

按照《证券交易所管理办法》第 50 条的规定，我国证券交易所接纳的会员应当是经批准设立并具有法人地位的境内证券经营机构。境外证券经营机构设立的驻华代表处，经申请可以成为证券交易所的特别会员。境内证券经营机构申请会员资格，应当具备下列条件：(1)取得经营证券期货业务许可证，经营证券经纪、证券承销与保荐业务或证监会认可的其他证券业务；(2)依法取得登记机关颁发的企业法人营业执照；(3)具有良好的信誉和经营业绩；(4)组织机构和业务人员符合证监会和交易所规定的条件；(5)具有完善的风险管理与内部控制制度；(6)具有合格的经营场所、业务设施和技术系统；(7)承认并遵守交易所章程及业务规则，按规定交纳会员费用；(8)证监会及交易所规定的其他条件。

会员有下列情形之一的，应当向交易所申请终止其会员资格：(1)被证监会依法撤销相关证券业务许可，不再进入交易所市场开展相关业务的；(2)被证监会依法撤销、责令关闭的；(3)被证监会批准解散的；(4)不能继续履行正常的交易及交收义务的；(5)会员决定终止其会员资格的；(6)其他不再符合交易所章程或会员管理规则规定的会员条件的。

(二)会员席位、交易单元与交易权限管理

会员应当至少持有一个交易所席位。交易所对席位实行总量限制，不再新增席位，会员可通过从其他会员受让的方式取得席位，但会员取得的席位不得退回交易所，也不得用于出租和质押。会员取得资格后成为交易所交易参与人，应当通过在交易所设立的参与者交易业务单元参与证券交易。经交易所同意，会员可将交易单元以交易所认可的方式提供给他人使用。交易所根据会员下列情况，依据相关业务规则，对会员交易权限实施管理：(1)业务范围；(2)市场风险承受程度；(3)交易及相关系统状况；(4)内部风险控制；(5)人员配备；(6)遵守交易所业务规则的情况；(7)交易所规定的其他情况。交易所对会员实施交易权限管理时，可以设定、调整和限制会员参与上交所交易的品种、方式及规模。

(三)会员证券交易及相关业务管理

沪深北证券交易所《会员管理规则》第四章详细规定了会员开展证券交易业务、证券经纪业务、证券自营业务、证券资产管理业务、证券投资咨询业务、港股通等跨境业务、股票期权交易业务以及证券承销保荐、证券发行、证券委托管理、基金销售等业务时，应当遵守的有关业务合规、风险控制与管理、客户适当性管理、客户账户资金和信息保护、证券账户管理等方面的规则。同时还要求会员建立健全信息隔离制度，对存在利益冲突的各项业务采取有效管理措施，严格控制敏感信息的不当使用。另外，会员应当根据交易所要求，参加证券交易及相关业务、技术培训。会员收到监管机构监管文件时，应当注意保密，未经相关监管机构许可，不得泄露给任何第三方。

(四)对会员的自律管理措施和纪律处分

证券交易所根据监管需要，可以采取现场和非现场的方式对会员遵守章程和业务规则的情况进行监督检查，并将检查结果报告证监会。根据审慎监管原则，可以要求会员对证券交易等业务活动的开展情况进行自查，并提交专项自查报告。根据监管需要，可以对会员采取口头问询、限期报告说明情况、调阅相关资料、现场调查等日常监管工作措施。会员违反会员管理规则或其他相关规定的，交易所可以视情况对会员采取下列监管措施：(1)口头警示；(2)书面警示；(3)监管谈话；(4)要求限期改正；(5)暂停受理或者办理相关业务；(6)证券交易所规定的其他监管措施。

会员违反会员管理规则或其他相关规定的，交易所可以视情节轻重单处或者并处下列纪律处分：(1)通报批评；(2)公开谴责；(3)收取惩罚性违约金；(4)暂停或者限制交易权限；(5)取消交易权限；(6)取消会员资格；(7)交易所规定的其他纪律处分。交易所采取上述纪律处分时，通报证监会及其相应派出机构。

会员董事、监事、高级管理人员、会员代表、会员业务联络人及其他相关人员对会员违规行为负有责任的，交易所可以视情节轻重处以下列纪律处分：(1)通报批评；(2)公开谴责；(3)证券交易所规定的其他纪律处分。会员董事、监事、高级管理人员最近 36 个月累计 3 次受到本所纪律处分的，可同时报请证监会认定其为不适当人选。

四、公司化趋势下证券交易所自律监管的利益冲突化解

证券交易所存在会员、上市公司、投资者等多元利益主体，这些利益诉求各异的市场主体在交易所中形成了错综复杂的利益冲突格局。在会员制交易所中，利益冲突普遍存在于会员之间、会员与投资者之间、会员与交易所之间以及上市公司与投资者之间。而证券交易所公司化改制使得交易所的所有权、经营权与使用权分离，由传统的互助性会员制治理结构转变为营利性股份有限公司甚至上市公司，更在一定程度上加剧了原有的利益冲突，并滋生出新的利益冲突。例如，交易所股东之间的利益冲突、股东与交易所之间的利益冲突、交易所股东与管理者之间的利益冲突、交易所股东与投资者之间的利益冲突甚至交易所自我上市(self-listing)的利益冲突等。因此，防范和化解利益冲突从来都是证券交易所自律监管的永恒命题。但是，证券交易所本身也是一个独立的利益主体，特别是公司制证券交易所兼具营利性的商业组织和公共性的自律组织双重身份，从而不可避免地存在商业利益和公共利益之间的冲突。利益冲突的直接结果就是造成证券交易所营利性目标和自律监管职能之间的紧张关系，影响交易所自律监管的有效性，甚至动摇交易所自律监管的正当性基础。正如国际证监会组织(IOSCO)所指出的，在证券交易所公司化和竞争环境下，利益冲突对证券交易所自律监管角色的潜在影响主要表现在四个方面：(1)交易所商业利益和公共利益适度平衡的风险；(2)商业动机导致的自律监管权滥用；(3)交易所自我上市的利益冲突；(4)监管效率问题。[①] 特别是在我国

---

① IOSCO, Regulatory Issues Arising From Exchange Evolution, Final Report, November 2006.

证券市场注册制改革的背景下，证券交易所在证券发行审核中的自律监管权势必将得到强化，沪、深两大证券交易所为争夺上市资源，极易产生竞相降低上市标准、放松自律监管的"逐底竞争"。①

在世界范围内的证券交易所公司化浪潮下，证券交易所自律监管的利益冲突日益加剧，甚至于引发了有关交易所自律监管存废或改良之争，并对证券市场监管立法和实践产生了深刻的影响。为了回应证券交易所公司化及其诱发的利益冲突，各国采取的制度安排主要有分离证券交易所商业职能和自律监管职能，设立利益冲突委员会，增强董事会的公众性和独立性，限制交易所股权比例，完善对交易所的外部行政监管等。事实上，无论是公司制交易所还是会员制交易所利益冲突都是存在的，只是在表现形式和程度上有所差别，这并不能构成否定证券交易所自律监管职能的理由，而是需要借助于外部监督和内部治理两个方面予以化解。首先，应当在法律层面明确证券交易所自律监管的利益取向。例如，香港《证券及期货条例》第 21 条第（2）项规定交易所在履行职责时须"（a）以维护公众利益为原则而行事，尤其须顾及投资大众的利益；（b）确保一旦公众利益与该交易所的利益有冲突时，优先照顾公众利益"。其次，应当建立起证券交易所内部的利益平衡机制。具体包括：一是在证券交易所内部构建起商业职能和自律监管职能之间的"防火墙"，防止职能定位的混淆，保持交易所自律监管职能不受其商业化目标的左右，特别是保持交易所商业职能和监管职能的组织结构分离，被世界银行视为是维系交易所自律监管功能的最佳实践，包括纽约证券交易所（NYSE）、澳大利亚证券交易所（ASX）和东京证券交易所（TSE）等都已设立了独立的附属机构行使其自律监管职能。② 日本《金融商品交易法》专门规定了金融商品交易所可以发起设立自律监管法人，并将自律监管业务委托给自律监管法人。新加坡交易所则于 2017 年 4 月成立独立的新加坡交易所监管公司以分离交易所自律监管职能和商业运营行为。③ 二是健全证券交易所公司治理结构，引入公众董事和独立董事，代表社会公众利益诉求，可考虑设立独立的薪酬委员会、审计委员会、风险管理委员会和利益冲突委员会等专门机构，应对可能出现的利益冲突和道德风险。三是强化证券交易所的社会责任，不仅要考虑交易所股东利益或会员利益，还要顾及包括投资者在内的其他利益相关者的利益。再次，完善证券交易所自律监管的行政监管机制。IOSCO 所倡导的自律监管的原则之一就是"自律监管组织在行使权力和履行责任时应当服从监管机构的监

① 邢会强：《注册制下交易所发行上市审核的逐底竞争及其预防》，载郭锋主编：《证券法律评论》（2020 年卷），中国法制出版社 2020 年版；郭锋、邢会强、杜晶：《股票发行注册制改革风险评估与对策建议》，载《财经法学》2016 年第 6 期。

② 参见 John Carson, Self-Regulation in Securities Markets, The World Bank Policy Research Working Paper 5542。

③ 参见李明良、陈丽莉：《新时代公司制交易所的公司治理研究——基于公司制交易所公司治理结构的国际比较研究视角》，载郭锋主编：《证券法律评论》（2018 年卷），中国法制出版社 2018 年版。

督并且遵守公平和保密的标准"①。行政监管的出发点在于矫正自律监管中的利益冲突，防止自律监管失灵，确保证券交易所自律监管权的行使符合社会公共利益，具体的监管方式和内容包括审批证券交易所设立、变更和终止，审核证券交易所章程和自律规则的制定、修改，以及对证券交易所自律监管行为的事后监督等。

五、证券交易所自律监管的司法介入与民事责任

(一)证券交易所自律监管的司法有限介入立场

证券交易所的自律监管涉及多方主体利益，所采取的自律监管措施会对诸多市场参与者的利益产生直接或间接的影响。纪律处分措施对当事人利益的直接影响自不必说，交易异常情况下证券交易所采取的限制交易、临时停牌、临时停市、暂缓交收、取消交易等处置措施更是会对不特定市场参与者的利益产生影响，由此可能引发大规模的群体性诉讼，这就不得不对证券交易所自律监管的司法介入进行法律政策考量。美国在长期的司法实践中对证券交易所自律监管司法介入的立场经历了由直接介入向有限介入的转变，并在司法判例中确立了"内部救济穷尽原则"，即原告在起诉证券交易所前必须用尽证券法规定的可以利用的所有救济途径。该原则包括两层含义：一是，会员不服证券交易所的纪律处分决定，必须首先在证券交易所内部提出申诉，不经此程序不得向证券交易委员会申请复议；二是，会员向法院起诉前，必须已获得证券交易委员会的行政复议，对复议结果不服的，方可起诉证券交易委员会，证券交易所作为第三人参诉。但是，如就证券交易所的纪律处分等行为提出损害赔偿的，则无须遵循内部救济穷尽原则，可直接向法院提起诉讼。

近年来，我国证券交易所自律监管的侵权诉讼也不断涌现，法院对自律监管诉讼司法介入的立场也悄然发生转变，总体呈现由限制走向开放的趋势。早期法院往往基于资本市场发展不成熟、相关法律制度不健全等为由，直接作出不予受理决定。2005年《最高人民法院关于对与证券交易所监管职能相关的诉讼案件管辖与受理问题的规定》在一定程度上为交易所自律监管的诉讼提供了司法依据，但也作了严格的限制性规定，即"投资者对证券交易所履行监管职责过程中对证券发行人及其相关人员、证券交易所会员及其相关人员、证券上市和交易活动做出的不直接涉及投资者利益的行为提起的诉讼，人民法院不予受理"。但何谓"直接涉及投资者利益"则不甚明了，"直接"与"间接"的标准也难以清晰界定，实践中这仍然成为对证券交易所提起诉讼的巨大障碍。此后的司法实践中，一些法院开始逐渐简化和放宽了"直接涉及投资者利益"的诉讼资格判断标准，认为证券交易所自律监管行为的"相关受众主体"均可提起侵权诉讼，从而保障了投资者等相关市场利益相关者的诉权。②

---

① IOSCO, Objectives and Principles of Securities Regulation, 2003.

② 参见徐明、卢文道：《证券交易所自律管理侵权诉讼司法政策——以中美判例为中心的分析》，载《证券法苑》2009年第1期。

应该说，"无救济无权利"是基本的法治理念，权利人的诉权理应得到保障，法院是权利保护的最后一道屏障，司法介入对于拓展救济渠道，保护市场主体利益免受证券交易所不当行为的侵害，督促证券交易所更好地履行自律监管职能，具有重要意义。但是，对证券交易所自律监管的司法介入如果不加以适当的限制，则容易造成恶意诉讼和滥诉的问题，使得证券交易所承受过多的诉讼风险，不利于其独立自主地行使自律监管权，反而会畏首畏尾、裹足不前。对此可考虑从以下几方面加以完善：一是要借鉴美国的"内部救济穷尽原则"，将申请证券交易所的复核和证监会的复议作为诉讼前置程序，以尊重证券交易所的自律监管和证监会对证券交易所的行政监管，减轻诉讼压力，但这也要求建立起完善的证券交易所内部救济和行政救济机制。① 二是要严格限制对证券交易所自律监管行为的司法审查范围，原则上应仅限于合法性审查，而不涉及合理性审查。毕竟资本市场瞬息万变，特别是在异常交易情况下，往往要求证券交易所迅速作出处置决定，加之证券交易所自律监管的专业性特征，对证券交易所自律监管决定和行为的合理性由法院进行事后判断，既不合理也难达成。三是对证券交易所自律监管司法介入的立场应由限制诉权向责任豁免转变，即在程序上保障市场主体的起诉权，但可借助证券交易所民事责任豁免原则缓解其法律风险，保护证券交易所自律监管职能的正常行使。

（二）证券交易所自律监管的民事责任相对豁免原则

就证券交易所在履行自律监管职能中的民事责任而言，在美国的司法实践中，法院基于证券交易所自律监管的公共职能属性，逐渐将其视为准政府机构，并将原本适用于政府机构的"民事责任绝对豁免原则"（Absolute Immunity from Civil Liability）适用于证券交易所的自律监管。依据该原则，证券交易所在善意执行法律或者自律规则，履行自律监管的公共职能的过程中，即便对被监管者造成了利益损害，证券交易所及其管理人员也无须承担契约或侵权民事责任。② 对证券交易所民事责任豁免具有转折意义的是 1985 年的 Austin Municipal Securities Inc. v. NASD 上诉案，该案中美国第五巡回法院援引最高法院在 1978 年 Butz 案中确立的判断行政机构及其职员适用豁免原则的"三要素标准"，首次赋予了 NASD 行使自律监管职责的豁免地位，法院认为私人自律监管组织只有具备以下三个标准才能获得豁免：（1）其职能与司法程序具有共同的特性；（2）其行为可能导致被监管者对其提起诉讼；（3）监管框架中有充分的安全保障措施控制其违宪行为。③ 我国香港特别行政区《证

---

① 《最高人民法院为创业板改革并试点注册制提供司法保障的若干意见》（法发〔2020〕28 号）明确提出："对于证券交易所所涉行政与民事纠纷，要积极引导当事人先行通过证券交易所听证、复核等程序表达诉求，寻求救济。"

② 参见卢文道：《美国法院介入证券交易所自律管理之政策脉络》，载《证券市场导报》2007 年第 7期。

③ 参见 Austin Municipal Securities Inc. v. NASD. http：//law. justia. com/cases/federal/appellate-courts/F2/757/676/425998/。

券及期货条例》则在立法层面明确规定了证券交易所民事法律责任豁免原则，根据该条例第 22 条规定，交易所或代表交易所行事的人，包括该交易所的董事局成员或该交易所设立的任何委员会的成员，在履行交易所自律监管职责时，如出于真诚而作出或不作出任何作为，无须就该等作为或不作为承担任何民事法律责任，不论是在合约法、侵权法、诽谤法、衡平法或是在其他法律下产生的民事法律责任。

公司制交易所能否适用自律监管民事责任豁免原则，曾一度引起争议，其不同于会员制交易所的地方在于公司的营利性。在美国 2007 年的 Weissman v. NASD, Inc. 一案中，法院认为：证券交易所在履行监管职能时，拥有普通法上赋予政府组织的绝对豁免权，然而在本案中，证券交易所从事的是私人的商业行为，而非公共的监管行为，因而不具有豁免权。必须对证券交易所等自律组织所拥有的豁免权做狭义的解释，根据自律组织的行为类型、目的和性质来判断其能否获得豁免，当且只有该自律组织依其自律职能而作出的行为才能获得绝对豁免。[①] 由此可见，公司制交易所的法律性质本身并不影响其自律监管的民事责任豁免，当其履行自律监管职能时，其行为的公共目的性与会员制交易所并无实质区别，代表的仍然是社会公众利益，只不过要将证券交易所营利性的商业行为和公共性的自律监管行为进行严格区分，自律监管行为仍然适用民事责任豁免原则。

总之，证券交易所自律监管的公共性、独立性和交易所资金来源的有限性等因素，决定了应当赋予交易所自律监管的民事责任豁免，但是绝对豁免原则容易滋生交易所的道德风险，造成自律监管权的滥用，特别是在交易所非互助化背景下，绝对豁免实际上混淆了交易所具有的公、私二元属性。因此，在我国的证券立法中，应当基于相对豁免原则构建证券交易所自律监管民事责任豁免制度。具体而言：一是要在区分证券交易所服务职能和自律监管职能的基础上，明确交易所自律监管的民事责任豁免原则；二是要区分证券交易所自律监管职能的行使是否程序正当、目的合法，对交易所因正当履行自律监管职能产生的民事责任应予以豁免，但对交易所因"故意或重大过失"不当履行自律监管职能而造成的损失，仍应承担相应的民事责任。我国新《证券法》第 111 条和第 113 条引入了证券交易所民事责任豁免的规定，明确了证券交易所对证券交易异常情况和重大异常波动采取自律监管措施造成的损失，不承担民事赔偿责任，但存在重大过错的除外。[②] 另外，在司法实践

[①]　参见蔡伟：《我国证券(期货)交易所的民事责任豁免探讨——基于金融创新的视角》，载《证券市场导报》2011 年第 8 期。

[②]　证券交易所民事责任从绝对豁免到相对豁免的转变，从证券交易所自律规则的修订中也可见一斑，例如 2016 年修订的《深圳证券交易所交易规则》第 7.5 条规定："因交易异常情况及本所采取的相应措施造成损失的，本所不承担赔偿责任。"但随着新《证券法》的修订和实施，2020 年修订的《深圳证券交易所交易规则》第 7.5 条规定："因交易异常情况、重大异常波动及本所采取的相应措施造成损失的，本所不承担民事赔偿责任，但存在重大过错的除外。"

中证券交易所民事责任相对豁免原则也得到了法院的贯彻，如"8·16"光大证券内幕交易案中，有投资者以上海证券交易所和中国金融期货交易所存在监管不作为的过错为由，主张交易所承担民事责任。上海一中院在判决中明确指出，证券交易所行使自律监管权时的自主决定权系其履行监管职责的基础，据此应当认为，无论交易所在行使其监管职权过程中作为或不作为，只要其行为的程序正当、目的合法，且不具有主观恶意，则交易所不应因其自主决定的监管行为而承担民事法律责任，否则其监管职能的行使将无从谈起。①

第五节 对证券交易所的管理与监督

为保障证券交易所的正常运行和履行职能，防止证券交易所的违法违规和自律监管权滥用，对证券交易所的外部监管也是必不可少的，这既包括对证券交易所负责人与从业人员的监管，也包括对证券交易所业务活动的监管。

一、对证券交易所负责人与从业人员的监管

(一)任职资格

首先，关于证券交易所负责人的任职资格，②《证券法》第 103 条规定，有《公司法》第178 条规定的情形③或者下列情形之一的，不得担任证券交易所的负责人：(1)因违法行为或者违纪行为被解除职务的证券交易场所、证券登记结算机构的负责人或者证券公司的董事、监事、高级管理人员，自被解除职务之日起未逾 5 年；(2)因违法行为或者违纪行为被吊销执业证书或者被取消资格的律师、注册会计师或者其他证券服务机构的专业人员，自被吊销执业证书或者被取消资格之日起未逾 5 年。其次，关于证券交易所从业人员的任职资格，《证券法》第 104 条规定，因违法行为或者违纪行为被开除的证券交易场所、证券公司、证券登记结算机构、证券服务机构的从业人员和被开除的国家机关工作人员，不得

---

① 参见"郭秀兰诉光大证券股份有限公司、上海证券交易所、中国金融期货交易所期货内幕交易责任纠纷案"，载《最高人民法院公报》2018 年第 12 期。

② 需要说明的是，《证券法》并未明确规定证券交易所负责人的范围，但从《证券交易所管理办法》的相关规定来看，证券交易所负责人应当包括理事、监事和高级管理人员。

③ 《公司法》第 178 条规定，有下列情形之一的，不得担任公司的董事、监事、高级管理人员：(1)无民事行为能力或者限制民事行为能力；(2)因贪污、贿赂、侵占财产、挪用财产或者破坏社会主义市场经济秩序，被判处刑罚，或者因犯罪被剥夺政治权利，执行期满未逾五年，被宣告缓刑的，自缓刑考验期满之日起未逾二年；(3)担任破产清算的公司、企业的董事或者厂长、经理，对该公司、企业的破产负有个人责任的，自该公司、企业破产清算完结之日起未逾三年；(4)担任因违法被吊销营业执照、责令关闭的公司、企业的法定代表人，并负有个人责任的，自该公司、企业被吊销营业执照、责令关闭之日起未逾三年；(5)个人因所负数额较大债务到期未清偿被人民法院列为失信被执行人。

招聘为证券交易所的从业人员。另外,《证券交易所管理办法》第34条对证券交易所从业人员任职的积极资格作了规定,要求证券交易所的从业人员应当正直诚实、品行良好、具备履行职责所必需的专业知识与能力。并且对证券交易所从业人员以及理事、监事、高级管理人员任职的禁止性规定作了进一步的细化。

(二)从业规范

1. 证券交易所负责人的诚信义务

《证券交易所管理办法》第71条规定,证券交易所的理事、监事、高级管理人员对其任职机构负有诚实信用的义务。证券交易所的总经理离任时,应当按照有关规定接受离任审计。所谓诚实信用的义务,本质上应当等同于英美法系的信赖义务,或者类似于《公司法》第180条所规定的忠实义务和勤勉义务。①

2. 证券交易所负责人和从业人员兼职的限制

为了防范证券交易所负责人和从业人员兼职所诱发的利益冲突问题,《证券交易所管理办法》第72条规定,证券交易所的总经理、副总经理未经批准,不得在任何营利性组织、团体和机构中兼职。证券交易所的非会员理事、非会员监事及其他工作人员不得以任何形式在证券交易所会员公司兼职。

3. 禁止泄露、利用内幕信息和违规牟利

证券交易所的负责人及相关工作人员作为《证券法》第51条所规定的证券交易内幕信息知情人,不得从事内幕交易,也不得违规谋取私利。对此,《证券交易所管理办法》第73条规定,证券交易所的理事、监事、高级管理人员及其他工作人员不得以任何方式泄露或者利用内幕信息,不得以任何方式违规从证券交易所的会员、证券上市交易公司获取利益。

4. 回避义务

《证券法》第116条和《证券交易所管理办法》第74条规定,证券交易所的理事、监事、高级管理人员和其他从业人员执行与证券交易有关的职务时,与其本人或者其亲属有利害关系的,应当回避。具体回避事项由其章程、业务规则规定。

(三)法律责任

《证券交易所管理办法》第89条规定了证券交易所存在违法违规情况时,证监会对有关高级管理人员视情节轻重分别给予警告、记过、记大过、撤职等行政处分,并责令证券交易所对有关的业务部门负责人给予纪律处分,造成严重后果的,证监会有权解除或提议证券交易所解除有关人员职务;构成犯罪的,由司法机关依法追究有关责任人员的刑事责任。

---

① 参见周友苏:《证券法新论》,法律出版社2020年版,第424页。

二、对证券交易所业务活动的监管

(一)设立及业务许可的转让禁止

如前所述，我国证券交易所的设立采取的是许可主义，由国务院决定，具有一定的特许性；证券交易所的业务和职能则是由证监会许可、授权或委托。《证券交易所管理办法》第70条规定，证券交易所不得以任何方式转让其依照本办法取得的设立及业务许可。

(二)财务管理

根据《证券法》第111条和《证券交易所管理办法》第75条规定，证券交易所应当建立健全财务管理制度，收取的各种资金和费用应当严格按照规定用途使用，首先用于保证其证券交易场所和设施的正常运行并逐步改善，不得挪作他用。会员制的证券交易所的财产积累归会员所有，其权益由会员共同享有，在其存续期间，不得将其财产积累分配给会员。另外《证券法》第114条还规定了风险基金制度，即证券交易所应当从其收取的交易费用和会员费、席位费中提取一定比例的金额设立风险基金。风险基金由证券交易所理事会管理。风险基金提取的具体比例和使用办法，由国务院证券监督管理机构会同国务院财政部门规定证券交易所应当将收存的风险基金存入开户银行专门账户，不得擅自使用。

(三)报告义务

证券交易所在接受证监会监管过程中，要履行报告义务，包括定期报告和临时报告。其中，定期报告主要包括两类：一是年度财务报告，应于每一财政年度终了后3个月内向证监会提交；二是关于业务情况的季度和年度工作报告，应当分别于每一季度结束后15日内和每一年度结束后30日内向证监会报告。

《证券交易所管理办法》规定的临时报告事项主要有三类，第一类是重大事项的临时报告，"重大事项"包括：(1)发现证券交易所会员、证券上市交易公司、投资者和证券交易所工作人员存在或者可能存在严重违反法律、行政法规、部门规章的行为；(2)发现证券市场中存在产生严重违反法律、行政法规、部门规章行为的潜在风险；(3)证券市场中出现法律、行政法规、部门规章未作明确规定，但会对证券市场产生重大影响的事项；(4)在执行法律、行政法规、部门规章过程中，需由证券交易所作出重大决策的事项；(5)证券交易所认为需要报告的其他事项；(6)证监会规定的其他事项。第二类事项不仅应当随时向证监会报告，还要同时抄报交易所所在地人民政府，并采取适当方式告知交易所会员和投资者，包括：(1)发生影响证券交易所安全运转的情况；(2)因不可抗力、意外事件、重大技术故障、重大人为差错等突发性事件而影响证券交易正常进行时，证券交易所为维护证券交易正常秩序和市场公平采取技术性停牌、临时停市、取消交易或者通知证券登记结算机构暂缓交收等处理措施；(3)因重大异常波动，证券交易所为维护市场稳定，采取限制交易、强制停牌、临时停市等处置措施。第三类临时报告事项是证券交易所涉及诉讼或者证券交易所理事、监事、高级管理人员因履行职责涉及诉讼或者依照法律、行政法规、部门规章应当受到解除职务的处分。

（四）配合证监会监管执法

《证券交易所管理办法》第79条、第81条、第82条规定，证监会有权要求证券交易所提供证券市场信息、业务文件以及其他有关的数据、资料。证监会有权对证券交易所业务规则制定与执行情况、自律管理职责的履行情况、信息技术系统建设维护情况以及财务和风险管理等制度的建立及执行情况进行评估和检查。证监会开展上述所述评估和检查，可以采取要求证券交易所进行自查、要求证券交易所聘请证监会认可的专业机构进行核查、证监会组织现场核查等方式进行。证监会依法查处证券市场的违法违规行为时，证券交易所应当予以配合。

（五）修改章程和业务规则

证券交易所章程和业务规则的制定和修改须报证监会批准，如未履行相关程序的，证监会有权要求证券交易所进行修改、暂停适用或者予以废止，并对有关负责人采取处理措施。不仅如此，根据《证券交易所管理办法》第80条的规定，证监会还有权要求证券交易所对其章程和业务规则进行修改。但是基于证券交易所自律监管职能的独立性和自主性要求，证监会对交易所的监管应保持适度原则，监管重心应当由事前监管向事中事后监管转变，避免过度干预，因而证监会要求交易所修改章程和业务规则的做法值得商榷。

（六）法律责任

《证券交易所管理办法》第八章"法律责任"中规定了证券交易所违法行为所要承担的行政责任和刑事责任，其中证监会对证券交易所违法行为采取的行政处罚措施包括监管谈话、出具警示函、通报批评、责令限期改正、责令停止证券交易品种交易等。

【本章课外阅读材料】

注册制背景下证券交易所发行审核权的法律省思

一、注册制背景下证券发行审核权与注册权的分离

在核准制下，证监会集证券发行审核权与核准权于一身，对《证券法》和《首次公开发行股票并上市管理办法》所规定的主体资格、规范运行、财务会计等发行条件进行实质性审核，为此建立了包括初审会、发审会在内的一整套发行审核制度。自1998年《证券法》引入核准制，到核准制正式替代审批制，至今已历经了二十年左右的时间。客观来说，核准制在我国资本市场发展进程中起到了举足轻重的作用，与审批制

相比，是我国证券发行市场化改革踏出的重要一步。但在当下资本市场改革走向深化的背景下，核准制的弊端逐渐凸显，具体而言：一是，核准制仍然呈现较为浓厚的行政化管制色彩，政府与市场边界不清，以政府的实质审核代替市场判断，市场机制在证券发行环节的作用被削弱；二是，核准制下的证券发行条件过于严苛，发行证券融资异化为大企业的"特权"，资本市场融资功能没有得到充分实现；三是，核准制下证监会的严格审核并未真正实现事前风险防范的制度初衷，证券欺诈发行依然层出不穷，反倒是滋生了权力寻租问题，特别是十八大以来证监会系统爆发的一系列腐败案件，严重动摇了证监会的公信力；① 四是，核准制下资本市场的 IPO "暂停-重启"、IPO "三高"、融资"堰塞湖"、"炒壳"等怪相频出，资本市场沦为"政策市""圈钱市""投机市"。在此背景下，证券发行注册制改革已成为大势所趋，"其本质是以信息披露为中心，由市场参与各方对发行人的资产质量、投资价值作出判断，发挥市场在资源配置中的决定性作用"②。

关于注册制存在一种"流行的误解"，即认为注册制下的证券发行完全摒弃了实质审核，而只保留了形式审核。③ 可"注册制"与"核准制"的区分并非在于审与不审，而是在于审什么、谁来审、怎么审。事实上，被我国证券法研究奉为圭臬的美国证券发行注册制并不拒绝实质审核，"只是其实质审核的主体有多元化的特点，无论是州政府、交易所，还是证券发行中介、服务机构，都事实上承担了部分实质审核的任务"④。概言之，注册制的基本特征有二：其一，证券发行监管分权，特别是由政府向市场分权，督促证券交易所和中介服务机构归位尽责；其二，证券发行审核以信息披露为中心，监管重心由事前向事中事后转变。我国新《证券法》修订虽然经历一波三折，但最终还是全面推行证券发行注册制，同时考虑到注册制改革是一个渐进的过程，授权国务院对注册制的具体范围、实施步骤进行规定，为分步实施注册制预留必要的法律空间。⑤ 我国证券发行注册制的制度设计采取的是注册权与审核权分离的模

---

① 十八大以来，证监会投资者保护局原局长李量、证监会发行监管部原处长李志玲、证监会原主席助理张育军、证监会原副主席姚刚等人先后落马，背后多与证券发行环节的权力腐败问题相牵连。

② 吴晓灵：《关于〈中华人民共和国证券法（修订草案）〉的说明》（2015 年 4 月 20 日）。

③ 具体可参见沈朝晖：《流行的误解："注册制"与"核准制"辨析》，载《证券市场导报》2011 年第 9 期。

④ 蒋大兴：《隐退中的"权力型"证监会——注册制改革与证券监管权之重整》，载《法学评论》2014 年第 2 期。

⑤ 2015 年 4 月 20 日提交审议的《证券法（修订草案）》"一审稿"第二章第二节明确规定了股票发行注册制，但受"股灾"的影响，在"二审稿"中注册制被搁置，至 2019 年"三审稿"根据科创板股票发行注册制改革试点的进展情况，增加了"科创板注册制的特别规定"，直至 2019 年 12 月 28 日通过的新《证券法》最终明确了证券发行全面注册制。其第 9 条规定："公开发行证券，必须符合法律、行政法规规定的条件，并依法报经国务院证券监督管理机构或者国务院授权的部门注册。未经依法注册，任何单位和个人不得公开发行证券。证券发行注册制的具体范围、实施步骤，由国务院规定。"

式，即由证券交易所行使审核权，证监会行使注册权。① 相比之下，核准制由证监会对证券发行条件实质审核，证券发行与上市总体上呈联动状态，发行审核吸收了上市审核，证券交易所上市审核基本流于形式；而在注册制下，证券交易所同时对证券发行和上市条件进行审核，上市审核吸收了发行审核，二者实际上已经"合二为一"。② 目前，科创板和创业板 IPO 审核流程为：交易所受理—审核—上市委会议—报证监会—证监会注册—发行上市。③

二、证券交易所发行审核权的法律性质

在法律性质上，无论是证监会对证券发行行使的核准权抑或是注册权，都应属于行政许可权的范畴，此自无疑问。但在注册制背景下注册权与审核权分离之后，由证券交易所行使的发行审核权性质究竟如何，则不甚明了。厘清证券交易所发行审核权的法律性质，不仅有助于分辨注册制下的证监会与证券交易所之间的关系，更是对于明确证券交易所发行审核权行使的责任归属和救济途径有着至关重要的意义。对此，一种观点认为证券交易所发行审核权仍然是证监会发行审核权的延伸，无非是通过法律授权的方式将具有行政权力性质的发行审核权从证监会下放到交易所，交易所对发行人注册文件的审核构成具体行政行为。④ 但也有认为从注册制改革所体现的政府职能转变、市场机制优先适用、自律组织和中介机构作用凸显、证监会事中事后监管得以强化的制度愿景来看，证券交易所发行审核符合行政许可排除原则，⑤ 不宜被定性为行政许可。⑥ 既然如此，可否将其认定为证券交易所自律管理权的范畴？证监会原主席肖钢认为："注册制改革的本质是还权于市场，因此，交易所审核职能不属于一般行政许可，而是一种法定的自律管理，非典型的许可行为。"⑦上海证券交易所法律

①　《证券法》第 21 条规定：国务院证券监督管理机构或者国务院授权的部门依照法定条件负责证券发行申请的注册。证券公开发行注册的具体办法由国务院规定。按照国务院的规定，证券交易所等可以审核公开发行证券申请，判断发行人是否符合发行条件、信息披露要求，督促发行人完善信息披露内容。

为行文方便，以下主要围绕股票发行注册制展开，有关注册权和审核权的讨论也仅针对证监会和交易所，其他暂且搁下。

②　参见陈洁：《科创板注册制的实施机制与风险防范》，载《法学》2019 年第 1 期；冷静：《科创板注册制下交易所发行上市审核权能的变革》，载《财经法学》2019 年第 4 期。

③　具体可见上海证券交易所网站：http://kcb.sse.com.cn/aboutus/auditprocess/，2020 年 8 月 28日访问。

④　参见袁康：《审核权与注册权分离的困惑与批评——新股发行注册制改革中证监会与交易所的角色定位》，载郭锋主编：《证券法律评论》(2016 年卷)，中国法制出版社 2016 年版。

⑤　《行政许可法》第 13 条规定，通过下列方式能够予以规范的，可以不设行政许可：(1)公民、法人或者其他组织能够自主决定的；(2)市场竞争机制能够有效调节的；(3)行业组织或者中介机构能够自律管理的；(4)行政机关采用事后监督等其他行政管理方式能够解决的。

⑥　参见冷静：《注册制下发行审核监管的分权重整》，载《法学评论》2016 年第 1 期。

⑦　肖钢：《中国资本市场变革》，中信出版集团 2020 年版，第 56 页。

部内部研究报告也提出交易所证券发行审核属于"法定的""受监管"的自律管理行为。①

笔者认为，注册制下的证券交易所发行审核权应当属于法定的自律管理权，理由如下：一是，从主体资格上看，将证券交易所发行审核权视为行政许可具有不适格性。证券交易所显然不属于行政机关，至于是否属于"法律、法规授权的具有管理公共事务职能的组织"②也存在疑问。虽然我国证券交易所被登记为事业单位法人，但无论从法律规定还是从实际运行上看，证券交易所都是自律管理的会员制法人，并且在履行服务职能时又表现出一定营利性企业的特征，如若将证券交易所定位为"管理公共事务职能的组织"，那么其自律性的根基将发生动摇，恐将创造出一个新的"权力寡头"，也不符合证券交易所改革的方向。二是，从注册制改革的制度初衷上看，核心在于证券发行的市场化，减少行政权力干预，还权于市场。若是继续将证券交易所发行审核权作为证监会发行审核权的延续，无异于"换汤不换药"，证券交易所不过是证监会的"工具"，发行审核的独立性难以得到保证，甚至担任着替证监会"背锅"的角色。三是，从权力关系上看，注册制下证券交易所发行审核与上市审核已经实质并轨，虽然二者的审核对象有所不同，但在审核主体、审核程序上并无明显区分。根据《证券交易所管理办法》第7条的规定，上市审核属于证券交易所自律管理职能的范畴。既如此，倘若强行对证券交易所已经事实上合并的审核行为区分不同的权力性质，无疑是"画蛇添足"，反而会导致证券交易所发行审核与上市审核权力关系的混乱，产生同一审核行为不同法律性质和后果的困惑。四是，从规范层面上看，虽然2017年修订的《证券交易所管理办法》第7条未将发行审核纳入证券交易所自律管理职能，但彼时新《证券法》尚在修订之中，况且将发行审核暂且归入第7条第(11)项"法律、行政法规规定的以及中国证监会许可、授权或者委托的其他职能"也未尝可。另外，在《上海证券交易所科创板股票发行上市审核规则》和《深圳证券交易所创业板股票发行上市审核规则》第八章"自律管理"中，均规定了证券交易所在发行上市审核中可以采取的自律监管措施和纪律处分措施，可见在交易所自律规则层面也是将发行上市审核一并作为自律管理对待的。

三、注册制下证券交易所与证监会权力关系的厘清

我国注册制采取的是证券发行注册权与审核权分离的模式，即由证券交易所行使

---

① 卢文道、谭婧：《交易所审核新股发行注册是行政许可吗?》，上海证券交易所法律部内部研究报告，2014年1月23日。

② 《行政许可法》第23条规定，法律、法规授权的具有管理公共事务职能的组织，在法定授权范围内，以自己的名义实施行政许可。被授权的组织适用本法有关行政机关的规定。

审核权，证监会行使注册权，证券交易所审核是证监会注册的前置程序。证券交易所审核意见虽然会构成证监会作出注册决定的重要依据，但并非决定性的，证券交易所审核通过也不必然引致证监会同意注册的结果。① 注册制与核准制在权力运行的逻辑上有着明显区别，核准制下先由证监会审核通过、核准发行，再由证券交易所行使上市审核权，此时上市审核已经基本形同虚设了；注册制下则是先由证券交易所行使发行上市审核权，审核同意之后再报证监会注册，由此证券交易所走向了证券发行监管的"前端"。但二者的共通之处在于，证券发行的最终决定权始终掌握在证监会手中。这也是我国注册制改革的一个隐忧，即证监会主导的注册制改革容易走入"实际控制人"误区，名义上把审核权下放到交易所，但实际上通过内部行政程序、把持最终注册权对证券发行上市进行实际操控。②

另外，注册权与审核权的分离，并不意味着证监会彻底剥离了审核权，事实上注册制也并不完全排斥证监会的审核权。根据《科创板首次公开发行股票注册管理办法（试行）》第 13 条的规定，证监会收到交易所报送的审核意见、发行人注册申请文件及相关审核资料后，至少需要审查交易所发行上市审核内容有无遗漏、审核程序是否符合规定、发行人在发行条件和信息披露要求的重大方面是否符合规定。可见，证监会在注册程序中，绝不仅仅只是形式上对证券交易所审核意见的复核，还会对发行人注册申请文件作必要的审核。例如，证监会在科创板首例不予注册决定案中，通过审阅注册申请文件发现，发行人恒安嘉新存在会计基础工作薄弱和内控缺失的情形，以及未按招股说明的要求对前期会计差错更正事项进行披露。③ 由此也就会产生新的困惑在于，证券交易所与证监会在发行审核方面有何区别？如若不加以区分，那么证券交易所发行审核的意义又何在？有学者认为，目前中国的注册制中证监会仍进行实质性把关，并且由于证券交易所独立性缺失，似乎成了证监会的下属机构，交易所审核与证监会审核相差不大。④ 可如此一来，证券交易所发行审核权极易被虚置，证监会仍然通过注册程序行使事实上的审核权，导致权力重叠和重复审核的问题，与注册制改革的制度初衷相悖。

因此，基于注册制改革的本质，有必要理顺证监会与证券交易所在注册制中的权

---

① 2019 年 8 月 30 日，证监会官网发布了《关于不予同意恒安嘉新（北京）科技股份公司首次公开发行股票注册的决定》，成为科创板首例证券交易所审核通过、证监会不予同意注册的公司。

② 参见郭锋、邢会强、杜晶：《股票发行注册制改革风险评估与对策建议》，载《财经法学》2016 年第 6 期。

③ 《关于不予同意恒安嘉新（北京）科技股份公司首次公开发行股票注册的决定》（证监许可〔2019〕1552 号）。

④ 参见曹凤岐：《从审核制到注册制：新〈证券法〉的核心与进步》，载《金融论坛》2020 年第 4 期。

力关系，防止证监会注册权的隐性扩张。一是，明确证监会与证券交易所的权力边界，保障证券交易所审核权的独立行使。在注册之中证监会注册权与证券交易所审核权虽然有衔接性，但在权力行使主体、程序和法律后果上都是相互独立的，证券交易所的审核权并非源于证监会的行政委托，而是法律法规授权产生的，故而可以不受证监会干预。当然，证券交易所审核权行使的独立性，根本上还在于证券交易所法律地位的独立性。对此，有必要明晰交易所产权关系、改革人事任免制度、健全交易所治理结构、减少证监会对交易所的事前审批事项和自律管理的行政干预。二是，对证监会和证券交易所的审核权作适当区分，证监会在注册程序中应侧重于对证券交易所审核意见以及发行人信息披露的形式审核，证券交易所负责审核发行人是否符合发行条件、上市条件以及信息披露要求，尽量减少证券发行中的重复审核。可借鉴香港"双重存档制"下香港证监会与联交所在证券发行上市中的审核权配置机制，借助《谅解备忘录》的形式厘定证监会与交易所的角色分工，尊重交易所在证券发行上市审核中的主导地位。

四、证券交易所发行审核权行使的利益冲突及其规制

证券交易所既承担着为证券集中交易提供场所和设施、组织证券交易的服务职能，又承担着对证券发行上市、交易和会员的自律监管职能，兼具公共性和营利性的双重属性。由此不可避免地带来证券交易所在履行职能过程中的利益冲突问题，造成监管目标和营利目标之间的紧张关系，影响交易所自律监管的有效性，甚至动摇交易所自律监管的正当性基础。正如国际证监会组织（IOSCO）报告中所指出的，利益冲突对证券交易所自律监管的潜在影响主要表现在四个方面：（1）交易所商业利益和公共利益适度平衡的风险；（2）商业动机导致的自律监管权滥用；（3）交易所自我上市的利益冲突；（4）监管效率问题。[①] 在注册制改革中，证券交易所被赋予了更广泛的自律监管权，同时履行证券发行审核和上市审核的双重职能。尽管作为注册制下证券发行监管的第一道防线，证券交易所审核应以社会公共利益为优先，维护证券市场公平、有序、透明，但实际上出于竞争上市资源的目的，证券交易所有着放松证券发行上市审核的潜在动机。[②] 核准制下证券交易所上市审核被证监会发行审核所吸收，上市审核的利益冲突无形中被掩盖，但注册制下证券交易所拥有更大的自由裁量空间，审核过程中的利益冲突问题势必将会更加凸显。对此，有必要从内部治理、外部监督和交易所竞争三个层面加以防范和化解。

---

① IOSCO, Regulatory Issues Arising From Exchange Evolution, Final Report, November 2006.

② 参见袁康：《审核权与注册权分离的困惑与批评——新股发行注册制改革中证监会与交易所的角色定位》，载郭锋主编：《证券法律评论》（2016年卷），中国法制出版社2016年版。

首先，在内部治理层面，应当在证券交易所内部构筑起商业职能和自律监管职能之间的"防火墙"，防止职能定位的混淆和冲突。特别是保持交易所商业职能和自律监管职能的组织机构分离，被世界银行视为是维系交易所自律监管的最佳实践，包括纽约证券交易所(NYSE)、澳大利亚证券交易所(ASX)和东京证券交易所(TSE)等都已设立了独立的附属机构行使自律监管职能。① 为确保自律监管的公正性和独立性，日本《金融商品交易法》专门规定了金融商品交易所可以发起设立自律监管法人，并将自律监管业务委托给自律监管法人。② 我国《科创板首次公开发行股票注册管理办法(试行)》第64条规定了交易所应当建立内部防火墙制度，发行上市审核部门、发行承销监管部门与其他部门隔离运行。在此基础上，应当进一步建立交易所证券发行审核的内部监督机制，完善上市委员会委员的选拔、聘任和回避制度，保障其独立履行审核职责，同时加强证券交易所审核程序的透明度，强化对交易所审核部门、上市委员会的责任约束。

其次，在外部监督层面，重点是建立并完善证监会对证券交易所审核权的监督机制。在科创板和创业板《首次公开发行股票注册管理办法(试行)》的"监督管理和法律责任"一章中，已经明确规定了证监会对证券交易所发行上市审核的监督，包括年度检查、定期或不定期抽查、督导督察(监察)、定期报告等制度。但有必要指出的是，证监会对证券交易所发行审核监督的出发点在于规制利益冲突，矫正自律监管失灵，但其介入也要保持适当的谦抑，以保障证券交易所发行上市审核的独立性和优先性为前提。因此，证监会对证券交易所审核权的监督应侧重于事后监督，减少事前和事中的不必要干预。另外，在监督内容和方式上，主要是对证券交易所审核意见的合法性和审核程序的正当性进行审查，避免对证券交易所发行上市审核意见的合理性作主观判断。

最后，在交易所竞争层面，应当在多层次资本市场体系下，引入证券交易所之间的竞争机制，通过竞争倒逼交易所认真对待和行使审核权。目前，我国在政府主导下已经人为地对上市资源进行了分配，市场之间处于分割状态，并且在资本市场相对封闭的体制下，也不存在与境外证券交易所的直接竞争，可谓是"内无竞争必要，外无竞争压力"③。竞争机制的缺失，使得证券交易所各自垄断上市资源，从而很难形成严格自律监管的压力和动力。注册制改革的核心在于市场化，而市场化的关键又在于

---

① John Carson, Self-Regulation in Securities Markets, The World Bank Policy Research Working Paper 5542, January 2011.

② 参见樊纪伟：《日本证券交易所法制改革及其启示》，载《证券市场导报》2013年第10期。

③ 参见徐明、卢文道：《从市场竞争到法制基础：证券交易所自律监管研究》，载《华东政法学院学报》2005年第5期。

竞争，不仅是发行人之间的竞争，也应包括交易所之间的竞争。就科创板与创业板而言，虽然两个板块的定位存在一定差异，但所面向的创新创业领域不可避免地会有交叉和竞争。2020年4月27日，中央全面深化改革委员会第十三次会议审议通过的《创业板改革并试点注册制总体实施方案》，明确提出："坚持创业板与其他板块错位发展，推动形成各有侧重、相互补充的适度竞争格局。"事实上，竞争的过程也是督促交易所不断完善自律监管的过程，"交易所监管的核心优势就在于其所面临竞争压力。竞争不但将会有效减少交易所的垄断地位，减少交易所监管的缺陷，也会促进监管制度更为有效"①。为此，关键是要在适度放开证券交易所竞争的基础上，引导证券交易所由放松发行上市审核、降低市场准入门槛的"逐底竞争"转向提高上市公司质量、提升上市服务水平的"逐优竞争"。

---

① 彭冰、曹里加：《证券交易所监管功能研究——从企业组织视角》，载《中国法学》2005年第1期。

第九章 证券公司与证券服务机构

第一节 证券公司概述

一、证券公司的概念与特征

作为专门从事证券经营业务的专门机构，证券公司是证券业和证券市场发展到一定阶段的产物，也是证券市场重要的参与者和不可或缺的中介组织。证券公司在证券发行人和广大的证券投资者之间充当着重要的桥梁和纽带，证券发行人证券的承销与上市保荐等工作需要证券公司来完成，广大投资者认购、买卖证券等亦需要通过证券公司来实现，与此同时，证券公司自身还可能作为机构投资者，直接参与证券交易活动。故证券公司在整个证券市场的地位至关重要。

在实践中，证券公司常常被称为"证券商"或"券商"，同时根据其从事的具体证券业务的不同，也有"证券承销商""证券经纪商""证券自营商"等称谓。

证券公司作为一种特殊类型的公司，当然具有一般公司的基本特征，除此之外，其亦因所从事行业的特殊性以及往往关涉广大投资者的切身利益而具有自身的特性。概括而言，其具有以下法律特征：

1. 证券公司同时受《公司法》和《证券法》的规范

证券公司的设立和运营同时要受《公司法》和《证券法》的规范。《公司法》是规范公司的普通法，作为从事证券行业的公司，证券公司的设立、组织形态、治理结构等首先要遵守《公司法》的有关规定。在公司法一般规定的基础上，针对证券公司的特性，《证券法》亦有着专章规定，在证券公司的设立条件、业务范围、董事、监事、高级管理人员任职资格、从业人员资格、经营规则和风险控制等方面，《证券法》均作出了更为详尽的规范。

2. 证券公司的设立条件和管理等更为严格

证券公司作为证券市场的重要参与者，其所从事的业务风险性相对较高，且这种风险具有扩散性，关涉千万投资者的切身利益，故与一般公司的设立采取准则主义不同，证券公司的设立采用的是审批制，我国《证券法》第118条规定，设立证券公司，必须经国务院证券监督管理机构审查批准。未经国务院证券监督管理机构批准，任何单位和个人不得以证券公司名义开展证券业务活动。证券公司变更证券业务范围，变更主要股东或者公司的实际控制人，合并、分立、停业、解散、破产，应当经国务院证券监督管理机构核准。《证券公司监督管理条例》第13条进一步规定，证券公司增加注册资本且股权结构发生重大调整，减少注册资本，变更业务范围或者公司章程中的重要条款，合并、分立，设立、收购或者撤销境内分支机构，在境外设立、收购、参股证券经营机构，应当经国务院证券监督管理机构批准。

在设立门槛方面，证券公司亦远高于普通公司，如根据《证券法》第118、120、121条的规定，设立证券公司，经营证券经纪、证券投资咨询及与证券交易、证券投资活动有关的财务顾问等业务的，最低注册资本为5000万元；经营证券承销与保荐、证券融资融券、证券做市交易、证券自营及其他证券业务，经营以上业务之一的，注册资本最低限额为人民币1亿元，经营其中两项以上业务的，注册资本最低限额为人民币5亿元，且注册资本应当是实缴资本。设立证券公司，其主要股东及公司的实际控制人具有良好的财务状况和诚信记录，最近3年无重大违法违规记录；与此同时，其对董事、监事、高级管理人员任职资格、从业人员资格、经营规则和风险控制等亦有着严格的要求。

3. 证券公司业务范围及内容具有特殊性

证券公司区别与普通公司，主要在于其业务经营的特殊性。证券公司的业务范围是经营证券业务，根据《证券法》的规定，经国务院证券监督管理机构核准，取得经营证券业务许可证，证券公司可以经营下列部分或者全部证券业务：（1）证券经纪；（2）证券投资咨询；（3）与证券交易、证券投资活动有关的财务顾问；（4）证券承销与保荐；（5）证券融资融券；（6）证券做市交易；（7）证券自营；（8）其他证券业务。证券公司经营证券资产管理业务的，应当符合《中华人民共和国证券投资基金法》等法律、行政法规的规定。除证券公司外，任何单位和个人不得从事证券承销、证券保荐、证券经纪和证券融资融券业务。证券公司变更经营范围，应当经国务院证券监督管理机构批准。

二、证券公司的种类

对证券公司的种类划分，一般以其经营的具体业务为标准，传统上可分为证券经纪公司、证券自营公司和证券承销公司。证券经纪公司即代理买卖证券的证券机构，其接受投资人委托、代为买卖证券，并收取一定手续费即佣金；证券自营公司，即以自有资金以自己名义买卖证券并独立承担交易风险的证券公司；证券承销公司即以包销或代销形式帮助发行人发售证券的机构。当然以上只是一种粗略的分类，证券公司的业务除了以上3种主要业务外，还有证券投资咨询、证券资产管理等，实际上，许多证券公司是兼营多种证券业务的。

三、我国证券公司的发展

我国证券公司诞生于20世纪80年代末，在30多年的发展中对国民经济的发展和经济体制的改革起到了重要的推动作用。其自身也经历了从无到有，从混乱扩张到日渐规范的发展历程。从其发展的实际历程看，已经过了形成期和成长期，正步入成熟期。

在我国最初从事证券业务的并非证券公司，而是商业银行和信托投资公司内设的证券业务部门。1986年国务院颁布《银行管理暂行条例》，明确中国人民银行为证券市场的主管机关。1987年经中国人民银行批准，我国第一家证券公司——深圳证券公司成立。1988年中国人民银行批准在国内大中城市成立了33家证券公司。与此同时，由于利益驱动和市场监管缺乏，很多地方政府和部门未经中国人民银行批准，擅自设立了一些证券经营机构。同年7月，为规范这种混乱状况，中国人民银行发布了《关于设立证券公司或类似金融机构须经中国人民银行审批的通知》，对不规范的证券经营机构进行整顿。1990年10月中国人民银行出台《证券公司管理暂行办法》，首次对证券公司进行规范。1992年中国证券监督管理委员会成立，中国人民银行对证券业的监管职能开始移交于中国证券监督管理委员会。1995年《中国人民银行法》和《商业银行法》明确了分业经营原则，即商业银行不能从事证券业务，自此证券公司逐渐与其创办者商业银行等脱钩，并日渐独立。1998年底《证券法》颁布，明确规定证券、保险、银行及信托分业经营分业管理，由此证券公司的业务进一步专门化，证券公司的发展日渐步入正轨。

证监会成立后，开始着力强化对证券公司的规范。2001年证监会颁布了《证券公司管理办法》，2003年出台了《证券公司内部控制指引》、《证券公司治理准则》（试行），2006年又陆续出台了《证券公司风险控制指标管理办法》、《证券公司董事、监事和高级管理人员任职资格监管办法》等，2007年出台了《证券公司缴纳证券投资者保护基金管理办法》（试行），2008年出台了《证券公司监督管理条例》和《证券公司风险处置条例》。

随着时代的前行，关于证券公司的法律法规等也进行了与时俱进地修订。2012年证监会对《证券公司董事、监事和高级管理人员任职资格监管办法》进行了修订，2014年《证券公司监督管理条例》被修订，2016年《证券公司风险处置条例》被修订，2019年《证券法》

被修订。2020 年证监会对《证券公司治理准则》《证券公司风险控制指标管理办法》《证券公司分类监管规定》进行了修订，2021 年修订了《证券公司股权管理规定》。2023 年，中国证监会公布了修订后的《证券公司风险处置条例》。

在 2004 年至 2007 年，中国证监会进行了证券公司综合治理工作，平稳处置了一批高风险公司。在综合治理期间，累计处置了 31 家高风险公司，对 27 家风险公司实施了重组，使其达到持续经营的标准。综合治理工作完成后，共计 104 家正常经营的证券公司的各项风险控制指标均已达到规定标准。在综合治理工作"分类处置、扶优限劣"的监管思路下，国内证券公司竞争格局发生了较大变化，一批存在较大风险的证券公司退出竞争舞台，而一批风险控制能力强、资产质量优良的证券公司则得到迅速成长，在经纪、投资银行等业务中取得了较为明显的领先优势。

为有效实施证券公司审慎监管，合理配置监管资源，提高监管效率，促进证券公司的业务活动与其治理结构、内部控制、合规管理、风险管理以及风险控制指标等情况相适应，证监会于 2020 年对《证券公司分类监管规定》进行了修订，证监会以证券公司风险管理能力、持续合规状况为基础，结合公司业务发展状况，按照该规定评价和确定证券公司的类别。中国证监会根据证券公司评价计分的高低，将证券公司分为 A（AAA、AA、A）、B（BBB、BB、B）、C（CCC、CC、C）、D、E 5 大类 11 个级别。中国证监会每年根据行业发展情况，结合以前年度分类结果，事先确定 A、B、C 三大类别公司的相对比例，并根据评价计分的分布情况，具体确定各类别、各级别公司的数量。（1）A 类公司风险管理能力在行业内最高，能较好地控制新业务、新产品方面的风险；（2）B 类公司风险管理能力在行业内较高，在市场变化中能较好地控制业务扩张的风险；（3）C 类公司风险管理能力与其现有业务相匹配；（4）D 类公司风险管理能力低，潜在风险可能超过公司可承受范围；（5）E 类公司潜在风险已经变为现实风险，已被采取风险处置措施。2020 年 8 月，证监会根据《证券公司分类监管规定》，经证券公司自评、证监局初审、证监会证券基金机构监管部复核，以及证监局、自律组织、证券公司代表等组成的证券公司分类评价专家评审委员会审议，确定了 2020 年证券公司分类结果。该证券公司分类结果不是对证券公司资信状况及等级的评价，而是证券监管部门根据审慎监管的需要，以证券公司风险管理能力为基础，结合公司市场竞争力和合规管理水平，对证券公司进行的综合性评价，主要体现的是证券公司合规管理和风险控制的整体状况。2020 年证券公司分类结果如表 9-1 所示①：

---

① 《中国证监会公布 2020 年证券公司分类结果》，载证监会：http：//www.csrc.gov.cn/pub/newsite/zjhxwfb/xwdd/202008/t20200826_382216.html，2021 年 3 月 26 日访问。

表9-1

序号	公司名称	2020年级别	序号	公司名称	2020年级别	序号	公司名称	2020年级别
1	爱建证券	CC	34	国泰君安	AA	67	世纪证券	BBB
2	安信证券	AA	35	国信证券	AA	68	首创证券	CCC
3	北京高华	A	36	国元证券	BBB	69	太平洋证券	CCC
4	渤海证券	A	37	海通证券	AA	70	天风证券	A
5	财达证券	BBB	38	恒泰证券	A	71	万和证券	BBB
6	财通证券	A	39	红塔证券	BBB	72	万联证券	BBB
7	财信证券	BB	40	宏信证券	CC	73	网信证券	D
8	长城国瑞	BB	41	华安证券	BBB	74	五矿证券	A
9	长城证券	B	42	华宝证券	A	75	西部证券	A
10	长江证券	A	43	华创证券	A	76	西南证券	BBB
11	川财证券	B	44	华福证券	BB	77	湘财证券	BBB
12	大通证券	BBB	45	华金证券	BBB	78	新时代证券	CCC
13	大同证券	B	46	华菁证券	A	79	信达证券	A
14	德邦证券	CCC	47	华林证券	B	80	兴业证券	A
15	第一创业	A	48	华龙证券	B	81	野村东方	BBB
16	东北证券	A	49	华融证券	BBB	82	银河证券	AA
17	东方财富	A	50	华泰证券	AA	83	银泰证券	A
18	东方证券	A	51	华西证券	A	84	英大证券	BB
19	东海证券	CC	52	华鑫证券	A	85	粤开证券	BBB
20	东莞证券	A	53	汇丰前海	BBB	86	招商证券	AA
21	东吴证券	A	54	江海证券	C	87	浙商证券	A
22	东兴证券	A	55	金元证券	CC	88	中航证券	BBB
23	东亚前海	BB	56	九州证券	BBB	89	中金公司	AA
24	方正证券	A	57	开源证券	BB	90	中山证券	CCC
25	光大证券	AA	58	联储证券	B	91	中泰证券	AA
26	广发证券	BBB	59	民生证券	BB	92	中天国富	A
27	国都证券	BBB	60	摩根大通	BBB	93	中天证券	BB
28	国海证券	BB	61	南京证券	BBB	94	中信建投	AA
29	国金证券	AA	62	平安证券	AA	95	中信证券	AA
30	国开证券	A	63	瑞银证券	A	96	中银国际	A
31	国联证券	A	64	山西证券	A	97	中邮证券	BB
32	国融证券	BBB	65	申港证券	BBB	98	中原证券	A
33	国盛证券	CCC	66	申万宏源	AA			

经过多年的发展，我国证券公司普遍提高了风险防范意识，抵御风险能力得到进一步

加强，业务经营过程更加合规，抵御风险能力普遍得到提高，从而也使得今后我国证券公司之间竞争将更加激烈。

与此同时，处在成长期的中国资本市场吸引了境外证券公司通过各种方式取得国内证券业务资格，随着高盛、瑞银等国际证券公司在中国设立合资公司，国内证券公司开始直接面对拥有雄厚实力的国际证券公司的正面竞争，未来证券行业的竞争格局将发生重大变化。2020年证监会对《外商投资证券公司管理办法》进行了修订，随着证券行业对外开放步伐进一步加快，将有更多国际证券公司进入中国资本市场，外资证券公司在产品创新能力、数据积累加工能力、自身风险控制能力、人力资源管理能力等方面具有较大的优势，这意味着今后我国证券公司面临的外资证券公司的业务冲击也将越来越激烈。2020年11月证监会公布了外资参股证券公司一览表，具体如表9-2所示①：

表9-2

序号	公司名称	境外股东名称	注册资本	境外股东出资比例	批准时间
1	中国国际金融股份有限公司	Tencent Mobility Limited Des Voeux Investment Company Limited 名力集团控股有限公司 其他公众股东	43.69亿元	43.58%	1995年5月
2	中银国际证券股份有限公司	中银国际控股有限公司 （BOC International Holdings）	25亿元	37.14%	2002年1月
3	光大证券股份有限公司	中国光大控股有限公司 （China Everbright Limited）	46.11亿元	21.30%	1996年5月
4	高盛高华证券有限责任公司	高盛（亚洲）有限公司 （Goldman Sachs Asia Limited）	10.94亿元	51%	2004年11月
5	瑞银证券有限责任公司	瑞士银行有限公司（UBS AG）	14.9亿元	51%	2006年12月
6	瑞信方正证券有限责任公司	瑞士信贷银行股份有限公司 （Credit Suisse AG）	10.89亿元	51%	2008年6月
7	中德证券有限责任公司	德意志银行股份有限公司 （Deutsche Bank AG）	10亿元	33.3%	2008年12月
8	摩根士丹利华鑫证券有限责任公司	摩根士丹利（亚洲）有限公司 Morgan Stanley Asia Limited	10.2亿元	51%	2010年12月

---

① 《外资参股证券公司一览表》，载证监会：http：//www.csrc.gov.cn/newsite/gjb/sczr/wzcgzqgsylb/202011/t20201118_386446.html，2021年3月26日访问。

续表

序号	公司名称	境外股东名称	注册资本	境外股东出资比例	批准时间
9	申港证券股份有限公司	茂宸集团控股有限公司	43.15亿元	34.85%	2016年3月
		民众证券有限公司			
		嘉泰新兴资本管理有限公司			
10	华菁证券有限公司	华兴金融服务(香港)有限公司	14.048亿元	48.83%	2016年4月
11	汇丰前海证券有限责任公司	香港上海汇丰银行有限公司	18亿元	51%	2017年6月
12	东亚前海证券有限责任公司	东亚银行有限公司	15亿元	49%	2017年6月
13	野村东方国际证券有限公司	野村控股株式会社	20亿元	51%	2019年3月
14	摩根大通证券(中国)有限公司	J. P. Morgan International Finance Limited	8亿元	51%	2019年3月
15	金圆统一证券有限公司	统一综合证券股份有限公司	5.88亿元	49%	2020年2月

第二节　证券公司的设立、变更与终止

一、证券公司的设立

(一)证券公司的设立原则

公司设立是指公司发起人为促成公司成立并取得法人资格，依照法律规定的条件和程序所必须完成的一系列法律行为的总称。具体到证券公司的设立，也即公司发起人为设立证券公司，而依照法律规定的条件和程序所为的一系列法律行为。

从历史发展视角而言，公司设立的原则历经了自由主义、特许主义、核准主义和准则主义的演变过程，在1993年《公司法》颁行之前，对企业的设立实行的是严格的准则主义，1993年《公司法》改变了这一立场，开始采纳核准主义与准则主义相结合的原则，2005年《公司法》经修订后进一步规定，在我国无论是设立有限责任公司还是股份有限公司一般均采取准则设立主义，但法律、行政法规对设立公司必须报经批准的，则采用核准主义，后者主要指从事诸如金融、烟草、食品、医药、国防等某些国家设置了特别设立条件的特定行业和特定经营项目的公司。此次公司设立原则的修订，不仅使我国的公司设立制度更趋合理，而且有助于简化设立程序，方便公司设立，促进经济发展。

在证券公司的设立原则上，世界各国目前的立法主要采纳核准制和准则制。在实行准则制的国家，只要资金、专业人员等条件符合法律规定，即可注册成立证券经营机构，从事证券业务，而无须获得证券主管机关的批准。实行准则制的典型国家是美国，美国1934

年《证券交易法》规定，从事或代理他人从事证券买卖的证券商，必须注册登记。在实行核准制的国家，从事证券业务不仅要符合法律规定的设立条件，还要经过证券主管机关的审核批准才能设立证券经营机构，实行审批制的代表性国家有日本、德国、法国等。

证券公司作为资本市场的重要参与者，其不同于一般的普通公司，基于风险防范的考虑，我国在证券公司设立上采纳了核准制，我国《证券法》第118条和第119条规定，设立证券公司，必须经国务院证券监督管理机构审查批准，未经国务院证券监督管理机构审查批准，任何单位和个人不得经营证券业务。国务院证券监督管理机构应当自受理证券公司设立申请之日起6个月内，依照法定条件和法定程序并根据审慎监管原则进行审查，作出批准或者不予批准的决定，并通知申请人；不予批准的，应当说明理由。

证券公司设立申请获得批准的，申请人应当在规定的期限内向公司登记机关申请设立登记，领取营业执照。证券公司应当自领取营业执照之日起15日内，向国务院证券监督管理机构申请经营证券业务许可证。未取得经营证券业务许可证，证券公司不得经营证券业务。在证券公司成立后的具体运营中，证券公司变更证券业务范围，变更主要股东或者公司的实际控制人，合并、分立、停业、解散、破产，应当经国务院证券监督管理机构核准。《证券公司监督管理条例》进一步细化规定，证券公司增加注册资本且股权结构发生重大调整，减少注册资本，变更业务范围或者公司章程中的重要条款，合并、分立，设立、收购或者撤销境内分支机构，在境外设立、收购、参股证券经营机构，应当经国务院证券监督管理机构批准。

（二）证券公司的设立条件

关于我国证券公司的设立条件，主要由《证券法》和《证券公司监督管理条例》加以规定。《证券法》第118条规定，设立证券公司，应当具备下列条件，并经国务院证券监督管理机构批准：（1）有符合法律、行政法规规定的公司章程；（2）主要股东及公司的实际控制人具有良好的财务状况和诚信记录，最近3年无重大违法违规记录；（3）有符合本法规定的公司注册资本；（4）董事、监事、高级管理人员、从业人员符合本法规定的条件；（5）有完善的风险管理与内部控制制度；（6）有合格的经营场所、业务设施和信息技术系统；（7）法律、行政法规和经国务院批准的国务院证券监督管理机构规定的其他条件。未经国务院证券监督管理机构批准，任何单位和个人不得以证券公司名义开展证券业务活动。综合以上立法，我国证券公司的设立条件如下：

1. 有符合法律、行政法规规定的公司章程

公司章程是公司必备的、由公司发起人或股东共同制定的、规定公司组织及活动的基本规则的书面文件，也是公司设立最基本的条件和最重要的法律文件。我国《公司法》明确规定设立公司必须具备公司章程，关于章程的具体内容，其第46条规定，有限责任公司

章程应当载明下列事项：（1）公司名称和住所；（2）公司经营范围；（3）公司注册资本；（4）股东的姓名或者名称；（5）股东的出资方式、出资额和出资时间；（6）公司的机构及其产生办法、职权、议事规则；（7）公司法定代表人的产生、变更办法；（8）股东会会议认为需要规定的其他事项。股东应当在公司章程上签名、盖章。《公司法》第95条规定，股份有限公司章程应当载明下列事项：（1）公司名称和住所；（2）公司经营范围；（3）公司设立方式；（4）公司注册资本、已发行的股份数和设立时发行的股份数，面额股的每股金额；（5）发行类别股的，每一类别股的股份数及其权利和义务；（6）发起人的姓名或者名称、认购的股份数、出资方式；（7）董事会的组成、职权和议事规则；（8）公司法定代表人的产生、变更办法；（9）监事会的组成、职权和议事规则；（10）公司利润分配办法；（11）公司的解散事由与清算办法；（12）公司的通知和公告办法；（13）股东会认为需要规定的其他事项。证券公司的设立，也应遵从以上有关规定。

2. 主要股东符合法律规定

为确保证券公司的专业化和规范化运作，《证券法》等对证券公司的主要股东的资信状况作出了要求。其第118条明确要求，证券公司主要股东及公司的实际控制人具有良好的财务状况和诚信记录，最近3年无重大违法违规记录。2021年修订的《证券公司股权管理规定》第5条规定："根据持股比例和对证券公司经营管理的影响，证券公司股东包括以下四类：（一）控股股东，指持有证券公司50%以上股权的股东或者虽然持股比例不足50%，但其所享有的表决权足以对证券公司股东会的决议产生重大影响的股东；（二）主要股东，指持有证券公司25%以上股权的股东或者持有5%以上股权的第一大股东；（三）持有证券公司5%以上股权的股东；（四）持有证券公司5%以下股权的股东。"《证券公司监督管理条例》第10条更进一步规定，有下列情形之一的单位或者个人，不得成为持有证券公司5%以上股权的股东、实际控制人：（1）因故意犯罪被判处刑罚，刑罚执行完毕未逾3年；（2）净资产低于实收资本的50%，或者或有负债达到净资产的50%；（3）不能清偿到期债务；（4）国务院证券监督管理机构认定的其他情形。证券公司的其他股东应当符合国务院证券监督管理机构的相关要求。

此外，《证券公司监督管理条例》第9条还规定，证券公司的股东应当用货币或者证券公司经营必需的非货币财产出资。证券公司股东的非货币财产出资总额不得超过证券公司注册资本的30%。证券公司股东的出资，应当经具有证券、期货相关业务资格的会计师事务所验资并出具证明；出资中的非货币财产，应当经具有证券相关业务资格的资产评估机构评估。在证券公司经营过程中，证券公司的债权人将其债权转为证券公司股权的，不受此规定的限制。

3. 有符合法律规定的注册资本

公司资本是公司运营和生存的基础，是公司对外承担责任的担保和界限，也是衡量公司信用的主要标尺。我国证券公司的最低注册资本与其经营的业务类型密切相关。根据《证券法》第121条的规定，各种类型的证券公司其最低注册资本要求如下：(1)证券公司经营证券经纪、证券投资咨询、与证券交易和证券投资活动有关的财务顾问业务的，注册资本最低限额为人民币5000万元；(2)经营证券承销与保荐、证券融资融券、证券做市交易、证券自营及其他证券业务之一的，注册资本最低限额为人民币1亿元；(3)经营证券承销与保荐、证券融资融券、证券做市交易、证券自营及其他证券业务等业务中两项以上的，注册资本最低限额为人民币5亿元。证券公司的注册资本应当是实缴资本。国务院证券监督管理机构根据审慎监管原则和各项业务的风险程度，可以调整注册资本最低限额，但不得少于前述规定的限额。

4. 董事、监事、高级管理人员具备任职资格，从业人员具有证券从业资格

由于证券公司所从事业务的专业性和技术性等特性，为了规范证券公司董事、监事和高级管理人员任职资格监管，提高董事、监事和高级管理人员的专业素质，保障证券公司依法合规经营，我国立法对其董事、监事等任职资格也作出了相应的要求。

《证券法》第124条规定，证券公司的董事、监事、高级管理人员，应当正直诚实、品行良好，熟悉证券法律、行政法规，具有履行职责所需的经营管理能力。证券公司任免董事、监事、高级管理人员，应当报国务院证券监督管理机构备案。

有《公司法》第178条规定的情形或者下列情形之一的，不得担任证券公司的董事、监事、高级管理人员：(1)因违法行为或者违纪行为被解除职务的证券交易场所、证券登记结算机构的负责人或者证券公司的董事、监事、高级管理人员，自被解除职务之日起未逾5年；(2)因违法行为或者违纪行为被吊销执业证书或者被取消资格的律师、注册会计师或者其他证券服务机构的专业人员，自被吊销执业证书或者被取消资格之日起未逾5年。

《公司法》第178条规定，有下列情形之一的，不得担任公司的董事、监事、高级管理人员：(1)无民事行为能力或者限制民事行为能力；(2)因贪污、贿赂、侵占财产、挪用财产或者破坏社会主义市场经济秩序，被判处刑罚，或者因犯罪被剥夺政治权利，执行期满未逾五年，被宣告缓刑的，自缓刑考验期满之日起未逾二年；(3)担任破产清算的公司、企业的董事或者厂长、经理，对该公司、企业的破产负有个人责任的，自该公司、企业破产清算完结之日起未逾三年；(4)担任因违法被吊销营业执照、责令关闭的公司、企业的法定代表人，并负有个人责任的，自该公司、企业被吊销营业执照、责令关闭之日起未逾三年；(5)个人因所负数额较大债务到期未清偿被人民法院列为失信被执行人。违反上述规定选举、委派董事、监事或者聘任高级管理人员的，该选举、委派或者聘任无效，董事、监事、高级管理人员在任职期间出现上述情形的，公司应当解除其职务。

除此之外，2006 年中国证监会专门出台了《证券公司董事、监事和高级管理人员任职资格监管办法》，并于 2012 年进行了修订，该监管办法对证券公司董事、监事和高级管理人员任职资格进行了更为细致的要求和规定。其第 7 条明确要求，有下列情形之一的，不得担任证券公司董事、监事、高管人员和分支机构负责人：(1)有《证券法》禁止性规定的情形的；(2)因重大违法违规行为受到金融监管部门的行政处罚，执行期满未逾 3 年；(3)自被中国证监会撤销任职资格之日起未逾 3 年；(4)自被中国证监会认定为不适当人选之日起未逾 2 年；(5)中国证监会认定的其他情形。其第 8 条规定，取得证券公司董事、监事、高管人员和分支机构负责人任职资格，应当具备以下基本条件：(1)正直诚实，品行良好；(2)熟悉证券法律、行政法规、规章以及其他规范性文件，具备履行职责所必需的经营管理能力。

除以上一般性条件外，该办法还分别对董事监事任职资格、高级管理人员任职资格作出了更为详细的要求。其第 9 条规定，取得董事、监事任职资格，除应当具备本办法第 8 条规定的基本条件外，还应当具备以下条件：(1)从事证券、金融、法律、会计工作 3 年以上或者经济工作 5 年以上；(2)具有大专以上学历。

关于独立董事资格，其第 10、11 条规定，取得独立董事任职资格，除应当具备本办法第 8 条规定的基本条件外，还应当具备以下条件：(1)从事证券、金融、法律、会计工作 5 年以上；(2)具有大学本科以上学历，并且具有学士以上学位；(3)有履行职责所必需的时间和精力。独立董事不得与证券公司存在关联关系、利益冲突或者存在其他可能妨碍独立客观判断的情形。下列人员不得担任证券公司独立董事：(1)在证券公司或其关联方任职的人员及其近亲属和主要社会关系人员；(2)在下列机构任职的人员及其近亲属和主要社会关系人员：持有或控制证券公司 5% 以上股权的单位、证券公司前 5 名股东单位、与证券公司存在业务联系或利益关系的机构；(3)持有或控制上市证券公司 1% 以上股权的自然人，上市证券公司前 10 名股东中的自然人股东，或者控制证券公司 5% 以上股权的自然人，及其上述人员的近亲属；(4)为证券公司及其关联方提供财务、法律、咨询等服务的人员及其近亲属；(5)最近 1 年内曾经具有前四项所列举情形之一的人员；(6)在其他证券公司担任除独立董事以外职务的人员；(7)中国证监会认定的其他人员。

关于取得董事长、副董事长和监事会主席任职资格，其第 12 条规定，除应当具备本办法第 8 条规定的基本条件外，还应当具备以下条件：(1)从事证券工作 3 年以上，或者金融、法律、会计工作 5 年以上，或者经济工作 10 年以上；(2)具有大学本科以上学历或取得学士以上学位；(3)通过中国证监会认可的资质测试。

关于取得总经理、副总经理、财务负责人、合规负责人、董事会秘书，以及证券公司管理委员会、执行委员会和类似机构的成员任职资格，其第 13 条规定，除应当具备本办法第 8 条规定的基本条件外，还应当具备以下条件：（1）从事证券工作 3 年以上，或者金融、法律、会计工作 5 年以上；（2）具有证券从业资格；（3）具有大学本科以上学历或取得学士以上学位；（4）曾担任证券机构部门负责人以上职务不少于 2 年，或者曾担任金融机构部门负责人以上职务不少于 4 年，或者具有相当职位管理工作经历；（5）通过中国证监会认可的资质测试。

2022 年，中国证监会公布《证券基金经营机构董事、监事、高级管理人员及从业人员监督管理办法》，对于证券公司董事、监事、高级管理人员及从业人员的任职管理和执业行为规范进行了细化和调整，《证券公司董事、监事和高级管理人员任职资格监管办法》相应废止。

关于证券公司的从业人员，《证券法》第 125 条亦明确规定，因违法行为或者违纪行为被开除的证券交易所、证券登记结算机构、证券服务机构、证券公司的从业人员和被开除的国家机关工作人员，不得招聘为证券公司的从业人员。国家机关工作人员和法律、行政法规规定的禁止在公司中兼职的其他人员，不得在证券公司中兼任职务。

5. 有完善的风险管理与内部控制制度

为引导证券公司规范经营，增强证券公司自我约束能力，推动证券公司现代企业制度建设，防范和化解金融风险，证券公司还必须有完善的风险管理和内部控制机制。

证券公司风险管理和内部控制是指证券公司为实现经营目标，根据经营环境变化，对证券公司经营与管理过程中的风险进行识别、评价和管理的制度安排、组织体系和控制措施。完善的风险管理和内部控制制度应当符合健全、合理、制衡、独立的原则，确保风险管理和内部控制的有效性。

2003 年 12 月中国证监会发布的《证券公司内部控制指引》和 2020 年修订的《证券公司风险控制指标管理办法》为证券公司的内部控制和风险控制确立了明确详细的标准。《证券公司内部控制指引》明确规定，内部控制应充分考虑控制环境、风险识别与评估、控制活动与措施、信息沟通与反馈、监督与评价等要素，并详细规定了经纪业务、自营业务、投资银行业务、受托投资管理业务、研究咨询业务、业务创新、分支机构、财务管理、会计系统、信息系统、人力资源管理等的内部控制内容。《证券公司风险控制指标管理办法》则要求证券公司应当按照中国证券监督管理委员会的有关规定，遵循审慎、实质重于形式的原则，计算净资本、风险覆盖率、资本杠杆率、流动性覆盖率、净稳定资金率等各项风险控制指标，编制净资本计算表、风险资本准备计算表、表内外资产总额计算表、流动性覆盖率计算表、净稳定资金率计算表、风险控制指标计算表等监管报表。具体内容将在后文证券公司的业务规则和风险控制予以专节论述。

6. 有合格的经营场所和业务设施

有合格的经营场所和业务设施是证券公司开展证券业务的物质基础和保障，一般而言，具体包括与证券公司业务相应的办公场所、营业场所、电子信息处理系统、报价系统、安全设施等，只有具备这些设施，才可到工商登记部门申请登记。

7. 其他条件

这里主要是指法律、行政法规规定的和经国务院批准的国务院证券监督管理机构规定的其他条件。

二、证券公司的变更

证券公司的变更是指证券公司名称、住所、业务范围、注册资本、组织形态、主要股东、章程、合并、分立等事项发生变更。

与在证券公司设立采取审批制相同，我国对证券公司的变更亦严格管制，相应事项的变更要经过监管机构的批准或备案。我国《证券法》第 122 条规定，证券公司变更证券业务范围，变更主要股东或者公司的实际控制人，合并、分立、停业、解散、破产，应当经国务院证券监督管理机构核准。

《证券公司监督管理条例》对证券公司变更的规定进一步细化，其第 13 条再次重申，证券公司增加注册资本且股权结构发生重大调整，减少注册资本，变更业务范围或者公司章程中的重要条款，合并、分立，设立、收购或者撤销境内分支机构，在境外设立、收购、参股证券经营机构，应当经国务院证券监督管理机构批准。

上述所称公司章程中的重要条款，是指规定下列事项的条款：（1）证券公司的名称、住所；（2）证券公司的组织机构及其产生办法、职权、议事规则；（3）证券公司对外投资、对外提供担保的类型、金额和内部审批程序；（4）证券公司的解散事由与清算办法；（5）国务院证券监督管理机构要求证券公司章程规定的其他事项。上述所称证券公司分支机构，是指从事业务经营活动的分公司、证券营业部等证券公司下属的非法人单位。

与此同时，《证券公司监督管理条例》还规定，任何单位或者个人有下列情形之一的，应当事先告知证券公司，由证券公司报国务院证券监督管理机构批准：（1）认购或者受让证券公司的股权后，其持股比例达到证券公司注册资本的 5%；（2）以持有证券公司股东的股权或者其他方式，实际控制证券公司 5% 以上的股权。未经国务院证券监督管理机构批准，任何单位或者个人不得委托他人或者接受他人委托持有或者管理证券公司的股权。证券公司的股东不得违反国家规定，约定不按照出资比例行使表决权。

国务院证券监督管理机构应当对下列申请进行审查，并在下列期限内，作出批准或者不予批准的书面决定：（1）对在境内设立证券公司或者在境外设立、收购或者参股证券经营机构的申请，自受理之日起 6 个月；（2）对增加注册资本且股权结构发生重大调整，减少注册资本，合并、分立或者要求审查股东、实际控制人资格的申请，自受理之日起 3 个月；（3）对变更业务范围、公司章程中的重要条款或者要求审查高级管理人员任职资格的申请，自受理之日起 45 个工作日；（4）对设立、收购、撤销境内分支机构，或者停业、解散、破产的申请，自受理之日起 30 个工作日；（5）对要求审查董事、监事任职资格的申请，自受理之日起 20 个工作日。国务院证券监督管理机构审批证券公司及其分支机构的设立申请，应当考虑证券市场发展和公平竞争的需要。

公司登记机关应当依照法律、行政法规的规定，凭国务院证券监督管理机构的批准文件，办理证券公司及其境内分支机构的设立、变更、注销登记。

证券公司在取得公司登记机关颁发或者换发的证券公司或者境内分支机构的营业执照后，应当向国务院证券监督管理机构申请颁发或者换发经营证券业务许可证。经营证券业务许可证应当载明证券公司或者境内分支机构的证券业务范围。未取得经营证券业务许可证，证券公司及其境内分支机构不得经营证券业务。

证券公司停止全部证券业务、解散、破产或者撤销境内分支机构的，应当在国务院证券监督管理机构指定的报刊上公告，并按照规定将经营证券业务许可证交国务院证券监督管理机构注销。

三、证券公司的终止

证券公司的终止是指由于法律或章程规定的事由发生而丧失其民事主体资格，不再具有民事权利能力和行为能力的法律事实。证券公司终止意味着证券公司经营资格和法人资格的彻底消灭。

根据证券公司终止的原因的不同，证券公司终止可以分为正常终止和非正常终止。所谓正常终止是指因章程规定的营业期限届满或者公司章程规定的其他解散事由出现、股东会或者股东大会决议解散、因公司合并或者分立需要解散等情形导致的证券公司终止；所谓非正常终止是指证券公司依法被吊销营业执照、责令关闭、撤销、被法院强制解散或破产的情形。与一般公司终止不同的是，鉴于证券公司在资本市场上的重要地位，各国一般都有证券公司终止需要有关主管机关许可的规定。

我国《证券法》规定，证券公司的停业、解散和破产，必须经国务院证券监督管理机构批准。综合我国《公司法》和《证券法》的规定，证券公司的终止原因主要包括解散和破产。解散主要有四种情形：（1）公司章程规定的营业期限届满或者公司章程规定的其他解散事由出现；（2）股东会或者股东大会决议解散；（3）因公司合并或者分立需要解散；（4）依法被吊销营业执照、责令关闭或者被撤销。证券公司违反了相关规定，被暂停或撤销相应业务许可的具体情形《证券法》中亦有规定。

1. 有损害客户利益行为

《证券法》第194条规定，证券公司及其从业人员违反本法第57条的规定，有损害客户利益的行为的，给予警告，没收违法所得，并处以违法所得1倍以上10倍以下的罚款；没有违法所得或者违法所得不足10万元的，处以10万元以上100万元以下的罚款；情节严重的，暂停或者撤销相关业务许可。

2. 将客户的资金和证券归入自有财产，或者挪用客户的资金和证券

《证券法》第208条规定，违反本法第131条的规定，责令改正，给予警告，没收违法所得，并处以违法所得1倍以上10倍以下的罚款；没有违法所得或者违法所得不足100万元的，处以100万元以上1000万元以下的罚款；情节严重的，并处撤销相关业务许可或者责令关闭。对直接负责的主管人员和其他直接责任人员给予警告，并处以50万元以上500万元以下的罚款。

3. 接受客户全权委托或承诺"保底"收益的

《证券法》第209条规定，证券公司违反本法第134条第1款的规定接受客户的全权委托买卖证券的，或者违反本法第135条的规定对客户的收益或者赔偿客户的损失作出承诺的，责令改正，给予警告，没收违法所得，并处以违法所得1倍以上10倍以下的罚款；没有违法所得或者违法所得不足50万元的，处以50万元以上500万元以下的罚款；情节严重的，并处撤销相关业务许可。

4. 信息披露问题

《证券法》第211条规定，证券公司及其主要股东、实际控制人违反本法第138条的规定，未报送、提供信息和资料，或者报送、提供的信息和资料有虚假记载、误导性陈述或者重大遗漏的，责令改正，给予警告，并处以100万元以下的罚款；情节严重的，并处撤销相关业务许可。

5. 有关文件和资料的保存、泄露、隐匿等问题

《证券法》第214条规定，发行人、证券登记结算机构、证券公司、证券服务机构未按照规定保存有关文件和资料的，责令改正，给予警告，并处以10万元以上100万元以下的罚款；泄露、隐匿、伪造、篡改或者毁损有关文件和资料的，给予警告，并处以20万元以上200万元以下的罚款；情节严重的，处以50万元以上500万元以下的罚款，并处暂停、撤销相关业务许可或者禁止从事相关业务。需要注意的是，鉴于证券公司退市对资本市场的巨大影响，监管层在关闭证券公司上采取的态度非常审慎，并设置了一些缓冲措施，《证券法》第143条规定，证券公司违法经营或者出现重大风险，严重危害证券市场秩序、损害投资者利益的，国务院证券监督管理机构可以对该证券公司采取责令停业整顿、指定其他机构托管、接管或者撤销等监管措施。为了控制和化解证券公司风险，保护投资

者合法权益和社会公共利益，保障证券业健康发展，2008 年国务院出台了《证券公司风险处置条例》，并于 2016 年和 2023 年进行了修订，该条例规定国务院证券监督管理机构应当会同中国人民银行、国务院财政部门、国务院公安部门、国务院其他金融监督管理机构以及省级人民政府建立处置证券公司风险的协调配合与快速反应机制。该条例进一步详细规定了停业整顿、托管、接管、行政重组及撤销的情形。

(1)停业整顿。证券公司风险控制指标不符合有关规定，在规定期限内未能完成整改的，国务院证券监督管理机构可以责令证券公司停止部分或者全部业务进行整顿。停业整顿的期限不超过 3 个月。

证券经纪业务被责令停业整顿的，证券公司在规定的期限内可以将其证券经纪业务委托给国务院证券监督管理机构认可的证券公司管理，或者将客户转移到其他证券公司。证券公司逾期未按照要求委托证券经纪业务或者未转移客户的，国务院证券监督管理机构应当将客户转移到其他证券公司。

(2)接管与托管。证券公司有下列情形之一的，国务院证券监督管理机构可以对其证券经纪等涉及客户的业务进行托管；情节严重的，可以对该证券公司进行接管：①治理混乱，管理失控；②挪用客户资产并且不能自行弥补；③在证券交易结算中多次发生交收违约或者交收违约数额较大；④风险控制指标不符合规定，发生重大财务危机；⑤其他可能影响证券公司持续经营的情形。

(3)行政重组。证券公司出现重大风险，但具备下列条件的，可以由国务院证券监督管理机构对其进行行政重组：①财务信息真实、完整；②省级人民政府或者有关方面予以支持；③整改措施具体，有可行的重组计划。

被停业整顿、托管、接管的证券公司，具备上述规定条件的，也可以由国务院证券监督管理机构对其进行行政重组。

证券公司进行行政重组，可以采取注资、股权重组、债务重组、资产重组、合并或者其他方式。行政重组期限一般不超过 12 个月。满 12 个月，行政重组未完成的，国务院证券监督管理机构可以决定延长行政重组期限，但延长行政重组期限最长不得超过 6 个月。国务院证券监督管理机构对证券公司的行政重组进行协调和指导。

(4)撤销。证券公司同时有下列情形的，国务院证券监督管理机构可以直接撤销该证券公司：①违法经营情节特别严重、存在巨大经营风险；②不能清偿到期债务，并且资产不足以清偿全部债务或者明显缺乏清偿能力；③需要动用证券投资者保护基金。

证券公司经停业整顿、托管、接管或者行政重组在规定期限内仍达不到正常经营条件，并且有《证券公司风险处置条例》第 19 条第(2)项或者第(3)项规定情形的，国务院证券监督管理机构应当撤销该证券公司。

第三节 证券公司的业务

经国务院证券监督管理机构批准，我国证券公司可以经营下列部分或者全部业务：(1)证券经纪；(2)证券投资咨询；(3)与证券交易、证券投资活动有关的财务顾问；(4)证券承销与保荐；(5)证券融资融券；(6)证券做市交易；(7)证券自营；(8)其他证券业务。以下分别论述。

一、证券经纪业务

(一)证券经纪业务概念与特征

证券经纪业务，是指证券公司通过其设立的证券营业部，接受客户委托，按照客户要求，代理客户买卖证券的业务。证券经纪业务是随着集中交易制度的实行而产生和发展起来的。由于在证券交易所内交易的证券种类繁多，数额巨大，而交易厅内席位有限，一般投资者不能直接进入证券交易所进行交易，因此只能通过特许的证券经纪商作中介来促成交易的完成。在证券经纪业务中，包含的要素有委托人、证券经纪商、证券交易所和证券交易对象。

所谓证券经纪商，是指接受客户委托、代客买卖证券并以此收取佣金的中间人。证券经纪商以代理人的身份从事证券交易，与客户是委托代理关系。证券经纪商必须遵照客户发出的委托指令进行证券买卖，并尽可能以最有利的价格使委托指令得以执行；但证券经纪商并不承担交易中的价格风险。证券经纪商向客户提供服务以收取佣金作为报酬。

在中国，具有法人资格的证券经纪商是指在证券交易中代理买卖证券，从事经纪业务的证券公司。

在证券代理买卖业务中，证券公司作为证券经纪商，发挥着重要作用。由于证券交易方式的特殊性、交易规则的严密性和操作程序的复杂性，决定了广大投资者不能直接进入证券交易所买卖证券，而只能由经过批准并具备一定条件的证券经纪商进入交易所进行交易，投资者则需委托证券经纪商代理买卖来完成交易过程。因此，证券经纪商是证券市场的中坚力量，其作用主要表现在：

首先是充当证券买卖的媒介。证券经纪商充当证券买方和卖方的经纪人，发挥着沟通买卖双方并按一定要求迅速、准确地执行指令和代办手续的媒介作用，提高了证券市场的流动性和效率。

其次是提供咨询服务。证券经纪商一旦和客户建立了买卖委托关系，就有责任向客户提供及时、准确的信息和咨询服务。这些咨询服务包括：上市公司的详细资料、公司和行业的研究报告、经济前景的预测分析和展望研究、有关股票市场变动态势的商情报告、有关资产组合及单只证券产品的评价和推荐等。

（二）证券经纪关系

证券经纪商与投资者签订证券买卖代理协议，同时为投资者开立证券交易结算资金账户，经过这两个环节才能建立经纪关系。

一般而言，证券买卖代理协议包括以下内容：遵守国家有关法律、法规及交易所业务规则的承诺；证券经纪商已向投资者揭示证券买卖的各类风险；投资者表明证券经纪商已向其揭示证券买卖的风险；证券经纪商代理业务的范围和权限；指定交易或转托管有关事项；投资者开户所需证件及其有效性的确认方式和程序；委托、交收的方式、内容和要求；投资者交易结算资金及证券管理的有关事项；交易手续费、印花税及其他收费说明；证券经纪商对投资者委托事项的保密责任；违约责任及免责条款；争议的解决办法。

证券经纪关系具有以下两个核心特征：

1. 证券经纪商的中介性

证券经纪业务是一种代理活动，证券经纪商不以自己的资金进行证券买卖，也不承担交易中证券价格涨跌的风险，而是充当证券买方和卖方的代理人，发挥着沟通买卖双方和按一定的要求和规则迅速，准确地执行指令并代办手续，同时尽量使买卖双方按自己意愿成交的媒介作用，因此具有中介性的特点。

2. 客户指令的权威性

在证券经纪业务中，客户是委托人，证券经纪商是受托人。证券经纪商要严格按照委托人的要求办理委托事务。这是证券经纪商对委托人的首要义务。委托人的指令具有权威性，证券经纪商必须严格地按照委托人制定的证券、数量、价格和有效时间买卖证券，不能自作主张，擅自改变委托人的意愿。即使情况发生了变化，为了维护委托人的权益不得不变更委托指令，也必须事先征得委托人的同意。如果证券经纪商无故违反委托人的指示，在处理委托事务中使委托人遭受损失，证券经纪商应承担赔偿责任。

（三）证券经纪业务规则

1. 禁止接受全权委托

《证券法》第132条规定，证券公司办理经纪业务，应当置备统一制定的证券买卖委托书，供委托人使用。采取其他委托方式的，必须作出委托记录。客户的证券买卖委托，不论是否成交，其委托记录应当按照规定的期限，保存于证券公司。其第134条规定，证券公司办理经纪业务，不得接受客户的全权委托而决定证券买卖、选择证券种类、决定买卖数量或者买卖价格。证券公司不得允许他人以证券公司的名义直接参与证券的集中交易。

所谓全权委托是指客户在委托证券公司代其买卖证券时，对证券的买进或卖出，以及买卖证券的种类、数量和价格等不加任何限制，完全交由证券公司决定。在全权委托之下，证券公司自主权极大，在很多情况下其可以凭借自身的优势获得更为理想的成交结果，但一旦证券公司或其从业人员不当利用全权委托，也极易严重损害客户利益，亦会严重影响证券市场交易秩序，故我国立法对此予以了禁止。

2. 禁止承诺保证收益与填补损失

《证券法》第 135 条规定，证券公司不得对客户证券买卖的收益或者赔偿证券买卖的损失作出承诺。证券投资是一种风险投资，其风险是指证券预期收益变动的可能性及变动幅度。在持有证券这段时间内，很多因素可能使预期收益减少，甚至使本金遭受损失，证券投资的风险是普遍存在的。对投资者的风险承诺理论上难以兑现，尤其难以抵御系统性风险，从我国证券市场多年的发展可以知道，每逢遇到大盘大幅度调整，证券市场泥沙俱下，券商或机构难以独善其身，经营管理也遇到困难，在财务收支情况恶化的情况下，也得不到法律保护，当然也就无力兑现其风险承诺。证券公司这种风险承诺，对其他证券公司而言，是一种不正当竞争行为，对客户而言也是一种诱骗。故我国《证券法》明确禁止证券公司对客户作出风险承诺。

3. 禁止私下受托

《证券法》第 136 条规定，证券公司的从业人员在证券交易活动中，执行所属的证券公司的指令或者利用职务违反交易规则的，由所属的证券公司承担全部责任。证券公司的从业人员不得私下接受客户委托买卖证券。所谓私下接受客户委托，是指证券公司及其从业人员，不经过其依法设立的营业场所，直接接受客户委托买卖证券的行为。证券公司及其从业人员私下接受委托，往往伴有行贿受贿、欺诈投资者以及内幕交易等违法犯罪行为，故极其不利于证券市场的健康发展，因此我国《证券法》对私下受托行为予以了禁止。

二、证券投资咨询业务

证券投资咨询业务是指证券公司接受客户委托，按照约定，向客户提供涉及证券及证券相关产品的投资建议服务，辅助客户作出投资决策，并直接或者间接获取经济利益的经营活动。投资建议服务内容包括投资的品种选择、投资组合以及理财规划建议等。关于证券投资咨询业务，我国《证券法》第 161 条规定，证券投资咨询机构及其从业人员从事证券服务业务不得有下列行为：（1）代理委托人从事证券投资；（2）与委托人约定分享证券投资收益或者分担证券投资损失；（3）买卖本证券投资咨询机构提供服务的证券；（4）法律、行政法规禁止的其他行为。有上述所列行为之一，给投资者造成损失的，应当依法承担赔偿责任。

为了加强对证券投资咨询活动的管理，保障投资者的合法权益和社会公共利益，国务院还专门发布了《证券、期货投资咨询管理暂行办法》对证券投资咨询业务操作规则进行了详细规定。根据该办法，接受投资人或者客户委托，提供证券投资咨询服务；举办有关证券投资咨询的讲座、报告会、分析会等；在报刊上发表证券投资咨询的文章、评论、报告，以及通过电台、电视台等公众传播媒体提供证券、期货投资咨询服务；通过电话、传真、电脑网络等电信设备系统，提供证券投资咨询服务等活动均为证券投资咨询业务。

证券公司要从事证券投资咨询业务，必须具备下列条件：（1）分别从事证券或者期货投资咨询业务的机构，有 5 名以上取得证券、期货投资咨询从业资格的专职人员；同时从事证券和期货投资咨询业务的机构，有 10 名以上取得证券、期货投资咨询从业资格的专职人员；其高级管理人员中，至少有 1 名取得证券或者期货投资咨询从业资格；（2）有 100 万元人民币以上的注册资本；（3）有固定的业务场所和与业务相适应的通信及其他信息传递设施；（4）有公司章程；（5）有健全的内部管理制度；（6）具备中国证监会要求的其他条件。

对于证券投资咨询业务的管理，主要有如下规则：证券投资咨询机构及其投资咨询人员，应当完整、客观、准确地运用有关信息、资料向投资人或者客户提供投资分析、预测和建议，不得断章取义地引用或者篡改有关信息、资料；引用有关信息、资料时，应当注明出处和著作权人；不得以虚假信息、市场传言或者内幕信息为依据向投资人或者客户提供投资分析、预测或建议；在报刊、电台、电视台或者其他传播媒体上发表投资咨询文章、报告或者意见时，必须注明所在证券投资咨询机构的名称和个人真实姓名，并对投资风险作充分说明。证券投资咨询机构向投资人或者客户提供的证券投资咨询传真件必须注明机构名称、地址、联系电话和联系人姓名；并不得有下列行为：（1）代理投资人从事证券、期货买卖；（2）向投资人承诺证券、期货投资收益；（3）与投资人约定分享投资收益或者分担投资损失；（4）为自己买卖股票及具有股票性质、功能的证券以及期货；（5）利用咨询服务与他人合谋操纵市场或者进行内幕交易；（6）法律、法规、规章所禁止的其他证券、期货欺诈行为。

三、证券发行与承销

证券发行与承销是证券公司代理证券发行人发行证券的行为。它是证券公司最基础的业务活动之一。

当一家发行人通过证券市场筹集资金时，就要聘请证券公司来帮助其销售证券。证券公司借助自己在证券市场上的信誉和营业网点，在规定的发行有效期限内将证券销售出去，这一过程即承销。这是证券公司的基本职能之一。

根据我国《证券法》第 26 条的规定，发行人向不特定对象发行的证券，法律、行政法规规定应当由证券公司承销的，发行人应当同证券公司签订承销协议。证券承销业务采取代销或者包销方式。

证券代销是指证券公司代发行人发售证券，在承销期结束时，将未售出的证券全部退还给发行人的承销方式。

证券包销是指证券公司将发行人的证券按照协议全部购入或者在承销期结束时将售后剩余证券全部自行购入的承销方式。

公开发行证券的发行人有权依法自主选择承销的证券公司。证券公司承销证券，应当同发行人签订代销或者包销协议，载明下列事项：(1)当事人的名称、住所及法定代表人姓名；(2)代销、包销证券的种类、数量、金额及发行价格；(3)代销、包销的期限及起止日期；(4)代销、包销的付款方式及日期；(5)代销、包销的费用和结算办法；(6)违约责任；(7)国务院证券监督管理机构规定的其他事项。

根据我国《证券法》的规定，证券公司承销证券，应当对公开发行募集文件的真实性、准确性、完整性进行核查。发现有虚假记载、误导性陈述或者重大遗漏的，不得进行销售活动；已经销售的，必须立即停止销售活动，并采取纠正措施。证券公司承销证券违反以上规定的，责令改正，给予警告，没收违法所得，可以并处 50 万元以上 500 万元以下的罚款；情节严重的，暂停或者撤销相关业务许可。对直接负责的主管人员和其他直接责任人员给予警告，可以并处 20 万元以上 200 万元以下的罚款；情节严重的，并处以 50 万元以上 500 万元以下的罚款。

证券公司承销证券，不得有下列行为：(1)进行虚假的或者误导投资者的广告宣传或者其他宣传推介活动；(2)以不正当竞争手段招揽承销业务；(3)其他违反证券承销业务规定的行为。证券公司有上述所列行为，给其他证券承销机构或者投资者造成损失的，应当依法承担赔偿责任。

向不特定对象发行证券聘请承销团承销的，承销团应当由主承销和参与承销的证券公司组成。证券的代销、包销期限最长不得超过 90 日。证券公司在代销、包销期内，对所代销、包销的证券应当保证先行出售给认购人，证券公司不得为本公司预留所代销的证券和预先购入并留存所包销的证券。股票发行采取溢价发行的，其发行价格由发行人与承销的证券公司协商确定。股票发行采用代销方式，代销期限届满，向投资者出售的股票数量未达到拟公开发行股票数量70%的，为发行失败。发行人应当按照发行价并加算银行同期存款利息返还股票认购人。公开发行股票，代销、包销期限届满，发行人应当在规定的期限内将股票发行情况报国务院证券监督管理机构备案。

为配套发行注册制的全面落地，进一步规范发行与承销活动，2023 年中国证券监督管理委员会对《证券发行与承销管理办法》进行了修订，进一步强化了对证券发行和承销业务的规范。

四、证券保荐业务

(一)证券保荐业务的现行法律规定

证券保荐业务是指证券公司作为保荐人推荐发行人证券发行上市，持续督导发行人履行规范运作、信守承诺、信息披露等活动。根据我国《证券法》第10条的规定，发行人申请公开发行股票、可转换为股票的公司债券，依法采取承销方式的，或者公开发行法律、行政法规规定实行保荐制度的其他证券的，应当聘请证券公司担任保荐人。保荐人应当遵守业务规则和行业规范，诚实守信，勤勉尽责，对发行人的申请文件和信息披露资料进行审慎核查，督导发行人规范运作。保荐人的管理办法由国务院证券监督管理机构规定。

根据2023年修订的《证券发行上市保荐业务管理办法》，发行人申请从事下列发行事项，依法采取承销方式的，应当聘请具有保荐业务资格的证券公司履行保荐职责：(1)首次公开发行股票；(2)向不特定合格投资者公开发行股票并在北京证券交易所(以下简称北交所)上市；(3)上市公司发行新股、可转换公司债券；(4)公开发行存托凭证；(5)中国证券监督管理委员会(以下简称中国证监会)认定的其他情形。发行人申请公开发行法律、行政法规规定实行保荐制度的其他证券的，依照上述规定办理。

证券公司从事证券发行上市保荐业务，应当依照《证券发行上市保荐业务管理办法》的相关规定向中国证监会申请保荐业务资格。未经中国证监会核准，任何机构不得从事保荐业务。同次发行的证券，其发行保荐和上市保荐应当由同一保荐机构承担。证券发行规模达到一定数量的，可以采用联合保荐，但参与联合保荐的保荐机构不得超过2家。证券发行的主承销商可以由该保荐机构担任，也可以由其他具有保荐机构资格的证券公司与该保荐机构共同担任。

证券公司申请保荐业务资格，应当具备下列条件：(1)注册资本、净资本符合规定；(2)具有完善的公司治理和内部控制制度，风险控制指标符合相关规定；(3)保荐业务部门具有健全的业务规程、内部风险评估和控制系统，内部机构设置合理，具备相应的研究能力、销售能力等后台支持；(4)具有良好的保荐业务团队且专业结构合理，从业人员不少于35人，其中最近三年从事保荐相关业务的人员不少于20人；(5)保荐代表人不少于4人；(6)最近二年未因重大违法违规行为而受到处罚，最近一年未被采取重大监管措施，无因涉嫌重大违法违规正受到有关机关或者行业自律组织调查的情形；(7)中国证监会规定的其他条件。

关于证券公司的保荐职责，《证券发行上市保荐业务管理办法》规定，保荐机构应当尽职推荐发行人证券发行上市。发行人证券上市后，保荐机构应当持续督导发行人履行规范运作、信守承诺、信息披露等义务。保荐机构推荐发行人证券发行上市，应当遵循诚实守信、勤勉尽责的原则，按照中国证监会对保荐机构尽职调查工作的要求，对发行人进行全面调查，充分了解发行人的经营状况及其面临的风险和问题。

保荐机构在推荐发行人首次公开发行股票并上市前，应当对发行人进行辅导。辅导内容包括对发行人的董事、监事和高级管理人员、持有5%以上股份的股东和实际控制人（或者其法定代表人）进行系统的法规知识、证券市场知识培训，使其全面掌握发行上市、规范运作等方面的有关法律法规和规则，知悉信息披露和履行承诺等方面的责任和义务，树立进入证券市场的诚信意识、自律意识和法制意识，以及中国证监会规定的其他事项。

保荐机构辅导工作完成后，应当由发行人所在地的中国证监会派出机构进行辅导验收。发行人所在地在境外的，应当由发行人境内主营业地或境内证券事务机构所在地的中国证监会派出机构进行辅导验收。

保荐机构应当与发行人签订保荐协议，明确双方的权利和义务，按照行业规范协商确定履行保荐职责的相关费用。保荐协议签订后，保荐机构应当在5个工作日内向承担辅导验收职责的中国证监会派出机构报告。

保荐机构应当确信发行人符合法律、行政法规和中国证监会、证券交易所的有关规定，方可推荐其证券发行上市。保荐机构决定推荐发行人证券发行上市的，可以根据发行人的委托，组织编制申请文件并出具推荐文件。

对发行人申请文件、证券发行募集文件中有证券服务机构及其签字人员出具专业意见的内容，保荐机构可以合理信赖，对相关内容应当保持职业怀疑、运用职业判断进行分析，存在重大异常、前后重大矛盾，或者与保荐机构获得的信息存在重大差异的，保荐机构应当对有关事项进行调查、复核，并可聘请其他证券服务机构提供专业服务。

对发行人申请文件、证券发行募集文件中无证券服务机构及其签字人员专业意见支持的内容，保荐机构应当获得充分的尽职调查证据，在对各种证据进行综合分析的基础上对发行人提供的资料和披露的内容进行独立判断，并有充分理由确信所作的判断与发行人申请文件、证券发行募集文件的内容不存在实质性差异。

保荐机构应当针对发行人的具体情况，确定证券发行上市后持续督导的内容，督导发行人履行有关上市公司规范运作、信守承诺和信息披露等义务，审阅信息披露文件及向中国证监会、证券交易所提交的其他文件，并承担下列工作：（1）督导发行人有效执行并完善防止控股股东、实际控制人、其他关联方违规占用发行人资源的制度；（2）督导发行人有效执行并完善防止其董事、监事、高级管理人员利用职务之便损害发行人利益的内控制度；（3）督导发行人有效执行并完善保障关联交易公允性和合规性的制度，并对关联交易发表意见；（4）持续关注发行人募集资金的专户存储、投资项目的实施等承诺事项；（5）持续关注发行人为他人提供担保等事项，并发表意见；（6）中国证监会、证券交易所规定及保荐协议约定的其他工作。

首次公开发行股票并在主板上市的，持续督导的期间为证券上市当年剩余时间及其后2个完整会计年度；主板上市公司发行新股、可转换公司债券的，持续督导的期间为证券上市当年剩余时间及其后1个完整会计年度；申请重新上市的，持续督导期间为股票重新上市当年剩余时间及其后2个完整会计年度。首次公开发行股票并在创业板、科创板上市的，持续督导的期间为证券上市当年剩余时间及其后3个完整会计年度；创业板、科创板上市公司发行新股、可转换公司债券的，持续督导的期间为证券上市当年剩余时间及其后2个完整会计年度。首次公开发行股票并在创业板上市的，持续督导期内保荐机构应当自发行人披露年度报告、中期报告之日起15个工作日内在符合条件的媒体披露跟踪报告，对《证券发行上市保荐业务管理办法》第28条所涉及的事项，进行分析并发表独立意见。发行人临时报告披露的信息涉及募集资金、关联交易、委托理财、为他人提供担保等重大事项的，保荐机构应当自临时报告披露之日起10个工作日内进行分析并在符合条件的媒体发表独立意见。

持续督导的期间自证券上市之日起计算。持续督导期届满，如有尚未完结的保荐工作，保荐机构应当继续完成。保荐机构在履行保荐职责期间未勤勉尽责的，其责任不因持续督导期届满而免除或者终止。

（二）证券公司的"看门人"职责及其法律责任承担

在资本市场中，证券中介机构是连接证券发行人与证券投资者之间的桥梁。独立的证券中介机构依据专业知识和能力披露证券发行人的信息，投资者据此来决定自己的投资意向。在此过程中，中介机构依据"声誉资本"做担保，为投资者"把关"，因此被称为证券市场的"看门人"。故证券公司作为公司上市的保荐机构，理应担任资本市场"看门人"之责，证监会亦多次重申保荐机构及其他中介机构必须诚实守信、勤勉尽责地承担其资本市场"看门人"职责。

但长期以来，一系列上市公司造假和财务舞弊事件折射了我国资本市场的乱象，证券公司"荐而不保"、协助发行人过度包装甚至弄虚作假、协同会计师事务所和审计部门"集体舞弊"等现象时有发生，不少证券公司从业人员缺乏职业操守、内控松散、管控失效履职不力等严重破坏了行业生态，侵害了投资者的利益。在此方面，比较典型的案件有以下诸例：2013年万福生科造假上市案，证监会对其保荐机构平安证券开出了7665万元人民币的罚单，并暂停其保荐资格三个月，该案当年被称为自2004年保荐制度出台以来，证监会对保荐机构开出的最重罚单；2016年起西南证券接连出现大有能源重组、九好集团"忽悠式"重组、大智慧重组三大问题项目，相关处罚在2017—2018年间陆续落地；2019

年康美药业巨额财务造假案轰动资本市场，在康美药业因财务造假被处罚后，针对广发证券在康美药业相关投行业务中的违规行为，证监会对广发证券采取了暂停保荐机构资格6个月、暂不受理债券承销业务有关文件12个月的监管措施，同时对广发证券14名直接责任人及负有管理责任的人员，分别采取认定为不适当人选10~20年、公开谴责、限制时任相关高管人员领取报酬等监管措施，并责令广发证券对相关责任人员进行内部追责，按公司规定追回相关报酬收入。

对证券公司违背"看门人"职责的责任承担，我国《证券法》第182条明确规定："保荐人出具有虚假记载、误导性陈述或者重大遗漏的保荐书，或者不履行其他法定职责的，责令改正，给予警告，没收业务收入，并处以业务收入一倍以上十倍以下的罚款；没有业务收入或者业务收入不足100万元的，处以100万元以上1000万元以下的罚款；情节严重的，并处暂停或者撤销保荐业务许可。对直接负责的主管人员和其他直接责任人员给予警告，并处以50万元以上500万元以下的罚款。"

在刑事责任承担方面，2020年12月发文、自2021年3月1日开始实施的《中华人民共和国刑法修正案(十一)》强化了提供虚假证明文件罪、出具证明文件重大失实罪的责任承担，其规定："承担资产评估、验资、验证、会计、审计、法律服务、保荐、安全评价、环境影响评价、环境监测等职责的中介组织的人员故意提供虚假证明文件，情节严重的，处五年以下有期徒刑或者拘役，并处罚金；有下列情形之一的，处五年以上十年以下有期徒刑，并处罚金：(一)提供与证券发行相关的虚假的资产评估、会计、审计、法律服务、保荐等证明文件，情节特别严重的；(二)提供与重大资产交易相关的虚假的资产评估、会计、审计等证明文件，情节特别严重的；(三)在涉及公共安全的重大工程、项目中提供虚假的安全评价、环境影响评价等证明文件，致使公共财产、国家和人民利益遭受特别重大损失的。有前款行为，同时索取他人财物或者非法收受他人财物构成犯罪的，依照处罚较重的规定定罪处罚。第一款规定的人员，严重不负责任，出具的证明文件有重大失实，造成严重后果的，处三年以下有期徒刑或者拘役，并处或者单处罚金。"该修正案大幅提高了欺诈发行、信息披露造假、中介机构提供虚假证明文件和操纵市场四类证券期货犯罪的刑事惩罚力度，强化控股股东、实际控制人等刑事责任追究，换言之即违规成本不仅包括罚款等行政处罚，还可能产生牢狱之灾。新《证券法》和《刑法修订案》的震慑效果正在逐步释放，2021年1月29日证监会发布《首发企业现场检查规定》，这是注册制开闸后针对拟IPO企业质量检查的新举措，两日后证监会披露首批20家公司名单，截至3月20日这20家企业中竟有16家企业主动撤回IPO或保荐人撤销保荐终止审查，撤回率达80%，发行人与中介机构之所以能够被现场检查震慑，主要原因正是2021年3月1日正式施行的《刑法修正案》。① 2024年3月，中国证监会公布了修订后的《首发企业现场检查规定》，进一

---

① 参见梅岭：《拟IPO企业遇检查疯狂撤回，暴露了啥？》，载《南方周末》2021年3月20日。

步强化和完善了首发企业的现场检查工作。

（三）证券公司"看门人"职责的学界探讨

如何重构证券中介机构"看门人"法律机制，使其回归到守护投资者利益的"看门人"，成为我国注册制改革背景下亟待解决的问题。为此，学者们针对实践中存在的问题进行了制度完善方面的探讨。

很多学者认为，当前IPO市场存在畸形的代理关系，即发行人、中介机构与投资者三方主体交易结构复杂。发行人决定聘用并给中介机构支付报酬，且发行人往往不希望中介机构影响其上市进程；而作为资本市场的"看门人"，中介机构又应当对投资者承担勤勉尽职的核查义务。这样的"角色冲突"极易引发中介机构的"角色迷失"。对此，多数学者主张重构委托关系。在重构的过程中，面临的主要问题是由谁担任委托人更加合适，学者们纷纷提出了不同的主张。如有学者主张以证监会为委托人，原因主要在于，一是证监会作为中立的监管机构与发行人无任何利益关系；二是在注册制改革的背景下，证监会的职责回归到监管本位，以保护投资者的利益为目标；而中介机构是证监会监管触角的延伸，二者在公共利益的维护的目标方面具有一致性。[①] 有学者主张以中证中小投资者服务中心（投服中心）作为委托人更合适，主要是考虑到投服中心与发行人无直接利害关系的独立性、涵盖多项保护投资者权能的专业性、证监会批准专为保护投资者而设立，因此具有监督动力，以及自设立以来具有相对成熟的运营体系等方面的因素。[②] 此外，还有观点主张由证券交易所担任委托人，因其相对证监会而言行政色彩更淡，且作为上市公司信息披露的平台更容易即时掌握违法信息，还可以根据不同上市公司信息披露的严格程度灵活选择"看门人"。[③]

故很多学者主张对证券公司应强化声誉约束机制的回归。声誉约束机制正常运行模式应当是中介机构依靠专业能力忠实地向投资者披露信息，中介机构由此获得更高的声誉，声誉越高的机构越能够得到投资者的信赖，以此形成良性循环。然而实践中，中介机构往往形成行业垄断，中介机构在短期利益和长期利益中选择前者，打破声誉约束机制良性循环，种种不规范行为引发了学者对声誉约束机制回归的思考。有学者将声誉机制的构建概括为四个方面：一是中介机构通过勤勉义务的履行积累声誉资本；二是通过充分竞争的市场环境凸显声誉资本；三是发挥行业自治力量，建立行业自律监管系统；四是国家层面构建中介机构的信用体系并对外公示，方便投资人查询。还有学者对以上措施进行了补充，即在注册制改革的大背景下，应当注重建立以市场为主、行政监管为辅的监管模式，强调

① 参见刘志云、史欣媛：《论证券市场中介机构"看门人"角色的理性归位》，载《现代法学》2017年第4期。

② 参见孙杨俊：《中美证券市场"看门人"机制对比及其启示》，载《江淮论坛》2020年第6期。

③ 参见罗灿：《我国证券市场"看门人"机制法律规则研究》，湘潭大学2016年硕士论文，第25~26页。

评级机构与政府协同监管，共同为声誉机制的发挥提供良好的外部环境。与此同时，要加强对多次违法违规的中介机构的惩罚，在声誉机制的基础上建立中介机构考核与退出机制，提高其违法成本。[①]

五、证券自营业务

证券自营业务即证券经营机构以自己的名义和资金买卖证券从而获取利润的证券业务。在我国，证券自营业务专指证券公司为自己买卖证券产品的行为。买卖的证券产品包括在证券交易所挂牌交易的 A 股、基金、认股权证、国债、企业债券等。

我国《证券法》第 129 条规定，证券公司的自营业务必须以自己的名义进行，不得假借他人名义或者以个人名义进行。证券公司的自营业务必须使用自有资金和依法筹集的资金。证券公司不得将其自营账户借给他人使用。

证券公司必须将证券自营业务与证券经纪业务、资产管理业务、承销保荐业务及其他业务分开操作，建立防火墙制度，确保自营业务与其他业务在人员、信息、账户、资金、会计核算方面严格分离。

根据《证券公司监督管理条例》的规定，证券公司从事证券自营业务，限于买卖依法公开发行的股票、债券、权证、证券投资基金或者国务院证券监督管理机构认可的其他证券。证券公司从事证券自营业务，应当使用实名证券自营账户。证券公司的证券自营账户，应当自开户之日起 3 个交易日内报证券交易所备案。

证券公司从事证券自营业务，不得有下列行为：(1)违反规定购买本证券公司控股股东或者与本证券公司有其他重大利害关系的发行人发行的证券；(2)违反规定委托他人代为买卖证券；(3)利用内幕信息买卖证券或者操纵证券市场；(4)法律、行政法规或者国务院证券监督管理机构禁止的其他行为。

证券自营业务与经纪业务相比较，根本区别是自营业务是证券公司为盈利自己买卖证券，而经纪业务是证券公司代理客户买卖的证券。具体表现在：

1. 决策的自主性

证券公司自营买卖业务的首要特点即为决策的自主性，这表现在：

(1)交易行为的自主性。证券公司自主决定是否买入或卖出某种证券。

(2)选择交易方式的自主性。证券公司在买卖证券时，是通过交易所买卖，还是通过其他场所买卖，由证券公司在法定范围内依一定的时间、条件自主决定。

(3)选择交易品种、价格的自主性。证券公司在进行自营买卖时，可根据市场情况，

---

① 参见王丰泽：《我国证券市场中介机构"看门人"机制研究》，吉林大学 2020 年硕士学位论文，第 33~35 页。

自主决定买卖品种、价格。

2. 交易的风险性

风险性是证券公司自营买卖业务区别于经纪业务的另一重要特征。由于自营业务是证券公司以自己的名义和合法资金直接进行的证券买卖活动，证券交易的风险性决定了自营买卖业务的风险性。在证券的自营买卖业务中，证券公司自己作为投资者，买卖的收益与损失完全由证券公司自身承担。而在代理买卖业务中，证券公司仅充当代理人的角色，证券买卖的时机、价格、数量都由证券委托人决定，由此而产生的收益和损失也由委托人承担。

3. 收益的不稳定性

证券公司进行证券自营买卖，其收益主要来源于低买高卖的价差。但这种收益不像收取代理手续费那样稳定。

目前对证券自营业务的规范，除了《证券法》外，还有《证券公司证券自营业务指引》。

六、融资融券业务

融资融券业务，又称信用交易，是指证券公司向客户出借资金供其买入证券或出具证券供其卖出证券的业务。根据《证券公司监督管理条例》的规定，融资融券业务，是指在证券交易所或者国务院批准的其他证券交易场所进行的证券交易中，证券公司向客户出借资金供其买入证券或者出借证券供其卖出，并由客户交存相应担保物的经营活动。由融资融券业务产生的证券交易称为融资融券交易。融资融券交易分为融资交易和融券交易两类，融资交易就是投资者以资金或证券作为质押，向券商借入资金用于证券买卖，并在约定的期限内偿还借款本金和利息；融券交易是投资者以资金或证券作为质押，向券商借入证券卖出，在约定的期限内，买入相同数量和品种的证券归还券商并支付相应的融券费用。总体来说，融资融券交易关键在于一个"融"字，有"融"投资者就必须提供一定的担保和支付一定的费用，并在约定期内归还借贷的资金或证券。

融资融券交易是海外证券市场普遍实施的一项成熟的交易制度，有利于充分发挥证券市场的功能，为投资者和券商提供了新的营利模式，因此，作为市场基础建设的完善之举，2010 年我国融资融券的推出对中国证券市场的发展具有划时代的意义。

融资融券作为中国资本市场的一种创新交易方式，它的推出为投资者提供了新的营利模式。对于资金不足或长线持有蓝筹股的投资者而言，在股票上升趋势明朗的情况下，可以手头上的证券作为抵押，通过融资交易来借钱购买证券，只要证券上涨的幅度足以抵消投资者需要支付的融资利息，投资者就可以获得收益。同样，在股票处于单边下跌的时候，现行市场由于没有融券交易，等待投资者的只能是资产的缩水或暂时退出，无法产生收益。融券交易的推出，将为投资者带来选择高估股票作空的机会，在股票下跌中获得赚钱的机会。例如，某投资者预判某只股票在近期将下跌，他就可以通过先向券商借入该股票卖出，再在该股票下跌后以更低的价格买入还给券商来获取差价。

融资融券的杠杆效应带来了放大的收益与亏损。投资者在进行普通证券交易时必须支付全额资金或证券，但参与融资融券交易只需交纳一定的保证金，也就是说投资者通过向证券公司融资融券，可以扩大交易筹码，即利用较少资本来获取较大的利润，这就是融资融券交易的杠杆效应。但是，融资融券的这种杠杆效应也是一把"双刃剑"，在放大了收益的同时，必然也放大了风险。投资者在将股票作为担保品进行融资时，既需要承担原有的股票价格变化带来的风险，又得承担新投资股票带来的风险，还得支付相应的利息或费用，如交易方向判断失误或操作不当，则投资者的亏损可能相当严重。

融资融券有助于证券内在价格的发现，维护证券市场的稳定。融资融券交易有助于投资者表达自己对某种股票实际投资价值的预期，引导股价趋于体现其内在价值，并在一定程度上减缓了证券价格的波动，维护了证券市场的稳定。以融券交易为例，当市场上某些股票价格因为投资者过度追捧或是恶意炒作而变得虚高时，敏感的投机者会及时地察觉这种现象，于是他们会通过借入股票来卖空，从而增加股票的供给量，缓解市场对这些股票供不应求的紧张局面，抑制股票价格泡沫的继续生成和膨胀。而当这些价格被高估股票因泡沫破灭而使价格下跌时，先前卖空这些股票的投资者为了锁定已有的利润，适机重新买入这些股票以归还融券债务，这样就又增加了市场对这些股票的需求，在某种程度上起到"托市"的作用，从而达到稳定证券市场的效果。

我国证券融资融券业务的推出历程并非一帆风顺。早在2006年证监会就发布了《证券公司融资融券试点管理办法》并于2011年对其进行了修订；2008年10月证监会宣布启动融资融券试点。但之后一直没有实质性启动。直到2010年1月8日国务院原则上同意开设融资融券业务试点，2010年3月30日深沪交易所通知融资融券交易试点于3月31日正式启动。融资融券的启动，让A股市场告别单边做多机制，是中国证券市场发展的里程碑。

我国《证券法》规定，证券公司从事证券融资融券业务，应当采取措施，严格防范和控制风险，不得违反规定向客户出借资金或者证券。根据《证券公司监督管理条例》的规定，证券公司经营融资融券业务，应当具备下列条件：(1)证券公司治理结构健全，内部控制有效；(2)风险控制指标符合规定，财务状况、合规状况良好；(3)有经营融资融券业务所需的专业人员、技术条件、资金和证券；(4)有完善的融资融券业务管理制度和实施方案；(5)国务院证券监督管理机构规定的其他条件。证券公司从事融资融券业务，应当与客户签订融资融券合同，并按照国务院证券监督管理机构的规定，以证券公司的名义在证券登记结算机构开立客户证券担保账户，在指定商业银行开立客户资金担保账户。客户资金担保账户内的资金应当参照《证券公司监督管理条例》第57条的规定进行管理。在以证券公司名义开立的客户证券担保账户和客户资金担保账户内，应当为每一客户单独开立授信账户。证券公司向客户融资，应当使用自有资金或者依法筹集的资金；向客户融券，应当使用自有证券或者依法取得处分权的证券。

2023年的山东金帝精密机械科技股份有限公司(以下简称"金帝股份")出借战略配售股供市场机构融券做空事件掀起一场风波，中国证监会因此事件收紧了融资融券制度政策，使得我国的融资融券制度继续面临较大的不稳定性和不确定性。2023年9月1日，金帝股份登陆A股，并同步被纳入融资融券标的，上市首日金帝股份将高管与核心员工参与IPO战略配售设立的资管计划中的470万股股票(期末余额2.27亿元)通过转融通业务出借给证券金融公司，分成7笔融出，期限均为27天，融出数量分别为39万股(融出费率21.6%)、141.3万股(融出费率22.6%)、16万股(融出费率23.6%)、247.7万股(融出费率24.6%)、2万股(融出费率25.6%)、8万股(融出费率27.6%)、16万股(融出费率28.1%)，加权平均出借费率为23.39%，之后由证券金融公司转融券给13家证券公司，124名投资者(包括35名个人投资者、89家私募基金)依规从13家证券公司融券卖出，最终融券卖出量为458.32万股(期末余额2亿元)，金帝股份出借战略配售股供证券公司融券做空导致了其股价的巨大波动，引起了市场的强烈反应。2023年9月19日，中国证监会发布公告，认为经过核查金帝股份融券业务符合监管规定，未发现相关主体绕道减持、合谋进行利益输送的问题。2023年10月14日，中国证监会发布公告，对融券及战略投资者出借配售股份的制度进行针对性调整优化，阶段性收紧融券和战略投资者配售股份出借，在融券端，将融券保证金比例由不得低于50%上调至80%，对私募证券投资基金参与融券的保证金比例上调至100%，发挥制度的逆周期调节作用，同时督促证券公司建立健全融券券源分配机制、穿透核查机制和准入机制，加强融券交易行为管理；在出借端，根据有关法规规定可以对战略投资者配售股份出借予以调整，为突出上市公司高管专注主业，取消上市公司高管及核心员工通过参与战略配售设立的专项资产管理计划出借，适度限制其他战略投资者在上市初期的出借方式和比例。同日，沪深北交易所发布《关于优化融券交易和转融通证券出借交易相关安排的通知》，明确规定投资者持有上市公司限售股份、战略配售股份，以及持有以大宗交易方式受让的大股东或者特定股东减持股份等有转让限制的股份的，在限制期内，投资者及其关联方不得融券卖出该上市公司股票。2024年1月28日，中国证监会发布公告，全面暂停限售股出借，并将转融券市场化约定申报由实时可用调整为次日可用，对融券效率进行限制。根据《证券发行与承销管理办法》第21条、第23条的规定，发行人的高级管理人员与核心员工可以通过设立资产管理计划参与战略配售，参与战略配售的投资者在承诺的持有期限内，可以按规定向证券金融公司借出获得配售的证券，该规定的主要目的是改善新股上市初期流动性，抑制价格过度波动，即战略投资者出借限售股在规则层面上符合要求，但金帝股份事件造成的市场波动，意味着我国的融券制度还需要进行一系列的优化和调整。

七、证券资产管理业务

(一)证券资产管理业务的现行法律规定

证券资产管理业务，是指证券经营机构开办的资产委托管理，即委托人将自己的资产交给证券公司，由证券公司为委托人提供理财服务的行为。资产管理业务是证券公司在传统业务基础上发展的新型业务。投资者将自己的资金交给训练有素的专业人员进行管理，避免了因专业知识和投资经验不足而可能引起的不必要风险，对整个证券市场发展也有一定的稳定作用。《证券法》第 120 条规定，证券公司经营证券资产管理业务的，应当符合《中华人民共和国证券投资基金法》等法律、行政法规的规定。根据《证券公司监督管理条例》的规定，证券公司可以依照《证券法》和本条例的规定，从事接受客户的委托、使用客户资产进行投资的证券资产管理业务。投资所产生的收益由客户享有，损失由客户承担，证券公司可以按照约定收取管理费用。证券公司从事证券资产管理业务，应当与客户签订证券资产管理合同，约定投资范围、投资比例、管理期限及管理费用等事项。

证券公司从事证券资产管理业务，不得有下列行为：(1)向客户作出保证其资产本金不受损失或者保证其取得最低收益的承诺；(2)接受一个客户的单笔委托资产价值，低于国务院证券监督管理机构规定的最低限额；(3)使用客户资产进行不必要的证券交易；(4)在证券自营账户与证券资产管理账户之间或者不同的证券资产管理账户之间进行交易，且无充分证据证明已依法实现有效隔离；(5)法律、行政法规或者国务院证券监督管理机构禁止的其他行为。证券公司使用多个客户的资产进行集合投资，应当符合法律、行政法规和国务院证券监督管理机构的有关规定。

(二)证券公司资产管理业务的创新

近年来，在我国经济发展的大背景下，社会财富迅速积累，无论是个人还是机构，对于资产管理的需求日渐增长，资产管理行业也得以迅速发展。2012 年，国家对资产管理的监管放开，银行、证券、保险、基金、期货、信托等行业间的界限逐渐被打破，国家的金融体系由间接融资过渡到直接融资，迎来了"大资管时代"。2017 年，监管当局连发多道监管令，金融资管业务得到了有效规范，券商资管业务遭受了一定程度的冲击。从传统的通道依赖型向创新驱动型转变，成为券商资管发展的新路径。

进入创新发展阶段以来，证券行业由过去的以监管部门和自律组织推动创新转向自主创新，主要呈现出几个特点：一是主体回归。在创新发展阶段，证券业务的开展由顶层设计转向市场主导。在监管部门主导的顶层设计阶段，券商主要作为创新方案的实施者；而在市场主导阶段，券商能够更多地发挥自主性，根据市场需求及公司实际情况开展创新活动，促进证券行业从同质化转向差异化竞争。二是效率提升。修订后的《证券期货经营机构私募资产管理业务管理办法》规定，相关集合资产由事前审批转为事后报备，提升了证券资产管理的效率。三是风险增加。在创新改革之前，监管顶层设计的创新业务有严格的风险控制程序，遵循先试点后推广的流程，项目的审查验收标准较高，发生风险的概率较低；而在证券行业创新开放的背景下，虽然券商对于风险防控也有一定的认识，但在市场需求的驱动下，其自主创新的过程中难免伴随着风险偏好的上升。[①]

虽然我国券商资管业务在近年来呈现出迅速发展的良好态势，但是与其他机构相比较仍有差距，且面临着产品同质化、创新乏力等问题，有学者将其制约因素概括为外部因素与内部因素。[②] 外部因素可以分为从法律监管与市场竞争两个方面着手分析。其一，在金融业分业监管的背景下，各类金融机构在市场中的竞争并非是平等的。监管层对于证券公司的监管要求较为严格，相比之下，在商业银行、信托公司和基金公司等机构开展资产管理业务时，其各自的监管部门在成立条件、投资范围、财务制度等方面的要求却不尽相同。这样的区别不仅导致券商创新理财产品时存在顾虑，无法充分挖掘市场潜力，而且在具有较强替代性理财产品的市场中，证券公司的竞争力也处于弱势地位。其二，在市场环境中，由于我国的资本市场尚不成熟，国内投资者的风险意识较强，注重短期收益，长期投资的理念较弱，对于风险与收益之间的关系没有形成理性的认识，导致券商的目标市场较窄；与此同时，理财产品的创新是建立在投资者不同需求与不同偏好的基础之上的，由于国内投资者的风险-收益偏好趋于一致，导致券商资管业务的创新空间较小；此外，国内从事资产管理的机构众多，不同机构之间的业务具有一定的同质性，各自也存在相对的优势与特点，激烈的竞争环境在一定程度上挤压了券商的创新空间。内部因素主要存在于部门设置导致业务创新缺乏独立性、创新人才缺乏、人员激励政策缺位等方面，通过建立独立的行政体系，将部门业务公司化，建立产品创新激励机制等措施将有助于打破目前的困局。

在资管业务创新的大背景下，除了政策规定、内部机制、创新人才等方面可能影响到证券公司的业务发展，还应当注意到在业务创新过程中可能存在的法律风险：其一，在产品或业务的设计方面，传统的证券业务开展由监管部门或者自律组织严格审核，产品或业

---

① 参见方铁道：《证券公司资产管理业务创新法律风险研究》，载《金融理论与实践》2013 年第 6 期。

② 参见张春辉：《券商资管业务创新：历史演进、制约因素与发展对策》，载《证券市场导报》2013 年第 6 期。

务的基本机构与风险管理措施较为完善，而且采用先试点后推广的方式保障了风险的可控性。在券商自主创新的过程中，在客户需求、市场竞争与经济利益的多重因素驱动下，一些新业务可能存在先天缺陷，容易引发民事法律风险。其二，在业务人员进行相关操作时，可能未履行忠诚义务和勤勉义务而造成受托客户的损失，具体表现为前期阶段的尽职调查不充分，以及后期管理时未尽职，如存在资金划转不当、存在担保瑕疵、越权投资等行为。其三，在产品或业务的销售阶段，存在风险揭示不到位、产品宣传失当的法律风险，如在激烈的市场竞争中为了成功募集资管计划，在相关宣传材料中出现不客观的表述，引导或误导投资者购买，或者未对最终投资标的进行风险揭示，从而引发法律纠纷。[①] 影响资管业务发展的因素众多，推动资管业务的创新不仅需要证券公司采取应对措施，还需要监管当局适时调整相应的政策。

八、我国证券行业混业经营的现状与发展趋势

我国在资本市场的建立初期，证券行业是混业经营的状态。自 1987 年在深圳成立第一家券商——特区证券后，为了适应国库券在全国的转让，央行拨款组建各省的证券公司。上交所和深交所成立后，四大国有银行、各大国资委及大型国企下属的信托公司纷纷开展证券委托交易义务。各类金融机构野蛮生长的同时，也带来了操纵股价、挪用资金、利益输送等各种违规操作。1999 年国务院出台《整顿信托投资公司方案》，规定信托业与证券业分业经营，对乱象丛生的混业经营进行严厉的监管。经过近些年全面整顿之后，证券公司的经营管理模式逐渐规范。随着时代前行，在当下对外开放程度不断扩大的背景下，国际金融机构的竞争更加激烈，为了做大做强同类机构，分业经营向混业经营的转变正成为我国金融业发展的新趋势。[②]

作为金融行业的子行业，证券行业目前参与的混业经营主要表现为，证券公司往往出于投资的目的，参股商业银行或者参控基金公司及其他金融机构，而尚未体现战略合作等带有实质性混业经营的目的。实践中，证券公司参与混业经营主要表现为以下路径[③]：

一是依托金融控股集团成长起来。金融控股集团是指在同一控制权下，完全或主要在银行、保险、证券行业中至少提供两种不同金融服务的控股公司。我国典型的金融控股公司包括中信集团、光大集团、平安集团等金融机构。中信证券正是由中信集团在 1995 年发起设立的一家证券机构，业务范围涵盖证券经纪业务、资产管理业务、证券投资业务、证券承销

---

① 参见方铁道：《证券公司资产管理业务创新法律风险研究》，载《金融理论与实践》2013 年第 6 期。

② 参见侯纯：《证券行业混业经营，那些教训不要重来》，载腾讯网：https://new.qq.com/rain/a/20200703A0QH2Y00，2021 年 3 月 30 日访问。

③ 参见陆莎：《我国证券公司混业经营发展路径研究》，对外经济贸易大学 2015 年硕士学位论文。

业务等全方位的金融产品和服务。一方面，中信证券以上述业务为核心提高其在证券行业的地位；另一方面，其又根据业务需求和监管政策设立或者参控股其他企业，实现多元化的混业经营，提升公司的竞争力。依托于中信集团，中信证券与中信银行、中信信托、信诚人寿保险等金融子公司形成协同效应，组成中信集团的混业经营模式。

二是通过并购重组补充业务领域。具有竞争优势地位的证券公司通过选择金融子行业的优秀企业进行并购，不仅能够在较短时间内增强其竞争力，而且能够对业务线进行补充，提升其整体竞争力。以海通证券为例，其正是通过并购黄海期货、甘肃证券、兴安证券，控股海富通基金，参股富国基金，分别对经纪业务和资管业务进行了补充，通过并购恒信金融租赁集团，进一步实现了混业经营。

三是利用地方资源建立地方性金控集团。区域性的证券公司还可以与当地政府和地方资源形成紧密联系，整合地方金融资源，依托地方行政政策，组建地方金融控股集团，助力地方经济发展。以浙江省直属国有企业财通证券为例，其正是依托于地方政府的大力支持，同时拥有全牌照，可以开展政策范围内的各类业务，并且通过控股永安期货、参股浙江股权交易中心有限公司，形成以证券公司为主体的金融控股集团。

四是利用互联网技术打造综合性金融平台。证券公司还可以通过与互联网公司建立合作，打造综合性的金融服务平台，拓展并深化产品服务。2013年，国金公司与腾讯公司开展合作，推出"佣金宝"产品，积极推进传统业务转型，推动证券经纪业务和资管业务深入发展。

五是被其他金融机构收购。目前已有交通银行通过交银国际收购华英证券的例子，被看作是银行业券商牌照的放开。

除此之外，近年来，中国证监会或有向商业银行发放证券牌照的计划，并在几大商业银行中选择至少两家作为设立券商的试点。[1] 目前国内金融业仍为分业经营的状态，国内银行主要通过三种方式涉及证券业务：一是在香港设立子公司，在境外从事证券业务；二是在银行间债券市场承销非金融企业债务融资工具；三是与集团内部的兄弟证券公司发生业务协同。一旦银行获批券商牌照，或有三种实现路径：一是新设证券公司，需考虑能否获得监管层对券商牌照的批复；二是收购已存在的证券公司，但存在整合过程中的摩擦；三是集团内股权划转，划转后整合压力较小。[2] 资本的变革和市场的需求推动了混业经营模式的发展，银行系券商的兴起将对行业竞争格局产生影响，在加速券商行业优胜劣汰的同时，也将促进传统券商行业的创新发展。

---

① 《天风证券：关于混业经营的5个重要问题 为何说混业经营是大势所趋？》，载腾讯网：https://finance.qq.com/a/20200629/005399.htm，2021年3月30日访问。

② 华泰证券：《商业银行与证券公司混业经营情景假设解析：金融混业经营改革下的机遇与挑战》，载东方财富网：http://data.eastmoney.com/report/zw_industry.jshtml? encodeUrl = 3DrFahbxMJS1XsruU2VuBggc28bapceaXx6we6KyEVU=，2021年3月30日访问。

第四节 证券公司的内部控制与风险管理

一、证券公司的内部控制

(一)证券公司内部控制的概念与目标

为引导证券公司规范经营,增强证券公司自我约束能力,推动证券公司现代企业制度建设,防范和化解金融风险,我国《证券法》《证券公司内部控制指引》等明确要求证券公司必须建立完善的内部控制机制和制度。

证券公司内部控制是指证券公司为实现经营目标,根据经营环境变化,对证券公司经营与管理过程中的风险进行识别、评价和管理的制度安排、组织体系和控制措施。证券公司内部控制应充分考虑控制环境、风险识别与评估、控制活动与措施、信息沟通与反馈、监督与评价等要素:

(1)控制环境:主要包括证券公司所有权结构及实际控制人、法人治理结构、组织架构与决策程序、经理人员权力分配和承担责任的方式、经理人员的经营理念与风险意识、证券公司的经营战略与经营风格、员工的诚信和道德价值观、人力资源政策等。

(2)风险识别与评估:及时识别、确认证券公司在实现经营目标过程中的风险,并通过合理的制度安排和风险度量方法对经营环境持续变化所产生的风险及证券公司的承受能力进行适时评估。

(3)控制活动与措施:保证实现证券公司战略目标和经营目标的政策、程序,以及防范、化解风险的措施。主要包括证券公司经营与管理中的授权与审批、复核与查证、业务规程与操作程序、岗位权限与职责分工、相互独立与制衡、应急与预防等措施。

(4)信息沟通与反馈:及时对各类信息进行记录、汇总、分析和处理,并进行有效的内外沟通和反馈。

(5)监督与评价:对控制环境、风险识别与评估、控制活动与措施、信息沟通与反馈的有效性进行检查、评价,发现内部控制设计和运行的缺陷并及时改进。

有效的内部控制应为证券公司实现下述目标提供合理保证:(1)保证经营的合法合规及证券公司内部规章制度的贯彻执行;(2)防范经营风险和道德风险;(3)保障客户及证券公司资产的安全、完整;(4)保证证券公司业务记录、财务信息和其他信息的可靠、完整、及时;(5)提高证券公司经营效率和效果。

(二)证券公司内部控制的基本要求

证券公司内部控制应当贯彻健全、合理、制衡、独立的原则,确保内部控制有效。

所谓健全性是指内部控制应当做到事前、事中、事后控制相统一；覆盖证券公司的所有业务、部门和人员，渗透到决策、执行、监督、反馈等各个环节，确保不存在内部控制的空白或漏洞。

所谓合理性是指内部控制应当符合国家有关法律法规和中国证监会的有关规定，与证券公司经营规模、业务范围、风险状况及证券公司所处的环境相适应，以合理的成本实现内部控制目标。

所谓制衡性是指证券公司部门和岗位的设置应当权责分明、相互牵制，前台业务运作与后台管理支持适当分离。

所谓独立性是指承担内部控制监督检查职能的部门应当独立于证券公司其他部门。

具体而言，证券公司应当树立合法合规经营的理念和风险控制优先的意识，健全证券公司行为准则和员工道德规范，营造合规经营的制度文化环境；应采取切实有效的措施杜绝挪用客户交易结算资金、客户委托管理的资产及客户托管的证券等行为，确保客户资产的安全完整；应根据经营环境的变化，建立动态的净资本监控机制，确保净资本符合有关监管指标的要求；应建立健全证券公司治理结构。证券公司治理结构包括科学的决策程序与议事规则，高效、严谨的业务运作系统，健全、有效的内部监督和反馈系统，以及有效的激励约束机制；证券公司监事会和独立董事应充分发挥监督职能，防范大股东操纵和内部人控制的风险；证券公司应与其股东、实际控制人、关联方之间保持资产、财务、人事、业务、机构等方面的独立性，确保证券公司独立运作；证券公司主要业务部门之间应当建立健全隔离墙制度，确保经纪、自营、受托投资管理、投资银行、研究咨询等业务相对独立；电脑部门、财务部门、监督检查部门与业务部门的人员不得相互兼任，资金清算人员不得由电脑部门人员和交易部门人员兼任等。

(三) 内部控制的主要内容

1. 对经纪业务的内部控制

证券公司经纪业务内部控制应重点防范挪用客户交易结算资金及其他客户资产、非法融入融出资金以及结算风险等；应加强经纪业务整体规划，加强营业网点布局、规模、选址以及软、硬件技术标准(含升级)等的统一规划和集中管理；应制定统一完善的经纪业务标准化服务规程、操作规范和相关管理制度；应当要求所属证券营业部与客户签订代理交易协议，协议中除载明双方权利义务和风险提示外，还应列示营业部可从事的合法业务范围及证券公司授权的业务内容，向客户明示证券公司禁止营业部从事的业务内容；应针对账户管理、资金存取及划转、委托与撤单、清算交割、指定交易及转托管、查询及咨询等业务环节存在的风险，制定操作程序和具体控制措施；对开户、资金存取及划转、接受委托、清算交割等重要岗位应适当分离，客户资金与自有资金严格分开运作、分开管理等。

2. 对自营业务的内部控制

概括而言，证券公司应加强自营业务投资决策、资金、账户、清算、交易和保密等的管理，重点防范规模失控、决策失误、超越授权、变相自营、账外自营、操纵市场、内幕交易等的风险。

具体来讲，证券公司应建立健全自营决策机构和决策程序，加强对自营业务的投资策略、规模、品种、结构、期限等的决策管理；应通过合理的预警机制、严密的账户管理、严格的资金审批调度、规范的交易操作及完善的交易记录保存；自营业务的研究策划、投资决策、交易执行、交易记录、资金清算和风险监控等职能应相对分离；重要投资要有详细研究报告、风险评估及决策记录；应加强自营账户的集中管理和访问权限控制，自营账户应由独立于自营业务的部门统一管理，建立自营账户审批和稽核制度；采取措施防止变相自营、账外自营、出借账户等风险；防止自营业务与受托投资管理业务混合操作；应建立完善的交易记录制度，加强电子交易数据的保存和备份管理，确保自营交易清算数据的安全、真实和完整；应建立独立的实时监控系统；应加强对参与投资决策和交易活动人员的监察，通过定期述职和签订承诺书等方式提高其自律意识，防止利用内幕消息为自己及他人谋取不当利益；应确保自营资金来源的合法性等。

3. 投资银行业务内部控制

在投资银行业务内部控制上，证券公司应重点防范因管理不善、权责不明、未勤勉尽责等原因导致的法律风险、财务风险及道德风险。

具体而言，证券公司应建立投资银行项目管理制度，完善各类投资银行项目的业务流程、作业标准和风险控制措施；应建立科学、规范、统一的发行人质量评价体系并建立尽职调查的工作流程，加强投资银行业务人员的尽职调查管理，贯彻勤勉尽责、诚实信用的原则，明确业务人员对尽职调查报告所承担的责任；加强投资银行项目的内核工作和质量控制；加强证券发行中的定价和配售等关键环节的决策管理，建立完善的承销风险评估与处理机制，通过事先评估、制定风险处置预案、建立奖惩机制等措施，有效控制包销风险；加强投资银行项目协议的管理；加强投资银行项目的集中管理和控制；建立与投资银行项目相关的中介机构评价机制及杜绝虚假承销行为等。

4. 受托投资管理业务内部控制

在受托投资管理业务内部控制方面，证券公司应重点防范规模失控、决策失误、越权操作、账外经营、挪用客户资产和其他损害客户利益的行为以及保本保底所导致的风险。

具体而言，证券公司应由受托投资管理部门统一管理受托投资管理业务。受托投资管理业务应与自营业务严格分离，独立决策、独立运作；应对委托人的资信状况、收益预期、风险承受能力、投资偏好等进行了解，并关注委托人资金来源的合法性；受托投资管理合同中不得有承诺收益条款；应封闭运作、专户管理受托资产，确保客户资金与自有资金的分户管理、独立运作，确保受托资产的安全、完整；应建立规范的风险预警机制，由独立的监督检查部门或风险控制部门监控受托投资管理业务的运作状况，进行定期或不定期的检查、评价；应加强受托投资管理业务的合同、交易、投诉处理等档案资料的集中管理，制定明确、详细的受托投资管理业务信息披露制度，保证委托人的知情权；根据自身的管理能力及风险控制水平，合理控制受托投资管理业务规模。

5. 研究咨询业务内部控制

在研究咨询业务内部控制方面，证券公司应重点防范传播虚假信息、误导投资者、无资格执业、违规执业以及利益冲突等的风险。

具体而言，证券公司应加强研究咨询业务的统一管理，完善研究咨询业务规范和人员管理制度，制定适当的执业回避、信息披露和隔离墙等制度，防止利益冲突；应加强对客户的了解，及时为客户提供有针对性的证券投资咨询服务；应通过部门设置、人员管理、信息管理等方面的隔离措施，建立健全研究咨询部门与投资银行、自营等部门之间的隔离墙制度；应加强对各营业场所"工作室"（包括网上工作室）和集会性投资咨询活动的集中管理和风险控制；应当加强证券投资咨询执业人员的管理和执业资格（证书）的管理，确保不存在人员兼职和挂靠，对执业人员发生变动的应及时办理变更（包括离开咨询岗位）手续；证券公司应当建立健全研究咨询业务档案和客户服务档案，包括客户服务记录、对公众荐股记录、研究报告及公开发表的研究咨询文章等，履行相关资料的备案义务。

6. 业务创新的内部控制

对业务创新的内部控制方面，主要要求证券公司对业务创新应重点防范违法违规、规模失控、决策失误等风险。

具体而言，证券公司业务创新应当坚持合法合规、审慎经营的原则，加强集中管理和风险控制；应建立完整的业务创新工作程序，严格内部审批程序，对可行性研究、产品或业务设计、风险管理、运作与实施方案等作出明确的要求，并经董事会批准；应在可行性研究的基础上，及时与中国证监会沟通，履行创新业务的报备（报批）程序；应对创新业务设计科学合理的流程，制定风险控制措施及相应财务核算、资金管理办法；应注重业务创新的过程控制，及时纠正偏离目标行为等。

除以上内部控制内容外，《证券公司内部控制指引》还对分支机构内部控制、财务管理内部控制、会计系统内部控制、信息系统内部控制、人力资源管理内部控制及监督、检查与评价等做出了规定。

二、证券公司的风险管理

(一)证券公司风险管理概述

为加强证券公司风险监管，督促证券公司加强内部控制、防范风险，我国《证券法》

《证券公司监督管理条例》等均要求证券公司建立完善的风险管理机制，2006年证监会还出台了《证券公司风险控制指标管理办法》并于2020年进行了修订，建立了以净资本和流动性为核心的风险控制指标体系。

2014年《证券公司监督管理条例》被修订，2016年《证券公司风险处置条例》被修订，2019年《证券法》被修订。2020年证监会对《证券公司治理准则》《证券公司风险控制指标管理办法》《证券公司分类监管规定》进行了修订。2023年，证监会对《证券公司风险处置条例》再一次修订。

证券公司应当按照中国证券监督管理委员会的有关规定，遵循审慎、实质重于形式的原则，计算净资本、风险覆盖率、资本杠杆率、流动性覆盖率、净稳定资金率等各项风险控制指标，编制净资本计算表、风险资本准备计算表、表内外资产总额计算表、流动性覆盖率计算表、净稳定资金率计算表、风险控制指标计算表等监管报表（以下统称风险控制指标监管报表）。

证券公司应当根据中国证监会有关规定建立符合自身发展战略需要的全面风险管理体系。证券公司应当将所有子公司以及比照子公司管理的各类孙公司纳入全面风险管理体系，强化分支机构风险管理，实现风险管理全覆盖。全面风险管理体系应当包括可操作的管理制度、健全的组织架构、可靠的信息技术系统、量化的风险指标体系、专业的人才队伍、有效的风险应对机制。

证券公司应当根据自身资产负债状况和业务发展情况，建立动态的风险控制指标监控和资本补足机制，确保净资本等各项风险控制指标在任一时点都符合规定标准。证券公司应当在发生重大业务事项及分配利润前对风险控制指标进行压力测试，合理确定有关业务及分配利润的最大规模。证券公司应当建立健全压力测试机制，及时根据市场变化情况及监管部门要求，对公司风险控制指标进行压力测试。压力测试结果显示风险超过证券公司自身承受能力范围的，证券公司应采取措施控制业务规模或降低风险。证券公司应当聘请符合《证券法》规定的会计师事务所对其年度风险控制指标监管报表进行审计。

证券公司净资本由核心净资本和附属净资本构成。其中：核心净资本=净资产-资产项目的风险调整-或有负债的风险调整-/+中国证监会认定或核准的其他调整项目。附属净资本=长期次级债×规定比例-/+中国证监会认定或核准的其他调整项目。

（二）证券公司风险控制指标标准

证券公司经营证券经纪业务的，其净资本不得低于人民币2000万元。证券公司经营证券承销与保荐、证券自营、证券资产管理、其他证券业务等业务之一的，其净资本不得低于人民币5000万元。证券公司经营证券经纪业务，同时经营证券承销与保荐、证券自营、证券资产管理、其他证券业务等业务之一的，其净资本不得低于人民币1亿元。证券公司经营证券承销与保荐、证券自营、证券资产管理、其他证券业务中两项及两项以上的，其净资本不得低于人民币2亿元。

证券公司必须持续符合下列风险控制指标标准：(1)风险覆盖率不得低于100%；(2)资本杠杆率不得低于8%；(3)流动性覆盖率不得低于100%；(4)净稳定资金率不得低于100%；其中：风险覆盖率＝净资本/各项风险资本准备之和×100%；资本杠杆率＝核心净资本/表内外资产总额×100%；流动性覆盖率＝优质流动性资产/未来30天现金净流出量×100%；净稳定资金率＝可用稳定资金/所需稳定资金×100%。

证券公司应当按照中国证监会规定的证券公司风险资本准备计算标准计算市场风险、信用风险、操作风险资本准备。中国证监会可以根据特定产品或业务的风险特征，以及监督检查结果，要求证券公司计算特定风险资本准备。市场风险资本准备按照各类金融工具市场风险特征的不同，用投资规模乘以风险系数计算；信用风险资本准备按照各表内外项目信用风险程度的不同，用资产规模乘以风险系数计算；操作风险资本准备按照各项业务收入的一定比例计算。

证券公司经营证券自营业务、为客户提供融资或融券服务的，应当符合中国证监会对该项业务的风险控制指标标准。证券公司可以结合自身实际情况，在不低于中国证监会规定标准的基础上，确定相应的风险控制指标标准。中国证监会对各项风险控制指标设置预警标准，对于规定"不得低于"一定标准的风险控制指标，其预警标准是规定标准的120%；对于规定"不得超过"一定标准的风险控制指标，其预警标准是规定标准的80%。

第五节 证券服务机构

一、证券服务机构的定位

证券服务机构，是指会计师事务所、律师事务所以及从事资产评估、资信评级、财务顾问、信息技术系统服务的证券服务机构。证券服务机构在证券市场中具有重要作用：在证券发行市场中，它们一方面能够为投资者提供准确的投资信息，帮助投资者进行决策，另一方面也能够促进企业的融资工作顺利进行；在证券交易市场中，它们协助企业进行信息披露，不仅为政府监管工作的开展提供依据，还能切实维护投资者的利益。[1] 在我国传统的资本市场的治理体系中主要由政府主导，证券服务机构长期处于边缘地带。随着注册制改革的稳步推进，证券服务机构被推到资本市场治理的前台，发挥更大作用的同时，也面临着更多的风险与挑战。实践的发展呼唤理论的进步，因此，我们有必要明确服务机构

---

① 参见杨金姿、陈松宝：《证券服务机构独立责任承担的探讨》，载《行政与法》2011年第6期。

的主体定位，进一步形成配套的责任承担机制，为发挥证券服务机构的自律治理机制提供底层支持。

关于证券服务机构的基本定位问题，有学者将其概括为：规范执业的专业人、恪守独立的看门人和自担风险的责任者。其一，证券服务机构应当是"规范执业的专业人"。作为"专业人"，证券服务机构首先应当夯实基本的业务能力，凭借其专业知识和能力披露投资信息、提供专业意见，成为投资者和发行人之间沟通的桥梁；"规范执业"是决定其长期发展的根本，只有依据法律法规与行业规则的要求，勤勉地履行相应的义务，审慎地开展执业活动，才能抵御市场竞争中的风险。其二，证券服务机构应当作为"恪守独立的看门人"。作为"看门人"，需要辨别证券市场中的不当行为，并阻止其"入内"干扰市场运行，并将自己的职业声誉作为担保，向投资者保证发行证券的品质；"独立性"是证券服务机构真正发挥作用的基础，只有"看门人"与发行人之间保持完全的独立，才能真正将证券市场中的欺诈、虚假陈述等行为拒之门外，保护社会大众的利益，否则只能沦为雇主的"帮凶"。其三，证券机构也应当成为"自担风险的责任者"。在注册制下，监管者将审核权下放，淡化了行政管控，强化了市场监管，将中介机构的职能推到了台上，一旦发行人存在违规欺诈等行为，证券服务机构也将会受到直接的责难。这就要求证券服务机构关注到责任与风险之间的关系，切实履行职责，避免因故意或过失行为带给自身的职业风险。[①] 还有学者认为需要调动证券服务机构的能动性，让其在资本市场中担任自律治理机制的"治理者"角色，发挥严格审核、辅助监管以及实质保护的功能。具体而言，证券服务机构的定位要从被动接受监管的对象转化为主动行使核查、验证、审核权利的主体；在此基础上，对其核查、验证、审核的主体享有后续整改、上市等方面的监管权力，从而辅助监管当局进行技术上和程序上的监管工作；同时，在行使监管、审核权力的过程中，要强化对中小投资者保护的理念，及时遏制损害投资者利益的行为。[②]

二、关于证券服务机构的现行法律规定

2019 年修订《证券法》时，对证券服务机构进行专门规定。2020 年 7 月，中国证券监督管理委员会、工业和信息化部、司法部、财政部联合发布了《证券服务机构从事证券服务业务备案管理规定》，对证券服务机构从事证券服务业务的备案管理进行了详细规定。所谓证券服务机构，是指会计师事务所、律师事务所以及从事资产评估、资信评级、财务顾问、信息技术系统服务的证券服务机构。会计师事务所、律师事务所以及从事证券投资

---

① 参见甘培忠、孔令君：《论 IPO 注册制改革背景下中介机构作用之强化》，载《法律适用》2015 年第 8 期。

② 参见侯东德：《证券服务机构自律治理机制研究》，载《法商研究》2020 年第 1 期。

咨询、资产评估、资信评级、财务顾问、信息技术系统服务的证券服务机构，应当勤勉尽责、恪尽职守，按照相关业务规则为证券的交易及相关活动提供服务。

从事证券投资咨询服务业务，应当经国务院证券监督管理机构核准；未经核准，不得为证券的交易及相关活动提供服务。从事其他证券服务业务，应当报国务院证券监督管理机构和国务院有关主管部门备案。中国证监会和国务院有关主管部门为证券服务机构从事证券服务业务备案，不代表对证券服务机构执业能力的认可。

（一）对证券投资咨询机构的核准

根据《证券法》的规定，从事证券投资咨询服务业务，应当经国务院证券监督管理机构核准。中国证监会会定期在官网上公布证券投资咨询机构名录，2024 年 2 月，证监会在其官网上公布了最新的证券投资咨询机构目录名单①。证券投资咨询机构及其从业人员从事证券服务业务不得有下列行为：（1）代理委托人从事证券投资；（2）与委托人约定分享证券投资收益或者分担证券投资损失；（3）买卖本证券投资咨询机构提供服务的证券；（4）法律、行政法规禁止的其他行为。有上述所列行为之一，给投资者造成损失的，应当依法承担赔偿责任。

（二）对证券服务机构从事证券服务业务的备案管理

根据《证券法》的规定，从事除证券投资咨询外的其他证券服务业务，应当报国务院证券监督管理机构和国务院有关主管部门备案。

会计师事务所从事下列证券服务业务，应当按照本规定向中国证监会和国务院有关主管部门备案：（1）为证券的发行、上市、挂牌、交易等证券业务活动制作、出具财务报表审计报告、内部控制审计报告、内部控制鉴证报告、验资报告、盈利预测审核报告，以及中国证监会和国务院有关主管部门规定的其他文件；（2）为证券公司及其资产管理产品制作、出具财务报表审计报告、内部控制审计报告、内部控制鉴证报告、验资报告、盈利预测审核报告，以及中国证监会和国务院有关主管部门规定的其他文件。

律师事务所为下列证券活动提供证券服务业务，制作、出具法律意见书，应当按照本规定向中国证监会和国务院有关主管部门备案：（1）首次公开发行股票、存托凭证及上市；（2）上市公司发行证券及上市；（3）上市公司及非上市公众公司收购、重大资产重组及股份回购；（4）上市公司合并、分立及分拆；（5）上市公司及非上市公众公司实行股权激励计划或者员工持股计划；（6）公开发行公司债券及上市交易；（7）境内企业直接或者间接到境外发行证券或者将其证券在境外上市交易（包括后续增发股份）；（8）股份有限公司股票向特定对象转让导致股东累计超过 200 人，以及股份有限公司申请股票在全国中小企业

---

①　《证券投资咨询机构名录》（2024 年 2 月），http：//www.csrc.gov.cn/csrc/c101900/c1029656/content.shtml。

股份转让系统挂牌并公开转让；(9)股份有限公司向特定对象发行股票导致股东累计超过200人，股东人数超过200人的非上市公众公司向特定对象发行股票，以及向不特定合格投资者公开发行股票。

资产评估机构从事下列证券服务业务，应当按照本规定向中国证监会和国务院有关主管部门备案：(1)为证券发行、上市、挂牌、交易的主体及其控制的主体、并购标的等制作、出具资产评估报告，以及中国证监会和国务院有关主管部门规定的其他文件；(2)为证券公司及其资产管理产品制作、出具资产评估报告，以及中国证监会和国务院有关主管部门规定的其他文件。

资信评级机构从事下列证券服务业务，应当按照本规定向中国证监会备案：(1)为经中国证监会依法注册发行的债券、资产支持证券制作、出具资信评级报告及提供相关评级服务；(2)为在证券交易所、国务院批准的其他全国性证券交易场所等上市交易或者挂牌转让的债券、资产支持证券(国债除外)制作、出具资信评级报告及提供相关评级服务；(3)为本条第(1)项和第(2)项规定的证券的发行人、发起机构、上市公司、非上市公众公司、证券公司制作、出具资信评级报告及提供相关评级服务；(4)为中国证监会规定的其他评级对象制作、出具资信评级报告及提供相关评级服务。

财务顾问机构为上市公司收购、重大资产重组、合并、分立、分拆、股份回购、激励事项等对上市公司股权结构、资产和负债、收入和利润等具有重大影响的相关事项提供方案设计、出具专业意见等证券服务业务的，应当按照本规定向中国证监会备案。

信息技术系统服务机构从事下列证券服务业务，应当按照本规定向中国证监会备案：(1)重要信息系统的开发、测试、集成及测评；(2)重要信息系统的运维及日常安全管理。上述所称重要信息系统，是指支撑证券交易场所、证券登记结算机构等证券市场核心机构，证券经营机构和证券专项业务服务机构关键业务系统，出现异常将对证券市场和投资者产生重大影响的信息系统。

三、证券服务机构的责任承担

证券服务机构应当妥善保存客户委托文件、核查和验证资料、工作底稿以及与质量控制、内部管理、业务经营有关的信息和资料，任何人不得泄露、隐匿、伪造、篡改或者毁损。上述信息和资料的保存期限不得少于10年，自业务委托结束之日起算。

证券服务机构为证券的发行、上市、交易等证券业务活动制作、出具审计报告及其他鉴证报告、资产评估报告、财务顾问报告、资信评级报告或者法律意见书等文件，应当勤勉尽责，对所依据的文件资料内容的真实性、准确性、完整性进行核查和验证。其制作、出具的文件有虚假记载、误导性陈述或者重大遗漏，给他人造成损失的，应当与委托人承担连带赔偿责任，但是能够证明自己没有过错的除外。

现行法律规定证券服务机构的归责原则为过错责任原则，但依据中介机构违法违规案件频发的现实情况来看，现有的责任承担机制并不具备足够的威慑力。与此同时，注册制改革强调发挥市场的作用，在这一背景下，证券服务机构的权力空间有所扩大，如何有效监督"权力"的行使，并规制滥用"权力"的行为，成为学界热议的话题。

有学者从我国现行的约束中介机构的三元责任结构入手，对现实中的责任承担机制作了分析：由于刑法具有谦抑性，对于符合条件的极为恶劣的事件才应当进入刑事诉讼程序，因此在实践中，中介机构承担刑事责任的案例极少；对于行政责任而言，监管机关又往往缺乏应有的强硬态度，一般使用的是警告、罚款、没收业务收入等手段，对相关主体不构成有力的威慑；而法院在审理证券民事诉讼案件时，又需要对有关机关的依据——行政处罚决定或刑事裁判文书作为前置程序，为投资者提起诉讼设置了障碍。该学者在强调民事责任、行政责任与刑事责任之间应该形成良好衔接机制的同时，也就各责任及其配套机制的完善提出了建议。如适当使用"市场禁入"这一最严厉的行政责任手段；借鉴美国的证券团体诉讼制度以加强对中介机构的约束力；合理区分中介机构之间的责任，矫正现实的角色错位现象，形成相互协调与制约的局面。[1]

对证券服务机构责任承担机制的设定影响到该类机构在市场中的作用，过于严格或者过于宽松的标准都会引起证券市场的异常波动。因此，有学者主张，在设定归责原则时，一方面，要在一定程度上增加并强化中介机构的责任，例如对现行的过错责任原则进行优化，全面实施无过错责任原则。从法经济学的成本收益分析视角来看，无过错责任原则能够最经济地预防中介机构不法行为的发生。另一方面，也应当依据公平原则来设定中介机构所承担责任的上限。要使投资者也为其未尽到充分的注意义务而承担责任，不能由中介机构承担全部不利后果。如在欺诈等行为发生时，发行人承担主要责任，中介机构和投资者承担次要责任。[2]

【本章课外阅读材料】

五洋案——全国首例公司债券欺诈发行案[3]

该案缘于 2015 年两期五洋债的欺诈发行。

五洋建设于 2015 年 8 月发行了公司债"15 五洋债"，规模 8 亿元，期限 2+1 年，

---

①　参见甘培忠、孔令君：《论 IPO 注册制改革背景下中介机构作用之强化》，载《法律适用》2015 年第 8 期。

②　参见侯东德、薄萍萍：《证券服务机构 IPO 监督机制研究》，载《现代法学》2016 年第 6 期。

③　参见《全国首例！五洋债欺诈发行案判了，券商、会计师事务所承担连带赔偿责任，法院：让装睡的"看门人"不敢装睡》，载《中国证券报》2021 年 1 月 2 日。

第二年末附投资者回售选择权。2015 年 9 月，五洋建设发行了第二期公司债"15 五洋02"，规模 5.6 亿元，期限 3+2 年，第三年末附投资者回售选择权。两期债券主承销商均为德邦证券。

2017 年 8 月，五洋建设因未按规定披露 2016 年年报与临时报告，被上交所通报批评。

2017 年 8 月 11 日，五洋建设发布公告，称被中国证监会立案调查。

2017 年 8 月 14 日，"15 五洋债"未能偿还回售及付息资金，发生回售违约，"15五洋 02"触发交叉违约。

2018 年 7 月 6 日，证监会发布消息，证监会开出首张债券欺诈发行罚单，对五洋建设等作出行政处罚和市场禁入决定。

证监会认定，五洋建设在自身最近 3 年平均可分配利润明显不足以支付所发行公司债券 1 年的利息，不具备公司债券公开发行条件的情况下，违反会计准则，通过将所承建工程项目应收账款和应付账款"对抵"的方式，同时虚减企业应收账款和应付款项，导致少计提坏账准备，于 2015 年 7 月以虚假申报材料骗取中国证监会的公司债券公开发行审核许可，并最终于 2015 年 8 月和 2015 年 9 月分两期向合格投资者公开发行公司债券 8 亿元和 5.6 亿元，合计 13.6 亿元。

在骗取公开发行公司债券后，五洋建设又于 2015 年 11 月以相同的虚假财务数据制作了非公开发行公司债券的募集说明书并向合格投资者披露，于 2015 年 12 月和2016 年 4 月分别在上交所和深交所非公开发行 1.3 亿元和 2.5 亿元公司债券。

证监会决定对五洋建设责令改正，给予警告，并处以罚款 4140 万元；对相关责任人员给予警告并合计罚款 254 万元；对直接负责的主管人员陈某樟采取终身市场禁入措施。

此后多家中介机构被处罚。2019 年 11 月，证监会下发行政处罚决定书，因未充分核查五洋建设应收账款、投资性房地产等问题，德邦证券被责令改正、给予警告，没收非法所得 1857.44 万元，并处以 55 万元罚款；时任相关负责人、项目组成员也被予以处罚。

随着五洋债欺诈发行被揭露，2019 年以来债券投资者陆续起诉至杭州中院，请求五洋建设偿付债券本息及逾期利息；陈某樟作为实际控制人，德邦证券、大信会所等作为承销商和中介机构承担连带责任。

这是全国首例公司债券欺诈发行案，也是证券纠纷领域全国首例适用代表人诉讼制度审理的案件。为便于投资者主张权利，杭州中院积极探索证券纠纷代表人诉讼制度，向社会公开征集适格自然人投资者，推选确定诉讼代表人。2020 年 3 月 13 日，杭州中院发布《"15 五洋债""15 五洋02"债券自然人投资者诉五洋建设集团股份有限公司等人证券虚假陈述责任纠纷系列案件公告》，通知适格投资者参加登记。在开庭审理前共有496名适格投资者申请参加代表人诉讼，涉及诉讼请求总金额8.1亿余元，投资者共同推选产生4名投资者王某、孔某严、陈某威、叶某芳作为诉讼代表人，代表全体适格投资者进行本案诉讼。

2020年12月31日，杭州市中级人民法院就债券持有人起诉五洋建设、五洋建设实际控制人陈某樟，以及德邦证券、大信会计所、锦天城律所、大公国际证券虚假陈述责任纠纷案件作出一审判决：

五洋债欺诈发行案中，发行人财务造假骗取债券发行资格，承销商与中介机构不勤勉尽责履职不当，严重损害市场信用，扰乱市场秩序，侵犯了广大投资者的合法权益。信息披露不实者、怠于勤勉履职者均应付出违法违规的成本，对投资者的损失予以赔偿。

德邦证券系案涉债券承销商、大信会计为用于债券公开发行的五洋建设年度财务报表出具审计报告，均未勤勉尽职，对案涉债券得以发行、交易存在重大过错，对五洋建设应负债务承担连带赔偿责任。大公国际作为债券发行的资信评级机构、锦天城律所为债券发行出具法律意见书，均未勤勉尽职，存在一定过错，法院酌定大公国际在五洋建设应负责任10%范围内，锦天城律所在五洋建设应负责任5%范围承担连带责任。

关于五洋建设是否构成侵权应承担赔偿责任的问题，法院认为，五洋建设作为发行人，不符合发行条件，以虚假财务数据骗取债券公开发行核准，已构成欺诈发行；其行为误导原告在一级市场购入债券，导致原告在债券到期后未能获得本息兑付而产生损失。五洋建设应就其欺诈发行行为对从一级市场购入债券的原告承担赔偿责任。

关于五洋建设实控人陈某樟的民事责任问题，法院认为，陈某樟系五洋建设的法定代表人、实际控制人，对公司的经营情况、利润水平以及利润产生方式应当知晓。陈某樟在公司报表利润与实际情况存在重大差异的情况下，在相关募集文件上签字确认，积极推进公司债券的发行，且未能证明自己没有过错，应当与五洋建设承担连带赔偿责任。

关于德邦证券的民事责任问题，法院认定，德邦证券作为承销商审慎核查不足，专业把关不严，未勤勉尽职，对"15 五洋债""15 五洋02"债券得以发行、交易存在重大过错，应当与五洋建设承担连带赔偿责任。

关于大信会计的民事责任问题，法院认定，其制作、出具的文件有虚假记载、误导性陈述或者重大遗漏，给他人造成损失的，应当与发行人、上市公司承担连带赔偿责任。

关于锦天城律所、大公国际的民事责任问题，法院认为，锦天城律所、大公国际虽对财务数据相关事项仅负有一般注意义务，但其应当对可能涉及债券发行条件、偿债能力的重大债权债务、重大资产变化等事项给予关注和提示。考虑责任承担与过错程度相结合的原则，法院酌情确定大公国际对五洋建设应负的民事责任在10%范围内承担连带责任，酌情确定锦天城律所对五洋建设应负的民事责任在5%范围内承担连带责任。

杭州中院指出，资本市场的健康发展依托于市场主体的诚信建设，切实而严肃地践行信息披露制度是证券市场健康繁荣的根本保证，也是投资者在充分了解真实情况的基础上自行作出交易判断、承担交易风险的前提。虚假陈述是证券市场的传统痼疾，不仅直接损害投资者的利益，更对公平公开的投资环境造成极大的破坏。让破坏者付出破坏的代价，让装睡的"看门人"不敢装睡，是司法审判对证券市场虚假陈述行为的基本态度。

第十章　证券登记结算机构

第一节　证券登记结算制度

证券登记结算与证券发行和证券交易共同构成了证券市场运行体系。[1] 证券登记结算系统作为证券市场的"后台"，是证券市场运行的基础性平台，属于证券市场基础设施，对于证券市场的稳定、高效和安全运行起着重要作用。相应地，为证券交易提供集中登记、存管与结算服务的证券登记结算机构也在整个证券市场体系中占据着举足轻重的地位。我国《证券法》第145条规定："证券登记结算机构为证券交易提供集中登记、存管与结算服务，不以营利为目的。"《证券登记结算管理办法》第4条第1款规定："证券登记结算机构为证券交易提供集中登记、存管与结算服务，不以营利为目的，依法登记，取得法人资格。"可见，证券登记结算机构是具有基础性和公益性特征的，以证券登记、存管和结算为主要业务功能的证券市场基础设施。我国的证券登记结算制度是以证券登记结算机构为主体构建起来的，从总体来看，证券登记结算制度由证券登记、证券存管和证券结算三大部分构成。

一、证券登记

(一)证券登记的概念

要研究证券登记制度，首先要明确证券登记的定义。所谓登记，不外乎对某一事项进行记载和确定，但是证券登记究竟是对证券权利还是证券行为进行记载在理论界与实务界则存在不同的观点，而这又恰恰关系到对于证券登记概念的明确。对于证券登记的界定主要有以下三种观点：(1)权利说。即证券登记是记载投资者的持股情况

---

[1]　参见张育军：《投资者保护法研究》，人民出版社2007年版，第108页。

并确认持有人的权利。① 此种观点着眼于证券权利归属状态的确定并以之作为证券登记的内容，将证券登记视为对权利归属的静态确认，因此也称"静态说"。(2)行为说。即证券登记是记载证券权利变动的法律行为。② 这里的行为包括发行、转让、出质等。此种观点着眼于证券权利变动状态的确认，将证券登记视为对证券权利变动行为的动态记载，因此也称"动态说"。(3)综合说。即证券登记是对证券权利归属状态以及证券权利变动行为进行记载的法律行为。③ 此种观点将静态的权利归属和动态的权利变动行为融合到一起，将证券登记视为既是对权利归属的认定，又是对权利变动的确认。

我们认为，证券权利变动行为和归属状态属于一个问题的两个方面，两者相依相生不可偏废，证券权利变动通常会导致证券权利归属状态的改变，因此单纯关注权利变动行为而忽略权利归属状态，或者仅仅着眼权利归属状态而无视权利变动行为，都是不全面的。证券登记既要明确证券权利的归属，又要记载证券权利归属状态变更的原因，即证券权利变动行为。因此，本书认为第三种观点即综合说堪可赞同。

综上所述，我们认为所谓证券登记，是指证券登记主管机构根据法律的程序和方式对证券权利归属与变动行为进行确认并记载的法律行为。《证券登记结算管理办法》第83条明确了登记是指证券登记结算机构接受证券登记申请人的委托，通过设立和维护证券持有人名册确认证券持有人持有证券事实的行为。我们可以从以下几个方面更加深入地理解证券登记：(1)在登记主体上，必须是法律规定的证券登记主管机构方能实施证券登记行为，非此主体所作登记均不产生法定效力。(2)在登记方式上，有的国家或地区采取书面簿记，

---

① 周友苏研究员认为，证券登记是指用书面或电子系统记载投资者持有公司发行证券的事实，是对持有人权益的确认。参见周友苏：《新证券法论》，法律出版社2007年版，第509页；叶林教授认为，通过证券登记，可以确认证券合法持有人和处分权人的资格。证券登记结算公司根据证券发行人、上市公司或证券经营机构提供的股东名册及其持股资料，将股东名册与其持股情况作出统一性认定，借此确认特定股东及持券情况，将其记载于法定表册中。参见叶林：《证券法》，中国人民大学出版社2000年版，第229页；屠光绍认为，证券登记是指记录证券的所有权及编制股东名册。参见屠光绍：《结算系统：运作与趋势》，上海人民出版社2000年版，第21页。迪欣认为，证券登记是指记录证券的所有权并对证券持有人持有证券的事实加以确认。参见迪欣：《证券存管中的法律问题》，载原上海证券中央登记结算公司编：《证券登记结算法规、规则、制度资料汇编》，2000年，第250页。在立法层面，《证券登记结算管理办法》第78条也将登记定义为"证券登记结算机构接受证券发行人的委托，通过设立和维护证券持有人名册确认证券持有人持有证券事实的行为"。

② 周正庆认为，证券登记是指通过一定的记录形式确定当事人对证券的所有权及相关权益产生、变更、消失的法律行为。参见周正庆：《证券市场导论》，中国金融出版社1998年版，第115页；涂建等认为证券登记是证券发行人关于证券所有人、持有人的证券财产权利的变动情况的记录。参见涂建、毛国权：《证券登记与托管的国际经验与中国实践》，载《证券法律评论》（第二卷），法律出版社2002年版，第80页。

③ 李明良教授认为，证券登记是证券登记主管机关对证券行为状态和证券权利状态进行确认并记载的法律行为。参见李明良：《证券登记制度研究：兼论商事登记制度的发展》，载《法学论坛》2006年第4期。

有的则采取电子簿记方式，随着证券无纸化的发展以及信息技术的进步，通过电子簿记方式进行证券登记已成为基本趋势。（3）在登记内容上，既包括证券权利归属状态，即享有相应证券权利的主体，又包括证券权利变动行为，即导致证券权利发生变动的法律行为。（4）在登记事由上，引发登记的事由既包括一般意义上的证券发行与交易等行为，质押、冻结以及要约收购等原因亦可以引发证券登记。

（二）证券登记的法律效力

证券登记的最主要的作用便是对证券权利的归属和变动进行明确，并通过电子簿记登记造册的方式进行公示，以最大限度地提高交易效率，维护交易安全。但是，证券登记在证券权利变动中的法律效力究竟为何却并无定论。对于证券登记的效力，学界主要在登记对抗主义和登记生效主义间存在不同理解。所谓登记对抗主义，是认为证券权利的产生和变动并不以证券登记为前提，而是在证券发行和交易之时便发生权利产生变动的法律效力，只是不经登记不得对抗善意第三人。而登记生效主义，则认为证券登记是证券权利变动的基础和依据，只有通过证券登记才发生证券权利变动的法律效果。

根据登记对抗主义的观点，证券登记结算机构通过其设计和运行的证券登记簿记系统，根据证券账户的记录，办理证券持有人名册的登记。证券登记簿记系统通过其证券登记信息来反映和公示证券持有人的证券权利状态，由此证券登记簿记系统实质上形成了一个实时更新的股东名册。① 因此，对于证券登记法律效力的认定，应当参照股东名册的法律效力来确定。从传统的公司法观点来看，股东名册的记载是股东主张权利的依据，若无有效的反证，可以此对抗第三人。② 并且，作为动产的证券，应以交付作为权利变动的公示方式，证券权利的变动在交易达成和证券交付之时便已完成，故而证券登记并不影响证券权利的变动，只是作为一种公示方法对抗第三人。

但是登记对抗主义并未取得学界的广泛支持，相反，登记生效主义倒得到了更多的赞同。周友苏教授认为，集中竞价交易背景下特定当事人交易已成为过去，意思表示一致也相应淡化，证券的现实交付已不可能且无必要，故应将登记作为认定证券权利变动的效力依据。③ 我们认为，仅从这个角度理解并不完备。首先，集中竞价交易固然是特定交易人间证券现实交付不能的一个重要原因，但是不能否认证券无纸化给证券交易方式带来的变革。在实物券时代，证券权利的设置和变动可以通过签发证券、证券背书等交付方式来实现，证券权利的变动在交付之时便已完成，通过证券登记仅为对抗善意第三人。但是在无

---

①　参见范中超：《证券之死——从权利证券化到权利电子化》，知识产权出版社 2007 年版，第 133 页；邓丽、丁文严：《证券登记与证券存管法律关系之辨》，载《法律适用》2009 年第 3 期。

②　参见王保树：《有限责任公司的两种不同登记》，载《中国工商管理研究》2005 年第 8 期；冯果：《公司法》，武汉大学出版社 2007 年版，第 137~138 页。

③　周友苏主编：《新证券法论》，法律出版社 2007 年版，第 511~512 页。

纸化时代，实体证券不复存在，证券的发行和交易都依赖于登记结算机构的电子簿记，证券权利的变动必须通过登记来实现。也就是说，证券的交付与登记在无纸化时代实现了混同，证券发行、交易、质押等行为均需通过登记来完成，判断证券权利是否发生变动也需通过证券登记来判断。故而证券登记成为证券权利变动的生效要件。其次，即使在间接持有模式下，证券权利变动所产生的法律效果也归于名义持有人，故证券权利变动的法律效力也归名义持有人承受，至于名义持有人与实际持有人的关系则属于两者间的约定，是另外一层法律关系，并不影响证券登记所产生的法律效力。最后，尽管我国立法并未明确指出证券登记产生证券发行和转让的法律效力，但已确定了证券出质中登记生效的规则。①这实际上是对登记生效主义的一种支持和肯定。

(三)证券登记的模式

证券登记的模式是指证券登记机构及其权限的设置以及证券登记方式的安排形式。通常而言，证券登记有专门的登记机构负责。登记机构尽管称谓不尽相同，如美国称之为"过户代理人"(transfer agent)，英国称之为"登记人"(registrar)，日本称之为"股票过户代理人"(stock transfer agent)，香港称之为"股票过户登记处"(share registrar)，但其职能基本一致。但是，由于各国证券市场发展水平不一，证券登记模式也存在着一定的差异。证券登记模式根据不同的分类标准，主要有以下两种分类方式。

1. 直接登记和间接登记

根据投资者是否以自己的名义在登记机构进行证券登记，证券登记模式主要有直接登记和间接登记两种类型。所谓直接登记，是指证券持有人直接以自己的名义在登记机构的簿记系统记载证券权利及其变动；间接登记是指证券持有人不以自己的名义，而是以特定中介机构的名义在登记机构的簿记系统记载证券权利及其变动。目前，许多国家和地区实行直接登记与间接登记相结合的证券登记模式，如美国、英国、中国香港等;②也有国家实行直接登记模式，如澳大利亚。我国则实行以直接登记为主，间接登记为辅的模式，即对境内投资者实行直接登记模式，对境外投资者实行间接登记模式。

2. 集中登记和分散登记

根据证券登记机构及其权限的设置，证券登记模式可以分为集中登记模式和分散登记模式。所谓集中登记，是指一个证券市场只有一个证券登记机构，这个登记机构负责整个

---

① 我国《民法典》第 443 条第 1 款规定："以基金份额、股权出质的，质权自办理出质登记时设立。"

② 在美国，证券的直接登记和间接登记相互并行、互为补充。投资者通过直接登记系统 DRS (Direct Registration System)直接登记证券并进行证券的交易；但是绝大部分投资者是通过美国国家证券结算公司 NSCC(National Securities Clearing Corporation)以及美国存管结算公司 DTCC(Depository Trust Clearing Corporation)在间接登记系统中登记证券并进行交易的。英国的直接登记系统和间接登记系统同为一个系统，即 CREST 系统。该系统既支持证券的间接登记，同时也为投资者提供直接登记服务。

市场的证券登记工作。所谓分散登记，是指在证券市场上可能存在多个登记机构，这些登记机构均可以负责证券登记工作。① 在分散登记的模式下，分散的证券登记机构既可为证券经纪商，也可为过户代理机构或者信托银行等，在集中登记的模式下，同一证券市场仅有一个中央证券登记机构。由于分散登记可能存在登记程序、登记内容上的不一致，并且由于结算交割的处理可能存在衔接上的问题，因此分散登记在证券市场的统一性和协调性上存在不足。为了提高证券登记的效率，减少交易成本，各国普遍倾向于采取集中登记模式。就我国来看，2001 年中国证券登记结算有限责任公司在北京成立，承接了原上海证券登记结算公司和深圳证券登记结算公司的业务，实现了证券登记模式从分散到集中的发展过程。

二、证券存管

（一）证券存管与证券托管

20 世纪 60 年代发生在美国华尔街的纸面作业危机（paperwork crisis）彻底撼动了传统的证券市场，证券业界深刻认识到对证券进行集中托管以减少乃至消除证券实际交付的必要，于是中央存管系统应运而生。在中央存管系统下，一个国家或地区建立中央存管机构（Central Securities Depository，CSD），统一存放和管理所有使用该系统的投资者的各种证券，通过对需要清算的证券账户进行贷记或借记完成证券交割，以此代替证券凭证的实际交付。基于证券无纸化以及证券间接持有等原因，证券持有人并不实际占有证券本身，而是将证券交由特定的机构保管，这就产生了证券托管和证券存管的问题。在 2005 年《证券法》修改之前，证券托管是证券登记结算机构的一项重要业务，而自 2005 年之后《证券法》则在字面上将"托管"改为"存管"。一字之差，是否蕴藏着法律关系上的差别呢？学界对此理解不尽一致，而这也关系到证券存管与证券托管的法律界定。

《证券登记结算管理办法》对存管和托管进行了界定：托管，是指证券公司接受客户委托，代其保管证券并提供代收红利等权益维护服务的行为；存管，是指证券登记结算机构接受证券公司委托，集中保管证券公司的客户证券和自有证券，维护证券余额和持有状态的变动，并提供代收红利等权益维护服务的行为。基于此，部分理论界和实务界人士认为存管和托管两者是存在差别的。如有人认为两者在承办主体和服务对象上存在着区别②；

---

① 参见范健、王建文：《证券法》（第二版），法律出版社 2010 年版，第 301~302 页。

② 存管业务一般由中央证券存管机构办理，中央证券存管机构对其存管的证券负有保管责任，应采取有效措施，确保证券公司交存证券的安全，防止被挪用或盗卖；而托管业务一般由证券公司、托管银行及其他类似机构办理，托管的服务对象主要是证券持有人或者下一层面的证券托管人，证券公司等托管机构对其托管的客户证券负有保管责任，应采取有效措施，保证其托管的客户证券的安全，防止被挪用或盗卖。参见中国证券登记结算有限公司：《强化证券公司托管责任和登记结算机构存管责任》，载《上海证券报》2006 年 5 月 22 日。

也有学者指出两者包含着不同的法律关系，存管不需承担证券资产的保管责任。① 有学者认为，存管与托管二者在性质上并无区别，只是涉及的层级和托管关系的主体不同而已。② 也有学者直接将两者混同在一起，把证券存管界定为"投资者将所持证券委托经纪人、托管银行或中央证券存管机构存放保管，或者经纪人、托管银行以自己的名义在中央证券存管机构存放其名下投资者所持证券"③，间接地认为两者之间并无二致。

我们认为应当遵循立法原意，将存管与托管两者作出区分，充分认识两个概念所调整的主体差异，即托管调整证券公司与其客户之间的证券保管关系，存管调整证券登记结算机构与证券公司之间的证券保管关系。同时，我们还需弄清立法将两者进行区分的原因，两者并不存在法律关系上的差别，存管也并不像王建文教授所称不需承担证券资产的保管责任，其立法原意在于将存管机构与证券持有人隔离开来，存管机构直接对证券公司承担保管责任，不再对证券公司的客户承担保管责任，证券公司直接对其客户承担保管责任，以此明确保管责任的归属。

(二)证券存管的发展

从国际证券市场的发展过程来看，证券保管经历了分散托管、集中存管和证券存管国际化三个不同的发展阶段，这三个阶段体现了证券从移动化到非移动化、从有纸化到无纸化、从区域性存管机构到中央存管机构的演变历程。导致这些演变的主要推动力量，一是证券市场规模的日益扩大，二是证券市场全球化趋势的逐步加强，三是信息通信技术的迅速发展。

1. 分散托管阶段

证券市场早期发行的证券多为有纸化证券，证券处于分散管理状态，投资者可以自行选择证券经纪商、信托公司或保管银行代为托管证券。在这个阶段，还没有出现中央证券存管机构，也没有相应的存管业务。随着交易越来越集中于证券交易所，各交易所逐步建立了隶属本所的托管机构，使得证券由经纪商分散托管的体制向各交易所相对集中托管的方向发展。但是这种机制仍然会造成投资者和交易商证券资产的分散，削弱了他们参与多

---

① 王建文教授认为，《证券登记结算管理办法》将证券存管与托管区别开来，将证券存管关系限定于证券登记结算机构与证券公司之间，而将投资者与证券公司之间的关系界定为证券托管关系。该规定隔离了证券投资者与证券登记结算机构之间的关系，使后者不必承担证券资产的保管责任，从而有效地将证券登记结算机构从可能发生的证券被盗用等风险中隔离开来。参见王建文：《论证券无纸化条件下证券资产安全的法律维护机制》，载《社会科学》2009年第3期。

② 郭雳教授指出，国外有关文献在提及存管机构(depository)的职能时，并没有一个专门的词语来表达所谓的"存管"服务，而是统称"托管"(custody)。因此，实际上称为中央存管或是中央托管，从法律角度看本无二致。参见郭雳、廖凡：《我国证券登记结算法律的进展与疑惑》，载《证券市场导报》2007年第2期。

③ 参见周友苏主编：《新证券法论》，法律出版社2007年版，第509页。

个市场交易的能力和效率，并使各个市场处于分割状态。

2. 集中存管阶段

20 世纪 60 年代，美国证券市场发生了"纸上作业危机"。其主要原因是当时证券交易量不断激增，结算部门每天需要处理大量纸面证券的转移交付和登记工作，严重影响了交易效率，纽约证券交易所甚至被迫在每周三暂停交易并缩短交易日的交易时间。为了适应市场发展需要，提高证券交收效率，各国在原有的证券托管制度的基础上，逐步建立了中央证券存管制度。证券的非移动化、无纸化发行和中央证券存管机构的建立是中央证券存管制度的基础。

证券的非移动化（Immobilization），是指发行人仍然发行纸面实体证券作为所有权的证明凭证，但中央存管机构以混存方式或其他方式集中保管持有人持有的证券，并以账簿分别记载不同证券所有人持有的部分，以实现证券集中存管功能。实物证券集中存管于中央证券存管机构之后，中央证券存管机构就可以通过电子化簿记形式记录证券所有权；证券交易的交收和过户不必再以实物证券的移动和背书来实现，而只需对簿记记录进行更新和维护，这就实现了证券的非移动化。

无纸化，也称无实体化（De-materialization），是指发行人无须印制及交付实体纸面证券，而是以电子记录等形式登记证券所有权及转移的记录。证券实现非移动化以后，实体纸面证券的作用就大大弱化了。一些国家不再发行实体证券，仅以电子记录形式表彰证券的存在，这就出现了所谓的无纸化证券。进入 80 年代以后，世界各国证券市场的存管体系有了飞速发展，实体证券已经不能适应日益增长的交易量及不断缩短交割时间的要求，无纸化已成为各国证券市场变革的主流趋势。

在证券交易日益集中化、规模化的趋势下，为实现证券的非移动化和无纸化，必然要求建立中央证券存管机构（Central Securities Depository，CSD）。中央证券存管机构的特点，一是其服务对象主要是证券公司等托管会员机构；二是一国证券市场的中央证券存管机构一般只有一家（有些国家仍存在地区性的存管机构，但不能称这些机构为中央证券存管机构）；三是中央证券存管机构通过电子化的证券簿记系统，以电子形式集中记录证券的归属及变动，不再通过实物证券的移动来完成结算过程，从而替代实物证券交付的制度。随着信息通信技术的发展，电子化的证券簿记系统已成为各国中央证券存管机构运作的核心架构。证券的中央存管制度简化了证券发行、交易、交割流程，提高了效率，大大降低了市场参与者的运作成本。

3. 证券托管国际化阶段

从 20 世纪 80 年代末起，资本流动的全球化趋势日益明显，全球资本市场的一体化进程不断加速，这对证券存管的国际化提出了要求。在这种背景下，出现了诸如欧洲清算

(Euroclear)和明讯国际(Clearstream)等国际中央存管机构，开始了建立国际存管网络的进程，中央证券存管机构开始呈现规模化、国际化的特点。国际存管机构的发展模式为：国际存管机构通过与各国中央存管机构实现联网，或者在各国发展托管代理机构，使各国投资者就进入国际存管系统，进而可以参与其他国家证券市场的投资和交易活动。如明讯国际作为德意志交易所集团的子公司，专门为全球客户的上万种债券和股票提供资金和证券的交收和证券存管服务，其存管的证券总市值超过7.9万亿欧元，并且可以为多个交易平台提供交割服务。

三、证券结算

(一)证券结算概述

证券交易是证券和相应资金所有权的转移，而证券和资金以高效、安全的方式在证券市场结算参与人之间转移的相关服务就是证券结算。证券交易和证券结算是构成证券市场交易活动的两个基本环节，如将交易环节称为证券市场运作的"前台"，则结算环节就是证券市场运行的"后台"。[①]

证券结算是指证券交易完成后，对买卖双方应收应付的证券和价款进行核定计算，并完成证券由卖方向买方的转移和相对应的资金由买方向卖方的转移的全过程。[②] 证券结算包括证券的结算和资金的清算两个方面，它是证券交易的最后一个环节。具体而言，证券结算包括清算和交收两个步骤。清算是指按照事先确定的规则计算交易双方证券和资金的应收应付数额的过程，其结果是确定交易双方的履约责任。交收是指根据清算结果，交易双方通过转移证券和资金来履行相关债权债务的过程。只有交收完成之后，一笔证券交易才算真正实现。[③] 由于结算是进行下一轮交易的前提，结算能否顺利进行，直接关系到交易后买卖双方权责关系的了结，从而直接影响交易的正常进行和市场的正常运转。

在证券以实物形式存在的条件下，投资者对证券的所有权以其对证券的持有和证券上所记载的姓名为依据，因而结算不仅要完成证券在买卖双方之间的交付和记名证券上所载持有人姓名的更改，而且需要对证券进行清点、运输，对其真伪进行鉴别，工作量大，限制了结算效率的提高和交收期的缩短。随着信息时代的到来，无纸化证券逐渐取代实物证券成为证券主要形式，投资者对证券的所有权不再凭持有证券和证券上的记名，而是以结算机构的电脑记载为依据。与此相对应，证券的交收不再需要交付证券和对证券上的姓名进行更改，只需由结算机构对有关的电脑记载作出更改，大大减少了结算过程的工作量，

---

① 参见屠光绍：《结算系统：运作与趋势》，上海人民出版社2000年版，第1页。
② 参见徐士敏：《证券结算》，中国人民大学出版社2006年版，第34页。
③ 参见郭雳、廖凡：《我国证券登记结算法律的进展与疑惑》，载《证券市场导报》2007年2月号。

提高了结算效率。

证券结算中存在着对手方风险、操作风险以及系统性风险等各种类型的风险，这些风险给证券结算带来了巨大的威胁与挑战。① 因此各类市场主体和研究机构都在探讨完善证券结算系统以规避结算风险。1987 年股灾以后，"三十人小组"率先于 1989 年以《三十人小组关于证券清算交收体系的报告》提出关于证券清算与交收的九项建议②，2001 年国际清算银行支付清算系统委员会与国际证监会组织联合提出对证券结算系统的建议。③ 这些建议既有对证券市场上行之有效的实践经验的总结，也有创新之处，其政策目标与侧重点虽各不相同，但建议的重点集中于共同对手方结算、净额结算和货银对付，而这也正是一些国家和地区证券结算系统运作所遵循的基本原则。这三项原则互相作用，构成了证券结算系统的基本运作机制：在证券交易达成后，证券结算机构介入所有的交易中，成为共同对手方，以净额的方式对交易进行结算，并通过实行货银对付控制风险，最终使交易各方的权利义务得到实现。④ 我国《证券法》第 158 条第 1 款和《证券登记结算管理办法》第 48 条之规定，⑤ 也明确了我国证券结算制度中的共同对手方结算、净额结算和货银对付三项基本原则。

(二)共同对手方结算

共同对手方(Central Counter Party，CCP)，又称中央对手方或共同交收对手，指结算过程中介入证券交易买卖双方之间，成为"买方的卖方"和"卖方的买方"，并保证交收顺利完成的机构。我国《证券登记结算管理办法》将共同对手方界定为"在结算过程中，同时作为所有买方和卖方的交收对手，提供履约保障以保证交收顺利完成的主体"。

责任更替和担保交收是共同对手方制度的核心内容。责任更替(Novation)是指结算机构一旦介入买卖双方参与人的合同，原来买卖双方作为交易对手达成的合同就被双方分别以结算机构为共同对手方的两个新合同所取代，买卖双方参与人之间的权利和义务均由共

---

① 参见屠光绍：《结算系统：运作与趋势》，上海人民出版社 2000 年版，第 72～76 页；廖凡：《证券客户资产风险法律问题研究》，北京大学出版社 2005 年版，第 60～61 页。

② 参见 G30, Group of Thirty Recommendations Regarding Securities Clearance and Settlement, Report, March, 1989. 后来三十人小组对证券结算体系进行了持续性的研究，参见 Global Clearing and Settlement: A Plan of Action, January, 2003; Global Clearing and Settlement: Final Monitoring Report, June, 2006。

③ 参见 CPSS, IOSCO, Recommendations For Securities Settlement System, Report, January, 2001。

④ 参见范中超：《证券结算的法律构造及其在中国的实践》，载《太平洋学报》2007 年第 10 期。

⑤ 我国《证券法》第 158 条第 1 款和第 2 款规定：证券登记结算机构作为中央对手方提供证券结算服务的，是结算参与人共同的清算交收对手，进行净额结算，为证券交易提供集中履约保障。证券登记结算机构为证券交易提供净额结算服务时，应当要求结算参与人按照货银对付的原则，足额交付证券和资金，并提供交收担保。《证券登记结算管理办法》第 48 条规定：证券登记结算机构作为中央对手方提供证券结算服务的，是结算参与人共同的清算交收对手，按照货银对付的原则，以结算参与人为结算单位进行净额结算，并为证券交易提供集中履约保障。

同对手方承接，市场参与人只与结算机构一个对手方发生债权或债务关系，并进行资金和证券的交收。担保交收是指共同对手方承担的履约义务不以任何一个对手方正常履约为前提。如果买卖中的一方不能正常地向共同对手方履约，共同对手方也应当首先对守约一方履行交收义务，然后再通过处置违约一方的资产和担保物、向违约方追索等方法弥补违约造成的损失。共同对手方制度实质上是通过共同对手方的介入，将原本单一的证券交易关系拆分为两个证券交易关系，原来的证券交易主体间不再发生法律关系，而是各自与共同对手方发生证券交易法律关系。

共同对手方制度是伴随着集中竞价交易的发展而产生的。集中竞价交易中，所有交易指令均由交易系统撮合，没有必要且不可能知道交易对手，如此一来证券交易主体在权利受损害后难以找到交易对手主张权利。通过共同对手方制度，将共同对手方即证券结算机构拟制为交易对手，以解决这一问题。同时，将信用水平高、履约能力强的登记机构作为共同对手方，可以解决证券交易和结算中可能出现的交收违约，防范信用风险。① 因此，共同对手方制度可以降低结算参与人的信用风险，提高结算效率。

但是，随着证券市场的发展和证券交易的活跃，证券结算机构每天需要对数量非常多的资金和证券进行清算和交收，这无疑给证券结算机构造成了非常大的压力。同时，作为共同对手方与大量投资者直接发生交易，将信用风险全部集中到了证券结算机构。为了缓解这种困境，很多国家实行了"分级结算"制度。在我国，《证券登记结算管理办法》第45条规定确定了我国实行分级结算制度。② 即证券登记结算机构与证券公司等结算参与人进行资金和证券的法人结算（又称一级结算）；证券公司再与其客户即投资者进行二级结算。分级结算下的法律关系体现为"两段式法律结构"，即在证券交易的结算环节，证券登记结算机构与证券公司之间、及证券公司与投资者之间存在直接的结算法律关系，证券登记结算机构与投资者之间不存在结算法律关系，详见图10-1所示。

(三)净额结算

根据证券和资金的划拨方式不同，证券结算可以区分为全额逐笔结算和净额结算。全额逐笔结算是指买卖双方就每一笔交易进行一一对应的证券与资金的划付。净额结算是指买卖双方在约定的期限内，以该期限内双方买卖的净差额进行证券与资金的划付。③ 净额清算对结算参与人每隔一定时间内的经确认的应收应付交易数据按相互抵消轧差的原则计算其净额债权与债务，并以该净额作为结算的依据，交易不再是逐笔清算与结算，而是多

① 参见范中超：《证券结算的法律构造及其在中国的实践》，载《太平洋学报》2007年第10期。

② 《证券登记结算管理办法》第45条规定：证券和资金结算实行分级结算原则。证券登记结算机构负责办理证券登记结算机构与结算参与人之间的集中清算交收；结算参与人负责办理结算参与人与客户之间的清算交收。

③ 参见屠光绍：《结算系统：运作与趋势》，上海人民出版社2000年版，第1页。

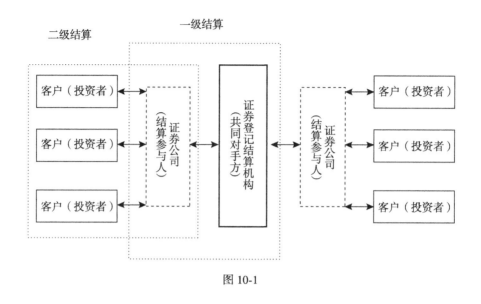

图 10-1

笔汇总同时清算，其实质上是债务抵销。净额清算次数少，效率高，证券和资金占用量小，交易成本更低。净额结算又有双边净额结算、多边净额结算和持续净额结算三种形式。双边净额结算发生在证券交易双方之间，而多边净额结算则是由中央结算机构作为中央对手方，参与所有证券交易合同，按照证券品种，与所有结算参与人进行债权债务的抵销，证券登记结算机构将每个结算参与人所有达成交易的应收应付证券或资金予以冲抵轧差，计算出相对每个结算参与人的应收应付证券或资金的净额，再按照应收应付证券或资金的净额与每个结算参与人进行交收。持续净额结算采用多边净额轧差的方法，允许前一天未结算的交易可以与第二天的交易进行抵销。[1]《证券登记结算办法》确认了多边净额结算和其他结算方式并存的结算方式。

(四)货银对付

所谓货银对付(Delivery Versus Payment，DVP)，是指证券登记结算机构与结算参与人在交收过程中，当且仅当资金交付时给付证券、证券交付时给付资金。货银对付的核心内涵就是证券与资金的交收同时进行，即通常所称的"一手交钱，一手交货"。国际证券服务协会将货银对付定义为"证券从卖方转移到买方的同时，资金从买方转移到卖方，其间不能有时间缝隙，交付一旦发生就具有终结性，不可撤销"[2]。在为了保证卖出证券的一方能够及时得到价金、买进证券的一方能够及时得到证券，控制和降低违约风险，同时防范证券结算机构作为共同对手方的本金风险，证券结算一般采取货银对付原则。

---

① 参见徐士敏：《证券结算》，中国人民大学出版社 2006 年版，第 8~11 页。
② 范健、王建文：《证券法》(第二版)，法律出版社 2010 年版，第 310 页。

货银对付出现后，逐渐受到市场的认同并不断发展。G30 小组将其作为对于证券结算建议的一项重要内容提出，并推动其受到各国证券结算机构的普遍采纳，作为各国证券市场控制结算风险的首要措施和遵循的基本原则。尽管各国证券市场存在不同的清算交收模式、不同的交收期安排，风险表现形式也不尽相同，但货银对付原则已成为绝大多数国家的普遍选择。在我国，货银对付原则也已基本确立。《证券法》第 158 条第 2 款规定："证券登记结算机构为证券交易提供净额结算服务时，应当要求结算参与人按照货银对付的原则，足额交付证券和资金，并提供交收担保。"《证券登记结算管理办法》第 48 条规定："证券登记结算机构作为中央对手方提供证券结算服务的，是结算参与人共同的清算交收对手，按照货银对付的原则，以结算参与人为结算单位进行净额结算，并为证券交易提供集中履约保障。"第 52 条规定："集中交收过程中，证券登记结算机构应当在最终交收时点，向结算参与人足额收取其应付的资金和证券，并交付其应收的证券和资金。证券登记结算机构可在最终交收时点前设置多个交收批次，交收完成后不可撤销。对于同时经营自营业务以及经纪业务或资产托管业务的结算参与人，如果其客户资金交收账户资金不足的，证券登记结算机构可以动用该结算参与人自营资金交收账户内的资金完成交收。"上述相关规定均从法律上对货银对付原则进行了明确规定。

第二节　证券登记结算机构

一、证券登记结算机构的概念和特征

（一）证券登记结算机构的概念

正如上一节所述，证券登记结算与证券发行和证券交易一起构成了证券市场活动的主体，承担证券登记结算业务的证券登记结算机构也成为证券市场上不可或缺的主体。尤其是在证券交易集中化、无纸化的背景下，证券登记结算机构起着举足轻重的作用。对于证券登记结算机构，我国《证券法》和《证券登记结算管理办法》给出了一个明确的定义，即证券登记结算机构是指为证券交易提供集中登记、存管和结算服务，不以营利为目的的法人。

（二）证券登记结算机构的特征

根据上述证券登记结算机构的定义，我们可以概括出证券登记结算机构具有以下特征：

1. 在业务范围上，证券登记结算机构为证券市场提供专门服务

具体而言，证券登记结算机构为证券交易提供集中的登记、存管和结算服务，以辅助

证券交易能够安全、高效、便捷地进行，降低证券市场的风险，促进证券市场的效率。具体包括：证券账户、结算账户的设立与管理；证券的存管和过户；证券持有人名册登记及权益登记；证券和资金的清算交收及相关管理；受发行人的委托派发证券权益；依法提供与证券登记结算业务有关的查询、信息、咨询和培训服务；中国证监会批准的其他业务。证券登记结算机构在提供上述服务时，与其服务对象签订服务合同，收取适当的费用并履行约定的义务。并且，法律也限制证券登记结算机构从事与其登记结算业务无关的活动。根据《证券登记结算管理办法》第10条的规定，证券登记结算机构不得从事与证券登记结算业务无关的投资，不得购置非自用不动产，不得因业务之外的目的买卖证券，[①] 以及不得从事法律、行政法规和中国证监会禁止的其他行为。

2. 在组织形式上，证券登记结算机构是特许法人

首先，证券登记结算机构是法人机构，具有独立的民事权利能力和行为能力，拥有独立的财产并以其独立承担民事责任。证券登记结算机构在办理业务履行职能时，具有独立的法人资格，能够作为独立的法律关系主体与外界发生法律关系。其次，证券登记结算机构的设立需要满足法律规定的条件，并且其设立和解散需要经过国务院证券监督管理部门批准。盖因证券登记结算机构关乎整个证券市场的平稳有序运行，故而其设立和解散均需特许，即为特许法人。

3. 在目的性质上，证券登记结算机构不以营利为目的

证券登记结算机构提供证券登记、存管和结算服务，履行相应的职能，是维护证券市场有序运转的基础。证券登记结算机构设立的目的也是在于为众多投资者证券的登记、存管和结算提供安全、高效和快捷的服务，一方面要尽最大可能地维护投资者的合法权益，另一方面也是建立健全现代证券市场的必要条件，具有相当的公益性。[②] 既然具有公益性，自然不能以营利为目的。当然，我们理解证券登记结算机构的这个特征时，既不能以其提供服务时收取一定的费用而否定其非营利性，亦不宜以其公司制的组织形式认为其是以营利为目的。[③] 我们认为，证券登记结算机构收取相应的费用，只是为了维持其正常运营而非营利；另外，证券登记结算机构采公司制，只是出于其设立运作和管理方面的考虑，事实上，也有许多非营利性的组织采用公司制的形式。

---

① 《证券登记结算管理办法》第10条规定，证券登记结算机构不得在本办法第70条、第71条规定之外买卖证券。

② 参见杨峰、左传卫：《证券法》（第二版），中山大学出版社2007年版，第231页。

③ 对于证券登记结算机构的非营利性问题，周友苏教授也认为证券登记结算机构采公司制主要是运用公司的管理机制，而非营利性质的问题可以在公司章程中解决，或以法律法规的形式加以特殊限制，因此并无必要排斥公司制的证券登记结算机构。参见周友苏：《新证券法论》，法律出版社2007年版，第513~514页。

二、证券登记结算机构的设立

(一)证券登记结算机构的设立模式

证券登记结算机构的设立模式，是指证券登记结算机构设置在地域、层级和权限上的安排的类型。证券登记结算机构的设立模式直接影响到证券登记结算机构的职能、权限等各个方面，是研究一个国家或地区证券登记结算体制的基本脉络。

根据证券登记结算机构的权限来看，证券登记结算机构的设立模式主要包括单一模式和综合模式。在单一模式下，证券登记结算机构的职能趋于单一化，即证券登记机构专司证券登记，证券存管机构专司证券存管，证券结算机构专司证券结算。在综合模式下，证券登记结算机构的职能呈多元化特点，即一个证券登记结算机构负责证券登记、证券存管和证券结算等业务中的两种或两种以上业务。由于证券登记、证券存管和证券结算三大业务都存在着紧密的联系，片面地将其分开将造成资源的浪费和成本的高涨，因此基于证券登记结算活动特点以及证券登记结算效率的考虑，各国的证券登记结算机构都兼有几种职能，即综合模式成为证券登记结算机构设置的主流模式。

从证券登记结算机构设置的地域和层级来看，证券登记结算机构的设立模式主要有两种，即集中模式和分散模式。集中模式下，一个证券市场只有一个中央证券登记结算机构，负责整个市场的证券登记结算业务。分散模式下，一个市场上存在着多个证券登记结算机构各自负责相应区域和层次的证券登记结算业务。在无纸化时代证券登记结算已可以通过电子数据高效进行，多个证券登记结算机构并存实无必要并且会造成证券市场的人为割裂，增加交易成本。基于此，G30 也建议各地区应设立一所高效和发展完善的中央证券登记结算机构，以进一步降低成本，提高效率。① 事实上各地也都开始在证券登记结算机构的设立上采取集中模式。

我国的证券登记结算机构的设置兼采了综合模式和集中模式。在 2001 年以前，上海证券交易所和深圳证券交易所分别设立了原上海中央登记结算公司和深圳证券登记结算公司负责各自证券登记、托管和结算业务，彼时的我国证券登记结算机构所采取的是综合模式和分散模式。但是，两套证券登记结算系统的存在导致了诸多弊端，如投资者多头开户、登记结算手续繁琐、效率低下等，已经实际阻碍了我国证券市场的进一步发展。2001年 3 月 30 日，中国证券登记结算有限公司在北京成立，原上海证券中央登记结算公司和深圳证券登记结算公司改组为中国证券登记结算有限公司的分公司。② 自此形成了证券登记结算机构设置的集中模式。并且，我国《证券法》第 148 条第 1 款也明确规定了"在证券

① 参见范健、王建文：《证券法》(第二版)，法律出版社 2010 年版，第 301~302 页。
② 参见周友苏主编：《新证券法论》，法律出版社 2007 年版，第 521~523 页。

交易所和国务院批准的其他全国性证券交易场所交易的证券的登记结算，应当采取全国集中统一的运营方式"，从法律上确立了证券登记结算机构设置的集中模式。

(二)证券登记结算机构的设立条件

鉴于证券登记结算机构提供证券登记、存管和结算服务以及与证券登记结算业务有关的其他服务需要具备一定的基础，我国《证券法》规定了设立证券登记结算机构需满足以下几个条件：

1. 资金条件：有必要的自有资金

资金是证券登记结算机构开展工作提供服务的物质基础，对于保障证券登记结算机构的正常运行具有非常重要的作用。一方面，证券登记结算机构需要大量资金购置设备、设计和维护登记结算系统、支付人员工资等，以顺利履行相关职能，维持自身的正常运转。另一方面，证券登记结算机构在提供证券登记、存管和结算服务中可能会因为各种风险产生损失或者承担民事赔偿责任，需要一定的资金来弥补损失和支付赔偿。因此，我国《证券法》规定证券登记结算机构的自有资金不少于2亿元人民币。

2. 设备条件：具有证券登记、存管和结算服务所必需的场所与设施

证券登记结算机构开展证券登记、存管和结算业务离不开相应的经营场所和设施，尤其是在无纸化背景下，证券登记结算机构必须配备先进的计算机设备、网络通信设备等硬件设施以及安置这些设备的场所。此外，证券登记结算机构还需要设计和维护提供证券登记、存管和结算服务的电脑系统、数据安全保护系统等软件设施。除此之外，还需要建立数据异地备份系统等。通过这些场所和设施的配备，以保障相关业务的顺利进行，并维护电子数据的安全，进而保证证券交易的高效和安全。

3. 人员条件：主要管理人员和从业人员必须具有证券从业资格

证券登记结算机构提供的登记、存管和结算服务具有非常强的专业性和技术性。为了适应和满足提供专业服务的需要，证券登记结算机构的管理人员和从业人员需要具备较强的专业水平。而衡量专业水平的一个重要且客观的标准便是取得了证券从业资格。这里的主要管理人员包括证券登记结算机构的正、副总经理和内设各业务部门的正、副经理人员。

4. 国务院证券监督管理机构规定的其他条件

这一典型的兜底条款，授权国务院证券监督管理机构根据实际情况和现实需要对证券登记结算机构的设立条件进行补充规定，为国务院证券监督管理机构作出相关规定预留了空间。这里所称的"其他条件"主要是通过国务院证券监督管理机构的部门规章或者其他文件确定。就现有制度来看，主要包括完善的风险管理系统、健全的内部管理规则等。

三、证券登记结算机构的职能

证券登记结算机构的职能是指根据法律规定证券登记结算机构所承担的业务范围。根据我国《证券法》第 147 条和《证券登记结算管理办法》第 9 条的规定，证券登记结算机构主要履行以下职能。

（一）证券账户、结算账户的设立和管理

所谓证券账户，是指证券投资者在证券登记结算机构申请开立的用于记载和反映投资者所持有的证券种类、名称、数量及相应权益及其变动情况的账户，如股票账户、债券账户和证券投资基金账户等。投资者通过证券账户持有证券，证券账户用于记录投资者持有证券的余额及其变动情况。结算账户是指结算参与人在证券登记结算机构申请开立或证券登记结算机构自行设立的用于办理证券和资金的清算交收的账户，包括证券集中交收账户、资金集中交收账户、结算参与人证券交收账户、结算参与人资金交收账户、专用清偿账户和证券处置账户等。证券账户、结算账户是证券交易的基础，是证券登记结算不可或缺的平台和载体。证券登记结算机构依据法律法规的规定设立证券账户和结算账户并对其进行严格管理，是证券登记结算的基础性工作，也是其基础性的职能。

（二）证券的存管和过户

对于存管的概念，本书上一节已进行了系统的介绍。在无纸化时代，证券持有人不再直接持有实物券，而是在证券登记结算机构的电子簿记系统上进行记载，即其证券持有状态体现在证券账户上。证券登记结算机构的对电子簿记系统进行维护，正是代为保管证券的行为。证券登记结算机构接受证券公司委托，集中保管证券公司的客户证券和自有证券，并提供代收红利等权益维护服务。另外，证券登记结算机构根据证券持有人的指令对电子簿记系统进行修改，根据证券交易清算交收的结果，将证券从一个证券账户上转移到另一个证券账户上，即所谓过户。证券登记结算机构就证券交易产生的证券权属变动办理集中交易过户登记，就证券因股份协议转让、司法扣划、继承捐赠等原因造成的证券权属变动办理非集中交易过户登记。[1]

（三）证券持有人名册登记及权益登记

证券持有人名册实际上就是股东名册，只是由于在证券市场上市交易的公司股东人数众多且股东变动频繁，故而依托证券登记结算机构的电子簿记系统可以实现证券持有人名册即股东名册的实时更新。证券登记结算机构按照股权结构、持有证券数量的多少等标准对证券持有人的姓名或名称进行登记造册，并提供给发行人作为配股、送股、派发股息红利、征集投票等的依据。另外，证券登记结算机构还需要在证券被出质或者被冻结等所导

---

[1] 参见周友苏主编：《新证券法论》，法律出版社 2007 年版，第 524 页。

致的权利变动进行登记。

（四）证券和资金的清算交收及相关管理

证券和资金的清算和交收是上市证券交易过程中的最后一道环节，直接关系着交易能否顺利完成。清算是指证券交易双方在成交后通过对各方彼此间应收应付资金和证券具体数量进行核算的行为。交收则是根据确定的清算结果，通过转移证券和资金履行相关债权债务的行为，是完成证券和资金的实际交付的过程。清算是交收的前提和基础，交收是清算的目的和结果。清算并不发生证券与资金权利的实际转移，只是对应收应付证券和资金数量的计算和确定，交收则发生证券与资金的实际转移。证券登记结算机构通过组织证券和资金的清算和交收，并对其进行规范的管理，以保证证券交易的顺利进行。

（五）受发行人的委托派发证券权益

证券权益主要包括上市公司分配的股息、红利、公积金转增股本等，也包括向债券持有人派发的债券利息等。证券登记结算机构派发证券权益具有先天优势，也是客观选择。一方面证券登记结算机构负责证券清算交付，其登记结算系统能够便捷高效地完成证券权益的派发；另一方面，由于证券交易数量大且变动频繁，证券发行人难以掌握准确的证券持有人，因此必须通过证券登记结算机构的系统才能确定证券权益的发放对象。证券登记结算机构发放证券权益，并非是其自身的义务，而是接受证券发行人的委托而为之，这项业务的开展必须以发行人和证券登记结算机构签订合法有效的委托合同为前提。

（六）依法提供与证券登记结算业务有关的查询、信息、咨询和培训服务

证券登记结算机构直接负责证券登记结算业务，掌握着第一手的与证券登记结算业务相关的信息，积累了丰富的证券登记结算业务经验，具备提供与证券登记结算业务有关的查询、信息、咨询和培训服务的基础。证券登记结算机构及其工作人员依法对与证券登记结算业务有关的数据和资料负有保密义务。对与证券登记结算业务有关的数据和资料，证券登记结算机构应当拒绝查询，但对于证券持有人查询其本人的有关证券资料；证券发行人查询其证券持有人名册及有关资料；证券交易所、中国金融期货交易所依法履行职责要求证券登记结算机构提供相关数据和资料；人民法院、人民检察院、公安机关和中国证监会依照法定的条件和程序进行查询和取证等情形，证券登记结算机构应当依法办理查询业务。此外，证券登记结算机构还应当依托其业务经验根据相关的法规提供与证券登记业务相关的咨询和培训服务。

（七）国务院证券监督管理机构批准的其他业务

在实践中证券登记结算机构的业务和职能并不局限于以上几种，随着证券市场的不断发展和深化，证券登记结算机构的业务也将进一步拓展。但是其他业务的开展需要经过国务院证券监督管理机构的批准。证券监督管理机构对证券登记结算机构业务的批准，主要是通过各种规范性文件明确规定的，如对处于锁定期的股票，证券登记结算机构应当限制其转让。此外，证券登记结算机构也正在或者将要办理跨国结算、非上市证券登记清算、证券质押登记等业务。实际上，这条规定作为一项兜底条款，使得证券登记结算机构的业务范围有了扩展的空间和可能性。

四、证券登记结算机构的法律地位

证券登记结算是一项参与主体多元、法律关系复杂的证券市场活动，负责证券登记、存管和结算的证券登记结算机构在履行职能过程中要与发行人、投资者、证券公司发生法律关系。明确界定证券登记结算机构的法律地位，是厘清证券登记结算过程中各方主体的权利义务分配，明确各自法律责任的前提和基础。

（一）证券登记结算机构与证券发行人的法律关系

通常来说，证券自由发行人公开发行后只与发行人存在证券所载的证券权利义务关系，证券权利归属及其变动与证券发行人并无关系。因此，提供证券登记、存管和结算的证券登记结算机构在证券交易环节并不与证券发行人发生直接法律关系。但是，这并不意味着可以否认证券登记结算机构与证券发行人法律关系的存在。

在证券发行阶段，上市证券的发行人要委托证券登记结算机构办理其所发行的证券登记业务。因为证券发行时，尤其是无纸化时代下的记名证券，都要确定证券持有人名册作为证券权利实现的凭据。发行人需要委托证券登记结算机构办理证券的初始登记，由此证券登记结算机构与证券发行人之间产生了法律关系。《证券法》第151条第1款"证券登记结算机构应当向证券发行人提供证券持有人名册及其有关资料"之规定也正是前述证券登记法律关系的延续。根据《证券登记结算管理办法》第27条第2款之规定，证券登记结算机构应当与委托其办理证券登记业务的证券发行人签订证券登记及服务协议，明确双方的权利义务。由此可见，两者间的法律关系是建立在证券登记及服务协议之上的委托合同。

除此之外，证券登记结算机构还承担着受发行人委托派发证券权益的职能。证券发行人和证券登记结算机构之间因此而形成的法律关系也是委托合同关系，在发放证券权益时，发行人处于委托人地位，证券登记结算机构是代理人。《证券登记结算管理办法》第34条"证券发行人申请办理权益分派等代理服务的，应当按照业务规则和协议向证券登记结算机构提交有关资料并支付款项。证券发行人未及时履行上述义务的，证券登记结算机构有权推迟或不予办理"之规定，实际上确认了证券登记结算机构在委托合同关系下所享有的先履行抗辩权。

（二）证券登记结算机构与证券公司的法律关系

证券公司是证券交易中非常重要的一类主体，证券公司直接参加证券交易活动的主要是其经纪业务部门和自营业务部门。不论是哪一部门，在其进行证券交易活动的过程中都不可避免地与证券登记结算机构产生法律关系。有学者在分析证券登记结算机构的法律地位时，只研究了证券公司从事经纪业务时与证券登记结算机构之间的法律关系，并认为这种法律关系是民法上的委任关系。[①] 我们认为这种观点失之偏颇。所谓委任，为当事人一方委任他方处理事务，他方允为处理之契约，其为处理事务委任之人成为委任人，允为处理事务之人则为受任人。委任关系，需满足以下几点：(1)受任人可因其委托而取得委任事务的经营决策权和业务执行权，处理委任事务；(2)委任应以当事人之间的信赖为基础，而受任人与委任人都应对这种信赖关系的建立和存续负有义务；(3)受任人的善良管理人义务是对于委任事务经营、事务处理尽其客观的注意义务；(4)受任人对委任人应诚心诚意忠实于委任者。[②] 认定委任关系，最核心之处在于受任人是否承担善良管理人义务，委任人只概括地委任受托人处理特定事务，而无具体的意思表示，受任人得自主为之。但是证券登记结算机构在办理业务时，只是依指示提供相应服务，并无自主性的存在，故不宜以所谓委任关系来界定证券登记结算机构与证券公司的关系。

证券公司作为经纪商可以接受证券登记结算机构委托代为办理证券账户的开立，在这项业务中证券公司是受证券登记结算机构的委托，以证券登记结算机构的名义办理证券账户开户事宜，是一种典型的代理关系。而证券公司开展自营业务的自有证券账户，也是委托证券登记结算机构开立，也构成委托代理关系。在证券存管上，由于我国证券登记结算制度实行双层托管体制，即证券公司代为保管其客户的证券，证券登记结算机构代为保管证券公司客户的证券及其自有证券。证券登记结算机构接受委托为证券公司设立客户证券总账和自有证券总账，用以统计证券公司交存的客户证券和自有证券。证券公司委托证券登记结算机构维护其客户及自有证券账户。由此亦可以判断证券登记结算机构与证券公司之间就证券存管事宜的权利义务安排构成了保管合同，且证券登记结算机构也是接受证券公司之委托形成了代理关系。在证券结算中，证券登记结算机构作为采取多边净额结算的结算参与人的共同对手方，一并受让结算参与人负责结算的证券交易合同双方结算参与人向对手方结算参与人收取证券或资金的权利，以及向对手方结算参与人支付资金或证券的义务，受让前项权利和义务后，证券登记结算机构享有原合同双方结算参与人对其对手方结算参与人的权利，并应履行原合同双方结算参与人对其对手方结算参与人的义务。因此，在证券结算环节，证券登记结算机构与作为结算参与人的证券公司之间均无委托的意思表示和合意，证券登记结算机构并非按照作为结算参与人的证券公司的指示以其名义办理结算业务，故不属于委托代理关系；证券登记结算机构已概括承受作为结算参与人的证

---

① 参见周友苏主编：《新证券法论》，法律出版社2007年版，第516页。
② 参见史尚宽：《民法总论》，中国政法大学出版社2000年版，第213~215页。

券公司的相关权利义务，并无为证券公司利益办理结算业务的义务和行为，故两者之间亦非行纪关系。[①] 从《证券登记结算管理办法》中对于结算业务中证券登记结算机构和结算参与人之间的权利义务规定来看，证券登记结算机构作为共同对手方，实际上与作为结算参与人的证券公司完成了证券交易合同的转让，两者间构成了债权让与和债务承担的关系，从而与作为结算参与人的证券公司互负证券和资金交收证券和资金的给付义务，即两者间的关系是债权债务关系。

（三）证券登记结算机构与投资者的法律关系

投资者向证券登记结算机构申请开立证券账户，证券登记结算机构通过对投资者证券持有状况的记载以确认证券持有人的权利，两者之间就相关权利义务安排签订开户协议，从而形成了一种合同关系。[②] 在此合同基础上，证券登记结算机构为投资者提供证券权属登记服务，投资者支付相应的手续费用作为合同对价。《证券登记结算管理办法》第 26 条规定：投资者在证券账户开立和使用过程中存在违规行为的，证券登记结算机构应当依法对违规证券账户采取限制使用、注销等处置措施。此条规定确认了证券登记结算机构与投资者的直接法律关系，在投资者出现违反合同约定时，证券登记结算机构可以采取诸如限制投资者合同权利等措施。

证券登记结算机构在受证券发行人委托派发证券权益时，只是以证券发行人的名义向证券持有人实施单方法律行为，且这种法律行为是授益性的单务行为。证券登记结算机构派发证券权益是受证券发行人的委托并以其名义为之，故证券登记结算机构、证券发行人和证券持有人是代理人、委托人和第三人的关系，即在此背景下，证券登记结算机构与投资者之间存在着代理人与相对人之间的代理行为关系，构成代理的外部关系。[③]

但是，在证券存管和证券结算中，证券登记结算机构与投资者之间的关系却被制度性地人为割裂了。为了防范集中托管体制下中央存管机构的风险，我国证券保管体系实行双层托管体制，即投资者委托证券公司托管其持有的证券，证券公司将其自有证券和所托管的客户证券交由证券登记结算机构存管。[④] 在此体制下，证券公司与投资者之间、证券登记结算机构与证券公司之间存在着彼此独立的证券保管关系，证券登记结算机构不再直接保管投资者的证券，两者不再发生直接关系。同样，我国证券结算体系实行分级结算制度，证券登记结算机构负责办理证券登记结算机构与结算参与人之间的集中清算交收；结

---

① 关于委托代理关系和行纪关系的认定，可以参见马俊驹、余延满：《民法原论》（第二版），法律出版社 2005 年版，第 734~747 页。

② 参见马其家：《证券登记结算领域中的基本法律关系》，载《上海证券报》2005 年 12 月 27 日。

③ 参见周友苏主编：《新证券法论》，法律出版社 2007 年版，第 518 页；马俊驹、余延满：《民法原论》，法律出版社 2005 年第 2 版，第 222 页。

④ 《证券登记结算管理办法》第 36 条。

算参与人负责办理结算参与人与客户之间的清算交收。① 即证券登记结算机构与投资者之间在清算交收时并不产生直接的法律关系。只是在集中交收前和集中交收后结算参与人与客户之间的证券划付应当委托证券登记结算机构代为办理，② 即在集中交收前后的证券划付中，证券登记结算机构与投资者之间存在着代理关系。

第三节　证券登记结算风险防控制度

一、证券登记结算风险及其防控

防范风险始终是证券市场各个环节都必须重视的问题，作为证券市场运行"后台"的证券结算系统也不例外。证券结算系统的安全性直接制约着"前台"——证券交易环节功能的发挥，并影响整个金融系统健康、稳定运行。作为一个从 20 世纪 90 年代初才开始全面运作的新兴证券市场，我国迅速跨越了实物证券和分散登记结算的"初级阶段"，进入中央登记结算、无纸化和簿记管理的"高级阶段"，用十余年的时间完成了发达证券市场十年乃至数百年的嬗变历程。这或许也正是新兴市场"后发优势"的一个表现。然而我们可以快速借鉴发达证券市场的硬件设施、信息系统乃至操作规程，却无法复制其在长时间演变发展过程中累积形成的法律制度基础，这又恰恰是新兴证券市场的"后发劣势"。③ 因此，我国急需建立和完善证券登记结算风险防控制度，以弥补证券登记结算环节中可能出现的风险。

（一）证券登记结算风险的类型

证券登记结算风险是指发生在证券登记结算环节的由于各种原因导致证券登记结算参与人遭受损失或者登记结算不能正常进行的可能性。根据风险的成因，证券登记结算风险主要表现为信用风险和操作风险两大类型。

1. 信用风险

信用风险是指交易对手在交收日或以后的时间均不能足额履行证券交割或资金交付义务而给交易另一方带来的风险。信用风险实际上就是对手方的违约可能性，故而也称违约风险。在证券登记结算中，信用风险主要表现为证券登记结算机构和结算参与人不能按时如约交收资金或证券。信用风险又包括两种类型：一是"本金风险"，是指守约一方先期交割的全部资本遭受损失的风险，即由于资金交付与证券交割不同步，导致卖方交付证券后无法获得资金，或者买方支付资金后无法获得证券的风险，是最严重的一种信用风险。二

---

① 《证券登记结算管理办法》第 45 条。
② 《证券登记结算管理办法》第 51 条、第 54 条。
③ 廖凡：《证券客户资产风险法律问题研究》，北京大学出版社 2005 年版，第 5 页。

是"价差风险",是指由于交易一方违约造成交收失败,守约一方虽未损失本金,但需重新进行该笔交易而面临遭受市场价格波动损失的风险。[①] 此外,证券登记结算过程中可能因临时性资金或证券的短缺导致交收不能及时进行的风险即"流动性风险",亦可以归为信用风险。

2. 操作风险

所谓操作风险,是指由于证券登记结算系统的硬件、软件和通信系统发生故障、结算机构管理效率低下或人工操作失误等因素致使结算业务中断、延误或发生偏差而引起的风险。[②] 操作风险具体表现为证券登记错误、证券结算误差等。操作风险的主要成因是证券登记结算系统的故障和工作人员的操作失误,与结算参与人的信用无关,故是一种典型的内生风险,可以通过加强内部操作管理来防范。

(二)证券登记结算风险的防范

证券登记结算风险关系到证券登记结算能否顺利进行,关系到证券持有人和交易者的权利能否实现,关系到结算参与人和证券登记结算机构的责任。因此,证券登记结算机构必须加强证券登记结算业务的风险防范和控制。具体而言,证券登记结算机构应当采取下列措施:(1)制定完善的风险防范制度和内部控制制度;(2)建立完善的技术系统,制定由结算参与人共同遵守的技术标准和规范;(3)建立完善的结算参与人和结算银行准入标准及风险评估体系;(4)对结算数据和技术系统进行备份,制定业务紧急应变程序和操作流程。

通过制定完善的风险防范制度和内部控制制度,可以从总体上对证券登记结算风险进行防范和控制。通过建立完善的技术系统,制定由结算参与人共同遵守的技术标准和规范,可以实现证券登记结算规则的统一化,减少证券登记结算过程中因规则冲突所导致的各类风险。通过建立市场准入标准和风险评估体系,可以对证券登记结算参与人的信用状况和风险防控能力进行一个衡量,从而筛选出信用度高、风险控制能力强的参与人参与证券结算。通过数据备份,规范业务操作流程,可以实现操作程序和规则的规范化,进而防范操作性风险。

二、证券登记结算风险防控的具体制度

防范和控制证券登记结算风险,需要从制度层面对证券登记结算的规则进行完善。在本章第一节我们已经介绍过的共同对手方结算、货银对付等制度设计都是立足于降低证券登记结算中的信用风险的代表性制度。除了这些制度之外,我国还确定了包括证券结算风

---

① 参见罗培新、卢文道:《最新证券法解读》,北京大学出版社 2006 年版,第 259 页。

② 参见罗培新、卢文道:《最新证券法解读》,北京大学出版社 2006 年版,第 260 页。

险基金制度、证券结算互保金制度、结算财产履约有限制度、免予强制执行制度等一系列规则用以防范和控制证券登记结算风险。

（一）证券结算风险基金制度

所谓证券结算风险基金，是指证券登记结算机构设立的用于垫付或者弥补因违约交收、技术故障、操作失误、不可抗力造成的证券登记结算机构的损失的专项基金。当证券登记结算机构因前述原因形成损失后，由此产生的赔偿责任将挤占一定的用于办理证券登记结算业务的资金，从而导致证券登记结算不能顺利进行。设立证券结算风险基金，是为了保障证券登记结算机构顺利完成证券和资金清算和交收的安全性与连续性。[①] 证券结算风险基金制度，是证券登记结算机构信用和能力的保证，是证券登记结算风险防控的核心制度。

为了保证证券结算风险基金有稳定的来源，《证券法》第 154 条第 2 款确定了证券结算风险基金的三种提取途径：（1）从证券登记结算机构的业务收入中提取；（2）从证券登记结算机构的收益中提取；（3）由结算参与人按照证券交易业务量的一定比例缴纳。此外，《证券法》第 155 条还规定了证券结算风险基金的管理原则，即证券结算风险基金应当存入指定银行的专门账户，实行专项管理，证券登记结算机构以证券结算风险基金赔偿后，应当向有关责任人追偿。通过对证券结算风险基金的管理原则，以保证基金的安全和保值。针对证券结算风险基金的提取、管理和使用，证监会专门出台了《证券结算风险基金管理办法》进行规定。

（二）证券结算互保金制度

证券结算互保金，是指结算参与人在证券登记结算机构的组织下，按照结算风险共担的原则设立的用于在结算参与人交收违约时保障交收连续进行的专项基金。证券结算互保金制度的主要目的是通过结算参与人分别缴纳一定数量的资金，共同防范证券结算过程中可能出现的信用风险。这一制度实际上体现了结算参与人风险共担的原则，避免某一结算参与人因交收违约而承担较大数额的损失。在这一层面上，证券结算互保金制度有点类似于海商法上的船东互保协会制度。证券结算互保金的筹集、使用、管理和补缴办法，由证券登记结算机构在业务规则中进行规定。但是由于结算互保金的标准相对固定，调整的频率不高，所以仅仅采用互保金的手段，并不能完全化解结算风险。且当个别结算参与人风险状况恶化，动用违约参与人缴纳的部分互保金仍不足以弥补损失时，就可能需要动用其他守约参与人缴纳的部分，甚至需要他们按业务规则的要求补充互保金，因而导致对守约参与人不公平的现象。

---

① 参见井涛：《论证券结算客观性风险之法律控制》，载《现代法学》2005 年第 1 期。

（三）交收担保制度

交收担保是指证券登记结算机构根据结算参与人的风险情况而采取的要求结算参与人对证券和资金的交收提供担保的风险控制措施。我国《证券法》第158条第2款规定："证券登记结算机构为证券交易提供净额结算服务时，应当要求结算参与人按照货银对付的原则，足额交付证券和资金，并提供交收担保。"结算参与人提供交收担保的具体标准，由证券登记结算机构根据结算参与人的风险程度确定和调整。《证券法》第158条第3、4款规定："在交收完成之前，任何人不得动用用于交收的证券、资金和担保物。结算参与人未按时履行交收义务的，证券登记结算机构有权按照业务规则处理前款所述财产。"

对于结算人所提交的交收担保物，其种类由共同对手方根据结算参与人的风险程度和资产的流动性情况确定，可以是资金、有价证券等担保物，也可以是商业银行提供的信用担保。对于可以作为担保物的有价证券，一般要求其资质比较高，流动性比较好。① 证券登记结算机构应当将结算参与人提交的交收担保物与其自有资产隔离，严格按结算参与人分户管理，不得挪用。

通常而言，在结算参与人发生交收违约时，首先应当以其提供的交收担保品弥补因交收违约造成的损失，交收担保品不足以弥补的，则动用证券结算互保金。

（四）结算财产履约优先制度

结算财产履约优先制度是指证券交易达成后，履约义务人已经进入清算交收程序的财产优先用于清偿证券交易清算交收债务的制度。由于在证券结算中，证券登记结算机构和结算参与人用于结算的财产都是证券结算顺利完成的保证，如果由于个别结算参与人的债务纠纷或破产清算，造成这些进入清算交收环节的财产被挪作他用，或被司法等权力机关强制执行，结算机构就无法完成向对手方交付证券和资金的担保交收义务，这将严重打乱正常的交收秩序，甚至造成交易和结算的中断，引发系统性风险。

我国《证券法》明确了结算财产履约优先的原则。《证券法》第158条第3款规定："在交收完成之前，任何人不得动用用于交收的证券、资金和担保物。"第159条规定："证券登记结算机构按照业务规则收取的各类结算资金和证券，必须存放于专门的清算交收账户，只能按业务规则用于已成交的证券交易的清算交收，不得被强制执行。"《证券登记结算办法》第63条根据《证券法》的规定，进一步细化了免予强制执行的结算财产的具体范围，明确规定下列五类资金和证券只能按业务规则用于已成交的证券交易的清算交收，不得被强制执行：（1）证券登记结算机构收取的证券结算风险基金、证券结算互保金，以及交收担保物、回购质押券等用于担保交收的资金和证券；（2）证券登记结算机构根据本办

---

① 参见周行一：《结算风险与跨市场集中结算机构研究》，载《证券集中保管股份有限公司委托研究》2001年4月。

法设立的证券集中交收账户、资金集中交收账户、专用清偿账户内的证券和资金以及根据业务规则设立的其他专用交收账户内的证券和资金；(3)结算参与人证券交收账户、结算参与人证券处置账户等结算账户内的证券以及结算参与人资金交收账户内根据成交结果确定的应付资金；(4)根据成交结果确定的投资者进入交收程序的应付证券和资金；(5)证券登记结算机构在银行开设的结算备付金等专用存款账户、新股发行验资专户内的资金，以及发行人拟向投资者派发的债息、股息和红利等。在司法实践中，最高人民法院也通过一些司法解释对结算财产履约有限原则进行了确认，《最高人民法院关于冻结、扣划证券交易结算资金有关问题的通知》第4条规定："对被执行人的证券交易成交后进入清算交收期间的证券或者资金，以及被执行人为履行清算交收义务交付给登记结算公司但尚未清算的证券或者资金，人民法院不得冻结、扣划。"

第四节 无纸化背景下我国证券登记结算制度的改革与完善

随着资本市场的勃兴和证券交易的激增，华尔街在20世纪60年代末出现了"纸面作业危机"。为了应对和化解这一危机，华尔街尝试着通过"非移动化"改革将证券集中保管在中央证券存管机构以避免证券转移造成的繁琐手续和高昂成本，同时得益于信息技术的发展，证券信息得以通过电子簿记的形式进行记载，证券权利表彰及证券转移脱离纸质载体，真正实现了所谓的"无纸化"。[①] 证券登记结算体系作为证券交易的后台，自然无可避免地会受到证券无纸化变革的深刻影响。我国证券无纸化进程发展迅速，已基本上实现了彻底的无纸化，但我国《证券法》似乎并未充分反映无纸化背景下证券市场特殊的制度要求。[②] 我国的证券登记结算制度亦是在实物券时代和无纸化时代之间踟蹰彷徨，且存在着诸多不尽合理之处，尤其需要进行改革。因此，准确把握证券无纸化的时代要求和证券登记结算制度的应然逻辑，及时有效地加以完善，对于优化和重塑我国证券登记结算制度、保障证券交易顺利进行具有十分重大的意义。

一、证券无纸化给证券登记结算带来的影响

技术进步对于法律制度形成和变革的作用不容低估。[③] 我们不能无视信息技术对于证券市场全方位、颠覆性的影响，不能对证券权利表彰形式变化所带来的制度规则的变革视

---

① 参见范中超：《证券之死：从权利证券化到权利电子化》，知识产权出版社2007年版，第70~95页。

② 参见范健：《关于我国无纸化证券立法的几点思考》，载《社会科学》2009年第3期。

③ Michael S. Baram, Social Control on Science and Technology, Science 7 May 1971, Vol. 172, No. 3983, pp. 535-539.

而不见，而应对建立在纸面操作语境下的传统证券法理论进行全面的检视。① 对于触动证券登记结算制度内核的证券无纸化所带来的深刻影响，我们尤其应该认真对待和客观分析，以求从中寻求制度变革的突破口。

（一）证券无纸化颠覆了实物券时代证券登记结算的传统模式

在实物券时代，证券以纸质凭证作为权利载体，证券的登记结算都依赖纸质媒介。在证券登记环节，发行人通过向投资者签发股票以确认股东身份，并以券面记载作为证券权利的基础。在证券结算环节，实物券的实际交付是证券转让交收的基本形式。即使在证券非移动化改革之后，中央存管机构取代投资者实际占有实物券，证券的登记交收都须臾未能离开纸质证券这一实物媒介。概言之，证券登记、存管和结算环节都有现实的物质表现形式即纸质证券作为基础。

但是在无纸化时代，纸质凭证不再是证券的权利载体，取而代之的是存储在计算机系统中的电子数据。发行人所发行的证券都以数据电文的形式存储在证券登记结算机构的电子簿记系统中，投资者则以证券账户中的电子数据记载作为主张证券权益的基础和依据。在证券交易中所产生的证券交收也被简化为电子簿记系统中简单的数据更改，传统的实物券转让交付已成为明日黄花。伴随着实物券交付成为过去，抽象化、电子数据化的证券都集中由证券登记结算机构实际占有，证券公司和投资者只能通过在证券登记结算机构开立的证券账户来承受和反映自身证券权利的变化，证券权利的转移也只是在不同的证券账户之间发生数据的流动。如此一来，证券登记结算机构得以从繁重的纸面作业中解脱出来，随着证券被电子数据拟制，证券的托管、交收亦都以电子数据的形式被拟制，便捷高效的电子数据处理使得证券登记结算高度简化。

（二）证券无纸化给证券登记结算关系中权利义务的确定带来了新的挑战

在实物券时代，证券登记结算中各方主体的权利义务依托实物证券这一载体尚较容易确定。但到了无纸化时代，由于证券登记结算都以电子数据的形式在证券登记结算机构的计算机系统中完成，传统意义上人们用以确定各主体权利义务的实物证券已然消失，加上证券登记结算都在证券登记结算机构的后台系统以高度简化的电子数据交换的方式完成，整个过程仿佛在一个黑箱中完成，这给证券登记结算关系中各方主体的权利义务的确定带来了很多不确定的因素。

在无纸化时代投资者持有证券、主张证券权利的依据是该证券账户上所记载的电子数据。② 在间接持有模式下证券公司在证券登记结算机构开立一级证券账户，投资者在证券公司开立二级证券账户。投资者对于证券账户和记载在证券账户中的电子数据理应享有支

---

① 参见冯果：《网络时代的资本市场及监管法制之重塑》，载《法学家》2009 年第 6 期。

② 参见王静：《无纸化证券与证券法的变革》，中国法制出版社 2009 年版，第 44~45 页。

配权，与此同时负责开立账户的证券登记结算机构和证券公司也对该证券账户及其记载的电子数据应当履行保管义务，并可在特定的时候针对证券账户及其记载的电子数据主张相应的权利。① 在直接持有模式下投资者直接在证券登记结算机构开立证券账户，证券交收无须证券公司作为中介，证券登记结算机构只需要自行调整投资者证券账户中的数据，证券公司除了参与资金结算之外，并不直接涉足证券交收。在这一环节，证券公司具有何种权利义务也需要进行深入考量。实际上，无纸化变革似乎实际上削弱了证券公司在证券登记结算环节中的影响力和地位，证券公司只是作为经纪商代理投资者传递交易指令和办理资金结算，而不能影响和控制证券交收。② 在这种情况下，就不宜对证券公司课以证券保管方面的义务。总之，证券登记结算法律关系中权利义务的分配，应当充分反映证券发行人、持有人、证券公司和证券登记结算机构等几类主体在证券登记结算关系中的地位和作用。无纸化变革引发的证券登记结算模式的变化对各类主体的地位和作用均产生了深刻的影响，因此必须对各类主体的权利义务进行重估。

（三）证券无纸化必然引发证券登记结算法律制度的调整

通常认为，作为上层建筑的法律根源于一定的经济基础，法律的内容是由一定的经济基础决定的。③ 法制发展很大程度上受市场发展水平的制约，法律在某种意义上也是基于市场的现实需要来制定的。在法律制度不能满足市场发展的需求时产生的制度非均衡，会形成法律制度变迁动力。④ 申言之，法律的制定和发展是建立在一定的市场基础之上的。作为规范证券登记结算关系的证券登记结算法律制度，必然要反映证券登记结算模式的变化，重新分配各方主体的权利义务关系，充分回应证券无纸化所带来的变革。

证券无纸化给证券登记结算法律制度带来的影响是革命性的，证券登记结算中技术手段的进步需要法律制度进行及时有效的回应。证券登记结算法律制度需要在立法理念、立法技术、法律规则、风险防范等各个角度全方位反映无纸化时代证券登记结算现实要求。这种法律制度的调整一方面体现为解决既有制度与先进技术的不适应性与滞后性，另一方面也体现为前瞻性地为技术进一步发展预留空间，解决未来证券登记结算关系中可能出现的新问题。

二、无纸化背景下我国现行证券登记结算制度检讨

无纸化证券出现之后，世界各国都纷纷推动其本国的证券无纸化改革，希望尽快实现

---

① 参见叶林：《无纸化证券的权利结构》，载《社会科学》2009 年第 3 期。

② 参见吴国舫、顾军锋：《证券无纸化立法之必要性及路径选择》，载《人民法院报》2008 年 5 月 13 日。

③ 参见李龙主编：《法理学》，人民法院出版社 2003 年版，第 24~33 页。

④ 参见[美]道格拉斯·C. 诺斯：《制度、制度变迁与经济绩效》，上海三联书店 1994 年版，第 3 页。转引自钱弘道：《法律经济学的理论基础》，载《法学研究》2002 年第 4 期。

证券市场的无纸化。尽管在无纸化实践中各国进度各异，程度不一，但是不论其是推行全面的无纸化，还是无纸化和实物券并存，都不能掩盖无纸化这一主流趋势。① 尤其是在证券登记结算环节的无纸化更是理论界和实务界的一致追求。② 在这场声势浩大的证券业变革中，我国充分发挥了新兴市场的后发优势，在资本市场发展初期便实现了证券无纸化。③ 但是，尽管我国在实务操作中早已实现无纸化，但证券法制却并未充分地反映这一变革，我国证券登记结算制度也未能较好地回应无纸化带来的深刻变革，进而在证券持有模式、登记存管等方面存在着法律文本与制度实践的脱节。

（一）揠苗助长：以直接持有为主的证券持有模式不能满足证券市场发展的要求

根据投资者是否以其自身名义记载于证券登记结算机构的电子簿记系统，证券持有模式主要有直接持有模式和间接持有模式两种类型。④ 在直接持有模式下，证券投资者的证券持有信息直接记录于证券登记结算机构。在间接持有模式下，证券投资者将自身证券权益登记在作为中介机构的证券公司开立的证券账户中，而证券公司则作为名义持有人在证券登记结算机构开立证券账户。我国目前的证券持有模式主要以直接持有为主，但是在合格境外投资者（QFII）、部分 B 股证券以及国债回购等特殊领域采取的是间接持有模式。此种模式的成因，正是我们所引以为傲的所谓新兴市场的"后发优势"。证券无纸化的很大一部分动因是纸面作业危机，而为了应对纸面作业危机，一些证券市场发达国家已经通过间接持有的方式来化解危机，尔后借着信息技术的进步实现了无纸化，进一步破除了实物券所造成的证券登记结算的难题。但是在我国证券市场尚未到达进化的临界点，即传统的实物券的直接持有并未造成纸面作业危机时，直接凭借决策层的推动跨越性地实现无纸化，完全跳过了通过中介机构间接持有的这个阶段。诚然这种跨越性的无纸化极大地提高了证券交易和登记结算的效率，有效地避免了证券市场发展过程中会出现的"证券洪流"，但是却揠苗助长式地跳过了间接持有的自然进化过程，从而使得快速实现无纸化的"后发优势"变成了无视间接持有模式而冒进地推动直接持有模式下的无纸化却导致间接持有发展不足的"后发劣势"。

① 参见范中超：《证券之死：从权利证券化到权利电子化》，知识产权出版社 2007 年版，第 81~95 页。

② 三十人小组高瞻远瞩地直接申明了证券交易各个环节都应该实现无纸化，其中尤以清算与交收环节的无纸化为要。参见 G30, Group of Thirty Recommendations Regarding Securities Clearance and Settlement, Report, March, 1989。后来三十人小组对证券结算体系的无纸化的发展进行了持续性的研究，参见 Global Clearing and Settlement: A Plan of Action, January, 2003; Global Clearing and Settlement: Final Monitoring Report, June, 2006. 除此之外，国际清算银行支付清算系统委员会（CPSS）和国际证监会组织（IOSCO）也联合提出建议，认为应当实现全面的无纸化，证券权利义务都应该在电子簿记系统中记载。CPSS, IOSCO, Recommendations For Securities Settlement System, Report, January, 2001.

③ 参见陈加赞：《我国证券无纸化的回顾和建议》，载《中国证券》2007 年第 1 期。

④ 参见邓丽：《论无纸化证券的持有和所有》，载《法律科学》2008 年第 4 期。

尽管直接持有模式可以明确证券权利人，能够有效地肯定和保护证券投资者的利益，并且此种模式确实在防范证券被挪用中发挥了重要的历史作用，但是直接持有模式却因为直接登记在投资者证券账户中的证券流动性欠缺而在金融创新进程中发挥了一些消极阻碍的作用。① 而间接持有模式则由证券公司作为名义持有人，赋予了证券更强的灵活性和流动性，并且能够提高证券结算登记的效率和安全性，适应了证券交易电子化和国际化的趋势。② 实际上，间接持有模式作为被各国普遍公认的证券持有主流模式，具有诸如降低证券处理和交收成本、便于跨境证券交易的快速有效执行、缩短交收周期、符合证券市场全球化需要等多种优势，被海牙国际私法会议《有关证券中介机构持有证券的某些权利的法律适用公约》③和国际统一私法协会《中介机构持有证券实体法公约》④所确认。可以说，间接持有模式是证券市场正常进化的自然选择，具有相当的合理性。

我国证券法制的设计都是建立在直接持有的基础之上的，仅有的肯定部分间接持有的规定只是散见于《证券登记结算管理办法》等效力层级较低的部门规章中，这部分规章因为与上位法的冲突而缺乏效力的正当性。在我国大型机构投资者数量增多、境外投资者大量进入以及创新金融产品发展的背景下，固步自封地专注于直接持有模式并不能满足证券市场发展的现实需要。

(二)掩耳盗铃：证券登记结算机构与证券持有人的证券保管关系被人为割裂

《证券法》第 150 条第 1 款规定："在证券交易所或者国务院批准的其他全国性证券交易场所交易的证券，应当全部存管在证券登记结算机构。"这一上市交易证券强制存管制度既未指出托管法律关系的性质，也未明确存管法律关系的主体，从而导致了责任分配的模糊化。⑤ 尽管《证券登记结算办法》对这一存管关系进行了更加详细的界定，即客户将证券托管于证券公司，证券公司将证券存管于证券登记结算机构，但托管也好，存管也罢，都是代为保管证券并提供代收红利等权益维护服务的行为，两者究竟有何实质意义上的区别似乎不言自明。深究立法意图，不外乎是想通过将证券公司人为地卷入证券投资者与证券登记结算机构的托管关系中，使其成为阻断保管责任的防火墙。但是这种规定在无纸化时代是否具有实际意义呢？

---

① 例如直接持有模式曾给融资融券业务造成了不小的麻烦。参见邱永红：《我国融资融券担保制度的法律困境与解决思路》，载《证券市场导报》2007 年第 3 期。

② 参见张辉：《证券无纸化与中国证券登记存管制度检视》，载《中国商法年刊(2008)》，北京大学出版社 2009 年版，第 641~648 页。

③ Hague Convention on the Law Applicable to Certain Rights in Respect of Securities Held with an Intermediary, 13 December 2002.

④ UNIDORIT, Preliminary Draft Convention on Substantive Rules Regarding Intermediated Securities, UNIDROIT 2007-Study LXXVIII-Doc. l04.

⑤ 参见郭雳、廖凡：《我国证券登记结算法律的进展与疑惑》，载《证券市场导报》2007 年第 2 期。

我们认为，首先，证券公司并不能承担无纸化证券的托管事项。无纸化时代的证券已彻底脱离了实物券时代的纸质实体，其权利表彰和转移的依据是电子数据，而这种电子数据的创设、转移和维护都由证券登记结算机构负责。证券公司作为中介机构，仅能传递交易指令，而不可能直接接触和维护证券登记结算机构电子簿记系统上的电子数据。因此人为地将证券公司作为无纸化证券的托管主体，既不现实也无必要。其次，证券公司并不能阻断证券登记结算机构对于投资者的证券保管责任。根据《证券登记结算办法》的制度设计，证券公司接受客户的委托代其保管证券并提供代收红利等权益维护服务的行为，证券登记结算机构接受证券公司委托，集中保管证券公司的客户证券和自有证券，并提供代收红利等权益维护服务的行为。就一般的投资者即证券公司的客户的证券而言，投资者、证券公司和证券登记结算机构三者之间实际上形成了一种转委托关系。这种转委托固然是将证券公司推到了证券保管责任承担的第一线，但是在无纸化证券的保管实际上就是证券登记结算机构对于投资者证券账户及其记载的电子数据的维护，这块领域证券公司无法涉足，故其不可能在证券保管上造成投资者的任何损失，相反的，一旦无纸化证券的保管出现了问题造成投资者损失，必定是证券登记结算机构的原因造成的，根据转委托的责任承担制度设计，在无纸化证券保管不当给投资者造成损失的，尽管投资者可以向证券公司主张损害赔偿责任，但是证券公司依然可以向复代理人即证券登记结算机构追偿。[1] 因此证券登记结算机构并不能从证券账户及其所载电子数据的保管维护责任中解脱出来，只是其承担责任的对象由一般的投资者变成了证券公司而已。

结合以上分析，我们认为我国现行证券登记结算制度中关于证券存管的设计是人为地将证券登记结算机构和证券持有人之间的证券保管关系割裂开来。但这种掩耳盗铃式的责任规避，只是制度设计者一厢情愿的尝试，并未导致责任分配的实质变化。并且我们不难从这种制度设计中看到制度设计者袒护证券登记结算机构的显著倾向。

（三）语焉不详：证券登记结算关系主体的权利义务和责任设置存在缺失

实物券时代，证券的登记、保管、交收等均可参照不动产登记转让的法律制度来确定证券登记结算关系中各主体的权利义务。但是无纸化的变革使得证券被高度电子化、抽象化，证券的登记、保管和交收在证券登记结算机构的电子簿记系统中即可完成，我们很难再根据证券占有状况来确定各主体的权利义务，这给证券法制尤其是证券登记结算制度提出了新的要求。但实际上证券登记结算制度对这一变革带来的权利义务模糊化并未作出有效的回应，而是语焉不详，让证券登记结算关系各主体的权利义务处于一种不确定的状态。

首先，《证券法》和《证券登记结算管理办法》对于证券登记结算法律关系的性质并未

---

① 参见马俊驹、余延满：《民法原论》（第二版），法律出版社2005年版，第739页。

明确。《证券法》只是对证券登记结算机构的设立和基本业务进行了原则性的规定，《证券登记结算管理办法》也只是对一般性的业务规则和风险防控制度进行了细化，两个法律文件均未触及证券登记结算关系的性质界定以及各参与主体的法律地位，这些未予解决的问题留给学界进行各种各样的学理上的分析与解释。① 其次，证券登记结算关系中各方主体的权利义务和责任并不明确。证券登记结算制度主要是以证券登记结算机构的业务规则为核心进行的规定，并非是以各方权利义务作为核心进行的制度设计。这种模式就导致了证券登记结算的具体操作有章可循，但各方主体的权利义务只能通过法律解释来确定，但不同的法律解释方法又会导致不同的权利义务分配结果，从而使得证券登记结算关系中各类主体的权利义务处于一种不确定状态。并且由于立法理念的异化和立法技术的缺失，许多本应明确的权利义务却因为制度的刻意模糊化而变得云山雾罩。再次，证券登记结算关系中法律责任设置不合理。《证券法》中仅规定了擅设证券登记结算机构的法律责任以及证券登记结算机构未按要求保存文件资料和挪用证券的法律责任。这种片面强调管制思维而缺乏交易思维的法律责任设置显然是不足以对证券登记结算关系进行完整而有效的规制。而《证券登记结算管理办法》中法律责任的安排只是集中于交收违约的处理，但殊不知在证券无纸化背景下，以受到证券登记结算机构控制的证券账户为基础的证券交收已较难出现违约的现象。相反，对于证券登记结算机构因其过错导致投资者证券账户上记载的证券权利损害的登记责任和保管责任以及因操作失误造成的清算错误的责任却未提及。这种倾向于证券登记结算机构的法律责任设置并不能公平客观地反映证券登记结算关系的应然要求，不利于证券登记结算环节利益受损主体的权利救济的实现。

三、我国证券登记结算制度的改革进路

法律制度必须适应市场发展和社会进步所带来的变化，有针对性地进行及时地调整。在无纸化时代，证券登记结算制度需要结合无纸化证券的特点及其给证券交易带来的深刻变革，力求更加符合证券市场实践需求和更加便利证券市场的发展。基于此，笔者认为我国证券登记结算制度应该从以下几个方面加以完善：

（一）发展间接持有模式

在证券无纸化时代，证券登记、保管和交收都通过电子化数据交换得以方便快捷地实现，效率已不再作为直接持有模式与间接持有模式孰优孰劣的评判标准。相反地，学界开始从权利义务结构以及对市场发展的适应性来衡量直接持有和间接持有者两种模式。目前我国《证券法》以直接持有作为证券登记结算制度的基础，仅在合格境外投资者和 B 股以

---

① 参见马其家：《证券登记结算领域中的基本法律关系》，载《上海证券报》2005 年 12 月 27 日；周友苏：《新证券法论》，法律出版社 2007 年版，第 516~518 页。

及国债回购中采用间接持有。《证券登记结算办法》中对证券名义持有人与实际持有人也有提及。有学者认为，直接持有模式已不能适应证券市场进一步创新和发展的要求，间接持有模式将成为我国未来证券持有模式的重要组成部分。首先，不同的证券交易品种及其衍生产品，对登记结算制度有着不同的需求，其中有相当一部分交易品种比如期货品种比较适于或者应当采用间接持有的模式。① 其次，随着我国证券市场对外开放的进一步深入，未来将会有越来越多的境外投资者投资中国证券市场，将会有越来越多的中国公司进行境外融资，跨市、跨境交易必然需要引进间接持有模式。此外，间接持有模式还具有机构投资者特别是大型机构投资者提供匿名功能，将为我国日益壮大的机构投资者提供新的风险控制的选择。② 基于这些理由，证券登记结算制度应该作出相应的调整，以肯定和发展证券间接持有模式。一方面要改变《证券法》将证券登记结算制度建立在直接持有模式之上的格局，从法律的层面上肯定间接持有的合法性，以避免部门规章中对间接持有的规定与上位法相抵触；另一方面，要妥善安排证券直接持有与间接持有两种模式并存中可能存在的冲突，界定清楚不同持有模式的适用范围和具体规则。

(二)明确证券登记结算法律关系

要实现证券登记结算制度的完善，必须摒除对证券登记结算法律关系进行模糊化处理的倾向，对证券登记结算法律关系的性质、各方主体的权利义务进行明确的界定。这就要求我们的证券登记结算制度对无纸化变革下证券登记结算中各方主体的权利义务分配进行正面回应，厘清无纸化证券在登记、托管和结算各个环节中存在的法律关系的性质。首先，要建立和完善适应证券无纸化的登记结算制度。无纸化给证券登记结算带来了很大的挑战，无纸化证券的电子数据的记录和变更都发生在证券登记结算机构的系统中，证券的登记、存管和结算实际上都在证券登记结算机构得以完成，证券登记结算机构的法律地位需要进行重估，并且电子数据化的证券的登记、存管和划拨均在证券登记结算机构完成，其中的利益冲突如何避免也是无纸化背景下证券登记结算制度需要加以解决的。③ 其次，要明确投资者、证券公司和证券登记结算机构之间的法律关系。证券公司是否有能力接受投资者的委托保管其证券在无纸化时代需要打一个大大的问号，因此在证券存管关系中，并无必要将证券公司卷入其中，尤其是在直接持有模式下，这一做法既无现实基础，也无实际意义。证券存管与结算不一样，分级结算制度的设置是为了简化程序和防范风险，而

① 间接持有模式有利于以证券为基础的金融衍生品的发展。参见赵威、韩萨茹：《证券间接持有制度对我国证券市场的影响》，载《内蒙古大学学报(哲学社会科学版)》2008年第2期。

② 参见董安生：《证券持有模式及不同持有模式下持有人权利》，载《上海证券报》2005年12月27日。

③ 参见张辉：《证券无纸化与中国证券登记存管制度检视》，载《中国商法年刊(2008)》，北京大学出版社2009年版，第641~648页。

二级存管的安排则显得有点多余。还有就是在无纸化证券的登记和划拨中因为证券登记结算机构而导致的损害后果，证券法制并未回应如何解决这一问题，而这恰是明确证券登记结算法律关系所不可或缺的。

(三)公平分配法律责任

无救济则无权利，无责任则无义务，明确的法律责任是证券登记结算关系中非常重要的一部分。公平分配法律责任，确保权利义务对等，是公平原则的基本要求。因此，各类主体承担与其在证券登记结算关系中的地位和作用相适应的法律责任。证券无纸化的变革对于证券登记结算关系也产生了深刻的影响，导致了各类主体在证券登记结算中地位和角色的变迁，其法律责任也需要进行相应的调整，以实现在各主体间的公平分配。我国现行证券登记结算制度实际上是在尽量地将证券登记结算机构从法律责任中解脱出来，要么对于因证券登记产生的法律责任完全不予提及，要么通过分级分层将证券登记结算机构与投资者之间的法律联系人为割裂以避免向投资者承担法律责任。此种偏袒证券登记结算机构，帮助其逃避法律责任的制度逻辑是不合理的，尤其是在无纸化时代证券登记结算机构地位更加重要的背景下，减轻甚至免除证券登记结算机构的责任更是显得缺失公平和不合时宜。

在无纸化时代，以电子数据为权利表彰形式的证券的登记、存管和交收都在证券登记结算机构的电子簿记系统中完成，其他主体只是发布和传递指令，而证券登记结算机构则完全控制和掌握着证券权利确认和转移的整个过程。因此相比于实物券时代，证券登记结算机构的作用变得更加重要，一旦其行为失当将会给整个证券登记结算环节带来巨大的影响，因此理应对其规定更多的法律责任以约束其行为。具体而言，要明确证券登记结算机构在进行股东初始登记、变更登记中发生错误而导致投资者权益损害的赔偿责任；要明确证券登记结算机构在未能履行证券保管义务时产生的损害赔偿责任和违约责任；要明确证券登记结算机构在进行证券结算过程中因证券交收和划拨出现失误而导致的损害赔偿责任等。对于证券公司，由于其地位在无纸化进程中被弱化，其对证券登记结算环节影响有限，故不宜对其规定过多的法律责任。譬如证券公司实际上并不能保管其客户的证券，其客户的证券实际上是保存在由证券登记结算机构开立的证券账户中，故要求证券公司承担证券保管责任显然不合适。对于投资者，由于其在证券登记结算环节地位较低，并不能对证券登记结算活动进行违规干扰，故而对其规定法律责任亦无必要，只需规定相应的违约责任即可。上述这些法律责任，都需要在证券登记结算制度的改革和完善中进行明确。

(四)回应无纸化带来的深刻变革

既然证券无纸化给证券登记结算环节带来了深刻的变革，在证券登记结算制度的改革和完善中就应对无纸化所带来的变革进行积极的回应。证券无纸化既颠覆了传统实物券时代的模式和规则，又带来了许多新的问题，因此针对无纸化所进行的制度完善也要从两个方面入手，一方面要对证券法中不适应无纸化变革的规定进行清理和更新，另一方面要对无纸化时代的新问题进行创新性的规定。比如要加强对无纸化证券的规范，尤其应当对无纸化证券的持有方式、权利行使方式、证券安全性的特殊要求、权利人救济措施等进行详细规定，完善相关的配套规定；又如无纸化证券的质押的登记、质押权的实现等问题也需要证券法制进行明确。① 至于如何进行无纸化立法，又涉及立法模式选择的问题。② 笔者认为，要回应证券无纸化带来的变革，并非一定要制定单独的证券无纸化法。因为无纸化只是改变证券的载体，除了证券的表彰形式和持有方式发生了改变之外，其权利内容和属性与传统的实物券并无二致，因此无须另起炉灶再立新法，而是要在现有证券法基础之上将无纸化证券与实物券进行替换，或者在保留实物券规定的同时加入对于无纸化证券进行规制的部分规则。总之，回应无纸化带来的变革，需要证券登记结算制度将其制度基础建立在无纸化证券之上，并且要结合无纸化证券的特点和属性进行相关的制度更新。

总之，技术进步和市场发展必然导致法律制度的变革。证券无纸化使得证券登记结算制度的基础从传统的实物券转换成电子化的证券，这种深刻的变革必然要求对证券登记结算制度进行相应的改革和完善。无纸化给实物券时代证券登记结算模式带来的颠覆性影响，无纸化时代证券登记结算关系中各类主体之间的权利义务关系也需要进行重估。在我国证券登记结算制度的法律文本与制度实践脱节的背景下，需要改革和完善我国证券登记结算制度，以更好地适应无纸化时代证券市场的发展。

---

① 参见叶敏：《无纸化证券登记法律问题研究》，载《中国商法年刊（2008）》，北京大学出版社 2009年版，第 635～640 页。

② 参见范健：《关于我国无纸化证券立法的几点思考》，载《社会科学》2009 年第 3 期。

第十一章　证券监管与执法制度

第一节　证券监管制度概述

一、证券监管的概念和特征

党的十八大以来，习近平总书记高度重视金融安全，坚持总体国家安全观，强调把金融安全理解为国家安全的重要组成部分，把维护金融安全当作治国理政的大事来抓，从2014年将金融安全纳入国家安全体系到2019年十九届四中全会，再到党的二十大报告提出贯彻国家总体安全观，系统地提出一系列关涉金融工作、金融安全和金融风险的重要讲话，反复强调"金融安全是国家安全的重要组成部分"，重视金融安全、防控金融风险的底线思维是金融工作中应当具备的大局意识和前瞻视野。① 证券监管与执法制度是政府层面保障金融安全、防控金融风险的重要手段，优化和完善证券监管与执法制度是提高政府治理能力、促进资本市场发展的应然需要。

现实中，任何一个存在证券市场的国家均无一例外地存在着明显的政府管制，政府对于证券市场的监管活动在任何体制背景的国度中都是证券经济及其市场运行的主要组成部分之一。但在理论上，国内外的学者却没有对"证券监管"（Securities Regulation）作出精确的定义，其内涵和外延亦未在学术界得到明确而一致的诠释。

"Regulation"通常被翻译为"管制""规制""监管""制约"等。在经济学中，通常是把"Regulation"理解为管制或者规制，而且往往是把焦点放在对公用事业的管制或规制上。日本的植草益教授认为，规制是指依据一定的规则对构成特定社会的个人和构成特定经济的经济主体的活动进行限制的行为。进行规制的主体有私人和社会公共机构两种形式，前者可称为"私人规制"，后者可称为"公的规制"。公的规制可以定义为：社会公共机构依照一定的规则对企业的活动进行限制的行为。② 具体而言，公的规制是指在以市场机制为

---

① 冯果：《习近平法治思想中有关金融法治论述的精髓和要义》，载《荆楚法学》2021年第1期。
② ［日］植草益：《微观规制经济学》，朱绍文等译，中国发展出版社1992年版，第1~2页。

基础的经济体制条件下，以矫正、改善市场机制内在的问题（市场失灵现象）为目的，政府干预和干涉经济主体（特别是对企业）活动的行为，它包括"间接规制"和"直接规制"。前者是指为防止不公平的竞争而制定的"垄断禁止法""民法""商法"等法律中对垄断行为、不公平竞争行为及不公平交易行为予以规制的规则。后者被视为"狭义的公共规制"，并可进一步分为"经济性规制"和"社会性规制"。"经济性规制"是针对一些具有自然垄断性质或者存在信息偏在的产业，对其"进入""退出""价格"等所进行的各种规制；而"社会性规制"主要是针对外部性等所作的规制。① Kahn 教授在其经典著作《规制经济学原理与制度》中，认为政府规制作为一种基本的制度安排，"是对该种产业的结构及其经济绩效的主要方面的直接的政府规定，比如进入控制、价格决定、服务条件及质量的规定以及在合理条件下服务所有客户时应尽义务的规定"②。斯蒂格勒认为："作为一种法规（rule），管制是产业所需并主要为其利益所设计和操作的。"③他认为，管制是国家"强制权力"的运用，因此，管制几乎能采取任何手段满足某产业的欲望，最极端的就是增加它们的获利能力。斯蒂格勒将管制的范围扩展到所有的公共-私人关系中，不仅包括"老式"的公用事业和反垄断政策，还包括对"要素市场的公共干预"、货币筹措及支付，以及"对商品的服务和生产、销售或交易的公共干预"，还有法律制度。④

证券监管的含义既是以一般的管制概念为基础，又具有与之相区别的特殊意义，证券监管的特殊含义取决于证券市场的特殊属性。证券市场是一个复杂的公开市场，由多方不同的利益主体（包括上市公司、投资者、证券中介机构、自我管理机构和政府监管部门等）共同构成。并且，由于证券业带有强烈的资本参与、资本扩张色彩，其影响渗透到经济社会生活的各个方面，证券投资又带有广泛的大众性、社会性，因而证券市场的运行及其变动会敏感地触及整个国民经济的每一根神经末梢，对整个经济、证券、政治乃至社会（包括国际社会）产生普通产品市场不可企及的影响力。在这样一个极其复杂的多方博弈过程中，要保证证券市场的有效运行，促进证券市场的健康发展，政府不仅需要制约证券市场上的垄断、不公平竞争行为和信息偏在等市场失灵问题，对上市公司和证券交易中介证券机构等实施微观的行业管制，而且需要从维护市场稳定和借助证券市场实现其整体经济目标出发实施对证券市场的宏观调控和管理。各国证券监管的实践支持了这一观点。当我们纵览发生于证券市场各个层面的政府行为并寻觅市场各个角落的政府干预痕迹的时候，可

① ［日］植草益：《微观规制经济学》，朱绍文等译，中国发展出版社 1992 年版，第 1~2 页。

② Kahn, A. E, The Economics of Regulation: Principles and Institution, New York: Wiley, 1970, p. 3.

③ Stigler, G. J., The Theory of Economic Regulation, Bell Journal of Econmics, 2, Spring, 1971, pp. 3-21.

④ Stigler, G. J., Commenton Joskow and Noll, in Studies in Public Regulation, G. Fromm, ed., Cambridge, MA: MIT Press, 1981, pp. 73-77.

以发现政府对证券市场的管制绝非仅仅局限于微观层次，"证券监管"的概念比一般意义上的"公共管制"或"公共规制"概念具有更为丰富的内涵和更为广阔的外延，证券市场上的政府干预具有全方位性和多层次性。证券监管的概念既涉及微观领域又涉及宏观领域；既涉及间接规制和直接规制又涉及经济规制和社会规制方面；既涉及市场机制的管制又涉及"公共利益"的宏观行政政策；既涉及证券机构又涉及实体部门；既涉及企业又涉及个人以及"自我管理机构"。证券监管的范畴表现出显著的广泛性和特殊性，尤其是在发展中国家和转轨国家的新兴证券市场上，证券监管的制度和行为呈现出更多的复杂性和多样性，同成熟市场相比具有更为明显的政府干预特征。因此，必须赋予"证券监管"以微观管制和宏观调控相结合的内涵，才能正确地理解中国证券市场上的政府监管特征，才能合理地衡量中国证券监管制度的效率。①

关于证券监管的概念，学界作出了不同的解释。有的学者将证券监管定义为："证券监管机关或者社会行业自律机构依法对证券的发行、交易等活动和对参与证券市场活动的主体实施监督和管理，以维护证券市场秩序并保障其合法运行为目的的行为总和。"②有的学者认为，证券监管是指证券监督管理机构、审计机关及行业自律组织依法对证券市场实施的监督管理。③ 有的学者认为证券监管即是证券监督管理的简称，包括狭义的证券监管与广义的证券监管。狭义的证券监管是指证券监督管理机构依据法律、法规和规章，对证券市场主体、证券中介市场的证券业务和在证券发行、上市、交易、登记、存管、结算活动中的行为进行监督管理的总称。广义的证券监管还包括其他国家主管机关对证券市场所进行的监管(如审计监督④)与自律组织进行的自律监管⑤以及司法机关实施的间接监管⑥。有的学者将监管主体进一步细化为五个部分，即市场监管主体(行使市场监管职能的有关政府机关)，具有监督职能的其他行政机关、政府机关的一些附属机构(如我国的银保监会、证监会)，非官方的社会团体，市场组织本身(交易所)，社会中介组织(如注册会计师协会、律师协会、资信评级机构乃至媒体等中介机构)。⑦ 不同学者对证券监管概念有不同的理解，其主要区别在于实施监管的主体和监管的范围不同。

虽然，对证券监管的精确定义还没有达成共识，但从广义上的政府监管视角，一般认

---

① 参见俞迪：《证券监管：概念与目标的历史溯源》，载《南昌航空工业学院学报(社会科学版)》2005 年第 2 期。

② 参见李东方：《证券监管法的理论基础》，载《政法论坛》2019 年第 3 期。

③ 参见林发新主编：《证券法》，厦门大学出版社 2007 年版，第 421 页。

④ 许多教材都提出审计机构应是证券监管主体之一，是因为我国《证券法》第 8 条明确规定："国家审计机关依法对证券交易场所、证券公司、证券登记结算机构、证券监督管理机构进行审计监督。"

⑤ 参见范健、王建文：《证券法》，法律出版社 2007 年版，第 427 页。

⑥ 参见李东方主编：《证券法学》，中国政法大学出版社 2007 年版，第 298~299 页。

⑦ 参见吴弘、胡伟：《市场监管法论》，北京大学出版社 2006 年版，第 59~61 页。

为，证券监管是以矫正和改善证券市场内在的问题（广义的"市场失灵"）为目的，政府及其监管部门通过各类活动的各类主体的行为所进行的干预、管制和引导，以达到一般意义上的规范的经济目标——公平与效率。

通过证券监管概念，可概括证券监管的如下特点：

1. 监管主体的特定性

无论是官方管理，还是民间管理，证券管理的主体不管是依法设立的法定机关，还是依法或依行业规则成立的自律组织，这些机构都是明确的、特定的。我国《证券法》第 7 条规定："国务院证券监管机构依法对全国证券市场实行集中统一监督管理。"《证券法》中未明确规定"国务院证券监督管理机构"的具体名称，学界普遍认为根据"三定方案"①的精神，该机构就是证监会，但是从法理上说，证券监管主体设立需要法定，法定是指由国家基本法律（即《证券法》）明确规定监管机构的名称、法律地位、法定职能等法律关系。例如美国证券与交易委员会（简称 SEC）就是根据美国《1934 年证券交易法》和其他有关法律的规定成立的。SEC 专门负责证券市场的监管，是联邦政府的一个独立部门，也是美国证券投资交易活动的最高管理机构。有学者认为，这样规定比较有弹性，监管机构用什么名称、其法律地位如何、有什么职权等问题、涉及较复杂的行政或政治体制改革层面，证券法不便作出具体规定②；亦有观点认为人民银行、发改委等也对证券市场，特别是债券市场有一定的监管权，因而用一个模糊性的集合概念比较合理。但证监会通过国务院的"三定方案"将其定性为正部级事业单位，不仅使其法律地位不独立，而且担负了太多的国家政治职能，致使其角色尴尬。③ 一方面，证监会需要适应行政体制下的制度环境，并满足这一制度环境下的合法性要求；另一方面，市场所形成的制度环境，又对证监会施加了制度趋同的压力，要求证监会向国际先进惯例学习。④ 否则，违背社会事实或者公众认可的组织实践，将遭遇"合法性"危机。⑤ 在注册制逐渐实施的背景下，证监会的"行政中心主义"如何适应我国证券市场化改革的深入发展，在政府—市场—投资者形成的互动结构中调整自身的内外部组织关系以契合证券监管法治化、专业化的进路将是一个长期的过程。

2. 监管行为的合法性

证券市场是高度法律化、制度化的市场，不仅要求市场参与者的行为合法，也更要求

---

① 即 1998 年 9 月国务院批准的《中国证券监督管理委员会职能配置、内设机构和人员编制规定》。

② 参见万国华：《论我国证券监管体制若干法律问题》，载《南开学报》2000 年第 2 期。

③ 参见李东方：《证券监管机构及其监管权的独立性研究——兼论中国证券监管机构的法律变革》，载《政法论坛》2017 年第 1 期。

④ 参见缪若冰：《中国证监会的制度环境及法律影响——组织社会学的分析》，载《中外法学》2020 年第 1 期。

⑤ 参见蒋大兴：《隐退中的"权力型"证监会——注册制改革与证券监管权之重整》，载《法学评论》2014 年第 2 期。

市场监管者的行为合法。监管者的行为合法是指监管者严格依照法律、法规赋予的职权对证券市场实行监督和管理，纠正违规行为，查处违法行为，严格履行法定义务和职责，维护市场的秩序和有序，保护市场参与者尤其是投资者的合法权益，严格依照法律、法规规定的程序办事，确保监管的规范和效率。为此，我国《证券法》第 168 条规定："国务院证券监督管理机构依法对证券市场进行监督管理，维护证券市场公开、公平、公正，防范系统性风险，维护投资者合法权益，促进证券市场健康发展。"第 223 条规定了证券监管机构的监管责任，但是仅针对"当事人"，即行政相对人，而对第三方即金融消费者没有明确规定相应的法律责任，也就是说，对证券监管责任豁免的理念普遍存在。①

3. 监管对象的特定性

证券市场的迅速发展，证券化程度的日益提高，使得证券市场在现代市场经济活动中的作用日益增强，证券监管成为社会经济生活中不可或缺的方面。在我国，根据《证券法》第 2 条的规定，证券监管的对象为：在中华人民共和国境内，股票、公司债券、存托凭证和国务院依法认定的其他证券的发行和交易；政府债券、证券投资基金份额的上市交易；资产支持证券、资产管理产品发行、交易的管理办法，由国务院依照本法的原则规定。在中华人民共和国境外的证券发行和交易活动，扰乱中华人民共和国境内市场秩序，损害境内投资者合法权益的。简而言之，证券监管的对象是证券及证券行为。各国证券的种类不尽相同，宽窄不一，主要受各国证券市场的发展程度、金融创新活跃度、金融监管体制、立法者对金融市场和金融产品的认知程度等因素影响。新《证券法》将"存托凭证"等金融产品纳入"证券"的范畴，扩大了证券法的调整对象。证券发行包括资金募集和证券交付，仅包含资金募集的证券发行被称为狭义的证券发行，将资金募集与证券交付等不同阶段统一的行为过程称为广义的证券发行。根据《证券法》第 9 条的规定，证券发行必须依法注册，换言之，只有在发行中依法交付的证券才能得以交易，显然，证券发行在我国是指广义的募集加交付。证券交易是以证券为标的物而进行的交易行为，是投资者旨在处置证券权利的基本途径，通常包括证券买卖、赠与、质押等行为。证券交易作为投资者相互转让证券权利的法律行为不仅涉及自身合法利益的实现，还会对市场宏观秩序与安全产生影响，需要符合证券交易的一般规则和特别规则②。当然，与证券发行、交易活动没有直接关系的行为，比如，盗窃、诈骗、侵占有价证券的行为，虽然侵害了证券权利人的相关合法权益，但该行为不涉及证券的发行和交易，不属于证券监管的对象。

4. 监管目的的明确性

保护投资者利益是证券监管的最重要目的，维护证券市场的稳健长远的发展是证券监管的最终目的。在证券市场的参与者中，投资者是证券市场的买方和重要参与者，离开了

① 参见中国人民银行天津分行课题组：《完善金融监管责任制度：必要性、经验借鉴与对策建议》，载《华北金融》2020 年第 11 期。

② 参见叶林主编：《证券法教程》，法律出版社 2005 年版，第 13 页。

投资者，证券市场就无法维系，离开了投资者的积极投资，证券市场就会流失大量的资金，没有了市场的流动性，就不会有证券发行和证券交易，证券市场的许多功能也将是空中楼阁，无从谈起。只有保护投资者利益的市场，才能给投资者以信心，才能取得投资者的信任，从而激发投资者的热情，证券市场才能得到长远稳健的发展。因此，各国在发展证券市场的同时，都把投资者利益放在了重要位置并加以立法保护。①

二、证券监管理论及其发展

国外证券监管理论主要有公共利益理论、监管者被俘获理论、监管供需理论、法律不完备性理论等。证券监管理论的发展总体上沿着从公共利益理论逐步向私人利益理论的嬗变展开。②

20世纪中叶前后，公共利益理论一直是主流的证券监管理论。③ 该理论认为证券市场失灵是证券监管需求的缘由。在证券市场中，证券机构是证券服务的提供者，一般公众则是证券服务的需求者。如果证券机构和公众都具有充分的信息进行理性决策且市场是完全竞争的，则经营成本高的证券机构会及时被淘汰出市场，因而一般不会发生危机。但是，第一，由于信息是不充分的、不对称的，个别证券机构的问题可能会被掩盖起来，当问题暴露时则因较强的负外部性的存在而殃及其他证券机构；第二，在理论上可以假定证券机构和一般公众都具有充分理性，但在实践中可能出现盲目的投资风潮（包括证券机构行为和一般公众行为），大规模的投机风潮之后一般都要爆发证券市场危机；第三，现实中的证券市场可能是高度垄断的，甚至还可能是寡头垄断基础上的过度竞争，过度竞争提高证券机构的经营成本破坏了稳定的证券秩序，为证券机构的连续生存埋下隐患，一旦隐患暴露也就容易引发证券危机。证券市场的失灵导致证券资源的配置不能实现帕累托最优，为纠正市场失灵，需要政府对经济进行适当的干预。公共利益理论是在凯恩斯主义思想影响下出现的体现"安全优先"价值的监管理论，但其过于强调监管者的独立性和"利他"性，忽视了监管者自身的利益问题，存在明显的缺陷。随着中国证券市场的发展，公共利益理论对于监管制度的解释力明显下降。

监管者被俘获理论认为证券监管既不是为了其私人利益，也不是为了公共利益，而是为了监管对象的利益，即监管者被监管对象"俘获"了。该理论出现的本质是新自由主义经

---

① 党的十八大以来，中国证监会紧紧围绕党中央国务院关于加强资本市场中小投资者合法权益保护的重大战略部署不断提升投资者保护力度，积极引导中小投资者依法维权，推动市场经营机构提升投诉处理水平，建立完善证券期货纠纷多元化解机制，探索开展先行赔付、支持诉讼等一系列投资者保护创新举措。证监会决定将每年的5月15日设立为"全国投资者保护宣传日"。

② 参见岳彩申、王俊：《监管理论的发展与监管制度完善的路径选择》，载《现代法学》2006年第3期。

③ 波斯纳在1974年出版的《管制的公共利益理论》中明确提出公共利益理论，并在其中指出政府可以利用经济、行政、法律手段纠正市场失灵以提高社会福利。

济思想兴起在证券监管领域的体现，是监管理论从公共利益走向私人利益，极端追求"效率优先"价值的表现。

在凯恩斯主义理论的指导下，政府长期执行赤字财政政策，并用通货膨胀政策来筹措财政预算，结果造成 20 世纪 70 年代西方国家普遍开始出现的以高物价、高失业率和低增长为特征的"滞胀"，发展中国家过多的政府干预也使市场扭曲和市场失灵，国家经济发展进入瓶颈期。自 20 世纪 70 年代以来，发达国家和发展中国家基于各自不同的原因出现了金融自由化的浪潮。各国普遍进行的金融自由化改革，打破金融管制降低了金融业的进入门槛，带来了金融业的竞争加剧，金融机构面临一个复杂多变、金融资产价格更易波动的经济环境，在改善金融市场资源配置效率和提升金融机构竞争力的同时激发了金融风险的产生，至八九十年代，无论是金融市场完善的发达国家还是市场欠发达的发展中国家由于金融自由化不当都导致了不同程度的金融危机爆发。实行金融自由化的国家相继发生金融危机，表明金融自由化在促进各国金融发展及经济增长的同时，也使金融风险产生的几率加大了。此时，理论界注意到，市场调节与政府监管都有本身的不足，在金融危机的治乱循环中，决策者一直在金融安全与金融效率的抉择中困惑和徘徊。[①] 如果强调安全价值，必然加强证券监管，注重防范证券市场风险，但是，过多顾及安全乃至实施过分的证券监管将影响证券市场主体主动性、积极性、创造性，在一定程度上束缚市场参与者获取利润最大化的手脚，增大金融运行成本，使市场效率受到侵蚀。反之，如果强调市场效率，则要求放松证券监管，给予市场主体最大的自由竞争空间，这固然可能在一定程度、一定范围内焕发证券市场体系的活力，也可能为社会提供高质量、丰富的融资服务，但"物竞天择"的竞争结果不仅会使部分市场主体破产倒闭，而且危及整个金融体系的稳定和安全。

监管供需理论注意到了"安全"与"效率"的内在矛盾，把政府监管作为内生变量纳入经济学的分析框架之下，运用监管供给与需求间的相互关系解释了监管俘获论监管需求产生的原因，[②] 从理论上论证了政府监管的合法性与合理性基础，但是私主体追求效率最大化的内在动机和国家追求稳定安全的目标必然发生矛盾和冲突，即完全建立在公共利益或者私人利益基础上的公共利益理论、监管者俘获理论因监管寻租、投资者权益保护要求相继受到挑战，市场自治与政府监管之间的界限急需厘清。

2002 年伦敦经济学院许成钢教授与美国哥伦比亚大学法学院的皮斯托教授提出"不完备法律"理论。该理论以法律是不完备的为逻辑起点，通过对英、美、德的证券监管历史分析，比较了司法者与立法者行使事前监管与事后监管的优劣，从定量的角度提出政府监

---

① 参见邢会强：《金融危机治乱循环与金融法的改进路径——金融法中"三足定理"的提出》，载《法学评论》2010 年第 5 期。

② 参见丁建臣、孙晓杰、庞小凤：《试论我国证券监管理论面临的现实挑战》，载《技术经济与管理研究》2016 年的第 1 期。

管的两个条件：一是标准化证券市场主体行为，二是准确评估预期损害的程度，即对证券市场可类型化的违法行为进行规制，这种有限的监管本质上是行政化监管向市场化监管转变的表现。

由于历史的原因，我国对证券市场的监管行政化特征一直比较突出。政府在证券监管中遵循了行政组织体系的管理思路，即按事先确定的原则和规则进行安排，形成一个自上而下的管理体系，监管就是监管者对受监管者的工作进行指导，让受监管者了解自己能做什么，如何去做。一方面，行政化监管是预设原则性的监管目标，赋予监管人员极大的自由裁量权，监管的效果在很大程度上与监管人员的能力和品质相关联，缺乏法律责任的承担规则；另一方面，要求监管人员没有任何主观判断完全遵循事前确定的规则，按部就班地处理工作中的诸多环节，可能会妨碍监管机构及时发现问题、错过采取预防措施的最佳时机、降低监管的效率。行政化监管效果不佳其实是"政府失灵"的表现，其根源在于行政性的官僚组织管理方式不适应证券监管这种专业化程度很高的经济管理，进一步说，就是政府与市场的界限在证券监管领域有所偏差。在金融自由化的背景下，金融业务活动和金融机构组织结构越来越复杂化，为了获得更高的利润，金融创新的步伐也从未停止过，金融市场是瞬息万变的，而行政组织管理方式强调的是规则、秩序和服从。政府对证券市场的监管首先应坚持"市场的归市场"原则，而且政府在弥补市场缺陷时并不一定要直接介入市场之中，代替市场去做。因为从根本上来说，真正了解市场需要什么的还是市场本身，尤其在微观领域政府并不比身处一线的证券市场主体更了解市场的真实供求情况，此时，政府要做的是限制市场主体为逐利而践踏公共利益的底线，同时激励市场主体公平竞争实现"双赢"。其次，政府在必须进行干预的地方应遵循市场化监管的原则，即在尊重市场基本原则和规律的前提下，弥补"市场失灵"，而不是按照自己的主观意愿进行国家干预。没有有效竞争的市场不是真正的市场，不可能发挥市场机制提高市场效率的作用。政府监管的目的应该是建立公平竞争的市场环境，发挥市场机制的效率优势，防范市场过度创新及侵害证券投资者权利的情形。

三、证券监管模式及其演变

证券监管模式是指一个国家对其证券市场运行和发展所采取的管理体系、管理结构和管理模式的总称。"从境外成熟金融市场的发展规律来看，适应金融结构调整的金融监管模式往往能够有效控制金融风险，避免金融危机爆发，而不适应金融结构调整的金融监管模式却难以有效控制金融风险，甚至有可能引发金融危机。"①因各国证券市场发育程度不

① 参见巴曙松、沈长征：《从金融结构角度探讨金融监管体制改革》，载《当代财经》2016年第9期。

同，以及政治、经济、文化、法律制度的不同而有所不同，世界各国的证券监管模式的选择，以监管主体为标准，即根据监管部门机构设置来分类，大体有单一监管模式和双峰监管模式；以监管客体为标准，即以证券监管对象作为划分依据，可以把证券监管模式划分为机构监管模式和功能监管模式。

（一）单一监管模式

这种模式以行政管理为主，以自律管理为辅。在这种模式下，国家设立全国性的证券监督管理机构来实现对全国证券市场的统一、集中监督管理，证券交易所和证券业协会等各种自律组织只是起到辅助或者补充作用。

该种模式的代表国是美国，美国证券交易委员会是专门实施联邦证券法的政府监管机构，是美国证券投资交易活动的最高管理机构。美国证券交易委员会是于 1934 年 7 月在华盛顿成立的，它是根据 1934 年《证券交易法》的要求和授权建立的。它作为罗斯福新政的一部分，是以凯恩斯的国家干预主义经济理论和政策为基础的，从一开始就以政府对证券市场的积极干预和法律对证券活动的严密规制为其显著特征，经过几十年的市场运作和发展，已成为现代国家证券管理法律化的典范。1987 年股灾对美国证券监管体制同样产生了巨大的影响。由于这次证券市场动荡更多地归因于经济的不景气，所以以监管机构致力于振兴经济，寻找更有效率的证券发展模式。为适应证券市场国际化、自由化的发展潮流，美国颁布了大量的法律。1999 年 11 月，美国国会通过了《金融服务现代化法案》，正式废除了 1933 年《格拉斯–斯蒂格尔法》，结束了银行业和证券业分业经营的格局，允许通过设立证券控股公司的方式经营银行、证券、保险等广泛的证券业务。本世纪初的安然事件等一系列欺诈丑闻，对美国证券监管法律制度的改革产生了十分显著的影响。此次欺诈事件发生后，美国开始了对上市公司、证券中介机构等进行一系列改革。颁布《萨班斯–奥克斯利法案》，体现出加大政府监管范围，对违法行为加重处罚的原则。① 除了美国以外，属于这种体系的国家和地区还有加拿大、日本、菲律宾、韩国、巴基斯坦以及中国台湾等。

美国监管模式的主要特征如下：

1. 具有专门的政府证券主管机关，政府对证券市场实行全面监督

美国从 1933 年开始先后制定并通过了一系列的证券法律②，通过几十年证券法制建设，逐步建立起包括联邦法律、州法律、证券管理机构规则等在内的证券法律体系。美国证券交易委员会（即 SEC）隶属联邦，直接对国会负责，每年向国会递交书面报告，汇报有

---

① 参见徐冬根、刘丽娟：《证券危机与美国证券监管体制改革》，载《法治研究》2010 年第 4 期。

② 主要包括：1933 年《证券法》、1934 年《证券交易法》、1939《信托契约法》、1940《投资顾问法》、1970 年《证券投资者保护法》、1975 年《证券法修正案》、1984 年《内幕交易制裁法》、1988 年《内幕交易与证券欺诈施行法》、1995 年《内幕交易私人诉讼改革法》、2002 年《萨班斯–奥克斯利法》、2010 年《多德–弗兰克华尔街改革和个人消费者保护法案》。

关美国证券市场的运作情形和相关法律法规的执行状况等。SEC 通过为投资者提供充分的投资信息和创造公平的市场条件——要求证券发行人承担如实披露重大信息的义务和金融中介诚信地对待投资者——保障其对美国证券市场的调控①。在美国，如果有交易主体被指控，监管部门可以"举证责任倒置"，即要求交易主体证明自己的市场不属于内幕交易、虚假陈述等违法范畴，这种严厉的政策使得上市公司和承销商在资本市场中进行股价操纵、权力寻租等不法行为的成本很高，为投资者创造一个充分了解信息并进行交易的平台，这也是美国证券市场得以蓬勃发展，吸引全球无数投资者的重要因素。

2. 多层次的自律机构在政府的监督下保留了一定的自治权

美国对证券市场的管理有三个层次的法规：联邦、州和地方法规，以及证券业自律性法规。美国的自律机构包括各证券交易所、证券商协会、清算机构、市政证券立法委员会。这些自律组织都依据《1934 年证券交易法》的规定有一定的自主权力，如各个交易所都有订立规则监管在其市场的买卖及营运活动的权力。

该模式具有以下优点：(1)在单一监管模式之下，具有全国统一的证券法规，并实际呈现了立法与执法的统一，能克服地方立法与执法的各自为政，保证了证券市场监督的权威性；(2)管理者与其他市场主体高度分离，地位超脱，有利于执法的公正和公平，更能注重保护公正投资者的利益，能公平、公正、高效、严格地发挥其监督作用，并能起到协调全国证券市场，防止过度投机的混乱局面，统一履行职责，便于国际监督的协作。

但是单一监督的模式也存在着难以克服的弊端：(1)管理的超然地位，造成与市场之间的距离，监督管理机构对证券市场的瞬息万变的情况反应缓慢，及时处理机制不灵活，从而降低工作效果；(2)政府在监管中起主导作用导致管理成本过高；(3)各种自律组织在政府的监督、指导下活动，保留了较少的自治权，在证券市场的监督中作用相对微弱。因此，为了克服单纯集中管理型的缺陷，实行集中统一监管模式的国家往往也非常重视证券交易所和证券业协会等自律组织的自律监管作用。

(二)双峰监管模式

英国经济学 Taylor(1995)最早提出"双峰"(Twin Peaks)理论。"双峰"是指存在两个监管机构，一个机构针对系统性风险负责审慎监管，其目的是保障金融机构稳定运行，确保不发生系统性金融风险，另一个机构负责实施行为监管，确保中小消费者和投资者的正当利益不受侵，规范金融机构机会主义倾向。澳大利亚最早接受双峰监管模式理论，于1998—2001 年推出了一系列法案变革金融监管框架，成为全球第一个践行该理论模式的国家，最终形成了由澳大利亚审慎监管局(APRA)负责金融机构的审慎监管和金融安全，澳

①　参见洪艳蓉：《美国证券交易委员会行政执法机制研究："独立"、"高效"与"负责"》，载《比较法研究》2009 年第 1 期。

大利亚证券投资委员会(ASIC)负责监管金融交易行为,保护金融消费者利益的双峰监管模式。[1] 1997 年 12 月 28 日英国将证券投资管理委员会更名为"证券服务管理局"(Financial Services Authority, 简称 FSA),并将原有涉及保险、房屋按揭和证券投资的九个监管实体并入 FSA。但是 2008 年美国"次贷"引发金融危机使政府意识到银行、保险、证券等金融机构的融合及金融创新的发展容易引发系统性金融风险,为维护金融消费者的合法权益,英国于 2012 年 12 月批准《金融服务法案》,并于 2013 年 4 月 1 日正式生效,其后撤销了 FSA,在英格兰银行内部设立审慎监管局(Prudential Regulatory Authority, PRA),同时设立独立于英格兰银行的金融行为监管局(Financial Conduct Authority, FCA)。有国内学者构建了可用于国际比较的金融监管有效性指标,结果发现采用双峰监管模式的英澳两国在危机后金融体系表现较好,金融监管的有效性相对较高[2],但双峰监管模式也并非完美。事实上,审慎监管和行为监管有较强的相关性,不能绝对分离。例如,完善的信息披露制度是保障金融消费者利益的基础,行为监管在信息披露制度不健全背景下的监管效果会受到影响,而且在该种模式下,某些金融机构可能会受到多个监管机构监管,从而引起监管成本上升。

(三)机构监管模式

机构监管是现代金融监管体系较为初始的形式,不同监管机构对不同的金融机构从事的多项业务进行监管。其优点在于:当金融机构从事多项业务时,机构监管方式使监管者易于评价金融机构的产品系列的风险。机构监管的全面监管也避免了对金融机构不必要的重复监管。因为银行的检查者和证监会的官员在履行他们的监管责任时不得不检查同样的记录,打断同样金融机构工作人员的工作,这将可能产生由不同监管者引起的优先权的冲突和命令的冲突。中国、墨西哥等国家和地区采取机构监管模式。机构监管模式与我国金融分业经营相适应,在很长一段时间内为维护金融体系稳定发挥了积极作用。1992 年 1 月国务院决定成立国务院证券委员会(简称证券委)和证券监督管理委员会(简称证监会)。根据证券市场发展的实际情况,国务院对证监会和中国人民银行证券经营机构监管方面的职责进行了明确分工,形成了由中国人民银行和证监会共同对证券市场实施监管的体制。1995 年 3 月 18 日八届人大三次会议通过了《中国人民银行法》,第一次以国家基本法的形式明确了中国人民银行的金融监管职权,1997 年,经国务院批准人民银行设立货币政策委员会,强化其金融调控的能力。1998 年,央行对其分支机构进行重大调整跨区域设置了九

---

① 澳大利亚金融监管机构除了 APRA 和 ASIC,还包括联邦监管委员会(CFR)、联邦财政部(CT)、澳大利亚储备银行(RBA),只不过 APRA 和 ASIC 在澳大利亚金融监管系统中起主要作用。

② 参见王勋、黄益平、陶坤玉:《金融监管有效性及国际比较》,载《国际经济评论》2020 年第 1 期。

大分行和 21 个地方监管办，使货币政策由计划经济时代的直接计划管理向借助市场工具的间接调控方式转变。1998 年 6 月，中国人民银行将其对证券市场的监管职责全部移交证券委，真正形成了银行与证券的分业监管。随着金融衍生产品的不断增加，金融消费者对金融服务的需求日益多元化，资本市场和保险市场发展迅速，金融机构为提高服务质量、提升竞争力，纷纷走向混业经营。机构监管的模式常常会出现监管空白或漏洞，越来越难以有效避免一些金融机构利用这些监管漏洞进行监管套利，进而导致金融风险上升。

（四）功能监管模式

功能监管是依据金融体系基本功能而设计的监管，立足于金融产品和金融业务的性质，"对事不对人"。与传统的机构监管模式相比，功能监管是指在一个统一的监管机构内，由专业分工的管理专家和相应的管理程序对金融机构的不同业务进行监管。它具有许多优势。首先，它分配给每一个监管机构那些它最清楚的功能的司法裁决权。银行监管者主要关心的是确保银行系统的安全稳健，银行监管者的法定使命使其保护银行和存款者超过保护投资者。他们在保护投资者的专业知识方面不如证券监管机构那么多，因此让证券监管机构负责监管证券业务，银行业监管机构负责监管银行业务是明智的。其次，它具有跨市场、跨机构协调的功能，具有监管理念的连续性和一致性，对监管中发现的问题能够及时处理和解决。最后，可以避免重复和交叉监管现象的出现，为金融机构创造了公平竞争的市场环境。简而言之，功能监管最基本的意义在于监管的针对性和有效性，防止市场在利用金融工具从事金融活动中带给人类社会的"负外部性"①。功能监管的形式至少有两种，一种是参与同样金融业务的公司遵守同一规则，但不必是同一监管机构；二是从事同一金融业务的公司遵守同一规则，并受同一监管机构的检查和监管。

其实，一国证券监管体制的核心在于正确设定政府监管和自律管理的地位，妥善处理两者之间的关系。一方面，应强调政府的集中立法管理，将政府监管置于监管体系的首要地位。美国证券市场监管体系被普遍认为是世界上最严格也是最有效的管理体系，其成功的监管经验推动了证券市场的巨大发展，统一立法和集中管理是保证美国证券市场公平与效率最有效的管理方式，它更有助于"三公"原则的体现，充分保护投资者尤其是中小投资者的利益。在遭受证券风暴的袭击后，证券危机甚至经济危机的阴影使得加强管制的呼声越来越高，系统而严格的集中统一监管成为各国政府日益重视的方针和手段。另一方面，自律监管也是不可替代的，任何国家和证券监管体制都必须依赖自律机构完成对市场变化作出灵活、迅捷反应的一线监管活动，弥补政府监管因监管成本过高和监管失灵造成的效率低下。但自律管理应被纳入政府集中监管的框架之中，以有效消除自律机构由于自利和不良竞争所导致的市场混乱。综上所述，一个富有效率的证券监管模式应该是政府监管和

---

① 郑彧：《论金融法下功能监管的分业基础》，载《清华法学》2020 年第 2 期。

自律管理之间分工合理、协调配合的有机统一体。

四、金融科技创新对证券监管模式的挑战

近年来，互联网、大数据、人工智能、区块链等科技驱动的金融创新加速推进了金融市场的颠覆式发展。金融稳定理事会（FSB）于2016年初对金融科技（FinTech）的定义是，以技术手段带来包括新的业务模式、应用或产品的金融创新。中国的金融科技发展速度、复杂性及规模等方面在世界居于领先地位。随着社会发展从消费互联网向产业互联网的深入，金融科技也在重新定义公司金融和资产管理。[1] 科技驱动的金融创新所内含的技术风险、操作风险，甚至诱发系统性风险之可能，迫使监管者必须予以有力回应。然而，监管技术匮乏、监管法律滞后和监管理念守旧等问题，以审慎监管、功能监管、行为监管等为核心构建的传统监管体系和法规无法有效应对去中介、去中心化的金融交易现状。[2] 我国监管者忙于通过各种专项整治活动以控制局面，却凸显了运动式监管之范式困境。金融科技监管，亟待形成一种面向"创新"的系统性范式。[3] 目前，学界有众多学者认为金融"监管沙盒"是帮助平衡金融科技创新与风险的有限手段。[4] 2016年3月英国正式开始实施监管沙盒，允许企业在一个安全可控的环境中进行产品、服务、商业模式和通道机制等领域的创新，并不会因该创新而招致不利的监管后果。2019年底，中国人民银行发布《金融科技创新监管试点应用公示（2020年第一批）》公告，公布首批6个金融科技创新试点应用，截至2021年2月，80个创新项目悉数公布，涉及70多个金融机构和30多家知名科技公司，试点工作以"弹性边界"和"刚性底线"为监管框架探索适合我国国情的监管沙盒流程及机制。无论金融科技向金融领域如何渗透，其本质仍然是金融，是交易各方的跨期价值交换，即信用交换在应用和发展过程中遵循金融市场运行的基本规律。[5] 作为"信用的工具"，所有对于金融监管的核心就在于对"信用"及信用工具如何使用的正确理解。在此理解下，我们既不能把金融创新的效果予以神化，也不要把金融创新的后果予以妖魔化，应在"金融工具论"下正确对待金融创新与金融监管之间的关系，金融作为工具被滥用的可能

---

① 参见翟伟丽：《大数据时代的金融体系重构与资本市场变革》，载《证券市场导报》2014年第2期。

② 参见杨东：《监管科技：金融科技的监管挑战与维度建构》，载《中国社会科学》2018年第5期。

③ 参见吴烨：《金融科技监管范式：一个合作主义新视角》，载《社会科学》2019年第11期。

④ 参见沈艳、龚强：《中国金融科技监管沙盒机制设计研究》，载《金融论坛》2021年第1期；张永亮：《金融科技监管的原则立场、模式选择与法制革新》，载《法学评论》2020年第5期；卜亚、张宁：《英国监管科技的创新实践及经验启示》，载《经济论坛》2020年第11期；黄子龙、和军：《金融科技监管范式转变及中国选择——英国监管实践及启示》，载《经济体制改革》2020年第6期；应尚军、张静：《新形势下的金融科技监管思路——以"监管沙盒"制度为视角》，载《西南金融》2021年第2期等。

⑤ 参见沈伟、张焱：《普惠金融视阈下的金融科技监管悖论及其克服进路》，载《比较法研究》2020年第5期。

与风险，既是金融创新必然存在的背景，又是金融监管出现的根本原因。不断深化金融科技创新的本质与原因，由此推动金融监管的理解与跟进。

第二节 证券监管制度的具体内容

一、证券监管的目标

证券监管的目标是指制定证券法律所要达到的目的，也就是立法宗旨。从证券立法角度来观察证券监管的宗旨和目标，世界各国各有其不同的表述。美国《1933年证券法》阐明了两个目的：一是向投资者提供有关证券公开发行的实质性的信息；二是禁止证券售卖过程中的误导、虚假和其他欺诈行为。美国《1934年证券交易法》第2节指出，监管的必要性在于"清除障碍，完善国家证券市场制度和证券交易的交割清算制度"，以及"保护州际商业、国家信用、联邦征税权和国家银行系统和联邦储备系统的有效"和"维护市场的公平与诚实"。我国香港《证券及期货条例》第4条列举的监管目标包括"维持和促进证券期货业的公平性、效率、竞争力、透明度及秩序；提高公众对金融服务的了解，包括对证券期货业的作业及运作的了解；向投资于或持有金融产品的公众提供保障；尽量减少在证券期货业内的犯罪行为及失当行为；减低在证券期货业内的系统风险；及采取与证券期货业有关的适当步骤，以协助财政司司长维持香港在金融方面的稳定性"。日本1948年的《证券交易法》列明："为使有价证券的发行、买卖和其他交易能够公正进行，并使有价证券顺利流通，以保证国民经济的正常运行及保护投资者的利益，特制定本法律。"国际证监会组织（IOSCO）在1998年提出《证券监管的目标和原则》，并在其后进行了几次修订，概括了国际监管的标准，提出了证券监管的三项目标：保护投资者；确保公正、有效和透明的市场；减少系统性风险，反映当前证券市场发展和监管的趋势，并指引各国的国内证券监管达到国际水平。证券监管要防范化解金融风险，加快形成融资功能完备、基础制度扎实、市场监管有效、投资者权益得到充分保护的股票市场①，证券监管不应忽视保护投资者、维护市场秩序和防范系统性风险等主要目标。

（一）保护投资者

保护投资者是证券监管的首要目标，是证券市场存在和发展的基础，具有很强的现实和法律意义。一方面，证券市场投资者是证券市场得以建立和维持的资金来源，是证券市场的重要参与者。要树立投资者的信心，就必须为证券的发行和交易提供良好的法律环

---

① 习近平：《论把握新发展阶段、贯彻新发展理念、构建新发展格局》，中央文献出版社2021年版，第56页。

境，防止投资者受到欺骗。只有保护投资者的合法权益，投资者的信心才能建立，证券市场才能在资金不断流入的基础上发挥证券资源配置的功能，才能繁荣与发展。证券监管立法以保护投资者利益为宗旨，就是把证券认定为社会财富的稳定持有形式，从而把人们的投资预期建立在长期稳定的基础之上。另一方面，积极参与证券市场的投资者特别是中小投资者往往是分散的个体，在市场中处于弱势地位，是市场的弱者。在市场失灵或失控的时候，守法的投资者特别是中小投资者在市场中常常是最大的受害者。对证券业社会弱者利益的特殊保护，已随着消费者保护运动的全球普及以及法律观念的发展，日益成为世界各国证券立法关注的重点，以保护投资者利益为核心的证券市场信息披露制度作为证券法的核心已为各国所认可。通过监管使得投资者能够平等地获得信息，同时对市场违法违规行为的查处，维护市场正常秩序，也体现了对投资者的保护。为了维护真正意义的公平，特别强调保护投资者的合法权益是完全必要的，保护投资者的合法权益应当作为监管的主要目的和最终目标。① 因此，《证券监管目标与原则》对保护投资者的界定是：投资者应受到保护，免受因误导、操纵或欺诈(包括内幕交易、抢跑道和非正当挪用客户资产等)造成的损失。

(二)确保公正、有效和透明的市场

市场的公平与对投资者的保护，特别是防止不正当交易紧紧联系在一起。市场机制不应过分地向一些市场使用者倾斜，监管应包括对市场操纵及其他不公平交易的发觉、阻止和惩罚。当然，保护投资者的合法权益，并非是保证投资者都能从证券交易中获利，而是在于确保投资者有平等的机会使用市场设施和了解市场及价格信息。保持市场的公信力是证券监管的重要目标，有公信的市场才会有投资者来，才可能成为一个有活力的市场。确保市场的公信力不受侵害首先必须建立一个公平、公正、公开透明的规则体系，并得到始终不渝的遵循。其次，通过监管及制裁以增加违规成本。任何市场都会有违规违法的人，但如果他们知道冒险行为后面有一个很大的成本，要承担后果，他们就会提高警觉，慢慢地变得自律起来。

在一个有效的市场内，相关信息的传播应是及时的和广泛的，并可以反映在定价程序中。监管应提高效率，提高效率不仅是指监管者要以价值最大化的方式来实现证券监管的目标，降低监管成本，而且要通过监管来促进证券业高效发展。证券业的直接目的是通过促进社会资金的高速流通和高效利用为市场经济提供服务，因此证券监管法理应为促进和提高证券市场的高效运转、增强证券业的规范性和有序性发挥积极的作用。监管的效率体现在监管机构既要对证券业进行必要的监督和管理，又不能束缚证券业应有的活力。证券监管法就是要通过保护合法的证券业行为，制止非法的证券业行为，来促进整个证券业的

① 参见陈岱松：《关于证券监管理念的法理分析》，载《兰州学刊》2009 年第 5 期。

高效运转。

透明度可以被定义为有关交易的信息(包括交易前和交易后的信息)在实时的基础上公之于众的程度。交易前的信息包括确定的买价和卖价,以便于投资者较为确定地了解他们是否能按此价格以及在什么价格下可以交易。交易后的信息应是关于所有实际完成的交易额和交易量。根据国际证监会组织的监管理念,监管应确保最高的透明度。

(三)防范系统性风险

与前述两个目标相比,防范系统性风险这一目标最具争议,因为,"过去,对付系统风险是银行监管者的责任……但现在对付系统风险需要更为全面的参与,特别是证券监管机构。由于许多储蓄机构成为证券市场主力,它们的财务健全与否会受到证券投资损失影响,正如我们在巴林事件中所看到的,证券公司不断扩大的规模也让人担忧它们一旦倒闭所引发的后果"①。由次贷引发的全球证券危机就是一次很好的佐证,防范系统性风险的监管目标,正是对金融危机原因的理解与反思。防范化解金融风险,特别是防止发生系统性金融风险,是金融工作的根本性任务,是金融工作的永恒主题②,要坚持底线思维,坚持问题导向,加强金融监管,科学防范风险,强化安全能力建设,不断提高金融业竞争能力、抗风险能力、可持续发展能力,坚决守住不发生系统性金融风险的底线③。在当前国际国内证券结构变革的背景下,证券监管机构必须对证券市场引发的危机提高警觉,新《证券法》在监管目标中增加防范系统性风险的规定,体现的是监管者对我国证券市场现状的认识与政策选择。我国证券市场发展之初大部分为国有企业,上市交易的证券数量不多,证券监管目标是如何发展壮大证券市场,为证券市场的发展保驾护航,市场抗风险能力弱,政府"父爱式监管"基因根深蒂固。但是经过30余年的发展,A股市场已经逐步发展壮大,已有5000余家上市公司,随着注册制的到来,无论国有企业还是民营企业,都有机会上市,上市公司的组织结构持续优化,证券品种更为齐全,股、债融资比例更为均衡,市场中介机构也得到了充分的发展,当前证券市场主要矛盾已经由"量变"转向"质变",证券监管目标的调整有利于监管机构与市场各司其职,将有限的监管力量投入对证券违法违规行为的更为精准的质量监管。当然,对一个积极的市场来说,存在投机套利是必要的。所以,监管应不必抑制合法投机套利的存在。反之,监管机构应促进和允许对风险的有效管理,确保有足够的资金和其他审慎要求以允许适度的投机套利,消化一些损失和阻止过度投机。防控金融风险,要加快建立监管协调机制,加强宏观审慎监管,强化统

———————————

① 参见 Michael Taylor:《IOSCO〈证券监管目标和原则〉述评》,张文译,载《证券市场导报》2004年8月号。

② 习近平:《在第五次全国金融工作会议上的讲话》,载中国政府网,https://www.gov.cn/xinwen/2017-07/15/content_5210774.htm。

③ 习近平:《在十八届中央政治局第四十次集体学习时的讲话》,载《人民日报》2017年4月27日。

筹协调能力，防范和化解系统性风险，及时弥补监管短板，做好制度监管漏洞排查工作，参照国际标准，提出明确要求，坚决治理市场乱象，坚决打击违法行为①。

二、证券监管的原则

IOSCO《证券监管的目标和原则》为实现其上述监管目标，提出在相关法律框架下执行30条原则。这些原则分为八大类：与监管机构有关的原则、自律原则、证券监管的执法原则、监管合作的原则、发行人原则、集合投资计划（CIS）原则、市场中介原则、二级市场原则。根据我国《证券法》的规定，我国证券监管应遵循以下原则：

（一）依法监管原则

依法监管是指证券监管必须依据法律进行，监管行为不得与法律相抵触。依法监管是依法执政的一部分，应当以法治的理念、法治的体制、法治的程序开展证券监管工作，推进证券监管的制度化、规范化、程序化，坚持法定职责必须为、法无授权不可为，健全依法决策机制，完善执法程序，严格执法责任②。证券监管主体地位的确立和监管权力的取得必须源于法律。证券监管主体行使监管职权必须既符合实体法要求，又遵循程序法要求。此外，证券监管主体监管权力的行使还应受到法律的监督与限制，防止权力的滥用，防止证券监管中腐败行为的发生。

依法监管首先要做到监管公开。公开原则可矫正社会及企业之弊病，公开原则犹如太阳，是最佳之防腐剂；犹如电灯，是最有能力之警察。国家证券监管机关应当依法保证证券发行人的资格及其基本经营情况、证券的性质及发行量、上市证券的各种详细信息，以及各类证券得以发行的条件能够完全地公之于众，使得广大投资者都能充分地掌握不同发行者发行的不同证券的所有能够公开的市场信息；证券监管部门应确保证券市场各种信息的真实性，防止弄虚作假。国家的证券管理机构只有充分保障发行公开、上市公开、上市后其信息持续公开的公开原则，才能为投资者和发行者提供全面、准确的证券业信息，才能使投资者在作出投资的判断和选择时能获得公平的信息资源，才能从根本上堵塞内幕交易的漏洞。其次，依法监管要做到监管公正。监管公正是针对证券市场的监管者和执法者而言的，是对证券监管者、执法者权力或职责的赋予与约束。公正原则既是实现公开原则的保障，也是公平价值得以实现的前提。证券市场不仅需要完善的法律体系，更重要的是这些法律规范能够得到公正的执行。因此，监管者在履行职责时，必须根据法律赋予的权限进行，既不能超越权限，也不能懈怠职责，否则证券市场就可能由于监管者的行为不当而丧失公正。最后，依法监管要做到监管公平。监管者对所有被监管对象都应给予公平待

---

① 习近平：《在中央财经领导小组第十五次会议上的讲话》，载《人民日报》2017年3月1日。
② 习近平：《习近平谈治国理政》（第二卷），外文出版社2017年版，第120页。

遇，不偏护任何人，在适用法律上当事人一律平等；在审批或核准证券发行上市时应严格按照法定条件和程序进行，不得暗箱操作；在证券纠纷与争议的调解或对证券违法行为的处罚时，应当秉公执法，不徇私情；在依据《证券法》和有关行政法规制定各项规章制度时，以实现社会公平为目标，不得滥用权力，为强势利益集团或监管者自身谋取不正当利益。

（二）集中统一监管与自律监管相结合原则

证券市场自律监管是指由证券从业员自发组织起来，制定规则，以进行自我规范、自我管理。不同程度上发挥证券业自律组织在证券监管中的作用，已成为许多国家和地区对证券市场进行监管的重要手段。在以自律性管理为主的国家，证券业自律组织的作用自不待言，即使是强调政府集中统一监管的国家，自律组织的作用也得到了高度重视。证券业自律组织的行业性自律管理，已成为许多国家和地区证券监管体系的重要组成部分。

相较集中统一监管，自律监管具有以下优点：第一，证券自律组织的成员是市场的直接参与者和投资者，发挥自律组织在证券市场上的作用，对于其投资利益能提供充分的保护。第二，自律组织比政府更熟悉证券业运作的具体实际情况，自律组织制定和修订证券市场管理条例比国家制定证券法律更符合实际、效率更高，从而更能够减少决策的失误。第三，自律组织的作用将使证券市场管理更为合理和有效。在自律管理中，管理者本身是市场参与者，比较容易接受自律组织制定的管理制度。第四，自律组织在监管方面的作用空间较大。政府监管行为与法律规范不可能面面俱到，在政府监管无能为力的范围，可通过自律的行业道德规范和行为者自觉的约束，触及法律和政府不能达到的死角，因而更为有效。第五，自律组织有利于控制和平衡监管力度，降低监管成本，减少腐败，提高政府资源的使用效率。

鉴于上述理由，在强调政府对证券市场进行监管的同时，不应当忽视自律组织的作用。政府集中统一监管应当加强同自律监管相结合，形成监管合力，共同促进证券市场的健康发展。第一，两者的监管重点应相互补充。政府监管部门更多的是证券市场法律、政策的制定者与执行者，一般拥有对证券机构的准入审核权以及对影响投资者或市场的有关事件的最终调查权。而自律组织主要通过对其会员的监督、指导，引导会员自觉地遵守证券法律、法规，通过对会员提供全面、系统的服务，不断提高证券从业人员的职业道德水准和业务水平，自觉防范证券市场系统性风险。第二，两者监管职责需要相互补充。政府对证券市场的监管一般采取经济和法律手段，由于证券市场自身的复杂性使证券市场存在的问题不能够通过以上方式得以完全解决。在证券市场的实际操作中，有很多技术问题等也非政府监管能够解决。在政府监管难以发挥作用的领域，自律性组织通过自身的组织机构与行业管理，将国家的有关证券管理的法律、法规、方针、政策等，落实到每个证券公司及其从业人员中，通过其媒介作用，使证券监管机构与对证券市场的管理，有机地结合起来，并将其演化为自觉的行动。如香港证券业经纪协会联合所有证券经纪商，与监管当局合作，接受指引并传达给经纪商，要求券商遵守。第三，两者的监管主体应当相互协作。政府监管与自律监管的协作，首先需要信息共享，包括对证券商基本信息和对其处罚信息的共享等。如美国各类券商都需通过提交关于券商详细情况的 BD 注册表向证券交易委员会注册，并进入全美证券交易商协会的 CRD 系统，该系统将收集的信息提交给证券交易委员会、其他自律组织和相关的州政府。其次是对券商日常管理和违法、违规行为的查处的合作。对证券机构的检查一般由证券业协会等自律组织完成，证券业协会有义务向政府监管部门报告其发现的证券机构违法、违规行为，配合政府监管机构对证券部门进行调查，向其提供证据，移交超出其监管职责范围的违法、违规案件，政府监管部门一般将情节较轻的案件交由证券业协会等自律组织处理。

三、证券监管的手段

根据《证券法》的规定，证券监管机构的监管手段主要包括以下几个方面：

（一）现场检查和调查取证

证券监管机构有权依法对证券发行人、上市公司、证券公司、证券投资基金管理公司、证券服务机构、证券交易所、证券登记结算机构进行现场检查；进入涉嫌违法行为发生场所调查取证。现场检查和调查取证权是保证证券监督管理机构对违法行为进行监管的前提条件。

（二）询问当事人

证券监管机构有权询问当事人和与被调查事件有关的单位和个人，要求其对与被调查事件有关的事项作出说明。

（三）查询、复制和封存资料

证券监管机构有权查阅、复制与被调查事件有关的财产权登记、通信记录等资料；查阅、复制当事人和与被调查事件有关的单位和个人的证券交易记录、登记过户记录、财务会计资料及其他相关文件和资料；对可能被转移、隐匿或者毁损的文件和资料，可以予以封存。

（四）查询、冻结、查封账户和限制证券买卖

查询当事人和与被调查事件有关的单位和个人的资金账户、证券账户、银行账户以及其他具有支付、托管、结算等功能的账户信息，可以对有关文件和资料进行复制；对有证据证明已经或者可能转移或者隐匿违法资金、证券等涉案财产或者隐匿、伪造、毁损重要证据的，经国务院证券监督管理机构主要负责人或者其授权的其他负责人批准，可以冻结

或者查封，期限为 6 个月；因特殊原因需要延长的，每次延长期限不得超过 3 个月，冻结、查封期限最长不得超过 2 年。调查操纵证券市场、内幕交易等重大证券违法行为时，经国务院证券监督管理机构主要负责人或者其授权的其他负责人批准，可以限制被调查的当事人的证券买卖，但限制的期限不得超过 3 个月；案情复杂的，可以延长 3 个月。根据《证券法》第 173 条的规定，国务院证券监督管理机构依法履行职责，被检查、调查的单位和个人应当配合，如实提供有关文件和资料，不得拒绝、阻碍和隐瞒。

(五)依法移送司法机关

《证券法》第 178 条规定，国务院证券监督管理机构依法履行职责，发现证券违法行为涉嫌犯罪的，应当依法将案件移送司法机关处理；发现公职人员涉嫌职务违法或者职务犯罪的，应当依法移送监察机关处理。证券监管机关没有刑事案件的侦查权，对涉嫌犯罪案件行为的侦查、起诉和审判，由有关司法机关承担。将涉嫌犯罪的案件依法移送司法机关处理，既是证券监管机构的权力也是其法定义务。

第三节 证券执法制度

一、主要发达国家和地区的证券执法模式

由于经济、社会文化及法制传统等方面的差异，不同国家或地区的证券市场监管及其执法模式形成了各自的风格，但基本上都可以分为集中型(如美国和日本)、自律型(如英国和中国香港)和中间型(如德国)等三大模式。同时，在普遍经历了市场动荡、监管失灵到加强监管的类似发展历程后，特别是在 20 世纪中期以来，主要发达国家和地区的证券市场监管及执法模式逐步走向趋同和相互协调靠拢，这既是证券市场监管的一个重大变化，也是世界证券执法走向成熟的一个必然结果。

(一)集中型执法模式

在集中型模式下，政府制定专门的包括股票市场在内的资本市场管理法规并积极参加监督管理，而证券交易所和证券中介机构组成的行业协会等所进行的自律性监管只是起辅助性作用，不在监管中占主导地位。集中统一监管执法模式的关键在于其具有一套专门的全国性资本市场管理法规和为集中统一监管提供组织保障的专业性监管机构。这种专业性监管机构要么是独立的机构，要么是附属于政府某部门的职能部门。

这种模式具有以下优点：(1)全国统一的监管机构以其超脱的地位和态势，能够公平、公正、客观、严格地监督管理股票市场，注重保护广大投资者的利益，并从总体上协调全国股票市场的健康发展，这对尚未成熟、有待规范的股票市场尤为重要。(2)由于具有专

门针对股票市场的全国性证券法规，市场参与者和监管者可以有法可依，因而有助于提高监管的权威性。然而，其缺陷也很明显：(1)股票市场监管涉及面广、交易迅速且错综复杂、违规违法行为多变且隐秘，集中统一的监管机构可能力不从心；(2)证券交易所处于股票市场的第一线，直接管理上市公司和证券交易，但对股票市场违规违法行为的惩罚只有执行权而没有决策权，证券中介机构组成的行业协会虽身处其中，却因为定位模糊而只有倡议和道义劝说权，这样势必会引起监管时滞进而降低监管的效率。

美国是采取集中统一监管执法模式的代表性国家。1933年，美国通过了《证券法》和《银行法》，并依法成立了全国证券市场的最高管理机构——证券交易委员会，由此确立了集中统一证券监管体制。采用这一模式的国家还包括日本、加拿大、菲律宾、韩国、巴西等。为了扬长避短，这些实行集中型监管稽查模式的国家，近年来也开始注重充分发挥证券交易所和证券中介机构组成的行业协会等自律组织的作用。如在美国，已通过修订证券法及有关证券法规授权这些自律组织进行自我监督，并且自律组织有权根据有关证券法规来制定规则管理组织属下的成员，有权依法查处那些违反证券法规或组织本身规则的成员和工作人员。

(二)自律型执法模式

自律型执法模式又称"自我监管模式"，是指除了进行必要的立法外，政府较少干预股票市场，对股票市场的管理主要由证券交易所和证券中介机构组成的行业协会等自律组织(包括证券商协会、律师公会、会计师审计师评估师协会等)进行自律性监管。其中，证券交易所负责对股票发行和交易的日常和全面管理，自律组织通过其章程、规则引导和制约其成员的行为，有权拒绝接受某个证券商、律师事务所、会计师事务所、审计师事务所、评估师事务所为会员，并对会员的违章行为实行制裁。

自律型模式的明显优点在于证券中介机构的充分参与有利于股票市场的监管条例、形式、手段更加符合实际，并且这些条例和业务规则的修订比证券立法具有更大的灵活性，从而有利于市场的活跃和创新。在具体监管过程中，身在其中的证券交易所和其他自律组织对发行和交易过程中发生的违法违规行为，比超脱在外的监管机构能作出更加迅速而有效的反应。但是该模式也存在一些重大缺陷，主要表现在：有效的监管是建立在参与自律组织成员具有优良的商业道德、高度一致的价值观念和对组织权威的彻底认同的基础之上，而这个基础往往比较脆弱；监管机构由证券经营机构和中介机构组成，其重点通常放在市场的有效运转和保护会员的利益上，难免会偏袒证券从业机构，不足以保护投资者的利益，往往有失公开、公平、公正之原则；由于没有专门的立法和专门的管理机构，监管通常比较软弱。

实行自律型监管的代表国家是世界上最早发展股票市场的英国。传统上，它较多地依靠由公司法中有关公开说明书的规定、有关资本发行的管理条例、防止欺诈条例和有关证券商的登记等法规组成，没有专门的单行法律。实行这种监管模式的国家和地区还有芬兰、爱尔兰、挪威、瑞典、新加坡、中国香港、马来西亚、津巴布韦、肯尼亚、新西兰等。随着时间的推移，采取自律型监管模式的国家和地区也开始注重政府集中统一监管的作用，例如，英国于 1986 年开始实施《证券服务法》，成立证券投资局行使监管资本市场的职能，专门负责证券公司、投资公司等证券机构的注册、登记、管理等事项。

（三）中间型执法模式

中间型模式既不偏重立法和集中统一管理，也不偏重于自律管理，而是采取同等对待的立场。在 1994 年《第二部证券市场促进法案》出台之前，德国是这种模式的典型代表，由于其实行证券混业经营的管理方针，资本市场监管的法律多且分散，在《证券交易法》《证券交易条例》《银行法》《投资公司法》《联邦储备银行法》《贸易法》《刑法》等法律中均有涉及，没有建立起一个相对独立的法律实体来统一规范资本市场的运作。为了监管证券混业经营中的证券业，德国又颁布《证券交易所法》以达到加强资本市场自律的目的。该种模式还为意大利、泰国、约旦等国家和地区所采用。

在证券混业经营条件下，中间型模式有助于克服集中统一模式和自律型模式的部分缺陷，但是在实际运作中由于监管工作没有偏重，往往顾此失彼，也无法充分发挥集中监管或自律监管的优势，反而由于法律和管理机构过多过散而抑制了资本市场的创新活力，更由于公开原则未得到充分体现而降低大众的投资热情。就此而言，德国资本市场发展相对滞后在很大程度上要归因于这种中间型执法模式的实践。

从 20 世纪 30 年代起，特别是本世纪以来，不管是普通法系的美国、英国及中国香港地区，还是大陆法系的德国、法国，在金融监管执法体制方面均有重大变革，其中对执法的体制、角色和定位进行了创新性的设计，使得这些国家、地区尽管在政治体制、经济环境以及社会发展方面存在较大不同，但在证券执法体制方面却呈现出某些共同的特征。①

一是强调处罚部门及其组成人员的独立性、专业性，树立执法权威。各国证券执法机关内部和机构间有相对独立性，从而确保行政执法的公正性，以及加强行政审理裁决程序的中立性。对于相对独立的机构，法律才会放心赋予更多的自由裁量权。例如，美国 SEC 中负责案件听证、审理及处罚的是行政法官，他们虽然是行政机构的职员，但为其职责需要，保持相当的独立性，不像其他的职员一样受到机构内部的管理控制，且联邦《行政程序法》要求 SEC 内部负责对案件进行调查和审理的职能部门相分离。德国联邦金融监管局执法的重要特点是调查和处罚分离，调查与处罚适用不同的程序及不同的法律。证券领域执法的高度专业性和时效性，各国都要求证券监管人员具备过硬专业知识、可靠人品和较

①　参见李丹丹：《证券执法体制的国际经验》，载《中国证券报》2015 年 8 月 24 日，第 2 版。

强能力，并设立了专门机构。例如，美国 SEC 行政法官必须是有 7 年以上工作经验的律师，其中至少 2 年是服务于将任职的机构，具审判经验者优先。德国联邦金融监管局设立了专业咨询委员会，其成员是德国联邦银行、消费者保护组织、证券企业的代表以及学术界的知名人士，其任务是向联邦金融监管局提供证券监管及市场发展方面的建议。

二是处罚程序中引入司法或准司法元素，强化执法公正。已有的研究表明，如果说在行政程序和行政主体方面能呈现出司法化的景象，将在很大程度上有助于形成良好的法治方面的品质，克服行政执法有时会出现的功能性危机，有助于重塑失范的行政权力，提升行政过程及其结果的社会可接受性。证券监管机关在行政审裁程序中即使存在一定意义上的内部分工，但作为一个整体的监管机构仍是身兼指控者和裁断者的双重角色，所以各国都采取了严格和规范的程序，确保其裁处过程和结果的公正、公开和公平。例如，美国的行政法官制度具有准司法性质，通过构建"准司法程序"来规范监管机构行政审裁和处罚权力的运用。德国行政法要求行政执法遵循比例原则和信赖原则，作为行政主体的德国联邦金融监管局通过对以上原则的遵守来保证其证券执法的公正性。

三是普遍存在和解机制，保障执法效率。行政和解，是行政执法过程中行政机关或独立规制机构与行政相对人达成的和解。行政和解这种替代性执法方式是法律实用主义在行政过程中的体现。证券执法中采用行政和解制度有利于有效惩治各类市场违法失信行为，保护投资者的合法权益，化解行政资源与行政效率的矛盾。美国《联邦行政程序法》第 554 条规定，在实践、案件性质和公共利益容许的情况下，行政机关应给与所有争议当事人进行和解的机会，行政机关并不一定必须接受当事人提出的和解方案，但是一旦和解方案被行政机关所接受，那么该方案就具有行政决定的性质。美国学者认为行政过程中的和解协议是一种契约，是在管制过程中产生的，被视作传统行政机关主导之实施活动的一种替代。[①] 在行政中的作用日益凸显。美国 SEC 有一半以上的案件在采取正式的诉讼程序（民事诉讼或行政审裁）前被和解。此外，还有大量的案件在诉讼进行中被和解（如在某些动议提出或证据发现程序进行后）。实际上，启动调查的案件中，最终走完民事诉讼或行政审裁的只有大约 10%。

其实早在 2015 年 2 月，证监会就发布了《行政和解试点实施办法》，在证券领域试点行政和解制度。2019 年 4 月，证监会依法与高盛（亚洲）有限责任公司（简称"高盛亚洲"）、北京高华证券有限责任公司（简称"高华证券"），以及高盛亚洲和高华证券的相关工作人员等 9 名行政和解申请人达成行政和解协议，成为我国证券行政执法和解第一案。2020 年 1 月，证监会依法与司度（上海）贸易有限公司（简称"上海司度"）、富安达基金管理有限

---

① 参见［美］朱迪·弗里曼：《合作治理与新行政法》，毕洪海、陈标冲译，商务印书馆 2010 年版，第 538 页。

公司(简称"富安达基金")、中信期货有限公司(简称"中信期货")、北京千石创富资本管理有限公司(简称"千石资本")、国信期货有限责任公司(简称"国信期货")五家机构达成行政和解,是我国证券行政执法和解的第二个案件。2020年8月7日,为贯彻落实修订后的《证券法》第171条规定,进一步发挥行政和解的积极作用,证监会在总结实践经验的基础上,主要就办法名称、和解申请的期间、和解的适用范围和条件、和解的启动程序、内部征求意见程序、和解金的确定因素、和解金的管理使用、当事人权益保障、信息公开、诚信档案等方面对《行政和解试点实施办法》进行了修订,形成了《证券期货行政和解实施办法(征求意见稿)》及其说明,并向社会公开征求意见。2021年10月26日,国务院发布《证券期货行政执法当事人承诺制度实施办法》,对证券执法行政和解制度作了系统性的规定;2022年证监会发布《证券期货行政执法当事人承诺制度实施规定》,并联合财政部发布《证券期货行政执法当事人承诺金管理办法》,初步形成了较为完整的证券执法行政和解制度的规则体系。2023年12月,证监会依法与广东紫晶信息存储技术股份有限公司(简称"紫晶存储")欺诈发行、信息披露违法违规案件中中信建投证券股份有限公司(简称"中信建投")、致同会计师事务所(特殊普通合伙)、容诚会计师事务所(特殊普通合伙)、广东恒益律师事务所四家涉案中介机构达成行政和解,是证券期货行政执法和解新规出台后的第一例证券行政执法和解案件。在经济转型、资本市场改革有序推进的背景下,相信随着证券行政和解制度的不断完善,我国证券行政和解制度在金融领域的争议解决中会发挥更大的作用。

二、中国证券监管执法之现状与对策

(一)中国证券监管执法的发展与现状

2020年11月2日,中央全面深化改革委员会会议审议通过《关于依法从严打击证券违法活动的若干意见》,指出要加快健全证券执法司法体制机制。中国证券监管执法体制,经历了从地方监管到中央监管,由分散监管到集中监管的三个阶段。20世纪80年代中期到1992年10月是我国证券监管的起步阶段。证券发行和交易限于上海和深圳两市试点,对证券市场没有集中统一的管理,而是在国务院部署、中国人民银行和中国经济体制改革委员会等部门决策下,主要由上海、深圳市两地地方政府管理。1992年10月到1998年4月是我国证券监管逐步建构的阶段。这期间证券监管职能以国务院证券委和证监会为主,其他部委和地方政府协作的方式来运作,即各部门共管阶段。1998年12月29日第九届全国人民代表大会常务委员会第六次会议通过的《中华人民共和国证券法》第7条规定,国务院证券监督管理机构依法对全国证券市场实行集中统一监督管理,从而以证券市场基本法的形式,确立了国务院证券监督管理机构的法律地位。1998年4月,中国证监会作为国务

院正部级直属事业单位，成为全国证券期货市场的主管部门，执法职能也从早期的从属地位日益转变为整个监管体系的核心。

资本市场成立之初，集中统一的监管体制也刚刚建立，证券执法力量相当薄弱，证监会稽查局只有20多人，全国虽设有9个大区稽查局和稽查处，但力量分散。稽查局和派出机构不存在案件交办关系，出现了忙闲不均的情况。随着市场积累的问题和风险的释放，一批大案要案随之浮出水面，但由于稽查执法效率跟不上，案件得不到及时查处，影响了稽查功能的发挥和市场的健康发展。2001年，在广东虎门召开了第一次全国稽查工作座谈会，提出三点意见：全证监系统的稽查力量必须有效组织、统一调配；派出机构稽查人员要占全部在编人员的1/3；稽查办案人员要相对稳定。会议还明确稽查体制调整的指导原则，设立稽查一、二局，实行"两局分工、系统交办、适度交叉、协调配合"的工作方针，由此形成了"稽查一局(首席稽查办公室)、稽查二局、9大区稽查局、2个直属办和24个特派办稽查处"的全新中国证券稽查执法架构，稽查执法力量随之扩充至270多人。2002年4月，在成都召开稽查工作会议，进一步明确"全系统稽查力量由稽查一局统一协调、指挥，稽查二局封闭办案"的工作格局。派出机构的稽查力量划分成三个片区，实行分片管理，稽查一局设立三个调查处，分别组织、督促、协调、指导这三个片区的稽查工作。股改以后，证券市场发生转折性变化，市场规模大大增加，涉及面更广，对外开放度更高，违法违规谋取利益的模式发生了改变，违法违规方式更加隐蔽，手段更加趋向智能、专业和复杂化。针对这种新情况，为了适应市场对稽查执法的需要，根据中央批准，证监会对稽查执法机构进行了第二次大调整：两局合并成立稽查局(首席稽查办公室)，作为一个管理机构，负责组织、协调、指导、督促案件调查，负责立案、复核及行政处罚的执行等工作；设立直属的稽查总队，总编制170人，主要负责对全国范围内的证券期货市场违法违规重大案件的调查；同时派出机构稽查力量进一步得到充实，重点负责本辖区违法违规案件的查处。经过近30年的发展，我国已基本建立起相对完整的证券执法体系，但近年来证券违法违规案件数量增多，恶性案件时有发生，严重扰乱市场秩序，给证券市场的规范发展带来了巨大挑战。这种状况的出现与证券市场的快速发展、对外开放程度的逐步提高的改革背景有关，但更重要的原因还是我国证券执法效率低下，主要表现在：(1)监管机构独立性不强。理论上，只有证券监管者与被监管者应保持一定的距离，监管机构的各项政令才能真正落实，但在我国股票市场以国有企业为主体的现实背景下，监管机构与被监管者的联系过于密切，导致执法力度不足，客观上纵容了被监管者。(2)政府监管与自律监管分工不明确。我国证券市场是在政府的扶持下成长发展起来的。政府监管为规范我国证券市场发展发挥了重要作用。但是，政府监管体制本身存在内在缺陷，加之，随着我国证券市场的快速发展，证券交易主体、交易工具越来越复杂，政府监管的对象和范围也随之急剧扩大，政府监管机构的负担越来越沉重，导致执法效率低下，成本增加。(3)惩罚措施规定不明，法律责任落空。长期以来，我国的证券监管思路往往重事前、轻事后。这从中美两国证监会的执法实践中就可以看出来。我国的证监会同样拥有强大的权力，但却没有用在刀刃上，对于事先监管措施的过度依赖，甚至导致了一定的形式主义。①

(二)构建高效率的证券执法体系

应全面提升资本市场治理效能，总结经验、把握规律、探索创新，增强资本市场治理的针对性、科学性、有效性，健全事前引导、事中防范、事后监管相衔接的全链条治理体系，深化监管体制机制改革，坚持依法监管、公正监管、源头监管、精准监管、科学监管，全面落实监管责任，创新监管方式，弥补监管短板，提高资本市场监管能力和监管体系现代化水平。②

证券执法为实现证券监管的目标所能发挥的积极作用，其内涵的大小，直接决定了证券执法可发挥作用的空间，正确认识执法的制度价值并寻求有效的执法策略是监管者纾解膨胀的执法需求与有限的监管资源之间紧张关系的必由之路。

1. 强化对证券执法者的监管

中国证监会在维护证券市场秩序方面，既有规章制定权，又有日常管理和监督检查权，同时还有查处违法违规行为权，其享有的监管权力是全方位的和高度集中的，不存在独立于行政权力的裁决权行使主体，其实就是证监会"自己做自己的法官"，往往使得必不可少的程序要件流于形式。应持续压实金融管理部、监管机构和政府的主体责任，做好金融反腐和处置金融风险统筹衔接，强化金融领域监管和内部治理。③ 随着证券发行注册制的落实，证监会的行政执法权力将会逐渐扩展，这一方面是应对证券市场各种违法行为的必要举措，另一方面也不免会引起人们对证监会是否会滥用手中的公权力，从而侵害市场参与者正当权益的担忧，毕竟权力的边界往往与腐败的边界是合二为一的，以往在证券发行领域的种种"往事"也证明这种担忧并非杞人忧天。从这个角度上来说，我国证券执法体制的变迁绝对不应当让"扩权"唱独角戏，而是要同时融入"限权"的法律元素。因此，对其进行必要的权力制衡是绝对必要的。

在此方面，我们可以借鉴香港地区的经验，建立适合我国经济和证券市场发展的外部权力制衡机制。例如，实行真正的委员会制度，建立相应的规则保证委员会机制的存在和

① 参见吕成龙：《中美证券市场治理的关键变量比较与法律移植》，载施天涛执行主编：《证券法律评论》2015 年卷，中国法制出版社 2015 年版，第 298 页。

② 习近平：《习近平谈治国理政》(第四卷)，外文出版社 2022 年版，第 221 页。

③ 习近平：《在第十九届中央纪律检查委员会第五次全体会议上的讲话》，载中国政府网，https：//www.gov.cn/xinwen/2021-01/22/content_5581970.htm。

运作，包括实行非执行委员会制度，保证证监会与业界的联系与独立性；大胆借鉴"香港证券与期货事务上诉审裁处"制度，在证监会外部设立一个专门复检证监会决定的部门，以迅速、有效地对其行使监督权。对内可以建立包括审查分离制度、政务公开制度、岗位责任制、监管责任追究制、考核与奖惩制度、执法回避制度等措施在内的一系列内部控制制度，以提高证券执法人员的素质，配合证券市场创新，与时俱进。

2. 优化行政执法与民事司法的衔接机制

虽然早在 1999 年实施的《证券法》中就已经规定了针对证券市场上违法行为的民事诉讼机制，但人民法院受理和审理有关案件历程却是一波三折。最高人民法院曾于 2001 年 9 月发布《关于涉证券民事赔偿案件暂不予受理的通知》，称法院尚不具备受理及审理的条件，要求各地法院暂不受理证券市场中涉及内幕交易、欺诈、操纵市场等三方面的民事赔偿案件。2002 年 1 月，在各界的强烈呼吁下，最高人民法院终于公布了《关于受理证券市场因虚假陈述引发的民事侵权纠纷案件有关问题的通知》，2003 年 1 月又发布了《关于审理证券市场因虚假陈述引发的民事赔偿案件的若干规定》，真正开启了证券民事索赔的大门。即便如此，目前国内的证券民事诉讼状况仍然不容乐观。

新《证券法》第 95 条第 1 款确立了集体诉讼制度，规定："投资者提起虚假陈述等证券民事赔偿诉讼时，诉讼标的是同一种类，且当事人一方人数众多的，可以依法推选代表人进行诉讼。"第 95 条第 2 款延续《民事诉讼法》的框架设计，赋予人民法院选择权，规定："对按照前款规定提起的诉讼，可能存在有相同诉讼请求的其他众多投资者的，人民法院可以发出公告，说明该诉讼请求的案件情况，通知投资者在一定期间向人民法院登记。人民法院作出的判决、裁定，对参加登记的投资者发生效力。"第 95 条第 3 款按照"明示退出""默示加入"的诉讼原则规定了集体诉讼制度，规定："投资者保护机构受五十名以上投资者委托，可以作为代表人参加诉讼，并为经证券登记结算机构确认的权利人依照前款规定向人民法院登记，但投资者明确表示不愿意参加该诉讼的除外。"

美国是最早以制定法律的形式规定集团诉讼制度的国家，其证券集团诉讼也最为发达，许多国家和地区都是借鉴了美国集团诉讼的制度。集团诉讼制度具有以下几个显著优点：(1)将实现法律的任务分担给个人，从机制上丰富和完善公民维护自身权益的途径。集团诉讼打破了行政机关对共同性的独占，将一部分公共活动委托于个人，从而形成了个人和行政机关之间竞争与协作的新型机制。(2)集团诉讼的作用范围限于大量小额的被害请求诉讼案件。在高生产、高消费的社会里，固定模式的被害事件频频发生，且具有极大的危害性。如果把小额案件诉讼比喻成"羊"的程序，那么集团诉讼就是庇护"羊"的"狮子"的程序，体现了民事诉讼法对公民权利的保障和救济。(3)具有有效的激励机制。起诉者往往纯粹以经济利益为目的而寻求法实现的目标，这一点在"揭发者代行诉讼"上表现得特别突出。在这种诉讼中，法律规定取得额的二分之一归揭发者所有。在集团诉讼中给予的"奖励"，使得作为众多权利代表的原告通过一个诉讼可以谋求自身利益的充分实现，使得以最小付出获得最大的报酬成为现实可能，这种"奖励"成为促进通过诉讼解决群体纠纷的现实基础。[1]从国外的实践情况看，证券集团诉讼在保护投资者、遏制证券侵权行为方面都发挥了突出作用。

但集团诉讼并非包治百病的万灵药，其自身也存在许多问题，突出表现为：（1）在现实中，能否选出真正代表所有集团成员的代表人或首席律师是一个难题；（2）对原告律师的过度激励往往诱使律师出于其他动机联合被告律师与其客户达成远低于原告集团所受损害金额的和解，草草了结诉讼；（3）巨额赔偿和大量人力、资源及金钱的投入往往使得被告无法运营甚至破产等。

为解决上述问题，既保护投资人的利益，又维护上市公司的利益，美国国会在1995年制定并通过了《私人证券诉讼改革法》，意图通过鼓励确有价值的诉讼限制滥诉现象，缓解证券集团诉讼的内在冲突。该法案的主要内容包括：（1）集体诉讼条款。在集团诉讼中，主要原告必须填写证明文件，表明已经检查和审定了相关文件，并宣誓在没有辩护律师指导下购买证券或者为了具有原告资格而购买某种证券。一般地说，主要原告在过去5年中最多不能超过3次。在填写起诉书后20天内，原告需要通知集团诉讼的每个成员，表明他们提出主要诉讼请求，并表示他们之中的其他成员也可以担任主要原告，辩护律师一般由主要原告选择。（2）避风港（safe harbor）条款。该条款一方面免除上市公司因在业绩展望方面错误陈述或省略应承担的责任，主要需要上市公司表明材料信息为预测的性质，并附上警示性声明，说明可能引起预测结果发生变化的影响因素即可；另一方面，只要原告不能证明上市公司的预测报告是在明知材料虚假或有意误导的情况下作出的。（3）比例责任条款。区分故意违法行为和其他违法行为不同的责任。如果被告是故意违法，将承担完全的连带性责任；如果非故意违法，就按照比例承担责任，具体比例视行为性质和与损害结果的因果关系而定。（4）和解条款。在自行和解前，必须以公告的形式将和解条款告知集团诉讼的每个成员。而且，和解协议一般不能密封存档，除非一方当事人能表明不密封将会直接导致重大的损害，包括双方名誉上的损害。这种公开协议内容的做法可以有效防止上市公司和投资者诉讼代表为了某种利益而欺骗其他投资人。

为了避免美国集团诉讼中因维权成本低，涉案总金额极高而导致的"滥诉"倾向，在我国的立法设计中，将特定的投资者保护机构（实践中承担这一角色的"中证中小投资者服务中心"是证监会下属的非营利性公益机构）作为"退出制"集体诉讼的主导者，可以起到节约司法资源、维护市场秩序的作用，但是，投服中心"慎重选案，适时启动"的表态是否意

---

① 参见陶源、顾存杰：《美国集团诉讼制度的特点及启示》，载《人民法院报》2006年2月6日。

味着选择性办案，如果答案是肯定的，选择标准必须公平合理，否则，投资者维权的积极性将受到打击，集体诉讼制度事实上将难以启动。①

【本章课外阅读材料】

瑞幸咖啡案和解结案②

　　美国时间 2020 年 4 月 2 日盘前，瑞幸咖啡发布公告，承认在 2019 年第二季度至第四季度伪造了大约 22 亿元人民币交易额，相关费用和支出也相应虚增。公告同时声称，公司董事会已成立特别委员会，对 2019 财年财务报告审计期间的问题展开调查。该公告发布后，瑞幸咖啡股价遭遇多次熔断，当日收盘价跌幅超过 75%。4 月 3 日，瑞幸咖啡股价继续跳水，当日收跌 15.94%。6 日，瑞幸咖啡股价盘中最高下跌超 20%，贷款银行对瑞幸咖啡股东 Haode Investment Inc.（瑞幸咖啡董事长陆正耀为实际控制人）质押的 7640 万股瑞幸股权执行强制平仓操作。从 2020 年 1 月 31 日华尔街著名做空机构浑水研究披露瑞幸咖啡造假的做空报告，到 2 月 13 日瑞幸咖啡在美国被投资人以"所披露的财务和经营信息存在重大不实"为由提起集体诉讼，再到瑞幸咖啡公告公司首席运营官实施了 22 亿元人民币的财务造假丑闻，瑞幸咖啡股价遭遇腰斩。浑水研究的做空报告被证实，也更加固化了部分境外投资者对中概股的信用偏见，带来严重的连锁信任危机。作为瑞幸咖啡的最大股东，神州租车 2020 年 4 月 3 日股价跌超 70% 至临时停牌，标普全球评级更是将神州租车的发行人信用等级从 B+ 连降两级至 B-，并列入负面信用观察名单。同时，跟谁学、万国数据、世纪互联等部分曾遭到做空的中概股股价也出现明显回落，中概股股价遭遇"群杀"。

　　瑞幸咖啡注册地在开曼群岛，经境外监管机构注册发行证券并在美国纳斯达克股票市场上市。就瑞幸咖啡（Luckin Coffee Inc.）财务造假行为，4 月 3 日，中国证监会表示强烈谴责，声明中称，不管在何地上市，上市公司都应当严格遵守相关市场的法律和规则，真实准确完整地履行信息披露义务。中国证监会将按照国际证券监管合作的有关安排，依法对相关情况进行核查，坚决打击证券欺诈行为，切实保护投资者权益。

　　6 月 29 日，瑞幸咖啡正式在纳斯达克交易所停止交易，进入退市程序，结束了 400 多天的上市之旅，瑞幸咖啡的股价定格在了 1.38 美元/股，相较上市时 17 美元的

---

　　① 2021 年 4 月，中国证监会中小投资者服务中心接受 67 名投资者委托，对康美药业启动投资者特别代表人诉讼，成为新《证券法》实施后首例证券纠纷特别代表人诉讼案。

　　② 参见《11.8 亿"天价罚单"！美国证券交易委员会出手了》，载《中国基金报》2020 年 12 月 17 日。

发行价缩水了90%。7月1日，瑞幸咖啡在其官网宣布，公司内部调查基本完成，董事会特别委员会发现，财务造假始于2019年4月，公司2019年净营收额被夸大约21.2亿元人民币，成本和费用在2019年被夸大了13.4亿元。7月底，美国证券交易委员会在起诉书中指称，至少在2019年4月至2020年1月之间，瑞幸咖啡通过三个独立的购买计划，利用关联方对销售交易进行造假，故意捏造了超过3亿美元的零售额。起诉书称，瑞幸咖啡的某些员工试图通过将公司费用夸大逾1.9亿美元以创建一个虚假的运营数据库，并篡改会计和银行记录来反映造假的销售额，借此掩盖其欺诈行为。

12月16日，美国证券交易委员会(SEC)宣布，瑞幸咖啡此前严重虚报公司营收、费用和净运营亏损，以此欺骗投资者，试图使其看起来像是实现了快速的增长和提高了盈利能力，并达到该公司的盈利预期。面对这项指控，瑞幸咖啡则同意支付1.8亿美元的罚款以和解委员会的这一指控。

第十二章 证券法律责任制度

第一节 证券法律责任概述

一、证券违法行为

（一）证券违法行为的概念

"违法行为"，是指"违反法律命令等所规定，而为法律所禁止之行为"。"在刑事方面乃指违反刑法规定之行为，在民事方面乃指不履行债务及侵权之行为，以及其他与民法所规定者相抵触之行为而言。在行政法方面，则泛指违反行政法规定之行为而言。"[①]

证券违法行为，概指一切违反证券法律法规和规章等的行为。我国《证券法》第三章第三节规定的"禁止的交易行为"，就是证券市场上最主要和最常见的违法行为类型。美国《证券交易法》第 10b-5 款规定："任何人，无论是直接地还是间接地，（1）制订计划、密谋或设置圈套进行欺诈；（2）对于当时情况而言必须记录的重大情况，进行不真实的陈述或予以隐瞒；（3）从事任何对证券买卖构成了或可能构成欺诈的行为、业务或其他商务活动。以上皆构成违法。"可见，美国证券法上是以列举的方式将包括证券欺诈在内的所有市场不法行为均概括为证券违法行为。

证券市场上的违法行为之所以频繁发生，原因是错综复杂的。其中最重要的原因，一方面是受证券市场和证券交易本身的特点影响，另一方面也与政府部门对资本市场的治理经验不足，各类机构和投资者，尤其是个人投资者不成熟，以及多种因素造成的资本市场监管制度不完善有很大关系。

（二）证券违法行为的特征

1. 一般特征

第一，行为违反了证券法律法规和规章等。证券法不仅包括证券法律，还包括相关行政法规、司法解释以及证券监管机构制定的监管规章。实践中，违反证券监管规章的行为

---

① 郑兢毅编著：《法律大辞书》，商务印书馆 2012 年版，第 1521 页。

通常习惯被称为"违规行为"。证券违规行为可以被看作证券违法行为在形式、方法、内容等方面的具体延伸，但违规行为在本质上仍属于违法行为，称谓的不同并不能改变行为的违法性质。

第二，行为发生在资本市场相关业务活动中。依据违法行为侵犯或妨害的、由特定法律法规所保护的社会关系进行区分，能概括和说明某一类违法行为的本质特征，并借以将此类违法行为与其他类别的违法行为区别开来。将发生在资本市场与证券及其衍生产品的发行、交易以及公司并购重组等业务活动中的违法行为统称为证券违法行为，能够表达出证券法律法规规制资本市场主要活动的立法本意。

第三，行为包括所有与资本市场证券投资以及交易相关的违法行为。也就是说，证券违法行为的范围涵盖了所有证券市场主体，证券市场活动的各个环节及其组成部分，以及与证券市场活动相关联的其他服务或中介活动。

2. 行业特征

第一，证券违法行为具有行为上的复合性。这是指证券违法行为的发生往往伴有一个或数个其他行为的配合或协同发生。例如，内幕交易行为往往伴随着虚假陈述、信息误导等其他违法行为。[①]

第二，证券违法行为具有主体上的多样性。证券发行人、上市公司控股股东、实际控制人、管理层或收购人，都可能实施虚假陈述、操纵证券价格等违法行为。为牟利动机驱使，证券经营机构、证券服务机构以及其他机构甚至个人也越来越多地卷入证券违法行为中。这使得证券违法行为实施主体呈现出多样化的特征。

第三，证券违法行为具有手法上的隐蔽性。受证券交易特点影响，证券违法活动具有较强的隐蔽性，一般不容易被识别和发现。随着证券监管机构监管力度的加强，违法行为人也在不断变换违法手段，新型证券违法行为不断出现。例如，一些违法行为人通过冒用证券公司等专业机构名义，编造虚假研究报告，捏造所谓"资产重组""价值低估"等信息，诱骗投资者买卖股票，以实现操纵股票价格获利的目的。

第四，证券违法行为具有结果上的多重性。这有两方面的意思，一是指证券违法行为的涉众性强，通常会侵害众多投资者。以证券侵权行为为例，一个侵权行为可能会侵害众多不特定投资者的权益，形成众多纠纷当事人。[②]二是指证券违法行为在责任承担上的多重性。例如内幕交易，严重者可构成内幕交易罪，行为人需承担刑事责任，但该内幕交易行为往往还伴随着相应的行政处罚以及民事赔偿责任。

---

① 参见禄正平：《证券法学》，商务印书馆 2019 年版，第 466~467 页。

② 参见盛学军、刘如翔：《诉讼代表与纠纷调解：我国证券投资者保护基金公司的职能拓展与制度创新》，载《云南师范大学学报（哲学社会科学版）》2010 年第 6 期。

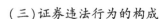

（三）证券违法行为的构成

1. 证券违法行为侵害的对象

证券违法行为所侵害的对象是证券法律法规和规章等所保护的各种关系。这些关系既包括证券交易、服务关系，也包括自律管理关系，还包括监督管理关系。表面来看，许多证券违法行为直接侵害了行为相对人的合法权益，但从经济活动的整体来看，该违法行为侵害的也是证券市场秩序和证券市场整体利益。因此证券违法行为侵害的是证券法律法规以及规章等所保护的资本市场秩序及其所反映的市场参与者的合法权益。

2. 证券违法行为的客观表现

证券违法行为在客观上通常表现为市场参与者在证券及其衍生产品的发行、上市交易、结算、公司并购重组等各个环节所发生的违反证券法律法规以及规章等的行为。

3. 证券违法行为的主体

资本市场活动中任何可能作出违反证券法律法规和规章等行为的机构和个人都可能成为证券违法行为的主体。证券违法行为主体具有多样性的特点。

4. 证券违法行为的主观方面

这是指行为人作出行为时的主观动机和过错。按照追究违法行为法律责任的原理，一种行为被认定为构成违法行为才可能延及追究法律责任，包括行政处罚责任、民事赔偿责任、刑事责任等。对证券违法行为无论追究何种责任，关键在于行为人主观动机和过错程度如何。[1]

二、证券法律责任

（一）证券法律责任的概念

金融监管要"长牙带刺"、有棱有角，金融监管部门和行业主管部门要明确责任，加强协作配合，当罚则罚，严格执法，严肃追责问责，落实金融监管的具体要求[2]。法律责任作为后果威慑，是证券监管执法中的关键一环，对于促使市场主体遵守证券活动规范具有重要意义。

证券违法行为必然涉及法律责任的承担。在法理学意义上，法律责任是指行为人违反法定或者约定的义务而承担的法律上的不利后果。以此类推，证券法律责任是指证券法律关系的主体违反证券法或其他法律规范而应承担的法律上的不利后果。就其本质而言，证券法律责任是在行为人违反法定或约定的义务，背离立法的目的时，法律所采取的一种对

---

① 参见禄正平：《证券法学》，商务印书馆2019年版，第477～488页。

② 习近平：《在中央金融工作会议上的讲话》，载中国政府网，https：//www.gov.cn/yaowen/liebiao/202310/content_6912992.htm？slh=true。

其行为的矫正机制，其根本目的在于通过让行为人承担"第二性义务"来重新调整因行为人的不法行为而趋于失衡的利益关系，恢复已经扭曲的证券市场秩序，最终实现立法者的预期目标。①

法律责任之所以重要，在于它是要求赔偿和行使惩罚权的正当性基础。② 证券法律责任是资本市场违法成本的直接体现。③ 证券法律责任制度的实施与完善，不仅是实现资本市场法治的基本路径，也是追求证券法价值目标的根本保障。④ 证券市场的发展和完善离不开证券法律责任，一切证券制度与规范的设计都应以证券法律责任为依托。⑤

（二）证券法律责任的特征

1. 责任承担主体的多元性

证券法律关系的主体包括证券市场主体（证券发行人、证券投资者等）、证券中介机构（证券经营机构、证券服务机构等）、证券市场监管机构及自律组织，它们均有可能成为证券法律责任的承担者。

2. 证券法律责任的综合性

证券违法行为具有典型的外部性，不仅侵害投资者利益，而且会破坏证券市场的整体秩序，这就需要通过追究行为人的民事责任为投资者提供救济，也需要通过追究相关主体的行政责任与刑事责任来维护证券市场的整体秩序。我国证券法律责任主要规定于《证券法》之中，但《刑法》《公司法》等法律以及相关司法解释、行政法规、证券监管规章等也涉及证券法律责任的内容。这就使得证券法律责任体系中既充斥着行政责任与刑事责任规范，也不乏侵权责任、违约责任和缔约过失责任等民事责任规范。

3. 证券法律责任构成要件的特殊性

由于证券不法行为类型多样，责任设定轻重有别，所以在法律责任的构成要件方面存在较多的特殊性，尤其是在归责原则选择、因果关系认定、举证责任分配等方面存在不少迥然有别于其他法律责任构成要件的规定。

（三）证券法律责任的功能

法律责任的功能是实现法律责任制度目标的路径。通常认为，法律责任有三大功能，即惩罚功能、救济功能和预防功能。⑥ 作为证券法律制度的基石，证券法律责任制度是证

---

① 参见万国华主编：《证券法学》，清华大学出版社 2010 年版，第 349 页。

② 参见蔡宏伟：《"法律责任"概念之澄清》，载《法制与社会发展》2020 年第 6 期。

③ 参见王一：《我国证券法律责任实现机制研究》，载《中国证券期货》2019 年第 4 期。

④ 中国社会科学院课题组：《证券法律责任制度完善研究》，载《证券法苑》（2014）第十卷，法律出版社 2014 年版，第 481~482 页。

⑤ 参见薛峰：《论证券市场中的法律责任》，载《首都师范大学学报（社会科学版）》2002 年第 5 期。

⑥ 中国社会科学院课题组：《证券法律责任制度完善研究》，载《证券法苑》（2014）第十卷，法律出版社 2014 年版，第 483 页。

券市场实现其"促进、监管、服务、保护"功能定位的法宝。我国《证券法》第1条开宗明义地规定："为了规范证券发行和交易行为，保护投资者的合法权益，维护社会经济秩序和社会公共利益，促进社会主义市场经济的发展，制定本法。"该立法目的的实现无疑需要证券法律责任的保驾护航。具体而言，证券法律责任的功能体现在：

1. 补偿与救济功能

在证券市场中，投资者的存在决定了证券市场的存在和繁荣，只要有投资者就必须考虑他们如何看待市场、如何评价自己的处境，这就是所有证券市场都奉为最大价值的"投资者对市场的信心"。[①] 投资者信心的维系主要依赖于对投资者遭受损害给予充分的补偿与救济，从而使失衡的利益关系得以恢复，这就是证券法律责任的补偿与救济功能。在证券法律责任的制度设计中，补偿与救济功能的实现主要是通过民事责任来实现的，即借助于返还财产、恢复原状或赔偿损失等责任形式对投资者的财产权益加以补救。

2. 制裁与矫正功能

由于证券不法行为扰乱了正常的证券市场秩序，所以仅对投资者进行补偿和救济尚显不足，还需通过行政责任与刑事责任打击和遏制证券违法与犯罪行为，剥夺行为人进一步实施违法犯罪的客观能力，从而恢复正常的证券市场秩序。法经济学的研究表明，当违法犯罪行为的成本远高于收益时，违法犯罪行为会明显减少，而严厉的行政责任与刑事责任正是有效遏制证券违法犯罪行为的重要筹码。

3. 教育与预防功能

证券法律责任制度通过法律规范的形式宣示了国家和社会对证券不法行为的否定态度，不仅对证券违法犯罪行为具有警示和威慑作用，还可以教育其他证券市场参与者遵纪守法，督促上市公司及其董事、监事和高级管理人员自觉抵制不法意图，进而作出符合法律目的的理性行为选择。由此可以看出，教育与预防功能的本质在于"防患于未然"，是一种积极的责任功能。

(四)证券法律责任的归责原则

1. 过错责任原则

这一归责原则是指行为人因过错实施了证券违法行为而应承担法律责任。强调行为人的主观过错，并以过错作为确定责任的要件。考虑到过错责任原则下，利益受损的投资公众对侵权行为人的主观过错往往难以举证，因此我国《证券法》对一般证券违法行为的法律责任并没有规定行为人主观上必须有过错。

2. 过错推定原则

这一归责原则可以视为过错责任原则的特殊表现形式。依据该归责原则，一旦行为人

---

① 赵万一主编：《证券交易中的民事责任制度研究》，法律出版社2008年版，第32页。

的行为致人损害，就推定其在主观上存在过错，除非行为人能够证明自己没有过错，否则就应该承担法律责任。按照民事诉讼"谁主张，谁举证"的基本原则，证券市场上受损害投资者对侵权行为人主观过错的举证将变得十分困难。因此，证券法采用过错推定原则将举证责任倒置，能够在很大程度上减轻受损害投资者的举证责任，这也是证券法公平原则的一种体现。例如，《证券法》第163条对于证券服务机构规定"其制作、出具的文件有虚假记载、误导性陈述或者重大遗漏，给他人造成损失的，应当与委托人承担连带赔偿责任，但是能够证明自己没有过错的除外"。这就是证券法律责任过错推定原则的一个体现。

3. 严格责任原则

这一归责原则是指行为人只要实施了证券违法行为，就必须承担法律责任。该归责原则突出的是追究证券违法行为本身的法律责任，其责任的构成不以损害后果和主观过错为前提，多见于证券行政责任方面或合同违约责任方面。

4. 无过错责任原则

这是指行为人实施了证券违法行为并造成一定损害后果的，无论其主观上是否存在过错，都应承担法律责任。这一归责原则多适用于证券民事责任尤其是侵权责任方面，并且以损害后果作为构成责任的前提。例如《证券法》上关于内幕交易，利用未公开信息，操纵证券市场行为，编造、传播虚假信息或者误导性信息等给投资者造成损失应承担责任的规定，采用的就是无过错责任原则。

(五)证券法律责任的体系

1. 证券行政责任

行政责任是行政关系主体因违反行政法律法规或不履行行政法律义务而依法应承担的行政法律后果。证券行政责任是指国家机关基于证券监管法律关系主体的证券行政违法行为，依行政程序或行政诉讼程序作出的法律制裁或其他法律后果。

证券行政责任是证券监管法律主体的责任，既包括监管主体的责任，也包括被监管主体的责任。它是证券行政违法行为的必然法律后果，实施了证券行政违法行为必然会引起证券行政责任的承担。追究证券行政责任是特定行政执法部门的专属职权，也是国家行政执法部门积极主动实施的行为，这显然不同于民事责任追究的被动性、事后性。

证券行政责任是以惩戒作为首要功能的责任类型。虽然它也有保护投资者权益的制度功能，但这一功能是通过惩戒功能的实现来间接体现的。这与证券民事责任的功能位序正好相反。承担财产罚是证券行政责任最主要的责任形式。我国《证券法》第13章涉及行政责任的各个条款，都规定了"没收违法所得""没收业务收入""处以……罚款"的行政处罚措施。

证券行政责任在形式上分为惩罚性的行政责任与补救性的行政责任。就前者而言，它是指证券行政违法行为必然导致的在法律上对违法主体进行惩罚的法律后果，其具体形式包括行政处分和行政处罚两个方面。行政处分是国家机关对公务人员给予的纪律处分。证券法上的行政处分还包括证券业协会、会员制事业法人证券交易所对其会员及其工作人员给予的纪律处分，以及证券公司、证券服务机构对其从业人员给予的纪律处分。行政处罚则是国家行政机关对行政相对人采取的制裁性措施。证券法上的行政处罚是指对违反证券法律、法规、规章等的单位或个人给予的强制性制裁措施，具体包括罚款、没收非法所得以及行为罚。

补救性的证券行政责任是指证券行政违法主体对自己应承担的法定义务进行补救履行，或者对自己的违法行为所造成的危害后果进行补救。其责任承担的具体形式主要为责令改正、责令赔偿等。在证券法上表现为证券监督管理机构责成违法行为人对其违法行为予以改正，或责令其对受损者予以一定的经济补偿。

2. 证券刑事责任

根据罪刑法定原则，刑事罪名必须规定在《刑法》或《刑法修正案》中，不能由其他法律创设。① 证券刑事责任是行为人在证券发行、交易或证券监督管理过程中因实施了违反法律禁止的行为构成证券犯罪须承担的责任。行为人违反《证券法》的行为危害如果达到了刑罚制裁的程度，就会触发证券刑事责任。作为最严厉的制裁手段，证券刑事责任的构成要件具有相对完全性，既要求有主观罪过的存在，又要求行为"情节严重"或"造成严重后果"。证券刑事责任的追究更具有权威性、强制性和程序性，且普遍适用双罚制，在许多证券犯罪行为中，单位以及负责人、直接责任人都会被追究相应的刑事责任。由于证券犯罪行为往往会给受害者造成严重经济损失，因此其刑事责任通常是自由刑和财产刑相结合。

国际上对证券违法的刑事制裁通常集中于五种证券犯罪行为，即非法发行与交易、操纵证券市场、欺诈客户、内幕交易、虚假陈述。依据我国《刑法》，证券犯罪行为的种类主要包括：虚报注册资本罪，虚假出资、抽逃出资罪，欺诈发行股票、债券罪，违规披露、不披露重要信息罪，擅自设立金融机构罪，伪造、变造、转让金融机构经营许可证、批准文件罪，伪造、变造国家有价证券罪，伪造、变造股票、公司、企业债券罪，擅自发行股票、公司、企业债券罪，内幕交易、泄露内幕信息罪；利用未公开信息交易罪，编造并传播证券、期货交易虚假信息罪，诱骗投资者买卖证券、期货合约罪，操纵证券、期货市场

---

① 值得注意的是，2020 年 12 月 26 日，第十三届全国人民大表大会常务委员会第二十四次会议通过了《刑法修正案（十一）》，修改后的刑法已于 2021 年 3 月 1 日开始施行。《刑法修正案（十一）》大幅度提高了证券欺诈发行、信息披露造假、中介机构提供虚假证明文件以及操纵证券市场四类证券犯罪的刑事惩戒力度，此外也强化了控股股东、实际控制人等"关键少数"的刑事责任，这使得证券犯罪将面临更严厉的刑事制裁。

罪，挪用资金罪，挪用公款罪，背信运用受托财产罪，违法运用资金罪，有价证券诈骗罪，提供虚假证明文件罪，出具证明文件重大失实罪，滥用管理公司、证券职权罪等。

证券犯罪是违法情节严重、社会危害性较大的证券违法行为，其在实践中最主要的特征就是破坏证券市场秩序并造成了严重后果，由此可以划分证券违法行为的罪与非罪，决定着违法行为人将承担证券刑事责任还是行政责任或民事赔偿责任。证券犯罪对证券市场秩序的破坏还表现在危害了市场的稳定健康发展。例如证券欺诈行为，其通常针对不特定的社会公众投资者实施，侵害对象为社会公众利益，直接危害资本市场秩序和社会秩序，社会危害程度较高。①

3. 证券民事责任

证券民事责任，是指参与证券活动的主体违反证券法有关规定给投资者造成损失而应承担的民事法律后果。② 这一概念意味着：首先，证券民事责任是证券法的民事责任。对证券民事责任本质的认识应当立足于它相对于一般民事责任制度与原理的独特之处，如果只是泛泛地从一般民事责任的制度原理来认识证券民事责任，则势必看不清其质的规定性。换言之，只有适用证券法认定和处理的民事责任才是证券民事责任，证券法的特别规定是认知证券民事责任的逻辑起点。其次，证券民事责任制度以保护证券投资者合法权益为宗旨。这一宗旨贯穿于证券民事责任制度的建构与实施当中，因此，证券民事责任应当限定为参与证券活动的民事主体给投资者造成损失而应承担的民事责任。③

根据证券违法行为所侵害的证券民事权益关系的不同，证券民事责任可以分为三种：（1）证券违约责任。所谓证券违约责任，是指证券合同有效成立后，当事人违反合同中所确立的义务致使另一方当事人受到损害时所应承担的法律责任。在证券承销、买卖、上市、委托、收购的不同环节，均有证券合同的存在。在不同的证券类型中，当事人的权利义务不一样，导致所产生的违约责任迥然有别。例如，证券代销合同中的双方当事人之间是委托代理关系，证券包销合同的双方当事人之间是买卖关系，这决定了违约责任承担方式上的不同。（2）证券侵权责任。所谓证券侵权责任，是指在证券发行、交易及相关活动中，当事人因违反法定义务，侵害他人财产权益所应承担的法律责任。构成侵权责任，必须存在证券侵权行为，该行为造成了损害，而且行为与损害之间存在因果关系。（3）证券缔约过失责任。所谓证券缔约过失责任，是指在订立证券合同的过程中，由于一方当事人的过失致使合同无效或者被撤销而造成另一个当事人的损失时，应当负担的损害赔偿责任。在民法上，缔约过失责任的承担，通常要求当事人存在故意或者过失，或者是当事人本无意与对方签订合同而进行恶意磋商，或者是当事人存在欺诈，或者是当事人虽无欺诈

---

① 参见禄正平：《证券法学》，商务印书馆 2019 年版，第 509~511 页。

② 参见陈洁：《证券法》，社会科学文献出版社 2006 年版，第 313 页。

③ 参见陈甦主编：《证券法专题研究》，高等教育出版社 2006 年版，第 275 页。

但未尽到合理的注意义务。证券法上缔约过失责任的承担比较特殊，即不以行为人存在主观过错为前提。例如，《证券法》第33条规定："股票发行采用代销方式，代销期限届满，向投资者出售的股票数量未达到拟公开发行股票数量百分之七十的，为发行失败。发行人应当按照发行价并加算银行同期存款利息返还股票认购人。"这一规定中，投资者向发行人主张缔约过失责任就无须证明发行人有过错。

自1998年诞生以来，我国《证券法》经过历次修订，在法律责任体系方面日臻完善，但其中民事法律责任制度依然存在一些缺陷，使其未能有效地发挥保护投资者合法权益的功能。经过2019年的修订，现行《证券法》更加健全了证券民事法律责任。此次《证券法》的修订在证券民事责任方面主要有四个方面的变化：第一，增加了证券民事责任承担主体的种类。将证券违法行为民事责任承担的主体从原来的"发行人、上市公司"，扩大至所有信息披露义务主体，既包括发行证券的公司、上市公司、股票在国务院批准的其他全国性证券交易场所交易的公司等《证券法》概括指称的"发行人"，也包括其他信息披露义务人。

第二，增加了承担证券民事责任的违法行为的种类。承担证券民事责任的违法行为既包括信息披露文件"存在虚假记载、误导性陈述或者重大遗漏"的行为，也包括"未按规定披露信息"的行为。

第三，增加了承担证券连带赔偿责任的主体。依据《证券法》第85条，发行人的控股股东、实际控制人、董事、监事、高级管理人员和其他直接责任人员以及保荐人、承销的证券公司及其直接责任人员，均要对该条所规定的信息披露违法行为给投资者造成的损失承担连带赔偿责任，除非能证明自己没有过错。

第四，增加了过错推定责任的适用主体。现行《证券法》将过错推定责任不仅适用于发行人的董事、监事、高级管理人员和其他责任人员以及保荐人、承销的证券公司及其直接责任人员，也适用于发行人的控股股东、实际控制人。

第五，改变了控股股东、实际控制人承担连带赔偿责任的归责原则。从现行《证券法》第85条来看，将原来对控股股东、实际控制人适用过错责任承担连带赔偿责任的归责原则，修改为适用过错推定责任。这一责任承担和证明方式的变化，对证券市场上投资者追究发行人、上市公司的控股股东、实际控制人的责任无疑是重大利好。这意味着投资者作为受害者，在民事赔偿诉讼中不再需要负担证明发行人、上市公司的控股股东、实际控制人具有过错的举证责任，发行人、上市公司的控股股东、实际控制人除非能够证明自己没有过错，否则就要与发行人承担连带赔偿责任。

此外，现行《证券法》还通过设立投资者保护专章，规定投资者适当性、表决权征集、债券持有人会议与受托管理人、现金分红、先行赔付、证券代表人诉讼等一系列制度，使得证券民事责任的落实有了巨大突破。①

---

① 参见何海锋：《新〈证券法〉如何保护强化投资者保护》，载《金融博览》2020年第4期。

（六）证券法律责任的协调

刑事、行政和民事三种法律责任共同构成了证券法律责任体系。从法律责任的功能来看，三大证券法律责任的设置都是以修复证券市场上因遭到违法行为破坏而失衡的社会关系为宗旨，但是三大责任的重心却是不同的。刑事责任和行政责任侧重于修复国家与违法行为人失衡的社会关系，责任设置的重心在于惩罚违法行为的实施者，带有鲜明的公法规范属性；民事责任则侧重于修复作为证券市场参与者的违法行为人与受害人彼此之间失衡的社会关系，责任设置的重心在于补偿遭受违法行为损害的投资者，带有鲜明的私法规范属性，因而被认为是对投资者权益的直接保护。① 这就要求三大法律责任之间相互配合，实现功能之间的互补和协调，进而构成一个均衡的责任体系。在这种理想的证券法律责任均衡状态中，投资者积极"为权利而斗争"，充当着"私人检察官"的角色，通过追求和实现自己的利益而促进了公共利益；② 而监管者既要确保证券市场交易的安全，也要保证交易的效率，需要合理划定其权力边界，实现监管的动态平衡。

证券法律责任的协调，还需要妥善处理法益保护的冲突问题。例如，倘若违法主体的财产状况非常脆弱或者严重恶化，使其无法同时支付民事赔偿金、罚款与罚金时，何者享有优先权？对此，我国《民法典》③《刑法》④《公司法》⑤《证券投资基金法》⑥等多部法律都规定了财产性民事责任优先承担的规则。我国《证券法》也作出了证券民事赔偿责任优先的规定，其第 220 条规定："违反本法规定，应当承担民事赔偿责任和缴纳罚款、罚金、违法所得，违法行为人的财产不足以支付的，优先用于承担民事赔偿责任。"民事赔偿责任优先原则是证券民事责任重要地位的一种体现，为落实这一原则，切实保护投资者合法权益，中国证监会、财政部联合研究起草了《关于证券违法行为人财产优先用于承担民事赔偿责任有关事项的规定》（以下简称《规定》），并于 2022 年 7 月 27 日公布施行。该《规定》共 14 条，明确了违法行为人所缴纳的行政罚没款用于承担民事赔偿责任的具体工作机制，主要内容包括申请主体、申请期限与申请金额、办理流程等方面。毋庸置疑，《规定》对于

① 参见周友苏、蓝冰：《证券行政责任重述与完善》，载《清华法学》2010 年第 4 期。

② 参见彭冰：《中国证券法学》（第二版），高等教育出版社 2007 年版，第 335 页。

③ 《民法典》第 187 条规定："民事主体因同一行为应当承担民事责任、行政责任和刑事责任的，承担行政责任或者刑事责任不影响承担民事责任；民事主体的财产不足以支付的，优先用于承担民事责任。"

④ 《刑法》第 36 条规定："由于犯罪行为而使被害人遭受经济损失的，对犯罪分子除依法给予刑事处罚外，并应根据情况判处赔偿经济损失。承担民事赔偿责任的犯罪分子，同时被判处罚金，其财产不足以全部支付的，或者被判处没收财产的，应当先承担对被害人的民事赔偿责任。"

⑤ 《公司法》第 263 条规定："公司违反本法规定，应当承担民事赔偿责任和缴纳罚款、罚金的，其财产不足以支付时，先承担民事赔偿责任。"

⑥ 《证券投资基金法》第 150 条规定："违反本法规定，应当承担民事赔偿责任和缴纳罚款、罚金，其财产不足以同时支付时，先承担民事赔偿责任。"

健全证券民事赔偿制度体系，解决民事赔偿责任优先落实难问题，切实保护投资者合法权益等具有重要的现实意义。

证券市场上的违法行为种类十分繁多，我国《证券法》以专列一节的方式规定了"禁止的交易行为"。在各种证券违法行为中，尤以虚假陈述、内幕交易、操纵市场行为最具典型性，因此本书在接下来的论述中将主要探讨这三种证券违法行为及其法律责任问题。

第二节　虚假陈述行为及其法律责任

一、虚假陈述的概念及其行为特征

"虚假陈述"源于英美法系上的"misrepresentation"这一概念，而大陆法系多采用"欺诈"或类似术语。按照英文译为"不实陈述"或"错误陈述"似乎更妥。《最高人民法院关于审理证券市场因虚假陈述引发的民事赔偿案件的若干规定》（以下简称旧《虚假陈述若干规定》）①较早地明确使用了"虚假陈述"这一表述，从而使得这一概念成为国内理论界和实务界均惯常采用的法律术语。最新施行的《最高人民法院关于审理证券市场虚假陈述侵权民事赔偿案件的若干规定》（以下简称新《虚假陈述若干规定》）继续沿用了"虚假陈述"这一术语。

（一）虚假陈述的界定

虚假陈述可以从狭义和广义两个层面加以界定。从狭义上看，虚假陈述是指证券信息披露义务人违反信息披露义务，在提交或公布的信息披露文件中作出违背事实的陈述或记载。广义上看，虚假陈述则是指证券市场的主体和参与者在证券信息活动中作出违背事实真相的陈述或记载，或者在披露信息时发生重大遗漏、不正当披露的行为。② 与旧《虚假陈述若干规定》对虚假陈述采取直接定义的方式不同，新《虚假陈述若干规定》并没有对虚假陈述直接进行定义，而是规定对信息披露义务人在信息披露中的虚假记载、误导性陈述或重大遗漏，由人民法院认定为虚假陈述。与此同时对虚假记载、误导性陈述、重大遗漏进行了界定。此外，信息披露义务人未按照规定披露信息的，也可能构成虚假陈述。

证券不同于普通商品的特殊之处在于它只有投资价值没有交换价值，而投资者在进行证券交易时是无法直接知晓证券投资价值的。证券的投资价值取决于发行证券的上市公司

---

① 该规定现已被废止，2022 年 1 月 22 日开始施行《最高人民法院关于审理证券市场虚假陈述侵权民事赔偿案件的若干规定》。

② 参见叶林主编：《证券法教程》，法律出版社 2005 年版，第 301 页；施天涛主编：《商法学》，法律出版社 2003 年版，第 345 页。

的财务状况、盈利能力、经营前景等诸多因素。投资者只有依据上市公司披露的相关信息才能对证券投资价值作出正确判断。因此，上市公司信息披露对投资者而言至关重要。这是各国证券法皆严厉禁止虚假陈述的直接缘由。从这个角度出发，虚假陈述可以被界定为证券信息披露义务人违法信息披露义务，在提交或公布的信息披露文件中作出违背事实真相的陈述、记载或重大遗漏的行为。[①]

（二）虚假陈述行为的特征

虚假陈述行为的特征主要表现在：（1）虚假陈述是针对证券市场不特定的投资者所实施的行为。这种不特定性，一方面表现为遭受虚假陈述行为侵害的投资者在虚假陈述发生期间是不特定的；另一方面表现为虚假陈述行为实施期间，不特定的投资者可能因虚假陈述而对该证券进行投资。（2）虚假陈述行为需要通过一定的载体表现出来。与内幕交易、操纵市场等无须利用载体而直接进行操作的侵权行为相比，虚假陈述行为必须通过书面文字、声音或图像等载体达到虚假陈述的目的。[②]（3）虚假陈述行为的构成具有特殊性。虚假陈述行为的主体是依照信息披露制度承担信息披露义务但却实施了虚假记载、误导性陈述或重大遗漏以及未按照规定进行信息披露的机构和个人。有必要指出的是，我国《证券法》将虚假陈述主体区分为行为主体和责任主体，二者的区别在于前者是实施虚假陈述行为的主体，其当然应当承担虚假陈述行为的法律责任，行为主体必然是责任主体，后者即虚假陈述行为的责任主体则不一定是行为主体，只是承担虚假陈述行为所产生法律后果的主体，在外延上责任主体大于行为主体。虚假陈述行为的客体是证券市场信息披露制度，客观方面是制造假象或掩盖真相以使投资者产生错误认识而进行证券交易并遭受损失，主观方面则不论行为主体是否存在过错。需要指出的是，这里还需和虚假陈述责任承担相区别，就责任承担而言，在规则原则方面分为两种情形，其一是针对作为信息源头的发行人、上市公司等信息披露义务人，采取无过错责任原则承担民事赔偿责任；其二是对于发行人的控股股东、实际控制人、董事、监事、高级管理人员和其他直接责任人员以及保荐人、承销的证券公司及其直接责任人员、证券服务机构，对其适用过错推定责任原则，即如果不能证明自己没有过错，则应与发行人/委托人承担连带赔偿责任。

（三）虚假陈述行为的划分

虚假陈述行为可以按照不同的标准进行划分。（1）根据行为人行为方式的不同，可以将虚假陈述划分为虚假记载、误导性陈述、重大遗漏。根据新《虚假陈述若干规定》的规定，虚假记载，是指信息披露义务人披露的信息中对相关财务数据进行重大不实记载，或者对其他重要信息作出与真实情况不符的描述。误导性陈述，是指信息披露义务人披露的

① 参见李东方：《证券监管法论》，北京大学出版社 2019 年版，第 635 页。

② 参见谭立：《证券信息披露法理论研究》，中国检察出版社 2009 年版，第 226 页。

信息隐瞒了与之相关的部分重要事实，或者未及时披露相关更正、确认信息，致使已经披露的信息因不完整、不准确而具有误导性。重大遗漏，是指信息披露义务人违反关于信息披露的规定，对重大事件或者重要事项等应当披露的信息未予披露。有必要指出，与旧《虚假陈述若干规定》相比，新《虚假陈述若干规定》在虚假陈述的类型方面作出了较大调整，"不正当披露"不再直接作为虚假陈述的一种类型。对于原本的"不正当披露"，也就是"信息披露义务人未在适当期限内或者未以法定方式公开披露应当披露的信息"的行为，将与虚假记载、误导性陈述或者重大遗漏这三种虚假陈述的具体形式区别开来，采取与我国《证券法》第85条"未按照规定披露信息"相一致的规定，将此种信息披露违法行为可能构成的行为性质具体区分为虚假陈述、内幕交易以及公司法上损害股东利益的行为，依据相应法律规定承担法律责任。也就是说，按照新《虚假陈述若干规定》，"未按照规定披露信息"并不必然构成虚假陈述，其具体情形也可能构成内幕交易，或者公司法上的损害股东利益的行为。与旧《虚假陈述若干规定》以"不正当披露"这样的模糊表达和笼统地将其归入虚假陈述之列相比，显然，新《虚假陈述若干规定》的处理方式更加严谨和妥当。（2）根据对证券市场和投资者行为的不同影响，可以将虚假陈述划分为诱多型虚假陈述和诱空型虚假陈述。前者是指虚假陈述者故意违背事实真相发布虚假的利多消息，或者隐瞒实质性的利空消息不予公布或者不及时公布，使得投资者在股价处于相对高位时进行投资追涨的行为；后者是指虚假陈述者发布虚假的消极利空消息，或者隐瞒实质性的利好消息不予公布或者迟延公布，使得投资者在股价向下运行或相对低位时卖出股票，在虚假陈述被披露或者被更正后股价上涨而投资者遭受损失的行为。[1] 尽管诱多型虚假陈述相对而言是我国证券市场上更普遍的虚假陈述类型，但近年来的实践表明诱空型虚假陈述行为也时有发生。但遗憾的是旧《虚假陈述若干规定》仅涵盖诱多型虚假陈述而未包括诱空型虚假陈述。新《虚假陈述若干规定》则明确地将诱空型虚假陈述纳入其调整范围，不仅规定了"诱空型虚假陈述"交易因果关系的推定原理，还规定了其损失计算方法。不得不说，新《虚假陈述若干规定》在这方面进行了完善，回应了司法实践中关于"诱空型虚假陈述"案件审理的迫切需求，为司法机关及各方当事人提供了明确的法律指引。（3）根据虚假陈述行为发生时间的不同，可以将虚假陈述划分为发行时虚假陈述和持续性虚假陈述。前者是在证券发行时相关主体作出虚假记载、误导性陈述、重大遗漏以及其他未按照规定披露信息构成虚假陈述的行为；后者是指证券发行后，相关主体在报送和公告的年度报告、中期报告、临时报告及其他信息披露资料中有虚假记载、误导性陈述、重大遗漏或其他未按照规定披露信息构成虚假陈述的行为。相对而言，持续性虚假陈述往往更加复杂，通常会与内幕交易、操纵市场等其他违法行为交织在一起。[2]

---

① 参见李国光、贾纬：《证券市场虚假陈述民事赔偿制度》，法律出版社2003年版，第73~74页。

② 参见李爱君：《证券法教程》，对外经济贸易大学出版社2014年版，第300页。

二、虚假陈述行为的民事责任

（一）虚假陈述民事责任的主体

如前所述，虚假陈述主体分为虚假陈述行为主体和虚假陈述责任主体，其中，责任主体是指承担虚假陈述法律责任后果的主体。我国关于虚假陈述责任主体的规定主要体现在《证券法》第 85 条和第 163 条，以及关于虚假陈述的司法解释中。依据我国《证券法》第 85 条的规定，虚假陈述民事责任主体可分为承担赔偿责任的主体和承担连带赔偿责任的主体。就前者而言，其范围包括未按照规定披露信息的信息披露义务人，以及公告的证券发行文件、定期报告、临时报告及其他信息披露资料存在虚假记载、误导性陈述或者重大遗漏的行为人，这部分责任主体只要其虚假陈述行为致使投资者在证券交易中遭受损失，就应当承担赔偿责任；就后者而言，其范围包括发行人的控股股东、实际控制人、董事、监事、高级管理人员和其他直接责任人员以及保荐人、承销的证券公司及其直接责任人员，除非其能够证明自己没有过错，否则应当与发行人承担连带赔偿责任。《证券法》第 163 条规定了为证券的发行、上市、交易等证券业务活动制作、出具审计报告及其他鉴定报告、资产评估报告、财务顾问报告、资信评级报告或者法律意见书等文件的证券服务机构，如其制作、出具的文件有虚假记载、误导性陈述或者重大遗漏，给他人造成损失的，除非能够证明自己没有过错，否则应当与委托人承担连带赔偿责任。

在实践中，除了上述《证券法》明确规定的虚假陈述责任主体，还存在这样的情形，例如上市公司重大资产重组的交易对方因为提供不实财务信息，导致在资产重组完成后致使上市公司所披露的相关信息存在虚假陈述。此外，在上市公司的财务造假手段中，虚构销售业务、金融机构提供虚假存款证明等是实践中较为常见的手段，而这些手段往往需要发行人的供应商、客户以及为发行人提供服务的金融机构配合帮助才能完成。有鉴于此，新《虚假陈述若干规定》从完善虚假陈述民事赔偿的主体范围出发，对虚假陈述责任主体作了扩大解释，对于公司重大资产重组的交易对方，如所提供的信息不符合真实、准确、完整的要求，导致公司披露的相关信息存在虚假陈述，则该交易对方可能成为虚假陈述责任主体并承担赔偿责任。发行人的供应商、客户以及为发行人提供服务的金融机构如被证明明知发行人实施财务造假活动，却仍为其提供相关交易合同、发票、存款证明等予以配合，或故意隐瞒重要事实致使发行人的信息披露文件存在虚假陈述，则发行人的供应商、客户以及为发行人提供服务的金融机构也可能成为虚假陈述责任主体并承担赔偿责任。

总之，依据我国现行虚假陈述法律制度，虚假陈述民事责任的主体包括：(1)存在虚假陈述行为的发行人，包括发行证券时的发行人和发行证券后的发行人，即上市公司以及发行债券的公司等；(2)不能证明自己对发行人的虚假陈述没有过错的发行人的控股股东、实际控制人、董事、监事、高级管理人员和其他直接责任人员以及保荐人、承销的证券公司及其直接责任人员；（3）制作、出具的文件有虚假记载、误导性陈述或者重大遗漏，给他人造成损失且不能证明自己没有过错的证券服务机构；（4）因所提供的信息不符合真实、准确、完整的要求而导致公司披露的相关信息存在虚假陈述的公司重大资产重组的交易对方；（5）被证明明知发行人实施财务造假活动仍为其提供相关交易合同、发票、存款证明等予以配合，或者故意隐瞒重要事实致使发行人的信息披露文件存在虚假陈述的发行人的供应商、客户以及为其提供服务的金融机构。总体而言，现行证券虚假陈述责任主体制度拓宽了关于虚假陈述民事责任的主体范围。

（二）虚假陈述民事责任的归责原则

《证券法》第85条规定："信息披露义务人未按照规定披露信息，或者公告的证券发行文件、定期报告、临时报告及其他信息披露资料存在虚假记载、误导性陈述或者重大遗漏，致使投资者在证券交易中遭受损失的，信息披露义务人应当承担赔偿责任；发行人的控股股东、实际控制人、董事、监事、高级管理人员和其他直接责任人员以及保荐人、承销的证券公司及其直接责任人员，应当与发行人承担连带赔偿责任，但是能够证明自己没有过错的除外。"根据该条，未按照规定披露信息，或者存在虚假记载、误导性陈述或者重大遗漏，致使投资者在证券交易中遭受损失，信息披露义务人应承担赔偿责任，因此信息披露义务人虚假陈述民事责任采取无过错归责原则，也就是说只要存在虚假陈述行为并造成投资者证券交易损失，就应承担民事赔偿责任，不论其主观是否存在过错。对于发行人的控股股东、实际控制人、董事、监事、高级管理人员和其他直接责任人员以及保荐人、承销的证券公司及其直接责任人员，适用过错推定原则承担连带赔偿责任。现行《证券法》第85条增加了过错推定责任的适用主体，对此前文已有说明，不再赘述。值得肯定的是，扩大相关责任主体适用过错推定责任的范围，不仅更加符合法理，也更契合实践需求，便于追究虚假陈述主体的民事责任。另外依据《证券法》第163条，证券服务机构在虚假陈述民事责任上也适用过错推定原则承担连带赔偿责任。

（三）虚假陈述的"重大性"标准及因果关系的认定

对于证券市场投资者而言，获取必要的信息是进行理性投资和作出交易决定的前提条件。投资者所能掌握和利用的信息并不是越多越好，信息披露义务人也无披露所有信息的必要。因此我国《证券法》上规定信息披露的原则是依法及时披露，并做到真实、准确、完整，简明清晰，通俗易懂，不得有虚假记载、误导性陈述或者重大遗漏。在界定证券市场信息陈述行为的合法与违法问题上，"重大性"标准可以说是各国立法的首要标准。① 就我国而言，"重大性"是证券虚假陈述行为人或责任人承担民事责任的构成要件之一，也是证

---

① 参见吴弘：《证券法教程》（第二版），北京大学出版社2017年版，第166页。

券民事赔偿诉讼中争议双方辩论的焦点问题之一。①

虚假陈述民事责任的性质基础在于侵权责任，从这一责任成立的要件来看，"重大性"是位于行为要件的层面，作为各种虚假陈述具体类型的综合认定标准，重在考察行为本身的性质。主流观点认为"重大性"既是决定特定信息是否需要被披露的标准，也是决定哪一种虚假陈述将导致民事责任时需要考量的因素。② 在此前虚假陈述等证券侵权民事赔偿纠纷中，由于司法实践中前置程序的存在，涉案虚假陈述信息已经经过行政处罚或刑事裁判文书认定构成违法行为，因此法院在案件审理中大多数会认定涉案虚假陈述构成"重大性"。③ 然而这种处理方式并不合理和妥当，因为实践中虚假陈述不具有"重大性"也有可能被科以行政处罚，加之证券侵权民事赔偿诉讼对于前置程序的取消，使得无法通过是否已经受到行政处罚或刑事制裁判断虚假陈述是否具有"重大性"，如何认定虚假陈述的"重大性"成为十分迫切的问题。作为回应，新《虚假陈述若干规定》对此作出了解释，规定了法院应认定虚假陈述内容具有"重大性"的三种情形：（1）虚假陈述的内容属于《证券法》第 80 条第 2 款、第 81 条第 2 款所规定的重大事件；（2）虚假陈述的内容属于监管部门制定的规章和规范性文件中要求披露的重大事件或者重要事项；（3）虚假陈述的实施、揭露或者更正导致相关证券的交易价格或者交易量产生明显的变化。由于《证券法》第 80 条和第 81 条关于"重大事件"的判断标准属于价格敏感标准，因此新《虚假陈述若干规定》在"重大性"认定方面更好地衔接了《证券法》。此外，针对前置程序的取消，新《虚假陈述若干规定》还规定了原告对涉案虚假陈述内容具有重大性的初步举证责任，以及被告对"重大性"的反证权利。不得不说这是一个重大进步，它不仅细化了证券虚假陈述的"重大性"标准，更是对行政监管和民事侵权层面的信息"重大性"问题进行了必要的区分。

因果关系是虚假陈述等证券侵权行为承担民事赔偿责任的重要构成要件之一。根据通

---

① 参见樊健：《证券虚假陈述重大性要件的再厘清：基于司法实践的批判性思考》，载《深圳社会科学》2021 年第 6 期。

② 参见汤欣、张然然：《虚假陈述民事诉讼中宜对信息披露"重大性"作细分审查》，载蒋锋、卢文道主编：《证券法苑》（2020）第二十八卷，法律出版社 2020 年版。

③ 此外，2019 年 11 月 8 日，最高人民法院发布的《全国法院民商事审判工作会议纪要》（以下简称《九民纪要》）也对"重大性要件的认定"作出了如下规定："……重大性是指可能对投资者进行投资决策具有重要影响的信息，虚假陈述已经被监管部门行政处罚的，应当认为是具有重大性的违法行为。在案件审理过程中，对于一方提出的监管部门作出处罚决定的行为不具有重大性的抗辩，人民法院不予支持，同时应当向其释明，该抗辩并非民商事案件的审理范围，应当通过行政复议、行政诉讼加以解决。"这一规定以主观主义的理性投资者标准判断虚假陈述的重大性，同时也规定对已经作出行政处罚的虚假陈述不得提出重大性抗辩。尽管这一规定对于统一司法实践中虚假陈述重大性标准颇有帮助，但这种将民事侵权意义上的"重大性"与行政监管层面"重大事件"披露行政违法的判断标准密切联系的做法却引发了一些实践领域的讨论。

行观点，这里的因果关系包括两个层面：其一是侵权行为是否与损害的结果有关，英美法系称之为事实因果关系，在我国对应的是交易因果关系；其二是侵权行为实质性产生的损害程度关系、侵权行为项下的民事责任范围的大小，英美法系称之为法律因果关系，对应我国的损失因果关系。对于虚假陈述交易因果关系和损失因果关系，旧《虚假陈述若干规定》采取的是双重法律拟制推定法，也就是说，只要上市公司实施了具有重大性的虚假陈述行为，而原告在实施日至揭露日/更正日期间买入了该上市公司股票，则推定交易因果关系和损失因果关系同时成立。与之相比，新《虚假陈述若干规定》针对实践中作为案件审理焦点的"交易因果关系"，不仅明确提出了这一概念，规定了对交易因果关系的推定规则，还规定了对交易因果关系不成立的反证规则。具体而言，交易因果关系的推定规则包括原告能够证明：(1)信息披露义务人实施了虚假陈述；(2)原告交易的是与虚假陈述直接关联的证券；(3)原告在虚假陈述实施日之后、揭露日或更正日之前实施了相应的交易行为，包括在诱多型虚假陈述中买入了相关证券和在诱空型虚假陈述中卖出了相关证券。交易因果关系不成立的反证规则是被告能够证明下列情形之一：(1)原告的交易行为发生在虚假陈述实施前，或者是在揭露或更正之后；(2)原告在交易时知道或者应当知道存在虚假陈述，或者虚假陈述已经被证券市场广泛知悉；(3)原告的交易行为是受到虚假陈述实施后发生的上市公司的收购、重大资产重组等其他重大事件的影响；(4)原告的交易行为构成内幕交易、操纵证券市场等证券违法行为；(5)原告的交易行为与虚假陈述不具有交易因果关系的其他情形。

三、虚假陈述行为的行政责任与刑事责任

我国《证券法》上关于虚假陈述行为行政责任的规定主要体现在第197条。依据该条的规定，虚假陈述行政责任的主体是负有信息披露义务的主体，还包括直接负责的主管人员和其他直接责任人员以及发行人的控股股东、实际控制人等。虚假陈述行政责任的主要承担形式包括责令改正、给予警告以及罚款。需要指出的是，现行《证券法》大幅度提高了对虚假陈述行为主体的行政处罚力度。对于信息披露义务人未按规定报送有关报告或履行信息披露义务的，对其处以50万元以上500万元以下的罚款。而此次修订前《证券法》相应的罚款是30万元以上60万元以下。对上述情况的直接负责的主管人员和其他直接责任人员，现行《证券法》处以20万元以上200万元以下罚款，此前的规定是3万元以上30万元以下。另外，现行《证券法》还新增了发行人的控股股东、实际控制人组织、指使从事上述违法行为，或者隐瞒相关事项导致发生上述情形的，对其处以50万元以上500万元以下罚款；对直接负责的主管人员和其他直接责任人员，处以20万元以上200万元以下的罚款的规定。对于信息披露义务人报送的报告或披露的信息有虚假记载、误导性陈述或重大

遗漏的，罚款力度由之前的 30 万元以上 60 万元以下，提高到 100 万元以上 1000 万元以下。对上述情况直接负责的主管人员和其他直接责任人员的罚款力度，也由之前的 3 万元以上 30 万元以下提高到了 50 万元以上 500 万元以下。另外还增加了发行人的控股股东、实际控制人组织、指使从事上述违法行为，或者隐瞒相关事项导致发生上述情形的，处以100 万元以上 1000 万元以下的罚款；对直接负责的主管人员和其他直接责任人员，处以50 万元以上 500 百万元以下的罚款的规定。不得不说，此次修订后的《证券法》对虚假陈述行为行政责任的规定更加严厉，通过大幅度提高违法成本，抑制信息披露义务人实施虚假陈述行为的动机。

当虚假陈述行为情节严重，通过行政责任不足以起到威慑作用时，便会触发刑事处罚。《证券法》第 219 条规定，违反该法构成犯罪的，依法追究刑事责任，这是对证券刑事责任的统一规定。虚假陈述行为的刑事责任体现在《刑法》第 181 条，该条明确规定了编造并传播证券、期货交易虚假信息罪的刑事责任："编造并且传播影响证券、期货交易的虚假信息，扰乱证券、期货交易市场，造成严重后果的，处五年以下有期徒刑或者拘役，并处或者单处一万元以上十万元以下罚金。"对此不做赘述。

四、康美药业案中虚假陈述的行为认定与责任承担

2021 年 11 月康美药业股份有限公司（以下简称"康美药业"）证券虚假陈述责任纠纷一案在广州市中级人民法院作出一审判决，成为近年来资本市场最具影响力和典型性的虚假陈述案例，其不仅是我国首例适用特别代表人诉讼制度的案件，也是迄今为止判决赔付金额最高、获赔人数最多的证券虚假陈述责任纠纷案件，案件中对于独立董事、证券服务机构及相关人员的行为认定和赔偿责任界定也具有开创性和示范性意义，案件的宣判对于推动资产市场法治建设具有重大的价值。

（一）康美药业案的基本情况

2001 年 3 月 19 日，康美药业在上海证券交易所主板上市，证券代码 600518，证券简称曾为"康美药业"。

2017 年 4 月 20 日、2018 年 4 月 26 日、2018 年 8 月 29 日，康美药业在上海证券交易所网站和巨潮资讯网及中国证监会指定报纸上先后披露了《2016 年年度报告》《2017 年年度报告》《2018 年半年度报告》。

2018 年 10 月 15 日晚开始，网上陆续出现文章，质疑康美药业货币资金真实性，指出可能存在财务造假等问题，主要包括：2018 年 10 月 15 日晚，微信公众号"初善投资"发布《康美药业究竟有没有谎言》的文章，该文认为康美药业货币资金真实性可疑、造假特征明显，建议各位投资者小心；2018 年 10 月 16 日，微信公众号"市值相对论"发布《千亿康

美药业闪崩！大存大贷大现金大质押哪个是坑？》的文章，该文指出康美药业存在存贷双高、大股东股票质押比例高和中药材贸易毛利率高等问题，质疑康美药业存在财务造假。前述文章被多家影响范围较大的媒体广泛转载，引起激烈反响。康美药业股票10月16日盘中一度触及跌停，收盘跌幅5.97%，此后连续三日以跌停价收盘，而同期（2018年10月16—19日）上证指数跌幅为0.69%，医药生物（申万）指数（801150）跌幅为4.01%。同时，以"康美药业"为关键词的百度搜索指数、百度资讯指数、各类媒体转载指数在2018年10月16日之后均呈现爆炸性增长。例如，2018年10月16日之前几日康美药业百度资讯指数为1000多，但至2018年10月16日猛增至4620，在10月17、18日分别达到了8014和10792。

2018年12月29日，康美药业发布《康美药业股份有限公司关于收到中国证券监督管理委员会立案调查通知的公告》（编号：临2018-116）称，2018年12月28日，康美药业收到中国证监会《调查通知书》（编号：粤证调查通字180199号），《调查通知书》认为康美药业涉嫌信息披露违法违规，中国证监会决定对康美药业立案调查。康美药业在公告中称公司将全面配合中国证监会的调查工作，并严格按照监管要求履行信息披露义务。

2019年8月17日，康美药业公告称该公司及相关当事人收到中国证监会《行政处罚及市场禁入事先告知书》（处罚字〔2019〕119号），该告知书主要内容为：经中国证监会查明，康美药业涉嫌存在以下违法事实：一、《2016年年度报告》《2017年年度报告》《2018年半年度报告》《2018年年度报告》中存在虚假记载。二、《2016年年度报告》《2017年年度报告》《2018年半年度报告》中存在虚假记载，虚增货币资金。三、《2018年年度报告》中存在虚假记载，虚增固定资产、在建工程、投资性房地产。四、《2016年年度报告》《2017年年度报告》《2018年年度报告》中存在重大遗漏，未按规定披露控股股东及其关联方非经营性占用资金的关联交易情况。中国证监会拟决定：一、对康美药业责令改正，给予警告，并处以60万元的罚款；二、对马某田、许某瑾给予警告，并分别处以90万元的罚款，其中作为直接负责的主管人员罚款30万元，作为实际控制人罚款60万元；三、对邱某伟给予警告，并处以30万元的罚款；四、对庄某清、温某生、马某洲给予警告，并分别处以25万元的罚款；五、对马某耀、林某浩、李某、江某平、李某安、罗某谦、林某雄给予警告，并分别处以20万元的罚款；六、对张甲、郭某慧、张乙、李某华、韩某伟、王某给予警告，并分别处以15万元的罚款；七、对唐某、陈某给予警告，并分别处以10万元的罚款。中国证监会还认为，马某田、许某瑾、邱某伟在康美药业信息披露违法行为中居于核心地位，直接组织、策划、领导并实施了涉案违法行为，是最主要的决策者、实施者，其行为直接导致康美药业相关信息披露违法行为的发生，情节特别严重；庄某清、温某生、马某洲，涉案信息披露违法行为的发生与其职责、具体实施行为直接相关，其行为与康美药业信息披露违法行为的发生具有紧密联系，情节较为严重；并拟对马某田、许某瑾、邱某伟、庄某清、温某生、马某洲采取证券市场禁入措施。

2020年5月15日，康美药业公告称公司收到中国证监会《行政处罚决定书》（〔2020〕24号），该行政处罚决定书查明的主要事实与《行政处罚及市场禁入事先告知书》基本一致，作出的行政处罚亦与《行政处罚及市场禁入事先告知书》一致。同时中国证监会查明以下事实：康美药业《2016年年度报告》审议中，在董事会投赞成票的董事有马某田、许某瑾、邱某伟、马某耀、林某浩、李某、江某平、张甲、李某安；在监事会上投赞成票的监事有罗某谦、温某生、马某洲；签署高级管理人员书面确认意见的有林某雄、庄某清、李某华、韩某伟、王某。《2017年年度报告》审议中，在董事会投赞成票的董事有马某田、许某瑾、邱某伟、马某耀、林某浩、李某、江某平、张甲、李某安；在监事会上投赞成票的监事有罗某谦、温某生、马某洲；签署高级管理人员书面确认意见的有林某雄、庄某清、李某华、韩某伟、王某。《2018年半年度报告》审议中，在董事会投赞成票的董事有马某田、许某瑾、邱某伟、马某耀、林某浩、李某、江某平、郭某慧、张乙；在监事会上投赞成票的监事有罗某谦、马某洲、李某安；签署高级管理人员书面确认意见的有林某雄、庄某清、李某华、韩某伟、王某、温某生。法院另查明，

2021年2月18日，中国证监会作出《行政处罚决定书》（〔2021〕11号），主要内容为：一、正中珠江出具的康美药业2016年、2017年、2018年年度审计报告存在虚假记载。二、2016年和2017年年报审计期间，正中珠江未对康美药业的业务管理系统实施相应审计程序，未获取充分适当的审计证据。三、正中珠江对康美药业2016年财务报表的审计存在缺陷。四、正中珠江对康美药业2017年财务报表的审计，存在与2016年财务报表审计类似缺陷；对2018年财务报表的审计，在风险识别与评估阶段、实质性程序存在重大缺陷，不符合相关会计准则的规定。中国证监会作出以下处罚决定：一、对正中珠江责令改正，没收业务收入1425万元，并处以4275万元罚款；二、对杨某蔚、张某璃、苏某升给予警告，并分别处以10万元罚款；三、对刘某给予警告，并处以3万元罚款。

2020年12月31日，原告顾某骏、刘某君等11名投资者，向广州市中级人民法院提起诉讼，共同推选顾某骏、刘某君为拟任代表人，同时请求诉讼请求相同并申请加入本案诉讼的其他投资者，一并提起普通代表人诉讼。2021年3月30日，原告顾某骏、刘某君等11名投资者根据中国证监会对正中珠江及杨某蔚、张某璃、刘某、苏某升的行政处罚决定，向广州市中级人民法院申请追加正中珠江、杨某蔚、张某璃、刘某、苏某升为被告，请求判令前述五被告与马某田、许某瑾等被告承担连带赔偿责任，广州市中级人民法院依法对原告追加被告的申请予以准许。2021年4月8日，中证中小投资者服务中心有限责任公司（以下简称"投服中心"）接受了黄某香等56名权利人的特别授权，向广州市中级

人民法院申请作为代表人参加诉讼，经最高人民法院指定管辖，广州市中级人民法院适用特别代表人诉讼程序审理该案。

由于原告和被告对于如何选择测算机构未达成一致意见，广州市中级人民法院委托中国证券投资者保护基金有限责任公司（以下简称"投保基金"）对投资者损失进行测算，2021年7月16日，投保基金出具《证券投资者损失测算报告》。该报告主要内容为：一、投保基金测算时选定的实施日为2017年4月20日，揭露日为2018年10月16日，基准日为2018年12月4日，并通过计算揭露日起至基准日期间每个交易日收盘价的平均价格确定了基准价为12.70元。二、测算投资者实际损失的方法为，先采用移动加权平均法计算投资者买入均价，再计算投资差额损失，然后加上佣金费率、印花税税率、资金利息。三、扣除系统风险的方法是，选取医药生物（申万）指数（801150）为系统风险扣除的参考指数，采用"个体相对比例法"测算投资者证券市场系统风险扣除比例。四、最终的损失金额计算方法：损失金额＝投资差额损失+佣金+印花税+资金利息；投资差额损失＝A×(1－市场系统风险扣除比例)。五、经测算，共计55326名投资者发生约48.66亿元损失，其中损失金额扣除系统风险后为0或者负数投资者的人数为3289名投资者，扣除系统风险后损失金额为正数的投资者人数为52037名，该52037名投资者扣除系统风险后损失金额总数为2458928544元(24.59亿元)。

2021年9月1日，广州市中级人民法院接受投服中心提出的财产保全申请，作出(2020)粤01民初2171号之一民事裁定，裁定冻结马某田、许某瑾、邱某伟、庄某清、温某生、马某洲、马某耀、林某浩、李某、江某平、李某安、罗某谦、林某雄、李某华、韩某伟、王某、张甲、郭某慧、张乙、正中珠江、杨某蔚、张某璃、刘某、苏某升名下价值24.59亿元的银行存款或查封、扣押其他等值财产。

2021年11月12日，广州市中级人民法院对该案作出一审判决：一、被告康美药业股份有限公司于判决生效之日起15日内，向原告顾某骏、黄某香等52037名投资者赔偿投资损失2458928544元。原告所获赔偿金额的计算方法为投资差额损失与相应的佣金、印花税、利息损失之和。二、被告马某田、许某瑾、邱某伟、庄某清、温某生、马某洲对判决第一项确定的被告康美药业股份有限公司债务承担连带清偿责任；三、被告马某耀、林某浩、李某、罗某谦、林某雄、李某华、韩某伟、王某在判决第一项确定的被告康美药业股份有限公司债务的20%范围内承担连带清偿责任；四、被告江某平、李某安、张甲在判决第一项确定的被告康美药业股份有限公司债务的10%范围内承担连带清偿责任；五、被告郭某慧、张乙在判决第一项确定的被告康美药业股份有限公司债务的5%范围内承担连带清偿责任；六、被告广东正中珠江会计师事务所(特殊普通合伙)、杨某蔚对判决第一项确定的被告康美药业股份有限公司债务承担连带清偿责任；七、驳回原告顾某骏、黄某香等 55326 名投资者的其他诉讼请求。

(二)康美药业案中虚假陈述的行为认定

1. 虚假陈述行为中实施日、揭露日、基准日的认定

应以康美药业披露存在虚假记载和重大遗漏的《2016 年年度报告》之日作为虚假陈述行为的实施日，即 2017 年 4 月 20 日。

应以自媒体质疑康美药业财务造假的 2018 年 10 月 16 日为案涉虚假陈述行为的揭露日。虚假陈述的揭露，是指虚假陈述被市场知悉、了解，不要求达到全面、完整、准确的程度，只要交易市场对揭露文章存在明显的反应，即可认定市场知悉虚假陈述行为。2018 年 10 月 16 日作为自媒体揭露康美药业财务造假的日期，满足该要求，理由为：一是自媒体质疑报道的主要内容，与中国证监会行政处罚认定的财务造假性质、类型基本相同，特别是质疑报道中关于康美药业在货币资金等科目存在较大造假的猜测，在之后中国证监会作出的行政处罚决定中得到了证实，满足揭露行为的一致性要件。二是自媒体揭露内容引发了巨大的市场反应，康美药业股价在被自媒体质疑后短期内急速下挫，走势与上证指数、行业指数的走势存在较大背离，可以认定市场对于自媒体的揭露行为作出了强烈反应，说明自媒体揭露行为对市场显现出很强的警示作用，满足揭露行为的警示性要件。三是虽然揭露文章仅是首发在自媒体而非官方媒体，但在移动互联网蓬勃兴起的当今，发表在自媒体的文章亦有可能会迅速引起较多媒体关注和转载，结合案件情况，相关文章确实被多家媒体转载，并直接导致康美药业的百度搜索指数和资讯指数暴增，成为舆论关注重心，满足揭露行为的广泛性要求，达到了揭露效果。

应以康美药业自揭露日起上市可流通股票换手率达到 100% 之日的 2018 年 12 月 4 日为基准日。从揭露日起，至被虚假陈述影响的证券累计成交量达到其可流通部分 100% 之日作为基准日，在该案中，基准日为康美药业自揭露日起上市可流通股票换手率达到 100% 之日，即 2018 年 12 月 4 日，对应的基准价为 12.7 元。

2. 虚假陈述行为与投资者损失的因果关系认定

(1)交易因果关系。当存在以下情形时，应当认定虚假陈述行为与投资者交易行为之间存在因果关系：①信息披露义务人实施了虚假陈述；②投资者交易的是与虚假陈述直接关联的证券；③投资者在虚假陈述实施日之后、揭露日或更正日之前实施了相应的交易行为，即在诱多型虚假陈述中买入了相关证券，或者在诱空型虚假陈述中卖出了相关证券。

当存在以下情形之一时，应当认定虚假陈述行为与投资者交易行为之间不存在因果关系：①投资者的交易行为发生在虚假陈述实施前，或者是在揭露或更正之后；②投资者在交易时知道或者应当知道存在虚假陈述，或者虚假陈述已经被证券市场广泛知悉；③投资者的交易行为是受到虚假陈述实施后发生的上市公司的收购、重大资产重组等其他重大事

件的影响；④投资者的交易行为构成内幕交易、操纵证券市场等证券违法行为的；⑤投资者的交易行为与虚假陈述不具有交易因果关系的其他情形。

在该案中，具有诉讼资格条件的投资者均为自2017年4月20日(含)起至2018年10月15日(含)期间以公开竞价方式买入、并于2018年10月15日闭市后仍持有康美药业股票的投资者，其交易行为与虚假陈述行为之间应当被推定为存在交易因果关系。

(2)损失因果关系。投保基金计算投资者损失时使用的是移动加权平均法的计算方法，考虑了从实施日到揭露日整个期间，投资者每次买入股票的价格和数量，同时也剔除了因为卖出证券导致的盈亏，符合实际情况，对从实施日到揭露日期间多次进行交易的投资者的成本认定较为合理，因此应当认定通过该方法测算出来的投资者损失与虚假陈述行为之间具有损失因果关系。

该案中，案涉虚假陈述行为从实施日到揭露日时间较长，在此期间，证券市场走势波动亦较大，投资者的损失中，部分损失系证券市场系统因素造成，该部分损失应予剔除，投保基金选取医药生物(申万)指数作为比对指数，并采用"个体相对比例法"测算投资者证券市场系统风险扣除比例，申万行业指数编制较早，且在证券市场具有较大影响力，可以被选取作为比对指数，采取该方式测算系统风险的扣除比例具有合理性。

对于该案中的非系统风险扣除问题，由于缺乏相关损失计算的法律依据以及举证证据，因此对于非系统风险扣除不宜作特殊处理。

(三)康美药业案中相关主体的责任认定

1. 康美药业及其实际控制人、董事、监事、高级管理人员的赔偿责任

康美药业作为上市公司，披露的《2016年年度报告》《2017年年度报告》《2018年半年度报告》中存在虚假记载，虚增营业收入、利息收入及营业利润，虚增货币资金；披露的《2016年年度报告》《2017年年度报告》中存在重大遗漏，未按规定披露控股股东及其关联方非经营性占用资金的关联交易情况，依法应当对案涉投资者损失承担赔偿责任。

马某田作为康美药业董事长、总经理和实际控制人，组织实施财务造假；许某瑾作为康美药业副董事长、副总经理和实际控制人，是主管会计工作的负责人，与马某田共同组织实施财务造假。且上述两者明知康美药业《2016年年度报告》《2017年年度报告》《2018年半年度报告》披露数据存在虚假，仍然作为董事签字并承诺保证相关文件真实、准确、完整，两者的行为直接导致康美药业披露的定期报告存在虚假陈述，是应当对康美药业信息披露违法行为直接负责的人员，马某田、许某瑾应当承担连带赔偿责任。

邱某伟作为康美药业董事、副总经理、董事会秘书，主管公司信息披露事务，但却根据马某田的授意安排，组织实施财务造假；庄某清为康美药业财务负责人，参与实施财务造假；温某生协助董事会秘书和财务负责人分管财务工作，根据马某田、邱某伟的授意安

排，组织实施财务造假；马某洲担任财务部总监助理，分管出纳工作，根据马某田等人安排，参与财务造假。且邱某伟、庄某清、温某生、马某洲明知康美药业《2016 年年度报告》《2017 年年度报告》《2018 年半年度报告》披露数据存在虚假，仍然作为董事、监事或高级管理人员签字并承诺保证相关文件真实、准确、完整。四者的行为直接导致康美药业披露的定期报告存在虚假陈述，也是应当对康美药业信息披露违法行为直接负责的人员，邱某伟、庄某清、温某生、马某洲应当承担连带赔偿责任。

马某耀、林某浩、李某、江某平、李某安、罗某谦、林某雄、李某华、韩某伟、王某、张甲、郭某慧、张乙等被告，作为董事、监事或高级管理人员并未直接参与财务造假，却未勤勉尽责，存在较大过失，且均在案涉定期财务报告中签字，保证财务报告真实、准确、完整，所以前述被告是康美药业信息披露违法行为的其他直接责任人员，应当承担与其过错程度相适应的赔偿责任。马某耀、林某浩、李某、罗某谦、林某雄、李某华、韩某伟、王某均非财务工作负责人，过失相对较小，法院判令其在投资者损失的 20% 范围内承担连带赔偿责任；江某平、李某安、张甲为兼职的独立董事，不参与康美药业日常经营管理，过失相对较小，法院判令其在投资者损失的 10% 范围内承担连带赔偿责任；郭某慧、张乙为兼职的独立董事，过失相对较小，且仅在《2018 年半年度报告》中签字，法院判令其在投资者损失的 5% 范围内承担连带赔偿责任。

唐某、陈某未以董事、监事、高级管理人员的身份签名确认《2016 年年度报告》《2017 年年度报告》《2018 年半年度报告》内容的真实、准确、完整，不存在虚假记载、误导性陈述或重大遗漏，不属于案涉虚假陈述行为人，不应当对投资者损失承担赔偿责任。

2. 正中珠江及其工作人员的赔偿责任

正中珠江未实施基本的审计程序行为，严重违反《中国注册会计师审计准则》和《中国注册会计师职业道德守则》等规定，导致康美药业严重财务造假未被审计发现，影响极其恶劣，应当承担连带赔偿责任。

杨某蔚作为正中珠江合伙人和 2016 年、2017 年康美药业审计项目的签字注册会计师，在执业活动中因重大过失造成正中珠江需承担赔偿责任，根据《合伙企业法》的相关规定，杨某蔚应当在正中珠江承责范围内承担连带赔偿责任。

刘某并非康美药业 2016 年、2017 年审计项目的签字注册会计师，不是案涉虚假陈述行为人，故不应对投资者损失承担赔偿责任。

虽然张某璃作为案涉审计报告签字注册会计师，苏某升作为审计项目经理，均存在过错，是案件的直接责任人之一，但由于两者并非正中珠江合伙人而仅为普通员工，在现有法律条件下无证券服务机构普通员工承担赔偿责任的相关规定，故法院未对两者判定赔偿责任。

综上所述，法院判令，康美药业应对投资者损失共计 2458928544 元承担赔偿责任；马某田、许某瑾、邱某伟、庄某清、温某生、马某洲与康美药业承担连带赔偿责任；马某耀、林某浩、李某、罗某谦、林某雄、李某华、韩某伟、王某在康美药业赔偿责任 20% 范围内承担连带赔偿责任；江某平、李某安、张甲在 10% 范围内承担连带赔偿责任；郭某慧、张乙在 5% 范围内承担连带赔偿责任；正中珠江与康美药业承担连带赔偿责任；杨某蔚在正中珠江承责范围内承担连带赔偿责任；唐某、陈某、张某璃、刘某、苏某升不承担民事赔偿责任。

第三节　内幕交易行为及其法律责任

内幕交易，又称内部人交易、知情人交易，是指证券交易内幕信息的知情人或非法获取内幕信息的人利用内幕信息从事证券交易以获取利益或减少损失的行为。自从证券市场产生以来，内幕交易就像一个幽灵，知其存在却难以查明，禁其作祟却挥之不去，成为证券市场由来已久和最为常见的违法行为之一。

一、内幕交易的界定

（一）内幕信息

1. 内幕信息的界定标准

按照我国《证券法》第 52 条第 1 款的界定，内幕信息是指在证券交易活动中，涉及发行人的经营、财务或者对该发行人证券的市场价格有重大影响的尚未公开的信息。在内幕交易的制度要素中，内幕信息是核心要素，也是认定内幕交易行为的关键所在。因此，科学、合理地界定内幕信息就显得非常重要。

美国的证券法对内幕信息的界定标准有两个：非公开性与重大性。我国的证券法对内幕信息的界定明显借鉴了美国的经验。欧盟的界定标准则为四个：非公开性、精确性或确切性、与某一证券或某一证券发行人或特定种类的证券或证券发行人有关、该信息一经公布就会对有关的证券价格产生重大影响。欧盟的四要素标准可以包含于美国的两要素标准之中，因为内幕信息应具有精确性或确切性并与证券或证券发行人有关均属于其题中之义。① 综上所述，可以将非公开性与重大性作为内幕信息的界定标准。

（1）非公开性，是指信息不为市场公众所知悉。相应地，非公开信息就是指投资公众尚未获取或者经合法渠道无法获取的信息。如何确定信息的公开性，国际上有两种做法：

---

① 参见于莹：《证券法中的民事责任》，中国法制出版社 2004 年版，第 207~209 页。

一种是在法律、法规中明确规定应该采取何种方式披露信息或者规定何种信息属于公开信息；另一种是通过判例来确定，实行具体案件具体分析。第一种做法以英国为代表，第二种做法以美国为代表。① 判断一个信息是否公开，通常要考虑下列因素：

其一，信息是否按照规定的要求进行了发布。各国的证券法一般都规定了信息发布的时间、方式与效力等条款。有关影响证券价格的信息，只有经被认可的渠道以适当的方式发布后，才算是公开。例如在美国，SEC 认为，只有通过适当的公众媒体向一般公众投资者发布信息，才是适当和充分发布的信息。我国的现行法规定，应披露的信息要通过全国性的新闻媒介公开，否则属于没有公开的信息，利用该信息者可构成内幕交易。

其二，信息是否为市场所吸收。内幕信息的发布与内幕交易并不是同步进行的，中间需要有个吸收过程。至于信息发布多久才算是被市场吸收，各国和地区法律规定表现出较大的差异性。在美国，有的案件中法院认为 6 个小时足够投资者消化，有的案件法院则认为是在道琼斯行情发布 15 分钟后，有的法院认为 9 日后才算是消化。② 我国台湾地区的惯例是经过 10 个营业日，即内幕人员需等信息发布后的第 11 个营业日才可以合法地买卖相关公司的股票。我国大陆的两家证券交易所的惯例是，在遇到上市公司有重大信息发布时，该上市公司在半天或一天内暂停交易，以便投资者知悉或消化该重大信息。

（2）重大性，是指对证券价格产生重大影响的可能性。在证券市场中，并非所有的未公开信息都是内幕信息，只有那些具有价格敏感性、对投资者的投资判断具有决定意义和实际影响的信息才是内幕信息。在对重大性的认定上，世界上主要形成了两种立法例：

其一是概括式，以美国和欧盟为代表。1976 年美国最高法院在一个内幕交易案件中，率先确立了重大信息的标准："如果一个理智的投资者，在他作出投资决定时，可能认为这个被忽略的事实是重要的，那么它就是重要的。换句话说，这个被忽略的事实公开后，极有可能被理智的投资者看做是改变了自己所掌握的信息的性质，那么这些事实也是重要的。"③为弥补"理性投资者"标准过于抽象的缺陷，在美国司法实务中，法院在适用该标准时还要考虑两个具体要素：一是影响的可能性，二是影响的重大程度。④

其二是列举式，以我国台湾地区为代表。2006 年修订的我国台湾地区"证券交易法"第 157 条之 1 第 3 款规定："第一项所称有重大影响其股票价格之消息，指涉及公司之财务、业务或该证券之市场供求、公开收购，对其股票有重大影响，或对正当投资人之投资决定有重要影响之消息；其范围及公开方式等相关事项之办法，由主管机关定之。"在此基础上，于 2008 年修订的我国台湾地区"证券交易法实施细则"第 7 条列举了九大类有重要影响的事项。

①　参见齐文远、金泽刚：《内幕交易的经济分析与法律规制》，载《法商研究》2002 年第 4 期。
②　参见陈甦：《证券法专题研究》，高等教育出版社 2006 年版，第 242～243 页。
③　参见陈甦：《证券法专题研究》，高等教育出版社 2006 年版，第 241 页。
④　参见范建、王建文：《证券法》，法律出版社 2007 年版，第 466 页。

2. 我国证券法规定的内幕信息范围

我国《证券法》第52条规定："证券交易活动中，涉及发行人的经营、财务或者对该发行人证券的市场价格有重大影响的尚未公开的信息，为内幕信息。""本法第八十条第二款、第八十一条第二款所列重大事件属于内幕信息。"这里涉及如何理解该法条中所谓的"重大影响"？在我国，重大性一般以消息对证券价格的显著影响力作为判断标准，也就是说，以通常情况下该信息一旦公开，是否导致该证券的交易价格在一段时期内与市场指数或相关分类指数发生显著偏离，或者致使大盘指数发生显著波动，作为判断信息是否重大的标准。对此，我国《证券法》和证监会2007年制定的《证券市场内幕交易行为认定指引（试行）》都列举了部分此类消息，主要包括涉及公司经营方针和经营范围的重大变化、重大投资行为、公司高管人员的变动等方面的消息。

根据《证券法》第80条第2款的规定，属于重大事件性质的内幕信息，包括：（1）公司的经营方针和经营范围的重大变化；（2）公司的重大投资行为，公司在一年内购买、出售重大资产超过公司资产总额30%，或者公司营业用主要资产的抵押、质押、出售或者报废一次超过该资产的30%；（3）公司订立重要合同、提供重大担保或者从事关联交易，可能对公司的资产、负债、权益和经营成果产生重要影响；（4）公司发生重大债务和未能清偿到期重大债务的违约情况；（5）公司发生重大亏损或者重大损失；（6）公司生产经营的外部条件发生的重大变化；（7）公司的董事、1/3以上监事或者经理发生变动；（8）持有公司5%以上股份的股东或者实际控制人持有股份或者控制公司的情况发生较大变化，公司的实际控制人及其控制的其他企业从事与公司相同或者相似业务的情况发生较大变化；（9）公司分配股利、增资的计划，公司股权结构的重要变化，公司减资、合并、分立、解散及申请破产的决定，或者依法进入破产程序、被责令关闭；（10）涉及公司重大诉讼，股东大会、董事会决议被依法撤销或者宣告无效；（11）公司涉嫌犯罪被依法立案调查，公司的控股股东、实际控制人、董事、监事、高级管理人员涉嫌犯罪被依法采取强制措施；（12）国务院证券监督管理机构规定的其他事项。

（二）内幕人员

所谓内幕人员，是指因其职务、职责、业务或控制关系而可以获取上市公司内幕信息的人员，一般可以分为内部人和非内部人。前者是指合法接触并获取内幕信息的人，后者是指非法获取内幕信息的人。内幕人员是内幕交易的行为主体和责任主体，对于内幕交易的认定，必须先确认内幕人员的范围。

1. 域外证券立法之内幕人员的规制范围

美国的司法实践中，内幕人员被认为是对证券发行公司负有"信任义务"的人员，一般分为三类人：传统的内幕人员、暂时的内幕人员以及直接接受内幕信息的人员。① 传统的

---

① 参见陈建旭：《证券犯罪之规范理论与界限》，法律出版社2006年版，第102页。

内幕人员包括：证券发行公司的董事、监察人与经理人，公司内具有控制权的股东，公司的员工，公司本身。这类人与公司具有当然的信任关系，因此不得利用内幕信息来谋求利益。暂时的内幕人员包括公司的律师、会计师等。这类人在为公司服务的过程中，与公司形成了一种特殊的信任关系，它们有义务保守因工作关系而获取的公司内幕信息。第三类人虽非公司的内部人，但当他们接受来自于公司内部人泄露的内幕信息时，他们与泄露信息的内幕人员共同违反了对公司的"信任义务"。

在日本的证券法中，内幕交易罪的主体包括身为公司关系的内幕人员、准内幕人员以及公司关系人以外的第一次情报受领人。① 所谓身为公司关系人的内幕人员是指公司董、监事等重要人员，该重要人员的配偶以及二亲等内的血亲，还有主要股东以及大股东。此外还包括上述人员在丧失公司关系人身份后尚未超过 1 年的人员。② 所谓的准内幕人员是指对于上市公司具有法令上的监督权限，以及与上市公司具有缔结契约或正在交涉契约的人员。③ 所谓第一次情报受领人，是指由公司关系人那里直接收到与上市公司内幕业务相关的重要情报的人员。

我国台湾地区"证券交易法"第 157 条界定了可以构成内幕交易罪的主体范围，包括：公司董事、监事与重要职员、主要股东（持股 10%以上）等所谓内部人员；基于职业或监督关系而获知内幕重要事实等所谓的准内部人；丧失上述人员身份后，未满 6 个月者；由上述人员处获知重要事实者。

2. 我国证券法上的内幕人员及其类型化

我国的证券法并没有采用"内幕人员"这一概念，1998 年《证券法》采用的是"知情人员"，2005 年《证券法》采用的是"知情人"，在本书中三个概念被视为具有同一内涵。④ 按照《证券法》第 51 条的规定，内幕信息的知情人可以分为四类：一是因所任职务可以获取内幕信息的常规内部人，包括董事、监事、高级管理人员、重要岗位雇员、大股东等，即《证券法》上所列举的发行人及其董事、监事、高级管理人员，持有公司 5%以上股份的股东及其董事、监事、高级管理人员，公司的实际控制人及其董事、监事、高级管理人员，发行人控股或者实际控制的公司及其董事、监事、高级管理人员，由于所任公司职务可以获取公司有关内幕信息的人员。对于此类内幕信息知情人中"职务"一词，有学者建议可作

① 参见陈建旭：《证券犯罪之规范理论与界限》，法律出版社 2006 年版，第 106 页。

② 参见 2005 年修订的《日本证券交易法》第 166 条第 1 项。

③ 参见 2005 年修订的《日本证券交易法》第 166 条第 3、4 项。

④ 我国《刑法》第 180 条将内幕交易罪的主体分为知情人员与非法获取内幕信息人员。《证券法》第 53 条将内幕交易民事责任主体分为内幕信息的知情人和非法获取内幕信息的人。显然，我国现行法律未将非法获取内幕信息的人纳入知情人范围，知情人概念无法与内幕人员概念构成对应关系。但在理论与实践中，为方便起见，不妨将"内幕信息的知情人和非法获取内幕信息的人"统称为内幕人员。

广义理解，包括能在正常工作环境下从直接获取人处间接获取到内幕信息的职务。[1] 例如与直接获取人工位相邻、能在前者使用内幕信息(如通信)时自然获取信息。

二是因所任职务可以获取内幕信息的临时内部人。所谓临时内部人，是指基于委托代理为上市公司服务、在个别事项中获取内幕信息的主体，主要包括市场中介机构、工勤服务机构及其工作人员，以及上市公司并不实际知悉其姓名的服务机构辅助人员。即《证券法》中列举的因职务、工作可以获取内幕信息的证券交易场所、证券公司、证券登记结算机构、证券服务机构的有关人员。

三是依照公共管理职权获取内幕信息的外部人，如证券监管人员，也就是《证券法》中列举的因职责、工作可以获取内幕信息的证券监督管理机构工作人员，以及因法定职责对证券的发行、交易或者对上市公司及其收购、重大资产交易进行管理可以获取内幕信息的有关主管部门、监管机构的工作人员。

四是基于外部民商事关系(例如并购、缔约等)获取内幕信息的外部人，即《证券法》中列举的因与公司业务往来可以获取公司有关内幕信息的人员，上市公司收购人或者重大资产交易方及其控股股东、实际控制人、董事、监事和高级管理人员。但这些主体是否构成内幕交易主体，还需做进一步分析。[2]

尽管现行《证券法》经过修订后对内幕交易知情人的范围做了扩展，但与域外一些证券法规定的内幕人员范围相比，我国《证券法》规定的内幕人员范围仍失之过窄。相比之下，证监会《证券市场内幕交易行为认定指引(试行)》中所界定的内幕人员的范围更大一些，包括发行人和上市公司，发行人、上市公司的控制股东、实际控制人控制的其他公司及其董事、监事、高级管理人员，上市公司并购重组参与方及其有关人员，因履行工作职责获取内幕信息人员，相关自然人配偶、父母、子女及其他因亲属关系获取内幕信息的人，利用非法手段获取内幕信息的人，通过其他途径获取内幕信息的人等。与《证券法》相比，证监会《证券市场内幕交易行为认定指引(试行)》最突出的地方就是将内幕人员范围扩大到"相关自然人配偶、父母、子女及其他因亲属关系获取内幕信息的人"。关于知情人家属应否被纳入内幕信息知情人，理论界和实务界尚存有争议。有学者曾建议将限制交易的主体范围扩大到内幕人员的配偶、亲属与信托关系人。[3] 也有学者提出应将知情人家属视为"准知情人"，准知情人一般包括共同生活或有较多日常联系的配偶、父母、子女。[4]

---

[1] 参见缪因知：《反欺诈论下的内幕交易类型重构：原理反思与实证检验》，载《法学家》2021年第1期。

[2] 参见缪因知：《反欺诈论下的内幕交易类型重构：原理反思与实证检验》，载《法学家》2021年第1期。

[3] 参见杜文俊：《试论内幕交易犯罪主体的立法完善》，载顾肖荣主编：《经济刑法》(1)，上海人民出版社2003年版，第127页。

[4] 参见缪因知：《反欺诈论下的内幕交易类型重构：原理反思与实证检验》，载《法学家》2021年第1期。

关于内幕人员是否还应包括泄露信息者、接受信息者和盗用信息者，学界尚存争议。总之，内幕交易在实践中异常复杂，法律的列举性规定难免挂一漏万。例如，在企业并购或清算过程中，银行等各种债权人更容易获得内幕信息，主持企业清算的法官也可能构成内幕人员。因此，只要参与上市公司有关的活动，而这些活动可能并且实际上已经对股价造成影响，那么这些活动的参与人就有被纳入内幕人员范围的可能性。

（三）内幕交易行为

1. 内幕交易行为的边界厘定

内幕交易行为有狭义与广义之分。狭义的内幕交易行为，是指利用内幕信息的人员利用内幕信息为自己或者为第三人买卖证券牟利的行为。广义的内幕交易行为，则包括公司内幕人员的短线交易行为，即在买进特定证券后在法律限定期限内又卖出，或者在卖出特定证券后在法律限定期限内又买进。依据证监会《证券市场内幕交易行为认定指引（试行）》第 2 条的规定，内幕交易行为"是指证券交易内幕信息知情人或非法获取内幕信息的人，在内幕信息公开前买卖相关证券，或者泄露该信息，或者建议他人买卖相关证券的行为"。

一般情况下，内幕交易是由内幕人员实施的，但内幕人员并不等同于内幕交易行为人。内幕交易行为人并不一定就是内幕人员，非内幕人员也能成为内幕交易主体；内幕人员也不等于就是内幕交易者，只有利用了内幕信息进行非法交易或泄露了该信息的，才能成为内幕交易的主体。因此，构成内幕交易行为的实质在于是否利用内幕信息进行内幕交易，而不在于是否系内幕人员所为。[①] 基于内幕人员与非内幕人员的差别，法律对二者的规制方式也大相径庭。对于内幕人员从事内幕交易，可以实行事实推定和过错推定，即只要内幕信息没有公开，内幕人员从事证券买卖的，可以认定其在从事内幕交易并且具有利用内幕交易牟利的过错。而对于非内幕人员只是实行过错原则，即由指控者证明其存在内幕交易行为并且在主观上有过错。例如，《证券法》第 53 条第 1 款规定，证券交易内幕信息的知情人在内幕信息公开前，不得买卖该公司的证券，或者泄露该信息，或者建议他人买卖该证券。该条规定不适用于非内幕人，因为非内幕人员具有不确定性的特点，这种禁止义务对其不具有可操作性。

2. 内幕交易行为的类型

禁止内幕人员利用内幕信息进行内幕交易、泄露内幕信息或者建议他人进行证券买卖，是各国禁止内幕交易的通例，我国《证券法》第 53 条作了同样的规定。

划分内幕交易行为类型的基本依据是交易人获取内幕信息的方式，主要有三种：基于合法关系获取内幕信息、通过非法手段获取内幕信息、内幕信息被违法泄露。三种类型大

---

① 参见陈甦：《证券法专题研究》，高等教育出版社 2006 年版，第 245 页。

致可对应美国法上的违反受信义务、私取（misappropriation）和泄露（tipping），但也存在一定区别。[1]

依据《证券法》第53条的规定，在我国内幕交易行为的类型主要分为三种类型。其一是内幕人员直接利用内幕信息进行交易，具体表现为知情人在内幕信息公开前，利用所知悉的内幕信息买进或卖出证券的行为，这是实践中最传统、最典型的内幕交易行为之一。需注意的是，知情人有可能以其本人名义实施交易行为，但也有可能以他人名义进行交易。依据我国现行法律规定，在内幕信息未公开前知情人无论以本人还是以他人名义进行证券买卖都构成内幕信息。

其二是内幕人员泄露内幕信息。知情人在内幕信息依法公开前负有法律规定的保守内幕信息的义务。本质上，泄露内幕信息并非交易，但从实践来看该行为却可能会引发他人的内幕交易并造成证券市场秩序的破坏。因此立法上一般也会将泄露内幕信息作为内幕交易的一种比较特殊的表现形态。[2]

其三是内幕人员建议他人买卖证券。这种情形中内幕人员的行为当属于间接侵权行为。他人并不知道内幕信息的内容，所以接受建议从事交易者对投资人不负信用义务，不构成侵权行为，唯有提供建议的拥有内幕信息的人因间接的内幕交易行为而对受害人构成侵权行为。

在"利用""泄露""建议"三种行为中，"利用""建议"两种行为可以明显看出行为人一般是出于故意，但"泄露"则可能是出于故意，也有可能是出于过失，对此我国《证券法》并未明确规定。过失行为是否构成内幕交易的问题较为复杂，对此理论界观点不一，各国立法与实践也不相同。实践中，内幕人员确实有可能一时疏忽将内幕信息泄露出去，如公开消息的方式不当、醉酒失言等。在以上三种行为中，"泄露"可能带来最严重的后果。在内幕人员利用信息进行交易的情况下，通常是少数个人行为，而且财力有限，给投资者和相关公司造成损失不会很大，但泄露却可能使若干人获得内幕消息并参与交易，甚至包括强大的财力，这样必定造成严重损失。

有必要指出的是，我国《证券法》第44条还规定了一种特殊类型的内幕交易：短线交易。短线交易作为一种特殊的内幕交易行为，是指上市公司董事、监事、高级管理人员持有一个股份有限公司已发行的股份5%以上的股东，对其持有的该公司股票，在买入后6个月内卖出，或者在卖出后6个月内又买入的行为。公司对短线交易的所得收益拥有一项特别法上的民事权利，即归入权。利用归入权制度禁止内幕人员的短线交易，其制度源流

①　参见缪因知：《反欺诈论下的内幕交易类型重构：原理反思与实证检验》，载《法学家》2021年第1期。

②　参见李东方：《证券监管法论》，北京大学出版社2019年版，第661页。

来自美国。这是一种简单而实际的方法，可以避免举证的困难，其目的在于事前的吓阻。①

二、内幕交易的法律规制

（一）禁止内幕交易的制度演进

考察内幕交易的发展历史，不难发现人们对其态度呈现出一个明显的轨迹：在证券市场出现的初期，人们把内幕交易视为一种值得仿效的证券交易技巧；后来将内幕交易视为不正当利益的获取手段，但仅将其视为不道德的交易方式予以容忍；随着对内幕交易的负面性质及消极效果的认识日渐深入，人们对内幕交易从最初的容忍转向谴责，并且通过立法予以禁止。②

1930 年以前，"内幕交易是投资制胜的唯一法宝"是流行于华尔街的投资格言。在那个股市狂飙的疯狂年代，对于内幕交易，有人试图以"零和游戏"逻辑为其开脱罪责。他们认为，在内幕交易中，有人获利，有人受损，其结果只是造成了社会财富的转移，而就整个社会而言，得失相抵，并没有任何损失发生。③ 这种论调的鼓吹者刻意回避了这样一个事实：内幕人员总是游戏的胜利者。对此，美国证券法权威 Loss 教授曾经以打牌作喻："假如游戏规则容许某人在牌上作记号，那么还有谁愿意继续玩这种游戏呢？"④1929 年华尔街股市大崩盘摧毁了人们对内幕交易的美好幻想，美国国会制定了《1933 年证券法》《1934 年证券交易法》，确立了反欺诈规则，其中最为著名的是规定短线交易禁止条款的 Section 16（b）。1942 年，美国证券交易委员会（SEC）根据《1934 年证券交易法》的授权，制定了 10b-5 规则，以兜底性条款的形式，提供了禁止内幕交易的规范含义和法理基础，使之成为美国规制内幕交易的法律中最重要的规则。

不过，在 20 世纪 60 年代后期，一些主要发达国家还在为内幕交易的合法性问题争论不休⑤，人们倾向于认为对内幕交易的规制应以自律为主。直到 1980 年，美国和法国仍是

---

① 参见赖英照：《内幕交易的归入权——美国法的规定》，载我国台湾地区《证券管理》1988 年第 1 期。

② 参见陈甦主编：《证券法专题研究》，高等教育出版社 2006 年版，第 238 页。

③ 参见 Bergmans, Inside Information and Securities Trading, Graham & Trotman, 1991, p. 115。

④ 毛玲玲：《中美证券内幕交易规制的比较与借鉴》，载《法学》2007 年第 7 期。

⑤ 美国学者曼尼教授在 1960 年发表了《为内幕交易辩护》一文（Henry G. Manne, "In Defense of Insider Trading", 1960），引发了一场关于法律是否应当禁止内幕交易的辩论。这场辩论历经 40 余年，至今尚未平息。反对禁止内幕交易的主要理由有：内幕交易可以提高证券市场的流动性与波动性，从而提高交易效益；一定程度的内幕交易可以增加市场的吸引力；很难界定内幕交易的受害人；查处内幕交易所付出的成本和收益完全不成比例，查处内幕交易很不经济。参见井涛：《内幕交易规制论》，北京大学出版社 2007 年版，序言。

全球仅有的两个全面禁止内幕交易的国家。这一状况随着 20 世纪 80 年代末一系列内幕交易丑闻的发生而发生了根本性变化。1988 年日本发生了轰动全球的利库路特公司股票事件，1989 年法国发生了与收购要约有关的重大内幕交易案件，1993 年德国工会领袖涉嫌内幕交易引咎辞职，1995 年英国发生了加纳顿案件，这些案件在国际上都引起了广泛关注。主要发达国家纷纷制定或修改法律，加强对内幕交易的严格管制。1988 年日本修改了《证券交易法》，增加了内幕交易规制条款。① 欧盟于 1989 年发布了《内幕交易指令》，要求成员于 1992 年 7 月 1 日前将其变成本国国内法。一贯反对禁止内幕交易的德国也终于放弃了其立场，于 1994 年 7 月 26 日通过了《德国有价证券交易法》，成为最晚禁止内幕交易的西方主要发达国家。如今，内幕交易已为各国证券法所普遍规制的重要内容。②

（二）规制内幕交易的法律基础

时至今日，虽然对于是否要规制内幕交易还有一些不同的声音，但规制内幕交易的主张已经占了绝对上风，几乎所有国家的证券立法都有规制内幕交易的条款。内幕交易的规制理念已经从学术论证走向了制度规范，其推动力来自于规制内幕交易的深厚的法律基础。

首先，内幕交易违反了证券法的基本原则。公开、公平与公正是证券法最典型的也是最基本的原则，它们最能反映证券法的特性，是证券市场运行的基本条件。公开原则要求证券发行人和证券交易所及时、真实、准确、完整地报告或公开其有关的信息资料，以使投资者能够获得充分的信息，便于作出投资判断。内幕人员利用其特殊地位和信息优势，以未对投资者公开的信息与不知情的交易者进行交易，并且无须承担任何商业风险，这不仅与公开原则的制度要求背道而驰，而且与公平原则的价值理念格格不入。

其次，内幕交易损害了广大投资者的合法权益，破坏了市场信心。证券市场具有信息不对称的显著特点，内幕人员利用其信息优势必然具有更多的获利避损机会，而与其做相反交易的投资者难免利益受损。根据 Klock 教授的研究结果，如果内幕人员所得的收益高于正常水平，外部人的收益必然低于正常水平。③ 内幕交易的猖獗会沉重打击投资者信心，对证券市场产生不利影响。只有规制内幕交易，才能表明法律和执法者维护市场秩序的决心和态度，从而增强投资者对发行人和上市公司的信任。维护市场的信心应该说是禁止内幕交易的最根本理由，也是最强有力的理由，因为证券市场作为信用发展到高级阶段的产物，市场信心对市场的正常运行具有举足轻重的支撑作用，这一点可以从次贷危机中

---

① 参见陈建旭：《证券犯罪之规范理论与界限》，法律出版社 2006 年版，第 104 页。

② 参见郑顺炎：《证券内幕交易规制的本土化研究》，北京大学出版社 2002 年版，第 29~37 页。

③ 参见赵万一：《证券交易中的民事责任制度研究》，法律出版社 2008 年版，第 235~236 页。

得到充分反映。①

最后，内幕交易具有极大的社会危害性。证券市场的基本作用是通过股票转让与股价变动，实现资本的优化重组，并对公司经营作出评价和对公司管理人员进行监督，但内幕交易的存在使得证券市场的社会经济"晴雨表"作用很难发挥。内幕交易还打破了公司的治理结构和信托关系，引起相互之间的利益冲突。② 此外，内幕交易的负面影响容易扩展到整个金融市场甚至其他经济和社会领域，具有巨大的破坏作用。例如在日本，利库路特丑闻暴露后，产生了严重的政治影响，竹下登内阁的支持率下降到 13%，最后导致了内阁总理辞职。

（三）内幕交易的规制理论界说

美国是证券法制最完善的国家，也是对内幕交易理论研究最成熟的国家。在美国的司法实践中，法院和 SEC 逐渐研究和总结了一套内幕交易的规制理论，主要包括信用义务理论、信息泄密理论和盗用信息理论。

1. 信用义务理论

该理论认为，公司传统内部人（如董事、高级职员、控股股东等）以及推定内部人（如发行人聘请的律师、会计师等）基于其公司代理人和受托人地位而与公司存在信赖关系，他们对公司负有信用义务，因此间接地对股东负有相同的义务。③ 信用义务理论是主要适用于传统内部人和推定内部人从事内幕交易的规则理论，其理论基础在于"义务产生于双方当事人之间的特定关系"这一原则。

信用义务理论主要确立于 1980 年的 Chiarella 诉美国案④。1975—1976 年，Chiarella 在纽约 Pandick 金融印刷公司担任排版工。在他所负责印刷的文件中，有 5 份公司收购投标声明。在他排版时，这些声明中收购公司和目标公司的名称均为空白或假名，真实名称之后才送到 Pandick 公司供最后印刷之用。但是，Chiarella 从声明所包含的其他信息里推测出这几家目标公司的名称。于是他购买了目标公司的股票，并在收购声明发布后立即卖出，获利 3 万美元。在购买股票时，Chiarella 没有披露其所掌握的收购信息。SEC 对此事

① 在次贷危机爆发之前，投资者对美国经济抱有很高的期望，信心盲目高涨，不断投入资金，增持美国资产。危机爆发后，投资者又表现极度悲观，从资本市场上仓皇而逃，不再相信政府的政策举措，这种"羊群效应"进一步恶化了金融危机。可以说，心理渠道是金融危机从美国向全球传导的一个重要路径。参见陈华、赵俊燕：《美国金融危机传导过程、机制与路径研究》，载《经济与管理研究》2009 年第 2 期。

② 参见贺绍奇：《内幕交易的法律透视》，人民法院出版社 2000 年版，第 132 页。

③ 参见罗怡德：《证券交易法——禁止内幕人交易》，台湾黎明文化事业股份有限公司 1991 年版，第 17 页。

④ 关于 Chiarella 诉美国案以及下文提到的 Dirks 诉 SEC 案、美国诉 O'Hagan 案的具体内容，可参见廖凡：《美国内幕交易四大经典案例》，载《法制日报》2009 年 1 月 15 日。

进行了调查，并提起诉讼，指控 Chiarella 的交易行为违反了《证券交易法》第 10 条 b 款及 SEC10b-5 号规则。最高法院认为，尽管在证券交易中隐瞒重大信息可能引起 10b-5 号规则下的法律责任，但这种责任以披露义务的存在为前提；内幕信息持有人并不概括地对交易对方负有披露义务，披露义务来自于交易双方间业已存在的信任关系。在本案中，Chiarella 既不是目标公司的内部人，也未从目标公司处获得任何内幕信息；而且，他所用于交易的信息只涉及收购公司的计划，并未涉及目标公司的经营情况。因此，他在买卖目标公司的股票时，同交易对方之间没有任何业已存在的特殊信任关系，从而没有义务披露信息。本案的意义在于明确阐述了"义务产生于双方当事人之间的特定关系"原则，即持有内幕信息本身并不意味着持有人不能进行交易或者必须向交易对方披露该信息。只有当持有人因双方间业已存在的信任关系而负有披露义务时，披露才是必需的。

2. 信息泄露理论

该理论认为，只有在内部人违反对股东的信用义务，将消息泄露给他人，且接受信息者知道或者应当知道内部人违反义务时，接受信息者才会继受公开或戒绝义务，对公司的股东负有不得利用重要的非公开信息进行交易的信用义务。[①] 该理论主要适用于外部人利用内部人泄露的内幕信息从事内幕交易的情形。

信息泄露理论源于 1983 年的 Dirks 诉 SEC 案。Dirks 是纽约一家证券经纪商的职员，EFA 是一家经营人寿保险和共同基金的公司。Dirks 获知 EFA 在经营中存在大量虚报资产价值的欺诈行为。Dirks 决定调查此事并证实了这一信息。Dirks 在调查过程中同很多客户和投资者公开讨论了所探听到的信息，这些人中有一部分随即出售了其所持有的 EFA 股票。在 Dirks 进行调查和传播消息的两个星期里，EFA 的股票从每股 26 美元下跌至 15 美元，纽约证券交易所决定暂停其股票交易。加利福尼亚保险管理机构随即对 EFA 的公司记录进行审查，发现了欺诈的证据。SEC 随后对 Dirks 在这件事中所起的作用进行了调查，并认定 Dirks 作为一个受秘者，事实上帮助上述投资者进行了内幕交易，并违反了 10b-5 号规则。联邦最高法院推翻了 SEC 的结论。法院认为，承担内幕交易法律责任须以"披露或不交易"义务的存在为前提，受秘者虽然握有内幕信息，但并不当然地负有此种义务，也并不当然地被禁止从事交易，他们的义务派生自并取决于泄密者即内部人的义务。只有当泄密者的透露行为违反其信托义务，并且受秘者知道或应当知道这一点时，受秘者才被禁止从事内幕交易。本案的意义在于确立了透露情形下泄密者和受秘者的义务与责任。简而言之，只有当内部人为个人利益而透露内幕信息时，才承担法律责任；只有当内部人为个人利益透露内幕信息，而受秘者对此知道或应当知道时，受秘者才负有"披露或不交易"义务。

---

① 参见赵万一：《证券交易中的民事责任制度研究》，法律出版社 2008 年版，第 248 页。

3. 盗用信息理论

该理论认为，当任何人利用其他人对自己的信任，以他人所告诉的内部信息为基础而利用这些信息在市场上进行交易，或将信息泄露给第三人，而由接受信息者在市场上进行交易时，他违反了当初取得信息时所负有不得利用该信息图利之义务，因而构成证券交易的欺诈行为。[①]

盗用信息理论最早见于 Burgur 大法官在 1980 年 Chiarella 诉美国一案中的反对意见，在 1997 年的美国诉 O'Hagan 案中，最高法院承认了这一理论，并做了详细的阐述。法院指出，与传统理论强调内幕信息持有人与交易对方间的信任关系不同，盗用信息理论强调信息持有人同信息来源间的信任关系。10b-5 号规则禁止与证券交易有关的欺诈行为，而盗用内幕信息既属欺诈行为，又与证券交易有关。首先，盗用者基于与信息来源间的信任关系而获得内幕信息，对后者负有信托义务，应保守秘密或仅用于后者指定或同意的用途；其擅自将该信息用于个人交易，违背了这一义务，构成对信息来源的欺诈。其次，虽然这种欺诈行为并非针对交易对方，但却与交易有关，因为该行为是交易的前提条件；换言之，虽然欺诈是针对信息来源，但其损害性后果却体现在交易对方身上。因此，盗用内幕信息进行交易同样违反 10b-5 号规则。

三、内幕交易行为的民事责任

(一) 内幕交易行为民事责任的性质

内幕交易行为的民事责任是证券民事责任的一种，关于其责任性质，迄今仍存在不同的观点，而法律性质的厘定将有助于具体规则的确立，故而不可小觑。

其一是违约责任说。该说将招股说明书与上市公告书均视为一种要约，投资者买卖股票的行为可以理解为一种买卖标准契约的行为，其认为证券市场类似 EDI 电子商务合同的自动成约系统，在有价证券市场集中交易的市场买卖或受托买卖者之间，都存在着契约关系。[②] 众所周知，合同的订立要经过要约和承诺两个阶段，然而证券市场连续竞价交易的方式使得要约与承诺的区分失去了意义。在证券集中交易市场，投资者的意思表示经格式化的市场制度集中在交易所撮合，并透过行情揭示板传达，投资者关注的重点已经不是交易对象及其信用状况，而是证券信息。行纪交易商的存在使投资者基本丧失了买卖当事人的地位，证券在市场流通中更多地表现为一种价值符号，投资者对其价值评价缺乏客观标准。尤其是互联网技术与资本市场的结合，改变了资本市场不同主体之间的关系，瓦解了

---

① 参见罗怡德：《证券交易法——禁止内幕人交易》，台湾黎明文化事业股份有限公司 1991 年版，第 77 页。

② 参见赵万一主编：《证券交易中的民事责任制度研究》，法律出版社 2008 年版，第 240 页。

传统的证券市场结构,颠覆了传统的证券学说与理论,① 这些革命性变化使当下的证券交易呈现出一定的非契约化倾向。更为重要的是基于契约相对性理论,违约行为说很难解释直接交易人之外的受害者在合约中的地位问题,因此,违约责任说有其客观局限性。

其二是侵权行为说。该学说认为,内幕交易是一种侵害投资者利益的侵权行为,投资者可以基于侵权行为法提出侵权损害赔偿请求。② 应当承认,将内幕交易视为一种侵权行为,并将其视为一种违约行为更有利于保护投资者的合法权益,因为后者受到合同相对性规则的束缚。侵权损害赔偿责任不仅可以使与投资者存在合同关系的发行人承担责任,而且可以使发行人的高级管理人员、中介机构及其有关人员承担责任,并且承担侵权责任的赔偿范围也较违约责任大,加大了对投资者利益的保护力度。然而,将内幕交易的民事责任定性为侵权责任亦有其理论解释困境。内幕交易所导致的投资者损害,并非是对投资者人身或有形财产的损害,而是一种纯粹经济上的损失,相当于德国法中的纯粹财产上损害。③ 纯粹经济损失目前在世界各国立法上并没有一个确切的定义,除了公认的合同损失为纯粹经济损失以外,对其他纯粹经济损失有两种主要观点:一是纯粹经济损失是指那些不依赖于物的损坏或者身体及健康损害而发生的损失;二是非作为权利或者受到保护的利益侵害结果存在的损失。后者在权利侵害和纯粹经济损失之间建立了直接的联系。④ 但是,无论是此前的《民法通则》《合同法》《侵权责任法》,还是现在的《民法典》,都没有承认纯粹经济损失这一概念或对其作出相应明确规定,学界对此也未置可否。⑤ 例如,2009年通过的《侵权责任法》第2条规定:"侵害民事权益,应当依照本法承担侵权责任",并对"民事权益"进行了列举。然而,从该条中我们并不能得出侵权责任法承认纯粹经济损失的结论。《民法典》的合同编和侵权责任编也未见任何关于纯粹经济损失的表述。由于《民法典》中的侵权责任编没有专门规定证券侵权行为,投资者遭受内幕交易的侵害时,只能诉诸侵权责任法的一般条款。但到底侵权责任的哪一条是一般条款,学界争议很大。在《民法典》还没有制定施行前,有学者主张原《侵权责任法》第2条(对应《民法典》第1164条)是一般条款,也有主张第6条第1款(对应《民法典》第1165条第1款,相关表述发生了调整)应为一般条款。还有学者则认为《侵权责任法》采取的是大小搭配的双重侵权责任一般条款。⑥ 该学者指出,原《侵权责任法》第6条第2款和第7条不能作为请求权的基

---

① 参见冯果:《网络时代的资本市场及监管法制之重塑》,载《法学家》2009年第6期。
② 参见于莹:《证券法中的民事责任》,中国法制出版社2004年版,第36~50页。
③ 参见《德国民法典》第823条、第826条。
④ 参见[德]克雷斯蒂安·冯·巴尔:《欧洲比较侵权行为法(下)》,焦美华译,法律出版社2004年,第32页。
⑤ 参见梅夏英:《侵权法一般条款与纯粹经济损失的责任限制》,载《中州学刊》2009年第4期。
⑥ 参见杨立新:《中国侵权责任法大小搭配的侵权责任一般条款》,载《法学杂志》2010年第3期。

础，对应的《民法典》第 1165 条第 2 款和第 1166 条故而也不能作为请求权的基础，因为过错推定原则和无过错原则对应着此后的具体的特殊侵权行为类型，受害人应根据后面的具体规定行使请求权。在司法实践中，内幕交易的民事责任的认定并不需证明行为人有过错，原告只需证明被告有违法行为，原告有损害结果，被告人违法行为与原告损害结果之间有因果关系，即可要求被告承担损害赔偿责任，采取的是过错推定原则。因此，我们不得不面临这样一个尴尬的局面：对内幕交易造成的损害提供侵权救济在我国现行法律中找不到合适的请求权基础。

其三是法定责任说。该学说认为，内幕交易的民事责任是一种法定责任，即通过立法的方式明确规定证券民事责任的具体制度和适用规则，而不再通过合同法或侵权行为法进行演绎和推导。在侵权行为法中，许多事实相似的案件其民事责任的适用必须依照侵权法的一般责任原则进行演绎和推导，投资者要举证证明被告有过错、原告有损害以及因果关系的存在。这种重复加工的过程对于内幕交易民事责任的适用具有两个明显的弊端，一是不能满足和适应信息披露对投资者保障的根本目的，二是造成司法资源的浪费，背离证券民事责任之私权救济的初衷和宗旨。法定责任说可以超越侵权救济的一般规定，在合理的范围内尽量拓展民事救济的范围，其优越之处在于简化了证券内幕交易民事责任的构成，减轻了原告的举证负担，有效地保护了投资者的合法权益。事实上将内幕交易的民事责任定性为法定责任的立法例并不鲜见，美国《1933 年证券法》和《1934 年证券交易法》以及 SEC 规则 10b-5 的规定就体现了法定责任的扩张过程。[①] 2006 年修订的我国台湾地区"证券交易法"明确规定了内幕交易的构成要件、举证责任、诉讼时效，突出了证券法的特点，弥补了以侵权行为法为基础的民事责任制度的不足，实现了风险的重新分配。在追究内幕交易的民事责任时，《证券法》与《民法典》上的侵权责任形成了特别法与一般法的关系。我国新《证券法》在既往法律法规和实践基础上，进一步完善了内幕交易法律制度，但对于内幕交易民事责任的规定却未有实质性突破，仅在第 53 条第 3 款中规定："内幕交易行为给投资者造成损失的，应当依法承担赔偿责任。"这一规定显然过于笼统，缺乏可操作性，因此实践中还需借助于侵权责任的一般构成要件来发挥作用。将来在继续完善我国的《证券法》时，有必要细化立法，或出台专门的司法解释，使内幕交易的民事责任能够落到实处，为投资者提供强有力的制度保障。综上所述，本书认为内幕交易的民事责任在性质上是一种建构在侵权责任基础上的法定责任。

（二）内幕交易行为民事责任的构成要件

1. 归责原则

关于过错的性质，学理上存在主观过错说与客观过错说两种主张，相应地存在主观归

---

① 参见齐斌：《证券市场信息披露法律监管》，法律出版社 2000 年版，第 265~277 页。

责与客观归责的二元划分。本书认为，主观归责说既不符合当今侵权法的发展趋势，也不利于指导司法实践，我国应当确立以客观性过错为判定内幕交易民事责任的归责原则。理由如下：

首先，客观归责是当今世界侵权法的发展趋势。法国在1968年颁布法律规定"即便行为人有精神障碍，只要对他人造成损害，仍然要承担损害赔偿责任"。不少法国学者认为，建立在过错基础上的侵权责任实际上是一种客观责任，因为过错实际上是对民事义务的违反，判断一个人的行为是否有过错，应当以抽象的标准即理性人的标准。① 在美国，法院和SEC在追究内幕交易者法律责任的长期过程中，根据证券法公开、公平与公正三大原则以及程序正义、诚实信用等法律理念，逐渐形成了以客观性过错为指导的内幕交易三大归责原则，即信用义务理论、信息泄露理论和私用信息理论。② 客观归责之所以受到青睐，是公共政策考量的结果。其次，客观归责有利于指导规制内幕交易的司法实践。内幕交易属于一种证券欺诈行为。在私法领域，所有的欺诈都要求具备故意这一主观要件。故意是一种典型的可归责的心理状况，但它必须通过内幕交易的具体行为表现出来。由于证券交易的复杂性，投资者在追究内幕交易民事责任时，通常在举证责任上面临艰难处境。尤其是在网络资本市场的时代背景下，信息披露的真实与否不易甄别，证券欺诈行为更加有机可乘，投资者的投资风险增加，投资者权益保护的难度急剧增大。采取客观归责原则有利于减轻投资者的举证负担，也有利于纯化民事责任的程序规则。

2. 过错行为

客观归责语境下的"过错"就是指某种民事法律义务的违反行为，过错"不是体现为对行为人实施行为时心理活动的再现性描述，而是对那些足以表明行为意志状态的客观事实的综合性判断"③。由于本书主张客观归责，因此只要证明被告负有某种民事法律义务并实施了违反该民事义务的行为，即可认定过错行为的成立。首先，被告负有民事义务。在内幕交易的民事诉讼中，被告一般是所谓的内幕人员。内幕人员对投资者负有信义义务，不得利用内幕信息用于交易。内幕人员在不同的国家与地区，其内涵与外延差别很大。例如在美国，内幕人员被认为是对证券发行公司负有"信任义务"的人员，一般包括传统的内幕人员、暂时的内幕人员以及直接接受内幕信息的人员。在日本的证券法中，内幕交易罪的主体包括身为公司关系人的内幕人员、准内幕人员以及公司关系人以外的第一次情报受

---

① 参见张民安：《现代法国侵权责任制度研究》，法律出版社2007年版，第149页。

② 这三个内幕交易民事责任的归责理论是由美国的三个司法判例，即Chiarella诉美国案、Dirks诉SEC案、美国诉O'Hagan案确立的。判例的具体内容可参见廖凡：《美国内幕交易四大经典案例》，载《法制日报》2009年1月15日。

③ 参见王卫国：《过错责任原则：第三次勃兴》，中国法制出版社2000年版，第253~256页。

领人。① 我国《证券法》规定的内幕人员则包括公司内幕人员、政府机构内幕人员和市场机构内幕人员。司法实践中的泄露信息者、接受信息者和盗用信息者也不得进行内幕交易，他们对投资者负有间接的或派生的信义义务。其次，被告违反了该义务。所谓违反了该义务，即被告利用内幕信息从事了内幕交易行为。内幕交易行为的类型包括直接利用内幕信息进行交易、泄露内幕信息或者建议他人进行证券买卖以及短线交易等。

3. 损害事实

内幕交易中损害赔偿数额的确定是司法实务中的一项难题，我国《证券法》对损害赔偿的范围和计算方法未作规定。在国外，损害赔偿数额的计算方法主要有三个：一是实际价值法，即将受害人进行交易的实际证券价格与该证券在内幕信息公开以后的价格的差额作为损害赔偿额；二是实际诱因法，即只计算内幕信息所造成的证券价格的变化，再与受害人在实际交易时的证券价格比较，算出受害人的损失；三是差价法，即在内幕信息公开以后一段合理时间内证券的价格，与证券交易时的价格之差作为受害人的损害赔偿额。② 其中，差价法为大多数国家和地区采纳，例如我国台湾地区"证券交易法"第157条之1第2款规定："违反前项规定者，应就消息未公开前其买入或卖出该股票之价格，与消息公开后十个营业日收盘平均价格之差额限度内，负损害赔偿责任；其情节重大者，法院得以善意从事相反买卖之人之请求，将责任限额提高至三倍；情节轻微者，法院得减轻赔偿金额。"我国将来关于内幕交易的司法解释亦有必要采纳差价法。

4. 因果关系

传统民事责任中的"相当因果关系说"在内幕交易民事责任的司法适用中具有较大的局限性，这是因为证券交易是一种集中的竞价交易，买卖双方并不知道对方的身份。在这种匿名交易的方式下，将证券交易买卖双方——对应以确定受害投资者的交易对手就是内幕交易行为的实施者，显然存在着技术上的难题。影响证券市场价格的因素错综复杂，强求原告证明内幕交易行为与其损害之间的因果关系，会导致内幕交易民事责任的司法适用面临重大障碍。司法实践的困境呼唤理论创新，大陆法系的"法规目的说"与美国法的"推定因果关系说"应运而生。法规目的说主张侵权行为所生侵权损害赔偿责任应探寻侵权行为法规之目的而决定。依据该说，被告违反了对一般投资者的信用义务，对原告的利益造成了损害就应当认为其行为与损害结果存在因果关系。因此，原告只需证明三项事实：被告对其负有信用义务；被告违反了义务，利用内幕信息进行了内幕交易；原告从事了与内幕交易方向相反的证券交易并受有损失。美国法上的推定因果关系说认为，被告在未公开内

① 参见陈建旭：《证券犯罪之规范理论与界限》，法律出版社2006年版，第102~106页。
② 参见王林清：《证券法理论与司法适用》，法律出版社2008年版，第298~299页。

幕信息，而该信息是原告作为一个理性的投资者作出买入股票决定时将认为重要的情况下，交易或推荐交易股票的无可争议的事实本身，已经满足了"事实上因果关系"的要求。根据该学说，因果关系的判断，不是取决于交易的性质——是面对面的交易还是证券交易所的交易，而是在于被告是否有义务公开内幕信息。① 受该学说的影响，美国1988年制定的《内幕交易和证券欺诈执行法》明确规定了诉因。根据该法，享有明示诉权的同时交易者不需要举证原告的行为与其买卖股票之间存在依赖或因果关系，只要原告属于内幕交易人的同时交易者，法律就确认其与内幕交易行为之间有因果关系，并赋予其要求内幕交易者赔偿其损失的权利。② 美国在1998年修改《证券交易法》时正式确立了推定因果关系，依据该法第20条，原告只要是内幕交易行为人的同时交易者（contemporaneous traders），则无须证明因果关系的存在，法律将确认原告损失与内幕交易行为之间的因果关系。③

5. 抗辩事由

抗辩事由是指被告针对原告的诉讼请求而提出的证明原告的诉讼请求不成立或不完全成立的事实。在内幕交易民事责任的视域内，被告的抗辩事由主要有原告有过错、诉讼时效届满、过错分担等。由于内幕交易的复杂性，司法实践中还可能存在其他的抗辩事由，诸如被告对原告不承担信用义务、被告没有违反已承担的信用义务、原告没有损害等。

（三）内幕交易行为民事责任的实现机制

《证券法》第53条第3款规定："内幕交易行为给投资者造成损失的，应当依法承担赔偿责任。"这种概括性规定虽然为内幕交易的民事责任提供了明确的法律依据，但由于缺乏具体的可操作性规则，投资者主张权利依然存在不少现实障碍。在内幕交易的司法实践中，对违法行为的处理主要偏重于行政处罚和刑事制裁，对受害人缺乏相应的补偿机制，投资者要求违法者承担民事责任的诉讼通常被法院驳回诉讼请求。值得一提的是，在学术界和实务界的共同努力和推动下，近年来我国在内幕交易民事赔偿方面取得了突破性进展。目前已经出现了内幕交易投资者民事赔偿诉讼获得胜诉的先例。④

---

① 参见杨亮：《内幕交易论》，北京大学出版社2001年版，第353~354页。

② 参见陈洁：《证券欺诈侵权损害赔偿研究》，北京大学出版社2002年版，第165页。

③ 参见杨峰：《美国、日本内幕交易民事责任因果关系比较研究》，载《环球法律评论》2006年第5期。

④ 2013年8月16日，证券市场发生了"光大证券乌龙指"事件。后经证监会调查，认定光大证券的相关行为为内幕交易，并作出了行政处罚。之后有众多投资者向法院起诉光大证券，诉称光大证券内幕交易行为致使自己遭受损失。上海市第二中级人民法院受理了该系列案件并作出了审理和判决。在首批开庭审理的一审判决中，原告张某等6名投资者的全部或部分诉讼请求获法院支持，获赔近30万元。其后上海二中级院又对第二批23起投资者诉光大证券内幕交易民事索赔案作出一审裁判，5起案件因投资者申请撤诉而经法院审查裁定予以准许，法院对其余18件案件分别作出了判决，支持了投资者共计66万余元的赔偿款。

尽管如此，我国在内幕交易民事责任的实现方面仍然是不完善的，本书建议可从以下几个方面来予以改进：

1. 对内幕交易民事诉讼的原告主体资格作出合理规定

在开放的证券市场上，证券交易多采取公开集中竞价的方式进行，证券交易的当事人之间互不谋面，导致具体内幕交易的受害人具有不确定性。美国通过长期的司法实践，将内幕交易民事诉讼的原告逐步限制在"同时交易者"的范围，即只有在一定时间内与知悉证券交易内幕信息的知情人员进行相反买卖的投资受害者才可以要求内幕交易者赔偿其损失。[①] 我国台湾地区"证券交易法"第157条亦有相似规定，即违反法律关于禁止内幕交易规定之人，"对善意从事相反买卖之人负损害赔偿责任"。将来在完善我国内幕交易法律制度时，我们不妨采取同时作相反交易的规则来确定原告的范围。理解该规则需要注意，只要与内幕交易行为人作同种类证券的相反买卖，即内幕交易卖出某种证券时，其他投资者正好作该种证券的买进，或者内幕交易行为人买进某种证券时，其他投资者正好作该种证券的卖出，即可认定为该内幕交易行为的受害人。法律对于证券交易活动的"同时"，应当是有一定时间长度的时限。实务中对于"同时"的理解，也应当根据具体的交易情形加以分析判断。

2. 充分发挥创新型证券民事诉讼模式的功能与作用

值得称道的是，在我国大力推进证券纠纷多元化解机制的努力下，我们在证券侵权民事赔偿诉讼方面已经取得了显著成绩，不仅体现在实践中，也体现在立法上。实践中，以"光大证券内幕交易投资者索赔胜诉案"为例，我们实现了内幕交易投资者获得赔偿"零"的突破，这与司法部门和投资者保护机构不断探索尝试区别于传统民事赔偿诉讼的新诉讼模式有很大关系。证券民事赔偿诉讼一般由受到损害的投资者自行或委托代理律师提起，然而对于中小投资者来说要赢得诉讼并不容易，往往需要克服重重困难。近年来，中证中小投资者服务中心有限责任公司(下称投服中心)[②]推出的证券支持诉讼使得投资者诉讼难的问题得到了较大改观。证券支持诉讼是对涉及中小投资者众多、矛盾比较突出、社会影响较大的典型证券侵权纠纷，由中小投资者提出的申请，委派投服中心的公益律师或法律专业人员作为中小投资者诉讼代理人，代理中小投资者向法院起诉并参与诉讼的活动。对

① 参见陈甦主编：《证券法专题研究》，高等教育出版社2006年版，第247页。

② 中证中小投资者服务中心有限责任公司是于2014年12月成立的证券金融类公益机构，归属中国证监会直接管理。投服中心的主要职责包括：面向投资者开展公益性宣传和教育；公益性持有证券等品种，以股东身份或证券持有人身份行权；受投资者委托，提供调解等纠纷解决服务；为投资者提供公益性诉讼支持及其相关工作；中国投资者网站的建设、管理和运行维护；调查、监测投资者意愿和诉求，开展战略研究与规划；代表投资者，向政府机构、监管部门反映诉求；中国证监会委托的其他业务。

于投资者而言，有了投服中心支持诉讼的帮助，在举证证明以及损失计算等多个方面有利了许多。此外，法院在此类诉讼中的探索与尝试也十分值得肯定。在光大证券内幕交易投资者民事赔偿诉讼案中，受理案件的法院对涉及众多投资者的系列案件进行分批审理，采取示范诉讼的模式，不仅提高了案件审理的效率，而且收到了良好的社会效果。证券民事赔偿诉讼模式上在实践中的这些突破，无疑给因内幕交易行为损害却受困于传统诉讼模式桎梏的投资者提供了新的出路和胜诉的希望。

此外，我国证券立法也在向着有利于实现内幕交易民事责任的方向转变。《证券法》第94条第2款已经对支持诉讼作出了规定，这使实践中的支持诉讼活动有了明确的法律依据，有利于其进一步发挥功能。另外，第95条还新增了关于特别代表人诉讼的规定，这就意味着除了支持诉讼，投资者保护机构在特定情况下还可以直接参与诉讼。就内幕交易民事责任的实现而言，这无疑是重大的利好。此外，关于实践中的证券示范诉讼，也已有了立法上的行动。2016年5月25日，最高人民法院联合证监会发布了《关于在全国部分地区开展证券期货纠纷多元化解机制试点工作的通知》(法〔2016〕149号)，该通知第13条即作出了建立示范判决机制的规定。2016年9月12日，最高人民法院发布《关于进一步推进案件繁简分流优化司法资源配置的若干意见》(法发〔2016〕21号)，其中第7条提出了"探索实行示范诉讼方式"，"对于系列性或者群体性民事案件和行政案件，选择个别或少数案件先行示范诉讼，参照其裁判结果来处理其他同类案件，通过个案示范处理带动批量案件的高效解决"。以此为基础，上海金融法院2019年1月发布了《上海金融法院关于证券纠纷示范判决机制的规定》，这是全国首个关于证券纠纷示范判决机制的规定。之后不久，浙江省杭州市中级人民法院也发布了《关于证券期货纠纷示范判决机制的指导意见(试行)》。由此可见，我国正在不断优化内幕交易等证券侵权民事责任的实现机制，未来在这方面一定会有更大的突破。

3. 建立遏制滥诉的有效制度

我国在立法上虽然尚未确立风险诉讼制度，但实践中我国已经出现了风险办案等由律师创造的收费制度。随着我国证券市场的完善，投资者诉讼的积极性将得到提高，风险办案制度有很大的生存空间，滥诉现象的出现难以避免。在美国证券集团诉讼的发展过程中，就曾经出现过"诉讼敲诈"现象，即一些律师为谋取不当利益，恶意地启动证券民事诉讼。这种滥诉现象对上市公司造成了严重干扰，增加了公司经营及融资的成本与风险，还会浪费司法资源，损害司法机关的公信力。本书认为遏制滥诉的最有效方法当属诉讼保证金制度，即要求原告在起诉的时候向法院交纳一定数量的保证金，如果投资者赢得诉讼则退回保证金，如果投资者所诉不实给上市公司造成不良影响，则该保证金将作为对上市公司的损害补偿。此外还应当强化律师的民事赔偿责任，以阻却其在利益驱动下恶意地发起证券民事诉讼。

4. 构建证券民事赔偿实现的财产保障制度

虽然我国《证券法》第 220 条确立了民事赔偿责任优先于行政罚款和刑事罚金的原则，但假如没有配套的财产保证制度，证券民事赔偿机制预定的目标将会落空。有学者主张在证券投资者保护基金制度的基础上建立发行人新股发行专项赔偿基金和证券专业服务机构专项赔偿基金，① 其观点甚可赞同。此外，可以考虑建立行政罚款和刑事罚金的财政回拨制度，即将行政罚款和刑事罚金交由有关机关代为保管并专项存储，当责任主体民事赔偿能力不足时，因同一事由预先罚没的款项用于民事赔偿，剩余部分再上缴国库，从而保证证券民事赔偿责任的顺利实现。

四、内幕交易行为的行政责任与刑事责任

（一）内幕交易行为的行政责任

内幕交易违法行为如未达到构成犯罪的程度，行为人除了面临投资者提起的民事诉讼赔偿之外，还涉及相应行政责任的承担。我国《证券法》明确规定了内幕交易行为的行政责任。需要指出的是，现行《证券法》经过修改，大幅度提高了对内幕交易行为的行政制裁，主要体现在第 191 条，归结起来如下：（1）内幕交易的罚款从违法所得的 1 倍至 5 倍提高到 1 倍至 10 倍；（2）对于没有违法所得或违法所得不足 50 万元的，罚款金额提高到 50 万元至 500 万元，原规定相应情形下的罚款金额仅为 3 万元至 60 万元；（3）对于单位从事内幕交易的，直接负责的主管人员和其他直接责任人员的罚款金额从 3 万元至 30 万元提高到 20 万元至 200 万元。总体上，现行《证券法》大幅度提高了内幕交易罚款的倍数及金额，通过增大违法者的违法成本抑制内幕交易的办法无疑是可行的。

内幕交易案件本身曲折离奇，形态多样，具有隐秘性与复杂性，对其判断需要法律适用与事实认定的有机结合。不过，在不确定性中寻找确定性，正是法律之魅力所在，也是法律不断完善进步的动力源泉。现行《证券法》关于内幕交易规制的完善对化解内幕交易的认定难题、保护投资者合法权益以及实现制度正义都将产生积极意义。②

（二）内幕交易行为的刑事责任

《证券法》第 219 条以总括性的方式对构成犯罪的证券违法行为的刑事责任作出了规

---

① 参见陈岱松：《证券上市监管法律制度国际比较研究》，法律出版社 2009 年版，第 407 页。

② 《新证券法宣传系列之十四：内幕交易的〈证券法〉规制》，载中证中小投资者服务中心：http://www.isc.com.cn/html/zxxw/20200512/2861.html，2021 年 3 月 21 日最后访问。

定。关于内幕交易行为的刑事责任，具体规定见于《刑法》第 180 条。该条规定了内幕交易、泄露内幕信息罪以及利用未公开信息交易罪。[1] 关于同时追究内幕交易违法者的行政责任和刑事责任时，是否得并用罚金和罚款的问题，我国《证券法》并未作出排斥性规定，在解释上得以并用。[2]

第四节 操纵市场行为及其法律责任

一、操纵市场行为的界定

操纵市场，在学理上来看表现为行为人单独或联合利用资金优势或持股优势等手段，影响证券市场价格或证券交易量，诱使投资者买卖证券，进而扰乱证券市场秩序的行为。从立法上看，目前世界各国或地区尚无统一定义。[3] 有学者曾经主张为了全面准确规范操纵市场行为，避免法律调整的疏漏，宜给出操纵市场行为的统一定义。但也有反对者认为操纵市场只是若干行为所构成的集合名词，并未确定内涵，若限定其含义反而增加了操纵市场的机会。[4] 后一种说法不无道理。但囿于理解的需要，本书认为还是有必要对操纵市场作出界定。

操纵市场，也被称为操纵行情，是指个人或机构背离集中竞价和市场供求关系原则，通过各种不正当方式，影响证券交易价格或证券交易量，制造证券市场假象，人为地操纵证券交易价格，以引诱他人参与证券交易，为自己谋取不正当利益或者转嫁风险的行为。这种行为的特征在于：（1）操纵市场是以获取利益或减少损失为目的的证券交易行为。获

---

① 《刑法》第 180 条【内幕交易、泄露内幕信息罪】 证券、期货交易内幕信息的知情人员或者非法获取证券、期货交易内幕信息的人员，在涉及证券的发行，证券、期货交易或者其他对证券、期货交易价格有重大影响的信息尚未公开前，买入或者卖出该证券，或者从事与该内幕信息有关的期货交易，或者泄露该信息，或者明示、暗示他人从事上述交易活动，情节严重的，处五年以下有期徒刑或者拘役，并处或者单处违法所得一倍以上五倍以下罚金；情节特别严重的，处五年以上十年以下有期徒刑，并处违法所得一倍以上五倍以下罚金。

单位犯前款罪的，对单位判处罚金，并对其直接负责的主管人员和其他直接责任人员，处五年以下有期徒刑或者拘役。

内幕信息、知情人员的范围，依照法律、行政法规的规定确定。

【利用未公开信息交易罪】证券交易所、期货交易所、证券公司、期货经纪公司、基金管理公司、商业银行、保险公司等金融机构的从业人员以及有关监管部门或者行业协会的工作人员，利用因职务便利获取的内幕信息以外的其他未公开的信息，违反规定，从事与该信息相关的证券、期货交易活动，或者明示、暗示他人从事相关交易活动，情节严重的，依照第一款的规定处罚。

② 参见叶林：《证券法（第四版）》，中国人民大学出版社 2013 年版，第 227 页。

③ 参见李爱君：《证券法教程》，对外经济贸易大学出版社 2014 年版，第 330 页。

④ 参见叶林：《证券法（第四版）》，中国人民大学出版社 2013 年版，第 228 页。

取利益或减少损失的目的具体体现在三个方面：一是人为抬高证券价格，然后再将证券倾售给其他投资者；二是稳定市价，使起伏跌宕的证券价格趋于平稳；三是利用证券价格下跌，获得卖空利益。(2)操纵市场是影响证券价格或者成交量的交易行为。禁止的操纵市场行为主要表现为与他人串通，以事先约定的时间、价格和方式进行证券交易，并以此影响证券交易价格或者证券交易量。(3)操纵市场是以人为因素控制证券交易价格的行为。资本自由流动、供求关系自然形成价格是证券市场的关键因素，而操纵市场扭曲了市场的有效性，扰乱了正常的市场秩序。(4)操纵市场是一种不正当的交易行为。鉴于操纵市场对证券交易价格的扭曲以及对投资者权益的损害，各国立法均对这种行为给予否定性评价。①

二、操纵市场行为的表现形态及其危害

作为一种禁止的证券交易行为，操纵市场类型繁多，不一而足。从理论上来讲，操纵市场行为基本可分为交易型操纵与非交易型操纵。各国往往从不同的角度对操纵市场行为进行划分。如英国1998年的《市场行为守则》将市场操纵行为划分为拟制交易、价格操纵和不恰当传播信息；美国法将操纵市场行为划分为虚拟交易、涉及真实交易的操纵、以信息为手段的操纵行为和其他操纵行为；德国法将操纵市场行为划分为虚假陈述型操纵、交易操纵、其他欺诈行为。② 我国《证券法》第55条第1款对操纵市场行为的表现形态作出了规定："(一)单独或者通过合谋，集中资金优势、持股优势或者利用信息优势联合或者连续买卖；(二)与他人串通，以事先约定的时间、价格和方式相互进行证券交易；(三)在自己实际控制的账户之间进行证券交易；(四)不以成交为目的，频繁或者大量申报并撤销申报；(五)利用虚假或者不确定的重大信息，诱导投资者进行证券交易；(六)对证券、发行人公开作出评价、预测或者投资建议，并进行反向证券交易；(七)利用在其他相关市场的活动操纵证券市场；(八)操纵证券市场的其他手段。"

现行《证券法》出台前，我国共规定了四种操纵市场行为，即单独与联合连续买卖、串通相互买卖、冲洗买卖或者自买自卖以及其他操纵市场行为。2007年3月证监会制定的《证券市场操纵行为认定指引(试行)》所规定的操纵市场行为手段包括：连续交易操纵、约定交易操纵、洗售操纵、蛊惑交易操纵、抢帽子交易操纵、虚假申报操纵、特定时间的价格或价值操纵、尾市交易操纵等。现行《证券法》在此前《证券法》所规定的操纵市场行为类型的基础上，新增了"幌骗交易操纵""蛊惑交易操纵""跨市场操纵""抢帽子操纵"等

---

① 参见马其家：《证券民事责任法律制度比较研究》，中国法制出版社2010年版，第412~413页。

② 参见蔡奕：《十字路口的中国证券法——中国证券市场法制新问题研究》，人民法院出版社2009年版，第153~160页。

新型操纵市场形态。

操纵市场行为总体上是一种对证券市场和投资者危害极大的违法行为。近年来，我国证券市场上的操纵行为呈现出多发且多变的趋势，表现在操纵手法快速演变，有组织实施操纵市场的现象较突出。从证监会通报的 2020 年案件办理情况来看，该年度新增操纵市场立案案件 51 起，在涉案金额上，2020 年全年共有 22 起操纵市场案件的交易金额超过 10 亿元，平均获利约 2 亿元，严重损害了投资者权益。操纵市场行为种类繁多，而且出于逃避监管的目的，违法者经常变化手法，使得新型操纵行为层出不穷。其中，近年来的两种新型操纵市场行为颇值得关注。

1. 信息型市场操纵行为

关于信息型操纵，目前并无权威而统一的定义，概指通过制造、发布或直接利用信息，影响证券市场交易价格和交易量，扰乱证券市场正常秩序的操纵行为。信息型操纵通常被认为是一种区别于传统操纵手法的新型操纵，但通过追溯其源头发现信息型操纵事实上也并非新鲜事物。早在 1814 年英国王室（Kings Bench）审理的 Rex v. Berenger 一案，就被认为是全球首例操纵证券案，同时也是一起典型的信息型操纵判例。[①]

从类型上来说，信息型操纵行为属于非交易型操纵，其在本质上是通过不正当影响证券交易的价格或数量，使正常市场价格被扭曲。与交易型操纵不同的是，信息型操纵的主要特点是以信息作为操纵手段，因而在操纵的手法上相较于传统型操纵更加隐蔽，不容易被监管机构发现。

在美国的司法实践中，操纵市场与虚假陈述、内幕交易等都是被作为"证券欺诈行为"来处理的，这使得操纵市场的特殊性不能得到充分的显现。[②] 近年来，在我国证券市场上，信息型操纵作为一种新型且较隐蔽的操纵手法呈现出多发态势。此种操纵行为在我国目前主要表现为"抢帽子交易"、"蛊惑交易"和利用信息优势连续交易三种表现形态。[③] 信息型操纵是目前证券监管执法的一大热点和难题。在我国目前的证券执法中，信息型操纵已然成为一种"著名"的操纵类型，而且出现了多个涉及金额以亿元计的大案。尤其是 2017 年爆发了多个涉及金额十分庞大的信息型操纵市场案，如被处以徒刑和 110 亿元刑事罚金的徐翔案、被行政罚没 34.7 亿元的鲜言案以及被行政罚没 1.5 亿元的蝶彩资产案。

在 2019 年修订之前，我国《证券法》对信息型市场操纵的规制，主要依据第 77 条第 1 款中"利用信息优势联合或者连续买卖，操纵证券交易价格或者证券交易量"这一规定。该

---

① Louis Loss & Joel Seligman, Fundamentals of Securities Regulation, Aspen Publishers, 2004, p. 1122. 转引自陈晨：《证券市场信息操纵认定难点及监管对策研究》，载《证券市场导报》2017 年第 8 期。

② 参见姜沉伯：《信息型操纵与虚假陈述异同》，载《中国金融》2020 年第 15 期。

③ 参见徐瑶：《信息型市场操纵的内涵与外延——基于行政和刑事案件的实证研究》，载黄红元、卢文通主编：《证券法苑》第 22 卷，法律出版社 2017 年版。

条款的行文实际上是以"操纵"来界定"操纵"，这种循环定义表明了资中资金优势、持股优势联合或者连续买卖本身并不是操纵的构成要件，要认定其属于操纵行为仍然需要辅之以操纵的主观要件。① 因此实践中，如何认定信息型操纵市场行为成为一个难题，相应的在监管方面也缺乏行之有效的对策。修订后的《证券法》在第 55 条第 1 款，增加了对"蛊惑交易""抢帽子交易"等操纵市场行为手段的认定，这对于有效规制这种新型市场操纵行为无疑具有积极意义。

2. 跨市场操纵行为

根据金融商品交易行为是否跨越证券市场与期货、期权等衍生品市场为标准，操纵市场行为可以划分单一操纵市场和跨市场操纵。跨市场操纵行为，是指操纵的行为和结果涉及两个或两个以上具有直接价格影响关系的市场的操纵形式。金融全球化以及不同市场之间关联度的加强是跨市场操纵得以实施的重要基础。跨市场操纵是证券市场发展到金融期货时代的产物，在世界范围内对监管机构、司法机关以及学术界都是新的挑战。②

跨市场操纵行为在实质上表现为价格关联操纵，也就是说利用两个以上市场之间的价格关联实施操纵行为，通过实质交易、虚假交易、信息操纵等手段影响特定市场中的金融工具价格。需要说明的是，操纵者不一定直接从该市场中获取操纵利润，而是通过与该金融商品市场价格挂钩、关联的期货、期权、衍生品市场、场外市场或者其他各种类型的私有交易合同中谋取经济利益。通过进一步纵深分析，将跨市场的价格关联特征与行为人在特定金融商品市场的交易行为达到垄断程度进行统一，实践中就会严重损害资本市场效率的另一种跨市场操纵类型，即价量垄断操纵。相对于价格关联操纵而言，价量垄断操纵的交易难度更大，而且对资金、持仓、信息等资源优势的要求更高，其主要的交易方向是恶意做空。③

国际证监会组织（IOSCO）在 2000 年《调查与起诉市场操纵》报告中曾明确指出，基于金融商品、基础资产之间的价格关联而实施的跨市场操纵，在全球金融市场一体化背景下操作越发便利、监管则日趋困难。2021 年 2 月，证监会发布了 2020 年证监稽查 20 起典型违法案例，其中 1 起是期货市场操纵案。2016 年 5 月至 8 月，远大石化有限公司（以下简称远大石化）利用资金优势，控制 18 个期货账户，大量连续买入聚丙烯期货合约 PP1609，同时在现货市场通过直接购买、代采代持等方式大量囤积现货，制造聚丙烯需求旺盛氛围，影响期货合约价格，涉嫌操纵期货市场犯罪。对该起案件，法院 2020 年 9 月判决远大石化罚没款 7.4 亿元，其董事长吴某有期徒刑 4 年并处罚金 500 万元。这是一起典型的

① 参见缪因知：《信息型操纵市场行为执法标准研究》，载《清华法学》2019 年第 6 期。
② 参见钟维：《跨市场操纵的行为模式与法律规制》，载《法学家》2018 年第 3 期。
③ 参见谢杰：《跨市场操纵的经济机理与法律规制》，载《证券市场导报》2015 年第 12 期。

利用期货、现货两个市场进行跨市场操纵的案例。期货跨市场操纵的内在经济机理是期货衍生品与衍生品的基础资产或类似衍生品等之间存在着价格上的关联。①

对于跨市场操纵，我国现行《证券法》的规定体现在第55条第1款第（7）项："利用在其他相关市场的活动操纵证券市场"，这对于跨市场操纵行为的规制提供了最直接的法律依据。但也有人提出，该条第1款的第（1）至（6）项，均是按照"操纵手段"对操纵市场进行分类，第（8）项作为兜底条款也再次明确了以"操纵手段"对操纵行为进行分类的逻辑基础，然而第（7）项的跨市场操纵却打破了这种分类逻辑，"可能在将来的法律适用中带来逻辑混乱"。② 但不管怎样，现行《证券法》将跨市场操纵纳入操纵市场规制的范畴，这对于遏制这一证券违法行为的积极意义不言而喻。

三、操纵市场行为的民事责任

我国《证券法》第55条第2款规定："操纵证券市场行为给投资者造成损失的，应当依法承担赔偿责任。"这是对操纵市场行为所应承担的民事责任的直接规定。

（一）操纵市场的责任主体

1993年颁布的《禁止证券欺诈行为暂行办法》曾将操纵市场的主体分为三类：证券经营机构、证券交易所等证券业机构，证券业机构以外的机构，个人。但我国《证券法》早已不再对操纵市场的主体进行刻意规定。现行《证券法》第55条第1款规定，"禁止任何人以下列手段操纵证券市场，影响或者意图影响证券交易价格或者证券交易量……"这意味着任何人都可能构成操纵市场行为，也就是说操纵证券市场行为的主体是一般主体，任何机构与个人实施了操纵行为，均有可能承担相应的民事责任。

（二）操纵市场的行为要件

构成操纵证券市场，必须是在客观上实施了证券市场操纵行为，包括操纵证券市场价格和与此相联系的操纵证券交易量，这是从法律上判断某个证券交易行为是否属于操纵证券市场的关键性要件。③ 在客观效果上，操纵市场必须是伴随着证券权利的实质转移，或者是发生了证券买卖的情况。散布不实信息和虚假陈述，或以其他方式误导投资者但未进行证券交易的，不应认定为操纵市场。

（三）操纵市场的主观方面

现行《证券法》并未明确操纵市场民事责任的归责原则，只是笼统地规定"操纵证券市

---

① 参见汤欣、杨青虹：《期货跨市场操纵的界定与立法完善》，载《期货及衍生品法律评论》2018年第1卷。

② 参见李振、夏中宝：《新〈证券法〉中操纵市场条款修订的得失分析》，载《金融理论与实践》2020年第7期。

③ 参见陈甦主编：《证券法专题研究》，高等教育出版社2006年版，第262页。

场行为给投资者造成损失的，应当依法承担赔偿责任"。因此，在司法实践中，认定操纵市场的主观方面，只能援引《民法典》《民事诉讼法》及相关法律的规定，实行过错责任原则。在认定操纵市场行为人的过错时，尽管原告不需要证明自己信赖了被告的行为，或被告有"明知或恶意"，但必须证明被告有操纵市场的意图。

四、操纵市场行为的行政责任与刑事责任

(一)操纵市场行为的行政责任

我国《证券法》关于操纵市场的行政责任规定在第192条："违反本法第五十五条的规定，操纵证券市场的，责令依法处理其非法持有的证券，没收违法所得，并处以违法所得一倍以上十倍以下的罚款；没有违法所得或者违法所得不足一百万元的，处以一百万元以上一千万元以下的罚款。单位操纵证券市场的，还应当对直接负责的主管人员和其他直接责任人员给予警告，并处以五十万元以上五百万元以下的罚款。"总体来看，与未修改前相比，操纵市场行为的行政责任更加严厉，行政处罚力度大为提高，在遏制操纵市场方面应该更有效果。

(二)操纵市场行为的刑事责任

同样的，我国《证券法》以总括的方式规定了构成犯罪的证券违法行为。关于操纵市场的刑事责任主要规定于《刑法》第182条。[①] 必须说明的是，2020年12月《刑法修正案(十一)》的通过，使得操纵市场的刑事责任更加严厉。此次的《刑法修正案(十一)》与新《证券法》实现了联动，明确了对"幌骗交易操纵""蛊惑交易操纵""抢帽子交易操纵"等新型操纵市场行为追究刑事责任。

"幌骗交易操纵"即现行《证券法》第55条第1款第(4)项、《刑法修正案(十一)》第182条第1款第(4)项规定的"不以成交为目的，频繁或者大量申报买入、卖出证券、期货合约并撤销申报的"操纵市场行为。在证券和期货交易中，投资者的报价即使未成交，也会反映在报价系统交易行情中；如果行为人不以成交为目的，频繁或者大量申报并撤销申

---

① 《刑法修正案(十一)》将该条第1款修改为："有下列情形之一，操纵证券、期货市场，影响证券、期货交易价格或者证券、期货交易量，情节严重的，处五年以下有期徒刑或者拘役，并处或者单处罚金；情节特别严重的，处五年以上十年以下有期徒刑，并处罚金：

"(一)单独或者合谋，集中资金优势、持股或者持仓优势或者利用信息优势联合或者连续买卖的；

"(二)与他人串通，以事先约定的时间、价格和方式相互进行证券、期货交易的；

"(三)在自己实际控制的账户之间进行证券交易，或者以自己为交易对象，自买自卖期货合约的；

"(四)不以成交为目的，频繁或者大量申报买入、卖出证券、期货合约并撤销申报的；

"(五)利用虚假或者不确定的重大信息，诱导投资者进行证券、期货交易的；

"(六)对证券、证券发行人、期货交易标的公开作出评价、预测或者投资建议，同时进行反向证券交易或者相关期货交易的；

"(七)以其他方法操纵证券、期货市场的。"

报，可能会影响其他投资者对市场状况的判断并影响其投资决策，进而影响交易价格和交易量。

"蛊惑交易操纵"即现行《证券法》第 55 条第 1 款第(5)项、《刑法修正案(十一)》第 182 条第 1 款第(5)项所规定的"利用虚假或者不确定的重大信息，诱导投资者进行证券、期货交易的"操纵市场行为。行为人利用虚假或者不确定的重大信息，诱导投资者在不了解事实真相的情况下作出投资决策，影响证券、期货交易价格或者交易量；行为人则在编造、传播虚假或者不确定的重大信息之前买入或卖出相关证券、期货合约，而在该信息使股价、期货合约价格发生预期的波动之后卖出或买入相关证券、期货合约。

"抢帽子交易操纵"是指现行《证券法》第 55 条第 1 款第(6)项、《刑法修正案(十一)》第 182 条第 1 款第(6)项所规定的"对证券、证券发行人、期货交易标的公开作出评价、预测或者投资建议，同时进行反向证券交易或者相关期货交易的"操纵市场行为。从事抢帽子交易操纵的主要是对部分投资者有一定影响力的主体，如证券公司、证券咨询机构、专业中介机构及其工作人员及电视广播中所谓的"金融专家""股市名嘴"。此类操纵行为不仅会扰乱市场，还会侵害投资者的合法权益。《刑法修正案(十一)》将这三类新型操纵市场行为列为操纵证券、期货市场罪的情形，明确了这些操纵市场行为的刑事责任。

【本章课外阅读材料】

我国司法实践中的证券示范诉讼及其类型分析[①]

我国现行法律体系并没有关于示范诉讼的任何立法，但这并不妨碍司法实践中采取各种类似示范诉讼程序的做法。我国甚至已经成为目前世界上实际运用此类程序处理群体案件数量最多的国家。[②] 可以说，在我国群体诉讼的模式问题上，示范诉讼程序比有着现行法明文规定的代表人诉讼更具实践应用基础。我国证券领域的示范诉讼实践始于东方电子虚假陈述案。[③] 具体而言，我国证券审判实践中存在的示范诉讼可以分为以下类型。

(一)常规意义上的证券示范诉讼实践

所谓常规意义上的证券示范诉讼，是指涉诉的证券民事纠纷案件除了一方当事人

---

① 本阅读材料节选自冯果、窦鹏娟：《群体性证券民事纠纷的示范诉讼及其程序构造》一文，载《投资者》2019 年第 2 期。

② 参见杨严炎：《示范诉讼的分析与借鉴》，载《法学》2007 年第 3 期。

③ 1997 年 1 月，山东省烟台东方电子信息产业股份有限公司在深交所上市。2001 年 8 月，证监会对东方电子涉嫌违规问题进行调查。2003 年 1 月，东方电子 3 名高管因提供虚假财务报告被烟台市中级人民法院作出刑事判决。随着刑事判决的作出，相应的民事赔偿诉讼接踵而来。

众多以外，并没有比一般证券民事纠纷更为特别之处。在该类案件中适用示范诉讼程序的主要目的是归并同类案件，避免重复审理共通性的法律与事实问题，以减轻当事人诉累，节省司法资源，提高案件审理的效率。最高人民法院提出的"探索实行示范诉讼方式"，目的就是"通过个案示范处理带动批量案件的高效解决"。① 常规性的证券示范诉讼在我国审判实践中较为常见，许多享有证券侵权民事赔偿纠纷管辖权的法院都有相应案例，如广州中院的佛山照明虚假陈述案、上海一中院的上海仪电控股虚假陈述案等，是此类证券示范诉讼实践的典型代表。

(二)具有宣示法律原则与规则意义的证券示范诉讼实践

这种类型的证券示范诉讼，属于学者季卫东所提出的示范诉讼中"原则诉讼"的一种，主要限于解决对未来程序具有重要实质性价值的原则性法律问题。最高人民法院和证监会在其所提出的"建立示范判决机制"中表示："对因虚假陈述、内幕交易、操纵市场等行为所引发的民事赔偿纠纷，需要人民法院通过司法判决宣示法律规则、统一法律适用的，人民法院应当及时作出判决。"在我国的证券审判实践中，光大证券内幕交易案是此类示范诉讼的典型代表。东方电子虚假陈述案在一定程度上也属于此类。

相对于虚假陈述而言，内幕交易行为更具隐蔽性，投资者要证明内幕交易行为与自己损失之间的因果关系比虚假陈述困难得多，所以实践中针对内幕交易的民事赔偿十分少见。在光大证券案之前，我国的类似案件，包括广为关注的黄光裕内幕交易民事赔偿案，基本都以投资者败诉而告终。② 光大证券案是我国内幕交易民事赔偿第一案。在光大证券因内幕交易行政处罚决定书作出后，上海二中院共受理了507件针对光大证券内幕交易的民事赔偿诉讼。在案件审理方式上，上海二中院采取分批处理、形成系列案的模式，本着"先易后难"的原则避开了复杂和疑难案件，但又考虑到需涵盖系列案中主要交易类型的问题，合议庭在第一批案件中先期选择了8个具有代表性的案件进行审理。由于我国相关法律规定不明确，国内司法实践也无成熟先例可供借鉴，因此该案作为示范诉讼的意义并不在于其审理方式的特殊性，而是其所确立的审理此类案件所适用的法律原则和规则。这类证券示范诉讼远远超越了个案解决的局限，其示范判决具有开创性、指导性和宣示法律的意义。

(三)对解决新型纠纷具有指向意义的证券示范诉讼实践

我国证券市场正处于快速发展阶段，在纠纷多发的同时，也出现了一些新型证券

---

① 《最高人民法院关于进一步推进案件繁简分流优化司法资源配置的若干意见》(法发〔2016〕21号)第7条。

② 参见张春波：《我国内幕交易民事赔偿第一案——"8·16光大证券乌龙指"引发的内幕交易赔偿系列案回顾》，载《中国审判》2017年第21期。

违法违规行为。这些新型纠纷由于缺少先例，其解决对于未来同类纠纷的处理具有重要的指向作用。"开南系"违规举牌＊ST新梅案是这类证券示范诉讼实践的典型代表。

事实上，该案的案情并不复杂，案件的主要事实也得到了诉讼双方和证券监管部门的确认。该案作为广义上的证券示范诉讼，其主要的示范意义在于，属于A股市场第一起上市公司状告违规举牌"野蛮人"的案例，该案的判决会对未来司法如何限制违规举牌者的股东权利产生指向性作用，也会对未来上市公司的"举牌战"产生深远影响。审理此案的上海一中院将案件类型定义为"新类型证券欺诈责任纠纷"，表明其认可违规举牌者"开南系"的过错，但最终仍认定＊ST新梅原大股东兴盛集团诉请限制被告股东权利等缺乏事实和法律依据，驳回其全部诉请。该案的审判结果保持了司法一贯的谨慎原则，却引发了公众对如何协调和平衡违规举牌行为的行政监管与司法判决之间的关系的热烈讨论。提高违规举牌者的成本是普遍认可的观点，但究竟应通过行政监管手段加以规制，还是修改基本规则或在司法判决层面予以突破，还存有较大争议。①

（四）具有重大模式突破意义的证券示范诉讼实践

证券民事赔偿诉讼一般由受到损害的投资者自行或委托代理律师提起，然而对于中小投资者来说要赢得诉讼并不容易，往往需要克服重重困难。近年来，中证中小投资者服务中心（下称投服中心）推出的证券支持诉讼使得投资者诉讼难的问题得到了一定改观。证券支持诉讼是对涉及中小投资者众多、矛盾比较突出、社会影响较大的典型证券侵权纠纷，由根据中小投资者提出的申请，委派投服中心的公益律师或法律专业人员作为中小投资者诉讼代理人，代理中小投资者向法院起诉并参与诉讼的活动。② 2017年5月19日，上海一中院对鲜言等证券虚假陈述案作出一审判决，支持原告全部诉请。该案是全国首例由投服中心接受投资者委托提起证券支持诉讼并赢得全面胜诉的案件。该起诉讼毋庸置疑具有独特示范意义，其一，实现了证券民事赔偿诉讼模式上的重大突破，投服中心作为受托人提起诉讼使投资者不再为维权单打独斗；其二，该案将匹凸匹公司的实际控制人作为责任主体列为被告，抓住了上市公司虚假陈述行为的主要矛盾，首次以司法案例的形式明确了直接责任人的首要赔偿责任，真正达到了严惩违规者、警示后来者的目的。③ 此外，上海金融法院与投服中心

---

① 参见赵一蕙：《＊ST新梅诉讼案一审"落槌"违规举牌成本几何引关注》，载中国证券网：http://ggjd.cnstock.com/company/scp_ggjd/tjd_bbdj/197001/3832315.htm，2019年3月26日访问。

② 参见《投服中心业务介绍：证券支持诉讼》，载中国证券网：http://www.cnstock.com/v_fortune/sft_jbsjlb/tbs_lcwq/flwq_tt/201612/3990346.htm，2019年3月28日访问。

③ 参见曹中铭：《首例证券支持诉讼案一审胜诉的多重涵义》，载《上海证券报》2017年5月24日，第008版。

合作的支持诉讼示范判决机制已经付诸实践，这一模式必将成为更高层次和更具深意的证券示范诉讼。①

---

① 2019 年 3 月 21 日，上海金融法院公开开庭审理了一起涉上市公司证券虚假陈述责任纠纷案，本案的审判适用了证券示范判决机制。这是自上海金融法院 2019 年 1 月发布《关于证券纠纷示范判决机制的规定》以来，证券民事诉讼审判实践中的首次适用这一机制。在本案中，投服中心以第三方专业损失核定机构的身份出庭，就原告投资者的损失计算发表专业意见并当庭接受质询。本案是证券支持诉讼与示范判决机制相结合的典范。